2018年全国检察应用理论研究优秀课题成果选

2018NIAN QUANGUO
JIANCHA YINGYONG
LILUN YANJIU
YOUXIU KETI CHENGGUOXUAN

最高人民检察院法律政策研究室／编
万春／主编

中国检察出版社

图书在版编目（CIP）数据

2018年全国检察应用理论研究优秀课题成果选/最高人民检察院法律政策研究室编．—北京：中国检察出版社，2020.4

ISBN 978-7-5102-2378-5

Ⅰ.①2… Ⅱ.①最… Ⅲ.①检察学-中国-文集 Ⅳ.①D926.3-53

中国版本图书馆CIP数据核字(2019)第300873号

2018年全国检察应用理论研究优秀课题成果选

最高人民检察院法律政策研究室 编 万 春 主编

出版发行：中国检察出版社
社 址：北京市石景山区香山南路109号（100144）
网 址：中国检察出版社（www.zgjccbs.com）
编辑电话：(010)86423750
发行电话：(010)86423726 86423727 86423728
(010)86423730 68650016
经 销：新华书店
印 刷：北京玺城印务有限公司
开 本：710 mm×960 mm 16开
印 张：28.5
字 数：521千字
版 次：2020年4月第一版 2020年4月第一次印刷
书 号：ISBN 978-7-5102-2378-5
定 价：89.00元

目　录

《人民检察院检察委员会组织条例》修改完善研究
…………………………………………………………… 吕天奇（1）

建立跨行政区划人民检察院相关问题研究
………………………………… 上海市人民检察院第三分院课题组（14）

新形势下检察业务管理的理论与实践 ……… 河南省人民检察院课题组（42）

检察机关恢复重建四十年来检察权的演变过程和发展方向研究
………………………………………… 辽宁省人民检察院课题组（59）

非公经济刑法保护问题研究 ………… 湖北省武汉市人民检察院课题组（68）

黑恶势力犯罪案件法律适用问题研究 ……… 广东省人民检察院课题组（85）

互联网金融犯罪案件适用法律问题研究
——以北京地区为样本 …………………… 俞启泳　张艳丽　栗英会（130）

检察机关加强产权保护、保护企业家合法权益的实效、问题及
改进研究 …………………………… 上海市虹口区人民检察院课题组（146）

侵犯公民个人信息犯罪应罚性基础及其行为类型化研究
——以抽象危险犯理论为视角
………………………………………… 天津市人民检察院课题组（166）

涉众型互联网金融犯罪主体范围政策研究
………………………………… 河南省三门峡市人民检察院课题组（176）

网络犯罪案件适用法律问题研究

……………………………………… 姚　图　王文华　孟庆松　王建成（201）

危险驾驶刑事案件法律适用若干问题研究

………………………… 郑州航空港经济综合实验区人民检察院课题组（213）

刑事实体法视野中的认罪认罚从宽制度

……………………………………… 河北省阜城县人民检察院课题组（230）

捕诉一体模式的理论与实践探究 …………… 海南省人民检察院课题组（242）

建立完善重大案件讯问合法性核查制度研究

…………………………………………… 重庆市人民检察院课题组（256）

审判中心主义背景下检察机关以公诉为主导的刑事证据

指控体系研究 ……………………… 甘肃省张掖市人民检察院课题组（270）

以审判为中心的刑事诉讼制度改革中检察机关审前作用研究

………………………… 马连龙　白秀峰　刘乃伟　刘　洪　马　晓（289）

刑事附带民事公益诉讼制度研究

……………………………………… 安徽省宣城市人民检察院课题组（317）

检察机关民事抗诉标准研究

——以陕西省检察机关民事检察监督案件为样本进行分析

…………………………………………… 陕西省人民检察院课题组（337）

完善检察建议工作机制研究

——以行政公益诉讼诉前检察建议为视角

………………………………… 河南省郑州市中原区人民检察院课题组（356）

再审检察建议实证研究

——以 G 省工作情况为样本 ……………… 甘肃省人民检察院课题组（375）

民法典婚姻家庭编重点难点问题研究
…………………………………………… 山西省人民检察院课题组（385）

民法典侵权责任编重点难点问题研究
…………………………………… 河南省开封市人民检察院课题组（394）

检察机关对违法行政行为监督的边界
…………………………………… 内蒙古自治区人民检察院课题组（421）

检察指导性案例的应用效果和改进研究 ……………………… 金　鑫（434）

《人民检察院检察委员会组织条例》修改完善研究

吕天奇*

人民检察院检察委员会制度成立的初衷，主要是凝聚共同智慧，在少数服从多数原则下对有关复杂、疑难的案件和检察机关决策的重大事项进行研讨，以提高检察决策的科学性和合理性。它是我国社会主义检察制度的重要组成内容，亦是司法现代化所要求的。现行的《人民检察院检察委员会组织条例》制定于2008年，对检察委员会制度框架的构建和检察委员会工作规范化运行发挥了重要作用。十年过去，司法实践发生了变化，特别是司法体制改革之后，检察权运行机制进一步完善、检察官办案组织结构进一步调整。检察委员会制度作为现行检察制度的重要组成部分，具有深厚的政治、文化基础，而司法体制改革又提出了新的要求和任务，检察委员会作为检察机关内部依据法律规定讨论决定重大案件和重大问题的办案组织，是检察权运行机制中的重要一环，其制度自然面临进一步修改完善。改革和完善检察委员会制度就是要立足于当前的人民检察制度，以法制现代化的标准考量，对其运行机制进行改造和完善，发挥检察委员会会议的决策功能。本课题将从检察委员会在检察权运行机制中的地位和办案组织结构中的作用入手，从人员组织、决策方式、运行程序、配套机制等方面分析论证《人民检察院检察委员会组织条例》需要进一步修改完善的地方，以健全检察环节司法参与等相应具体运行机制，充分发挥检察委员会作为最高业务决策机构的作用。

一、检察委员会制度规范演进历程

（一）检察制度初建时期的检察委员会制度

检察委员会制度是我国检察史上的一项制度创举，是中国特色社会主义检

* 作者单位：四川省人民检察院。

察制度的重要内容。自新中国成立之日起，便与我国检察制度紧密相连，不断曲折发展。新中国成立以来，我国有关检察院组织法的法律文件共有四个，每部文件中都对检察委员会制度进行了规定。第一部检察院组织法为1949年12月经中央人民政府批准的《中央人民政府最高人民检察署试行组织条例》，该条例第7条规定“最高人民检察署委员会议，由检察长、副检察长、秘书长与委员组成，并以检察长为主席”。最高人民检察署委员会议就是检察委员会的前身。第8条规定：“最高人民检察署委员会议，议决有关检察政策方针、重大案件及其其他重要事项，并总结经验”。第二部检察院组织法为1951年9月颁布的《中央人民政府最高检察署暂行组织条例》，该条例是在实施《中央人民政府最高人民检察署试行组织条例》的基础上起草的，该条例第6条规定：“最高人民检察署委员会议，以检察长、副检察长及委员组成之，以检察长为主席。委员会议意见不一致时，取决于检察长。最高人民检察署委员会议，决议有关检察之政策方针及其他重要事项”。第三部检察院组织法即1954年9月《中华人民共和国人民检察院组织法》，将“检察委员会议”改为“检察委员会”，规定各级人民检察院设检察委员会，以“检察长为主席”改为“检察委员会在检察长领导下，处理有关检察工作的重大问题”。之后，文化大革命爆发，检察机关被撤销。

（二）检察制度重建后的检察委员会制度

1979年3月5日，我国第三部宪法确定重新设置各级人民检察院。而第四部检察院组织法在1979年7月由第五届全国人大第二次会议通过，《人民检察院组织法》第3条第2款规定：“各级人民检察院设立检察委员会。检察委员会实行民主集中制，在检察长的主持下，讨论决定重大案件和其他重大问题。如果检察长在重大问题上不同意多数人的决定，可以报请本级人民代表大会常务委员会决定。”这部法律也掀开了检察委员会制度发展的新篇章。

1980年2月21日，最高人民检察院检察委员会第一次会议通过了《人民检察院检察委员会组织条例》（以下简称《组织条例》），对规范检察委员会工作发挥了重要作用，但该《组织条例》当时仅有8个条文，对检察委员会委员名额、决定事项范围、民主集中制等问题作了简要规定，相关规定的内容比较原则，也未规定必要的工作制度。随着检察工作不断发展，逐渐不能适应形势的要求。1999年最高人民检察院下发了《关于改进和加强检委会工作的通知》，该通知第1条规定：“检察委员会是人民检察院在检察长主持下的议事决策机构”。“党对检察业务工作的领导很大程度上就是通过检察委员会这一最高检察业务决策机构来贯彻实现的”。该通知首次明确了检察委员会是检察机关议事决策机构的职能定位，这一职能定位也得到最高人民检察院相关文件的进一步确认。2008 年 9 月《关于加强和改进最高人民检察院检委会工作的意见》明确规定："检察委员会是检察机关依法在检察长的主持下实行民主集中制的业务决策机构……最高人民检察院检察委员会是全国检察机关最高业务决策机构，其作出的决定具有法律效力"。最高人民检察院在 2008 年 2 月 2 日修订了《组织条例》，此次修订总结了之前的检察委员会工作改革经验，并针对工作中存在的突出问题，进一步明确了检察委员会的议事范围；增加规定了议案的提起、讨论、决定、表决、复议等程序；明确了检察委员会委员的任职资格、任免、职责和义务；原则规定了检察委员会专职委员的设置；明确规定了检察委员会召开和作出决定的人数要求，进一步完善了贯彻民主集中制的工作机制；增加规定了例会制、列席制、回避制等制度；规定了检察委员会办事机构的设置原则及其工作职责等。条文数量由原来的 8 条扩展为现在的 18 条，结构更加完整，相关规定也更加具有可操作性。随后，最高人民检察院陆续发了《人民检察院检察委员会议事和工作规则》《检察委员会专职委员选任及职责暂行规定》《人民检察院检察委员会议题标准》等规定性文件，搭建起了检察委员会制度的规范体系，大力推动了实践中检察委员会工作的发展完善。

（三）新时期检察委员会制度面临的新形势

党的十八届三中全会将完善司法责任制作为推进法治中国建设的重要内容。党的十八届四中全会进一步部署，要求"完善主审法官、合议庭、主任检察官、主办侦查员办案责任制，落实谁办案谁负责"。检察机关从 2014 年起按照中央政法委的部署开展司法责任制试点，已初步建立了权责明晰、监管有效、保障有力的检察权运行新机制。人民检察院司法责任制改革的核心在于通过明晰职责权限，突出检察官的办案主体地位，做到谁办案谁负责，谁决定谁负责。在司法体制改革过程中，也相应对检察委员会制度作了进一步完善，明晰了检察委员会、检察长、检察官之间的职责权限。2018 年 10 月 26 日，经过 40 年后，《人民检察院组织法》完成了一次大修，修订后的《人民检察院组织法》又一次明确人民检察院是国家法律监督机关的性质和宪法定位，完善了检察机关法律监督职能配置，规定了法律监督职责权限、办案组织设置及运行方式等，其中对检察委员会制度也予以进一步细化完善，在第 30 条、第 31 条、第 32 条就检察委员会的组成、职能和运行方式作出了明确规定。

随着检察权运行新机制的建立，检察机关的反贪、反渎、预防的机构、职能和人员转隶完成，《人民检察院组织法》大修完成，检察工作面临着不断发展的新形势新局面。检察委员会作为检察机关内部依据法律规定讨论决定重大案件和重大问题的办案组织，是检察权运行机制中的重要一环，也迫切需要完善制度以适应新情况新要求，《组织条例》需及时进行再一次修订。

二、《人民检察院检察委员会组织条例》的修改原则

（一）坚持《人民检察院组织法》的职能定位

2018年10月26日，第十三届全国人大常委会第六次会议修订通过《人民检察院组织法》。修订后《人民检察院组织法》第三章对“人民检察院办案组织”专门作出规定，将检察官办案责任制改革中关于办案组织的改革举措从制度上予以法制化，规定检察院实行检察官办案责任制，充分体现了检察院办案组织的新发展。其中第三章明确将检察委员会纳入，确立了检察委员会作为办案组织地位，并完善了检察委员会的组成及其运行机制。在办案责任制改革初期，对检察委员会的职能定位不够清晰，对其改革发展方面主要有议案职能适度司法化、向办案组织转型、向咨询指导组织转型等多种观点。① 最高人民检察院《关于完善人民检察院司法责任制的若干意见》（以下简称《意见》）中，将第三部分“健全检察委员会运行机制”与第二部分“健全司法办案组织及运行机制”并列，也容易使人误会检察委员会不是检察院的办案组织，② 进而在司法责任制改革初期致使实践中产生对检察委员会制度发展的质疑与忧虑。40年的检察实践证明，检察委员会制度与检察官办案责任制度并不冲突。检察官办案责任制与检察委员会制度之间的关系，实质体现了检察官独立原则和检察一体原则之间辩证统一。此次《人民检察院组织法》修订正是明确了检察委员会作为办案组织的法律身份，固定了其作为业务决策机构的职能定位，为检察委员会制度发展明确了方向。《组织条例》的修改应当在坚持检察委员会这一职能定位的核心精神指导下进行，并通过完善制度构建强化办案组织的职能定位。

（二）落实《人民检察院组织法》的具体要求

修订后的《人民检察院组织法》中关于检察委员会制度的规定由原来的1条扩展为了3条，在第30条、第31条、第32条就检察委员会的组成、职能

---

① 汪海燕、王宏平：《司法改革背景下检委会的职能定位》，载《国家检察官学院学报》2018年第1期。

② 高景峰、李先伟：《人民检察院办案组织的新发展》，载《检察日报》2018年12月17日。

和运行方式作出了明确规定。

第一，检察委员会人员组成方面。修订后人民检察院组织法吸纳了《意见》中关于检察委员会的相关规定，同时在《意见》基础上，在第30条将检察委员会“由检察长、副检察长、专职委员和部分资深检察员组成”修改为“由检察长、副检察长和若干资深检察官组成，成员应当为单数”。一方面，修订后人民检察院组织法规定检察院的检察人员由检察长、副检察长、检察委员会委员和检察员等人员组成，同时明确除检察长、副检察长之外，只有资深检察官才能成为检察委员会委员，更加突出了检察官的主体性。另一方面，修订后《人民检察院组织法》明确检察委员会的成员应当是单数，从而可以避免投票时赞成票与反对票相同现象的发生。

第二，进一步完善检察委员会的职能。修订前的《人民检察院组织法》规定检察委员会“讨论决定重大案件和其他重大问题”。修订后检察委员会的职能包括“（一）总结检察工作经验；（二）讨论决定重大、疑难、复杂案件；（三）讨论决定其他有关检察工作的重大问题”，并规定“最高人民检察院对属于检察工作中具体应用法律的问题进行解释、发布指导性案例，应当由检察委员会讨论通过”。

第三，对于检察长不同意多数人意见时的解决程序予以细化，使之更具可操作性。修订前的《人民检察院组织法》规定，检察长统一领导检察院工作；检察委员会实行民主集中制，在检察长的主持下，讨论决定重大案件和其他重大问题。修订后《人民检察院组织法》在继续坚持检察委员会实行民主集中制、检察长领导本院检察工作的基础上，明确地方各级检察院检察长不同意本院检察委员会多数人的意见，属于办理案件的，可以报请上一级检察院决定；属于重大事项的，可以报请上一级检察院或者本级人民代表大会常务委员会决定。这一修订，既确保了检察委员会民主集中制的有效实施，又通过检察长的报请决定权将上级检察院对下级检察院的领导落到实处。即地方各级人民检察院检察长不同意本院检察委员会多数人的意见，属于办理案件的，可以报请上一级人民检察院决定；属于重大事项的，可以报请上一级人民检察院或者本级人民代表大会常务委员会决定。进一步健全了检察长与检察委员会之间的关系。

第四，从制度上明确了检察委员会作为办案组织的运行机制及其司法责任承担。修订后《人民检察院组织法》从制度上确立了检察官办案责任制改革中的分权制办案模式和授权制办案模式。在分权制办案模式中，检察官对于承办的重大案件的事实和证据负责，而办案事项决定权由检察长或者检察委员会行使。在授权制办案模式中，检察官承办案件并根据检察长的授权对办案事项作出决定。同时，修订后《人民检察院组织法》还明确了检察官、检察长或者检察委员会之间的责任承担：首先，案件由检察官在职权范围内作出的决定，由检察官对案件负责。其次，案件由检察长作出决定的，检察长承担相应责任。最后，检察委员会讨论案件，检察官对其汇报的事实负责，检察委员会委员对本人发表的意见和表决负责。①

上述《人民检察院组织法》对检察委员会制度的具体规定都应当在《组织条例》中予以细化体现。

（三）体现办案责任制度改革的精神

近年来，司法体制改革持续深化，特别是党的十八届四中全会作出全面依法治国的决定，提出了一系列重大司法体制改革措施，取得了丰硕的改革成果。司法责任制改革是本轮司法体制改革的“牛鼻子”，在司法制度体系和司法权运行机制中居于基础和核心的地位。司法责任制改革的目标是通过健全司法办案组织，科学界定内部司法办案权限，完善司法办案责任体系，以构建公正高效的检察权运行机制和公平合理的司法责任认定、追究机制，做到谁办案谁负责，谁决定谁负责。按照中央部署，2015 年 9 月最高人民检察院发布了《意见》，各省级检察院普遍结合实际制定实施细则。经过几年的探索实践，全国检察机关司法责任制改革基本完成，初步建立了权责明晰、监管有效、保障有力的检察权运行新机制。通过改革，检察机关的定位更加清晰，职权更加完善，监督体系更加健全，检察权运行的监督和保障机制也得到强化。② 检察委员会作为办案组织，也是检察权运行机制中的一环，在《组织条例》中应当体现出司法责任制的原则和内容要求，要对改革经验成果进行固定，也为司法责任制的进一步落实奠定制度基础。

三、《人民检察院检察委员会组织条例》修改中的具体问题

司法实践发展和司法体制改革对检察委员会制度提出新的要求和变化，《人民检察院组织法》修订出台也为《组织条例》修改提供了明确的依据。结合检察委员会制度在人员组织、运行程序、决策方式、信息化建设方面的调整变化实际以及实践中亟须解决的问题，对修改《组织条例》需要注意的问题做

① 高景峰、李先伟：《人民检察院办案组织的新发展》，载《检察日报》2018 年 12 月 17 日第 3 版。

② 王建平：《坚持检察工作七项基本原则》，载《检察日报》2018 年 12 月 10 日第 3 版。

以下梳理。

（一）关于检察委员会人员组成和员额的问题

1. 人员组成。修订后的《人民检察院组织法》第一次对检委会人员组成进行了明确规定，第30条规定“各级人民检察院设检察委员会。检察委员会由检察长、副检察长和若干资深检察官组成，成员应当为单数。”在检察人员分类管理的大前提下必须明确的是，检察委员会委员首先是作为检察官而存在，其履行委员职责必须具备检察官的身份资格，不能让不具有检察官身份或不胜任检察官工作的人员占据委员职位，也不能将检察委员会委员作为超越检察官的特殊存在。检察官作为检察人员分类管理的重要部分，其需具备该类别专有的任职资格、崇高的职业理想、良好的职业道德、较高的法律水平、胜任的司法能力等。因此，检察官员额制改革之后的检察委员会委员除履行参与检察委员会议事决策职责外，还应当与其他检察官一样，参与一定数量的司法办案工作，并对自己办理的案件自主作出决定、独立承担责任。《组织条例》需要根据组织法的规定对检察委员会人员组成表述进行调整，同时有必要进一步将组织法中提出的“资深检察官”条件予以细化。马克斯·韦伯曾指出，法律职业的专业化，是现代国家司法机关与其他社会组织最大的区别和最重要的特征。检察官专业化建设既是检察改革整体推进的现实需要，也是检察工作面临新形势、新任务的迫切要求。检察委员会作为检察机关内部的最高业务决策机构，其委员应当具有比一般检察官更高的专业化要求，需要具备深厚的法律知识、丰富的业务经验。进入检察委员会的“资深检察官”通常理解为三类，一是检察委员会专委，二是业务部门负责人，三是政治素质好、业务熟悉、法律适用水平高、实践经验丰富的一线检察官。但随着司法责任制改革去行政化的推进和员额制改革完成，检察机关内部的业务部门负责人应当都是员额内的检察官。因此，为了突出检察委员会作为办案组织的业务决策机构属性，建议将《组织条例》第2条“各级人民检察院检察委员会由本院检察长、副检察长、检察委员会专职委员以及有关内设机构负责人组成。”修改为“各级人民检察院检察委员会由本院检察长、副检察长、检察委员会专职委员和政治素质好、业务水平高的资深检察官组成。检察委员会委员应当为检察官。”

2. 委员额数。《组织条例》在2008年修订时对检察委员会委员的员额人数有所调高。当时的考虑是检察机关领导职数有所增加，党中央关于进一步加强“两高”工作的决定又提出各级人民检察院可以设置检察委员会专职委员2名左右，2008年修订前的《组织条例》规定的委员员额标准已经不适应检察工作发展的实际需要，因此，适当增加确有必要。目前《组织条例》规定的各级人民检察院检察委员会委员员额是在综合考虑各级院检察长、副检察长、专职委员和内设机构数等因素的基础上确定的。归纳起来有两个特点：一是各级检察院检察委员会委员员额标准的下限和上限都有所调高。保留下限的规定并调高其标准，是为了切实发挥检察委员会集体决策的功能，防止委员人数过少损害民主集中制，形成事实上的“一长制”。二是下限和上限的跨度加大。这样规定是为了适应我国地域辽阔、各地区检察队伍人数和领导职数差异较大的实际情况。①

但经过司法责任制改革，特别是员额制配套改革后，检察机关原来占 60%—70% 的检察官比例精简到了 40% 左右。以四川省为例，截至 2018 年 2 月，员额检察官占政法专项编制 34.3%。而检察机关职务犯罪侦查、预防部门转隶之后，检察院人员规模和检察官人数也有所下降，以四川省为例，基层院中 50 人以下的小院占 2/3，20 人以下的微型院有 9 个，按员额配置比例计算，这些院检察官配备约为 7—17 人，目前《组织条例》中设置的基层院检委会员额为 7—15 人。因此实践中会导致在一些较小的基层院，由于人员变动，检察官人数达不到检委会员额下限，无法组成有效履职的检察委员会。因此，建议根据目前检察工作实际情况的变化，在修订《组织条例》时对检察委员会员额的下限进行适当调整，特别是基层检察院，可以将检察委员会员额下限调整为 5 名。

（二）关于检察委员会议案范围的问题

此次组织法修订把检察委员会的职能进一步细化，由原来的“讨论决定重大案件和其他重大问题”丰富为“总结检察工作经验，讨论决定重大、疑难、复杂案件和讨论决定其他有关检察工作的重大问题三项职能”，在第 31 条规定，“检察委员会履行下列职能：（一）总结检察工作经验；（二）讨论决定重大、疑难、复杂案件；（三）讨论决定其他有关检察工作的重大问题”。修订后的组织法再次强调，将检察委员会职能定位为检察机关内部的办案业务决策组织，其既负责重大、疑难、复杂案件的决策同时也承担检察业务工作总结指导，即通常所说的议案与议事两大职能。《组织条例》第 4 条规定，“检察委员会讨论决定重大案件和其他重大问题”，并将检察委员会的职责主要细化为以下 8 大类：（一）审议、决定在检察工作中贯彻执行国家法律、政策和本级人民代表大会及其常务委员会决议的重大问题；（二）审议、通过提请本

① 穆红玉、马滔：《〈人民检察院检察委员会组织条例〉解读》，载《人民检察》2008 年第 8 期。

级人民代表大会及其常务委员会审议的工作报告、专题报告和议案；（三）总结检察工作经验，研究检察工作中的新情况、新问题；（四）最高人民检察院检察委员会审议、通过检察工作中具体应用法律问题的解释以及有关检察工作的条例、规定、规则、办法等；省级以下人民检察院检察委员会审议、通过本地区检察业务、管理等规范性文件；（五）审议、决定重大、疑难、复杂案件；（六）审议、决定下一级人民检察院提请复议的案件或者事项；（七）决定本级人民检察院检察长、公安机关负责人的回避；（八）其他需要提请检察委员会审议的案件或者事项。

从实践来看，对事项类议题的范围争议并不大，困难主要在于执行。但案件类议题的范围则较难明确，各地掌握标准不一。实际运行中，检察委员会的个案决策功能往往是其核心功能，但《刑事诉讼法》有关检察委员会讨论决定的案件范围仅有1条规定，即第87条规定："人民检察院审查批准逮捕犯罪嫌疑人由检察长决定。重大案件应当提交检察委员会讨论决定。"《人民检察院刑事诉讼规则（试行）》除特定审查逮捕、核准追诉两类案件赋予检委会单独的决定权以外，其他均采用"检察长或者检察委员会决定"的表述。同时，《人民检察院检察委员会议事和工作规则》也设定检察委员会审议议题的范围包括："经检察长决定，审议有重大社会影响或者重大意见分歧的案件，以及根据法律及其他规定应当提请检察委员会决定的案件。"但在具体列举审议案件类型时与《组织条例》的表述有一定的出入。检察委员会审议案件的范围事实上决定了检察委员会与检察长、检察官决策的界限。依照司法责任制改革的精神，伴随检察官办案主体地位的突出，检察委员会的个案决策权应适当限缩并与检察长、检察官决策权界限明确。改革中，各地通过制定权力清单解决这一问题，但从各省的权力清单设立情况来看，对检察委员会案件类议题范围的确定仍然主要参考《组织条例》《人民检察院检察委员会议事和工作规则》，仍然存在对"重大、疑难、复杂案件"界定把握困难、标准不一的问题。《人民检察院组织法》对检察委员会审议案件范围也规定为"讨论重大、疑难、复杂案件"的统一标准，以利于操作落实，《组织条例》应当对"重大、疑难、复杂案件"进一步细化，可通过分层分类予以规定。

第一层是应当提请检察委员会决定的案件。这类案件是根据法律法规规定必须上会的案件，即符合规定情形的所有案件均应提交检察委员会研究，不需要任何主观判断或附加其他条件。具体可以规定为以下六类：（一）报请核准追诉的案件；（二）对人民法院已生效裁判提出抗诉，或提出再审检察建议的案件；（三）拟改变检察委员会原决定的案件；（四）拟报请省级检察院核准终结的信访案件；（五）检察长不同意人民监督员表决意见的案件；（六）提请本院复议案件以及拟提请上级院复议案件。

第二层是可以提交检察委员会决定的案件。在这一层级中又可以分为两种类型，第一类是案件既要具备案件基本的类型，又需要一定的主观判断，这个判断决定权主要在检察长。这类案件可以规定为以下几种：（一）严重危及国家安全稳定的犯罪案件；（二）严重影响社会稳定的涉众型案件；（三）需要由检察委员会决定的拟向上级请示或上级交办案件；（四）社会关注度高，在本辖区范围内有重大社会影响的案件。第二类则是完全属于主观性的判断，即检察长认为"重大、疑难、复杂"的案件，有必要提交检察委员会讨论的，通常可以规定以下几方面：（一）有重大意见分歧；当然这类案件中的"分歧"仅指法律适用的分歧，对事实证据认定存在分歧的案件不宜提交检察委员会进行研究；（二）新类型案件；（三）其他疑难复杂，有必要提交检察委员会研究决定的案件。此类案件类型主要是通过主观判断来确定的，潜在案件类型及数量较多，为了防止出现承办检察官将疑难复杂案件提交检察委员会决定这种与司法责任制改革精神相悖的情形，这类案件的主观判断权只能由检察长行使，检察官、分管检察长均只有建议权。且在具体提交程序上要有一定限定，必须先经过检察官联席会议研究，再提交检察长决定。

通过规定"应当+可以""客观案件类型+主观判断"相结合的方式进一步对检察委员会审议案件类型进行规范细化，使之既符合司法改革精神，也利于司法实践操作。

（三）关于检察长不同意多数人意见案件的办理程序问题

修订后的《人民检察院组织法》第32条第3款规定："地方各级人民检察院的检察长不同意本院检察委员会多数人的意见，属于办理案件的，可以报请上一级人民检察院决定；属于重大事项的，可以报请上一级人民检察院或者本级人民代表大会常务委员会产决定。"这一规定体现了检察一体原则，也进一步明确了检察长与检察委员会的关系。事实上，现行《组织条例》在第14条中对该项制度原则已作规定，此次组织法修订通过立法形式将该制度予以固定。但在实践中，这一体现上下级检察院、检察长与检察委员会关系的重要制度的具体执行程序和方式并没有明确规定对其予以规范。特别是涉及案件议题，检察长就讨论的案件不同意多数检察委员会委员意见的情况确有存在，但应当如何具体操作，却是制度空白。从实践来看，由于这项请示权并没有严格程序控制，启动简单，少部分院在办理疑难复杂或者影响较大的案件时，会利用检察长不同意多数人意见时的请示权，将案件处理权及责任移交上一级院以规避本院责任。而上级院对此类案件的处理也较为棘手，由于未有明确的受理及处理程序，此类案件的下级院报送部门和上级院接收部门应当是谁、案件呈报上级院后的处理流程应当如何、此类案件是由上一级院分管检察长或者检察长决定即可还是必须由检察委员会决定、上一级院是否需要指定检察官对此案进行重新审查、案件作出的决定是应当由上一级检察院承担责任还是由下级院承担……这一系列问题都需要予以明确。2015 年最高人民检察院印发了《人民检察院案件请示办理工作规定（试行)》，这一规定属于落实司法责任制改革的配套制度规定。一是明确了下级院在办理具体案件时，对涉及法律适用、办案程序、司法政策等方面确属重大疑难复杂的问题，经本级人民检察院研究难以决定的，应当向上级人民检察院请示。① 二是明确了下级院以院名义请示的案件通过本院案件管理部门通过统一业务应用系统，报送上级院案件管理部门，再由上级院案件管理部门移送相关业务部门办理。② 三是明确了上级院承办人办理后经部门负责人审查后报送分管副检察长审批。分管副检察长认为必要时，可以报检察长或提请检察委员会审议决定。③ 四是明确了下级院应当对案件事实认定、证据采信承担办案责任。④ 从上述案件适用类型、办案流程、决策程序和办案责任规定来看，该规定是目前最适用于检察长不同意多数人意见决定提交上一级院决定案件办理的规定。因此，建议在《组织条例》修订中可以明确，“检察长不同意多数人意见，决定提交上一级院决定的案件可以参照适用案件请示办理程序”。

（四）关于回避程序的问题

在司法责任制改革之后，检察委员会委员作为员额检察官，其本身要承担办案任务，因此实践中产生了检察委员会委员在其办理的案件提交检察委员会审议时是否需要回避的问题。就该问题，有两种观点：第一种观点认为，这种情况下检察委员会委员应当回避，不参与案件表决，其理由是为保证案件公平处理，以排除其对检察委员会的支配与影响。第二种观点认为，这种情况下检察委员会委员当然有投票表决权。诉讼过程中的回避情况是由法律规定的，检察委员会委员作为案件承办人也是遵守法律的规定，此种情况并不是法定回避事由。检察委员会委员可以对别人承办的案件发表意见和参与投票，对自己承办的案件当然更有发言权，应该有投票权可以参与投票。笔者同意第二种观

① 《人民检察院案件请示办理工作规定（试行)》第 2 条。

② 《人民检察院案件请示办理工作规定（试行)》第 9 条、第 10 条。

③ 《人民检察院案件请示办理工作规定（试行)》第 12 条。

④ 《人民检察院案件请示办理工作规定（试行)》第 3 条。

点。诉讼活动中的回避，主要是指审判人员、检察人员、侦查人员与其所承办的案件或者案件的当事人有某种利害关系或其他特殊关系，可能影响刑事案件的公正处理，因而不得参加该案件的审判、检察、侦查等活动的一项诉讼制度。此项诉讼制度的价值主要在于保证办理案件的客观公正，消除犯罪嫌疑人、被告人以及其他当事人的思想顾虑和社会不良影响，提高司法机关的威信。检察官在整个诉讼活动中应当遵守法定回避制度。导致回避的法定事由主要是与承办案件或者案件的当事人有某种利害关系或者其他特殊关系，可能影响刑事案件公正处理的，而就自己承办的案件在检察委员会决定环节发表意见并投票，并不是法定回避事由，也并不会当然导致对案件处理偏颇以致司法不公或者对司法公信力产生怀疑。在"谁办案谁负责"的司法责任制改革背景下，检察委员会委员作为案件承办人时应当对自己承办案件的事实和证据负责，不能将责任推诿给检察委员会，则更应该在检察委员会会议中明确表达自己的观点与意见。而且，在检察委员会表决规则中，无论是检察长还是检察委员会委员，其手持的也仅是一票表决权，最终决定是由检察委员会根据"两个过半"的表决原则作出，并不会因这一票当然影响其他委员的表决。但若检察委员会委员为了自己案件办理而私下采取了违纪违规行为影响其他委员表决的，则应当依据相应的违法违纪的法律法规处理。所以目前来看，《组织条例》第13条规定的"检察委员会在讨论决定案件时，检察委员会委员具有法律规定的应当回避的情形的，应当申请回避并由检察长决定；本人没有申请回避的，检察长应当决定其回避。检察长的回避由本院检察委员会决定。"已可以解答改革后提出的问题，仍然能够适用，无须修改。

（五）关于完善检委会办事机构职责的问题

《组织条例》第17条规定了检察委员会办事机构的6大职责，包括"（一）对提交检察委员会讨论的案件或者事项材料是否符合要求进行审核；（二）对提交讨论的案件或者事项提出法律意见；（三）对提交讨论的有关检察工作的条例、规定、规则、办法等规范性文件提出审核意见；（四）承担检察委员会会议通知、会议记录、会议纪要和会议材料归档工作；（五）对检察委员会决定事项进行督办；（六）检察委员会交办的其他工作。"而检察委员会办事机构还有一项重要职责，"负责人民检察院检察长列席审判委员会会议的具体事宜"尚未列入。2009年，最高法、最高检共同出台了《关于人民检察院检察长列席人民法院审判委员会会议的实施意见》（以下简称《实施意见》），其中第10条明确规定："人民检察院检察长列席审判委员会会议的具体事宜由审判委员会办事机构和检察委员会办事机构负责办理"。由于此《实施意见》晚出台于《组织条例》，检察委员会办事机构的此项职责未被列入《组织条例》。2018 年，修订后的《人民检察院组织法》第 26 条规定，“人民检察院检察长或者检察长委托的副检察长，可以列席同级人民法院审判委员会会议。”首席大检察官张军对检察长列席同级法院审委会工作提出了明确要求，指出这是落实检察长办案的重要载体。全国四级检察机关检察长列席同级法院审委会工作正在深入推进。因此，建议修改《组织条例》时，应当将检察委员会办事机构“负责检察长列席同级法院审判委员会工作具体事宜”的职责予以明确。

建立跨行政区划人民检察院相关问题研究

上海市人民检察院第三分院课题组*

探索设立跨行政区划检察院，是党的十八届四中全会通过的《中共中央关于全面推进依法治国若干重大问题的决定》中确定的改革任务，目标是要构建普通案件在行政区划检察院办理、特殊案件在跨行政区划检察院办理的新型诉讼格局。党的十九大报告从深化全面依法治国的战略高度，指出要深化司法体制综合配套改革；为确保改革的系统性、整体性、协同性，2018 年初召开的全国政法工作会议、全国检察长会议均对深化跨行政区划检察改革提出了要求。这表明，跨行政区划检察改革任务没有变、目标没有变。

然而，不可否认，跨行政区划检察改革试点如今已有数年之多，对于一项改革试点而言，时间略显偏长。加之在跨行政区划检察改革推进过程中，检察机关叠加经历了国家监察体制改革、刑事诉讼法以及“两院”组织法修改，等等，而法院相关改革，如最高人民法院立巡回法庭、互联网法院、上海金融法院又纷纷设立，相较之下，跨行政区划法院、检察院改革的确相对滞后。

改革，改的是体制机制，动的是利益格局，① 难度自然可想而知，而且伴随改革的不断深化，也会逐渐步入改革深水区，遇到日益难啃的硬骨头。就跨行政区划检察改革而言，于外部，会遇到如何才能实现新增案件的跨省管辖与其他改革的协同推进等问题；于内部，会遇到案件管辖与地方检察机关如何合理切割等现实问题。加之在改革试点之初，便存在有论者言的试点选择的典型性、诉讼层级的单一性、检法改革的协调性等问题，② 使得改革任务的艰巨性愈发突出。

但从另外一个角度而言，这或许也正是试点的价值所在。正如习近平总书

---

* 课题负责人：徐燕平。课题参加人：杨爱民、张永胜、张守慧、韩东成。

① 孟建柱：《统一思想增强信心攻坚克难坚定不移推动司法责任制改革全面开展》，载《检察日报》2016 年 7 月 20 日。

② 刘新成：《科学推进跨行政区划检察院改革试点》，载《检察日报》2016 年 2 月 20 日。

记所说，改革是由问题倒逼而产生，又在不断解决问题中深化。改革不可能一蹴而就，也不可能一劳永逸。面对跨行政区划检察改革过程中遇到的一些难题，改革先行者应该以一种开拓创新、攻坚克难的精神，积极寻求破解难题的方法。同时，牢牢抓住社会变化为改革提供的新机遇，以一种久久为功的定力，毫不动摇推进跨行政区划检察改革，高质量完成中央跨行政区划法院、检察院改革任务。

一、跨行政区划检察改革面临的新挑战、新机遇

知其事而不度其时则败。面对纷繁复杂的情势变化，在咬定青山不放松、坚定改革信念的同时，必须进行客观而又理性的分析。如此方能看清何为机遇、何为挑战，如何才能抓住机遇、迎接挑战，并最终成功化挑战为机遇，不断深化跨行政区划检察改革、破解其中难题。

（一）新挑战

正如有论者言，与其他领域的改革一样，司法改革也没有现成的模本可供遵循，必然要经历一段“摸着石头过河”的探索阶段。①尤其是对于这一轮的司法改革而言，更是存在一定程度上的“理论准备不足”问题，与司法改革的强力推进形成鲜明对比的是，改革者并没有提出令人完全信服的司法理论。②虽然，笔者并非完全赞同这一观点。因为三年多的实践探索已然表明，跨行政区划检察改革是一项实践性远大于理论性的体制改革，绝非仅靠改革之初的理论设计即可完成，也绝不应因存在一定的理论论证不足就停滞不前，而应在总结试点经验的基础上，通过顶层设计加以推进。但仍应看到，无论是由于“准备不足”抑或事物发展过程中本就存在一些不可预知，跨行政区划检察改革在深化探索过程中正历经一些新挑战。

1. 国家监察体制改革

国家监察体制改革的目标，是整合反腐败资源力量，加强党对反腐败工作的集中统一领导，构建集中统一、权威高效的中国特色国家监察体制，实现对所有行使公权力的公职人员监察全覆盖。③自 2016 年 12 月 25 日全国人民代

---

① 陈瑞华：《法院改革的中国经验》，载《政法论坛》2016 年第 4 期。

② 陈瑞华：《司法改革的理论反思》，载《苏州大学学报（哲学社会科学版）》2016 年第 1 期。

③ 李建国：《关于〈中华人民共和国监察法（草案）〉的说明》，载《人民日报》2018 年 3 月 14 日第 005 版。

表大会常务委员会第二十五次会议通过《关于在北京市、山西省、浙江省开展国家监察体制改革试点工作的决定》，至2018年3月20日第十三届全国人民代表大会第一次会议正式通过《中华人民共和国监察法》，短短1年4个月时间内，我国监察体制改革完成了基本框架构建。根据前述试点决定，新成立的监察委员会，是要将人民政府的监察厅（局）、预防腐败局及人民检察院查处贪污贿赂、失职渎职以及预防职务犯罪等部门的相关职能加以整合。① 国家监察体制改革不仅会对现行检察制度运行机制造成影响，而且也会对2014年底开始的跨行政区划检察改革试点工作产生一定影响。这种影响主要表现在以下两个方面：

一方面，造成一定程度上的跨行政区划检察改革价值减损。跨行政区划检察改革价值目标之一，就是排除地方干扰。而容易受到地方干扰的案件，除了重大民商事案件，很大一部分是职务犯罪案件。国家监察体制改革之后，随着反贪、反渎、预防等部门转隶，对于传统职务犯罪案件的侦查权也将由监察机关行使。正所谓“皮之不存，毛将焉附”，于跨行政区划检察改革而言，由排除对于职务犯罪案件侦办干扰而起的部分改革必要性亦不复存在。

另一方面，使得跨行政区划检察院案件管辖也需要作出相应调整。中央《关于设立跨行政区划人民法院、人民检察院的试点方案》（以下简称《试点方案》）中规定的跨行政区划检察院案件管辖范围包括“上级人民检察院指定管辖的跨地区重大职务犯罪”。据此，有论者认为，应将一些特殊职务犯罪案件纳入跨行政区划检察院案件管辖范围，包括以往基本采用指定异地管辖的涉案人员职位较高的职务犯罪案件，中央企业及其派驻机构高级管理人员职务犯罪案件，以及承担特殊案件办理的行政执法人员职务犯罪案件等。② 国家监察体制改革后，无论是当初试点方案中案件管辖范围，抑或未来跨行政区划检察院案件管辖范围的设定，均需依次作出相应调整。

2.“两院”组织法修改

现行人民法院组织法和人民检察院组织法（以下简称“两院”组织法）于1979年7月颁布，1980年1月施行。30多年来，两部法律对于构建“两院”组织体系、确立社会主义司法制度发挥了重要作用。但随着社会形势发展，对“两院”组织法的修改势在必行。2017年8月28日，“两院”组织法

① 《全国人大常委会关于在北京市、山西省、浙江省开展国家监察体制改革试点工作的决定》，载《人民日报》2016年12月26日第4版。

② 上海市人民检察院第三分院课题组：《跨行政区划检察院全国推进的可行路径》，载谢鹏程主编：《中国检察》，中国检察出版社2018年版，第171－172页。

修订草案首次提交十二届全国人大常委会第二十九次会议审议。根据十八届四中全会决定，两个修订草案中分别对跨行政区划人民法院和人民检察院的设置进行规定："经全国人民代表大会常务委员会决定，可以设立跨行政区划人民法院，审理跨地区案件。""经全国人民代表大会常务委员会决定，可以设立跨行政区划人民检察院，办理跨区案件。"若能够在"两院"组织法修订过程中，将跨行政区划人民法院和人民检察院的组织形式，在法律层面固定下来，将不啻为该项改革任务取得的一项重大阶段性成果，亦能够为接下来改革的深化打下基础、留好端口。

然而，在2018年6月19日"两院"组织法修订草案二审稿提请十三届全国人大常委会审议时，却删除了上述有关设立跨行政区划法院、检察院条款。表层原因是，一审时，一些常委会委员提出，有关跨行政区划法院、检察院的设立问题，涉及体制设计和制度安排，应当慎重、反复论证。深层原因或在于，根据全国人大宪法和法律委员会副主任委员沈春耀在作草案修改情况报告时指出的，全国人大常委会从未就设立跨行政区划人民法院和人民检察院作过决定，该项改革还涉及宪法和地方组织法有关人民法院、人民检察院组成人员任免的规定，目前在北京市、上海市设立的集中管辖有关案件的中级人民法院及人民检察院也不是由全国人大常委会决定设立的。由此，二审稿删除了相关条文，对这一问题暂不作规定，待条件成熟时再作规定。①

最终，在2018年10月26日第十三届全国人民代表大会常务委员会第六次会议通过修改后的《人民检察院组织法》中，"跨行政区划"的字样没有再出现。

3. 法院相关改革推进

首先是最高人民法院设立巡回法庭。十八届四中全会决定在同一段落中规定："最高人民法院设立巡回法庭，审理跨行政区域重大行政案件和民商事案件。探索设立跨行政区划的人民法院和人民检察院，办理跨地区案件。"2014年12月2日，中央全面深化改革领导小组第七次全体会议通过《最高人民法院设立巡回法庭试点方案》，同意在深圳市、沈阳市设立第一、第二巡回法庭，作为改革试点。2016年11月1日，中央全面深化改革领导小组第二十九次会议审议通过《关于最高人民法院增设巡回法庭的请示》，同意在重庆市、西安市、南京市、郑州市增设第三至第六巡回法庭。上述六个巡回法庭分别有各自的巡回区，除最高人民法院直接受理北京、天津等五省区市有关案件外，最高人民法院巡回法庭基本实现了管辖全覆盖。作为同期提出的改革任务，跨

---

① 彭东昱：《"两院"组织法修订草案二审：内容进一步优化》，载《中国人大》2018年第12期。

行政区划法院、检察院改革至今仍停留在改革试点阶段，而且试点范围仍局限在北京、上海两个直辖市，改革推进速度相对缓慢。

其次是杭州、北京和深圳互联网法院先后设立。2017 年 6 月 26 日，中央全面深化改革领导小组审议通过《关于设立杭州互联网法院的方案》，同年 8 月 18 日，在杭州铁路运输法院的基础上建立的杭州互联网法院正式揭牌。在总结杭州互联网法院试点经验的基础上，2018 年 7 月 6 日，中央全面深化改革委员会第三次会议审议通过《关于增设北京互联网法院、广州互联网法院的方案》，根据该方案，在设立北京互联网法院的同时，撤销北京铁路运输法院；在设立广州互联网法院的同时，撤销广州铁路运输第二法院；互联网法院集中管辖所在市辖区内特定类型涉互联网第一审案件；原铁路运输法院管辖的案件由相关高级人民法院指定辖区内其他基层人民法院办理。① 可以看出，借助互联网法院改革，有的铁路运输法院已被互联网法院“荫蔽”，有的已被明确撤销。虽然，互联网法院的设立应不具有普遍意义，但这与时任中央政法委书记孟建柱同志指出的“这项（跨行政区划法院、检察院）改革，只要对现有铁路运输法院和检察院略加改造，合理调配、充实审判人员、检察人员就可以做到”② 之间的统筹关系，值得关注。

再次是上海金融法院的设立。2018 年 3 月 28 日，中央全面深化改革委员会第一次会议审议通过《关于设立上海金融法院的方案》；同年 4 月 27 日，十三届全国人大常委会第二次会议审议通过《关于设立上海金融法院的决定》；同年 7 月 31 日，最高人民法院审判委员会第 1746 次会议通过《关于上海金融法院案件管辖的规定》；同年 8 月 20 日，上海金融法院正式挂牌成立。根据前述案件管辖规定，上海金融法院专门管辖之前由上海市中级人民法院管辖的金融民商事案件和涉金融行政案件。并且根据最高人民法院院长周强在十三届全国人大常委会第二次会议上就设立上海金融法院所作说明，上海设立金融法院仅为“先行探索”，将来可能在全国“稳步推进”。③ 而根据中央《试点方案》，跨行政区划法院管辖“跨地区的行政诉讼案件”“跨地区的重大民商事案件”等案件，试点过程中的“跨地区”实际上等于“中级人民法院管

① 《最高人民法院印发〈关于增设北京互联网法院、广州互联网法院的方案〉的通知》（法〔2018〕216 号）。

② 孟建柱：《完善司法管理体制和司法权力运行机制》，载《人民日报》2014 年 11 月 7 日。

③ 周强：《〈关于设立上海金融法院的决定（草案）〉的说明——2018 年 4 月 25 日在第十三届全国人民代表大会常务委员会第二次会议上》，载《人民法院报》2018 年 4 月 28 日。

辖”。因此，未来在深化跨行政区划法院、检察院改革过程中，与金融法院改革的稳步推进，尤其是在案件管辖的界定等方面，也需要长远规划。

（二）新机遇

2017年6月26日，习近平总书记在中央全面深化改革领导小组第36次会议上强调，注重系统性、整体性、协同性是全面深化改革的内在要求，也是推进改革的重要方法。已经出台总体方案的改革，要抓紧出台相关配套文件和实施细则；少数尚未形成总体方案的重点领域改革，要加快顶层设计，尽快拿出总体方案。党的十九大报告从深化全面依法治国的战略高度，指出要深化司法体制综合配套改革；为确保改革的系统性、整体性、协同性，今年初召开的全国政法工作会议、全国检察长会议都对深化跨行政区划检察改革提出了要求。如前所述，改革任务本身的艰巨性以及改革过程中一些形势变化，给改革带来了不小的挑战。但同时，也应当看到，进入新时代，随着社会形势发展，跨行政区划检察改革也迎来了新的历史机遇。

1. 社会主要矛盾变化

十九大报告指出，进入新时代，我国社会主要矛盾已转化为人民日益增长的美好生活需要和不平衡不充分的发展之间的矛盾，人民群众在民主、法治、公平、正义、安全、环境等方面有更高水平、更丰富内涵的需求。一方面，探索设立跨行政区划法院、检察院，目的就是要“排除对审判工作和检察工作的干扰、保障法院和检察院依法独立行使审判权和检察权”①，从而保证司法公正，提高司法公信力。易言之，设立跨行政区划检察院，就是为了提供更高质量的法治产品、检察产品，满足人民对法治、公平、正义的更高需求。另一方面，跨行政区划法院、检察院集中管辖跨区地的重大环境资源保护和重大食品药品安全案件。环境就是民生，青山就是美丽，蓝天就是幸福。这在当前已成为共识。民以食为天，食以安为先。药品安全更是直接关乎百姓的生命健康。易言之，跨行政区划检察院新增管辖的环资、食药案件，均与人民群众在安全、环境等方面的需求息息相关。

因此，可以说，社会主要矛盾的变化，为跨行政区划检察改革提供了新的时代条件。跨行政区划检察改革的推进，使得人民群众的获得感、幸福感、安全感更加充实、更有保障、更可持续。

---

① 习近平：《关于〈中共中央关于全面推进依法治国若干重大问题的决定〉的说明》，载本书编写组编著：《〈中共中央关于全面推进依法治国若干重大问题的决定〉辅导读本》，人民出版社2014年版，第60页。

2. 国家战略中的协同、一体化发展

在2018年11月5日开幕的中国国际进口博览会上，习近平总书记宣布，将支持长江三角洲区域一体化发展上升为国家战略。这种日益被强调的区域化、一体化的发展模式，也为跨行政区划法院、检察院改革搭建了良好的推进平台。

以长三角为例。长三角地处“一带一路”重要交汇点和长江经济带龙头地带，一直是我国经济发展的领头羊和改革开放的排头兵。进入新时代，根据国家战略中长三角的定位和要求，中央更是对长三角三省一市提出了更加明确具体的要求：“上海要进一步发挥龙头带动作用，苏浙皖要各扬所长，有关部门也要大力支持，使长三角区域实现更高质量的一体化发展，要更好引领长江经济带发展，更好服务国家发展大局。”在此背景下，“长三角区域合作办公室”成立，负责研究拟订长三角协同发展的战略规划、体制机制和重大政策建议，协调推进区域合作中的重要事项和重大项目等。此后不久，由其编制的《长三角地区一体化发展三年行动计划（2018—2020）》发布，进一步明确了长三角一体化发展的任务书、时间表和路线图。其中，很重要的一部分内容涉及长三角区域生态环境联防联控、共治共保。

这种不断取得实质性进展的协同、一体化发展模式在其他区域同样存在，强化大气、水等环境污染联防联控联治也在区域间达成高度共识。一方面，为协同、一体化发展提供司法保护，是司法机关的当然使命；另一方面，由于大气、水等环境污染具有流动性且容易受到地方保护，故而跨行政区划法院、检察院更应在跨区域办理此类案件中展现新生司法机关的应有作为。

3. 检察机关提起公益诉讼制度正式确立

2017年9月，第二十届国际检察官联合会年会暨会员代表大会在北京举行，国家主席习近平在贺信中指出，检察官作为公共利益的代表，肩负着重要责任。此前，经过试点地区两年的探索，2017年6月27日十二届全国人大常委会第二十八次会议表决通过《关于修改〈中华人民共和国民事诉讼法〉和〈中华人民共和国行政诉讼法〉的决定》，在法律层面正式确认了检察机关提起公益诉讼制度。

检察机关提起公益诉讼制度的正式确立，为跨行政区划检察改革提供了新的空间。公益诉讼的案件范围，如生态环境和资源保护领域案件、食品药品安全领域案件等，与《试点方案》中确定的跨行政区划检察院案件管辖范围，如跨地区的重大环境资源保护和重大食品药品安全案件等，案件所涉及的领域高度契合，这些案件在办理过程中的特点，也符合跨行政区划检察改革的价值趋向。

根据上述立法，结合改革实际，最高人民检察院在2018年3月12日印发的《检察机关民事公益诉讼案件办案指南（试行）》和《检察机关行政公益诉讼案件办案指南（试行）》中明确规定："上级人民检察院可以根据案件情况，在与人民法院沟通协商后，共同将民事公益诉讼案件指定辖区内其他人民检察院或者跨行政区划人民检察院管辖。""上级人民检察院可以根据案件情况，在与人民法院沟通协商后，共同将行政公益诉讼案件指定辖区内其他下级人民检察院或者跨区划人民检察院管辖。"为跨行政区划检察院进一步扩大案件管辖范围明确了方向。

4. 各地跨行政区划改革探索

将铁路运输检察院改造成为跨行政区划检察院，这是中央确定的改革路径。就笔者所在的上海市人民检察院第三分院而言，试点以来，除上海外的四个基层铁路运输检察院所在的江浙皖省级检察院也高度重视跨行政区划改革工作，并给予积极配合和大力支持。如，2018年10月15日，江苏省检察院根据全国铁路运输检察机关推进公益诉讼工作座谈会精神，结合江苏省实际，印发《关于铁路运输检察院推进公益诉讼工作的指导意见》，明确南京、徐州铁路运输检察院公益诉讼案件管辖范围，并明确了办案工作机制。

其他非试点铁路运输检察机关所在的省级检察院也从推进国家治理体系和治理能力现代化的高度，积极探索将铁路运输检察院改造为跨行政区划检察院这项工作，如，早在2016年1月，陕西省就开始推进跨行政区划管辖行政案件和环境资源案件试点改革工作，试点后陕西铁路运输检察机关依法对对应两级铁路运输法院办理的西安、安康两市辖区行政案件和环境资源案件进行检察监督；2017年10月起，西安铁路运输检察院集中管辖西安市辖区内破坏环境资源保护刑事案件。2018年，山西省检察院下发《关于指定山西省人民检察院太原铁路运输检察分院和太原、大同、临汾铁路运输检察院办理行政公益诉讼案件范围的通知》（晋检发办字〔2018〕45号），将涉及山西省内（中国铁路北京局、郑州局集团公司辖区除外）铁路领域的行政公益诉讼案件指定太原铁路运输检察机关管辖。

此外，北京市高级人民法院审判委员会2018年第3次会议讨论通过的《关于北京市第四中级人民法院案件管辖的规定》（2018年修订）第1条第9款规定："依据《最高人民法院关于指定北京市第四中级人民法院管辖天津铁路运输法院审理的环境保护行政案件上诉案件的通知》，自2017年10月26日起受理天津铁路运输法院审理的环境保护行政案件上诉案件。"据此，北京市第四中级人民法院已实现跨区划管辖天津铁路运输法院除传统铁路案件外的特殊案件。

上述各地探索，也为跨行政区划改革营造了浓厚的改革氛围。

二、跨行政区划检察院案件管辖的试点与调整

案件管辖是跨行政区划检察改革的“牛鼻子”。实践证明，中央《试点方案》中确定的案件管辖是科学的，上海市人民检察院第三分院据此开展的试点探索也是可行的。然而，如前所述，伴随着监察体制改革、检察机关提起公益诉讼制度的正式确立，以及 2018 年 10 月 26 日第十三届全国人民代表大会常务委员会第六次会议通过修改后的《刑事诉讼法》中保留了检察机关的部分自侦权等新形势，跨行政区划检察院案件的管辖亦需据此作出相应调整。

（一）上海市人民检察院第三分院的案件管辖试点

中央《试点方案》规定，跨行政区划人民检察院经所在地省（市）及人民检察院以司法文件形式指定管辖下列案件：（1）跨行政区划中级人民法院管辖的行政诉讼监督案件；（2）跨行政区划中级人民法院管辖的跨地区重大民商事监督案件；（3）上级人民检察院指定管辖的跨地区重大职务犯罪案件；（4）跨地区的重大环境资源保护和重大食药品安全刑事案件等；（5）民航、水运所属公安机关侦查的重大刑事案件，海关所属公安机关侦查的刑事案件；（6）上级人民检察院指定管辖的其他重大案件。同时明确，跨行政区划人民检察院仍管辖涉铁路运输案件，业务领导关系和诉讼体系保持不变。

2014 年 12 月 28 日，作为全国首家跨行政区划人民检察院，上海市人民检察院第三分院挂牌成立。此后，根据《试点方案》，结合上海实际，上海市公、检、法、司和上海海关等部门会签《关于跨行政区划人民法院、人民检察院刑事案件管辖的规定》《关于跨行政区划人民法院、人民检察院民事行政监督案件管辖的规定》，明确“跨地区”刑事案件包括：（1）可能判处无期徒刑以上刑罚的危害食品药品安全刑事案件，以及在全市有重大影响的危害食品药品安全、侵犯知识产权、破坏环境资源保护刑事案件；（2）上海市公安局立案侦查或者提办的危害食品药品安全、侵犯知识产权、破坏环境资源保护刑事案件；（3）上海市公安局水上公安局、上海港公安局、上海海事公安局、长江航运公安局上海分局、上海市公安局国际机场分局、上海市公安局城市轨道和公交总队立案侦查的可能判处无期徒刑以上刑罚或者在全市有重大影响的刑事案件，上海海关所属公安机关侦查的刑事案件。民事行政监督案件的范围包括：（1）上海市第三中级人民法院审理的行政诉讼案件；（2）上海市第三中级人民法院审理的跨地区重大民商事诉讼案件；（3）上海知识产权法院审理的知识产权诉讼案件；（4）上海海事法院审理的海事诉讼案件。以上形成了

上海市人民检察院第三分院的特殊案件集中管辖模式。

同时，根据中央改革精神，上海市人民检察院第三分院还充分发挥铁路运输检察系统原有的“去行政化”体制基因和“跨行政区划”优势，探索将新增管辖案件（传统铁路运输以外的案件）向铁路运输检察基层院延伸辐射。以下辖的位于上海行政辖区内的上海铁路运输检察院为例。先由上海市公、检、法、司四部门会签《关于上海铁路运输法院、上海铁路运输检察院有关刑事案件调整管辖的工作意见》，按照“成熟一个、确定一个”的原则，明确完成集中管辖时间节点。从2016年到2020年，分步完成所有对应刑事案件的管辖调整。2016年8月，上述四部门会签《关于对本市破坏环境资源保护刑事案件调整管辖的规定》，自2016年9月26日起，各公安分局，上海市公安局文化保护分局、上海市公安局水上公安局、上海市公安局城市轨道和公交分局、上海市公安局上海化工分局、上海市公安局国际机场分局、上海市公安局农场分局、上海市公安局自由贸易试验区分局、上海港公安局、长江航运公安局上海分局、上海海事公安局立案侦查的破坏环境资源保护刑事案件，由上海铁路运输检察院审查批捕、起诉，由上海铁路运输法院依法审判；依法由中级人民法院一审的案件，由上海铁路运输检察院报送上海市人民检察院第三分院审查起诉，由上海市第三中级人民法院依法审判。2017年11月，上述四部门会签《关于对本市危害食品药品安全刑事案件调整管辖的规定》，自2018年1月1日起，上述各公安分局立案侦查的危害食品药品安全刑事案件，由上海铁路运输检察院审查批捕、起诉，由上海铁路运输法院依法审判；依法由中级人民法院一审的案件，由上海铁路运输检察院报送上海市人民检察院第三分院审查起诉，由上海市第三中级人民法院依法审判。

由此，初步形成了跨行政区划检察改革案件管辖的“上海模式”。实践证明，中央《试点方案》中规定的案件管辖是科学的，上海市人民检察院第三分院试点探索的案件管辖模式也是切实可行的。截至2018年10月26日，上海市人民检察院第三分院共受理新增管辖案件（传统铁路案件以外的案件）1015件1741人，中央政法委改革试点方案中确定的各类跨行政区划检察院特殊案件已实现全覆盖。2016年9月26日至2018年8月31日，上海铁路运输检察院共受理公安机关提请批准逮捕的破坏环境资源保护刑事案件102件187人，受理公安机关移送审查起诉的破坏环境资源保护刑事案件214件370人。

（二）新形势下跨行政区划检察院的案件管辖调整

为完善与监察法的衔接机制，现行《刑事诉讼法》中删除了人民检察院对于贪污贿赂等案件行使侦查权的规定，但保留了人民检察院在诉讼活动法律监督中发现司法工作人员利用职权实施的非法拘禁、刑讯逼供、非法搜查等侵犯公民权利、损害司法公正的犯罪的侦查权。据此，一方面，有关跨行政区划检察院案件管辖规定中的职务犯罪案件管辖需随之调整；另一方面，鉴于案件特殊性，建议将上述司法工作人员渎职犯罪案件纳入跨行政区划检察院管辖。

试点三年多来，上海市人民检察院第三分院已基本完成改革授权框架内探索，亟须寻求案件管辖“跨省”突破，以期为跨行政区划检察改革积累更多有益经验。而前述检察机关提起公益诉讼制度的正式确立正是“突破口”所在。一方面，二者案件所涉及的领域高度契合；另一方面在案件的跨流域、需要排除地方干扰等方面易达成共识。故而，可以以大气污染、水污染等环境公益诉讼为突破口，以点带面，最终形成完整的跨行政区划检察院案件管辖体系。

1. 职务犯罪案件的调整

（1）删除部分

中央《试点方案》规定，跨行政区划检察院管辖“上级人民检察院指定管辖的跨地区重大职务犯罪案件”。据此，在2015年9月23日上海市人民检察院检察委员会2015年第9次会议通过的《关于明确市检察三分院（铁检分院）案件管辖相关问题的批复》中，明确了上海市人民检察院第三分院的职务犯罪案件管辖范围：①涉铁企业涉及副局级以上或在系统内有重大影响的案件，由三分院（铁检分院）管辖，其余案件由基层铁路运输检察院管辖；②上海轨交系统涉及副局级以上或者在系统内有重大影响的案件，由三分院（铁检分院）管辖，其余案件由上海铁路运输检察院管辖；③上海海关、航空、水运系统涉及副局级以上或者在本系统有重大影响的案件，由三分院管辖，其余案件逐步指定由上海铁路运输检察院管辖。鉴于刑事诉讼法已作出修改，故而上述职务犯罪案件管辖权亦应从跨行政区划检察院案件管辖范围中删除。

（2）保留部分

笔者认为，虽然上述职务犯罪案件的立案、侦查权，随着监察体制改革已不复属于检察机关，但基于将上述职务犯罪案件纳入跨行政区划检察院管辖相同的理由，上述职务犯罪案件的审查起诉权，以及对于犯罪嫌疑人是否作出逮捕、取保候审或者监视居住等强制措施的权力，应当仍属于跨行政区划检察院。实践中也已有相关规定。如，上海市纪委监委与中国铁路上海局集团有限公司在会签文件中明确，为保障铁路运输正常运输组织和运行安全，市区两级监委如需对上海局集团公司在沪单位人员采取留置措施的，适时提前向上海集团公司纪委、监察处通报情况。对上海局集团公司移送的涉嫌职务犯罪问题线索，相关区监委不予立案或撤销案件的，事先与上海局集团公司纪委、监察处沟通。市区两级监委查办涉铁职务犯罪案件需要移送审查起诉的，按照管辖移送上海人民检察院第三分院或上海铁路运输检察院办理。

（3）新增部分

现行刑事诉讼法中保留了检察机关对于在诉讼监督活动中发现的司法人员渎职犯罪的侦查权，最高人民检察院《关于人民检察院立案侦查司法工作人员相关职务犯罪案件若干问题的规定》（以下简称《规定》）进一步明确了该部分案件主要包括14个罪名：非法拘禁罪（刑法第238条）（非司法工作人员除外）；非法搜查罪（刑法第245条）（非司法工作人员除外）；刑讯逼供罪（刑法第247条）；暴力取证罪（刑法第247条）；虐待被监管人罪（刑法第248条）；滥用职权罪（刑法第397条）（非司法工作人员滥用职权侵犯公民权利、损害司法公正的情形除外）；玩忽职守罪（刑法第397条，非司法工作人员玩忽职守侵犯公民权利、损害司法公正的情形除外）；徇私枉法罪（刑法第399条第1款）；民事、行政枉法裁判罪（刑法第399条第2款）；执行判决、裁定失职罪（刑法第399条第3款）；执行判决、裁定滥用职权罪（刑法第399条第3款）；私放在押人员罪（刑法第400条第1款）；失职致使在押人员脱逃罪（刑法第400条第2款）；徇私舞弊减刑、假释、暂予监外执行罪（刑法第401条）。

笔者认为，应将此类案件纳入跨行政区划检察院案件管辖。理由如下：

首先，司法工作人员渎职犯罪的案件特点决定了对其实行集中管辖的必要性。一是案件数量少。一般而言，司法工作人员渎职犯罪人数较少。以上海市为例，2013年至2016年间，上海市检察机关共立案侦查了20件司法工作人员渎职犯罪，其中，2013年7件，2014年2件，2015年7件，2016年4件。平均每年5件，远不及一个基层检察院反贪部门的办案体量。故而，将此类案件集中至一个检察机关的一个部门管辖在工作体量上能够承受，具有可行性。二是干扰大。以往在查办渎职犯罪案件过程中，经常会遇到来自犯罪嫌疑人所在单位领导、行业带头人、部门同事的“疏通说情”甚至阻力。尤其是司法工作人员渎职犯罪，犯罪嫌疑人大都有着复杂的社会关系，案发单位或多或少也存在一些部门保护主义，对检察机关办案不支持、不配合。有些司法工作人员渎职犯罪案件常常被视为敏感性案件，在办案过程中，检察机关有时也会受到来自地方党委、政府的干扰，案件很可能不经过法律程序，而是由政法委员会“协商”或“统一协调”解决。[①] 如此，由地方各级检察机关分别管辖，

① 刘澍：《论渎职犯罪侦查工作的困境和对策》，西南政法大学2014年法学硕士学位论文。

可能造成各级都要建立相应的内设机构，而办案量又都较低，造成司法资源浪费；在地方各级检察机关仍与地方保有一定联系的情况下，此类案件的公正办理可能会受到影响。三是专业性强。渎职侵权犯罪本身就是一种具有极高隐秘度的高智能犯罪。① 司法工作人员渎职犯罪主体又均为从事法律工作的专业人员，工作性质和工作特点要求其必须深谙法律和相关政策，因此具有一定的反侦查能力。②“这类犯罪行为专业性强、隐蔽性高，往往是检察机关开展法律监督过程中发现的，查处这类犯罪与检察机关开展法律监督的过程无法割裂且互相印证，应当纳入检察机关直接受理的案件范围。”③

其次，对司法工作人员渎职犯罪实行集中管辖是将其与属地管辖利弊权衡后的选择。刑事诉讼法修改后，最高人民检察院《规定》出台前，学界有一种观点认为，应将现行刑事诉讼法保留的自行侦查权，与机动侦查权、补充侦查权，以及新赋予的调查核实权，交由各基层检察院行使。如此，各基层院可以将上述权力互相借力、形成合力，使反贪、反渎、预防等部门转隶对检察工作的影响降至最低。对此，笔者认为：其一，从节约司法资源、提高诉讼效率的视角看，一方面，以往的司法实践表明，每个基层检察院均配备一批反渎力量，确在一定程度上造成司法资源的浪费，需对反渎力量进行整合；另一方面，案件集中管辖，线索统一对口流转，有助于提高诉讼效率。其二，从以往实践做法视角看，对于司法工作人员渎职犯罪，为排除地方干扰，也大都采用指定异地管辖，而非上述属地管辖，而个案指定管辖存在一定的随机性和不确定性，不利于统一司法和提升司法公信力，集中管辖则相反。其三，从人才培养视角看，案件总体数量少，属地管辖下的人均办案机会有限，相应的，办案能力可能难以维持，更不消说提高，长此以往，不利于检察专门人才的培养。其四，从权力运行规律视角看，历史经验表明，如果一项权力被赋予一个机关，而这个机关又没有能够把它行使好，那么，离这项权力被剥离的时日也就不远了。属地管辖能否起到“互相借力、形成合力”的效果，尚需时日检验，但代价可能是巨大的。最高人民检察院规定采用一种笔者称之为“相对集中”的管辖模式，不排除其背后也存在上述考量。之所以称之为“相对集中”管

① 刘澍：《论渎职犯罪侦查工作的困境和对策》，西南政法大学 2014 年法学硕士学位论文。

② 王连华：《司法机关工作人员渎职侵权犯罪的现状与思考》，载《黑龙江经济报》2011 年 1 月 7 日第 B2 版。

③ 李粤贵、伍正、韩利：《新时代背景下的检察机关法律监督工作》，载黄河主编：《深化依法治国实践背景下的检察权运行：第十四届国家高级检察官论坛论文集》，中国检察出版社 2018 年版，第 65 页。

辖模式，是因为在笔者看来，上述规定仅初步明确了该类案件由设区的市级检察机关立案侦查，但具体到北京、上海等存在数个检察分院的地区，这种管辖仍然是分散的。这也是笔者后文将要展开论述的原因之一。

最后，试点地区司法工作人员渎职犯罪由跨行政区划检察院管辖具有重要价值。具体到北京、上海两地而言，将该类案件交由跨行政区划检察院集中管辖，除上述优势外，还具有以下重要价值：其一，符合跨行政区划检察改革排除干扰的初衷。党的十八届四中全会通过的《中共中央关于全面推进依法治国若干重大问题的决定》中提出，“探索设立跨行政区划的人民法院和人民检察院，办理跨地区案件”，随后印发的《关于十八届四中全会〈决定〉的说明》中进一步阐述，“这有利于排除对审判工作和检察工作的干扰、保障法院和检察院依法独立公正行使审判权和检察权。”其二，符合跨行政区划检察改革将个案指定管辖变为类案集中管辖的改革路径。即便根据最高人民检察院规定，将该类案件集中至市分院级别管辖，在同时存在数个检察分院的情况下，也会产生“一案一指定”的沟通成本，而且为了数量有限的案件，各家分院均配备一支专门力量、一批专业装备，也不利于司法资源集中优化配置。而将个案指定管辖变为法定的类案集中管辖，统一法律适用，提升司法公信力，正是跨行政区划检察改革的又一项重要价值所在。其三，符合跨行政区划检察院专门检察院的定位。虽然当前对于跨行政区划检察院法律定位尚未明晰，但根据新检察院组织法将人民检察院分为最高人民检察院、地方各级人民检察院、军事检察院等专门人民检察院三类来看，跨行政区划检察院属于专门人民检察院的可能性极大。换句话说，新检察院组织法为跨行政区划检察院预留了专门检察院的端口。将专业性强的司法工作人员渎职犯罪纳入跨行政区划检察院管辖符合其专门检察院的定位，有助于专业化队伍建设。其四，符合各项改革精神。一是符合中央提出的深化跨行政区划检察改革精神。跨行政区划检察改革是党的十八届四中全会确定的改革任务，2018 年初召开的全国政法工作会议、全国检察长会议都对深化跨行政区划检察改革提出了要求。而案件管辖又是跨行政区划检察改革的“牛鼻子”，能够在案件管辖上深化探索，形成可复制可推广经验，无疑是跨行政区划检察改革试点价值所在。二是符合张军检察长 11 月 25 日在学习贯彻修改人民检察院组织法和刑事诉讼法电视电话会议上指出的，对于跨行政区划检察院设置等，要在实践中继续探索、积累，条件成熟时再推动入法的讲话要求。三是符合最高人民检察院规定中对于司法工作人员渎职犯罪案件由设区的市级人民检察院立案侦查的框架设计。在不违背最高人民检察院规定精神的前提下，可将该类案件集中由跨行政区划检察院管辖，不啻为为跨行政区划检察改革乃至中国特色检察事业做出的一项贡献。

在跨行政区划检察院集中管辖司法工作人员渎职犯罪的运行机制方面，最高人民检察院规定对级别管辖、侦查部门、案件线索移送、互涉案件处理以及办案程序均作出了初步规定，具体到跨行政区划检察院集中管辖而言，应在上述规定的基础上进一步明确化、具体化。

第一，进一步明确案件管辖。最高人民检察院规定初步明确了该类案件由设区的市级检察院立案侦查，具体到北京、上海两地，应由上级院通过指定管辖方式，进一步明确该类案件由跨行政区划检察院集中管辖。当前，其他设有分院的地区，也可暂由上级院通过指定管辖的方式，明确由一个分院集中管辖该类案件。未来，待跨行政区划检察改革全国推开之时，再将这类案件纳入跨行政区划检察院案件管辖范围。

第二，设置特侦部门。最高人民检察院规定中初步明确，该类案件由检察机关负责刑事检察的专门部门负责侦查。但具体到集中管辖的跨行政区划检察院而言，应设置单独的特侦部门，专司司法工作人员渎职犯罪案件侦办。理由如下：其一，从办案体量来看，足以支撑单独设立特侦部门。其二，有利于专业化队伍的培养和专业化办案。侦查能力需要在实战中锻炼并得以提升，专门的侦查力量方能体现出专业化的办案素养。其三，虽然监察法以及刑事诉讼法中规定，对监察机关移送的案件，检察机关经审查，认为需要补充核实的，必要时可以进行补充侦查，但此时的补充侦查权，从侦查起源上看，毕竟不完全等同于自侦权，需要成立特侦部门专门行使该部分自侦权。

第三，整合检察系统侦查资源。自侦部门的整体转隶，对于检察机关侦查力量的削弱不言而喻。但同时亦应看到，检察机关长久以来的侦查积淀还在，依然保有一批具有侦查背景的干警，最为关键的是检察人员长期以来在办案中养成的监督和发现案件线索的侦查思维、侦查意识还在。这或许可视为对张军检察长提出的“在办案中监督，在监督中办案”的一种注解。从这一角度来说，自侦转隶也恰恰为检察机关整合侦查资源、集中侦查力量提供了新的契机。具体而言，在自侦部门整体转隶而又同时保留检察机关部分自侦权的情况下，应成立单独的特侦部门，集中全市检察系统侦查力量，精准高效查办司法工作人员渎职犯罪案件，彰显办案成效。一方面，在全市检察系统内筛选有自侦背景，或者有侦查方面特长的检察人员。使其侦查能力不断得到锻炼和提升。另一方面，从有利于检察事业科学长远发展的角度来说，要关注人才梯队建设，注重工作中的“传帮带”，培养一批侦查能力强的检察人才。此外，还可以结合公益诉讼工作，以调查核实权为支点，开展侦查人才的交叉、复合培养。

第四，创新办案模式。笔者认为，在特侦部门查办该类案件时，可以组成专门的检察官办案组，并将线索发现移送检察机关的承办人吸收进来。理由如下：其一，符合新检察院组织法规定。新《人民检察院组织法》规定了各级检察院的职权，其中第24条第4款规定，上级人民检察院可以统一调用辖区的检察人员办理案件。其实，这也是对检察机关长期以来在工作中形成的“检察一体”“侦查一体化”的文字体现。其二，符合最高人民检察院规定。最高人民检察院规定明确，设区的市级检察院可以自行立案侦查，也可以将案件交由基层检察院立案侦查，或者由基层检察院协助侦查。其三，可以最大化彰显办案成效。一方面可以充实办案力量，利用线索承办人对于案件的熟悉程度，提高办案效率；另一方面，线索承办人在参与案件办理过程中，侦查能力也能够得到锻炼和提升，起到培养侦查力量的作用，推动检察事业可持续发展。

第五，完善线索移送协作机制。其一，检察系统内部。上下级检察机关之间要建立线索移送制度，根据最高人民检察院上述规定精神，具体到北京、上海两地，无管辖权的检察机关发现这类犯罪线索，应报市院，由市院将线索交由北京市第四分院、上海市院第三分院立案侦查。其二，建立完善与监察机关线索移送机制。在最高人民检察院规定的基础上，进一步明确线索移送对接机关（部门），如明确由上海市第三分院（X部）和市监委（X室）统一对接，以提升工作效率；此外，还需明确，检察机关在诉讼监督活动以外发现的这类犯罪线索，是否必须移送监察机关，可由双方协商决定。

第六，提起诉讼。最高人民检察院规定，设区的市级以上检察机关侦查终结的案件，可交有管辖权的基层法院相对应的基层检察院提起公诉。具体到跨行政区划检察院集中管辖而言，该类案件由分院侦查终结后，根据级别管辖规定，可由分院或交由下辖铁路运输基层院向相应法院提起公诉。

2. 新增公益诉讼案件

（1）铁路运输检察院

如前所述，检察机关提起公益诉讼制度正式确立后，最高人民检察院在2018年3月12日印发的《检察机关民事公益诉讼案件办案指南（试行）》和《检察机关行政公益诉讼案件办案指南（试行）》中明确规定：“上级人民检察院可以根据案件情况，在与人民法院沟通协商后，共同将民事公益诉讼案件指定辖区内其他人民检察院或者跨行政区划人民检察院管辖。”“上级人民检察院可以根据案件情况，在与人民法院沟通协商后，共同将行政公益诉讼案件指定辖区内其他下级人民检察院或者跨区划人民检察院管辖。”为跨行政区划检察院进一步扩大案件管辖范围明确了方向。

根据上述文件规定，结合地方实际，江苏省人民检察院于2018年10月15日印发了《关于铁路运输检察院推进公益诉讼工作的指导意见》，就南京、徐州铁路运输检察院开展检察公益诉讼工作提出 3 条指导意见：

一是明确案件管辖。南京、徐州铁路运输检察院管辖的公益诉讼案件包括：(一) 涉铁公益诉讼案件由铁路运输检察院直接办理，主要有：运行列车、火车站、铁路货场等涉铁区域的生态环境和资源保护、食品药品安全，国有财产保护、国有土地使用权出让等案件；铁路线下影响铁路安全运行的违法建筑、设施等安全隐患案件。(二) 周边影响涉铁区域的生态环境和资源保护公益诉讼案件。(三) 省检察院个案指定管辖案件：有流域性质的跨省、设区市区划的民事、行政公益诉讼案件；地方检察机关办案阻力大案件。

二是畅通办案机制。行政公益诉讼案件诉前程序，由南京、徐州铁路运输检察院向违法行使职权或者不作为的行政机关发出诉前检察建议；进入诉讼程序的，直接向有管辖权的法院提起行政公益诉讼。民事公益诉讼案件由铁路运输检察院开展诉前程序监督；进入诉讼程序的，可以由省检察院商省法院协调由南京、徐州铁路运输检察院起诉至有管辖权的设区市中级人民法院。案件办理过程中，地方检察院要加强与南京、徐州铁路运输检察院的协作配合，重大敏感案件可以由省院挂牌督办，铁路运输检察院和地方院采用联合办案的方式共同办理。

三是加强业务指导。铁路运输检察院办理公益诉讼案件由省检察院统一领导，纳入全省检察公益诉讼工作整体部署和推进，具体由省检察院民事行政检察处负责业务指导。拟提起诉讼或撤回起诉案件均书面请示省检察院审查批准。徐州铁路运输检察院集中办理环境资源类刑事案件时，涉及附带民事公益诉讼案件办理的，同时由徐州市检察院负责业务指导。铁路运输检察院参与长江流域、淮河流域、太湖、阳澄湖等跨行政区划生态保护检察协作机制的研究论证。

客观而言，上述文件明确了基层铁路运输检察机关的公益诉讼案件管辖，对铁路运输检察院与地方检察机关的公益诉讼案件管辖进行了切割，具有很强的指导性和借鉴价值。但以跨行政区划检察改革视角观之，或存在以下问题：一是将案件范围仅仅局限于涉铁领域，案件数量或为有限；二是在诉讼体系上，铁路运输检察基层院办理公益诉讼案件仍由所在省院统一领导，也就意味着二审仍难实现“跨省”管辖。

(2) 跨行政区划检察院

如前所述，当前，各方对于环境污染联防联控有着高度共识，而公益诉讼案件中的环保、食药与跨行政区划检察院在案件管辖上有着高度契合，在长三角一体化发展乃至长江经济带国家战略背景下，上海市人民检察院第三分院也在对如何才能更好推进跨行政区划检察改革试点工作，尤其是如何真正实现案件的“跨省”管辖，进行深入思考并积极呼吁。

在进行系统分析、科学论证的基础上，上海市人民检察院第三分院提出，就长三角区域而言，应以大气污染、水污染公益诉讼案件为突破口，实现案件的“跨省”管辖。具体建议如下：（一）江浙沪皖的省级检察院可根据案件情况，将本区域内部分民事、行政公益诉讼案件指定由所在省（市）的铁路运输检察院管辖；（二）江浙沪皖省（市）内互涉大气污染、水污染行政公益诉讼案件应当由省级检察院指定所在省（市）的铁路运输检察院管辖，二审由上海市人民检察院第三分院办理；（三）江浙沪皖省（市）际互涉大气污染、水污染公益诉讼案件，应由互涉的省级检察院协商，指定由相应铁路运输检察机关管辖。

其中，互涉民事公益诉讼案件，是指本省、市范围内侵权行为发生地、损害结果地或者被告住所地等涉及两个或两个以上行政区划的案件。互涉行政公益诉讼案件，是指同一或相互关联的侵害实施中，违法行使职权或者不作为的行政机关所在地涉及两个或两个以上行政区划的案件。

省（市）际互涉大气污染、水污染公益诉讼案件，由相应铁路运输检察机关管辖。根据管辖规定，检察机关提起民事公益诉讼案件，一般由侵权行为地或者被告住所地的市（分、州）人民检察院管辖；检察机关提起行政公益诉讼案件，一般由违法行使职权或者不作为的行政机关所在地的基层人民检察院管辖。所以，省（市）际互涉大气污染、水污染民事公益诉讼案件，一般应由上海铁路运输检察分院管辖；省（市）际互涉大气污染、水污染行政公益诉讼案件，一般应由所在省（市）的铁路运输检察院管辖，二审由上海市人民检察院第三分院办理。

具有跨行政区划办理必要的案件是指中央《试点方案》中央明确的以下几类案件：（1）跨行政区划中级人民法院管辖的行政诉讼监督案件；（2）跨行政区划中级人民法院管辖的跨地区重大民商事案件；（3）上级人民检察院指定管辖的跨地区重大职务犯罪案件；（4）跨地区的重大环境资源保护和重大食品药品安全刑事案件；（5）民航、水运所属公安机关侦查的重大刑事案件，海关所属公安机关侦查的刑事案件；（6）上级人民检察院指定管辖的其他重大案件。

3. 对专门法院的监督

如前所述，法院相关改革稳步而有序推进，巡回法庭、互联网法院、上海金融法院等专门法院纷纷设立。检察机关受限于职责定位、案件数量等因素，未必能够一一对应设立相应专门检察院。虽然当前对于跨行政区划检察院法律定位尚未明晰，但根据新检察院组织法将人民检察院分为最高人民检察院、地方各级人民检察院、军事检察院等专门人民检察院三类来看，未来，跨行政区划检察院属于专门检察院的可能性极大。此外，根据人民检察院是国家的法律监督机关的宪法定位，需要对新设的专门法院进行相应的法律监督。

以上海市人民检察院第三分院为例，成立之初，鉴于上海知识产权法院、上海海事法院检察机关法律监督空白的情况，在民行监督案件管辖规定中将对于上述两家法院的检察监督纳入了案件管辖范围。2018 年 8 月 20 日，上海金融法院正式挂牌成立，考虑到上海金融法院目前仍处于检察监督空白的现状，拟在上海市人民检察院第三分院设立金融检察部，对上海金融法院进行专门的检察监督。部门职能拟设定为：（1）对上海金融法院的金融民商事案件和涉金融行政案件的生效民事、行政判决、裁定、调解书进行监督，依法提请抗诉、提出再审检察建议或检察建议；（2）对上海金融法院管辖的金融民商事案件和涉金融行政案件的审判程序中审判人员违法行为进行监督；（3）对金融民商事案件和涉金融行政案件的执行活动进行监督；（4）办理上级机关指定管辖或交办的发生在非本市的重大有影响的金融刑事案件。此外，金融检察部还负责对金融案件的研究分析，开展金融犯罪预防工作。

综上，总结上海试点经验，在进行跨行政区划检察改革探索过程中，乃至未来跨行政区划检察院在全国范围内铺开过程中，可以结合地方实际，完善跨行政区划检察院案件管辖范围。

三、深化跨行政区划检察改革的路径思考

自 2014 年底，跨行政区划法院、检察院改革试点以来，其间经历了一系列的改革叠加，无论是国家宏观形势的变化，如社会主要矛盾的变化、国家战略布局的调整，还是体制机制的变革，如监察体制改革、司法体制改革，抑或法律修改，如刑事诉讼法、“两院”组织法的修改，都会对试点开展产生一定的影响，使跨行政区划法院、检察院改革面临一些不确定性因素。面对这些或挑战或机遇，改革者一定要保持一种久久为功的战略定力，抓住机遇、迎接挑战，在认真总结试点经验的同时，不断完善顶层设计方案，高质量完成中央确定的改革任务。

（一）积极争取全国人大常委会的授权

当前，全国人大常委会以授权地方改革试点决定的方式引领改革，确保重大改革于法有据的做法，已成为立法工作的新常态。[①]《中共中央关于全面深

① 张宝山：《授权决定：引领改革，形成立法新常态》，载《中国人大》2016 年第 3 期。

化改革若干重大问题的决定》强调："坚持正确处理改革发展稳定关系，胆子要大、步子要稳，加强顶层设计和摸着石头过河相结合。"①《中共中央关于全面推进依法治国若干重大问题的决定》提出："实现立法和改革决策相衔接，做到重大改革于法有据、立法主动适应改革和经济社会发展需要。实践证明行之有效的，要及时上升为法律。实践条件还不成熟、需要先行先试的，要按照法定程序作出授权。"②《立法法》第13条集中反映了十八届三中全会与四中全会的要求，规定："全国人民代表大会及其常务委员会可以根据改革发展的需要，决定就行政管理等领域的特定事项授权在一定期限内在部分地方暂时调整或者暂时停止适用法律的部分规定。"这在法律层面确认了授权地方改革试点决定所形成的法律修改的试验模式。③

从这次"两院"组织法的修改历程，可以看出人大常委会的授权对跨行政区划法院、检察院改革的重要价值。

此次"两院"组织法修改过程中，对于跨行政区划法院、检察院改革而言，可谓一波三折。先是在"两院"组织法修订草案一审稿及相关文件中表述："根据党的十八届四中全会决定增加规定：'经全国人民代表大会常务委员会决定，可以设立跨行政区划人民法院，审理跨地区案件。''经全国人民代表大会常务委员会决定，可以设立跨行政区划人民检察院，办理跨地区案件。'"后又在二审稿中予以删除。删除理由原则性表述为："保持人民法院/检察院组织体系和法院组织法基本原则的稳定性，对改革中一些实践不够、尚未形成共识的问题，暂不作规定。"具体而言，"一审稿中'经全国人民代表大会常务委员会决定，可以设立跨行政区划人民法院，审理跨地区案件'，有的常委委员、人大代表提出，跨行政区划法院、检察院的定位不够明确，建议进一步研究。实际情况是，跨行政区划人民法院和人民检察院改革方案尚未出台，在这方面尚未有过试点等实践经验，全国人大常委会从未就设立跨行政区划人民法院和人民检察院作过决定，此事还涉及宪法和地方组织法有关人民法院、人民检察院组成人员任免的规定，目前在北京市、上海市设立的集中管辖有关案件的中级人民法院和人民检察院也不是由全国人大常委会决定设立的。宪法和法律委员会经研究，

---

① 《中共中央关于全面深化改革若干重大问题的决定》，人民出版社2013年版，第7页。

② 《中共中央关于全面推进依法治国若干重大问题的决定》，人民出版社2014年版，第15页。

③ 彭浩：《授权地方改革试点决定的性质与功能探析》，载《法制与社会发展》2018年第1期。

建议对这一问题暂不作规定，待条件成熟再作规定。”

由此观之，在全国人大常委会看来，跨行政区划法院、检察院改革试点工作，在根据中央政法委《试点方案》开展以来，并没有及时获得其授权，这也成为此次跨行政区划法院、检察院未能在“两院”组织法中得到确认的首要障碍。

此外，新“两院”组织法中对于专门检察院也都作了相关规定：“专门人民法院包括军事法院和海事法院、知识产权法院、金融法院等。专门人民法院的设置、组织、职权和法官任免，由全国人民代表大会常务委员会规定。”“人民检察院分为：（一）最高人民检察院；（二）地方各级人民检察院；（三）军事检察院等专门人民检察院。”“专门人民检察院的设置、组织、职权和检察官任免，由全国人民代表大会常务委员会规定。”虽然当前对于跨行政区划法院、检察院的法律定位尚未明确，但从此番修法过程、法律条文来看，未来，二者若要在立法中加以确认，必然需要由全国人大常委会规定。

正如有论者言：“2012 年以来，在司法改革前，全国人大及其常委会通过行使决定权而对司法改革起着引领作用；在司法改革中，全国人大及其常委会通过行使监督权而对司法改革起着监督作用；在司法改革后，全国人大及其常委会通过行使立法权而对司法改革起着巩固作用。”① 因此，在全面深化改革与全面推进依法治国的背景下，无论是从改革合法性的底线思维，还是从未来在立法中得到确认的现实考量，跨行政区划法院、检察院改革当务之急都应是先争取获得全国人大常委会的授权。

（二）进一步完善试点样本

试点之初，受限于现行法律框架，仅选择了北京、上海两个直辖市的铁路运输中级法院、检察分院作为试点。但随着试点的推进，这种试点模式的弊端也日益凸显。比如，试点仅限于铁路运输检察分院一级，不包含铁路运输检察基层院。由此导致的结果是，位于同一辖区内的铁路运输检察基层院，在共同的牵头单位的领导下，对于新增管辖几类案件，尚且可以逐步推动；但对于位于外省的铁路运输检察基层院，趁着新的改革机遇，即便能够在案件管辖上有所推进，但在新增管辖案件“跨省”管辖、形成实质意义上的跨行政区划诉讼体系上，仍然举步维艰。

对此，笔者认为，对于北京、上海两家试点单位，未来，应在相关文件中

① 郭文涛：《论全国人大及其常委会在推动司法改革中的作用：基于 2012 年以来司法改革的实证分析》，载《人大研究》2017 年第 5 期。

明确将下辖基层院铁路运输检察院纳入试点范围。

一方面，能够使得在新增管辖案件上向铁路运输检察基层院的延伸上有据可循。以上海市人民检察院第三分院为例。如前所述，试点伊始，上海市人民检察院第三分院即深刻理解中央顶层设计的内涵，领会改革意旨所在，将分布在长三角“三省一市”的五个铁路运输检察基层院纳入改革视野。但受上述试点模式弊端所限，在新增管辖案件的推进上，仅在位于同一辖区的上海铁路运输检察基层院取得了实质性进展，在上海行政区划内形成“特殊案件”办理的局部系统。但对位于江、浙、皖三省的四个铁路运输检察基层院仅起到了辐射作用，未能在新增管辖案件上形成完整诉讼体系。如，虽然在上海市人民检察院第三分院的积极推动下，徐州铁路运输检察院自2017年8月1日起集中管辖徐州市的环境资源类刑事案件，但相关案件的二审上（抗）诉案件以及可能判处无期徒刑、死刑和涉外的环境资源类刑事案件，由徐州市人民检察院管辖。再如，前述对于铁路运输检察基层院管辖公益诉讼案件的推动，虽然也明确了徐州、南京铁路运输检察基层院的公益诉讼案件管辖，但在诉讼体系上，仍由所在省院统一领导，纳入所在省院公益诉讼工作整体部署和推进，具体由所在省院民事行政检察处负责业务指导。

另一方面，有助于京津冀、长三角区域进一步深化跨行政区划检察改革。如前所述，当前，各方对于环境资源保护有着高度共识，借助于实施京津冀协同发展、长三角一体化发展国家战略，本应是深化跨行政区划检察改革的有利契机，但受限于没有明确的文件依据，故而协作配合上仍存顾虑，在一定程度上制约了跨行政区划检察改革推进。如，虽然长江经济带所在11个省市检察机关共同表达了为长江流域生态环境保护提供检察保障的强烈愿望，① 但在如何发力、形成合力方面，仍显实质举措有限。

此前，上海市人民检察院第三分院在上述背景下，结合自身试点总结，起草了《关于长三角区域（江浙沪皖）深化探索跨行政区划检察改革的建议方案》及起草说明。建议方案在明确以省（市）际互涉大气污染、水污染公益诉讼案件为突破口的同时，提出江浙沪皖的省级检察院应根据中央政法委、最高人民检察院关于深化跨行政区划检察院改革要求，指定一定类型具有跨行政区划办理必要的刑事案件交由所在省（市）的铁路运输检察院管辖，二审由上海铁路运输检察分院办理。从而形成完整的“跨省”管辖诉讼体系。在起草说明中，从建议方案的提出背景、用语含义、可行性、实现路径四个方面进

① 史兆琨、徐盈雁、戴佳：《11省市“检察方案”护航长江经济带发展》，载《检察日报》2018年7月10日第1版。

行论证。为领导决策提供参考。

最高人民检察院对此显然也有着深刻的认知，亦在竭力抓住各种契机，积极创造深化跨行政区划检察改革的有利条件。如，日前，最高人民检察院拟出台《关于长江经济带检察机关办理长江流域生态环境资源案件加强协作配合的意见》，该意见用四条专门规定“妥善处理好跨省（直辖市）案件管辖和线索问题”：鼓励有条件的省级检察院，探索建立长江经济带部分生态环境资源案件集中办理机制；长江经济带跨省的重大环境公益诉讼案件线索，多省均有管辖权的，相关省级检察机关本着有利于案件办理和解决污染破坏问题的原则，通过协商将线索移送生态环境资源破坏主要发生地或处于河流下游相邻段的省级检察机关；探索由铁路运输检察机关办理涉及两个以上省级行政区划的生态环境资源行政公益诉讼案件。采取个案指定形式，由相关省级检察院报最高人民检察院商最高人民法院指定管辖。

虽然上述最高人民检察院有关文件用语也多为“鼓励”“探索”“个案指定”，但毕竟未来相关省（市）检察机关在就深化跨行政区划检察改革开展检察协作、制定相关文件时，有了明确的文件依据。此外，其更为深远的价值或在于有关跨行政区划检察改革理念的培育与养成。

（三）进一步扩大试点范围

上述试点模式的另一个弊端在于，选择的试点不典型，没有解决省一级的地方保护主义问题，建议扩大试点范围，增加一些非直辖市的铁路运输检察分院作为试点单位，形成更多可复制、可推广的经验。① 张军检察长 2018 年 11 月 5 日在学习贯彻修改后人民检察院组织法和刑事诉讼法电视电话会议上也讲到，对于因为实践经验不够丰富，法律修改时没有采纳检察机关意见的，比如跨行政区划检察院设置等，要在实践中继续探索、积累。只要是符合中国特色社会主义法治规律和司法规律、符合全面依法治国方向的制度设计，就可以继续实践、再实践，条件成熟时，再推动入法。

对此，在前期试点过程中，也曾形成过两种扩大试点范围的思路：

第一种是围绕建立适合我国国情的与行政区划适当分离的司法管辖制度和跨行政区划检察院体系的目标，依托现有铁路运输检察机关，准确把握跨行政区划“特殊案件”内涵，将易受地方干预、超越属地司法承载能力、能够发挥铁路运输检察组织体系优势的几类案件逐步纳入铁路运输检察院管辖范围，

① 刘新成：《科学推进跨行政区划检察改革试点》，载《检察日报》2016 年 2 月 20 日第 4 版。

充分发挥跨地区设置优势，深化改革试点成果，积极探索跨行政区划管辖，推动形成特殊案件由跨行政区划检察院办理的诉讼格局，促进依法独立公正行使检察权。

刑事案件有以下三类可逐步纳入铁路检察院管辖范围。

1. 易受地方干扰的案件

（1）环境资源保护刑事案件。主要包括污染环境，非法处置进口的固体废物，擅自进口固体废物，非法占用农用地，非法采矿，破坏性采矿等犯罪。（2）食品药品安全刑事案件。主要包括生产、销售假药，生产、销售劣药，生产、销售不符合安全标准食品，生产、销售有毒、有害食品等犯罪。（3）发生在医疗领域的刑事案件和因医患纠纷引起的刑事案件。（4）知识产权刑事案件。主要包括假冒注册商标，销售假冒注册商标的商品，非法制造、销售非法制造的注册商标标识，假冒专利，侵犯著作权，销售侵权复制品，侵犯商业秘密等犯罪。

2. 有利于发挥铁路运输检察组织优势的案件

（1）民航、水运、港口所属公安机关侦查的刑事案件。（2）海关所属公安机关和海警侦查的刑事案件。

3. 上述领域职务犯罪的批捕、起诉案件

此外，各省可根据本地实际将环境资源保护、食品药品安全、知识产权刑事案件限定为跨地区（犯罪行为或结果涉及两个以上县级行政区域）的或者最容易受干预的部分罪名，或者将特殊案件的地域管辖范围适当缩小，以保持办案规模适度，提高办案质效。

公益诉讼案件有以下两类可逐步纳入铁路检察院管辖范围。

1. 民事公益诉讼案件

（1）重大跨地区的生态环境和资源保护民事公益诉讼案件。（2）重大跨地区的食品药品安全民事公益诉讼案件。

2. 行政公益诉讼案件

（1）重大跨地区的生态环境和资源保护行政公益诉讼案件。（2）重大跨地区的食品药品安全行政公益诉讼案件。（3）涉及铁路、民航、水运、港口国有土地使用权出让的行政公益诉讼案件。（4）涉及铁路、民航、水运、港口、海关国有资产保护的行政公益诉讼案件。

民事行政诉讼监督案件中铁路运输法院新增管辖的民事行政诉讼监督案件、知识产权法院管辖的民事行政诉讼监督案件、海事法院管辖的海商事诉讼监督案件可逐步纳入铁路检察院管辖范围。

铁路运输检察院仍管辖涉铁案件，业务领导关系和诉讼体系保持不变。

其他不适宜由地方检察院管辖的案件也可逐步纳入铁路检察院管辖范围。

在管辖模式上，依托现有两级铁路运输检察院的组织架构和业务管理模式，在全国范围内有序开展扩大案件管辖工作。18个铁路运输检察分院既要领导设置在本省（自治区、直辖市）的铁路运输检察基层院的特殊案件办理工作，又要领导所辖但设置在外省（自治区、直辖市）的铁路运输检察基层院的特殊案件办理工作。特别是北京、上海试点院跨行政区划管辖基础相对较好，可以依托京津冀、长三角的特殊区位优势，选择生态环境资源保护等部分"特殊案件"先行先试，率先推动跨省管辖取得突破。

第二种在北京、上海试点的基础上，以环境资源保护刑事、民事行政公益诉讼案件为着力点，推动新增案件实现"跨省"管辖；将成都铁路运输检察机关纳入试点范围，以丰富试点样本，为跨行政区划检察改革全面铺开积累更多有益经验。

在案件管辖范围上，针对不同类型案件有不同思路。

首先是刑事案件。京津冀、长三角、成都铁路运输检察机关所在的省级检察院应根据中央政法委、最高人民检察院关于深化跨行政区划检察院改革要求，指定环境资源保护刑事案件交由所在省（市）的铁路运输检察院管辖，二审由相应铁路运输检察分院办理。

其次是民事、行政公益诉讼案件。

1. 京津冀、长三角、成都铁路运输检察机关所在的省（市）内互涉环境资源保护行政公益诉讼案件，应当由省级检察院指定所在省（市）的铁路运输检察院管辖，二审由相应铁路运输检察分院办理。

2. 京津冀、长三角、成都铁路运输检察机关所在的省（市）际互涉环境资源保护公益诉讼案件，应由互涉的省级检察院协商，由最高人民检察院指定相应铁路运输检察机关管辖。

在管辖模式上，北京市人民检察院第四分院、上海市人民检察院第三分院在原管辖模式的基础上，增加对于下辖铁路运输检察院办理环境资源保护二审刑事案件以及相应公益诉讼案件的办理职能。成都铁路运输检察分院除传统铁路案件外，增加对下辖成都、重庆、西昌、贵阳铁路运输检察院办理环境资源保护案件二审刑事案件以及相应公益诉讼案件的办理职能。

上述两种方案，就跨行政区划检察改革的力度和成效而言，自然是第一种方案较大；但考虑深化跨行政区划检察改革的阻力，则第二种方案占优。何去何从，需要顶层设计者的政治智慧、法律智慧。

（四）改革的协同推进

当下中国司法改革的突出问题是司法改革的全局性缺失问题，具体表现为司法改革缺乏统一性、计划性和系统性。① 试点探索过程中，我们也深切感受到，跨行政区划检察改革是一项牵一发而动全身的任务。试点方案中涉及的或未曾涉及的改革内容，留给试点单位的是助推力还是摩擦力，可能未必是方案设计者所能完全预料的。这都需要在改革试点探索过程中不断总结，以便在下一步推进时加以完善。

1. 跨行政区划检察改革与检察公益诉讼制度完善

跨行政区划检察院是以铁路运输检察院为基础设立的。正如孟建柱同志在《完善司法管理体制和司法权力运行机制》中提出的，这项改革，考虑对现有铁路运输法院和检察院加以改造，合理调配、充实审判人员和检察院即可实施。②

2018 年 7 月 6 日，习近平总书记主持召开中央深改委第三次会议，审议通过《关于设立最高人民检察院公益诉讼检察厅的方案》。同年 9 月 21 日，最高人民检察院张雪樵副检察长在全国铁路运输检察机关推进公益诉讼工作座谈会上的讲话中也进一步强调，最高人民检察院把铁路运输检察厅转隶为公益诉讼检察厅，是顺应事物发展规律之举，各级铁路运输检察机关也要站在大局高度和事业高度，思考和把握铁路运输检察机关在新时代如何定好位，在改革潮流中如何立潮头。

于是，依托铁路运输检察机关为基础的跨行政区划检察改革与将铁路运输检察厅转隶为公益诉讼检察厅之间就建立了一定的联系。最高人民检察院张雪樵副检察长在上述讲话中进一步解释，公益诉讼案件与地方利益密切相关，办理起来容易受到阻力和干扰，与跨行政区划检察院的案件管辖具有天然的契合性。尤其是侵权行为、损害结果、被告住所地跨区划的公益诉讼案件，由地方检察院办理，难度很高，也难以保证正当性和公正性。依托铁路运输检察组织架构和业务管理模式，开展跨行政区划公益诉讼办案工作，既有利于完善检察公益诉讼制度，又有利于探索跨区划案件管辖和办案机制，为跨行政区划检察院改革提供实践样本。

---

① 夏锦文：《当代中国的司法改革：成就、问题与出路——以人民法院为中心的分析》，载《中国法学》2010 年第 1 期。

② 孟建柱：《完善司法管理体制和司法权力运行机制》，载《人民日报》2014 年 11 月 7 日第 06 版。

在公益诉讼案件管辖上，首先是涉铁公益诉讼案件，如发生在火车站、铁路货场等涉铁领域的环境污染、食品安全公益诉讼案件，以及影响铁路线下安全的违法建筑、违法设施等公益诉讼案件。其次是全流域、跨区域公益诉讼案件，如依靠省院通过指定异地管辖办理地方行政公益诉讼案件，依托公益诉讼跨区域合作机制办理跨流域、跨省级行政区划的公益诉讼案件等。

此外，在以环境资源类公益诉讼案件为突破口，深化跨行政区划检察改革过程中，还要关注铁路运输检察机关与地方检察机关“补充型”“协作型”的关系定位，核心在于案件管辖的切割，关键在于办案模式的创新。笔者认为，公益诉讼案件的开展，如果没有刑事案件的集中管辖为支撑，工作开展难度可以预见。同时，从深化开行政区划检察改革角度出发，在诉讼层级上一定要体现出“跨”的价值。

2. 与法院相关改革协同

如前所述，当前，法院相关改革扎实而有序推进。最高人民法院目前已在深圳、沈阳、南京、郑州、重庆、西安设立六处巡回法庭，且巡回法庭此次得到了新法院组织法的立法确认。互联网法院也先后在杭州、北京和深圳设立三处，加之上海金融法院设立并在新法院组织法中得以立法确认。相较之下，跨行政区划法院改革似乎略显滞后，需要在日后的深化改革过程中加以关照。

首先是最高人民法院巡回法庭。虽然最高人民法院设立巡回法庭与探索设立跨行政区划法院、检察院是同时提出的两项不同改革，前者旨在减轻最高人民法院办案压力、方便当事人诉讼，而后者旨在排除干扰、保障法院检察院依法独立公正行使审判权、监督权。然而，从深化跨行政区划法院、检察院改革的角度观之，有两个问题需要引起关注：一是最高人民法院巡回法庭与跨省级的跨行政区划法院之间的案件切割。虽然在新法院组织法中规定，最高人民法院可以设立巡回法庭，审理最高人民法院依法确定的案件。在《最高人民法院关于修改〈最高人民法院关于巡回法庭审理案件若干问题的规定〉的决定》（法释〔2016〕30号）中也明确，巡回法庭是最高人民法院派出的常设审判机构。巡回法庭作出的判决、裁定和决定，是最高人民法院的判决、裁定和决定。巡回法庭审理或者办理巡回区域内应当由最高人民法院受理的全国范围内重大、复杂的第一审行政案件，在全国有重大影响的第一审民商事案件。但未来，如何与跨行政区划法院、检察院管辖的“跨地区案件”作合理、明确切割，似乎应提前考虑到。二是最高人民法院巡回法庭的位置与跨省级的跨行政区划法院、检察院的选址之间的关系。上述决定中明确：“第一巡回法庭设在广东省深圳市，巡回区为广东、广西、海南、湖南四省区。第二巡回法庭设在辽宁省沈阳市，巡回区为辽宁、吉林、黑龙江三省。第三巡回法庭设在江苏省南京市，巡回区为江苏、上海、浙江、福建、江西五省市。第四巡回法庭设在河南省郑州市，巡回区为河南、山西、湖北、安徽四省。第五巡回法庭设在重庆市，巡回区为重庆、四川、贵州、云南、西藏五省区。第六巡回法庭设在陕西省西安市，巡回区为陕西、甘肃、青海、宁夏、新疆五省区。最高人民法院本部直接受理北京、天津、河北、山东、内蒙古五省区有关案件。”实现全国范围内的管辖全覆盖。未来，跨行政区划法院、检察院在跨省级层面的设置，亦需有此种考量。最高人民法院巡回法庭的位置，是否会对未来跨省级层面的跨行政区划法院、检察院的选址产生影响需要在顶层设计时加以关注。

其次是互联网法院。此前，杭州互联网法院是在杭州铁路运输法院的基础上建立的，但在设立北京互联网法院、广州互联网法院的同时，则撤销了北京铁路运输法院、广州铁路运输第二法院。虽然，明者因时而变，知者随事而制，互联网法院的设立也应不具有普遍意义，但这与当初跨行政区划法院、检察院改革依托的基础是铁路运输法院、铁路运输检察院的制度设计之间，是否仍需统筹考量，亦应引起应有的关注。

3. 建议将公安机关纳入改革范围

公安机关的立案是普通刑事案件的起点。在以集中管辖为核心的跨行政区划法院、检察院改革中，公安机关是普通刑事案件的进口端，发挥着不可忽视的作用。但在中央《试点方案》中，却没有公安机关的身影，这对开展跨行政区划法院、检察院试点工作产生一定的影响。

一方面，因集中管辖对公安机关而言，相较于属地管辖，会产生更多的工作量，比如送卷等工作，这对公安机关的参与积极性会产生一定的影响。另一方面，相关集中管辖文件的会签，需要公安机关的参与，但在没有明确文件依据的情况下，加之上述来自工作量的阻力，改革难度系数会有所增加。就上海市人民检察院第三分院而言，上述工作，是在上海市人民检察院的领导下，积极争取经由市委政法委牵头，公、检、法、司、海关五部门才得以顺利会签相关管辖文件。

对于公安机关的试点缺位，前期开展相关调研过程中，已有所反映。为此，最高人民检察院在前述拟出台的《关于长江经济带检察机关办理长江流域生态环境资源案件加强协作配合的意见》中有意单独作出一条规定：“对公安机关所立跨省刑事案件，同级检察机关应当及时介入，引导侦查，并主动加强与其他涉案地检察机关联系，相互通报反馈有关情况，确保案件得到全面有效办理。”虽然对公安机关有所关注，但这里仍然只是检察机关的提前介入、工作联系的问题，仍然没有解决统一进口端的问题。究其根源，或在于顶层设计时的公安机关的“缺位”。未来，应在相关改革文件中明确公安机关的改革任务。

新形势下检察业务管理的理论与实践

河南省人民检察院课题组*

员额改革用“权力、责任”的信任激励检察官，通过独立行使权力实现办案的公正、高效。但是，在全省员额检察官素质参差不齐，职业化、精英化尚未真正形成的大背景下，由“三级审批”骤然改为员额检察官一人决定，可能出现正负效应同时出现。如何适应新的权力运行方式，保证检察官独立办案的前提下，对检察业务实施新的管理监督，是摆在检察机关面前的一个重要问题。为此，我们通过调研座谈，对新旧业务管理模式进行了反思和探索，希望找到一种有效的模式复制推广，填补办案的管理盲区，确保法律的统一正确实施。

一、旧的业务管理模式存在的问题

旧的业务管理模式，不断地强调叠床架屋式的科层监督和严管，但仍有相当的检察官在办案中存在不少问题。究其根本，监督和严管并没有错，只是旧的业务管理模式忽视了对检察官的各项职业性的激励。根据我国《人民检察院刑事诉讼规则（试行）》第4条的规定：“人民检察院办理刑事案件，由检察人员承办，办案部门负责人审核，检察长或者检察委员会决定”，此即通常所说的“三级审批”。办案检察官仅拥有程序管理权以及事实认定、证据审查和法律适用上的建议权，决定权掌握在各级审批机构或个人手中。在此办案模式下，虽然检察官敬业程度整体尚可，但事业责任心和职业激情不足。

首先，检察官被动办案导致缺乏学习钻研动力，不愿意在业务上深耕细作；其次，也鼓励了凡事提交上级决定，推卸责任、转移风险，求省力、安全的办案模式；最后，各种权力和利益因素都可能通过“三级审批”介入执法过程，对执法办案形成各种不当干预。

一言以蔽之，权力、责任和利益不匹配，基于理性，检察官在诸多内外干

---

* 课题负责人：刘英旭。课题参加人：陈敬慧、马和平、刘万丽、范伟。

预，且欠缺权力资格的前提下，主动性和创造性受到压制。他们考虑更多的可能是体制性利益，自然很难从工作中获取足够的内在满足感。如果检察官业务上深耕细作，却长期得不到权力等利益的效用补偿，很难有人能够保持长期、足够的淡定，而是自然而然滋生“目标转移”或“目标异变”。他们或者日趋变得保守，仅仅愿意付出最低限度的努力（满足于保留效用），或者出现第二次转移，将注意力转移到兼职经商或其他方面，甚至通过职务越轨行为获取违法利益。当然，为弥补这一缺陷的监督严管，也由此变得困难和被动。

总而言之，现代社会对更高司法服务质量和效率的期望，与检察官激励资源的配置严重不对称，检察官从管理中获取不到足够的利益，长此以往，滋生了种种问题。

二、新的业务管理模式的实践探索和主要问题

（一）新的业务管理模式之实践探索

新形势下，各地检察机关均积极进行了探索，出台了一系列业务管理制度，真正赋予检察官权力并使其承担相应责任，让“不想当官”或“当不上官”的检察官也有奔头，愿意在业务上深耕细作，沉淀技能，积攒经验，坚守职业操守，敬畏宪法和法律，办准办好案件，实现社会的公平正义。主要做法有：

1. 常规案件与重大疑难复杂案件的分类管理

基层院案件以常规案件为主，重大疑难复杂案件比重不大，大约占全部案件的20%。因此，部分基层检察院授权检察官独立决定常规案件，为确保案件质量，同时对于重大疑难复杂案件决定权上提，由检察长或检委会决定。省级院办理的案件多为重大复杂案件，决定权应审慎。例如，河南省院制定的《死刑二审案件办理程序（试行）》，规定二审提“维持原判”意见的死刑案件，由员额检察官直接报副检察长审批；提“发回重审或改判”意见的，需经部门负责人审核后报副检察长审批。

2. 确立部门负责人的个案监督职责

让部门负责人在类案证据类型审查、审查要点予以提醒，在容易发生办案风险的环节进行办案期限的督促或法律政策的提示等。如检察官刘某在办理一起贩卖毒品案件时，部门负责人提醒刘某注意审查另案处理的同案犯的判决情况，严格审查毒品实物的搜查、扣押、称重程序，留意是否存在漏罪漏犯的有关信息。

3. 普遍确立了检察官联席会议

检察官联席会议为检察官办案提供参考意见，汲取了原“三级审批”制集思广益、审慎决策的正面作用，同时避开了权责容易不清的弊端，其讨论意见仅为检察官决定提供参考，检察官可以坚持或改变自己的初始处理意见，并独立承担办案责任。

4. 案件管理中心的监督管理

例如，郑州市管城区人民检察院的案管中心承担着全院公诉案件的办案质量评查任务，其以统一业务系统为依托，以审查检察内卷为主，以调阅侦查卷宗为辅，抽调精干力量组织案件质量评查，并就案件质量进行全院通报。

（二）新的业务管理模式存在的主要问题

员额制度改革，带来了业务管理模式的转型。如前所述，检察机关均废除了“三级审批”，给予员额检察官适当的放权、授权，赋予其独立办案的法律地位，引导检察官专注于专业成就。通过满足其“职业公认度、胜任度、权能、重要性、职业信誉、威信、尊重感、工作满足感”等内在利益，辅以适当的高薪以及“监督、严管”，检察官的个人利益得到较为充分的满足，有望期待其在制度博弈中形成有效的内在约束，自觉维护社会的公平正义。但是，新的业务管理模式的主干是“内在约束”，“外在监督”仅仅起到配合、促进和保障作用。“内在约束”靠“自觉机制”，而“外在监督”靠“管理机制”。因此，如果“内在约束”尚未真正形成，而权力却“一放了之”，短期内可能导致部分态度不端或者业务不精的检察官损害检察机关形象的后果。

业务管理规章制度的出台及实施，并不会自动保证预期效果的实现，通过摸底调研和座谈，我们发现，权力“一放了之”导致“问题案件”有所上升。

1. “业务不精”导致“问题案件”略有上升

失去三级审批的把关作用后，部分业务不精的检察官在常规案件办理中出现了不该出现的问题。例如，我们在某地市调研时发现：有一名综合部门的检察官入额后，由于离开业务部门的时间过长，对业务已经生疏，其办理的第一起案件是生产、销售有毒有害食品罪，其审查后，直接依据卫生部、国家食品药品监督管理局下发的2012年第10号公告“明令禁止餐饮服务单位采购、储存、使用食品添加剂亚硝酸钠”的规定，对犯罪嫌疑人宋某提起了公诉。但该案被告人在熏制的烧烤中添加的亚硝酸钠属于《食品安全国家标准食品添加剂使用标准》中规定的食品添加剂，并非“非食品原料”，因其不足以造成严重食物中毒事故或其他严重食源性疾病，法院很快作出了无罪判决。

2. 部分“不自重”的检察官违法办理案件

检察官拥有独立决定的权力，也为某些检察官办理人情案、关系案提供了便利。例如，我们在某地市调研时发现：检察官洪某在办理一起破坏生产经营案时，该案完全可以以故意毁坏财物罪将被告人起诉至法院，但办案检察官刻意以破坏生产经营的证据不足为由做了存疑不起诉。

3. 部分检察官办案消极懈怠

员额检察官的办案数量骤增加，而部分检察官助理也出现协助不力，消极怠工现象。检察官面对每月增加的工资比例和业务量的增加比例，感觉二者不协调，由此，出现心存不满的现象。办理案件缺乏精品意识，只要保证案件定性和程序不出错即可，自觉不自觉地企图通过减少工作投入来获取新的心理平衡。

三、监督难题的提出及三大维度分析

（一）监督难题的提出

如前所述，如果设计不当，在实践中，新的业务管理模式可能会出现正负效应掺杂的效果。究其原因，主要是以下因素导致业务监督成本过高。

首先，在应然层面，检察官是凭借法律知识和实践经验，在办案中从事判断、论证，充满客观、公正、独立、理性品质的司法职业。而司法具有复杂性、专业性和结果的高度不确定性（第三方可观察但却不可证实），这种性质使得很多监督制度无法有效运行，从而注定监督需要付出昂贵的成本。

其次，业务管理的另一难题是如何能快速、有效、准确地掌握业务信息。我们都知道，案件的侦查卷宗属于原始信息，信息量大，阅卷工作任务重，是检察官的重要工作内容之一，是其履职的基础。业务管理的主要信息载体就是阅卷审查后的信息汇总，这些业务信息都经过了检察官的提炼、压缩、总结、分析，自然不可避免地会受到检察官本人法律素质高低、司法经验多寡、在钻研案情上投入的时间精力多少以及责任心大小的影响。上述这类信息都属于他人难以检验的“私人信息”，以及他人难以监督的“不能观察投入”。这是司法业务管理成本加大的另一主要原因。

对此，我们别无选择，只能通过恰当的业务管理模式来确保正效应的最大化、负效应的最小化，其中，缜密科学的制度设计、人与制度的良性互动必不可少。

（二）三大维度分析

1. 声誉激励

声誉是显示人力资本质量的一种有效信号，其实质是一种社会信任。声誉机制运行的原理在于：在多次重复博弈的情况下，即使没有正式契约的维系，当事人仅仅出于对自己长期、长远利益的考虑，也会看重并追求“声誉”。① 已有的研究成果和尚需完善的实证调查显示，② 我国检察官有五种基本的需要：薪资、安全、尊重、权力和成就。检察官属于高成就需要的人，他们看重司法工作内在的培养性、个人成长和发扬专业成就的空间，甚至愿意牺牲闲暇努力工作获取专业成就，并愿意承担个人责任。当然，检察业务工作也天然地孕育着检察官独立自主地行使职权的偏好，并以此享受工作过程，求证自己的价值，并希望他人对自己的业绩、人品和能力给予较高的评价③。出于对自身声誉的关注，检察官会自觉限制自己的投机行为，维系自身良好的职业声誉。当然，只有“舆论场域”中的社会声誉对检察官具有极大价值时，检察官才有积极性建立并珍视自身的社会声誉。

新的业务管理模式正是在有效培育声誉机制的基础上，通过管理信息的抓取、评估和通报，用声誉来制裁业务不端行为的一种管理机制。

2. 独立办案和工作满足感

对检察官来讲，更重要的激励在于工作本身，在于责任承担和成长以及发挥专业成就。行使权力能够增加内在满足感，有效弥补公职人员在物质性收益

---

① Lubman S B. Bird in a Cage：Legal Reform in China after Mao［M］. US Stanford University Press，1999.

② 在剖析人类基本需要方面，马斯诺提出的“需要层次理论”影响最大。他将人的基本需要划分为“生理需要、安全需要、社会需要、尊重需要和自我实现需要”，是将人的需要从物质形态拓展到非物质形态的鼻祖，着重强调“自我实现”需要等高层次需要具有的巨大激励作用。奥尔德弗在实证研究基础上提出的“ERG 理论”将人的核心需要划分为“生存需要、人际关系需要和成长发展需要”。麦克利兰的“成就需要理论”则研究人的高层次需要，将之划分为“成就需要、权力需要和合群需要”。实证研究方面参见刘建国、张卫红、邓光荣：《检察队伍建设激励机制研究——基于重庆市某检察分院及辖区基层院的调查分析》，载《重庆行政》2010 年第 18 期。

③ 马斯诺曾经将自尊的需要细分为两类：一是对实力、成就、权能、优势、胜任以及面对世界时的自信、独立和自由等的需要；二是对名誉或威信（来自他人的尊敬或尊重）的需要，对地位、声望、荣誉、支配、公认、注意、重要性或赞赏的需要。参见［美］亚伯拉罕·马斯诺：《动机与人格》，许金声等译，中国人民大学出版社 2012 年版，第 28 页。

（仅仅属于无忧薪酬）上支付不足和平均化现象，同时培养职业认同感和职业忠诚度，使检察官有积极性来积累自身的职业声誉，为了长远利益自觉抵制短期行为，形成有效的内在约束。原则上讲，检察官权力自主性越大，其成就动机就越强烈，就会越看重工作绩效，绩效越好，检察官越认同工作带来的非货币效用，进而获取充裕的内在利益。需要说明的是，权力的大小，既与权力配置模式又与法律意识水平密切相关：权力配置直接决定检察官权力的范围和大小，法律意识则决定检察官自我限制的权力空间大小。较高的法律意识会促使检察官从各种深思熟虑、审慎权衡和掂量中获取更高的权力效用（权力收益），自觉地将权力圈定在法定范围内。

新的业务管理模式充分尊重检察官独立办案，给予充裕的工作满足感是大前提。

3. 业务信息的收集、指导及评价

由于检察官拥有他人难以检验的“私人信息”，以及他人难以监督的“不能观察投入”，加上司法权的专业性、复杂性和高度不确定性，检察业务信息的全面收集、监督指导和精准评价，不但需要付出昂贵的成本，而且效果还可能显得有些苍白无力。我们需要改变以往的科层管理的思维和观念，建立检察官独立决定、独立负责的常态化机制，管理者只需在重要的程序节点或关键的案件要素上予以审核、指导，并逐步尝试对随机抽取的案件予以批判性的业绩评价，在职业舆论场域形成敏感的声誉约束机制，在正式制度层面形成严格的职务惩戒制度。如此足矣。

四、新的业务管理模式的基本框架

通过调研，我们初步认为：检察官对大多数案件享有了直接决定权的情况下，应该在办案专业化的基础上，主要以个案关键性审查、类案系统性指导、案件质量通报为三大基本载体，并以随机案件的批判性评价为辅助的“四重结构”来尝试构建新的业务管理模式基本框架：一是常规案件的独立决定模式；二是重大敏感疑难案件的例外管理模式；三是“普通风险、复杂案件”的辅助管理模式；四是个案评价、类案指导及行为评估的管理模式。借此确保员额检察官的职务行为符合宪法和法律，防止检察权滥用、误用带来的消极影响。

（一）“常规案件”的独立决定模式

1. 明确“检察官独立”优于“检察一体”

检察一体应以尊重检察官的独立性为前提。司法是客观性的事业，依赖检察官亲历性基础上的个性判断，当检察长与检察官的意见相左时，应当坚持检察官独立优先，即指挥监督权以尊重检察官对法律的独立判断和见解为前提。

2. 明确检察长的职务介入权、转移权、指令权和检察官的违法指令抗命权

检察一体与检察官独立之间需要一种协调机制：当检察长不同意检察官的意见，检察长可借助职务介入权或转移权将案件调走，自行办理或交由其他检察官办理。但是，“检察长对其检察事务指令权，必须谨慎行使，而能促使检察机关发挥实践法律正义与追诉犯罪之功能，切忌滥用检察事务指令权，不当干预或阻碍检察官行使其检察权，这不但会打破检察官之士气与信心，削弱检察机关追诉犯罪之能力，而且也会使社会信赖度破产。”①

3. 在审判环节，检察一体应受到更为严格的限制

借鉴欧陆国家的“笔受约束、口却自由”原则，建议赋予出庭检察官充分的自由陈述的权力。出庭检察官可以根据庭审情况和内心确信自由地发表其出庭意见，并独立地承担个人责任。出庭检察官除书面结论必须与检察长的决定保持一致外，可以不受未出庭的检察长的指令约束，而在法庭上自由发表其出庭意见。

4. 确立案管中心扁平化业务管理效能

将权力交还给检察官后，管理层级减少，科层监督弱化，不代表内部监督管理的绝对弱化。置于检察长直接领导下的“案件管理中心”就是一个汇总业务信息的资料库，可以有效地弥补独立办案模式下的隐患：监督的不足。

任何过度的管理只会扼杀检察官的积极性和创造性，促生服从规则而非实现组织目标的错位导向。因此，案管中心只需在案件质量的关键点（重要、关键和容易出问题的节点）上予以监督和控制即可，尽量简化管理和绩效考核标准，减轻检察官被干扰频率和为此而承载的负荷，防止管理演变为新的掣肘。扁平化管理的主要任务是研判分析以及定期通报管理信息和典型案例，尽量避免打扰到检察官。出于对自身声誉的关心，检察官可能会对案管中心对其不当行为或违法行为的通报（如超期办案、执法过错等）足够敏感，从而自觉纠正自身行为偏差，形成声誉式的自我约束。

（二）“重大、敏感、疑难案件”的例外管理模式

在审查起诉阶段，检察官的起诉或不起诉决定，必须严格按照起诉法定原

---

① ［德］克劳斯·罗科信：《德国刑事诉讼法》，吴丽琪译，法律出版社 2003 年版，第 99 页。

则以及自身的法律确信与证据评价而判断、决定，检察长原则上不启动指令权。但是，当检察官对法律适用发生疑问，根据“疑问排除不法”原则，检察长（或者检察委员会，以下同）原则上可以行使指挥监督权。特别是在对新型案件的定性和处理上，或者检察官之间产生不同见解，甚至对是否起诉意见不一致时，检察长应当行使指令权，使检察机关形成统一的法律确信。

当检察官承办的是敏感案件，处理不当或者会造成无法挽回的损失，或者会造成重大不良社会影响，检察长有义务全盘知晓和掌握所有案件信息及处理结果，并确保案件以最稳妥的方式得以处理。

上述两种情况下的指令权，可以配置的法律决策辅助模式既可以是三级审批或者联席会议，也可以是检察官会议等形式。无论哪种形式，都要以不违反检察官的法律确信为前提，否则只能行使职务介入权或职务转移权，自行办理案件或将案件交由其他检察官办理。

（三）“普通风险、复杂案件”的辅助管理模式

“小案件”不等于“简单案件”。办案实践中，案情非常简单，阅卷审查的任务也不重，甚至社会影响也不大，但是，要么是全案的法律适用问题，要么是案件中的某一具体问题，要么是某一证据审查、采纳上的难题等，令人犹豫不决、痛苦纠结，类似的案件并不在少数，并在基层院办理的案件中出现的频率更高，稍不留神就可能将案件办错、办砸。尽管有时候，可能并不妨碍案件的整体处理结果，但是，对于检察官这批拥有高度自尊的法律专业人士而言，如果自己的专业判断被法院有理有据地否定了，不可避免会自感羞愧、自觉反思、自省，影响到对自身的评价，动摇自尊、自信。为应付看似简单而不简单的案件潜在的质量隐患，实践操作中，主任检察官可决定将某一案件交由两名以上的检察官联合办理或者建议检察官提交检察官联席会议、专门的疑难问题处理小组进行讨论。当检察官本人认为在案件中的某一问题或者案件整体的处理上，需要更慎重的考虑，想知道同仁的多数意见以及不同意见，愿意集思广益审慎决策时，也可以主动提交检察官联席会议讨论，或者咨询法律专家的意见等，供其参考。

（四）个案评价、类案指导及表现评估的管理模式

1. 随机的个案评价（批判性的司法表现测度）

新的权力运行方式，需要一套准确评估、测量司法表现的评估制度，发挥正面引导与监督作用。美国联邦法院波斯纳法官倡导过一种批判性的测度

方法[①]：在某些值得注意的判例中，把被测度的法官的司法意见同低层级法官的司法意见、案件记录以及律师的诉讼摘要和口头辩论作比较，同任何法官、他的同事或法官助理撰写的法院内部备忘录作比较。评估目的在于确定法官的司法意见是否准确和完整，使用先例时是否细心、谨慎，他的司法意见给诉讼摘要和案件论证增加了什么价值，法官助理和其他法官对这一司法意见有什么贡献，这一司法意见的原创性是什么，它是否给学术理解增加了什么东西，他的司法意见是否属于群体的作品等。批判性的司法表现会深入洞悉法官的司法方法和司法质量，并且扩大考察大致同期在同一法庭任职的其他法官（同处或同组），也会进一步地精确司法表现评估。

批判性的司法表现测度耗时耗力，且评估人员专业素养也需过硬，但可以精确司法绩效评估，准确评价司法表现，以个案带动全面，有效约束履职行为。

2. 特定的个案评鉴

个案评鉴与错案责任或执法过错责任相关，主要针对有损司法信誉、严重违法办案的检察官。当出现某种特定或法定事由时，需要对个案进行评鉴。为避免对检察官办案形成不必要的干扰，个案评鉴应限制在滥用权力侵犯人权，品德操守不良、敬业精神或办案态度不佳，有损司法信誉，严重违反法律程序或职务规范，以及长期履职不力等情形。

3. 综合的类案指导

办案人员的一个共同体会就是：数量众多的案件是可以划分为不同类型的。例如，毒品案件、投毒案件的证据体系一般较为单薄，被告人不认罪案件需要运用间接证据定案，故意伤害案件要重点审查其鉴定意见，互联网金融犯罪中的新类型案件容易出现法律适用的难题，某类案件常见辩点的应对，诸如此类。不同类型案件的证据审查的要点不同，法律适用难点不同，容易出问题的点亦有不同。

有过司法经验的人均理解，由于侦查取证、审查起诉和审判中遇到的具体困难和障碍，即便最认真、最谨慎的司法人员也可能会办错案件。“不确切的证据资料、不科学的辨认或指认、不可靠或不确切的证人证言甚至假证人、得出错误结论的鉴定意见，以及司法官员的疏忽或错误推理都可能导致冤假错案。”[②]“虚假的供述、不可靠的线人或告密者的陈述、劣质的辩护、不可靠的

① ［美］查理德·波斯纳：《法官如何思考》，苏力译，北京大学出版社 2010 年版，第 197—199 页。

② ［法］勒内·弗洛里奥：《错案》，法律出版社 2013 年版。

科学意见、政府的不当行为和目击者错误的证词"① 均是造成司法错误的主因。类型的不同，容易出错的原因也常不同。为减少不必要的偏差或失误，对类案而言，综合研判分析容易出现问题的办案环节或案件证据审查要点，提出指导性意见或者建设性预警是十分必要的。

4. 动态行为表现的评价监督

尽管检察官拥有他人难以检验的"私人信息"，以及他人难以监督的"不能观察投入"，但现代的记录技术（录音录像视频等）完全可以将庭审等重要的诉讼行为完整地再现。建立庭审活动等的大数据库，作为履职表现的资料保存备查，按照总数据库存量的一定比例，通过随机抽取或自愿申报等形式评估庭审履职情况，通过个案督促检察官在日常庭审中保持严谨和尽职，可以直接或间接地发挥出监督和管理的功能。

五、业务管理的类型剖析

（一）日本的审查指导监督经验

日本检察官是行使检察权的意思决定机关，有权以个人名义对外做出案件决定，并独立地承担后果和责任。但为防止检察权的错误行使，正确统一反映国家意志，以及更有效发挥整体检察职能，其在业务管理上仍实行案件审批制。只不过，其案件审批更类似于一种非强制性的咨询请示，即寻求指导性意见的请示汇报，而非"上命下从"的行政审批。如果检察官与上司意见相左，双方应谋求相互意见的调整，如不能达成一致，上司必须通过职务转移权或介入权来解决冲突，而不能直接行使指令权。为此，其业务管理可以归纳为指导监督的类型。

无罪判决率的最小化一直是日本上级检察官的最重要的职责：其作为管理者，要保证同类案件得到同样处理；作为领导者，要教办案检察官如何起诉；作为团队成员，要在重大复杂案件中提供起诉策略上的帮助以及道义上的支持；作为裁判者，要审查证据的充分性。但其主要通过审查、劝告、承认的方法来行使指挥和监督权，既能够兼顾独立和一体，又对集思广益，防止司法错

① ［美］吉姆·佩特罗，南希·佩特罗：《冤案何以发生——导致冤假错案的八大司法迷信》，北京大学出版社 2013 年版。

误大有裨益。①

（二）我国台湾地区的审批指导监督经验

1. 送阅制度下主任检察官的指导监督

我国台湾地区地方检察署约六人一组，设置一名主任检察官，综理该组事务的监督、该组检察官承办案件、行政文稿的审核或决行，并就该组检察官及其职员的工作、操行、学识、才能的考核与奖惩进行拟议，还负责人民陈情案件的调查、拟议及法律问题的研究等相关事项，以及检察长交办事项及其他有关事务的处理。②

为抑制个别检察官怠惰和滥行起诉，台湾地区实行的仍旧是案件审批制。检察官拟定好起诉书后，需要层报主任检察官和检察长予以审批，他们审核后盖好章方能结案公诉。检察官（包括主任检察官）必须就重要情况随时向主任检察官或检察长报告和听取指示，上司有权要求其下属检察官报告事务处理情况或调阅卷宗。送阅制度的目的是通过经验丰富的主任检察官与检察长对个别案件进行指导，审查起诉书是否遗漏要件，所附证据是否充分等，同样是重指导多于重监督。而且意见冲突时，仍旧坚持检察官独立优先的原则。

2. 检察长的指挥监督

检察官虽以自己名义对外独立行使职权，但其承办的任何案件也都是检察长的案件，检察长为确保所有案件得到妥善处理，统一解释法律，可以就法律问题，召集检察官会议征询意见，供其采择，但并不采取表决制。

（三）美国的宽松管理经验

美国地方检察官实行个人负责制，他们大多数依靠选举获得任用，然后雇佣律师担任“助理检察官”，组建自己的工作团队。助理检察官要接受检察官的领导，但事实上他们大多亦是独立办案。

1. 诉前审查制度

由有限的资深检察官助理挑选哪些案子可以起诉，哪些案子不能起诉，丰

---

① 肖承海：《日本检察制度》，樊崇义、吴宏耀、种松志主编：《域外检察制度研究》，中国人民公安大学出版社 2008 年版，第 233－234 页。此外，需要澄清的是，日本的指导监督主要针对“起诉决定”，其关注点是案件能否成功起诉，对不起诉的监督稍显随意。

② 在事务较繁的检察署，检察长可指定一名主任检察官襄助处理全署有关事务（即襄阅主任检察官），其在处理有关事务发生争议时应报告检察长处理。

富的经验使他们能够判断证据的力度，而且能使起诉反映有关的办案政策。

2. 撤诉减诉审批制度

出庭检察官助理为达成诉辩交易而撤诉或减少某项指控时，一般需要提交一份书面申请，阐明具体的理由。特殊类型的案件还需要经检察官或主任检察官助理的批准。

3. 案件管理信息系统

即计算机评估系统，其可以输出6种信息类型：（1）分析特殊案件的细节或被告的数据得来的办案信息，主要使用者是一线的检察官助理。（2）通过分析检察官助理的办案种类、办案量、日程安排等得来的后勤支持信息，帮助一线检察官助理和中级管理人员跟踪案件的处理。（3）管理控制信息，帮助中高层管理者确保检察官助理在案件处理过程中坚持办案政策。（4）问题分析信息，帮助检察官和主任检察官助理识别和揭示办案政策和程序方面的问题。（5）战略计划信息，帮助高层管理者做好应付组织环境发生变化时的准备。①（6）综合研究信息，这类信息一般是外面的研究人员和评估专家运用案件管理信息系统的数据做总体上的刑事审判研究时得出的，这些信息对基本理论研究意义很大，但对改善管理的作用较小。②

通过6类信息，案件管理系统可以三种方式发挥作用。第一，评估案件的办理，哪些方面有明确的办案政策，哪些方面执行有偏差。第二，通过比较指控、处理结果和延迟起诉的类型，找出偏离办案政策的例外，再通过例外采取管理措施。案件信息管理系统通过分析法院驳回起诉（可能反映诉前审查不严）和判决监外执行（可能反映诉辩交易不理想）的比例来确定起诉过程中存在的问题。第三，案件管理信息系统可以向诉讼前段的检察官助理提供案件的最终处理结果，帮助反馈偏离办案政策的问题。

（四）德国的类科层管理经验

德国检察官的权力是相对独立的，所有检察官均被视为受检察长委托、以检察长的名义履职，检察长对所属检察官享有指挥监督权，即职务介入权和转移权，检察长有权在其辖区内自己接手检察机关的职务活动，或者委托另外一名检察官替代正负责案件的检察官。检察长还享有指令权，检察官应服从检察

---

① 试举一例，立法机关准备通过一部条例，要求对某类案件投入更多的检察资源，检察官就需了解过去几年办了多少这类案件，这时，案件管理信息系统就可发挥作用。

② 胡国平：《美国检察官现代管理办法》，载《人民检察》2003年第9期，第58－60页。

长的职务指令，对抗命检察官可以施以纪律惩戒。但事实上，除非重大或特定事项，检察长很少真正过问或干预检察官办案。

德国实行“主任检察官—检察长”的科层管理。检察长负责院内人员的职务监督，确保业务如实、快速地办结以及必要的统一处理。其有权召集“磋商会议”，进行“业务检查”。主任检察官职责基本同于检察长，但不涵盖“业务检查”和“司法行政事务”，主任检察官以出庭为履职常态①，呈交检察长的处分和文书，主任检察官都应附署签名。

六、我国新的业务监督制度的重构

新形势下，为防止检察官滥权、统一追诉标准、统一解释法令，新型业务管理模式的构建同样至关重要。鉴于大多数业务管理模式已经在实践基础上投注运用，并得到反思反省，发展完善，笔者拟从下列方面论证重构：

（一）主任检察官的指导监督

主任检察官接受检察长的委托，代行部分指导监督职责，应对该组案件的办理履行重要证据风险或政策要点等的指导提醒以及行政审批，并可就业务共性问题提请检察长启动业务研判分析或者编发类案办案指南，诸如此类。

1. 常规案件的指导监督

主任检察官的指导监督，主要体现在通过审查各类案件意见书、辩护意见或一审判决书、上诉状等材料，就个案中的证据审查要点、诉讼风险要点以及办案政策的惯例等予以通案性的提示，提醒检察官予以注意。

主任检察官在常规案件中履行的是咨询提示职责，并没有行政审批的权限。检察官阅卷审查完毕后，可以在统一业务系统中直接向检察长提交案件情况以及处理意见，但允许主任检察官同步掌握该案信息。主任检察官可以综合研判分析个案或类案中的高危证据审查要点、可能的政策偏差以及实务中恰当的证据标准等，必要时向检察长提出研判分析的项目动议。

2. 其他案件的指导监督

案件分配之初或者办理过程中，主任检察官应通过多种途径了解案件的疑难程度，初步判断是否属于常规案件，若不属于常规案件，可选择由检察官办案组承办。案件办结后，主任检察官应对该案签署独立的意见，并视情况决定是否提交检察官联席会议讨论，最后附上所有意见交检察长或检察委员会供参

① 出庭分配权专属于检察长，但其可将其授权给副手或处长行使。内部文书签名权分配，也由检察长定夺。

考抉择。

如果检察官与主任检察官的意见不同，双方应谋求相互意见的调整，如不能达成一致，原则上由检察长或者检察委员会决定，也可以由检察长特别授权主任检察官决定。检察长、检察委员会和经授权的主任检察官的意见，不能强迫检察官接受，必要时通过职务转移权或介入权来解决，不能径直启动指令权。

3. 投诉案件、舆情案件等个案的调查

针对严重违法办案侵犯人权、严重违反检察官职务规范或者出现重大舆情等可能有损司法信誉的情况，主任检察官应及时向检察长汇报请示，并有权启动对个案的深度调查，核实有关情况，提出应对或处理意见报请检察长决定。

4. 不起诉案件、撤诉案件、抗诉案件、发回重审案件以及上级交办、督办案件的审批

为使办案政策得到相对统一的贯彻落实，又或者基于严格控制案件质量、充分履行检察职能的现实需要，主任检察官应当对“特定案件”进行严格的审批。这类案件主要包括不起诉案件、撤诉案件、抗诉案件、发回重审案件以及领导交办、督办的案件。与其他案件相比，上述案件需要最严格的质量控制，以确保检察官对案件的稳妥处理。

5. 批判性司法表现的附议

检察官对其承办的案件真正的贡献体现在哪里，他对成功办理该案有什么建设性的投入，发现了什么别人没有发现的问题，弥补了哪些案件证据缺陷，审查清楚了哪些案件疑点，出庭时做了哪些关键性工作，法庭辩论的实际效果究竟如何，诉讼监督中的贡献是什么，等等，针对上述问题，主任检察官应注意该组检察官的日常表现，协助开展批判性的个人司法表现测度工作。

6. 类案的指导

主任检察官办案经验丰富，承担类案的指导任务，有权提出业务研讨项目的动议，或开展类案的业务指导，编发办案手册或案例汇编，为检察官办案提供经验参考，今后这将是软性业务管理的一个重要方向。

（二）主任检察官联合会议的咨询参考

检察长可召集主任检察官联合会议。建议主任检察官联合会议与检察委员会分工负责，各司其职，各有侧重，前者可设置为临时机构，集全院智慧于一体，负责研究讨论对个案的处理，其意见仅供检察长抉择参考；后者则重整体的业务指导、党政事务等的集体决策。再次强调，作为临时机构的主任检察官联合会议，并非集体决策，而是为确保检察长决定的稳妥、合法和共识性，由

检察长召集的以主任检察官为主体，兼吸纳部分资深检察官组成的主任检察官会议共同研究讨论案件和其他重要的业务性问题，意见供检察长抉择参考，性质上属于业务咨询机构。

（三）检察委员会的指导监督

检察委员会可以改造成协助检察长制定工作方针、计划及业务指导的常设机构。其以业务指导为主，以集体决策为辅，即以类案的业务指导为主要职责，讨论、总结各类型案件的办理，统一检察官的办案思想，兼负责执行办案规则、职务规范，工作要点，重大业务研讨项目的落实，探讨法律改革的方向，指导案例的编撰以及检察长决定提交检察委员会的案件决定等。

（四）案管中心的扁平化业务管理

案管中心承担着业务管理的重头戏，作为检察长业务管理的参谋助手，除内嵌于各业务部门的业务管理外，将由案管中心承担越来越大量的业务分析、监管等工作。现代科技突飞猛进，大数据的收集、运用日趋成熟，过去那种严重依赖个体办案经验和手动统计的评查、评估等监管方式，尽管其一定的优势依然存在，但必将转变为一种辅助方式，被更有效率的人工智能、智慧检察等取而代之。例如，当业务部门仍旧着眼于积累办案经验，以证据状况来划分毒品案件的类型时，云南的大数据系统已经完成了根据毒品案件证据的多寡和类型不同，将毒品案件划分为若干类型，给出了每一类型毒品案件的详细办案指引。一言以蔽之，案件管理中心完全有能力、有条件借助现代信息手段，将程序性和实体性审查并重，完成整合案件进出口、案件流程管理、案件质量控制和特定案件的复查、复核等多项任务。在尽量不打扰办案检察官工作的同时，为检察长提供管理信息和管理建议，并借定期通报不当信息和典型案例，规范检察官的职务行为。案件管理中心还可以将“管案”与“管人”结合起来，通过流程管理，针对诉讼违法线索的统一管理、有异议和有问题案件的复查、定期案件质量评查和业务绩效考核等工作，将发现的履职不称职或违法违纪，尤其是办案失误等情况，做出初步的认定，然后向政治人事部门或评鉴委员会提出处理的建议。

1. 程序性的业务管理

主要指案件流程监控以及对案件程序性问题的监管，包括对案件受理、立案、办理、审结和归档等办案程序进行跟踪、预警和控制办案期限，预防和纠正违法办案等情形。

2. 案件质量的评价、业务信息的研判分析

质量评价是收集、分析、评价和传递检察官的案件质量信息的过程，或者说是收集检察官案件质量信息并进行价值判断的过程,① 其信息源主要是统一业务应用系统整合的案件办理信息以及庭审视频等大数据信息库等。案件的办理结果具有非常复杂的背景和归因，不但隐含着人的因素，如责任心、努力程度、职业能力和风险态度等，而且受到不少不可控因素的影响（如证据发现变化、立法规定的改变等)，质量只能是一个相对的概念。由于理论积淀不够，实践经验不足，质量评价往往沦落为几大项下诸多指标的简单比较分析，但通过科学合理的评估布局，借助大数据、云计算等现代技术，更多的质量区别将会被挖掘，从而对检察官之间不同的办案质量予以较为准确的鉴别，为绩效评估等提供更具激励的鉴别依据，挑选出让人信服的区别，才能达到鞭策后进，激励先进的目的。

质量评价的定位，不仅在于量化评估，更应致力于发现案件办理上的共性问题或者执法办案的薄弱环节等业务信息的研判分析，为检察长的业务决策提供参考。并将相关信息反馈给业务部门或办案检察官，督促提高案件质效。同时，将发现的违法行为进行通报，对检察官进行声誉制约，严肃地提出惩戒建议，交付有关部门调查核实处理。

3. 司法表现的测度引导

当前，据不全面调查，评价检察官司法表现的规范性文件都处于束之高阁的境遇，得不到检察官或业务部门的认可，强行实施只会导致争执纷呈，测度的权威得不到真正认可。最终，为平息争执，无奈之下，很多检察院依旧用民主测评的老法子或者业务部门的领导意志，来笼统量化办案质量和司法表现。面对这一“老大难”问题，属于定性测度范畴的批判性司法表现评估可能是一个重要方向。由于耗时耗力，批判性的司法表现测度一直没有被真正启用，其实，如能真正折射出办案质量和司法表现质的不同，势必会将过去隐蔽的问题赤裸裸地暴露出来。细致、实质的评估对“问题检察官”的威胁必定是强劲的，使其无法再浑水摸鱼或在部分案件办理中偷懒。俗话说：只有触及灵魂，才能带来自省自察以及惯性改变，敢于直面自己，敢于直面问题的测度，其价值毋庸置疑。完全可以预见，案管中心业务节点的要素评估，和个案定性评估的配套使用，将会带来更多的测度成效。但批判性的定性评估耗时耗力，综合考虑其利弊，建议每三年开展一次。为防止测度的片面性，测评所依据的案件可由检察官自选和随机抽取两部分组成，并由资深检察官组建临时的测评

① 张德主编：《人力资源开发与管理》，清华大学出版社2003年版，第175页。

委员会来操作。

4. 不当信息的定期通报

所有的评估、测度，最终都要反馈给检察官，管理的目的才能实现。定期通报是最常见的反馈机制之一。波斯纳曾说：联邦法官对美国法院管理局汇编的统计季报都很敏感（显示多少案被告诫超过特定时间长度，也就是轻微的名誉制裁），他们甚至会在报告期结束前拒绝受理新案件以改善自己的统计数据。人类行为具有趋同性，接受反馈的人员会做出改变完善自己的处境是人类社会的常态。我国检察官也存在同样的倾向，出于对自身声誉的关注、维护，检察官当然也会对不当行为或违法行为的定期通报足够敏感，从而自觉纠正自身的行为偏差，例如超期办案、执法过错等。检察官珍惜自身的职业声誉是声誉机制运转的大前提，是职业化、精英化的法律职业群体有效内在约束的表现形式之一，以独特的软性、自觉的方式发挥着预期的监管作用。

检察机关恢复重建四十年来检察权的演变过程和发展方向研究

辽宁省人民检察院课题组*

检察权的基本内涵是通过法律赋予检察机关的职权反映出来的，主要包括对直接受理的刑事案件进行侦查并提起公诉以及对诉讼活动进行监督。为纪念人民检察院恢复重建40周年，笔者对我国检察机关依法行使国家法律赋予的检察职权演变过程进行了回顾梳理，提炼并总结经验与智慧，对检察机关的发展前景进行展望。

一、人民检察院行使检察权演变过程的基本定位和价值取向

人民检察院行使检察权有着悠久的历史，伴随着近代的磨难、新民主主义革命的胜利与中华人民共和国国家政权的建立、社会主义革命和建设及改革开放事业发展进步，逐步确立形成中国特色社会主义检察制度。其演变过程主要经历了四个历史阶段。

（一）争议中探索前行

早期爱国仁人志士探索救国救民真理，受域外“三权分立”制度的影响，主张“拿来主义”。1898年6月至9月，以康有为、梁启超为主要代表的资产阶级改良主义者，倡导“至甲午失败后，知西法不能不用”，学习借鉴西方，改革政治、教育制度，发展农、工、商业等的政治改良运动，推行戊戌变法。戊戌变法是中国近代史上一次重要的政治改革，促进了思想解放，对社会进步和文化的发展起到重要推动作用。1912年中华民国建立，其颁布的《中华民国临时约法》是中国第一部资产阶级宪法性文件，明确规定建立三权分立的共和制政体，而其实质是独裁专制。

---

* 课题负责人：于昆。课题参加人：周习武、张宝印。

1921年7月，中国共产党领导集体担负起时代赋予的历史使命，发挥坚强核心作用，为振兴中华，实现中华民族的伟大复兴进行了不懈努力。在长期的革命实践中，于1930年代在江西革命根据地建立苏区红色政权，形成司法权运行架构雏形。人民检察制度中的检察权从一开始就与中国共产党领导下的人民政权建设紧密结合在一起，是人民政权的重要组成部分。“红都瑞金”是共和国的摇篮，也是共和国人民检察制度的摇篮。1931年11月，伴随着中华苏维埃共和国的诞生，人民检察以崭新的制度形式植根于红色土地，开创了人民民主与法治的美好前景。根据《中央苏维埃组织法》《地方苏维埃暂行组织法（草案）》《裁判部暂行组织及裁判条例》等有关法律、法规，最高法院内设检察长一人、副检察长一人、检察员若干人；省裁判部设正、副检察员各一人；县裁判部设检察员一人；区裁判部则不设检察员。最高法院、各级裁判部内设的检察机构检察人员主要负责预审和刑事公诉工作。此外，在鄂豫皖苏区和川陕省苏维埃政权的革命法庭内，设“国家公诉处”，由公诉员代表国家向法庭提起公诉。国家政治保卫局是专门负责镇压反革命的机关，对一切反革命案件均有侦查、逮捕和预审之权。各级政治保卫局均设有检察科，行使检察权，主要负责政治保卫局侦查案件的预审和公诉。军事检察（查）所是中华苏维埃时期又一重要的检察机构，与各级军事裁判所并立。可见，人民检察组织机构及职权的确立与行使，在中国革命战争年代初期已形成，对于维护和保证革命队伍的纯洁和稳定，保护来之不易的胜利成果不受非法侵犯，发挥着极其重要的司法保障作用。

（二）审议中确立体制

1949年10月1日，中华人民共和国成立，中国共产党科学谋划国家政权机构、职责和任务，初步确立检察机关组织结构、性质、职权、制度范围。中央人民政府任命罗荣桓为最高人民检察署检察长。为了加强人民检察制度建设，最高人民检察署根据第一届全国司法会议的精神，认真进行有关检察制度的立法工作，中央人民政府主席毛泽东批准了《中央人民政府最高人民检察署试行组织条例》，这是中华人民共和国关于检察制度的第一个单行法规。1954年我国第一部宪法，确立检察机关在国家政治体制中的地位，为人民检察制度的发展奠定了基础。第一届全国人民代表大会第一次会议通过《中华人民共和国人民检察院组织法》，增加人民检察院行使职权的权限与程序的规定。毛泽东主席在审查方案中，提议将“检察署”改为“检察院”。

1960年11月，公安部、最高人民检察院、最高人民法院三机关实行合署办公，最高人民检察院仅保留二三十人。1960年代受“文革”影响，撤销检察机关并终止行使检察权。1968 年 12 月，最高人民检察院军代表、最高人民法院军代表、内务部军代表和公安部领导小组联合提出《关于撤销高检院、内务部、内务办三个单位，公安部、高法院留下少数人的请示报告》，报告经批准后，最高人民检察院、军事检察院和地方各级人民检察院先后被撤销，各级人民检察院的检察职权终止。①

（三）评议中提升地位

1978 年党的十一届三中全会，确定党的工作重心转移到以经济建设为中心的目标上来。加强社会主义民主、健全社会主义法制，政治体制改革拨乱反正，开展实践是检验真理的唯一标准大讨论，一大批冤假错案得到纠正，迎来了我国检察机关恢复重建的“第二个春天”。通过修改宪法，重新明确检察机关的性质、职权和地位，形成了我国改革开放初期的检察权。1978 年《宪法》第 43 条规定了最高人民检察院、地方检察机关和专门检察机关依照法律规定的范围行使检察权等内容。1979 年颁布的《人民检察院组织法》第 5 条规定检察权具体内容，包括侦查权、审查逮捕、起诉或者免予起诉权、侦查监督权、公诉权、审判监督权、刑事执行监督权等。这些法定检察权，为人民检察院全面行使法律监督职能，坚决打击各类犯罪，确保法律的统一正确实施，提供了有力的司法保障。

1979 年《人民检察院组织法》同 1954 年《人民检察院组织法》规定的职权相比较，取消了检察机关的一般监督职权，增加了检察机关“对于叛国案、分裂国家案以及严重破坏国家的政策、法律、法令、政令统一实施的重大犯罪案件，行使检察权”的职权；将“对于刑事案件进行侦查”修改为“对于直接受理的刑事案件进行侦查”，明确了检察机关行使侦查权的范围；强化了检察机关侦查监督和对公民是否遵守法律监督的权力；将“对判决的执行进行监督”修改为“对判决、裁定执行的监督”，并把对劳动改造机关的活动的监督，延伸到对监狱、看守所、劳动改造机关的活动是否合法实行监督。②

1996 年 3 月，修改后的《刑事诉讼法》，对检察机关行使的法定职权进行了调整和修正，确立了人民法院统一定罪原则；改革刑事辩护制度，使犯罪嫌疑人和被告人在侦查阶段和审查起诉阶段即可聘请律师协助；改革刑事强制措施制度，放宽逮捕的条件，完善取保候审和监视居住适用程序；废止收容审

---

① 孙谦：《人民检察的光辉历程》，载《人民检察》2008 年第 11 期。

② 梁国庆主编：《检察业务概论》，辽宁人民出版社 1989 年版，第 75 页。

查，并将其原适用的对象纳入拘留中；改革审查起诉制度，废除免予起诉；改革刑事审判程序，取消开庭前的实体审查；改革法庭调查程序，扩大控、辩各方的参与权；设立简易程序，使轻微案件得到迅速处理；加强对刑事被害人的权利保障，使其拥有当事人的地位和诉讼权利，等等。调整删除与形势发展不相适应的权能，如废止免予起诉权等。这些职权的赋予与实施，进一步规范了人民检察院法律监督的权限和范围，健全完善了刑事诉讼体系。

2012年《刑事诉讼法》的修改，对侦查机关、人民检察院行使法定职权进行了重新调整，明确规定非法证据排除具体标准，增加不得强迫任何人证实自己有罪的规定。坚持惩罚与保障人权并重，对涉及证据制度、强制措施、辩护制度侦查措施等方面，进行了重点修订完善。强化侦查措施和强制措施，完善审查起诉和出庭支持公诉制度，改革审查批准逮捕程序体现公开性、诉讼性和救济性，从而优化司法职权配置，提高有效惩治犯罪的能力和效率，保障当事人合法权益，进一步提升我国诉讼文明、司法民主和人权保障水平。

（四）决议中不断发展完善

我国宪法和《中共中央关于进一步加强人民法院、人民检察院工作的决定》（2006年5月3日）都明确规定：人民检察院是国家的法律监督机关。40年来，在召开的各级人民代表大会上，各级人民检察院履行法律监督职能情况须向同级人民代表大会报告，自觉接受人民代表大会监督，已成为我国政治建设的一项重要议题。以历年召开的全国人民代表大会为例，截至2018年3月，全国人民代表大会共审议并通过最高人民检察院报告39次。可见，关注检察事业的发展，确保人民检察院依法行使检察权，已成为我国政治体制不可或缺的一项重要组成部分。党的十八届四中全会通过的《中共中央关于全面推进依法治国若干重大问题的决定》，明确加强建设社会主义法治国家，为检察机关依法履行法律监督职能，建设严密的法治监督体系、有力的法治保障体系指明了前进的方向和目标。全国人大常委会授权检察机关提起公益诉讼等规定，使现行的人民检察院行使检察权得到充实和发展。同时为适应我国深化改革的需要，对人民检察院法律监督职权做出重大调整，职务犯罪侦查权转隶给监察委员会，使新形势下检察机关法定职能面临难得的发展机遇，聚焦主责主业，进一步加强法律监督能力建设，是摆在新时代各级人民检察院面前的重要任务。为保证人民检察院与监察委员会案件管辖范围的衔接，2018年10月26日，第十三届全国人大常委会第六次会议审议通过的《关于修改〈中华人民共和国刑事诉讼法〉、〈人民检察院组织法〉的决定》，分别对人民检察院行使职权做出新的调整规定。修改后的《刑事诉讼法》删去了原法第18条规定的由人民检察院管辖的“贪污贿赂犯罪、国家工作人员的渎职犯罪”，转隶为监察委员会管辖。明确监察法与刑事诉讼法衔接的主要内容和范围，分别体现在基本原则、管辖衔接、强制措施、审查起诉、证据的适用和要求、涉案财产的处置上，应当遵循相互配合、相互制约的基本原则，坚持证据裁判原则。明确了对诉讼活动中发现司法工作人员利用职权实施的侵犯公民权利、损害司法公正的犯罪，赋予并保留检察机关原有的部分侦查权。《刑事诉讼法》第 19 条第 2 款规定：“人民检察院在对诉讼活动实行法律监督中发现的司法工作人员利用职权实施的非法拘禁、刑讯逼供、非法搜查等侵犯公民权利、损害司法公正的犯罪，可以由人民检察院立案侦查。”

修订后的《人民检察院组织法》第 20 条明确了人民检察院行使 8 项职权，即对有关刑事案件行使侦查权；对刑事案件进行审查，批准或者决定是否逮捕犯罪嫌疑人；对刑事案件进行审查，决定是否提起公诉，对决定提起公诉的案件支持公诉；依照法律规定提起公益诉讼；对诉讼活动实行法律监督；对判决、裁定等生效法律文书的执行工作实行法律监督；对监狱、看守所的执法活动实行法律监督；法律规定的其他职权。

综上所述，以上职权内容、范围的重新调整和界定，充分体现出新时代人民检察院是国家法律监督机关的性质和地位得到进一步巩固和确立，检察机关在全面推进依法治国，加强社会主义法治建设将发挥着十分重要的作用。

二、人民检察院行使检察权的经验与智慧成就

40 年来，人民检察院行使检察权在演变中不断积累经验与智慧，指引我们取得当下的成就。

（一）检察权演变经验

1. 坚持党的领导

人民检察院建立、发展 40 年的历程，始终在中国共产党的坚强领导下，保持正确的政治方向，依法履行法律监督职责，充分行使检察权，惩治和打击各类刑事犯罪，维护法律统一正确的实施。最根本的就是坚持以马克思列宁主义、毛泽东思想、邓小平理论、“三个代表”重要思想和科学发展观为指导，坚持党的最新理论成果——习近平新时代中国特色社会主义思想武装头脑。党的领导决定着检察机关发展的根本方向和奋斗目标，是人民检察院历经风雨走向成熟的中流砥柱和行动指南。40 年的经验告诉我们这样一个道理：坚持党对检察工作的绝对领导，正确用好人民赋予的检察权，是人民检察事业取得辉煌成就的成功经验，是我们长期坚持不可动摇的根基。

2. 坚守宪法定位

检察权配置及运行的演变，始终坚守人民检察院是国家法律监督机关的宪法定位，完善了人民检察院依照法律独立行使检察权的制度。对于宪法定位的坚守不仅仅因为宪法作为根本法的地位，更在于宪法定位与中国检察制度实践的契合。检察权的演变实践也充分证明宪法对检察权的定位是科学的，坚守宪法定位下人民检察院行使检察权，完全符合中国特色社会主义的发展道路。

3. 强化司法属性

我国检察权演变注重强化检察权的司法属性。检察机关基本定位为司法机关，检察权的演变遵循司法规律。我国的检察理论与实践均昭示着检察机关的司法属性，如《中共中央关于全面推进依法治国若干重大问题的决定》等文件的规定，以及人民检察院司法责任制改革的实践与运行机制等，都充分体现了人民检察院的司法属性。

4. 具有过硬检察队伍

坚持以政治建设为统领，把讲政治与抓业务紧密结合起来，着力培养既政治过硬又本领高强的正规化、专业化、职业化的检察队伍，始终不懈传承和延续检察事业代代发展的接力棒，是人民检察事业兴旺发达不断从胜利走向胜利的重要源泉，是人民检察院行使检察权创新发展的根本动力所在。

（二）检察权演变智慧

1. 发展方向——把握中国特色社会主义检察方向

40年的检察权演变智慧告诉我们，必须增强“四个意识”，坚定“四个自信”，坚持检察权的中国特色，否则行使检察权将失去生命力，也必将与中国的法治土壤相脱节。我国检察权的未来发展要始终坚定中国特色社会主义检察制度自信，坚持人民检察院是国家的法律监督机关的宪法定位，保持政治定力和战略定力，坚定不移探索、创新、践行新时代中国特色社会主义检察道路、检察理论、检察制度和检察文化，努力走出新时代中国特色社会主义检察理论指导下的中国特色社会主义检察道路。

2. 发展理念——把握以人民为中心的双赢多赢共赢理念

以人民为中心是检察权未来发展的立场，监督结果的双赢多赢共赢是检察权未来发展的目标。习近平新时代中国特色社会主义政法思想明确把以人民为中心作为政法工作的根本立场。新时代检察权的发展应以人民为基本面向，做到一切检察工作为了人民、依靠人民，让每一个人民群众都感受到司法案件中的公平正义。新时代的检察监督要实现以人民为中心前提下的双赢多赢共赢。最高人民检察院张军检察长明确要求树立双赢多赢共赢的监督理念，共同推进严格执法、公正司法。在检察权配置与运行的发展完善上都应当秉持双赢多赢共赢的理念，为广大人民群众提供更加优质的法治产品、检察产品，满足人民群众日益增长的对于民主、法治等方面的诉求。

3. 发展基础——把握检察机关法律监督职能的宪法定位

宪法是党和人民意志的集中体现，是通过科学民主程序形成的根本法。中华人民共和国人民检察院是国家的法律监督机关，这是《宪法》第 129 条对检察机关的明确定位。宪法同时规定，人民检察院依照法律规定独立行使检察权，不受行政机关、社会团体和个人的干涉。可见，我国检察机关是法定的国家法律监督机关，依法独立履行法定的法律监督职能。新时代人民检察行使检察权必须牢牢把握检察机关的宪法定位，立足于法定的法律监督职能，聚焦主责主业，既要对现有法律监督职能予以继承完善，同时也要顺应形势变化创新法律监督内容，以契合时代嬗变带来的挑战。

三、人民检察院行使检察权的发展方向展望

回顾人民检察院行使检察权发展的光辉历程，饱含着几代检察人的艰辛努力和价值追求，始终围绕履行法律监督职责的主题，全面开展各项检察业务工作，形成了具有中国特色社会主义的检察制度。当今中国特色社会主义进入新时代，全面推进依法治国，为人民检察院依法行使检察权提供了难得的发展机遇。应当把握以下三个方面：

（一）重构与优化：传统业务领域的改进，要做强

刑事诉讼监督是我国检察机关的传统业务领域，也是法律监督的强项，但是如侦查监督、审判监督、刑罚执行监督等仍然存在诸多“弱化”问题，应当予以重构与优化。在侦查监督方面，积极探索捕诉一体机制。捕诉一体可以强化侦查监督力度，提高案件侦查质量，提高诉讼效率和办案质量，有利于更好地保障人权，提升检察官队伍专业化水平。在机制建构方面，应当逐步推进捕诉一体的配套司法体制改革，推进审查逮捕和审查起诉诉讼化进程，加强阳光司法建设，扩大信息公开范围。在建构捕诉一体机制过程中，应同步完善实践中探索的检察引导侦查机制，强化介入侦查和引导取证。探索推进逮捕条件司法审查公开化，对审查逮捕过程予以诉讼化改造。同时构建以证据为核心的刑事指控体系，全面贯彻证据裁判规则，更好引导侦查阶段取证以服务于审判工作。在审判监督方面，应构建以抗诉为中心的刑事审判监督格局，充分发挥抗诉的刚性监督作用，综合运用检察建议等具体监督手段，坚决纠正定罪不当、量刑严重失衡、审判程序违法等审判问题。在刑事执行监督方面，加强对

刑事执行和监管活动的监督，加强羁押必要性审查，建立纠防久押不决案件长效机制。积极做好监狱巡回检察试点工作，切实增强对监狱改造工作监督的机动性、灵活性和有效性。充分行使并运用修改后刑事诉讼法和人民检察组织法赋予的各项职权，探索建立新时代检察机关对发现司法人员涉嫌职务犯罪，侵犯公民权利、损害司法公正的犯罪案件查处的工作机制，加强与监察委员会案件管辖范围的衔接，协调处理好涉案中的具体问题，坚持相互配合、相互制约的基本原则，规范职务犯罪案件办理程序，协调在强制措施变更、移送审查起诉、涉案财产处置、证据的适用和要求等诉讼环节上的衔接，严格证据裁判标准，按照证据裁判原则保证调查案件的质量。及时清理和调整检察机关规范性文件、司法解释及相关法律文书，确保案件依法依规办结。

（二）拓展与深化：新增业务领域的充实，须做优

深入推进司法体制、监察体制和检察机关内设机构改革，使各级人民检察院出现如公益诉讼等新增业务领域，亟须在行使检察权的未来发展中予以拓展和深化。在公益诉讼方面，应当继续探索公益诉讼良性运行机制。全国人大常委会第十五次会议授权在北京等13个省区市为期2年的检察机关提起公益诉讼试点，准确把握公益诉讼的案件范围，深度挖掘公益诉讼案件线索，实现检察官作为公共利益代表的作用，使新时代检察机关履行法律监督职能更好地体现新作为、新担当、新成就，为全国检察机关全面铺开公益诉讼工作趟出了路子。2017年6月通过的《关于修改〈中华人民共和国民事诉讼法〉〈中华人民共和国行政诉讼法〉的决定》，正式建立检察机关提起公益诉讼制度。根据中央全面深化改革委员会第三次会议审议通过的《关于建立最高人民检察院公益诉讼检察厅的方案》和2018年全国检察机关内设机构改革方案的总体部署和要求，最高人民检察院、各省、市级检察机关将建立公益诉讼检察机构，县、区检察机关要通过建立办案组织办理公益诉讼案件，充分发挥公益诉讼的制度功能，有效保护国家利益和公共利益。同时应当积极探索应对刑事诉讼认罪认罚从宽制度改革，推动完善相应的如值班律师、认罪认罚协商程序等制度配套措施。积极推进以审判为中心的刑事诉讼制度改革，确保侦查、审查起诉的案件事实经得起法律的检验。对于民事诉讼、行政诉讼监督，虽然经历一段时间的发展，但仍然是检察机关诉讼监督的短板、弱项，应当加强民事、行政诉讼监督，积极探索监督的途径和方式，及时指派、聘请有专门知识的人参与民事、行政诉讼监督案件的办理，补齐短板和弱项，提升监督质量。

（三）发力与强化：特定业务领域的探索，应做好

当今，中国特色社会主义进入了新时代，这是我国发展新的历史方位。我国社会主要矛盾已经转化为人民日益增长的美好生活需要和不平衡不充分的发展之间的矛盾。习近平总书记指出："人民对美好生活的向往就是我们奋斗的目标。"新时代、新要求，对检察机关如何实现以人民为中心提出更高的挑战。一是紧盯人民群众在检察监督方面的新诉求，及时完善相应的监督制度机制。建立对限制人身自由司法措施和侦查手段的监督制度，加强对刑拘未报捕、未移送审查起诉案件的监督，为犯罪嫌疑人等提供司法人权保障。二是更新司法理念，以充足的精力和智慧，做实做好民事、行政检察和公益诉讼，从根本上解决认识不足、重视不够、"重刑轻民"观念，努力促进新时代检察工作转型升级、创新发展。三是深化对民营经济领域的检察监督。充分发挥检察机关法律监督职能的作用，依法保护民营企业家财产权、自主经营权等，营造依法保护企业家合法权益的法治环境，及时解决民营企业涉法涉诉问题，为落实支持民营企业发展壮大的政策举措提供司法保障。要进一步研究加强产权保护。组织开展专项立案监督，加强互联网和金融检察监督，强化大数据、人工智能在检察工作中的运用与个人信息保护的法律监督，推进新时代检察机关创新发展。四是探索建立刑事诉讼监督案件化办理运行机制。完善以办案为主、办案与办事相结合的监督模式。要坚持以办案为中心，把法律监督落实到每一个办案环节。五是在检察监督效果方面，尽管检察监督属于过程中的监督，需要被监督对象自己的主动纠正，仍然应当探索赋予检察监督以刚性的路径，运用好保留的部分侦查权，探索规定被监督对象的强制回应义务，争取对被监督对象予以相应处分的建议权，保障检察监督切实取得实效。六是在专业化建设方面，应当深入推进司法体制综合配套改革，全面落实司法责任制，实行专业化机构设置，通过专业化分工提升能力素质，提升检察官的政治素质、业务素质和职业道德素质，打造一支信念坚定、执法为民、敢于担当、清正廉洁的检察队伍。

非公经济刑法保护问题研究

湖北省武汉市人民检察院课题组*

非公有制企业作为推动国家经济社会发展的重要力量，与公有制企业一样是社会财富的创造者，是经济全球化舞台的主角和引领者。如果非公有制经济得不到与公有制经济同样的刑法保护，则极易形成非公企业的不安全感，进而对整个社会的发展造成损害。2016年11月，中共中央、国务院发布的《关于完善产权保护制度依法保护产权的意见》（以下简称《意见》）指出："……公有制经济财产权不可侵犯，非公有制经济财产权同样不可侵犯"。《意见》还专门提到，要"加大对非公有财产的刑法保护力度"。习近平总书记也指出："民营经济是我国经济制度的内在要素，是社会主义市场经济发展的重要成果……是推进供给侧结构性改革，推动高质量发展，建设现代化经济体系的重要主体……民营经济只能壮大，不能弱化……"① 然而，我国刑法中依然存在对非公有制经济的不平等保护问题，这种"身份立法"的状况并没有随着非公有制经济的日益壮大而彻底改变。

一、非公经济刑法保护的现状

（一）刑事法律保护现状

非公经济案件从所涉罪名看，主要集中在《刑法》分则第三章破坏社会主义市场经济秩序罪中的大部分犯罪和第五章侵犯财产罪下的不同犯罪，并呈现以下特点：

1. 同类行为，侵犯国有经济利益为罪、侵犯非公有制经济利益不为罪

在刑法分则，罪与非罪的区别在国有、非国有制经济中表现尤为明显（详见表1）。同样性质行为，仅因为所有制性质不同，前者构成犯罪，而后者

---

* 课题负责人：陈晓华。课题参加人：刘国媛、杨玲娜、邓姗姗、徐孟李。

① 见习近平总书记2018年11月1日在民营企业座谈会上的讲话。

不构成犯罪。如《刑法》第165条规定的非法经营同类营业罪，仅能由“国有公司、企业的董事、经理”构成。非国有性质的公司、企业（包括所谓集体企业）的董事、经理违背任职忠诚义务，利用职务之便非法经营同类营业从而损害所任职公司、企业利益的，不能作为犯罪处理，充其量只能依照《公司法》等商事、经济、行政法律的有关规定追究责任。又如《刑法》第166条规定的为亲友非法牟利罪也具有相似问题。该罪的犯罪主体为“国有公司、企业、事业单位的工作人员”，如果行为人是非国有性质单位的工作人员，采取了第166条所描述的三种行为之一，按照罪刑法定原则，也只能作为无罪处理，追究其非刑事责任。

表1：同类行为在国有经济和非国有经济中罪与非罪的区别

行为	主体身份	刑法规定	后果
非法经营同类营业	国有公司、企业的董事、经理	《刑法》第165条	数额巨大的，处3年以下有期徒刑或者拘役，并处或者单处罚金；数额特别巨大的，处3年以上7年以下有期徒刑，并处罚金
	非公有制经济中的人员	无	法无明文规定不为罪
为亲友非法牟利	国有公司、企业、事业单位的工作人员	《刑法》第166条	使国家利益遭受重大损失的，处3年以下有期徒刑或者拘役，并处或者单处罚金；致使国家利益遭受特别重大损失的，处3年以上7年以下有期徒刑，并处罚金
	非公有制经济中的人员	无	法无明文规定不为罪
签订履行合同失职被骗	国有公司、企业、事业单位直接负责的主管人员	《刑法》第167条	因严重不负责任被诈骗，使国家利益遭受重大损失的，处3年以下有期徒刑或者拘役；致使国家利益遭受特别重大损失的，处3年以上7年以下有期徒刑
	非公有制经济中的人员	无	法无明文规定不为罪
严重不负责任、滥用职权	国有公司、企业、国家事业单位的工作人员	《刑法》第168条	致使国家利益遭受重大损失的，处3年以下有期徒刑或者拘役；致使国家利益遭受特别重大损失的，处3年以上7年以下有期徒刑
	非公有制经济中的人员	无	法无明文规定不为罪

2. 同类行为，侵犯国有经济利益入罪门槛低，侵犯非公有制经济利益入罪门槛高

在侵犯国有、非公经济利益都应当构成犯罪的前提下，对于入罪的“门槛”却设置了高低不同的标准。按照最高人民法院、最高人民检察院《关于办理贪污贿赂刑事案件适用法律若干问题的解释》，以利用职务便利，侵吞单位财物的行为为例，国家工作人员贪污3万元以上不满20万元应认定为数额较大，处3年以下有期徒刑或者拘役，并处罚金。而非国家工作人员将单位财物非法占为己有的数额则要达到6万元及以上，才能定罪量刑。这也就意味着如果非国家工作人员涉嫌金额少于6万元，将无法用刑法定罪量刑，震慑力大大降低。

3. 同类行为，侵害国有经济利益罪重，侵害非国有经济利益罪轻

以《刑法》第163条为例，第163条第1、第2款规定了非国家工作人员受贿罪，第3款却规定：“国有公司、企业或者其他国有单位中从事公务的人员和国有公司、企业或者其他国有单位委派到非国有公司、企业以及其他单位从事公务的人员有前两款行为的，依照本法第三百八十五条、第三百八十六条的规定定罪处罚。”换言之，在构成犯罪的客观方面、主观方面完全相同的情况下，因为犯罪人的身份问题，区别出非国有工作人员受贿罪和受贿罪这两个罪名，而这两个罪名的法定刑差异悬殊，前者最高刑为15年有期徒刑，后者最高刑为死刑，明显体现出“身份量刑”的特点。类似问题，对非国家工作人员行贿罪与行贿罪（前者最高刑为10年有期徒刑，后者最高刑为无期徒刑）、职务侵占罪与贪污罪（前者最高刑为15年有期徒刑，后者最高刑为死刑）、挪用资金罪与挪用公款罪（前者最高刑为10年有期徒刑，后者最高刑为无期徒刑）等罪名中同样存在。

4. 同类行为，侵害国有经济利益从重量刑，侵害非国有经济利益从宽量刑

从表2的对比可以看出，刑法对侵害国有经济利益的犯罪行为设置了较多从重量刑情节，而对侵害非国有经济利益的犯罪行为设置了较多从宽量刑情节。即使在同等情节下，对侵犯国有利益犯罪的从宽幅度不及侵犯非国有利益的犯罪。如《刑法》第164条第3款规定：“行贿人在被追诉前主动交代行贿行为的，可以减轻处罚或者免除处罚。”而《刑法》第390条第2款的规定是：“行贿人在被追诉前主动交代行贿行为的，可以从轻或者减轻处罚。其中，犯罪较轻的，对侦破重大案件起关键作用的，或者有重大立功表现的，可以减轻或者免除处罚。”由此可以一斑。

表 2：同类行为在侵害国有经济利益和非国有经济利益中量刑的区别

行为	主体身份	刑法规定	后果	备注①
利用职务上的便利索取他人财物或者非法收受他人财物	国家工作人员	《刑法》第 383 条、第 385 条	数额较大或者有其他较重情节的，处 3 年以下有期徒刑或者拘役，并处罚金。数额巨大或者有其他严重情节的，处 3 年以上 10 年以下有期徒刑，并处罚金或者没收财产。数额特别巨大或者有其他特别严重情节的，处 10 年以上有期徒刑或者无期徒刑，并处罚金或者没收财产。数额特别巨大，并使国家和人民利益遭受特别重大损失的，处无期徒刑或者死刑，并处没收财产	受贿数额 3 万以上不满 20 万元认定为数额较大，20 万元以上不满 300 万元为数额巨大，300 万元以上为数额特别巨大
	非国家工作人员	《刑法》第 163 条	数额较大的，处 5 年以下有期徒刑或拘役，数额巨大的，处 5 年以上有期徒刑，可以并处没收财产	数额较大、数额巨大的数额起点按贪污罪相对应数额标准的 2 倍、5 倍执行
利用职务便利侵吞单位财物	国家工作人员	《刑法》第 382 条、第 383 条	数额较大或者有其他较重情节的，处 3 年以下有期徒刑或者拘役，并处罚金。数额巨大或者有其他严重情节的，处 3 年以上 10 年以下有期徒刑，并处罚金或者没收财产。数额特别巨大或者有其他特别严重情节的，处 10 年以上有期徒刑或者无期徒刑，并处罚金或者没收财产；数额特别巨大，并使国家和人民利益遭受特别重大损失的，处无期徒刑或者死刑，并处没收财产	贪污 3 万以上不满 20 万元认定为数额较大，20 万元以上不满 300 万元为数额巨大，300 万元以上为数额特别巨大

① 备注中所引参见《最高人民法院、最高人民检察院关于办理贪污贿赂刑事案件适用法律若干问题的解释》。

续表

行为	主体身份	刑法规定	后果	备注①
利用职务便利侵吞单位财物	非国家工作人员	《刑法》第271条	数额较大的，处5年以下有期徒刑或者拘役；数额巨大的，处5年以上有期徒刑，可以并处没收财产	数额较大、数额巨大的数额起点按贪污罪相对应数额标准的2倍、5倍执行
利用职务上的便利挪用单位资金归个人使用或者借贷给他人	国家工作人员	《刑法》第384条	挪用公款归个人使用，进行非法活动的，或者挪用公款数额较大、进行营利活动的，或者挪用公款数额较大、超过3个月未还的，处5年以下有期徒刑或者拘役；情节严重的，处5年以上有期徒刑。数额巨大不退还的，处10年以上有期徒刑或者无期徒刑	挪用公款归个人使用，进行非法活动，数额在3万元以上的为“数额较大”；300万元以上为“数额巨大”。挪用公款归个人使用，进行营利活动或者超过3个月未还，数额在5万元以上为“数额较大”；数额在500万元以上为“数额巨大”
	非国家工作人员	《刑法》第272条	数额较大、超过3个月未还的，或者虽未超过3个月，但数额较大、进行营利活动的，或者进行非法活动的，处3年以下有期徒刑或者拘役；挪用本单位资金数额巨大的，或者数额较大不退还的，处3年以上10年以下有期徒刑	“数额较大”“数额巨大”以及“进行非法活动”情形的数额起点，按照挪用公款罪“数额较大”“情节严重”以及“进行非法活动”的数额标准规定的2倍执行

① 备注中所引参见《最高人民法院、最高人民检察院关于办理贪污贿赂刑事案件适用法律若干问题的解释》。

续表

行为	主体身份	刑法规定	后果	备注①
为谋取不正当利益给予工作人员以财物	国家工作人员	《刑法》第389、第390条	对犯行贿罪的，处5年以下有期徒刑或者拘役，并处罚金；因行贿谋取不正当利益，情节严重的，或者使国家利益遭受重大损失的，处5年以上10年以下有期徒刑，并处罚金；情节特别严重的，或者使国家利益遭受特别重大损失的，处10年以上有期徒刑或者无期徒刑，并处罚金或者没收财产	行贿数额在3万元以上的以行贿罪追究刑事责任。行贿数额在1万元以上不满3万元但符合六种特定情形②的以行贿罪追责。行贿数额在100万元以上不满500万元的；行贿数额在50万元以上不满100万元但符合前款1—5项情形之一的为情节严重。为谋取不正当利益，向国家工作人员行贿，造成经济损失数额在100万元以上不满500万元的，认定为“使国家利益遭受重大损失”。行贿数额在500万元以上的；行贿数额在250万元以上不满500万元，符合前款1—5项情形之一的认定，认定为“情节特别严重”。为谋取不正当利益，向国家工作人员行贿，造成经济损失数额在500万元以上的，认定为“使国家利益遭受特别重大损失”

① 备注中所引参见《最高人民法院、最高人民检察院关于办理贪污贿赂刑事案件适用法律若干问题的解释》

② 六种特定情形：（一）向3人以上行贿的；（二）将违法所得用于行贿的；（三）通过行贿谋取职务提拔、调整的；（四）向负有食品、药品、安全生产、环境保护等监督管理职责的国家工作人员行贿，实施非法活动的；（五）向司法工作人员行贿，影响司法公正的；（六）造成经济损失数额在50万元以上不满100万元的。参见《最高人民法院、最高人民检察院关于办理贪污贿赂刑事案件适用法律若干问题的解释》。

续表

行为	主体身份	刑法规定	后果	备注①
为谋取不正当利益给予工作人员以财物	非国家工作人员	《刑法》第 164 条	数额较大的，处 3 年以下有期徒刑或者拘役，并处罚金；数额巨大的，处 3 年以上 10 年以下有期徒刑，并处罚金	对非国家工作人员行贿罪中的“数额较大”“数额巨大”的数额起点，按照本解释第 7 条、第 8 条第一款关于行贿罪的数额标准规定的 2 倍执行

（二）刑事司法保护现状

非公经济是社会主义市场经济发展的重要力量，以民营企业为例，截至 2017 年底，我国民营企业数量超过 2700 万家，个体工商户超过 6500 万户，注册资本超过 165 万亿元，习近平总书记指出，民营经济贡献了 50% 以上的税收，60% 以上的国内生产总值，70% 以上的技术创新成果，80% 以上的城镇劳动就业，90% 以上的企业数量，世界 500 强企业中，2018 年中国已经有 28 家。[②] 根据武汉市统计局公布的 2017 年度统计年鉴，非公企业 2016 年在武汉市固定资产投资比重超过 70%；规模以上高新技术产业工业超过 75%；规模以上工业企业超过 70%。随着社会经济的发展，武汉市的非公企业在数量上快速增长的同时，在固定资产投资、工业、高新技术产业等各个方面也占有越来越重要的地位。课题组以武汉市为实践样本，对近五年涉及非公经济犯罪案件进行了调研。从调研数据分析，非公经济案件所涉罪名主要集中在《刑法》分则第三章破坏社会主义市场经济秩序罪中的大部分犯罪和第五章侵犯财产罪中的部分犯罪，犯罪类型大致可分为三类，即非公企业作为犯罪主体实施的犯罪，以非公企业为犯罪对象实施的犯罪，以及特殊类犯罪（如非公企业与公职人员相互勾结、双方都是非公企业等），并呈现出以下特点。

1. 犯罪类型相对集中

从武汉市近年来办理涉及非公经济犯罪案件情况看，侵害非公企业利益犯罪主要集中在职务侵占、挪用资金、金融诈骗等犯罪，主要以侵财类案件为主。非公企业犯罪主要集中在拒不支付劳动报酬、金融诈骗、破坏金融管理秩

① 备注中所引参见《最高人民法院、最高人民检察院关于办理贪污贿赂刑事案件适用法律若干问题的解释》

② 见习近平总书记 2018 年 11 月 1 日在民营企业座谈会上的讲话。

序、扰乱市场秩序等犯罪（详见表3、表4）。

表3：近年以非公企业为犯罪对象实施的犯罪所涉罪名统计①

年份＼罪名	所涉罪名				
	职务侵占罪	挪用资金罪	金融诈骗罪	侵犯知识产权罪	其他②
2013年	53	14	10	125	27
2014年	44	23	5	35	19
2015年	56	20	22	24	30
2016年	43	19	33	15	90
2017年	25	21	19	9	144
2018年上半年	19	5	19	2	115

表4：近年非公企业作为犯罪主体实施的犯罪所涉罪名统计

年份＼罪名	所涉罪名										
	生产销售伪劣商品罪	走私罪	妨害对公司企业的管理秩序罪	破坏金融管理秩序罪	金融诈骗罪	危害税收征管罪	侵犯知识产权罪	扰乱市场秩序罪	诈骗罪	拒不支付劳动报酬罪	其他
2013年	2	0	1	6	43	8	7	18	6	10	11
2014年	3	0	2	8	22	9	5	13	6	18	3
2015年	1	0	0	14	44	7	3	14	5	27	5
2016年	0	0	0	24	29	26	2	16	12	40	7
2017年	1	0	1	19	26	14	3	24	37	31	14
2018年上半年	1	0	0	14	15	10	0	14	15	16	9

2. 专项打击工作对犯罪数量影响显著

从近五年武汉市办理的非公经济领域犯罪案件数量的趋势来看，开展专项

① 因对某些案件究竟属于个人行为还是涉及非公企业案件存在认识问题，数据上可能存在一定误差。

② 其他犯罪如盗窃、寻衅滋事、故意毁坏财物。

活动初期，案件量有显著提升，随后呈总体递减趋势，期间个别罪名（如侵犯知识产权罪）受专项执法工作影响，起伏较大。由此可见，加大对某一类犯罪的打击和执法力度，有利于遏制相关犯罪行为的发生，也有利于提高社会公众对该类犯罪的防范意识，从源头上减少此类犯罪的发生。

3. 非公领域廉洁问题较为突出

从以非公企业为犯罪对象实施的犯罪数据看，非公领域职务侵占、挪用资金案件较为突出。一方面，非公企业内部管理不够严密，存在漏洞，容易让人“钻空子”。另一方面，非公企业与公职人员互惠互利扰乱市场竞争的案件也时有发生。非公企业在工程建设、计算机软（硬）件采购、服务外包、行政审批、资金结算等多个环节中，采取情感投资方式，与公职人员形成相对稳定的互利互惠“利益圈”，扰乱市场竞争。

4. 劳动纠纷诱发的案件呈一定上升趋势

非公企业的管理相比公有制企业较为松散，存在人力资源管理风险，容易因劳务纠纷引发违法犯罪问题，除拒不支付劳动报酬罪外，不少涉及人身、财物类伤害犯罪中，案件的起因都与企业劳务纠纷相关。

二、非公经济发展的刑事保护需求

在社会主义市场经济运行过程中，非公经济面临的刑事法律风险很多，主要表现为以下几个方面：

（一）治安环境方面存在的刑事法律风险

我们发现，通过持续推进的“打黑除恶”“扫黑除恶”等专项活动，非公经济面临的治安环境有所净化，但仍然存在诸多问题。在对武汉市近五年以非公企业为犯罪对象实施的犯罪所涉罪名统计中发现，以盗窃、寻衅滋事、故意毁坏财物为主的犯罪数量远远大于其他犯罪。以某区院为例，2016 年其他类犯罪为合同诈骗 5 件、敲诈勒索 1 件、伪造公司印章 3 件、寻衅滋事 5 件、诈骗 4 件；2017 年其他类犯罪为合同诈骗 10 件、敲诈勒索 4 件、寻衅滋事 2 件、诈骗 8 件；2018 年上半年其他类犯罪为寻衅滋事 10 件、诈骗 5 件。实践中，非公经济在治安环境方面面临的主要法律风险一是黑恶势力滋扰、影响和干扰非公经济的正常经营，强揽项目工程、敲诈勒索等向非公有制企业索要财物等现象仍有发生；二是因劳资矛盾引发的堵门、堵路等群体性事件偶发；三是部分非公企业的盗窃案件频发，团伙作案、内外勾结等使企业防不胜防。

（二）市场环境方面存在的刑事法律风险

作为社会主义市场经济重要组成部分的非公经济面临经营管理上的诸多问题，其中尤以市场环境方面为甚，主要表现为三方面：一是破坏社会市场经济的行为，市场的自律诚信意识有待提高，贷款诈骗、合同诈骗、金融诈骗、税收缴纳及销售假冒伪劣商品类案件等突破法律底线的行为时有出现；二是非公经济内控不规范不完善，很多非公企业内部的法治秩序有待构建，企业长久发展的内部法治环境也有待完善，这些现象在一些非公家族企业、中小企业、代工企业中表现得尤为突出和明显。这些企业多数实行所有权与经营权“二合一”的管理模式，主观上较为重视、相信企业负责人对于企业的自我控制和驾驭能力，往往不太重视内部管理制度的健全问题，企业内部人员职务犯罪行为时有发生，典型如职务侵占、商业贿赂等；三是知识产权保护力度有待增强，专利侵权、商标侵权、侵犯商业秘密等现象较为突出。

（三）政务环境方面存在的刑事法律风险

政府在营造良好营商环境、促进非公经济发展方面采取多种措施，但实践中，非公经济在政务环境方面仍面临不少的法律风险：一是行政职能部门利用行政审批、市场监管执法等职权侵犯非公企业产权实施的犯罪行为；二是公安机关对侵害非公经济权益的有案不立，推诿搪塞；三是“民刑不分”，混淆经济纠纷和经济犯罪，随意以刑事手段插手经济纠纷，更有甚者，利用公权力介入经济纠纷，非法追究非公经济负责人的刑事责任；四是涉案财产认定标准和处置程序不规范，非法占有，超范围查封、扣押、冻结非公经济财产现象时有发生。

三、当前非公经济刑法保护存在的问题困难

（一）立法缺失引发的办案难题

案例一：刘某担任某医药公司业务经理期间，利用其负责采购、销售及收取货款的职务之便，采取假借该公司协议客户单位名义以较低价格（协议客户的价格折扣）提取货物，并将货物以较高价格销售给其他客户后收取货款，非法占有差价后将货款交付公司。经查，刘某任职期间，注册成立了一家与该公司经营项目属于同一类别的公司，或将销售所得差价注入公司开展经营，或采取上述方式将医药公司货物以较低价格销售给公司，刘某再通过自己的公司将货物在市场上销售。该案中，刘某的后一行为符合《刑法》第 165 条规定

的非法经营同类营业罪的构成要件，但因该医药公司属于民营企业，刘某主体不适格，其行为无法适用该条款定罪处罚。

问题：由于非法经营同类营业罪仅能由“国有公司、企业的董事、经理”构成，这也就意味着当非国有性质的公司、企业的董事、经理违背忠诚义务，利用职务之便非法经营同类营业从而损害所任职公司、企业利益的，不能作为犯罪处理，最多只能作为经济纠纷案件依照公司法等商事、经济、行政法律的有关规定追究责任。且《公司法》第215条规定的“违反本法规定，构成犯罪的，依法追究刑事责任”也只能针对特定身份。除非法经营同类营业外、为亲友非法牟利、签订履行合同失职被骗、严重不负责任滥用职权等行为同样存在因经济性质不同，侵犯“国有”构成犯罪而“非国有”不构成犯罪的问题，从上述罪名看，并没有实现刑法对不同经济性质的平等保护。

案例二：张某在担任某公司加气站站长期间，利用全面管理该加气站人员、财务以及液化天然气加气业务的职务便利，指使该加气站加气工郑某，采取冒用公司内部车辆牌号进行登记，以及藏匿公司外部车辆加气收据的方式，隐瞒公司外部车辆加气的事实，先后多次侵吞公司液化天然气营业款共计人民币56475元，其中张某分得人民币37000余元，郑某分得人民币18000余元。此外，张某还单独采用上述方式侵吞公司液化天然气营业款人民币2999元，郑某还单独三次采用上述方式侵吞营业款共计人民币3873元。法院分别判决张某缓刑1年，有期徒刑10个月，郑某缓刑1年，有期徒刑6个月。

问题：以利用职务便利侵吞单位财物的行为为例，国家工作人员贪污3万以上不满20万元应认定为数额较大，处3年以下有期徒刑或者拘役，并处罚金。而非国家工作人员将单位财物非法占为已有的数额则要达到6万元及以上，才能定罪量刑。① 上述案件中，如果没有张某侵吞2999元，郑某侵吞3873元的事实，那么二人将因为犯罪金额未达到6万元而不能作为犯罪处理。刑法及司法解释设置的高低不同的入罪“门槛”，无法实现对非公有制经济的平等保护。

案例三：2012年3月至2014年4月间，被告人周某利用其担任甲公司A地办事处负责人一职，负责该公司在A、B等地区的工程机械销售工作，利用收取客户货款的职务便利，先后8次挪用外单位或个人支付至甲公司的货款共计人民币71.6万元。由于甲公司非国有单位，以挪用资金罪被判5年6个月。

问题：若此案发生于国有企业，则可能被判处10年以上有期徒刑。“身

① 参见最高人民法院、最高人民检察院《关于办理贪污贿赂刑事案件适用法律若干问题的解释》。

份量刑”引发的双重差别待遇在非国家工作人员行贿罪与行贿罪（前者最高刑为10年有期徒刑，后者最高刑为无期徒刑）、职务侵占罪与贪污罪（前者最高刑为15年有期徒刑，后者最高刑为死刑）、挪用资金罪与挪用公款罪（前者最高刑为10年有期徒刑，后者最高刑为无期徒刑）等罪名中同样存在。

（二）认识分歧带来的案件定性难题

一是对公私财产的界定。混合所有制经济的发展推动了资本的扩充和优化，也给从法律概念上对公有制经济和非公经济进行区分带来难题。对于国有资本、私人资本混合的股份制企业，很难界定其企业财产是纯粹的私有或公有，特别是在国家工作人员与非国家工作人员共同犯罪的情况下，案件定性的难题更为突出。

二是对犯罪嫌疑人的身份界定。司法实践中，对国有控股公司中人员身份、受委派从事公务人员身份的界定往往存在争议。如某受贿案中，陈某在任建筑工程质量监督检验测试中心（与建筑科学研究设计院系一套班子，国有企业）高级工程师期间，负责桩基工程检测过程中，利用职务上的便利受贿七万余元。检察院认为陈某是受委派从事公务的人员，具有国家工作人员身份，构成受贿罪。但法院认为无法认定陈某在参与检测活动中具备公务性质，故无法认定陈某在该案中具有国家工作人员身份，判决其犯非国家工作人员受贿罪。二者在量刑上存在较大差距。

三是职务侵占犯罪与民事自助行为的界定。劳资纠纷案件中，企业拖欠员工工资是前因，员工侵占或者暂扣业务款是结果，处理此类案件时，在构罪标准及量刑方面如何把握也存在困惑。

（三）企业自我保护能力薄弱带来的保护难题

与国有企业相比，非公企业凭借自身安全保卫能力化解犯罪威胁的难度更大。近年来，因企业法律意识淡薄、法律知识欠缺等问题导致的诸如合同被坑受骗，人才无序流动侵害商业秘密，非法经营致使企业倒闭的案例屡见不鲜，企业对检察机关也提出了更高期盼。而从检察机关自身来看，检察机关服务非公企业，不仅应具备丰富的法律知识，还必须熟悉企业经营管理。但检察机关民商法律专业人才较少，熟悉企业金融、管理、财务等知识的人员更是稀缺。因此，面对新问题，很难第一时间出应对解决措施。检察机关服务企业的能力还有待进一步提高。

四、非公经济刑法平等保护的完善路径

法总是历史的、社会的产物。[①] 作为推动国家经济社会发展的重要力量，如果非公有制经济得不到与公有制经济同样的刑法保护，将极易造成非公企业的不安全感，也不利于对既有犯罪的惩处和对潜在犯罪的预防，进而对整个社会的发展造成损害。对此，课题组有以下建议：

（一）修改完善刑法立法

刑法对非公有制经济平等规制与保护所存在的问题，具体表现在其总则和分则若干条款的明显滞后、不尽科学完善上。从总则看，以《刑法》第 2 条[②]为例："刑法的任务……保护国有财产和劳动群众集体所有的财产，保护公民私人所有的财产……维护社会秩序、经济秩序，保障社会主义建设事业的顺利进行"，对混合所有制财产、非公有制财产的保护明显缺失，应当将二者纳入法律规范。第 13 条[③]犯罪的含义同样忽视了对混合所有制财产、非公有制财产的保护。第 91 条、第 92 条关于刑法所保护的财产范围和性质的规定显然并没有包括相对独立的混合所有制公司、企业的财产，而且将"个体户和私营企业的合法财产"并列为公民私人所有的财产，并无特殊犯罪规定加以保护，对保护非公经济及其财产是非常不利的。分则中需要修改的条文更多，部分罪名前文已有分析，此处不再赘述。平等保护各种所有制形式经济主体的利益是现代刑法观的基本要求之一，如果对其他部门法给予平等保护的主体和法益，刑法却不能以同样的原则加以保护，则整个法律体系将难以形成内在的协调统一，"法律上的漏洞只有通过立法才能解决"[④]，只有完善立法，才能从真正意

---

① 马克昌：《外国刑法学总论》，中国人民大学出版社 2009 年版，第 9 页。

② 第 2 条规定，中华人民共和国刑法的任务，是用刑罚同一切犯罪行为作斗争，以保卫国家安全，保卫人民民主专政的政权和社会主义制度，保护国有财产和劳动群众集体所有的财产，保护公民私人所有的财产，保护公民的人身权利、民主权利和其他权利，维护社会秩序、经济秩序，保障社会主义建设事业的顺利进行。

③ 第 13 条规定，一切危害国家主权、领土完整和安全，分裂国家、颠覆人民民主专政的政权和推翻社会主义制度，破坏社会秩序和经济秩序，侵犯国有财产或者劳动群众集体所有的财产，侵犯公民私人所有的财产，侵犯公民的人身权利、民主权利和其他权利，以及其他危害社会的行为，依照法律应当受刑罚处罚的，都是犯罪，但是情节显著轻微危害不大的，不认为是犯罪。

④ 王世洲著：《德国经济犯罪与经济刑法研究》，北京大学出版社 1999 年版，第 164 页。

义上给予不同经济主体平等保护，也是完善社会主义法治建设的客观要求。

（二）修订司法解释等规范性文件

刑法有其完整的体系，无论是对总则还是分则的修订，往往都将涉及其他相关规范以至整个刑法体系协调统一问题，是一个系统工程。在刑法尚未规定同等危害行为不区分企业的所有制性质均规定为犯罪，配置相同的刑罚之前，可以通过司法解释的修订，对不同所有制性质行为人的类似行为，均规定相同的追诉标准，从而在一定程度上消除差别性保护。同时，对于司法实务中存在较大分歧的问题，如混合所有制经济中公私财产的界定、犯罪嫌疑人身份的界定等，则可以通过发布指导性案例等方式为基层答疑解惑。

（三）严格把握法律政策的边界

张军检察长强调，支持民营企业发展重在务实。检察机关在办理涉及非公有制企业案件时，要优先考虑企业生存发展，深入贯彻“护幼、容错、不赦罪”要求，严格区分罪与非罪的界限，对于法律政策界限不明，罪与非罪、罪与错不清的，要切实转变司法理念，坚持各类市场主体诉讼地位平等，法律适用平等，落实罪刑法定、疑罪从无等法律原则和制度，始终坚持严格规范执法。要把经济纠纷与经济犯罪、个人犯罪与企业违规、企业正当融资与非法集资、经济活动中的不正之风与违法犯罪、执行和利用国家政策谋发展中的偏差与钻改革空子实施犯罪、合法的经营收入与违法犯罪所得、非公有制企业参与国企兼并重组中涉及的经济纠纷与恶意侵占国有资产等情形区别开来，特别要注意处理好执法办案过程中的刑民交叉问题，引导企业在法律许可的范围内追求利益的最大化。

（四）严格把握职权边界

企业是市场经济的主体，企业的经营发展权是私权，而检察机关是国家的法律监督机关，是典型的公权力，且具有司法权属性，其职权的行使应严格遵循“法无授权即禁止”的原则。面对企业千差万别的法律需求，检察机关应坚持职能定位，正确把握公权力边界，行使权力的同时也要制约权力、慎用权力，在宪法和法律确立的法律监督范围内搞服务，不能为了强调服务而插手经济纠纷，防止执法不当给企业正常生产经营造成影响。

五、立法及司法解释

“对于刑法的解释，不要迷信立法者或者起草者当时的主观意图，而要探求法律本身的真实含义。”① 否则，便会影响立法的发展、司法的进步。随着非公有制经济主体地位的提升，刑法应当适时予以调整，以满足现实需求。并本着协调、平等原则，完善关于非公有制经济的刑事立法，使其在刑事上得到真正平等的待遇。

（一）在刑法总则中进一步明确非公经济保护内容

1. 对刑法任务规定的修改

应改变刑法任务中对非公有制经济、混合所有制经济及其财产的保护缺失或者不明确的现状，将非公有制经济、混合所有制经济法益作为刑法任务中明确、单独列出的保护客体和对象。建议将《刑法》第2条关于刑法任务的规定修改如下：“中华人民共和国刑法的任务……保护国有经济、劳动群众集体所有制经济、非公有制经济和混合所有制经济，保护公共财产、非公有制经济财产、混合所有制经济财产和公民私人所有的财产……”其中，各种经济形式和不同所有制的财产不因排列顺序的前后，而有保护的轻重之分。

2. 对犯罪概念规定的修改

保护非公有制经济，不仅仅是指保护其财产，还包括对其经营秩序和各种无法直接用财物进行衡量的法益的保护，因此有必要在犯罪概念中区分对各种经济主体的保护和对各种经济主体财产的保护。具体而言，可将《刑法》第13条关于犯罪概念的规定修改如下：“……侵犯国有经济、劳动群众集体经济、非公有制经济或混合所有制经济，侵犯公共财产、非公有制经济财产、混合所有制财产和公民私人所有财产……都是犯罪，但是情节显著轻微危害不大的，不认为是犯罪。”

3. 对单位犯罪刑事责任的修改

目前刑法对于单位犯罪的刑罚规定过于单一，对于犯罪单位的刑罚，只有罚金刑一种，司法实践中，单一的罚金刑，并不利于对单位做到罚当其罪。实施犯罪活动的单位，有的本身已经是负债经营，判处罚金刑后实际已无财产可供执行，或者在强制执行的过程中不能不考虑企业职工的实际利益，以至于罚金刑往往无法执行。有的违法犯罪分子在原设立的公司被定罪处罚后，往往利用管理中的漏洞，再行申请设立新的公司，重操旧业。因此，建议将单位犯罪第31条的规定修改如下：“单位犯罪的，根据单位性质、具体犯罪行为，对单位判处罚金、一定期限的禁止营业或者禁止部分营业、解散，并对其直接负责的主管人员和其他直接责任人员判处刑罚……”

---

① 张明楷著：《刑法格言的展开》，法律出版社1999年版，第8页。

（二）修改刑法分则相关条文规定

1. 对罪名的修改

要实现对非公有制经济的平等保护，需要改变对不同所有制经济体中工作人员相同性质的犯罪行为适用不同罪名的情况，对同一行为的定性不再区分主体身份的不同，在定罪上实现同一性。如，可将公有制经济主体中的受贿、贪污、挪用公款行为（《刑法》第163条第3款、第271条第2款、第272条第2款、第183条第2款、第185条第2款等）纳入到职务侵占罪、挪用资金罪、非国家工作人员受贿罪的调整范围之中，将罪名相应调整为“职务侵占”“挪用公款”“受贿”，犯罪主体涵盖各种所有制经济，同时废止刑法条款中这类以公有制经济主体为行为主体的罪名，实现同质同罪。

2. 对法定刑的修改

在刑事司法方面，对公有制经济和非公有制经济应予以平等保护，不因所有制性质不同而差别对待。基于这一原则，应当将针对公有制经济的犯罪规定与针对非公有制经济的犯罪规定进行修改，在量刑规范方面保持一致。如，贪污罪与职务侵占罪的行为手段没有本质差异，都是针对本单位财产权的侵犯行为，应考虑在法定刑配置上保持一致。又如，受贿罪与非国家工作人员受贿罪，都是行为人利用职务上的便利收受或者索取贿赂的行为，两者之间社会危害性相当，也应在法定刑配置上保持一致，实现同罪同罚。

（三）优化完善刑事司法措施

1. 树立平等保护观念

非公经济因其社会公共属性，于国、于民、于社会发展有不可或缺的重要意义，需要同样科学、严格、平等的保护。司法机关应充分认识强化非公经济刑法保护的必要性，认真研究刑事司法实践中保护非公经济的各种实际问题，摆脱传统观念束缚，确立对非公经济公正平等的刑法调整与刑法保护的法律地位，在司法中实现公私平等，坚决反对“重公轻私”。

2. 最小干预经济活动

企业涉嫌犯罪，往往会对其生产经营活动带来不利影响。因此，办理涉及非公经济犯罪案件时，应当采取审慎态度，细致辨别经济犯罪和经济纠纷的区别，在依法惩治犯罪的同时，要以不影响、干预非公经济正常经营活动为前提，慎用人身强制措施、慎用资金冻结措施、慎用财产扣押措施、慎重发布涉及非公有制企业案件的新闻信息，慎重选择办案时机和方式方法。要主动加强与涉案企业及有关管理部门的沟通协调，合理掌控办案进度，帮助涉案企业做好生产经营衔接工作，最大限度减少对企业的负面影响，在维护市场经济秩序的同时，应尽可能维护企业的经营发展。

3. 完善法律服务体系

非公经济主要面临外部和内部两个方面的刑事风险，主要原因还在于企业法律风险防范意识不强，法务工作并未得到企业重视，在生产经营过程中容易因为合同、融资、纳税、知识产权等法律知识的缺乏造成不必要的损失。要搭建检企沟通平台，建立非公企业法律风险预防服务机制，根据司法办法实际和非公企业现实需求，为企业提供有针对性的法律服务，推动非公企业强化法治意识和风险防范意识，完善内部监督制约机制，提高抵御风险的能力。

黑恶势力犯罪案件法律适用问题研究

广东省人民检察院课题组*

一、黑社会性质组织的组织特征认定

（一）组织者、领导者认定的难点及建议

从2000年《关于审理黑社会性质组织犯罪案件具体应用法律若干问题的解释》（以下简称《司法解释》）到2018年“两高”“两部”《关于办理黑恶势力犯罪案件若干问题的指导意见》（以下简称《指导意见》），① 对组织者、领导者认定的指引标准越来越具体。其中，《指导意见》不仅对组织者、领导者进行了区分，② 而且在组织、领导的行为内容方面，组织行为从“发起者、创立者”增加到了“合并、分立、重组”等行为，指引标准更加细化。在对组织者、领导者认定过程中，需要注意组织和领导行为的可区分性和一体性两种情形，以及组织者、领导者与主犯、从犯认定的区别。③

那么，究竟如何认定组织者和领导者，取证需要考虑哪些因素呢？课题组根据实践调查情况，结合《指导意见》提出的指引标准和其他研究成果，梳

---

* 课题负责人：李小东、林维。课题参加人：王辉华、骆惠慧、李卫红、杨炯、程捷、方军、侯小欣、刘楠楠、周硕鑫、欧阳灏。联系人：刘楠楠。

① 相关文件包括：2002年第九届全国人大常委会第二十七次会议通过全国人民代表大会常务委员会关于《刑法》第294条第1款的解释（以下简称《立法解释》）；2009年，两高、公安部《关于印发〈办理黑社会性质组织犯罪案件座谈会纪要〉的通知》（以下简称《北京纪要》）；2015年《全国部分法院审理黑社会性质组织犯罪案件工作座谈会议纪要》（以下简称《北海纪要》）。

② 对于组织者与领导者是否有必要区分的问题，参见陈明华、王政勋：《组织、领导、参加黑社会性质组织罪研究》，载《中国刑事法杂志》2000年第5期。

③ 可参考相关研究，此处不予展开。参见许又德：《论黑社会性质组织成员司法认定》，载《法制博览》2016年第3期。

理下表以供参考。

表1：认定组织者、领导者的参考要素例举

序号	要素	主要行为表现	主要证据
1	发起创建组织行为	1. 直接创立了组织（创建“公司”形式掩饰的，“公司”发起人、创立者的相关行为） 2. 幕后指使他人创建组织（“公司”实际控制人的相关行为） 3. 制定（批准）组织章程等	1. 创建组织的文书等材料（如“公司章程”“帮规”） 2. 其他成员的供述（如创建仪式过程描述） 3. 犯罪嫌疑人供述、被害人陈述、证人证言等
2	经济要素	1. 组织的主要出资人（“公司”大股东） 2. 利益分配收益情况（收益最多的人员） 3. 利益分配方案、重大利益分配的决策者等	1. 资金往来凭证 2. 其他成员的供述 3. 犯罪嫌疑人供述、被害人陈述、证人证言等
3	组织运行	1. 组织内有“组织者、领导者”甚至一定社会知名度的称谓（“公司董事长”“经理”等） 2. 组织重大活动 3. 决策重大事项，如重大活动策划、人事安排等的最终决策、管理权	1. 组织重大活动、重大犯罪活动材料 2. 其他成员的供述 3. 犯罪嫌疑人供述、被害人陈述、证人证言等
4	其他	组织成员公认的核心人物	1. 其他成员的供述 2. 受害人陈述、证人证言等 3. 结合前述证据综合评价

近些年来，一些黑社会性质组织为逃避打击，往往采取各种手段增强隐蔽性，比如运作方式“公司化”①、组织结构“松散化”、频繁更替人员等。“公司化”的黑恶犯罪组织中，有的组织者、领导者与“公司董事长”“经理”等

① 有研究者统计，重庆市2009年至2010年一审审结黑社会性质组织犯罪案件中，公司型涉黑组织占54.1%。参见宋洋：《我国黑社会性质组织犯罪若干问题研究》，中国政法大学2011年博士学位论文。

管理人员具有一致性，但也有的组织者、领导者居于幕后操控，指派其他人员担任“董事长”“经理”。“公司化”组织中，有必要审查“公司”是否存在“实际控制人”情况，比如通过查明实际出资者、最大收益者、公司最终决策者事实等来确定组织者、领导者等。

案例一：在江某、洪某、王某等组织、领导、参加黑社会性质组织案中，自1992年起在h市h区，江某所在团伙与其他黑恶势力团伙发生纠纷（期间江某因纠纷致人重伤曾被判刑），2007年江某在报复仇敌过程中立威，并至2011年形成以其为核心，洪某、王某等为骨干成员的黑社会性质组织。江某等对该组织采取了隐蔽、松散型管理模式，江某往往通过其下属洪某组织实施违法犯罪活动（江某有时还放弃洪某实施犯罪活动获得的利益），王某成立土石方公司（洪某入股），利用江某的势力攫取非法利益。在该组织中，由于江某采取隐蔽的组织和参与方式，洪某管理的组织成员有多人不认识或不熟悉江某、王某。因此，该案中，江某、王某辩称组织成员不固定，相互之间都不了解，根本不涉及黑社会性质组织犯罪。

该案中，虽然江某、洪某、王某为逃避打击，利用所谓干亲关系、股东关系掩盖其与下级组织成员之间的关系，采取不直接接触、流动性较大的跨层级成员管理方式，通过与骨干成员一对一、点对点的遥控式操纵、控制组织运转，但是公安机关和司法机关通过认真侦查、审查，查清了二人在该组织实施违法犯罪活动中的实质作用，以及二人与骨干成员之间的关系，依法准确认定二人的领导者和骨干者身份。从该案来看，虽然组织者、领导者和骨干成员与其他参与成员之间的熟悉、了解程度是厘清各自关系的重要参考，但是亦不可机械地将这种间接管理方式理解为缺乏支配的组织、领导行为。类似情形，还要围绕组织者、领导者对直接接触的组织成员的控制力及被直接控制成员在组织内的地位、非法利益分配决定权、暴力性活动的组织及非法攫取利益的目的性等综合进行认定。

同时，还有一个重要的认定参考要素，即组织的经济资源因素，包括组织设立的核心资金来源和非法收益的最终归属。黑社会性质组织犯罪的最终目的一般都是为了非法获取经济利益，组织者、领导者往往居于组织顶层，对组织运行拥有最终决定权，掌握资源配置才能掌控组织运行，获取非法收益必然是组织者、领导者设立组织、实施犯罪的根本驱动，组织者、领导者不仅拥有非法收益的最终分配权，而且往往是最大获利者。因此，可以通过追踪“公司”的非法资金流向，特别是通过确定大额资金使用的最终决策者和最大获利者的方式来参考认定。

此外，关于组织者、领导者的人数问题，有人认为，由于组织领导者处于组织结构金字塔的顶端，其与其他成员之间只存在领导与被领导的关系，因此在人数上只能是一个。① 该观点未免过于绝对，即便实践中多数情形如此，也不排除少数例外。② 从法律和司法解释等规定看，只要符合法律规定情形即可认定为组织者或领导者。例如，发起、创建者为多人，甚至是共同“决策”创建等。单纯的“人数”论，逻辑上也不周延，忽视了黑社会性质组织存在共同发起创立、共同决策等情形。

（二）如何认定骨干成员和一般参加者

1. 骨干成员的认定

课题组调研发现，有不少案例中的组织成员大多辩解自己为一般参加者，否认系骨干成员或积极参加者，使得该问题常为案件争点。“骨干成员基本固定”是认定“组织特征”的基本要素之一，认定骨干成员不仅对认定黑社会性质组织成立具有重要意义，而且基于其特殊地位，对个案中准确识别不同成员身份性质亦具有重要参考价值。《北京纪要》和《北海纪要》对此提出的指引意见还比较碎片化，没有形成系统性的论述。本课题拟从黑社会性质组织体系中各层次成员之间关系的角度，以骨干成员为主要参照，从骨干成员与组织者、领导者、积极参加者、一般参加者之间的关系来探讨识别方法（参见图1）。《北海纪要》提出，骨干成员是“积极参加者的一部分”，作用介于组织者、领导者和一般积极参加者之间。因此，骨干成员应当首先满足积极参加者的认定条件，且作用要大于一般的积极参加者；而且骨干成员往往是直接听命于组织者、领导者的积极参加者。故可从以下方面进行综合考察：

在组织结构上，骨干成员是居于组织者、领导者和一般积极参加者之间的“二层骨干”，比如“老二、老三”（称谓方面）、“部门”“区域”负责人（职能方面）等，掌握一定的人事、财务管理权限，权力仅次于组织者、领导者。如图1案例中江某某、张某某等骨干成员，有的协调上下关系，上传下达信息，有的负责管理“公司账目”等。

---

① 许又德：《论黑社会性质组织成员司法认定》，载《法制博览》2016年第3期。

② 吴志明：《办理黑社会性质组织犯罪的实践探讨》，载《人民检察》2015年第24期。

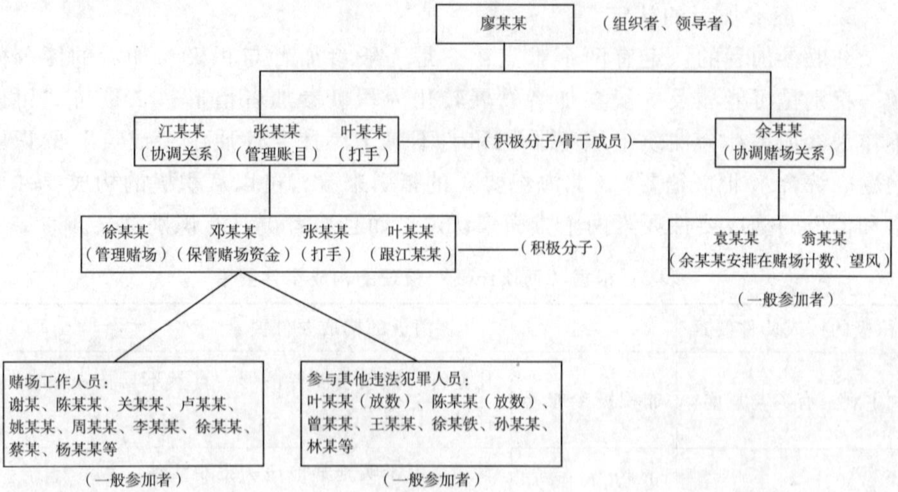

图1：Y市廖某某等涉嫌组织、领导、参加黑社会性质组织犯罪的组织结构图示

在犯罪行为方面，骨干成员长期在犯罪组织中发挥作用，可能参与黑社会性质组织所实施的多次犯罪，在主要犯罪活动中是组织者、领导者的重要协助者，甚至是单次或数次犯罪中的组织者和策划者。图1中，骨干成员涉嫌故意伤害罪、寻衅滋事罪、开设赌场罪、组织卖淫罪等多个罪名，而一般参加者通常只涉及故意伤害罪或开设赌场罪中的一个或两个罪名。在隐蔽性犯罪组织中，骨干成员相比组织者更为活跃，处在犯罪活动的“台前”。当然，还有的情形是骨干层级越往上，隐蔽性越强。此外，骨干成员一般会参与组织所涉及较为严重的犯罪，如故意杀人、故意伤害、绑架等情节恶劣的犯罪。①

在经济利益方面，骨干成员一般拥有比其他积极参加者更多的资源，在犯罪收益方面（如公司化组织中的“股权”等）也往往仅低于组织者、领导者，而多于其他成员。图1案例主要犯罪活动为开设赌场，利益分配的层次与组织结构对应性亦比较明显。

此外，还可以根据参加时间的长短，与组织者、领导者的个人关系等角度来综合考察，特别要注意参加时间不长但作用比较突出以及处于从积极参加者向骨干成员的转化问题。②

① 具体行为表现可以参考有关研究，参见宋洋：《我国黑社会性质组织犯罪若干问题研究》，中国政法大学2011年博士学位论文。

② 吴志明：《办理黑社会性质组织犯罪的实践探讨》，载《人民检察》2015年第24期。

2. 一般参加者的认定

一般参加者的认定有两个难点：一是一般参加者与积极参加者的区分问题，特别是可能涉及一般参加者发展转化为积极参加者情形；二是与“可以不作为参加黑社会性质组织犯罪”和“不属于黑社会性质组织成员”的识别问题。综合《北京纪要》《北海纪要》的指引来看，可以从积极的构成要件要素和消极的构成要件要素两个方面来认定，而且后者更具有识别意义。

表 2：根据“两次纪要”梳理的构成要件要素

积极的构成要件要素	消极的构成要件要素	
主观上有参与意愿	非积极参加者	凡是符合积极参加者情形，自然不再按一般参加者进行认定
参与实施一定程度的违法犯罪活动	可以不作为参加黑社会性质组织犯罪	参加，但未实施其他违法犯罪活动
		受威胁、蒙蔽，且情节轻微的
		仅参与少量情节轻微的违法犯罪活动
	不属于黑社会性质组织成员	主观上没有加入黑社会性质组织的意愿，受雇到黑社会性质组织开办的公司、企业、社团工人，未参与或者仅参与少量黑社会性质组织的违法犯罪活动的人员
		因临时被纠集、雇佣或受蒙蔽为黑社会性质组织实施违法犯罪活动或者提供帮助、支持、服务的人员
		为维护或扩大自身利益而临时雇佣、收买、利用黑社会性质组织实施违法犯罪活动的人员

具体操作中，可以参照前述骨干成员的认定方法，比如黑社会犯罪组织成员对其熟悉了解程度、在整个组织中结构中的地位、参与犯罪的次数和犯罪的程度、获取犯罪非法所得份额等。就个案而言，可以采用图谱方式对各项要素进行综合梳理（骨干成员和积极参与者同样可以采用该方法），特别是一些特别复杂、争议较大的疑难案件，有的甚至还可以采用一些更为细致的量化指标作为参考。

表 3 选取李某某等组织、领导、参加黑社会性质组织案讯问、庭审提问的列举，亦具有参考意义。

表 3：讯问、庭审问题列举

序号	问题
1	是积极参加还是一般参加、参与情况？
2	具体实施的犯罪中是否有实施犯罪的主观故意，是否参加了该宗事实？
3	在共同犯罪中起到的是什么样的作用？
4	事后是否获得分赃？
5	同案犯指证的依据是什么？
6	在具体犯罪中同案犯当庭确认被告人具体参与情况如何？
7	是否为组织成员？
8	什么时间加入？
9	自己在组织中处于什么样的地位？
10	上下级都有谁？
11	平时谁负责发布号令，是否要听从这些号令，如果不听从会有什么样的后果？
12	组织是否有规矩约束组织内的成员？
13	组织是否有枪支、管制刀具，上述工具是不是统一保管？
14	组织是否有放高利贷及帮助别人收数的行为？如何保证放出去的高利贷能够顺利收回？帮助别人收数的佣金比例是多少？
15	帮助别人收数，那些欠债的人为什么会把钱还给你们？过程中是否有殴打、威胁、限制人身自由、强行变卖财产等行为存在？参与收数能获得什么好处？收取到佣金后由谁来决定怎么分？
16	每次参与收数，组织成员分到的好处费是否是一致的？为什么会有差异？按照什么标准进行划分？
17	起诉书认定的其他涉黑人员的加入时间、地位、实施的犯罪中的具体参与情况等如何？

此外，对一般参加者是否应有其他普通犯罪作为构成要件要素之一，实践中亦存在分歧。单从《北海纪要》认定条件的文理解释角度来看，该争议存在于前表 2 中对“可以不作为参加黑社会性质组织犯罪”情形的不同理解，《北海纪要》对此提出的条件是“没有其他违法犯罪活动”和“情节轻微”，并无单纯地依据有无“其他普通犯罪”一说。如果参加黑社会性质组织，存在严重违法活动（虽未达到构成犯罪程度），且情节不属于“轻微”情形的，

显然也是可以作为一般参加者进行认定和处罚的。再从论理解释的角度看，认定为一般参加者，本质上来说应当考察是否符合刑法处罚犯罪的目的，考察有无“其他普通犯罪”作为认定标准显然不符合刑法对黑社会性质组织犯罪一般参加者处罚的立法目的。因为即便某些参加黑社会性质组织，虽然没有实施犯罪活动，但有较为严重的违法活动时，依然具有助长黑社会性质组织发展和危害社会管理秩序等社会危害性，只要达到一定程度仍有处罚的必要。

（三）黑社会性质组织形成时间的认定问题

关于黑社会性质组织成立时间的认定，实践中主要有三种观点：一是以“确立强势地位”的标志性事件来判断；二是以初步具备组织领导者、骨干成员、一般参加者的层级结构时间来判断；三是主张不具体确定形成时间。① 第三种观点显然忽略了成立时间对黑社会性质组织犯罪危害程度、认定部分成员是否犯该罪等方面的重要作用，并不可取。但是，基于黑社会性质组织成立阶段的渐进复杂性，要想一劳永逸地确立一个相对明确的认定标准，恐怕无法实现。正是基于形成时间认定的难度，《北海纪要》和《指导意见》提出了三个层次的认定方法，即以依次递退的方式对时间起点的判断标准提出指引。②

这种思路虽然增强了认定标准的灵活性，抓住了形成时间的主要特征，便于实践把握和操作，但也存在弊端。一是这三个层次有可能与黑社会性质犯罪组织形成时间的客观事实背离；二是这三个层次共同或其中两个同时存在且发生矛盾时，单纯按照这种人为设定的先后顺位认定的结论，可能恰恰与事实相反。这种认定方式可能导致有的黑社会性质组织“利用规则”，故意在事实上成立后很久再举行成立仪式。

在进一步分析之前，有必要先讨论下形成时间与黑社会性质犯罪“四个特征”的关系问题。“四个特征”是认定黑社会性质组织犯罪的基础，形成时间即意味着黑社会性质组织已然具备了“四个特征”的所有要素，而且理论上应该是刚好具备“四个特征”之时。实践中，如果完全以“四个特征”的全部要素来作为形成时间认定标准，将会过于复杂，故两次会议纪要才化繁为简，只抓取其中的核心要素。本文亦遵循这种思路，对操作方法提出如下建议：

一是从组织犯罪的“主体”角度合理运用“成立仪式”的指引规则。从

---

① 许又德：《黑社会性质组织司法认定研究》，湖南师范大学 2016 年硕士学位论文。

② 许又德：《黑社会性质组织司法认定研究》，湖南师范大学 2016 年硕士学位论文。

“四个特征”来看，“成立仪式”主要着眼于“组织特征”，而根据形式要件与实质要件的分类来看，“成立仪式”是形式要件。类比自然人和法人采用年龄和工商登记时间的形式要件来辨别行为能力的方法，以“成立仪式”认定形成时间也有其合理性。但是黑社会性质组织明显缺乏自然人和法人这种认定标准的“法律意义”之正式形式，如机械适用难免会有失偏颇。因此，建议将“成立仪式”作为认定形成时间标准时，还应综合考虑其他因素，比如“成立仪式”是否是在已具备组织架构等基础上的实质成立，是否在实质成立一段时间后为扩大影响而事后“补办”，以及仪式前后期间有无违法犯罪活动的事实支撑等。如果有显著的证据证明“成立仪式”已与黑社会性质组织形成事实背离时，则不能再以此为认定依据，这也是“以事实为依据”原则的应有之义。此外，无论是“标志性事件”还是“组织层级结构”等认定方法，同样要坚持基于“实质要件”的综合评判标准。

二是从“疑罪从无”原则角度，结合采用区间分析方法把握依次认定的标准。黑社会性质组织的形成是一个渐进的过程，认定其形成时间就是试图找出从量变到质变转变的转折点，但是如果我们将这个点拉长为一段线，这项工作就会相对容易，认定的结果也更为准确。故当将某个时间点认定为“形成时间”存在争议时，可根据时间段是否已具备黑社会性质组织“四个特征”要件，依据“无罪推定”原则按照时间演变的维度反向推导。如图 2 所示，按从 d 到 a 的顺序来逐步推断，假如 a 点为拟证“成立仪式”时间点，b 点为拟证首次实施犯罪活动时间点，c 点为拟证具有非法影响的标志性事件发生时间点，d 点为有证据锁链足以证明该组织具备“四个特征”后实施违法犯罪活动或其他影响事项的时间点；那么，当 c、b、a 三点均缺乏相应证据证明此阶段已具备“四个特征”的情形下，就只能认定 d 点为形成时间点，并按此方法依次往前推。

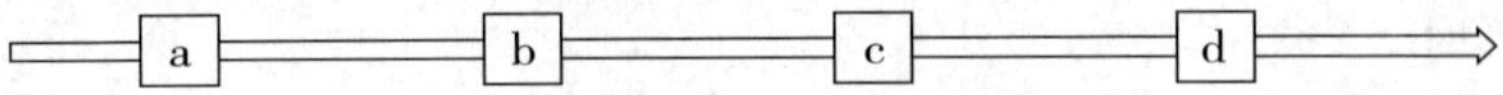

图 2：以“无罪推定”原则依次认定形成时间

下面以一案例进一步予以说明：

案例四：在陈某等人涉嫌组织、领导、参加黑社会性质组织案中，陈某利用其担任 y 市 y 区某村村治保主任、村主任，y 区人大代表的身份，把持基层政权、操纵村委会换届选举，长期盘踞在该村及邻近一带，于 2011 年开始在 y 市 y 区有组织地实施故意伤害、寻衅滋事、强迫交易、敲诈勒索、非法占用农用地等违法犯罪活动 20 余宗，并致 13 人轻伤或轻微伤。并在征地、工程项目建设中采用煽动闹事、强揽工程、串通投标等手段，对周边区域的土地开发、工程项目建设等经济活动进行干预和控制，基本垄断周边地区的工程施工。

该案中，认定陈某等黑社会性质组织成立时间有以下三个重要时间节点（事件）：一是2011年陈某担任村治保主任；二是陈某担任村治保主任后，网罗10余名有劣迹行为人员进入治保队充当“执法队”，实施各类违法犯罪活动；三是陈某在担任村治保主任后的2014年村主任换届选举中采取相互勾结、出资贿选以及跟踪、滋扰、打压竞选对手等方式当选村主任（2017年换届时连任）。

根据前述依次认定的方法，如在有证据足以证明2014年之后以陈某为首的黑社会性质组织已符合“四个特征”，但在2014年之前却难以证明的情形下，则以2014年为成立时间，并依次类推。该案中，需要特别注意的是，当以陈某2011年当选治保主任作为认定该组织成立时间时，一定要从该组织在该时间节点是否已经有固定的组织、陈某的组织领导地位是否已经公认、是否已经实施过相应的违法犯罪活动、是否具有维系组织存在发展的一定经济实力等方面着重进行审查。如难以证明前述要素，即便在形式上该节点可能符合成立时间的标志性特征，也是缺乏实质条件的。

总之，任何技术性的认定方法都不能脱离“无罪推定”“以事实为依据”等法律原则，不能僵化和机械地适用某一单项标准，而要综合全案事实进行认定。

（四）组织形成前、退出后行为的认定及处理

《北海纪要》提出对组织者、领导者“应对其本人参与及其实际担任组织者、领导者期间该组织所犯的全部罪行承担刑事责任”，这在理论上并不难理解，但在实践操作中会有不少难点，特别是当涉及到犯罪未完成形态和时效认定等情形时。

黑社会性质组织形成前主要存在两类行为：一类是组织者为创建黑社会性质组织实施的各种行为，另一类是其他人员实施的与该组织相关的违法犯罪行为。对于第一类行为，如果最终认定构成黑社会性质组织犯罪，那么创建者的创建行为被后来延续的黑社会性质组织的持续犯罪行为所吸收，构成组织、领导黑社会性质组织犯罪的本罪，当然如果创建者的创建行为还涉嫌其他犯罪的，还应当数罪并罚。但当创建者在创建组织过程中终止组织创建行为并最终未成立黑社会性质组织时，如果涉及其他犯罪的按其他犯罪处理，对本罪在理

论上应成立犯罪未遂或中止。[①] 如果创建的组织者退出后，其他组织者或接任者继续其行为并最终确立了黑社会性质组织时，相当于退出的组织者在与其他人员参与了本罪的预备行为后单方退出，但未阻止该组织行为继续的情形，该组织者应当按照共同犯罪中参与犯罪预备行为的情形进行处理。对于其他人员实施的与该组织相关的犯罪行为，由于其他人员对于本罪只构成参加黑社会性质组织罪，在黑社会性质组织成立前，其显然无法构成“参加”行为，如涉及其他犯罪的，只按照其他犯罪处理，而且根据“出罪时举重以明轻”的原则（参加黑社会性质组织，没有实施其他违法犯罪情形时一般不以犯罪论处），其他人员在黑社会性质组织成立前所涉及的行为，也不能以参加黑社会性质组织或作为未遂、中止进行处罚。

实践中，还有一个与此相关的难点，即时效问题。

案例五：2003 年开始，秦某为谋取非法利益，先后网罗一批社会闲散人员在 F 市 N 区从事开设赌场、强迫交易、敲诈勒索等违法犯罪活动。2011 年，秦某等被公安机关以涉嫌组织、领导黑社会性质组织罪、开设赌场罪等立案侦查（秦某为组织者、领导者），并对该团伙中的文某、邹某等人以涉嫌参加黑社会性质组织、开设赌场等罪名立案，但后因证据不足对文某仅以涉嫌开设赌场罪移送审查起诉，未认定其涉嫌参加黑社会性质组织罪，邹某则均因证据不足被释放（文某、邹某等在公安机关讯问时也未供述其是否存在参加黑社会性质组织犯罪的事实）。2017 年，公安机关在侦查该黑社会性质组织其他成员犯罪过程中，发现文某、邹某等在 2003 年期间参加黑社会性质组织犯罪的证据，故再次对文某、邹某等以涉嫌参加黑社会性质组织罪、强迫交易罪等立案侦查和移送审查起诉。

在该案审理过程中，就文某、邹某涉嫌犯罪是否超过追诉时效，各方观点不一。一方观点主张公安机关在 2011 年已对文某、邹某等“以事立案侦查”，故根据《刑法》第 88 条第 1 款的规定，邹某等因“逃避侦查”，不再受追诉期限的限制；另一方观点则认为按参加黑社会性质组织犯罪或强迫交易罪，该案超过了 5 年的追诉期限，不应再追究邹某等刑事责任。从该案件事实来看，第一种观点值得商榷，其一，文某、邹某并不符合“逃避侦查”的事实，追诉犯罪是司法机关的责任，犯罪嫌疑人没有自证其罪的义务，文某、邹某在

① 陈佳佳：《论黑社会性质组织犯罪的司法认定》，西南政法大学 2011 年博士学位论文，第 62 页。

2011年被立案时，即使其未主动供述，也不能认定其“逃避侦查”;[①] 其二，在2011年立案侦查时，虽对文某、邹某等以参加黑社会性质组织罪立案，但最终因为缺乏证据而未以该罪追诉，并非由于文某等故意采取掩盖犯罪事实、毁灭或隐藏犯罪证据等方式逃脱刑事制裁；其三，对该案情形再行追诉，不符合追诉期限制度设置的目的。对已超过时效的行为再行追诉，有浪费司法资源、扩张刑事司法权等方面的嫌疑。

上述案例还只是有关“时效问题”中事实比较简单的情形，事实上，由于有的黑社会性质组织形成时间较长，参加人员乃至组织者、领导者人员变动，再加上黑社会性质形成过程中为发展组织即已实施犯罪活动等情形，可能会使得时效问题变得更为复杂，比如某犯罪嫌疑人A想参加一黑社会性质组织，在该组织成立前参加了为设立组织的团伙实施的某些违法犯罪活动，但在该组织尚未正式形成前即已自行退出，那么对A只能以其参加的犯罪审查其是否超过追诉时效，而不能根据黑社会性质组织犯罪来审查。此外，还有组织者、领导者中途退出后的时效认定等问题，此处不予展开论述。

（五）组织纪律性的认定方法

黑社会性质组织的纪律性是指存在用以控制和管理组织人员、维护内部等级制度以及确保成员实施违法犯罪的行为规范。实践中主要包括帮规、纪律和约定俗成的规矩三种类型。[②] 其中，采取无成文方式运行的“松散型”黑社会性质组织，可能比有“成文”制度的情形认定起来更有难度。[③] 不管是有成文的，还是看似“松散”无成文的，黑社会性质组织要维系存在，必然需要“组织纪律”作为支撑。而且，这种纪律性必然会体现在黑社会性质组织日常运行的各类行为之中。

《北海纪要》从成文与不成文以及内部人员管理、职责分工、行为规范、利益分配、行动准则等方面提出了认定组织纪律性的指引意见，这几个方面相互之间存在一定程度的交叉，比如职责分工实质上属于管理层面，行为规范和

---

① “逃避侦查或者审判”，是指犯罪嫌疑人在明知侦查机关已对其犯罪行为立案侦查，或者被告人明知人民法院已受理对其犯罪行为的控诉，而积极实施的有碍侦查或者审判的行为。该案并没有任何“积极”逃避的情节。参见廖新兰、阮能文：《追诉时效语境下的逃避侦查审判问题辨析》，载《人民检察》2014年第13期。

② 王锡章：《黑社会性质组织犯罪侦查取证问题研究》，中国人民公安大学2017年博士学位论文。

③ 有成文“帮规”的（如《员工守则》等），认定难度不如隐蔽型的，故此处不予探讨。

行为准则也只是严谨程度上存在差异，故对这几个方面还有必要进一步梳理。下面从人员管理、行为规范和利益分配三个方面来予以说明。

人员管理。主要包括管理层级排名排位，如组织者、骨干成员之间各自负责对哪些人员、哪些区域的管理等；职责分工，如“人事”“财务”由谁负责，人员聚集组织由谁负责，“管辖”区域、行业是否明确分片区管理等。对证据和事实的审查，可以通过制作图谱形式来进行分析，根据犯罪嫌疑人供述或日常管理流程，参照图1制作类似图3的人员关系图表，并通过收集相应证据予以佐证。如果根据所掌握证据及查明事实无法绘制出人员关系图谱，或者其中某些人员脱离于图谱之外，那就要审视是否存在组织纪律性（存在脱离图谱之外情形时，对认定其是否系组织成员亦具有参考意义）。

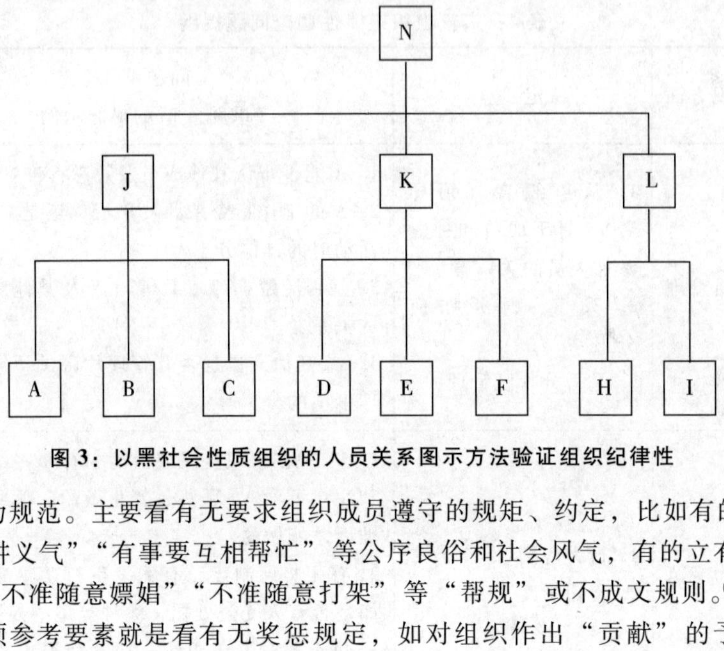

图3：以黑社会性质组织的人员关系图示方法验证组织纪律性

行为规范。主要看有无要求组织成员遵守的规矩、约定，比如有的会重申一些“讲义气”“有事要互相帮忙”等公序良俗和社会风气，有的立有“不准吸毒”“不准随意嫖娼”“不准随意打架”等“帮规”或不成文规则。① 同时，还有一项参考要素就是看有无奖惩规定，如对组织作出“贡献”的予以提拔或给予金钱等物质奖励，有无殴打、“降级”、开除，因对组织不忠诚而中途退出的，轻则剁掉手指重则打折腿等处罚规定或行为。② 例如在丁某等组织、领导、参加黑社会性质组织案中，丁某为强化对整个组织的管理，实施了包括给组织成员发放工资、提供生意上的帮助、出事后帮助摆平、提供生活费等奖

① 何秉松：《有组织犯罪研究（第一卷）》，中国法制出版社2002年版，第286—287页。

② 何秉松：《有组织犯罪研究（第一卷）》，中国法制出版社2002年版，第131页。

励措施，对不服命令者轻则训斥、重则开除。

利益分配。黑社会性质组织一般都会按照等级或“贡献”大小来分配利益，利益分配既是判断组织结构的重要依据，也是认定组织纪律性的一个重要要素。主要审查利益由谁来负责分配，有无相应的利益分配标准，等等。同时，利益分配还可能会涉及到奖罚问题，可以综合这些要素进行认定。

“纪律性”特征的认定，一般以言词证据居多，特别是人员管理和行为规范方面的证据，如犯罪嫌疑人的供述、被害人陈述、证人证言等。当然，有的可能也有诸如书面的成文的“帮规”、人员分工管理的“制度”、奖惩的会议记录、非法所得的分配记录（或转账凭证）等之类的书证、物证。表 4 列举了一组提问提纲，以供参考（以图 3 组织结构为例）。

表 4：审查组织纪律性调查问题提纲

序号	体现方面	认定要点	问题设计 （讯问 A 时的提问示例）
1	人员管理	1. 从组织者（领导者）、骨干成员和一般参加人员的关系着手 2. 人事、财务如何分工 3. 是否分片区管理	1. A 能否辨认其他成员及熟悉程度？ 2. A 的工作指令来源（B、J，还是 N），某次活动时的具体分工？ 3. 是否清楚 J、K、L 等与 N 及其他成员之间的关系？ 4. J 或其他人员是否有管理片区的不同，或管理事项的分工等？
2	行为规范	1. 行为规则 2. 奖罚制度	1. J、N 在组织会议或活动中有哪些纪律要求和注意事项？（哪些是禁止做的，哪些是要批准后才能做的？） 2. 有无奖惩制度，有无发生过奖惩事件，比如是否有人受过处罚，哪种类型的处罚等？ 3. 可否随时退出组织，加入和退出具体有哪些要求等？
3	利益分配	1. 分配流程 2. 分配比例	1. A 是否有非法所得来源，是否上交，从何处领取“工资”或其他“收入”？ 2. 具体按照什么标准、通过什么方式领取“收入”？ 3. 有“开支”支出时，从何渠道及如何操作等？

问题提纲需要根据已掌握的案件线索和书证、物证情况结合个案提前准备，以形成相互印证的证据锁链。当可以理清组织成员之间的关系脉络，查清组织运作流程和管理情况，并有相应证据予以佐证，即可认定该组织具有纪律性特征。

除根据《北海纪要》提出的上述指引内容进行认定外，实践中还有的是根据案件事实所反映黑社会性质组织者或骨干成员对其他成员的管理和控制有效性来进行分析的，比如在兰某等组织、领导、参加黑社会性质组织抗诉案中，一审法院审查认为兰某犯罪团伙没有明文规定的组织纪律、活动规约，不具备组织特征，并进而认定兰某等不构成该项犯罪。二审法院则根据“兰某一声令下，该组织成员 20 人迅速到场，为其摆场造势”等事实，认定该在组织进行犯罪活动中表现出对成员管理和控制是有效的，没有明文的帮规和活动规约，不影响其组织纪律性的认定，最终判决兰某等构成该项犯罪。

此外，课题组在调研中还发现一类争议，即在松散型（公司化）或渗透到村委会依托基层组织开展活动的黑社会性质组织犯罪中，犯罪嫌疑人（被告人）往往辩解其所依据的是“公司”章程①、管理制度或依据基层组织职能履行职务行为，区分“职务行为”还是根据黑社会性质组织的组织纪律实施的活动，不仅关系到组织特征的认定，还会影响实施行为者是合法行为还是违法行为的认定，类似问题在前述案例一、案例二中均有不同程度的体现，由于未能收集到更为详尽的案例资料，难以就此展开分析。类似该案情形需要综合案件事实进行判断，比如案例二中的村委会人员（村治安队成员）在具体行为中是否事先知晓陈某作为村安保主任、村主任之外的“身份”，以及陈某安排“任务”的目的是为履行村委会的基层组织职责，还是谋取其团伙的私利、实施违法犯罪行为等。

二、黑社会性质组织的经济特征认定

（一）如何认定“经济来源”

经济来源范围的认定，不仅涉及黑社会性质组织是否满足“经济特征”的构成要件，而且还与财产处置和财产刑处罚密切相关。实践中，由于认定规则缺乏、重打击轻权利保障以及法律适用理解不到位等原因，导致对“经济

① 如在张某某等人组织、领导、参加黑社会性质组织案中，张某某等人辩称，“不许吸毒、不许迟到早退，离开单位需要请假等均系一般公司企业都会要求的正常规定，并非黑社会性质组织特点的组织规约”。

来源”的审查“简单化”，有的混淆“非法与合法”，有的通过组织或成员实际占有进行推定。① 自 2002 年的《立法解释》到 2018 年的《指导意见》，“经济来源”的认定范围已从“不法犯罪活动谋取的经济利益”扩展到了“组织或成员的个人或家庭资产”，实践中要避免为了打击犯罪随意扩大解释，侵犯犯罪嫌疑人和被告人的合法权利。

首先，准确理解“用于违法犯罪活动或者维系组织的生存、发展”这个关于“经济来源”认定的核心问题。在刑法理论中，对“关于……的目的”存在着主观与客观的理解分歧，“经济来源”认定也涉及这种分歧，即“用于……发展”究竟是指犯罪分子的主观目的，还是客观上已经用于黑社会性质组织的生存、发展了。究竟持何种立场，要综合考察立法者在该问题上基于什么样的刑事政策，从《北海纪要》的指引意见看，此处采用的是后者的立场，即要满足“在客观上能够起到豢养组织成员、维护组织稳定、壮大组织势力的作用”的条件。这种标准要求在打击黑社会性质组织犯罪经济基础的同时，还要最大限度地保障犯罪分子的合法权利。据此，如果黑社会性质组织成员拟用个人财产资助组织活动，但最终未实际用于、客观上并未起到资助作用，也不能认定为经济来源范围。

关于“组织成员主动将个人或家庭资产中的一部分用于支持组织活动，其个人或家庭资产可全部计入‘一定的经济实力’”的理解问题。对该指导意见的适用不能违背“无罪推定”原则及前述要求，不能简单以为“可全部计入”即不分具体个案情况，对只要主动将个人或家庭财产中的一部分用于支持该组织活动，均全部计入。

表 5：“经济来源”认定范围的演变

序号	依据来源	内容要点	特点及演变
1	2002 年《立法解释》	有组织的利用不法犯罪活动谋得经济利益	范围仅为“不法犯罪活动”
2	《刑法修正案（八）》	有组织地通过违法犯罪活动或者其他手段获取经济利益	增加“其他手段”

① 李林：《黑社会性质组织经济特征司法认定实证研究》，载《中国刑事法杂志》2013 年第 4 期。

续表

序号	依据来源	内容要点	特点及演变
3	《北京纪要》	1. 无论是通过非法还是合法方式获取，只要将其中部分或全部用于违法犯罪活动或者维系组织的生存、发展即可认定 2. 从用于“购买作案工具、提供作案经费”等四个方面进一步明确范围	1. 不限获取来源，以是否用于“违法犯罪活动或者维系组织的生存、发展”为认定依据 2. 提供了具体的范围指引
4	《北海纪要》	1. 界定了“一定经济实力” 2. 明确三种获取渠道和方式 3. 无论获利后的分配与使用形式如何变化，只要在客观上能够起到豢养组织成员、维护组织稳定、壮大组织势力的作用即可认定	1. 明确范围包括组织成员及其他单位、个人资助财产 2. 在《北京纪要》基础上补充提出“客观结果”认定标准
5	《指导意见》	1. 列举了三种“经济来源”的获取方式 2. 通过三种方式取得的，即使由部分成员掌控，也应计入“经济实力” 3. 组织成员主动将个人或家庭资产中的一部分用于支持组织活动，其个人或家庭资产可全部计入“一定的经济实力”，但数额明显较小或仅提供动产、不动产使用权的除外	1. 提出“部分资助，可全部计入”的指导意见 2. 明确小额或仅提供动产、不动产使用权的予以排除

在认定方法上，可根据来源、取得方式、用途和目的依次进行分类、综合分析。如表6所示，首先查证来源是属于非法（不正当手段）取得、合法经营取得或成员个人、家庭资助，能证明来源类别的，分别归类。查证所述类别后，再进一步查证是否符合“用途”和“目的”标准，符合则认定黑社会性质组织经济来源，不符合则不予认定。而且，该三项来源只要符合四类“用途”即可认定其符合“目的”标准。对于无法证明财产来源的，也需要继续

查证是否符合“用途”和“目的”标准，当符合“用途”和“目的”标准时，即便不能查明具体来源，亦可认定其为黑社会性质组织的经济来源；但当后者也无法查证时，则不予认定（“无罪推定”）。

表 6：“经济来源”依次认定方法例举

<table>
<tr><th>序号</th><th>来源</th><th>用途</th><th>目的</th><th>认定和处理</th></tr>
<tr><td>1</td><td>有组织地通过违法犯罪活动或其他不正当手段聚敛的资产</td><td rowspan="3">1. 为购买作案工具、提供作案经费
2. 为受伤、死亡的组织成员提供医疗费、丧葬费
3. 为组织成员及其家属提供工资、奖励、福利、生活费用
4. 为组织寻求非法保护以及其他与实施有组织的违法犯罪活动有关的费用支出等</td><td rowspan="3">“用于违法犯罪活动或者维系犯罪组织的生存、发展”，客观上起到豢养组织成员、维护组织稳定、壮大组织势力的作用。（符合前述四个方面“用途”的，即可认定符合该“目的”标准）</td><td rowspan="3">1. 符合“用途”“目的”标准时，认定涉黑经济来源
2. 不符合“用途”“目的”标准时，按其他犯罪处理</td></tr>
<tr><td>2</td><td>有组织地通过合法的生产、经营活动获取的资产</td></tr>
<tr><td>3</td><td>组织成员以及其他单位、个人资助黑社会性质组织的资产</td></tr>
<tr><td rowspan="2">4</td><td rowspan="2">来源不明</td><td>能证明用于上述四个方面之一项或多项；</td><td>符合上述目的</td><td>认定为涉黑经济来源</td></tr>
<tr><td>黑社会性质组织或成员占有或所有，但不能证明其来源和是否用于上述四个方面。</td><td>不足以证明符合上述目的</td><td>不认定为涉黑经济来源</td></tr>
</table>

（二）对“以支持该组织的活动”的理解

首先，“以支持该组织的活动”是黑社会性质组织犯罪中“经济特征”的构成要素，因此这里的“支持”需理解为：以“经济来源”进行“支持”及“具有一定经济实力”以“支持”组织活动、生存和发展两个方面。然而，司法实践中存在不少突破上述标准情形，认定形式化、广泛化，比如片面地将犯罪组织对合法经营的公司的管理行为及人际交往行为认定为对犯罪组织的支持。根据相关研究，关于“支持”的具体表现方式如表7所示：①

表7：“以支持该组织的活动”的“支持”方式例举

<table>
<tr><th>序号</th><th>认定为“支持”的具体事项</th><th>评析</th></tr>
<tr><td>1</td><td>为受伤的组织成员提供医疗费</td><td rowspan="11">这些事项中，有的对“支持”作了超出范围的宽泛理解，比如第“6”项的帮助逃匿行为，虽然是客观上起到支持犯罪的目的，但这种支持可能是行为上的，不是“经济特征”中的“支持”，只有涉及提供资金帮助逃匿等情形时，才能认定为这种“支持”。
“工资”和“食宿”也应区分是安排给黑社会成员，还是合法经营公司的其他人员；“请客吃饭”行为，不属于“经济特征”的要素，但如果“请客吃饭”是为了发展成员、开展违法犯罪活动等情形时，所涉及费用来源可认定为“支持该组织活动”的“经济来源”。
提供“医疗费”“犯罪工具”“垫付资金”“家属生活费”等同样如此，如果只是提供行为上的帮助，则并不属于经济上的“支持”范围，但如果涉及提供财物帮助的，则属于。</td></tr>
<tr><td>2</td><td>发工资、统一食宿，请客吃饭</td></tr>
<tr><td>3</td><td>行贿</td></tr>
<tr><td>4</td><td>提供收益分红，工资入股</td></tr>
<tr><td>5</td><td>发过年费、吃年夜饭</td></tr>
<tr><td>6</td><td>帮助犯罪组织成员逃匿，逃避司法机关处罚</td></tr>
<tr><td>7</td><td>为犯罪行为提供工具</td></tr>
<tr><td>8</td><td>提供资金垫付</td></tr>
<tr><td>9</td><td>给被关押的犯罪人员上账，为其家属支持生活费</td></tr>
<tr><td>10</td><td>给实施违法犯罪行为的人员奖励</td></tr>
<tr><td>11</td><td>替被违法犯罪行为侵犯的被害人提供医疗费</td></tr>
</table>

① 李林：《黑社会性质组织经济特征司法认定实证研究》，载《中国刑事法杂志》2013年第4期。

同时，对“以支持该组织的活动”的理解，也应有一定的弹性。不能将范围仅限于为组织成员提供资金等直接形式，而排除组织成员分配非法所得、首要分子将大部分收益据为己有及通过其他方式为组织发展提供经济资助等间接方式，因为“要求黑社会性质组织将获取的经济利益全部或基本上用于组织的发展壮大是不切实际的”。① 但是，将行为上“支持”和与涉黑无关的合法经营与管理行为排除在“经济特征”范围之外，不仅必要，而且是公正合理的。

对“‘具有一定的经济实力’以‘支持’组织活动”的理解，将结合下节内容进行论述。

（三）如何认定具有“一定的经济实力”

认定“一定的经济实力”有如下三个基本问题：

一是最低数额标准问题，即是否必须要以一定的最低数额标准作为认定依据。2015 年的《北海纪要》明确由各高级人民法院在 20 万元至 50 万元幅度内自行划定最低数额标准。设定具体数额的最低标准，虽然方便了实践操作，但由于各地情况不同及经济的快速发展变化等原因，这种标准既过于机械也缺乏科学依据。为此，2018 年的《指导意见》对此进行了修正，提出“不能一般性地要求黑社会性质组织所具有的经济实力必须达到特定规模或特定数额”。可见，在这个问题上“客观”标准难以实行，采用“主观”标准，并将“主观”客观化才是值得努力的方向。坚持文理解释的逻辑起点，将“以支持该组织的活动”作为最终标准认定的底线，是客观化的必然要求，即“只要其具有一定的经济来源维系该组织的生存、发展以及支持该组织的违法犯罪活动即可认定”。②

二是时间标准问题，即以哪个时间段为“经济实力”认定标准。由于黑社会性质组织发展是个渐进的过程，因此从逻辑上看，具有一定的经济实力，有可能是在黑社会性质组织形成之前即已具有，也有可能是在成立之后才具有，还有可能在之前即具有但在成立后便失去了等情形。对此，有学者主张“无论是先成立黑社会性质组织后具备经济实力，还是先具备经济实力然后成立黑社会性质组织，都不影响对经济实力特征的认定”，从而建议采取较为宽

---

① 刘莉芬、熊红文：《当前办理黑社会性质组织犯罪案件若干问题探讨》，载《江西公安专科学校学报》2007 年第 5 期，转引自陈佳佳：《论黑社会性质组织犯罪的司法认定》，西南政法大学 2011 年博士学位论文。

② 张寒玉：《黑社会性质组织的司法认定》，载《中国检察官》2010 年第 6 期。

松的认定标准。① 事实上，无论是成立前还是成立后，只要其具有一定的经济实力且系用来支持该组织活动，均符合“以支持该组织的活动”的立法本意。

三是范围标准问题，即可将哪些计入黑社会性质组织的“经济实力”。从文理解释来看，当然还是应当坚持“以支持该组织的活动”的标准，即只要是用来支持该组织活动的资金或其他财物均可计入其“经济实力”范围。具体来说，表6中的四种“用途”及3项“来源”均属于这个范围，其中第4项来源（来源无法查明的）只要符合“目的”和“用途”标准，亦可纳入。总体来说，范围的认定应在坚持“以支持该组织的活动”底线基础上，可以作较为宽泛的解释。

此外，对于“一定”也宜作较为宽泛的理解。只要是该组织的经济实力可以维系其生存即可，不一定要能保证其不断发展壮大。但是，反过来，如果一个黑社会性质组织的规模在不断发展壮大，就不难认定其具有维系发展的经济实力。

三、黑社会性质组织的行为特征认定

（一）关于是否以暴力性为基础

对“是否以暴力性为基础”的理解，涉及如下两个不同层面：

一是整体上认定黑社会性质组织符合行为特征时是否一定要包含暴力性行为的要素。《北京纪要》指出，暴力性、威胁性和有组织性是黑社会性质组织行为方式的主要特征。黑社会性质组织行为的基础就是暴力，无暴力则无黑社会。② 司法判例中，也没有哪个被认定为黑社会性质犯罪的组织会完全不涉及暴力性犯罪或违法活动。由于打击力度的不断强化，黑社会性质组织生存空间日益被限缩，一些黑社会性质组织为了提高生存率，往往采取了主动隐藏暴力性的欺骗性活动方式，③ 但是这种更加隐晦、柔性的行为表现背后，始终离不开暴力这个后盾。因此，不用担心必须“以暴力性为基础”作为认定条件，就会让那些“转型”的黑社会性质组织漏网。重点在于如何理解和解释“暴

① 卢建平主编：《有组织犯罪比较研究》，法律出版社2004年版，第181页。

② 梁利波：《黑社会性质组织行为特征的新样态》，载《刑法论丛》2016年第1卷，第332页。

③ 黑社会性质组织行为样态从硬暴力向软暴力、从内生暴力向雇佣暴力、从犯罪行为向违法行为等方式转变。参见梁利波：《黑社会性质组织行为特征的新样态》，载《刑法论丛》2016年第1卷，第331—343页。

力性”，比如一个黑社会性质组织在成立之前为发展成为黑社会性质组织，实施了以暴力、威胁及其他手段的违法犯罪活动，形成了一定的影响力，但在成立后即开始“转型”为“合法”公司，且仅依靠之前形成的影响力组织实施非暴力性行为，也不能否认其以暴力为基础的事实。

二是将某些行为认定为黑社会性质组织行为特征范围时，是否必须以暴力性为基础。从文理解释来看，行为特征中行为方式包括“以暴力、威胁或者其他手段”，虽然暴力性和威胁性为黑社会性质行为方式的主要特征，但是符合法律规定的“其他手段”也是行为特征的构成要素。《北京纪要》提出，“其他手段”既包括以暴力、威胁为基础的“谈判、协商、调解”等行为，也包括不以暴力、威胁为后盾的其他非暴力手段。《北海纪要》《指导意见》也都强调包括“非暴力性的违法犯罪活动”。因此，在认定某行为是否属于黑社会性质组织的违法犯罪行为时，也不能单纯依据是否以暴力或以暴力为基础或是否“非暴力”来判断。但是正如《指导意见》所指出的，以暴力或暴力相威胁始终是黑社会性质组织实施违法犯罪活动的基本手段，故在认定黑社会性质组织行为特征是否成立时，应以暴力性、威胁性和有组织的主要特征为主，以非暴力为辅，在主要特征不明显时，应按照《北海纪要》的要求，“特别慎重”地进行定性。

（二）“软暴力”如何认定

“软暴力”行为作为黑社会性质组织行为特征多样性的重要组成部分，是黑社会性质组织行为特征认定的重要依据。认定“软暴力”的规定经历了从暗含到明确、从模糊到具体的发展过程。

表 8：“软暴力”相关规定的演变①

序号	依据	内容	备注
1	《刑法修正案（八）》对《刑法》第 294 条的修改	“其他手段”	黑恶势力“软暴力”入罪，是以黑恶势力“软暴力”入刑为基础的

① 表格备注观点参见黄京平：《黑恶势力利用“软暴力”犯罪的若干问题》，载《北京联合大学学报》（人文社会科学版）2018 年第 2 期。

续表

序号	依据	内容	备注
2	《北京纪要》	“其他手段”主要包括：以暴力、威胁为基础，在利用组织势力和影响已对他人形成心理强制或威慑的情况下，进行所谓的“谈判”“协商”“调解”；滋扰、哄闹、聚众等其他干扰、破坏正常经济、社会生活秩序的非暴力手段	两个纪要采取暗含式规定：一是，未明确使用极具提示价值、指引功能的“软暴力”词汇。二是，对各种“软暴力”的手段仅做例举式规定，没有像《指导意见》那样同时规定“软暴力”的主观特征、组织性特征等
3	《北海纪要》第2章第3点	一般应有一部分能够较明显地体现出暴力或以暴力相威胁的基本特征。否则，定性时应当特别慎重	
4	《指导意见》第9条	“其他手段”包括但不限于所谓的“谈判”“协商”“调解”以及滋扰、纠缠、哄闹、聚众造势等手段。这些手段常见于软暴力所涉及的多发罪名中，如抢劫罪中的以暴力相威胁，敲诈勒索罪中的敲诈行为，寻衅滋事罪中的恐吓等，凡以黑恶势力为后盾、具有“非暴力”性质的行为都为软暴力	规定了“软暴力”的细化认定标准，对恶势力的“软暴力”手段与暴力、暴力威胁手段的关联性，并没有特别明确的规定
5	《指导意见》第17条	黑恶势力为谋取不法利益或形成非法影响，有组织地采用滋扰、纠缠、哄闹、聚众造势等手段侵犯人身权利、财产权利，破坏经济秩序、社会秩序，构成犯罪的，应当分别依照《刑法》相关规定处理	首次对黑恶势力利用“软暴力”实施的犯罪作出明确、具体的规定

黄京平教授主张从阶段性特征和制度定位不同来区分解读“软暴力”行为，他认为，根据两个纪要和《指导意见》的精神，黑社会性质组织与恶势力犯罪对“软暴力”与硬暴力、威胁手段关联性的要求上有所不同。其中，黑社会性质组织的“软暴力”应当要以暴力、暴力威胁为基础，“软暴力”的心理强制力、实际威慑力，是以暴力随时付诸实施为条件的；但对于恶势力犯罪，颇具代表性的司法观点则认为无须以暴力性手段为基础，更无须以暴力随时付诸实施为条件。① 相比黑社会性质组织，恶势力团伙或犯罪集团往往处于发展初期，有的可能采取的是粗放式暴力违法犯罪活动，但也有的尚未形成“气候”，以小打小闹的非暴力手段实施违法犯罪活动，如果认定标准设置过高，可能不利于“打早打小”。对黑社会性质组织的“软暴力”认定方面，还可以在黄京平教授观点基础上进一步延伸，借鉴其提出的两个不同层次的“软暴力”来理解：即具有综合评价意义的“软暴力”和独立评价的“软暴力”，前者是指作为认定黑社会性质组织犯罪手段多样性的选择性要素，即黑社会性质组织既实施了暴力性、威胁性违法犯罪行为，也有非暴力性的行为；后者是指作为某个违法行为的组成部分或某个违法行为具体构成要件的“软暴力”。前者应当考虑“软暴力”与“硬暴力”、威胁手段的关联性，后者则不管是否存在关联性，都不影响单个违法犯罪行为中“软暴力”行为的认定。

实践中，在暴力犯罪不明显的情形下，“软暴力”的认定对黑社会性质组织犯罪“行为特征”认定具有重要意义。如在张某星等人组织、领导、参加黑社会性质组织抗诉案中，一审法院以张某星等人在实施系列违法犯罪活动中未造成被害人严重伤亡或财产重大损失等事实为由，认定张某星团伙实施的暴力性尚未达到刑法规定的黑社会性质组织严重危害当地百姓的程度，进而认定其不具备“行为特征”，未认定张某星等人构成组织、领导、参加黑社会性质组织犯罪。该案抗诉后，二审法院认为，不能仅以是否造成被害人生命、健康被侵害来认定黑社会性质组织行为的危害性，从该案认定的多起事实来看，参与的组织成员众多，其行为以暴力威胁为主要手段，被害人和当地群众对该组织产生了恐惧，对该组织成员敬而远之（据该组织成员供称，有时甚至只要少数几个人拦车，当地群众都会慑于他们的淫威而被迫顺从），这也是该案中受害群众没有轻伤以上的原因之一。二审法院根据该组织主要采取滋扰恐吓、造势摆场、谈判等“软暴力”来认定其已具备“行为特征”，最终改判构成组织、领导、参加黑社会性质组织犯罪。

---

① 黄京平：《黑恶势力利用“软暴力”犯罪的若干问题》，载《北京联合大学学报》（人文社会科学版）2018 年第 2 期。

（三）缺乏其他普通个罪情形下，能否单独认定构成组织、领导、参加黑社会性质组织犯罪

“无行为则无犯罪亦无刑罚”，这也同样体现在黑社会性质组织的行为特征之中。从刑法理论来看，黑社会性质组织犯罪作为组织犯罪，行为特征也必然包含“心素”（即组织性）和“体素”（即实施违法犯罪活动）的基本要素。对于认定黑社会性质组织是否要求具备犯有普通个罪的分歧，实质是对行为“体素”理解存在差异。《北京纪要》已对此提出了明确的意见，即“如果仅实施了违法活动，而没有实施犯罪活动的，则不能认定为黑社会性质组织。”主张可不以犯罪为支撑的观点，存在如下理解误区：

一是没有正确理解法律条文对“体素”提出的多样性要求。“有组织地多次实施违法犯罪活动”的表述，显然是既包括有违法活动，也包含有犯罪活动，而不是选择性要素，否则可以用“违法或犯罪”来阐述。

二是有违体系解释原则。黑社会性质组织是犯罪集团的一种特殊形态，作为一般犯罪集团的犯罪必须要以共同犯罪为基本要件，黑社会性质组织犯罪也不能例外，否则会冲击集团犯罪构成要件的整体结构。① 此外，根据《指导意见》第15条规定，恶势力犯罪认定特征表现要求“共同故意实施三次以上恶势力惯常实施的犯罪活动或者其他犯罪活动”，恶势力的认定都必须以存在犯罪活动为前提，认定标准更高的黑社会性质组织当然也应当满足这个条件。

四、黑社会性质组织的危害性特征认定

（一）“区域性”的理解

“区域性”的认定，尚无统一、具体的操作准则，往往需要办案人员根据个案进行认定，但由于个案千差万别，为避免认定的随意性，三份文件不仅提出了要综合考察的要求，同时还提出了一些具体的操作指引（见表9）。下面就如何理解这些要求，提出以下建议：

一是根据个案综合分析，避免机械理解，割裂案件事实。可以从区域范围（比如乡镇、街道、村庄等）或功能区域（比如矿山、工地、车站、码头等）等方面来分析是否在一定区域内形成非法控制。

二是把握“区域性”认定的意义。认定“一定区域”在于反映黑社会性

---

① 何荣功：《黑社会性质组织“行为特征”的认定》，载《中国检察官》2013年第1期。

质组织的“危害性”特征，故要以“危害性”程度作为“区域性”的认定最终依据，即不是单看某组织的违法犯罪活动范围，而是要审查其活动范围或者活动辐射范围是否达到“严重破坏经济、社会生活秩序”的危害标准。

三是把握文件所例举的情形。《北海纪要》例举的都是现实生活中比较常见的情形，但是不能忽视生活中那些没有这种界限或功能明确的“区域”。对“一座酒店”“一处娱乐场所”的“有限空间”也要灵活把握，比如虽然活动范围经常限于一处场所，但其影响力、威慑力和“非法控制”的能力可能具有一定的辐射范围，要注意综合案情进行分析。

表 9：“区域性”问题的认定要点

序号	依据	指引要点	备注
1	《北京纪要》第 4 点	1. 对象不是区域本身，而是区域内生活的人以及该区域内的经济、社会秩序 2. 根据个案综合分析 3. 例举“非法控制”的 8 种情形	具体方法：根据个案综合认定 核心标准：社会危害性
2	《北海纪要》第 2 节第 4 点	1. 应当具备应空间范围，并承载一定的社会功能 2. 区域范围的例举、功能型范围的例举 3. 排除情形的例举	
3	《指导意见》第 11 点	1. 强调综合分析，避免机械理解 2. 再次强调《北京纪要》8 种例举情形并修正了部分表述	

在认定方法上，建议采用“点面”结合的方法。黑社会性质组织实施违法犯罪活动及其影响力范围都是通过“点”“面”的形式体现出来的。第一种是从点到面，如有的黑社会性质组织主要势力范围（据点）可能是一个或几个夜总会、赌场等，但其实施的违法犯罪场所可能会在这些夜总会、赌场辐射的周边区域。① 对这种情形的案件，通过查明该组织在夜总会、赌场实施的违法犯罪活动以及该组织在周边地区的违法犯罪活动，并结合全案来综合分析其非法控制区域范围。第二种是从面到点，即通过典型、影响较大的事件到日常

① 王锡章：《黑社会性质组织犯罪侦查取证问题研究》，中国人民公安大学 2017 年博士学位论文，第 121－122 页。

活动范围来结合分析。有的黑社会性质组织在发展过程中，往往会有一些影响力较大的违法犯罪活动，如在公共场所公然的聚众斗殴、寻衅滋事等“典型”事件，这些“典型”事件就在一定区域形成一个个的“点”，串联起来就会形成一定的区域范围。如在江西高安熊某某案件中，法院通过5个“典型事例”认定该案的危害性特征。① 同时，除了典型事件外，可能还有在这些区域实施一系列的其他违法犯罪活动，将这些点面结合起来也可以认定该组织的区域性非法控制范围。

（二）“一定行业内”的理解

对如何理解“一定行业内”，三份文件主要是从合法、非法行业和不要求完整的多个行业环节等方面提出要点（见表10）。非法行业，常见的有赌博、盗窃、贩毒、组织卖淫等领域。无论是合法还是非法“行业”，只要黑社会性质组织达到对“行业”的一个环节具有非法控制或重大影响就可以认定。②

表10：“一定行业内”理解的指引意见

<table>
<tr><th>序号</th><th>依据</th><th>要点</th><th>备注</th></tr>
<tr><td>1</td><td>《北京纪要》
第4点</td><td>1. 既包括合法行业，也包括黄赌毒等非法行业
2. 一般涉及生产、流通、交换、消费等一个或多个环节
3. 例举“非法控制”的8种情形</td><td rowspan="3">《北海纪要》对8种情形的细化：
1. 要求多名受害人
2. 形成垄断是指可以控制、左右、决定与一定行业相关的准入、退出、经验、竞争等经济活动
3. 要求非法获利20万—50万元
4. 要求直接经济损失100万元以上
5. 明确政治身份为人大代表或政协委员
6. 明确职务要具有组织、领导、监督、管理职权</td></tr>
<tr><td>2</td><td>《北海纪要》
第2节
第4点</td><td>1. “同类生产、经营活动”
2. 提示适用8种情形时的注意事项
3. 提示认识到8种情形并存、交织情形</td></tr>
<tr><td>3</td><td>《指导意见》
第11点</td><td>再次强调《北京纪要》8种例举情形，并修正了部分表述</td></tr>
</table>

① 肖文军：《对黑社会性质组织本质特征的理解与研究》，江西财经大学2018年硕士学位毕业论文。

② 王锡章：《黑社会性质组织犯罪侦查取证问题研究》，中国人民公安大学2017年博士学位论文。

周光权教授认为，相比《北海纪要》，《指导意见》对个别非法控制具体情形的认定标准在一定程度上有所放宽，似乎回到了《北京纪要》的价值取向上。[①] 但是，不管具体指导意见如何，三份文件的总体要求基本没有变化，而且在2018年《指导意见》出台时还予以重申和强调，即要求“根据个案综合认定”。在符合总体要求的前提下，个别标准宽松的把握，应有一定的延续性和平缓过渡，同时还要考虑到所在地区和全国各地同类案件认定情形，个案之间及各地之间不宜落差太大。

对“一定行业内”的理解，提出如下具体操作方法的建议：按照《指导意见》8种情形归纳所掌握案件事实的基本要素，采取图表形式将所对应情形和对应事实一一列举比对（其他特征认定亦可借鉴类似方法），审查要素符合性具体情况（案件事实和构成要素比对例举见表11）。[②] 将案件所涉事实要素要点提取出来，可以比较直观地了解所办案件与黑社会性质组织危害性特征要求相符及不相符的方面。这种方法，不仅可以为办案人员收集证据提供指引，而且还可以为控辩双方指明针对性的辩论要点。比如，在侦查收集证据过程中，办案人员可以按照类似表格的指引（有的要素可以根据个案设置），向受害人、证人了解有关案件事实，收集相应证据。特别是对一些疑难复杂案件或争议非常大的案件，甚至还可以通过向一定区域内、行业内其他人员（可以是证人或一般群众），采用社会统计方法了解情况，当然这种方法只能作为一种辅助手段，不能单独以此作为认定案件事实的依据。

表11：黑社会性质组织的危害性特征审查表（供参考）

<table>
<tr><th colspan="2">相应特征</th><th>行为表现形式</th><th>勾选</th></tr>
<tr><td rowspan="5">一定行业内，形成非法控制或者重大影响，严重破坏经济、社会生活秩序</td><td rowspan="5">在征地、租地、拆迁、工程项目建设等过程中煽动闹事</td><td>1. 暴力、胁迫等，使发包商无法选择</td><td></td></tr>
<tr><td>2. 暴力、胁迫等，使竞争对手无法参与</td><td></td></tr>
<tr><td>3. 其他强揽工程行为</td><td></td></tr>
<tr><td>4. 恶意竞标：暴力围标、串通投标、低价竞标、贿标骗标、其他恶意竞标行为</td><td></td></tr>
<tr><td>5. 使用暴力、胁迫等手段将集体所有的土地或者他人合法占有的土地占为己用</td><td></td></tr>
</table>

① 周光权：《黑社会性质组织非法控制特征的认定——兼及黑社会性质组织与恶势力团伙的区分》，载《中国刑事法杂志》2018年第3期。

② 表格从七个方面进行了归纳，根据广东省佛山市南海区人民检察院“黑恶势力案件审查表”课题组制作的《恶势力审查表》整理而成。

续表

相应特征		行为表现形式	勾选
一定行业内，形成非法控制或者重大影响，严重破坏经济、社会生活秩序		6. 未经批准占用土地	
		7. 采取欺骗手段骗取批准占用土地	
		8. 超过批准的用地数量多占土地	
		9. 经无审批权的单位或个人非法批准占用土地	
		10. 经越权批准占用土地	
		11. 其他非法占地行为	
	在建筑工程、交通运输、矿产资源、渔业捕捞等行业、领域，强揽工程、恶意竞标、非法占地、滥开滥采	1. 使用暴力、胁迫等手段肆意开发土地、开采矿产，严重破坏生态环境	
		2. 未经批准，擅自开发土地、开采矿产	
		3. 超越批准范围开发土地、开采矿产	
		4. 其他滥开滥伐行为	
	在商贸集市、批发市场、车站码头、旅游景区等场所欺行霸市、强买强卖、收保护费，形成市霸、行霸	1. 控制或垄断市场交易	
		2. 欺压同行，称霸市场	
		3. 使用暴力、胁迫等手段，在一定区域、行业内设置准入、退出、经营、竞争等活动的标准，获取非法利益	
		4. 以暴力、要挟或欺诈手段，强行压价收购产品，转手高价出售	
		5. 利用“帮会”势力、“地方豪强”势力、家族、宗族势力或者通过行贿等手段获得权利庇护，成为称霸一方的“地头蛇”，强迫同行转营、关门或者离开，做大自己，垄断市场，操纵价格	
		6. 以暴力、威胁等手段强买强卖商品	
		7. 强迫他人提供或者接受服务	
		8. 强迫他人参与或者退出投标、拍卖	

续表

相应特征		行为表现形式	勾选
一定行业内，形成非法控制或者重大影响，严重破坏经济、社会生活秩序		9. 强迫他人转让或者收购公司、企业的股份、债券或者其他资产	
		10. 强迫他人参与或者退出特定的经营活动	
		11. 以暴力、威胁、恐吓、强占、滋扰等手段在一定区域、行业内收取“保护费”	
		12. 私自设立相关行会、帮会，强迫入会，收取会费、准入费、管理费	
		13. 以不合理的高价强揽、垄断居民区装修材料的搬运工作，以及高层楼盘的吊装业务，甚至以高价强卖水泥、沙子等装修材料	
	操纵、经营“黄赌毒”等违法犯罪活动	1. 组织性较强（分工明确，人员管理、场所秩序管理严格等）	
		2. 相对固定的运作模式（场所、方式、收费标准、获利分配等）	
		3. 存在强迫卖淫、未成年人卖淫	
		4. 招嫖信息发布渠道广（网络平台、广告卡片等）	
		5. 规模较大（参与组织人员、卖淫人员等）	
		6. 存在高利放贷或暴力讨债	
		7. 赌场规模大，或存在多个赌场	
		8. 规模化（走私、贩卖、制造、运输多阶段参与等）	
		9. 涉毒场所多或基本固定	
		10. 毒品种类多、数量大	
		11. 以暴力等手段与竞争对手争夺势力范围	

续表

相应特征		行为表现形式	勾选
一定行业内，形成非法控制或者重大影响，严重破坏经济、社会生活秩序	非法高利放贷、暴力讨债	1. 未经依法批准或者借用合法经营的形式吸收资金，以超过央行公布的金融机构同期、同档次贷款利率（不含浮动）4倍的利率，借贷给他人	
		2. 假借民间借贷而非法占有他人财产	
		3. 虚增债务、签订虚假借款协议、制造资金走账流水、肆意认定违约、转单平账、虚假诉讼	
		4. 利用或部分利用金融机构的资金结算网络从事非法买卖外汇、跨国（境）资金转移、资金存储借贷等非法金融业务	
		5. 限制人身自由	
		6. 通过滋扰、纠缠、威胁、恐吓、侮辱、殴打等方式向借款人或借款人亲属讨债	
	插手民间纠纷，充当“地下执法队”	1. 以暴力为基础（携带匕首、木棍等工具/通过威胁、恐吓、殴打等方式插手民间纠纷、讨债）	
		2. 收取保护费	
		3. 在一定地域、行业范围内形成隐性影响力	
	其他行为表现		

不管是“区域性”还是“一定行业内”的认定，都需要综合其他要素进行分析，都离不开“危害性”特征的核心要求，即通过对一定区域或行业的“非法控制”，形成对他人的功能性支配、行为性支配或意思支配，并在相当程度上造成对社会秩序和合法管控权的冲击。① 如在张某等组织、领导、参加

① 周光权：《黑社会性质组织非法控制特征的认定——兼及黑社会性质组织与恶势力团伙的区分》，载《中国刑事法杂志》2018年第3期。

黑社会性质组织案中，辩护人认为张某等人只承揽了某高速公路工地一个标段地材供应的一部分工程，且只占整个工程的一小部分，谈不上在上述区域和行业形成非法控制。公诉人则认为非法控制并不是在某个区域或行业实现了排他性的绝对控制或垄断，张某等通过实施违法犯罪活动侵害群众合法利益，群众不敢通过正当途径举报，可以认定为“在一定区域或者行业内，形成非法控制或者重大影响，严重破坏经济、社会生活秩序”。根据周光权教授前述观点，“群众不敢举报”的事实已表明具备了“支配”他人影响力，可以认定为“非法控制”。此外，办案过程中还要特别注意单位犯罪行为与黑社会性质组织的非法控制行为特征的区别，注意未达到支配程度的不能认定为“非法控制”，未与他人形成竞争关系的行为不可能成立非法控制等情形。①

五、黑社会性质组织犯罪的处罚

（一）财产刑问题

《刑法修正案（八）》对黑社会性质组织犯罪增设了财产刑，增强了惩治的力度和广度。但是，关于财产刑的规定还缺乏具体适用条件、处罚程度等操作细则，《北海纪要》也只例举了对转移财产、隐匿、毁灭证据等适用财产刑的少数情形（见表 12）。同时，由于我国关于财产刑相关配置程序的缺失，实践中财产刑的适用存在着随意性大、处罚标准不一、罪刑失衡、没收财产范围扩大化等问题。②

表 12：财产刑适用的依据

<table>
<tr><th>依据</th><th>适用对象</th><th>情形例举</th><th>处罚方式</th></tr>
<tr><td rowspan="3">《刑法修正案（八）》</td><td>组织、领导黑社会性质的组织的</td><td rowspan="3">略</td><td>并处没收财产</td></tr>
<tr><td>积极参加的</td><td>可以并处罚金或者没收财产</td></tr>
<tr><td>其他参加的</td><td>可以并处罚金</td></tr>
</table>

① 周光权：《黑社会性质组织非法控制特征的认定——兼及黑社会性质组织与恶势力团伙的区分》，载《中国刑事法杂志》2018 年第 3 期。

② 赵泽龙：《没收财产刑司法适用问题研究——以重庆市五个中级人民法院适用情况为例》，西南政法大学 2016 年硕士学位论文，第 18 页。

续表

依据	适用对象	情形例举	处罚方式
《北海纪要》	组织者、领导者以及为该组织转移、隐匿资产的积极参加者	黑社会性质组织敛财数额特别巨大，但因犯罪分子转移、隐匿、毁灭证据或者拒不交代涉案财产来源、性质，导致违法所得以及其他应当追缴的财产难以准确查清和追缴的	可以并处没收个人全部财产
	对于确属骨干成员的积极参加者	略	一般应当并处罚金或者没收财产
	对于其他积极参加者和一般参加者	略	应当根据所参与实施违法犯罪活动的次数、性质、地位、作用、违法所得数额以及造成损失的数额等情节，依法决定财产刑的适用

在课题组检索中国裁判文书网统计的30份判决书样本中，有9份判决对参加黑社会性质组织的被告人判处罚金，6份判决对组织者、领导者判处没收个人财产（其中1人被判处没收个人全部财产）。① 30份样本判决书中，均未在说理中说明对被告人判处财产刑及判处方式和金额的理由。判决都只是给出了“最终结果”，未公示得出结果的法律逻辑推理过程。之所以出现这种情况，是因为财产刑判处都是由法官综合案情作出的自由裁量，由于缺乏统一的、明确的法律依据和具体的裁判标准，法官们“不便”公示自由裁量的具体“想法”。这种处理方式，虽然“方便”了裁判者，但是也容易出现不公和引发争议，而且大家都“心照不宣”，也不利于相互参照、通过司法判例引导统一裁判标准的形成。实践中，不免会出现判处罚金数额与受刑人的实际财产状况相差甚远的情形，② 前述样本判决书也有类似情形。

前述检索的样本案件中，在连某某等人组织、领导、参加黑社会性质组织罪等罪一案中，判决没收了连某某的个人全部财产，该案也没有说明是否存在《北海纪要》所提出的“因犯罪分子转移财产等原因导致违法所得以及其他追

① 以2018年10月10日在中国裁判文书网通过案由“组织、领导、参加黑社会性质组织”为关键词检索的30份刑事判决书为样本。

② 杨菁郁：《论黑社会性质组织犯罪中没收财产刑的适用》，辽宁大学2015年硕士学位论文。

缴的财产难以查清和追缴的”的情形。那么，没收个人全部财产，是否一定要符合这种情形呢？从立法目的来看，适用财产刑具有特殊预防和一般预防的功能，即：既从经济上打击犯罪，剥夺其再犯的可能，也通过财产刑的适用，使罪犯切实感受到犯罪不是获利的捷径，而是“赔本的买卖”，从而抑制试图以身试法者的犯罪动机。[①] 因而，究竟是适用没收个人部分还是全部财产，归根结底还应从犯罪预防的角度去考量，《北海纪要》提出的几项标准，可以理解为提示适用法律者注意的一种特殊情形，并不排除其他情形下对“没收个人全部财产”的适用。

由于黑社会性质组织犯罪的个案情形差别较大，难以通过立法制定一套明确、细致的具体标准，很大程度上需要办案人员综合权衡和自由裁量。因此，法律规范的意义主要体现在确立基本原则和程序操作规则。提高财产刑的法律适用水平，也要从把握好立法目的、遵循法定的程序以及掌握好度（避免畸高过低）等角度入手。

一是通过案例指引的方式缩小财产刑适用的差异。首先是加强裁判文书的说理，在裁判文书中应对适用财产刑及作出财产刑处罚的类别和程度的事实和法律依据予以明确阐明。一方面可通过指导性案例等形式提供指引；另一方面，各地也可以选择一些本地区的典型案例进行通报，提供参考。在个案办理中，案件承办人除充分考虑个案事实因素外，还应了解全国和本地区在类似案件中的财产刑适用标准，避免出现个案之间的法律适用严重失衡。

二是在调查取证过程中，同时注重对财产情况事实的调查。实践中，办案人员往往由于将主要精力集中于犯罪事实的调查而不重视或者忽视对财产状况的调查。法院的裁判是“等米下锅”，有的案件因为在审判前未能查清财产来源（合法或非法）、财产性质（违法所得或犯罪工具）等事实，导致法院不得不进行模糊处理，简单以被查扣财产情况确定罚款或没收金额。从网上公开的判决书来看，难以找到对涉黑被告人所查扣财产的性质进行准确区分的判决。[②] 因此，查明财产情况，既可为法院根据财产类型区别裁判提供依据，也可为法院根据犯罪个人财产情况适用财产刑提供参考依据。

三是探索建立和完善财产刑适用的配套程序。比如建立刑事被告人财产申

---

① 杨菁郁：《论黑社会性质组织犯罪中没收财产刑的适用》，辽宁大学2015年硕士学位论文。

② 王平、何显兵：《论黑社会性质组织犯罪没收财产刑与特别没收的适用》，载《河南警察学院学报》2015年第1期。

报制度、确立财产来源不明时举证责任倒置制度、被告人财产判前调查机制等。① 比如向被告人、被告人家属、辩护人送达被告人财产申报表，由被告人或者被告人家属先自行报告财产状况，并根据自行报告情况和个案情况进行调查核实。这种方式可以节约司法资源，对一些犯罪情节相对较轻，且罚金或没收数额不大的案件，也便于财产刑的执行。考虑到这些制度的探索需要实践经验的积累，“两高”可以授权部分地区先行试点探索。

四是明确财产刑适用时需要考量的主要参考要素。由于各地经济发展水平不一，形成全国性统一标准的难度比较大，因此可由各地先出台指引性的文件，提出本地区适用财产刑的参考要素及量刑幅度。当然，不管规则多么细致、具体，都无法用统一尺度衡量千差万别的个案，遵循基本原则、立法宗旨和对个案进行综合考察，是最终实现每个案件追求最大化公正目标的必然要求。

表 13：财产刑适用的参考因素例举

序号	类别	参考因素
1	社会环境及个人因素	所在地经济发展的水平
2		个人财产情况
3	案件事实因素	犯罪手段、作案工具等
4		侵害法益情况（造成损害大小程度、涉案金额本数）
5		被害人情况
6		犯罪主观恶性程度、真诚悔罪等情况
7		组织者、领导者、骨干成员、积极参加者、一般参加者等不同情况
8		首要分子、从犯、有无立功表现等
9		是否未遂、既遂、累犯、再犯情况等
10		是否存在转移、隐匿、毁灭证据或者拒不交代涉案财产来源情形等
11		查封、扣押、冻结财产情况
12		其他

① 杨菁郁：《论黑社会性质组织犯罪中没收财产刑的适用》，辽宁大学 2015 年硕士学位论文；宋洋：《我国黑社会性质组织犯罪若干问题研究》，中国政法大学 2011 年博士学位论文；王文兴、孔祥雨：《关于黑社会性质组织犯罪财产刑之思考》，载《山东审判》2011 年第 5 期。

（二）重复性评价问题

在黑社会性质组织犯罪中，“禁止重复性评价”的争议主要体现在两个方面，一个是关于《刑法》第 294 条第 3 款对“数罪并罚”的规定，另一个是关于对组织者、领导者的处罚方面。前者是就定罪而言，即对同一犯罪构成要件事实予以二次或二次以上的法律评价。① 持肯定说者认为该规定违反了“禁止重复性评价”原则，建议采取从重处罚或部分并罚的解决方案；持否定说者则认为黑社会性质组织犯罪与其他犯罪系并列关系，不存在违反“禁止重复性评价”问题。② 后者是就量刑而言，即黑社会性质组织的组织者、领导者在对组织、领导黑社会性质组织犯罪负主要责任的同时，对其下属所犯罪行是否也负主要责任。周光权教授认为该问题属于“量刑上的禁止不利宣告原则”。③ 问题归类见表 14。④

表 14：黑社会性质组织犯罪所涉“禁止重复性评价”问题归类

涉及重复性问题的事项	争议观点		适用主张
《刑法》第 294 条第 3 款“数罪并罚”规定	肯定说	既将行为人单个犯罪的行为认定为黑社会性质组织犯罪的客观构成要件，又认定其成立单个犯罪，违反禁止重复性评价	从重处罚，或部分并罚：对敲诈勒索罪、聚众斗殴罪、寻衅滋事罪和一般情形的故意伤害罪不单独处罚，仅以黑社会性质组织犯罪处罚

① 陈兴良：《禁止重复评价研究》，载《现代法学》1994 年第 1 期。

② 朱晗：《禁止重复评价原则探析——以黑社会性质组织犯罪为例》，载《东莞理工学院学报》2018 年第 4 期。

③ 周光权教授将量刑上的“禁止不利评价原则”分为“量刑上的禁止重复评价原则”和“量刑上的不利宣告原则”，前者指对犯罪构成要件要素在量刑时作为刑罚裁量依据，后者指刑罚适用如果明显加重被告人的刑罚负担，或者即便从形式上看合理但实质上违反罪刑均衡原则的，均不适用。参见周光权：《论量刑上的禁止不利评价原则》，载《政治与法律》2013 年第 1 期。

④ 表 14 参考相关研究资料整理。参见张明楷：《犯罪集团首要分子的刑事责任》，载《法学》2004 年第 3 期；周光权：《论量刑上的禁止不利评价原则》，载《政治与法律》2013 年第 1 期；朱晗：《禁止重复评价原则探析——以黑社会性质组织犯罪为例》，载《东莞理工学院学报》2018 年第 4 期。

续表

涉及重复性问题的事项	争议观点		适用主张
	否定说	行为人不是“一个行为触犯了两个以上罪名”，而是“两个行为触犯了两个以上罪名”，且两类犯罪属于并列关系，而不是黑社会性质组织犯罪包含单个犯罪的关系，同时，本罪本就是行为犯，行为犯的特点就在于行为人一经实施便可认定既遂，因此不存在与所实施的其他犯罪行为并罚的冲突。故不存在违反重复性评价问题	并罚
组织者、领导者的刑事责任	组织者、领导者不仅需要对组织、领导黑社会性质组织犯罪负主犯的责任，对其下属所犯罪行也负主要责任，是否违反重复性评价问题		周光权教授和张明楷教授认为，在具体的犯罪中不能一概将组织者、领导者认定为主犯

“数罪并罚”究竟是否违反“禁止重复性评价”问题，属于理论上的争议，孰优孰劣及未来有无法律修改必要，需要根据社会经济发展和刑事政策等方面的情况考量，此处不予评判。但这并不意味着，“禁止重复性评价”原则对法律适用没有实践参考价值。对组织、领导和参加黑社会性质组织犯罪的处罚，是基于犯罪分子因组织、领导和参加黑社会性质组织行为破坏了社会管理秩序，而惩罚黑社会性质组织中的其他犯罪则出于各自对应法益对象的保护。因此，虽然在定罪时已经确定了数罪并罚，但在量刑时，要尽量考虑到其他犯罪行为已在其他犯罪中进行了评价，在黑社会性质组织犯罪中需要仅仅考虑将其作为“行为特征”的构成要素，不宜再将其他犯罪行为作为黑社会性质组织犯罪情节在量刑时予以重复评价，比如在黑社会性质组织犯罪中又实施非法拘禁致人死亡的，已依照《刑法》第238条第2款规定判处10年以上有期徒刑后，不宜再将致人死亡的情节作为黑社会性质组织犯罪的量刑情节。课题组在调研中发现，有的办案人员在具体案件中对“禁止重复性评价”因素缺乏必要的考虑，部分案件基于严厉打击犯罪等种

种因素，对黑社会性质组织犯罪分子（特别是组织者、领导者）的处罚有偏重的嫌疑。

关于组织者、领导者刑事责任的“禁止重复评价”问题，周光权教授和张明楷教授都主张，不能一味地认定组织者、领导者对下属所犯罪行负“主犯”之责。周光权教授认为，实践中认定黑社会性质组织的组织者、领导者对并未直接实施的“命案”负主要责任，从而判处比直接着手实施夺取他人性命的正犯更为严重的刑罚，违反了“量刑上的禁止不利宣告原则”，应当予以纠正。① 从法律规定来看，不管是依照《刑法》第 26 条第 3 款的规定，还是根据 2000 年《司法解释》第 3 条的规定，都只是明确了犯罪集团首要分子（组织者、领导者）应负刑事责任的范围，但并没有明文规定所负刑事责任的程度。② 法律规定不明确，再加上办案人员的意识缺乏，“禁止重复性评价”原则在有的案件中未引起必要的重视。为此，我们建议：一是在解释《刑法》第 26 条第 3 款和《司法解释》第 3 条规定时，应按照有利于被告人的原则进行解释，即在没有明文规定组织者、领导者所负“刑事责任程度”时，在其没有直接参与、不起主要支配作用等情形下，不应按“主犯”进行处罚。二是可通过立法解释或司法解释等形式，对该问题作出更为明确的规定。可根据张明楷教授的主张，从“首要分子在具体犯罪中起的客观作用、对组织成员的支配形态、犯意产生情况、个人责任要素”等方面确定首要分子的刑事责任程度。③ 此外，还有必要加强对办案人员关于“禁止重复性评价”原则意识的培养，让“禁止重复性评价”原则成为办案人员的“司法前见”。

六、几个特殊罪名的认定问题

（一）非法拘禁罪的认定问题

从刑法理论来看，非法拘禁罪是持续犯，只要着手实施剥夺了他人人身行动自由，不论时间长短，即构成犯罪既遂（除时间极短，属于显著轻微行为，用《刑法》第 13 条但书排除），时间长短不影响定罪，只影响量刑。④ 而《指导意见》第 18 条则针对黑恶势力犯罪中多次短时间非法拘禁他人行为作

① 周光权：《论量刑上的禁止不利评价原则》，载《政治与法律》2013 年第 1 期。

② 张明楷：《犯罪集团首要分子的刑事责任》，载《法学》2004 年第 3 期。

③ 张明楷：《犯罪集团首要分子的刑事责任》，载《法学》2004 年第 3 期。

④ 陈欣：《索债型非法拘禁犯罪认定研究》，华东政法大学 2015 年硕士学位论文。

出了“三次以上”“每次持续时间在四个小时以上”或“累计时间在十二个小时以上”的规定，[①] 似乎既有违刑法理论，也不同于实践中对非涉黑恶案件的认定标准。[②] 有无必要设置时间标准及统一明确具体的时间标准，本课题在此不予置评，现仅就如何理解和把握这项标准及如何处理与一般情形下非法拘禁罪认定标准的关系问题。

首先，该规定只能理解为黑恶势力犯罪的“特殊”标准。《指导意见》之所以针对黑恶势力犯罪案件中的非法拘禁明确提出了时间要素标准，就是考虑到黑恶势力犯罪与非法拘禁的特殊关联性。在黑恶势力犯罪中，涉及非法拘禁的频次比较高，而且有的持续时间比较短，比如黑恶势力中的索债型非法拘禁。孤立地看，单次非法拘禁行为可能还是属于情节显著轻微情形，但是由于黑恶势力犯罪团伙多次实施非法拘禁行为；综合来看，其社会危害性足以达到追究刑事责任的程度。因此，该指导意见还只能作为特定情形，限定在黑恶势力犯罪案件范围内适用。

其次，《指导意见》第 18 条也应当理解为“应当以非法拘禁罪处罚”标准之一，且不具有排他性。理论上，非法拘禁应当根据“行为的社会危害大小、拘禁时间长短、行为人动机等因素综合分析，全面考察”，[③] 但是“全面考察”又容易出现标准的模糊和操作性不足问题，于是才有了实践中的“24 小时”标准，《指导意见》针对涉黑恶案件又提出了“12 小时”标准，这样就又出现了“标准”的“冲突”。对此，需要准确把握，避免错误适用。其中，《指导意见》提出的“3 次 +4 小时”或“12 小时”，针对的是“多次短时间非法拘禁他人”的情形。但是，该标准并不排斥其他认定标准。也就是说，如果一黑恶势力犯罪案件中，实施非法拘禁行为虽然不满足“3 次 +4 小时”或“12 小时”标准，但是实施非法拘禁行为给被害人造成了较大的物理伤害或精神创伤等严重后果时，也应当追究刑事责任。在非黑恶势力犯罪案件

---

① 下文根据《指导意见》第 18 条规定，“黑恶势力有组织地多次短时间非法拘禁他人的，应当认定为《刑法》第二百三十八条规定的‘以其他方法非法剥夺他人人身自由’。非法拘禁他人三次以上、每次持续时间在四小时以上，或者非法拘禁他人累计时间在十二小时以上的，应以非法拘禁罪定罪处罚。”分别简化为“多次短时间非法拘禁他人”“3 次 +4 小时”“12 小时”。

② 法律并未规定一般非法拘禁案件的具体时间标准，实践中一般根据《最高人民检察院关于渎职侵权犯罪案件立案标准的规定》，即国家机关工作人员利用职权非法剥夺他人人身自由 24 小时以上的，应予立案，而采用“24 小时”标准（以下统一简称为“24 小时”标准）。

③ 陈长均：《非法拘禁罪中的时间要素标准》，载《人民检察》2016 年第 7 期。

情形中，采取“24 小时”入罪标准，也不影响黑恶势力犯罪中适用《指导意见》第 18 条的标准，因为黑恶势力犯罪是针对“有组织地多次短时间非法拘禁”行为，具体情形不同。同时，无论是一般非法拘禁案件的“24 小时”标准，还是黑恶势力案件的时间标准，都应当综合考察犯罪行为的具体情形，避免机械适用。

（二）讨债行为认定为寻衅滋事罪的标准问题

为了防止将婚恋、家庭、邻里、债务等引发的日常生活纠纷以“寻衅滋事罪”扩大刑事打击范围，2013 年“两高”《关于办理寻衅滋事刑事案件适用法律若干问题的解释》（以下简称《解释》）第 1 条第 3 款对实施该类行为虽然符合“寻衅滋事”构成要件，但在入罪上增加了“经有关部门批评制止或者处理处罚后，继续实施前列行为，破坏社会秩序”的条件，除此之外的“一般不认定”为“寻衅滋事”。《指导意见》第 17 条第 1 节对黑恶势力有组织地采取滋扰、纠缠、哄闹、聚众造势等手段扰乱正常的工作、生活秩序行为如何认定进行了明确，其中也涉及“寻衅滋事罪”的认定问题。实践中，还有一些“帮助”他人讨债的“讨债公司”“大妈讨债团”,① 有组织地实施讨债行为，有的既符合寻衅滋事的构成要件，还可能涉及黑社会性质组织犯罪。

综合上述规定和实践中常见的讨债情形，认定“寻衅滋事”需要注意以下几点：

一是合法债权人为了追讨合法债权，个人或组织他人共同实施了《解释》第 1 条第 3 款描述的“实施殴打、辱骂、恐吓他人或者损毁、占用他人财物等”行为的情形。该情形又需要区分“一般”和“非一般”，“一般”情形下，需要同时满足“经有关部门批评制止……”的条件才能认定为“寻衅滋事”。“非一般”则不需要满足这一条件，这里的“一般”与“非一般”应当以《解释》规定的“情节恶劣”“情节严重”情形作为区分的认定依据，即当“情节恶劣”“情节严重”时，并不需要满足“经有关部门批评制止……”的条件。

二是合法债权人雇佣“讨债公司”（或黑恶势力组织）实施的讨债行为。实践中，对讨债公司（或黑恶势力组织）有组织实施的、以暴力强行占有“债务人”财物的行为，即使在形式上看似符合《刑法》第 263 条规定的抢劫

① 宋超：《“大妈讨债团”算不算涉黑?》，载《公民与法》2017 年第 10 期；雷程：《讨债公司以暴力手段强行收车应如何定性》，载《中国检察官》2017 年第 9 期。

罪情形时，也应认定为“寻衅滋事”，行为人强取财物的目的是迫使债务人偿还债权人债务，并不具有“非法占有他人财物”的故意，将该行为认定为抢劫行为显然不当。① 对于雇佣者（合法债权人），则要看其是否共同参与或者与受雇者存在共同谋划等情形，具体认定其是否构成共犯。如果债权人只是雇佣他人收债，并且明确指示以合法手段讨债，对于雇佣者使用非法手段没有认识可能性，即对于受雇者为谋取佣金，自行实施的违法行为没有共谋或者共同参与，自然不能以此为由追究雇佣者的刑事责任。

三是雇佣黑恶势力组织讨债是否也要满足“经有关部门批评制止……”条件的问题。《指导意见》第 17 条已明确“以寻衅滋事定罪处罚”需“同时符合其他犯罪构成要件”。因此，即使是黑恶势力采取《解释》描述的行为帮助债权人讨债，在“一般”情形下，也需要同时满足“经有关部门批评制止……”的条件。但是，“经有关部门批评制止……”的对象应作概括理解，即对同一债权的讨债行为，既可以是之前已对债权人自己追讨债务时提出过“批评制止”，也可以是对受雇佣的人员已提出过“批评制止”。

四是对“多次”的理解。《解释》对“多次”并未明确具体标准，《指导意见》第 17 条提出了“一般 + 二年 + 三次”标准。② 虽然《指导意见》是针对办理黑恶势力犯罪案件出台的，但是第 17 条明确指出如何理解《解释》中的“多次”，而且也没有限定只针对黑恶势力犯罪，因此，这里显然是对《解释》适用提出的指引意见，即对所有类型的寻衅滋事犯罪都应适用“一般 + 二年 + 三次”的标准。也就是说，在讨债行为中如果符合该标准，也应认定为《解释》第 2 条至第 4 条中的“多次”。

（三）“套路贷”的定性问题

近年来，“套路贷”“校园贷”等新型违法犯罪现象备受各界关注，特别是媒体曝光的不少引发被害人隐私暴露、自残、自杀等造成恶劣后果的案件。为加大对“套路贷”的打击力度，指引各地司法机关准确适用法律，最高人民法院下发了《关于依法妥善审理民间借贷案件的通知》，上海市高级人民法院、上海市人民检察院、上海市公安局联合出台了《关于本市办理“套路贷”

① 雷程：《讨债公司以暴力手段强行收车应如何定性》，载《中国检察官》2017 年第 9 期。

② 即 2018 年《指导意见》中规定的“一般应当理解为二年内实施寻衅滋事行为三次以上”。

刑事案件的工作意见》。这些文件的出台，对于理解“套路贷”与合法民商事行为的区别以及不同“套路贷”行为触犯刑事犯罪类别提供了很好的指引；但是，由于“套路贷”的违法犯罪手段新、“套路多”、关系复杂、取证困难等众多原因，导致对该类案件的罪与非罪、此罪与彼罪，以及罪数、量刑等方面，还面临着诸多的认定难题。

什么是“套路贷”？

央视《今日说法》的形象解释是，“‘套路贷’是一种新型的犯罪方式，指不法分子利用贷款的名义给你上套，最终导致你倾家荡产的做法”。①

《“套路贷”相关罪名及法律适用解析》一文认为，“套路贷”的说法和“碰瓷”比较相似，并不是专业的法律术语，也不是一个新的罪名，是人们对一系列以借贷为名，骗人钱财的违法犯罪活动的统称。最初起源于民间高利贷，其后演化为不以获得被害人高额利息为目的，而是以获得被害人财产为目的的犯罪行为。②

可见，“套路贷”并不是民商事法律规范规制的“民间纠纷”，而是已经触犯刑法规范，需要刑法规制的犯罪行为。但是，从刑法理论上看，“套路贷”并不是一种可以类化为某一罪名的新型犯罪，只不过是犯罪手段的花样翻新而已，“套路贷”所实施行为在犯罪构成要件上都可归类到现行刑法分则的罪名之中，并无通过专门罪名进行立法规制的必要。③ 故无论是理论研究，还是出台法律文件指引，都需以如何通过现行法律规范识别和规制“套路贷”为重点。关于“套路贷”中罪与非罪、此罪与彼罪的认定，实际上最终要以“套路贷”的相关行为是否符合涉嫌罪名的构成要件为依据。本课题根据相关研究和实证调研，对所涉及问题梳理如下。

---

① 谢波：《“套路贷”犯罪的特点及其法律规制》，载《山东警察学院学报》2018年第2期。

② 孙丽娟、孟庆华：《“套路贷”相关罪名及法律适用解析》，载《犯罪研究》2018年第1期。

③ 李岳：《“套路贷”刑法规制的回应与展望》，载《延安职业技术学院学报》2018年第3期。

表 15：“套路贷” 所涉问题归类例举

序号	涉嫌罪名	情形表现	罪数问题	共犯问题	犯罪形态
1	诈骗罪	1. 诱使“借款人”写下虚高借条（比如，声称“只是保证手段，不用还”），故意促成违约 2. 通过制造银行流水、在合同中设置陷阱条款约定将款项汇给犯罪同伙（或其指定的人）即视为合同生效（借款人实际未获得借款），促进合同生效，强迫还款 3. 车辆、房产等财产抵押模式等	符合诈骗罪构成要件的，以诈骗罪定罪处罚；同时，构成其他犯罪的，根据《刑法》规定数罪并罚或从一重处罚	主要可能涉及情形： 1. 三人以上组织严密的犯罪集团犯罪，要考虑首要分子和主从犯的问题 2. 以“合法公司”为掩饰情形下，该“公司”中未参与犯罪行为的一般工作人员的识别 3. “套路贷”犯罪分子与借贷平台之间是否存在共犯情形	由于“套路贷”行为可能涉及多个犯罪，同时实施“套路贷”行为过程中，财物的占有状况的变化比一般财产类犯罪更为复杂，财物金额种类一般比较繁杂（如“合同金额”“抵押物”“借款金额”“违约金融”等），使得着手、未遂与既遂的认定变得更为复杂
2	敲诈勒索	一般为“讨债”过程中的手段行为			
3	故意伤害				
4	非法拘禁				
5	寻衅滋事				
6	虚假诉讼		根据《刑法》第 307 条之一第 3 款的规定，构成其他犯罪的，从一重处罚		
7	抢劫	“讨债”过程中，行为人“顺带”抢劫被害人或其家属财产等行为	前述情况，数罪并罚		
8	其他	如涉黑社会性质组织犯罪等	黑社会性质组织实施“套路贷”犯罪的，数罪并罚		

侵犯财产类犯罪一般是“套路贷”的主要情形，因为非法获取被害人财产，才是“套路贷”犯罪分子的最终目的，有的案件同时还出现了侵犯人身权利或侵害其他法益的犯罪，也是犯罪分子为非法取财衍生的行为。在实施“套路贷”过程中，行为人还实施了暴力、威胁、抢劫、虚假诉讼等行为，同时构成其他犯罪的，有的可能是一个行为触犯多个犯罪的想象竞合，有的可能是多个行为涉及多个犯罪，需要根据刑法相关规定进行数罪并罚或从一重处罚。①

“套路贷”案件中，还有一个意见难以统一的方面，即“财产权益”失去与否对犯罪形态的影响问题。②

案例六：在一起“套路贷”案件中，犯罪分子A团伙以提供低息贷款为诱饵，骗取被害人C签订以自己的房屋为抵押担保的《房屋抵押贷款合同》，犯罪分子在合同中设计了“圈套条款”：约定将出借资金汇到A团伙中B（被害人不知B身份）的银行账户时，该合同生效，A团伙将款项打到B账户中后，B并未将款项交给被害人C，同时在这个过程中A团伙骗取C将房屋办理了抵押登记。A团伙同时还以同样方法骗取了多名被害人现金共计300多万元，8套房产办理了抵押登记，因A团伙所提起的民事诉讼胜诉导致5套房产被查封并进入执行程序拍卖（未拍卖成交前案发）。

该案例中300多万元现金损失，属于诈骗犯罪数额，并无争议，但办理抵押登记（查封）的房产，是否属于诈骗金额，存在不同意见。那么，如果该案例中未有现金损失，全部为财产权利限制，是认定未遂还是既遂呢？上述案例情形不仅涉及到刑法理论中“失控说”与“控制说”的立场分歧，同时还涉及对财产性权利的不同认定态度。③ 如果持“失控说”（即以被害人失去对财产的控制为零界点），且主张控制财物范围包括财产性权利的观点，那么A团伙骗取被害人办理了房产抵押登记，通过诉讼查封房产，虽然没有实际导致被害人失去了房产所有（占有）权利，但是被害人失去了对自己房屋相应的财产性权利（预期价值），故该案例中诈骗金额应包括抵押（查封）房产的价值。但如果主张以被害人是否对房屋或其价值的实际占有的“失控”作为认定标准，则不包括抵押（查封）房产价值，此时也不能认定诈骗既遂。如果

① 谢波：《“套路贷”犯罪的特点及其法律规制》，载《山东警察学院学报》2018年第2期。

② 该案例根据课题组根据调研发现的真实案例整理。

③ 李岳：《“套路贷”刑法规制的回应与展望》，载《延安职业技术学院学报》2018年第3期。

持“失控说”但失控范围不包括作为犯罪手段的房屋抵押（财产性权利丧失）的观点，或者持“控制说”观点（即以犯罪分子控制被害人财物为零界点），则上述案例中，犯罪分子需要通过被害人支付“欠款”或法院拍卖抵押房产变现取得财物时，才能将房产价值计入诈骗既遂金额范围。当前，司法实践对“套路贷”的上述争议尚未形成统一意见，[①]《“套路贷”刑法规制的回应与展望》一文主张持“失控说”立场，[②] 该立场虽然有利于加大打击力度，但是否违背罪刑相适应原则，亦值得探讨。就前述A团伙案例而言，不宜将未拍卖成功的抵押（查封）房产价值认定为诈骗金额，因为A团伙虽然通过骗取被害人办理房屋抵押登记，但其仅是以此为手段骗取被害人财产（其他财产或拍卖房屋的价值），获取其他财产或拍卖房屋价款才是犯罪分子要实现的不法目的，如此解释才符合主客观相统一的标准，也才能将该情形与犯罪分子直接以骗取被害人设置房产抵押（犯罪分子为抵押权人）情形的案件区分开来。此外，按照这种逻辑，才能对该案中的犯罪中止等其他问题作出更为合理的解释，假如A团伙在骗取被害人办理抵押登记后悔悟，向被害人坦白并撕毁了合同及注销了抵押登记，如果按“失控说”主张办理抵押登记即既遂情形下，当然不可能再存在中止的情形，但如果主张未遂情形下，则成立中止。

综上可见，“套路贷”案件带来的各类问题已涉及刑法领域的很多方面，虽然其所触犯的犯罪都可以在现有刑法体系中找到对应规制的法律规范，但是也对原有刑法规范的适用带来了新的挑战，这不仅需要加强相关的研究，而且有必要出台相应的司法解释或相关意见指导实践。

① 孙丽娟、孟庆华：《“套路贷”相关罪名及法律适用解析》，载《犯罪研究》2018年第1期。

② 李岳：《“套路贷”刑法规制的回应与展望》，载《延安职业技术学院学报》2018年第3期。

互联网金融犯罪案件适用法律问题研究

——以北京地区为样本

俞启泳　张艳丽　栗英会*

一、问题的提出

2017 年 9 月 12 日，号称“P2P 第一案”的 e 租宝案宣判。经法院审理查明，被告单位安徽钰诚控股集团、钰诚国际控股集团有限公司于 2014 年 6 月至 2015 年 12 月间，在不具有银行业金融机构资质的前提下，通过“e 租宝”“芝麻金融”两家互联网金融平台发布虚假的融资租赁债权项目及个人债权项目，包装成若干理财产品进行销售，并以承诺还本付息为诱饵对社会公开宣传，向社会公众非法吸纳巨额资金。2014 年 6 月至 2015 年 12 月间，“E 租宝”案借助互联网非法吸收 115 万余人资金累计人民币 762 亿余元。其中，大部分集资款被用于返还集资本息、收购线下销售公司等平台运营支出，或用于违法犯罪活动被挥霍，造成大部分集资款损失。

北京市第一中级人民法院分别以集资诈骗罪、非法吸收公众存款罪、走私贵重金属罪、非法持有枪支罪、偷越国境罪，对被告单位安徽钰诚控股集团、钰诚国际控股集团有限公司分别判处 18.03 亿元、1 亿元罚金；对丁宁、丁甸均判处无期徒刑，剥夺政治权利终身，罚金分别为 1 亿元、7000 万元；对张敏等 24 人判处有期徒刑 15 年至 3 年不等刑罚，并处剥夺政治权利及罚金。

e 租宝案投资人数上百万，吸收资金达 700 余亿元，撬动如此大额的金融杠杆，引发的社会矛盾呈爆炸式发展，严重妨害了我国的金融秩序，危害了国家的金融安全，令人触目惊心。除此之外，根据裁判文书网、网贷之家的统计，已经有“淘金贷”“东方创投”“优易网”“家家贷”等 20 余家所谓的互联网金融公司被依法判决构成集资诈骗罪、非法吸收公众存款罪等。

---

* 作者单位：俞启泳，最高人民检察院；张艳丽，北京市西城区人民检察院；栗英会，北京市西城区人民检察院。

笔者发现，互联网金融犯罪案件的罪名多集中于集资诈骗罪和非法吸收公众存款罪，而这两个罪名却分布在金融诈骗罪和破坏金融管理秩序罪两大类罪中，这不仅使人民群众难以区分，也往往引发检法两家的争议。这也激发了笔者对这一问题的研究兴趣：互联网金融犯罪案件中，刑法应当保持什么样的面孔才能无限趋近正义？

二、互联网金融犯罪基础研究

（一）互联网金融的产生与发展

互联网金融的概念，由谢平、邹传伟在2012年“金融四十人论坛”上首次提出，自此受到学术界的广泛关注。谢平和邹传伟提出，“互联网是一种不用于商业银行和资本市场的第三种融资模式”。① 之后，谢平又完善了这个概念，认为，“互联网金融是一个谱系概念，涵盖因为互联网技术和互联网精神的影响，从传统银行、证券、保险、交易所等金融中介和市场，到瓦尔拉斯一般均衡对应的无金融中介或市场情形之间的所有金融交易和组织形式。”② 也有学者认为，互联网金融主要是一种行为方式，“是指一种所有运用互联网虚拟社区、互联网技术来实现传统资金中介作用的行为。”③

学界众说纷纭之下，规范文件对这一概念作了明确定义。2015年7月18日，中国人民银行、工业和信息化部、公安部、财政部、国家工商总局、国务院法制办、银监会、证监会、保监会、国家互联网信息办公室联合印发《关于促进互联网金融健康发展的指导意见》（银发〔2015〕221号），对互联网金融定义为：“互联网金融是传统金融机构与互联网企业利用互联网技术和信息通信技术实现资金融通、支付、投资和信息中介服务的新型金融业务模式。”

互联网金融最初从国外发展起来，进入我国的时间相对较晚，在我国的发展大致经历了三个阶段：2005年以前是第一阶段，互联网与金融还只是初步结合，互联网金融还未成形，真正意义上的互联网金融业态还未出现。互联网

---

① 参见谢平在2012年度“中国金融四十人论坛”课题上提交的论文《互联网金融模式研究》。后该文发表于《金融研究》2012年第12期，第11页。

② 谢平、邹传伟、刘海二：《互联网金融手册》，中国人民大学出版社2014年版，第1页。

③ 陈一稀：《互联网金融的概念、现状与发展建议》，载《金融发展评论》2013年第12期。

与金融的结合点主要体现为金融机构以互联网技术为支撑，将自身的银行业务转移到网络上，方便客户使用。2005 年至 2012 年是第二阶段，这是互联网金融的野蛮生长阶段。第三方支付机构开始产生并发展壮大，P2P 网络借贷平台开始出现，互联网与金融开始密切结合，二者的紧密耦合形成了互联网金融的主要业态。2013 年至今为第三阶段，2013 年至 2018 年是互联网金融由“野蛮生长”迈向规范发展的六年。六年间，互联网金融企业如雨后春笋，业务模式不断丰富，交易规模持续扩大，用户数量持续攀升，产业布局加速扩张，竞争日趋激烈。同时，真假互联网金融企业鱼龙混杂，引发了多起非法集资类犯罪，对金融秩序造成了很大影响。地方各级政府开始重视互联网金融，提出促进互联网金融发展的意见。国家层面也将“互联网金融”概念写进文件，并陆续出台了一系列互联网金融监管政策。

（二）互联网金融业态分类

互联网金融业态，包括以互联网为主要业务载体的第三方支付，金融产品销售与财富管理，金融资讯与金融门户，金融大数据采掘加工，网络融资与网络融资中介等。通俗来说，互联网金融业态主要体现为七大类：第一类，网络融资，即通过网络形式实现资金募集，主要体现为 P2P 网贷、众筹，如拍拍贷、大圣归来。还有互联网基金理财，例如余额宝、理财通；第二类，支付结算，是指为商户和消费者提供支付结算金融服务，但是又独立于银行的第三方支付，如支付宝、百度钱包、微信财付通；第三类，消费金融，是指依托大型网络商城，为大众消费娱乐活动提供贷款的一种金融服务，如京东白条、天猫分期等；第四类，配套服务类，是指从事金融业务咨询、大数据采集分析等，以互联网技术为支撑，以互联网门户网站为入口，专门提供各种配套增值服务的企业，如蚂蚁之家、百度大数据引擎等；第五类，网络保险，2013 年国内第一家网络保险公司——众安在线获得批准后，公众对互联网保险的认可程度不断上升。举例说明，仅在 2014 年 11 月 11 日一天之内，众安保险的额保单销量就突破 1.5 亿；第六类，虚拟货币；第七类，互联网证券，即通过互联网进行证券交易。1994 年美国成立第一家证券经纪网站 WealthWEB，宣告了互联网证券时代的到来。

（三）互联网金融中的犯罪风险

1. P2P 网贷平台

P2P，是“peer to peer”的英文缩写，又名“人人贷”，是点对点的直接融资活动，即个体和个体之间通过互联网平台实现自由借贷。一般来说，

P2P 网贷平台作为中介机构，仅提供纯中介服务，主要负责借贷双方信息审核、借贷需求匹配等工作，从而收取一定的中介费用。2005 年，全球第一家 P2P 网贷平台——ZOPA 公司在英国诞生。之后 2007 年美国也出现了 P2P 网贷平台——Lending Club，目前该企业已经成为美国最大的 P2P 金融企业。我国自 2008 年第一家 P2P 网络借贷平台“拍拍贷”成立后，网络借贷平台呈雨后春笋之势。2011 年，中国平安集团投资 4 亿成立 P2P 网贷平台——陆金所，这也成为我国网贷行业的助推器。据深圳市钱诚互联网金融研究院发布的《2018 年上半年全国 P2P 网贷行业快报》显示：全国 P2P 网贷截至 2018 年 6 月末，贷款余额 1.53 万亿，基本正常机构数量 2163 家。

P2P 网贷平台的应然运营模式是单纯中介型。即网贷平台只是搭建一个居间平台，做借方和贷方的信息撮合，不直接介入贷款交易。借款方将信息发布在该平台上，贷款方在平台上自主选择贷款项目，双方无需进行线下会面即可完成贷款，并且该贷款为信用贷款，无需提供抵押和担保。P2P 平台并不对贷款进行担保，而是仅提供借款人信用评估、借款回款登记以及债券转让等服务，并收取相应的服务费。① 然而，经过一段时间的发展，单纯中介型的网贷平台开始发生异化，目前主要有四种异化模式：

（1）理财—资金池模式

一些 P2P 网络借贷平台设立一个中间账户，放贷人和借款人并非直接联系，而是分别与平台进行交易。平台通过将借款需求设计成理财产品出售给放贷人，或者用先归集资金、再寻找借款对象等方式，使放贷人的资金进入平台设立的中间账户，形成一个资金池。这相当于在内部形成“影子银行”，大量资金被平台实际掌握在手中，具有相当大的风险。平台经营者私自操纵这些资金，严重损害投资人的合法权益。

（2）不合格借款人模式

是指一部分恶意借款人在 P2P 平台上发布大量虚假借款信息，通过网络平台的扩散性，向不特定多数人募集资金，用于投资或者放高利贷，而相应的 P2P 平台对此并未尽到严格的借款人资质审查义务，有的甚至明知借款人不合格而予以默许。有的 P2P 平台干脆进行恶意串通，自愿将平台充当不合格借款人的犯罪工具，继而牟取暴利。有的企业干脆自我融资，在不具有金融机构主体资格，不能向社会公众吸收资金的情况下，通过设立 P2P 平台、虚构借款人、借款用途等方式吸收资金，用于企业自身经营。上述情形均属于不合格

① 黄楠：《论互联网金融中的“非法集资”》，载《天水行政学院学报》2014 年第 5 期，第 86 页。

借款人模式，由于借款人不符合要求，因而极易损害投资人利益。

（3）典型庞氏骗局

“以新还旧”“拆东墙补西墙”是庞氏骗局的典型特征。该种模式对投资人允诺高利投资回报，把新吸收的投资人的资金用来支付老投资人的利息，从而制造盈利假象，进而吸纳更多人投资，形成资金流，再继续以新还旧。这种骗局自 1920 年由美国的查尔斯·庞兹发明以来，被后来人不断模仿利用，屡试不爽。2008 年，轰动一时的美国麦道夫骗局也是对庞氏骗局的继承。利用 P2P 网贷平台的庞氏骗局危害性更大，涉众更广泛。

2013 年 11 月 26 日，在银监会牵头的九部委处置非法集资部际联系会议上，明确上述理财—资金池模式、不合格借款人模式、典型庞氏骗局模式为非法集资，是网贷平台不可触碰的底线。

（4）纯正伪平台模式

这种伪平台模式，即是指所谓的 P2P 平台从设立起就不是为了做平台，而是为了集资后携款逃跑。这种平台显然无真实的融资需求，通过发布虚假的融资信息，达到非法占有公众资金的目的。正如刘宪权教授所述，伪平台是指“某些从一开始便抱着‘卷钱’‘吸金’心理的行为人，利用互联网金融的概念，而创立的所谓‘平台’”。① 在现实发展中，也出现了另外一种情形，就是成立初期并无非法占有目的，但是在运行后期使用伪平台吸金的情况。

2. 互联网众筹

网络众筹（crowd funding），是指利用互联网的社交便利性，通过发布筹款项目从而筹集资金的融资方式。众筹起源于美国网站 Kickstarter，该网站搭建网络平台面对公众筹资，让有创造力的人可能获得他们所需要的资金，以便他们的梦想有条件地得到实现。② 目前，其已成为世界最知名的众筹网站。

2011 年 7 月，我国出现了第一家众筹网站平台——“点名时间”，之后众筹平台迅速发展。世界银行《发展中国家众筹发展潜力报告》预测，十年后，中国众筹市场的规模将达到 3000 亿人民币。③ 目前，网络众筹主要分为三类：第一类是捐赠类众筹，第二类是奖励类众筹，第三类是股权众筹。股权众筹是网络众筹的主要形式，采用“私募”的形式，由项目发起人通过网络平

① 刘宪权：《互联网金融平台的刑事风险及责任边界》，载《环球法律评论》2016 年第 5 期。

② 谢辉著：《网金的魅惑——解码互联网金融》，东方出版中心 2014 年版，第 30 页。

③ 世界银行：《发展中国家众筹发展潜力报告》，新浪网：http://vdisk.weibo.com/s/AxpkCskq9Y3i，最后访问日期 2017 年 10 月 11 日。

台，在预定时间内为项目筹资，投资人一旦出资，即会享受未来潜在的回报。国产电影《大圣归来》在影片最后，屏幕上显示了众多儿童的名字，这些儿童的家长当初就是这个电影众筹的出资人。这部电影正是以众筹的方式顺利筹集所需宣传经费，从而使得电影大获全胜。据中关村众筹联盟发布的《2018 互联网众筹行业现状与发展趋势报告》显示，经过对互联网等公开渠道的不完全统计信息整理，截至 2017 年 12 月底，全国众筹平台共计 280 家。

互联网众筹的首要目的在于吸引网友募资，要达到这一目的，必备的条件就是承诺一定的回报形式。目前，按照回报形式的不同，可将互联网众筹区分为捐赠类众筹、实物类众筹、股权类众筹、债权类众筹。在我国，主要存在形式为实物回报类众筹和股权回报类众筹。实物回报类众筹中，比较有代表性的是点名时间。该平台成立于 2011 年，旨在为创意项目提供融资平台。股权类众筹中，2014 年 6 月上线的大家投网站进行了这方面的探索。其运作模式是：由创业公司在平台上发布项目，当吸引到足够数量的小额投资人，并凑满投资额度后，投资人就按照各自出资比例成立有限合伙企业，再以该有限合伙企业法人身份入股项目公司，持有项目公司出让的股份。① 还有一种众筹，仅以朋友圈为平台，为项目进行众筹。国产电影《大圣归来》在拍摄期间资金严重不足，影片出品人路伟在朋友圈发起众筹称只要投入 10 万元，就可以在片尾署上投资人孩子的名字，取名为“给未来的礼物”。最后其筹集到 109 位投资人共计 700 万元的投资。这部电影正是以众筹的方式顺利筹集所需宣传经费，从而使得电影获得成功。不管是哪种类型的众筹，众筹模式的核心一定是众筹平台，这个平台是连接融资人和投资人的沟通平台。目前，涉及非法集资犯罪的众筹主要是伪众筹模式。目前一些非法股权众筹、买卖原始股的非法集资案例也不断发生，这些人往往打着境外投资、高新科技开发旗号，假冒或者虚构国际知名公司设立网站，并在网上发布销售境外基金、原始股、境外上市、开发高新技术等信息，虚构股权上市增值前景或者许诺高额预期回报，诱骗群众向指定的个人账户汇入资金，然后关闭网站，携款逃匿。还有很多以“众筹开店”“熟人众筹”名义进行的各类集资活动，都处于犯罪的边缘。此外，还存在众筹初期确是为了某个项目，在众筹进行中出于贪欲，非法占有众筹资金的情形。

---

① 刘杨东、毛煜焕：《互联网金融的刑事法律风险分析》，载《刑法学研究》（第 11 卷），第 182 页。

3. 虚拟货币

互联网虚拟货币是一套由复杂算法构成的密码编码，没有统一的发行机构，更不具有现实货币的形态。互联网虚拟货币运行一般有三方主体：虚拟货币实际享有者、交易平台、需求者。目前最著名的虚拟货币是“比特币”，于2009年由日本人本冲设计。比特币的获取方式有三种：第一种是通过比特币交易平台，用法定流通货币购买；第二种是通过“挖矿”（计算机算力比拼）获得新货币；第三种是通过他人的捐赠获得。比特币的流行，已经获得了有关国家的正式承认。2013年8月，德国政府正式承认比特币的合法地位，允许人们可以用比特币缴纳税款。其他国家目前尚未承认比特币的合法地位。

三、近三年北京地区互联网金融犯罪情况分析

经查询裁判文书网，笔者对近三年（2016年至今）北京地区互联网金融犯罪案件进行了汇总，图表如下：

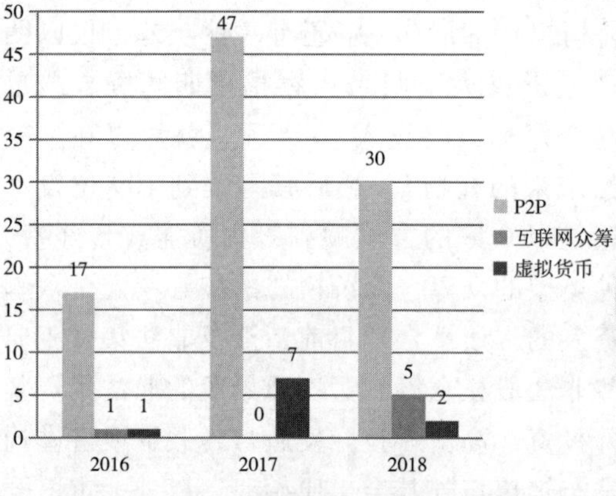

图1　2016－2018年北京地区互联网金融业态犯罪分布情况

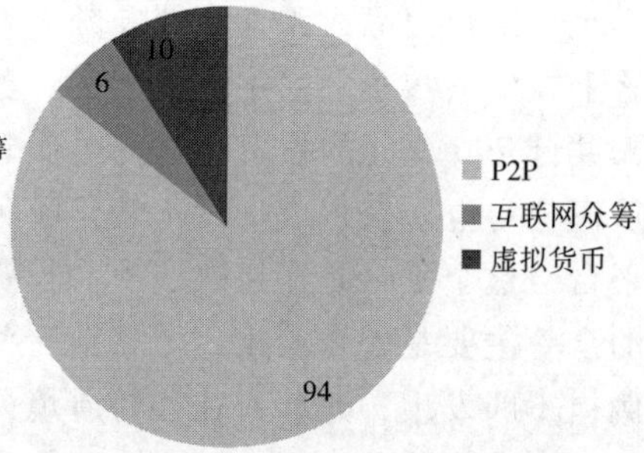

图2　2016－2018年北京地区互联网金融业态犯罪分布情况分析

目前，北京互联网金融犯罪案件大多集中于北京市朝阳区和东城区，这是由朝阳区金融企业较多的区域特点决定的。从上述数据可以得知，近三年，北京地区P2P案件总体数量最大，占比85.4%；虚拟货币案件和互联网众筹案件分别占比为9.09%和5.45%。上述案件中各个罪名的分布情况如图所示：

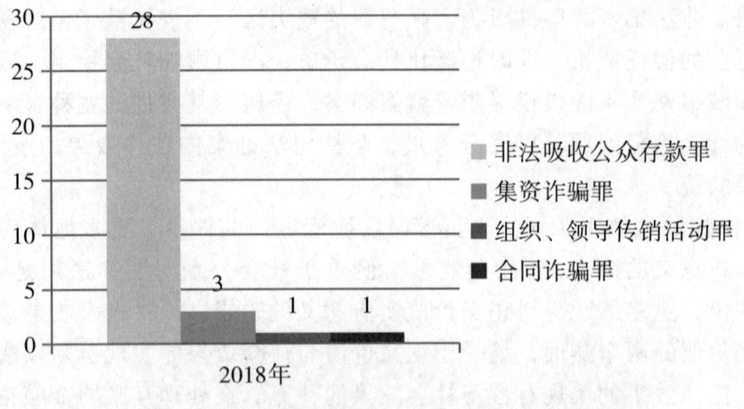

图 3　2018 年北京地区互联网金犯罪罪名分布总体情况

上述统计数据可以看出，2016 年到 2018 年北京地区互联网金融犯罪中，非法吸收公众存款罪与集资诈骗罪数量最多。相较于集资诈骗罪来说，非法吸收公众存款罪的适用更为普遍。由此可见，互联网金融案件的法律适用集中体现在非法集资犯罪领域，极少量案件适用于组织、领导传销活动罪、合同诈骗罪等罪名。下面将对互联网金融犯罪案件的法律适用突出问题进行重点分析。

四、互联网金融犯罪的法律适用

互联网金融犯罪案件的法律适用，目前的实证研究主要集中于非法吸收公众存款行为的“四性”以及集资诈骗行为非法占有目的的认定。对于非法吸收公众存款行为的“四性”，即非法性、公开性、社会性、利诱性。其中对于“非法性”，主要体现在“未经有关部门依法批准”如何认定；对于利诱性，主要体现在“利诱程度与利诱方式”如何认定；对于公开性和社会性，主要体现在“社会不特定对象”如何认定。2017 年 6 月，最高人民检察院发布了《关于办理涉互联网金融犯罪案件有关问题座谈会纪要》，对上述争议问题均进行了统一和明确，基本解决了司法实务中的常见疑难问题。本文主要就上述问题以外的其他新型行为和业态进行法律适用分析，以抛砖引玉。

（一）互联网非法集资类案件的司法政策适用

1. 非法集资类犯罪的办理要注重“三效”统一

由于监管缺位，许多贪婪之人浑水摸鱼，打着互联网金融的旗号行非法吸收公众存款或集资诈骗之实，或者在利益驱动下，对项目进行虚假宣传，诱导稳健型投资者投资高风险项目，并违规担保，在出现兑付问题后非法融资以求解决平台危机。尤其是近期，集中爆发了大量非法集资犯罪案件，多家 P2P

平台跑路。非法集资类案件成为金融犯罪的重灾区，不仅扰乱了金融秩序，带来金融行业的信任危机，同时也激化社会矛盾，严重影响社会稳定。因此，办理金融领域案件，不能仅仅局限于就案办案，还应当就案件的各种影响，及可能带来的社会稳定问题予以充分考量，坚持司法办案的法律效果、政治效果、社会效果的统一。

“法律效果”侧重于司法人员遵循法律确定性的评价，更多地体现为对正义价值形式意义的追求；“社会效果”侧重于社会公众对法律适用是否公正、合理的评价，更多体现为对正义价值实质意义的追求。[①] 故法律效果、社会效果是正义价值的两个侧面，统一于正义价值。社会效果的实现必须以法律效果为基础，法律效果的实现有赖于社会效果的补充。在处理互联网金融犯罪案件中，侦查人员、检察人员、审判人员必须坚持办案的法律效果，严格遵守刑事诉讼法及其他程序法律规范的要求，确保程序正义。在定罪量刑时，必须严格按照刑法及相关司法解释的规定，准确定罪量刑，保证实体公正。同时，公平正义的实现，还要考虑案件的社会影响，在法律允许的范围内，主动发挥司法的能动性，对个案进行适度调整，以契合社会公众的良知，避免机械执法，损坏司法形象。当然，在我国司法机关是在中国共产党领导下的政治机关，司法办案必须高度重视政治效果，必须把政治安全与稳定作为司法工作的出发点，坚决贯彻相关政策方针。

社会效果不等同于“民意”，不等同于当事人是否服判、被害人是否满意，也不等同于领导是否满意。不可否认，人们总是会依据相对确定的评价标准对法律适用作内容确定的评价，社会效果往往表现为大多数人对法律适用的认同度。但社会效果绝不等同于“民意”。因为所谓的“民意”并不一定是正确的。涉众型互联网金融领域集资诈骗犯罪，往往形成集体访，投资人最关心的是追回投资款，要求司法机关追赃或者要求释放犯罪嫌疑人筹款，使司法机关面临巨大压力。另外，地方政府出于政治稳定和安全的考虑，也会向司法机关施压，影响司法办案。但各方的要求并非是社会效果的评判标准，司法机关必须以事实为依据以法律为准绳，在此基础上综合考量政治效果和社会效果。这就需要司法机关发挥司法智慧，建立科学的信访解决机制，疏解投资人情绪，引导投资人回到法治的正确轨道上来解决诉求，并依托案件进行普法宣传，让社会公众了解非法集资犯罪的常见手段、办案难度、社会危害等，在预防犯罪的同时促进公民对司法的理解，以实现良好的政治效果、社会效果。

---

① 吴念胜、廖瑜：《现代法治视野中的法律效果与社会效果》，载《兰州学刊》2011 年第 11 期。

2. 非法集资类犯罪案件必须贯彻宽严相济刑事政策

互联网金融创新发展的过程，伴随着违法犯罪问题的不断爆发，严重危及了金融市场秩序，互联网金融的规范发展迫在眉睫。因此，在金融乱象丛生的社会背景下，是否应当考虑从严惩处互联网金融犯罪，许多学者也提出了“乱世用重典”的观点，为有效发挥刑事法律在维护金融秩序中的作用，有必要从严惩处互联网金融犯罪。笔者赞同从严惩处的观点，当前互联网金融创新的发展已经偏离了金融发展的正常轨道，许多异化金融平台不断涌现，严重损坏了金融市场的信誉，有可能动摇金融市场的信任基石，因此必须严厉打击该类犯罪，所谓矫枉必须过正，才能逐步扭转金融市场乱象。但是，整体的从严惩处并不排斥宽严相济政策，恰恰需要宽严相济的政策实现刑事打击犯罪的良好社会效果。

宽严相济刑事政策内涵的核心是“区别对待”①，针对犯罪的不同情况，该严则严，该宽则宽，但必须依法进行，实现罪刑相适应。司法实践中，非法吸收公众存款罪适用的比例较高，在可能构成集资诈骗犯罪情形下，司法实务者更青睐于通过适用非法吸收公众存款罪来打击互联网金融集资犯罪。原因在于，集资诈骗犯罪非法占有目的认定的证据标准较高，司法人员缺乏信心，这就有可能纵容集资诈骗犯罪。因此，建议司法机关要勇于承担，统一标准，对诸如无法说明钱款去向的，大量资金无法追回的，就应当适用集资诈骗的罪名，对此行为严厉打击。否则，仅仅以较低刑档的非法吸收公众存款罪对该行为予以打击并不能实现司法的效果，犯罪收益与犯罪成本明显不适当。因此在适用罪名上，应当从严把握，敢于适用集资诈骗犯罪。

另外，同一个罪名也要区分不同情形从严或从宽处理。比如在 P2P 平台涉嫌非法吸收公众存款罪中，制作假借款标的进行自融的行为，和将已有的借款项目包装成理财产品寻找客户后因投资账户和平台账户混用导致形成资金池的非法吸收公众存款行为，则应当区别对待，因为前一种情形的主观恶性和社会危害性明显要比后者更高。因此，在同一罪名中，应当针对不同的危害行为，形成处罚的阶梯，以实现宽严相济。同时，在共同犯罪中，也要区分不同情形定罪量刑，对组织领导者比如 P2P 平台的实际控制人、法定代表人要从重处罚，对平台公司的领导层比如财务主管、营销经理等，以其在犯罪中充当的角色及作用综合予以考量，是否以犯罪论处，或者处罚轻重但轻于主犯。对于层级较低的，对非法吸收公众存款有一定认识，但主要受公司领导指令做一

① 陈伟：《宽严相济刑事政策指导下的累犯适用》，载《武汉科技大学学报》2017 年 2 月第 19 卷第 1 期。

些与公开宣传，资金流转等犯罪密切相关以外的事项，且仅获得工资报酬的人员，一般不应当入罪处理，避免刑法打击过于宽泛化。

（二）互联网金融业态中新型行为的法律适用

1. 互联网金融平台虚假宣传和误导式宣传行为的认定

在互联网金融犯罪案件中，犯罪嫌疑人往往利用互联网平台进行虚假和误导宣传，如利用网站、手机 App 发布不实广告，诱惑投资者大量投资。如在全海晖集资诈骗案（〔2017〕京 02 刑初 153 号）中，2016 年间，被告人全海晖伙同他人，使用由其实际控制的中投慧德（北京）资本管理有限公司（以下简称：中投慧德公司）并冒充该公司法人以该公司的名义与中投摩根信息技术（北京）有限责任公司（以下简称：中投摩根公司）签订《担保合作框架协议》，利用中投摩根公司运营的互联网金融平台，采取向社会公众发布虚假借款项目，提供虚假担保等手段，骗取 222 名被害人钱款共计人民币 8900718.45 元。

对于犯罪嫌疑人本身的犯罪定性一般争议较少，但是对于互联网平台服务提供者和使用者责任应当如何分配，比如 P2P 平台技术提供者和使用者对金融产品的虚假和误导式宣传是否应当承担责任，目前实务中并未出现相关判例。但这已成为学界的新型热点问题，目前观点不一。有观点认为，技术是中立的，技术仅仅是工具，因此对提供技术的行为不应当承担责任。笔者对该观点并不认同，理由有二：

首先，互联网技术不再局限于过去提供信息存储、缓存、服务接入等功能，还提供强大的交互平台和共享经济媒介。互联网服务提供者不仅是技术支持者，也在积极地制造内容、制定规则。这样的网络服务提供者已去掉中立、工具性、非参与性特征，德国学界将此类网络服务提供者定义为“内容框架提供者”①，其实质上是一种“开启、参与社会交往”，“给他人权益带来危险”的媒介或组织。基于此，德国学者将物理空间的“安全保障义务”拓展至网络空间，即在“网络空间的社会性交互中，网络服务提供者是交往的开启者和管理者，理应负有安全保障义务”。

其次，网络服务提供者制造内容，提供平台、技术，其同时也在网络空间中制造危险，并具备技术条件控制风险源，因而网络服务提供者应当恪尽必要的注意和审查义务。因此，对于互联网平台技术提供者、使用者，均具有保障网络安全的义务。互联网平台上虚假或误导性宣传内容属于违法信息，平台技

① Volker Haug, Internetrecht, S132.

术提供者及使用者均具有对该信息的检测管理义务，若经监管部门责令采取改正措施而拒不改正时，可能涉嫌拒不履行信息网络安全管理义务罪。

加强拒不履行信息网络安全管理义务罪的法律适用，可以给网络服务提供者制造压力，迫使其主动清除互联网平台上的违法信息，从源头净化互联网金融环境，对防范金融风险意义重大。但是，因该罪的规定比较原则，法律适用中尚存不少问题需要解决。

一是义务承担主体需要明确。网络安全管理义务的主体是网络服务提供者，即通过信息网络为获取信息等目的提供服务或者为公众提供信息的单位或个人。① 其包括平台服务者、内容服务提供者、网络接入服务提供者。根据提供服务的方式，可以将上述服务者分为两类，一类是网络中介服务者，包括网络接入服务提供者、网络平台服务者，这两类在提供网络信息及信息传输中介过程中，并不自主创造内容、不对内容进行删减、编辑、组织等。与此种服务商相对应的是第二类：网络信息内容提供者，其主动创造内容，对内容进行编辑、组织。② 因二者对网络信息这一客体的介入程度、控制能力不同，也被赋予不同程度的监管责任和义务。根据上述对网络服务提供者内涵及分类的解读，P2P 平台制作者属于网络中介服务者。P2P 平台使用者不仅是单纯按照融资方要求发布信息，在利益的驱动下也会主动创造发布虚假或误导性的信息，即可能是网络中介服务者，也可能是网络信息内容提供者。因此，技术提供者及平台使用者都是拒不履行信息网络安全管理义务罪的主体。但在量刑时，应当根据不同类别处以不同刑罚，网络技术提供者恶性要低于平台使用者，对中介服务者量刑一般要轻于内容提供者。

二是义务来源需要明晰。网络服务提供者在违反法定义务的前提下经行政机关要求改正而拒不履行，才能构成犯罪。因此信息网络安全管理义务的具体内容成为判断网络服务提供者行为违法性的关键。《刑法》第 287 条将义务来源限定为法律、行政法规规定的义务。司法实践中在认定网络服务提供者是否违反法定义务的重要依据则应当严格限定在现有法律、行政法规规定的义务范围内。目前规定有网络服务提供者法定义务的行政法规主要有《全国人民代表大会常务委员会关于加强网络信息保护的决定》、国务院《互联网信息服务管理办法》《计算机信息网络国际互联网安全保护管理办法》《中华人民共和国电信条例》《维护互联网安全的决定》等。除此之外，值得一提的是，2016 年 11 月 7 日出台的《网络安全法》进一步明确了网络服务提供者的义务内

① 张新宝：《互联网上的侵权问题研究》，中国人民大学出版社 2003 年版，第 32 页。

② 陆旭：《网络服务提供者责任及其展开》，载《法治研究》2015 年第 6 期。

容，设置了禁止性规定，包括安全数据本地化存储、制定网络安全事件应急预案、不得危害网络安全、为他人危害行为提供帮助、不得设置恶意程序、发布违禁信息；同时完善了用户个人信息保护制度，明确了网络运营者对个人信息删除—更正制度等。综上，上述行政法规主要规定了网络服务提供者如下义务：第一，建立相应安全管理制度和安全保护技术措施。第二，及时发现、处置违法信息。第三，在提供网络服务过程中，对网上信息和网络日志信息记录进行备份和留存。上述三项义务是根据信息传播不同阶段对网络服务提供者提出了预防、监控、报告、删除等义务，① 而其他法律中的义务规定主要是源于我国《侵权责任法》第36条规定，网络用户、网络服务提供者利用网络侵害他人民事权益的，应当承担侵权责任。第36条第2款同时规定网络服务提供者在接到被侵权人通知后，负有采取删除、屏蔽、断开链接等必要措施的义务，否则将对扩大损失部分和侵权人承担连带责任。

2. 互联网众筹中以发展人员数量作为返利依据的性质认定

在互联网众筹犯罪中，“以发展人员数量作为返利依据”的行为定性，在司法实践中争议较大，往往成为非法集资类犯罪与非法传销类犯罪的争议焦点。一种观点认为，上述行为应当认定为组织、领导传销活动罪的依据；另一种观点认为，上述行为不应当受到组织、领导传销犯罪活动罪的定性干扰，而应当着重于实质审查，认定为集资诈骗罪。比如在高银凤等人组织、领导传销活动罪中，2014年8月至12月间，“万洲国际众筹投资组织”在北京地区以“投资治理亚洲鲤鱼”项目为名，宣传该投资能够获得巨额利润，要求参加者缴纳投资费用获得加入资格，并直接或间接以发展人员的数量作为返利依据，引诱参加者继续发展他人加入。该项目具体投资及返利的方式为投资者通过“万洲国际众筹投资组织”设立的网站注册相关信息，并通过转账的方式向“万洲国际众筹投资组织”指定的账户汇款，成为该项目的投资人后，由“万洲国际众筹投资组织”通过网络从该组织控制的账户中直接将返利转账到投资人指定接受返利的账户。北京市顺义区人民法院认为，本案中“万洲国际众筹投资组织”要求参加者以投资的方式获得加入资格，并按照一定顺序组成层级，直接或间接以发展人员的人数作为计酬或者返利依据，引诱参加者继续发展他人参加，骗取财物，应当被认定为传销组织。三名被告人的行为均已构成组织、领导传销活动罪。

笔者认为，在互联网众筹中，集资诈骗罪与组织、领导传销活动罪之间具

① 涂龙科：《网络内容管理义务与网络服务提供者刑事责任》，载《法学评论》2016年第3期。

有一定的竞合性和包容性，传销活动也可以认定为集资诈骗罪的一种行为方式，利用互联网众筹平台进行传销活动既妨害了市场经济管理秩序，又危害了金融安全，在认定集资诈骗罪与组织、领导传销活动罪时，应当分为两步：第一步，判定是否属于“传销组织”，如果“要求参加者以投资的方式获得加入资格，并按照一定顺序组成层级，直接或间接以发展人员的人数作为计酬或者返利依据，引诱参加者继续发展他人参加，骗取财物”，应当被认定为“传销组织”。第二步，在此基础上，如果构成组织、领导传销活动罪，则应与集资诈骗罪做法定刑比较，从一重定罪处罚。

3. 非法获取虚拟货币行为的认定

2008 年，基于区块链技术，能够实现点对点交易的比特币诞生。随后，以比特币、以太币等为代表的虚拟货币因其匿名、低成本的便利性，引发了全球范围的广泛追捧。但是网络虚拟货币存在安全风险，若虚拟货币数据的处理和传输达不到安全标准，其被截获、窃取、篡改的风险极高。近年来，虚拟货币被窃取的行为时有发生。司法实务部门对该行为性质的认定存在争议，导致司法适用的不一致。比如，被告人胡某某盗窃罪一案中，胡某某利用非法获取的邮箱数据库，登陆被害人李某的邮箱，通过密码找回修改了被害人李某的火币网密码，后使用 VPN 登陆被害人李某的火币网账户，同时通过 QQ 远程操控自己家中已登陆火币网账户的电脑，利用自动交易软件将被害人的火币网账户中的莱特币交易设置为高买低卖，将自己控制的李某的账户中的莱特币交易设置为低买高卖，并自动交易，以此方式窃取被害人账户中的资产。截止到交易停止时，被告人胡某某从被害人李某账户中获利共计 59000 余元，被害人李某损失共计 245000 余元。

但在另一起案件中，却有不同的定性处理。被告人宋某某于 2016 年 5 月至 7 月间，在北京市朝阳区北京某网络科技有限公司担任研发工程师，利用修补服务器漏洞编写电脑虚假程序 add - pp. sh，模拟用户送礼程序，窃取公司用户账户内的虚拟货币到其个人的账户，后兑换成人民币 45000 余元占为己有。朝阳区人民法院认为，被告人宋某某法制观念淡薄，非法获取计算机信息系统数据，非法获利人民币 45000 余元，其行为已构成非法获取计算机信息系统数据罪。

案件定性不一致，源于对虚拟货币性质理解不同，关键在于虚拟货币是不是刑法关于盗窃罪规定的“财物”。虚拟货币是什么？虚拟货币不同于电子货币，电子货币是广义虚拟货币的一种，由人民银行发行的法定货币的电子信息形式，可以广泛地被除发行者之外的地方接受。[①] 电子货币以人民银行发行的法定货币进行计价，是法定货币的电子表现形式，比如预付卡、第三方支付虚拟账户中的余额。电子货币是国家承认的、可以流通的支付手段。虚拟货币也不同于平台代币，平台代币通常指由网络企业发行的、用于购买网络平台内部虚拟商品的虚拟财产，如Q币、各种网络游戏内置货币、积分等。[②] 该种货币，仅存在网络虚拟环境中，用于购买虚拟商品，其不可能进入现实世界进行流通，也不具有支付功能。而虚拟货币，是指储存于网络空间或电子设备中的数据，依托于计算机及通讯技术，进行流通，并具有一定支付功能的可交换物。依托区块链技术产生的比特币是典型的虚拟货币，依据德国主流媒体Die Welt所作的调查，在世界范围内，已经有超过75000家企业接受比特币为交换媒介。[③] 所以比特币不仅可以流通，还具有一定的支付功能。但是，笔者认为，有两点必须明确：

其一，虚拟货币不是货币。首先，从政策上看，中国人民银行等五部委联合发布的《关于防范比特币风险的通知》规定，"虽然比特币被称为货币，但由于其不是由货币当局发行，不具有法偿性与强制性等货币属性，并不是真正意义的货币。从性质上看，比特币应当是一种特定的虚拟商品。"因此，我国政府并未将诸如比特币在内的虚拟货币认定为货币，主要在于虚拟货币可能诱发诸多金融风险。其次，从技术上看，区块链技术尚未被国内市场认识或广泛应用，其技术成熟度、稳定性、安全性备受质疑，因此，虚拟货币流通尚未有成熟的技术作为依托，难以担负货币职能。最后，从货币流通手段和支付手段来看，尽管比特币在世界有75000家企业将其作为交换媒介，但在国内其并没有太大流通市场，据调查超过一个月没有流通的比特币用户占所有用户的59.6%[④]，且支付受到很大限制，并不具有货币职能。因此，虚拟货币不是货币。

其二，虚拟货币不是财物。盗窃罪规定在《刑法》第五章侵犯财产罪下，因此盗窃罪侵犯的法益应当与财产类犯罪相同，我国《刑法》第91条、第92条分别列举了公共财产和公民私人所有的财产，但并未回答诸如比特币等虚拟

① 谢灵心、孙启明：《网络虚拟货币的本质及其监管》，载《北京邮电大学学报》2011年2月第13卷第1期。

② 杨东、陈哲立：《虚拟货币立法：日本经验与对中国的启示》，载《证券市场导报》2018年第2期。

③ 赵天书：《比特币法律部属性探析——从广义货币法的角度》，载《中国政法大学学报》2017年第5期。

④ 李静、李淼焱：《虚拟货币的现实发展实证研究——基于比特币用户的调研报告》，载《河南社会科学》2017年4月第4期。

货币是否为盗窃罪侵犯的对象。目前，有观点认为虚拟货币是一种债权性权力凭证，比如Q币持有者可以要求运营商提供相应的网络服务，这就形成了一种债权性权利，Q币即为权力凭证。需要说明的是，Q币是一种代币而非本文探讨的虚拟货币，但该观点之于存在发行商的虚拟货币具有合理性。但不适用于依托区块链技术的虚拟货币，因为区块链技术具有去中心化特性，即不存在中央发行机构。比如比特币，矿工通过运行开源软件，并基于一定的计算机算法获取比特币密钥，并不存在私法上的意思表示，对于网络运营商并不产生债权。另外，比特币持有者也不享有所有权，数据本身并不具有任何实体性，而从比特币的产生原理来看，比特币比其他类型的“虚拟财产”更具有特殊性。因为比特币是一种密码学货币，持有者所拥有的仅仅是一段“密钥”，但这段密钥本身并不是比特币，而是类似于银行卡密码。除此之外，比特币网络上还存在一段“公钥”，类似于比特币的账号。但这个账号本身并不记录比特币信息，在这个账号中到底存在多少比特币取决于“块链”中包含的信息，而所谓的“块链”则是一种需要全网确认的公共记账簿。因此，可以说比特币是完全虚拟的，人们甚至无法找到的比特币的真正载体。① 依照我国《物权法》第2条第2款，物权客体包括物和法律规定的权利，并且法律规定的权利相较于物是第二顺位的物权客体，在法律规定的权利上不能存在所有权。② 通说认为，无论是否具有虚拟货币发行方，虚拟货币均不属于财物。

因此，笔者认为，窃取比特币不存在侵犯财产所有权的问题，不构成盗窃罪。但其系非法侵入他人计算机并非法获取他人计算机数据的行为，应当成立非法获取计算机信息系统数据罪。

毋庸讳言，随着经济社会发展，互联网金融正在世界金融市场中占有日益重要的位置。互联网金融业态不断推陈出新，P2P网贷平台、互联网众筹、虚拟货币这些金融业态在拓展金融业务范围、扩大金融市场领域的同时，也不可避免会为金融犯罪提供新手段、新渠道。互联网金融新型犯罪往往较为疑难、复杂，可以预见的是，对这些问题的法律适用研究将是一个长期的过程。有理由期待，随着学术界对互联网金融犯罪研究的深入和司法实务经验的不断积累和丰富，这些疑难问题将会被逐步解决，从而规范互联网金融市场秩序，促进其持续健康有序发展。

---

① 赵天书：《比特币法律部属性探析——从广义货币法的角度》，载《中国政法大学学报》2017年第5期。

② 杨立新、王竹：《论物权法规定的物权客体中同统一物的概念》，载《法学家》2008年第5期，第75页。

检察机关加强产权保护、保护企业家合法权益的实效、问题及改进研究

上海市虹口区人民检察院课题组*

检察机关加强产权保护、保护企业家合法权益是检察机关适应新时代、服务新经济的一项重要的职责和使命，2014 年 10 月 23 日，中共中央《关于全面推进依法治国若干重大问题的决定》提出，健全以公平为核心原则的产权保护制度，加强对各种所有制经济组织和自然人财产权的保护。2016 年 11 月 27 日，中共中央和国务院《关于完善产权保护制度依法保护产权的意见》明确了我国产权保护的总体要求。2017 年 1 月 6 日，最高人民检察院《关于充分履行检察职能加强司法保护的意见》则根据检察机关批捕、起诉、职务犯罪侦查预防、刑事诉讼监督、民事行政检察监督、控告申诉检察等各项检察职能，提出了加强产权保护的具体要求和工作措施，推动形成检察环节的多元化保护格局。自相关政策和文件颁布以来，检察机关开展产权保护、保护企业家合法权益的工作实效需要进一步调研，其中存在的问题需要深入梳理，并探索完善的对策。

本课题将立足于司法实践，针对产权和企业家合法权益保护的理论基础、实施效果、薄弱环节、司法政策和工作机制等进行深入分析，以期细化相关程序，完善工作机制。

一、产权和企业家合法权益保护的理论概述

加强产权保护、保护企业家合法权益是我国完善企业产权保护制度并积极为企业家创新创业营造良好法治环境的重要方面，也是检察机关适应新时代、服务新经济的一项重要的职责和使命。

---

* 课题负责人：曾国东。课题参加人：陈卫民、刘强、沈忆佳、倪远、解璇、张浏清。

（一）产权和企业家合法权益保护的政策背景

1. 产权和企业家保护的理论依据

所谓产权，根据新帕尔格雷夫经济学大辞典中的定义，指的是“一种通过社会强制而实现的对某种经济物品的多种用途进行选择的权利”。洛克认为，产权是个人自由和权利的保障。产权保护作为一种社会强制机制，既可以由国家向全体民众提供，亦可以由财产拥有者向特定的产权保护提供者购买产权保护而得。国家通过设立法律制度、保有一定量的警察军队等形式事前预防及事后惩罚侵犯产权的行为，从而提供产权保护，由于所提供的产权保护面向的对象为全体大众，故可以称之为公共形态的产权保护；特定行为主体通过收取一定的费用提供的产权保护，则只针对部分人群，可以称之为私有形态的产权保护。[①] 产权的司法保护借助司法机关对产权进行强制性保护，属于公共形态的产权保护。检察机关的产权保护和保护企业家合法权益是司法保护的一种特定的方式，也属于公共形态的保护。

2. 产权和企业家保护的制度供给

产权及产权保护概念近年来才逐渐进入我国公众的视野。主要原因在于随着改革开放的深入推进，我国公有制为主体、多种所有制经济共同发展的基本经济制度不断完善，而产权保护方面“重公有、轻私有”的情况还在一定范围内普遍存在。对此，2004 年《宪法》修正案明确“公民的合法的私有财产不受侵犯”；2007 年出台的《物权法》以民事基本法的形式对物权法律制度做了安排，构建了产权制度基本框架，并再次确认平等保护物权的基本原则。《公司法》《证券法》《侵权责任法》等法律也从制度层面对各类产权进行了确认和保护。

党的十八大以来，尤其是党的十八届三中、四中、五中全会提出，国家保护各种所有制经济产权和合法利益，强调要健全以公平为核心原则的产权保护制度，推进产权保护法治化。中共中央和国务院《关于完善产权保护制度依法保护产权的意见》是对现有法律体系的强调和完善，在重申公有制经济财产权不可侵犯的同时，强调创新保护各种所有制经济产权和合法权益的方法、措施、法律和制度，明确产权保护的基本原则是“平等保护、全面保护、依法保护、共同参与、标本兼治”。最高人民检察院出台了《关于充分履行检察职能加强产权司法保护的意见》《关于充分发挥检察职能依法保障和促进非公有制

---

① 江曙霞、谢杰斌：《产权保护：公共产品？私有物品》，载《南开经济研究》2008 年第 2 期。

经济健康发展的意见》《关于充分发挥检察职能依法保障和促进科技创新的意见》等文件，要求检察机关充分认识依法保护产权是完善中国特色社会主义市场经济体制的内在要求，通过积极履职为促进经济平稳健康发展和社会和谐稳定提供优质的司法服务。此后，上海、浙江、北京等地检察机关也相继出台了相关文件。

3. 服务保障民营经济的司法理念

民营经济是推动社会主义市场经济发展的重要力量，习近平总书记在民营企业座谈会上发表重要讲话，充分肯定民营经济的重要地位和作用，突出强调“两个毫不动摇”和“三个没有变”，为民营经济健康发展注入了强大信心和动力。最高人民检察院也专题传达学习了习近平总书记的重要讲话精神，指出要结合学习贯彻修改后刑事诉讼法，认真总结落实平等保护、加强产权保护、纠正涉产权冤错案件等工作的经验，进一步加大落实力度，依法平等保护民营企业合法权益，为民营经济发展营造良好法治环境。最高人民检察院研究室梳理了 11 个执法司法标准，指导和规范涉民营经济发展案件的办理。明确要结合服务保障打好“三大攻坚战”“一带一路”建设、推进长江经济带发展等中心工作，不断完善检察工作服务保障非公有制经济发展的实实在在的举措。要集中办理、总结一批侵害民营经济发展的案件，注重典型案例的收集，发挥案例指导作用。要加强与工商联和企业家的沟通，加强与人大代表、政协委员中民营企业家的联系，利用各种渠道充分听取意见建议，不断改进检察工作。

（二）产权和企业家合法权益保护的基本原则

最高人民检察院《关于充分履行检察职能加强司法保护的意见》明确了产权保护的基本原则：一是依法保护原则。充分发挥惩治、预防、监督、教育、保护等检察职能，严格把握经济犯罪中罪与非罪的界限，严格区分经济纠纷与违法犯罪、企业正当融资与非法集资等界限。改进办案方式方法，慎用逮捕等强制措施，最大程度降低办案对正常经济活动的影响。二是平等保护原则。平等保护各种所有制组织和自然人的财产权，尤其加强对中小企业权益的司法保护。确保各类产权主体的诉讼地位和诉讼权利平等、法律适用和法律责任平等、法律保护和法律服务平等。三是全面保护原则。全面保护物权、债权、股权、知识产权等各种类型的财产权，切实维护产权主体的合法权益。在这个基本原则基础上，对于产权和企业家合法权益保护还应重点把握以下三点：

1. 落实宽严相济刑事政策前提下更加注重宽缓化处理

要准确把握法律政策界限，严格执行宽严相济刑事政策，重视民营企业的特殊性，要将犯罪活动的共性和民营企业发展的特殊性有机结合起来，不断摸索在该领域惩治和预防犯罪的有效政策。注意严格区分经济纠纷与经济犯罪的界限，个人犯罪与企业违规的界限，企业正当融资与非法集资的界限，经济活动中的不正之风与违法犯罪的界限，执行和利用国家政策谋发展中的偏差与钻改革空子实施犯罪的界限，尤其是要容忍创新发展中的偏差，习近平总书记曾强调，要培育良好的创新环境，创新要实，政策要宽。创新不可避免地要挑战传统的生产方式和社会管理模式，对此要坚持用发展的眼光和勇于尝试的态度认真对待。具体到刑事政策的运用方面，要对科技创新领域的新情况、新问题加强研究，区别对待，对阻碍创新、破坏创新成果的行为坚决打击，对创新过程中具有积极意义的探索性活动要强调包容和谦抑，要体现宽严相济刑事政策中宽缓的一面。比如，对于关键岗位的涉案人员，尽量不适用拘留、逮捕等强制措施；对于民营企业用于科技创新、产品研发的设备、资金和技术资料，一般不予以查封、扣押、冻结等，以使刑罚制度和执法活动真正为科技创新提供强有力的法律保障。要在执法理念上贯彻少捕慎押的理念，注重对民营经济案件提前介入、引导侦查和羁押必要性审查，推进认罪认罚从宽制度的试点工作，加快诉讼进程，切实维护民营企业的合法权益。

2. 加强平等保护的前提下更加注重对中小企业的保护

在司法实践中，司法政策往往向大型国企和知名企业倾斜，对于中小民营企业的关注度和保护力度不高。然而，中小民营企业在优化产业结构、推动区域经济发展和科技创新、创造社会财富、改善民生、确保社会稳定等方面发挥着不可替代的作用，因此，对于中小民营企业的保护尤为重要。检察机关首先应立足于注重各类诉讼主体的平等保护，包括诉讼地位和诉讼权利的平等，以及权益保护和权利救济、法律适用和法律责任的平等；其次在加强平等保护的前提下，应密切联系中小民营企业，充分了解中小民营企业发展中所遇到的瓶颈问题和现实需求，提供有针对性或者倾斜性的法律服务，为中小民营企业的发展保驾护航。对于民营企业生产、经营、融资等经济行为，除法律、行政法规明确禁止外，不以违法犯罪对待。对于正在办理的刑事案件，法律和司法解释规定不明确、法律界限不明、罪与非罪界限不清的，不作为犯罪处理。因企业在创新发展中出现的新兴产业、业态和模式，坚持法无明文规定不为罪，司法介入要保持克制和谨慎。

3. 追求办案的法律效果和社会效果统一的前提下更加注重办案的社会效果

在注重司法办案的同时，更需要关注案件所折射出的社会关系和反映的问题，使办案效果从点到面、从面到社会，实现网格化的办案效果，服务保障优化营商环境。在民营经济领域中，司法活动要体现出鼓励创新、保护创新、规范创新的价值引领作用，要在注重办案的法律效果的同时，更加注重办案的社会效果，要将两个效果有机统一起来，以法律效果推动社会效果，以社会效果反哺法律效果。结合办案，主动向企业提出检察建议，帮助企业建立完善规章制度，引导企业依法创业、规范经营，完善内部监管制度。通过充分履行监督职能，依法保护企业产权和合法权益，依法促进企业创新发展，依法保障企业创新主体地位和创新收益。密切与区公安、区法院的联席会议制度，加强对影响区域经济秩序的刑事犯罪的风险感知、研判分析。会同区投促办、区企业服务局、区商务委、区工商联共同开展企业风险防控，提高企业规范经营、抵御风险的能力。会同区科委、区司法局共同加强知识产权司法保护，健全联席会议、共同调研、法治宣传等制度。

二、产权和企业家合法权益保护的问题分析

在我国经济发展进入新常态，经济增速换挡的背景下，加强产权保护有利于增强人民群众对财产的安全感，稳定各类市场主体的市场预期，增强社会信心，但产权保护还存在三类薄弱环节或突出问题：国有产权由于所有者和代理人关系不够清晰，存在内部人控制等导致国有资产流失的问题；利用公权力侵害私有产权、违法查封扣押冻结民营企业财产等现象时有发生；知识产权保护不力，侵权易发多发。产权保护不力，正在成为中国经济社会发展的制约因素和真正的短板。从司法层面来看，主要存在以下问题亟须改进：

（一）产权和企业家合法权益保护的标准还不够公允

我国产权和企业家合法权益保护的法律法规尚不健全，法律保障体系也不完善，并没有形成相对系统且统管各业务部门的实施细则，罪刑设置和起诉标准存在差异，法律保护有失公允。

1. 公私财产的罪刑设置差别较大

从现行刑法规定来看，某些侵犯公司、企业财产权的行为被规定为犯罪，同时，根据财产权所属主体的不同，规定了不同的罪名，设置了不同的刑罚。如《刑法》分则第五章“侵犯财产罪”中，对侵犯公共财产和私有财产的行为作了区别对待。国有企业工作人员和非国有企业的工作人员将本单位的财物非法占为已有，国有企业工作人员以贪污罪论处，最高刑罚可处以死刑；非国有企业工作人员从事同样行为，只以职务侵占罪论处，一般处以5年以下有期徒刑，数额较大的处以5年以上有期徒刑。相比而言，两个罪的处罚力度相去甚远。在司法实践中，还存在将对民营企业的财产侵权作为经济纠纷来处理，

这就使民营企业的财产权排除在国家最强有力的刑事法律保护之外。

2. 公私财产犯罪追诉标准差异明显

根据最高人民检察院、公安部《关于经济犯罪案件追诉标准的规定》，涉嫌职务侵占，数额在5000元至10000元的，应予追诉，在沿海和经济发达地区，追诉起点是8000元到10000元。而贪污罪的起刑点是5000元，甚至不足5000元，只需情节较重，如毁坏账簿、多次贪污不思悔改等，就可以被起诉。显然，职务侵占罪在财产数额的起诉起点上低于贪污罪。虽然从打击国家工作人员贪污行为的角度讲，降低追诉标准具有一定的合理性，但从公司、企业财产保护的角度讲，会给人产生似乎公有财产受到侵犯更值得追诉和保护的印象，对非国有公司、企业财产的保护力度不及公有财产，这是不公平的。①

（二）产权和企业家合法权益保护的执法意识还不强

在司法实践中，检察机关在办理涉产权类案件还存在对执法的尺度把握还不够精准的问题，对于产权司法保护的意识还不够强，对其重要性的认识还不充分，重案件办理，轻挽回经济损失，重公薄民，就案办案，机械办案的惯性思维还在一定范围内存在，对于产权刑事案件处理可能对实体经济发展所产生的影响预判不够。主要问题在于：

1. 对执法目的存在认识误区，办案理念还有待转变

检察机关保障产权和企业家合法权益的法治环境建设必须将其提升到一定的政治高度，从思想上高度重视，因为依法平等保护民营企业合法权益，为民营经济发展营造良好法治环境是贯彻落实中央关于“鼓励、支持、引导非公有制经济发展”的内在要求，而检察机关又是法治环境的建设者和捍卫者，理应成为企业家创业创新法治环境建设的重要力量。当前检察机关在开展工作中，对产权和企业家合法权益保护的认识还不够深入，在一定范围还存在单纯以惩治犯罪为执法办案的唯一目的，认为只要专注于惩治犯罪，尤其是经济类犯罪即可，对于产权保护，尤其是民营企业家合法权益保护的意识薄弱。在查办各类犯罪案件中主动发现行政机关不积极履行保护企业家合法权益的法律职责，通过办案教育公众尊重产权、尊重创造，倡导鼓励创新创业的社会风气，积极预防相关违法犯罪活动方面的主动性、积极性还不够。

2. 法律监督方式还有待优化，执法能力还有待提高

产权和经济领域的知识密集型、人才密集型、创新密集型特征决定了该领域的违法犯罪活动有别于传统犯罪，对办案人员的专业素质和政策把握能力要

① 张翔：《论公民合法财产权的刑法保护》，载《湖南社会科学》2011年第3期。

求较高，当前我们检察队伍中部分检察干警的专业素质还不足以在办理大量案件的同时，注意对产权和企业家合法权益的保护。不仅如此，产权和经济领域的上述特征决定了检察机关对该领域的法律监督不能只停留在传统的追诉犯罪层面，要根据经济形势变化动态调整和完善监督机制，但目前法律监督的广度和深度还不够，法律监督方式还比较单一。

（三）产权案件罪与非罪的界限标准把握还不准

法律监督是检察机关的立身之本，检察机关要立足法律监督主责主业，把法律监督做强、做实、做优。加强刑事诉讼监督，坚决防止出现公安机关插手经济纠纷、干预发案单位正常生产经营活动等情况发生，让企业家在每一个司法案件中都感受到公平正义。然而，当前检察机关在办理涉产权案件时，对罪与非罪的界限标准把握还不准，对公安机关插手经济纠纷的监督还力。

1. 对新经济模式下的产权案件罪与非罪的把握还不准

随着经济社会的转型发展，以互联网、知识经济、高新技术为代表的新经济迅速发展。新经济模式一方面给经济带来以“互联网+”、大数据、云计算、物联网等为代表的新动能，另一方面将新的科技成果、信息技术等推广运用，带动产能转型、改造升级传统动能。其创新性和复杂性有别于传统的经济模式，司法机关在处理因新经济模式产生的案件时常常会遭遇法律空白，罪与非罪的界限标准上把握不准。例如在经济犯罪中，对于经济纠纷与经济犯罪，司法实践中对于合同纠纷、合同侵权等案件，存在着定罪倾向明显、法律概念混淆、犯罪客体类型化含义不明确等问题。

2. 对企业融资和知识产权案件罪与非罪的把握还不准

对于企业正当融资与非法集资犯罪，存在着非法集资“非法性”难以认定，正当融资行为与非法吸收公众存款罪、集资诈骗罪难以严格界定等问题。对于涉知识产权保护案件，在诉讼流程中公诉和自诉之间衔接不畅，知识产权罪与非罪区分度偏低等，也困扰司法实践已久。另外，检察机关要落实中央“鼓励民营企业依法进入更多领域，引入非国有资本参与国有企业改革，更好激发非公有制经济活力和创造力”的相关要求，准确把握产权纠纷与恶意侵占国有资产犯罪的界限，执行和利用国家政策谋发展中的偏差与钻改革空子实施犯罪的界限等，需要进一步明确法律适用的标准，避免因法律空白或者把握不准导致客观归罪。

（四）改革创新或历史形成的产权案件的处理原则还不明确

依法妥善处理改革创新或历史形成的产权案件，是全面贯彻落实中央完善产权保护制度、依法保护产权决策部署的重大举措，也是维护国家长治久安的必然要求。然而，在司法实践中，对于因改革创新或历史形成的产权案件的处理还不够慎重，处理的原则和标准还把握不准。

1. 因改革创新形成的产权案件的处理原则还不明确

习近平总书记在民营企业家座谈会上强调“对一些民营企业历史上曾经有过的一些不规范行为，要以发展的眼光看问题，按照罪刑法定、疑罪从无的原则处理，让企业家卸下思想包袱，轻装前进”。中共中央、国务院《关于营造企业家健康成长环境弘扬优秀企业家精神更好发挥企业家作用的意见》，明确了企业家和企业家精神的地位和价值，要求“及时甄别纠正社会反映强烈的产权纠纷申诉案件”。改革开放以来，社会观念发生了翻天覆地的变化，创业创新环境有了前所未有的改善，社会主义市场经济法治建设取得了长足的进步。但也看到，不适应社会主义市场经济的法律法规依然存在，阻碍企业发展、损害企业家正当利益的违法行为时有发生，一些地区的营商环境仍亟待改善，企业家的安全感有待得到进一步充分保障。民营企业改革创新发展过程中存在法律法规没有明文禁止的不规范问题或者因国家政策调整而引起的企业发展受制的问题亟须引起重视。

2. 因历史形成的产权案件的处理原则还不明确

历史形成的产权案件往往时间跨度较长、形成原因复杂。妥善处理此类案件既有严格的法律性，又有严肃的政策性；既要取得好的法律效果，又要取得好的社会效果和政治效果，充分体现政策导向。这就要求检察机关要坚持司法为民，公正司法，严格按照中央的统一要求，抓紧甄别纠正社会反映强烈的产权纠纷控告申诉和国家赔偿案件，剖析改革创新或历史形成的案件侵害产权的成因，着力提高产权保护精准度，努力推进产权保护的法治化。然而，历史形成的产权案件相关的处理原则还不够明确，相关的措施还不到位，一些产权类冤案错案尚未得到纠正。目前存在一些社会反映强烈、当事人长期申诉的历史形成的产权案件，包括国有资产监督管理和交易处置过程中涉及的贪污、贿赂、挪用公款、私分国有资产，民营企业经营发展中涉及的职务侵占、合同诈骗、侵犯知识产权以及利用公权力严重侵害私有产权、在特定经济领域形成非法控制的涉黑案件等，针对此类刑事申诉、国家赔偿和赔偿监督案件，如何处理需要进一步明确。

（五）企业家权利保护和司法救济还不完善

中共中央、国务院《关于营造企业家健康成长环境弘扬优秀企业家精神更好发挥企业家作用的意见》明确要依法保护企业家的财产权、创新权益、自主经营权、公平竞争权等权利。在当前司法实践中，检察机关距离“营造依法保护企业家合法权益的法治环境”还存在差距，关于企业家保护和司法救济的制度仍不完善。

1. 平衡企业家权利保护与正常办案的关系有待明确

企业家依法进行自主经营活动，不受非法干预。而现有司法办案中，部分检察机关的企业家司法保护措施还不够具有针对性，在办案过程中尚未充分考虑办案行为可能对企业家合法权益造成的影响，对于如何以最小干预实现刑事司法的目的和效果需要准确把握。比如，对于企业家采取强制措施的时机尚需要预判，是否应当对处于关键岗位、可能影响到企业正常经营的涉案企业家尽量不适用拘留、逮捕等强制措施还需要充分考量各方面因素。再比如，对企业家的涉案财物采取搜查、查封、扣押、冻结等干预措施的手段较为简陋和粗疏等，未虑及上述强制措施对企业家以及相关企业正常生产、经营运转等可能产生的社会影响。如何通过非强制性措施即可达到保障诉讼目的，如何加强查封、扣押、冻结涉案财产甄别审查工作确保合法财产不受牵连等问题仍需要解决。

2. 区分企业家创新权益与新类型犯罪的界限有待厘清

企业家的创新，不可避免地要挑战传统的生产方式和社会管理模式。但是在这过程中，同样出现了以互联网等新兴领域的新生事物为“幌子”，利用国家政策中的漏洞或钻改革空子实施犯罪的行为，比如近几年呈现高发多发态势的假借互联网“P2P”名义的非法集资类犯罪。因此，需要对企业家的“创新”是改革创新特别是科技创新、互联网创新等，还是假借创新名义的新类型犯罪进行准确判断，对企业家的“创新”活动属于改革中可以容忍的政策偏差还是认定为违法犯罪需要进一步予以厘清。

3. 兼顾企业家声誉与法治宣传的社会效果有待把握

在司法透明度越来越高、对司法公开要求越来越高的当下，通过典型案例的新闻发布来开展法治宣传、预防犯罪的方式愈来愈普遍。但对于发布涉及知名企业家及相关企业案件的新闻信息，还需要明确保护企业家声誉与正常的宣传报道之间的尺度把握，如何做到既最大化发挥典型案例的宣传警示作用、起到“办一案治一片”的效果，又不因案件办理给知名企业家及相关企业的声誉带来较大的负面影响，需要检察机关慎重斟酌。

（六）产权和企业家合法权益保护的工作机制还未建立

近年来，基层检察机关在贯彻落实产权司法保护精神的同时，积极探索建立工作沟通、会商等机制，深化企业和企业家司法保护和司法服务，显示了检察机关完善现代产权制度、推进产权保护和企业家保护法治化的决心。但从当前的实践效果来看，虽然有了顶层设计，行之有效的工作衔接和对接机制却仍未建立健全。

1. 缺乏有效的内部衔接机制

产权案件可能涉及经济、贸易等相关领域，本身具有较强的专业性和特殊性。目前来看，检察机关刑检、民行和控申等部门在开展提前介入引导侦查、认罪认罚从宽、羁押必要性审查、公益诉讼等工作中还未充分考量产权案件的特殊性，对于可能产生的相关影响和后果并未考虑到位。特别是在检察机关内设机构改革落地的当下，如何借力这一契机还有待深化，如何注重改革成果的有效运用，进一步探索建立健全产权救济保护机制和快速处理反馈机制，基于产权案件特殊性的梳理，形成专案特办、有效衔接、工作协同的内部专项工作机制还有待完善，以实现产权案件的快速流转和妥善处理，为民营企业发展提供更具针对性的制度保障，让民营企业也受惠于改革红利。

2. 缺乏畅通的外部衔接机制

行政执法和刑事司法实践中，因信息不对称、标准不统一致使涉产权纠纷案件出现法律适用及执法标准各异等问题，如何从源头上予以遏制此类情况的发生，对于不同主体产权的平等保护至关重要。“支持民营企业发展永远在路上，支持民营经济发展重在务实”，产权保护是一项事关全局的工作，需要依托各方的力量。从当前来看，一方面，检察机关与公安、法院、司法、行政执法部门之间还未形成产权保护的常态化工作协调机制；另一方面，相关行业协会、大专院校等社会重要力量的作用未得到充分发挥，检察机关尚未与之建立起产权司法保护的分析研判、调查研究等机制，未能为行业协会等对各类经济主体，尤其是非公有制经济主体的市场活动的有效指导提供助益，形成工作合力。

三、完善产权和企业家合法权益保护的对策建议

加强产权保护、保护企业家合法权益，对于完善现代产权制度、推进产权保护法治化，对于增强人民群众财产安全感、增强社会信心、形成良好预期，对于营造公平公正透明稳定的法治环境、激发各类经济主体创业创新动力，对于维护社会公平正义、促进经济社会持续健康发展，具有十分重要意义。针对检察机关在加强产权保护、保护企业家合法权益中发现的问题，我们认为，应该从以下几个方面进一步完善和改进。

（一）统一产权和企业家合法权益保护的法律适用标准

1. 统一罪刑标准

有学者认为，应当将不同所有制形式的经济组织中发生的贪污、挪用、贿

赂案件，统一规定相应的罪名、相同的罪状及法定刑。[①] 将职务侵占罪纳入贪污罪，挪用公款罪与挪用资金罪合并为挪用资金罪，公司、企业人员受贿罪、对公司、企业人员行贿罪与受贿罪、行贿罪统称为受贿罪、行贿罪，主要是因为非国有公司、企业人员的职务侵占、挪用、贿赂行为和国有公司、企业人员的贪污、挪用、贿赂行为非常相似，都是利用职务之便，行为特征均表现为侵吞、窃取、骗取或者其他非法手段，二者不同之处仅仅是侵害的财产性质，一个是公有财产，另一个是合法财产，如我国香港地区刑法，在《防止贿赂条例》中，将非公共机构的代理人非法占有其主事人利益的行为，规定为贪污罪。

2. 统一追诉标准

刑事追诉标准直接决定着某种违法行为是否被刑事追究。一般而言，对同质的违法行为设置相同的追诉标准，既有利于法律适用的统一性，又有利于树立司法权威。然而，在我国私营企业财产权的刑法保护方面，即使是侵犯企业财产权的同质行为，却因为所侵犯的财产在权属上存在“国有”和“私有”的区分，规定了不同的追诉标准。整体来看，对侵犯国有公司、企业财产权的行为规定的追诉标准相对较低，而对侵犯私营企业财产权的行为规定的追诉标准相对较高。显然，这种不统一的刑事追诉标准，也说明了刑法对私营企业财产权的不平等保护。因此，在检察机关未来的司法活动中，要尽量弱化财产在属性上的差别，并按照行为的性质及对法益的侵害程度，对侵犯企业财产权的行为设置统一的刑事追诉标准，使私营企业财产权的刑法保护实现平等。

（二）转变产权和企业家合法权益保护的执法理念

1. 改进法律监督的方式方法和司法理念

检察机关要坚持既充分履行职能、严格依法办案，又注意改进法律监督工作的方式方法，防止办案对企业家合法权益造成负面影响。要坚持深入查办案件与规范自身司法行为并重，坚持采取强制措施、侦查措施与维护企业家正常经营秩序、合法权益并重，坚持打击经济犯罪、查办职务犯罪与依法帮助企业家挽回和减少经济损失并重，严格公正廉洁司法与理性平和文明规范司法并重。要把平等保护各类市场主体合法权益作为检察工作服务改革发展稳定大局的重要着力点，坚持诉讼地位和诉讼权利平等、法律适用和法律责任平等、法律保护和法律服务平等。主动适应民营经济发展的司法需求，依法保护民营企业产权和合法权益，尤其是加强对中小企业权益的司法保护，努力营造公平的

① 张翔：《论公民合法财产权的刑法保护》，载《湖南社会科学》2011 年第 3 期。

竞争环境。依法保护企业家和从业人员创新创业的积极性，增强发展预期和信心，激发活力，促进创新发展，给企业吃下“定心丸”。

2. 提升检察人员的执法能力和专业素养

检察机关要重视强化检察官的办案责任和社会责任，贯彻落实“谁执法谁普法”的普法责任制，加强检察官新闻发布、以案释法和法治宣讲，以法律效果推动社会效果，以社会效果规范法律效果，共同促进和优化民营经济发展环境，努力适应经济发展新常态。一要培塑新时代检察职业担当精神。面对困难、压力、干预、风险等，检察官要树立敢于监督、善于监督，敢于碰硬、善于作为的职业素养和精神信念。能够直面问题焦点，及时查明事实，有效平复质疑，敢于迎难而上、坚持到底，有理有力地开展工作，有效促进问题的解决。二要加强“法学 + X”核心能力建设，对标“一流队伍”要求，打造过硬、担当、专业的人才队伍，为民营经济发展提供人才储备和智力支持。补齐专业能力短板，通过检校合作、检察官业务研修等不同形式，提升检察人员的专业化水平，努力打造专家型、精英化检察队伍。三要加大专业人才引进力度。从知识产权、金融等相关领域、行业中招录既懂法律又具有专业技术背景的优秀人才，专门从事涉产权案件的办理工作，充实检察人才队伍。四要加强法治宣讲，主动开展送法“五进”活动。即采用进商圈、进园区、进楼宇、进银行、进社区等方式，用通俗易懂、生活化的语言，丰富多样、接地气的形式，帮助和促进企业和企业家遵法学法守法用法，既依法办事、守法经营，又提高自身保护意识，有效防控重大法律风险，提高企业经管管理法治化水平，进一步营造企业家健康成长的良好氛围。

（三）准确把握产权类刑民交织案件罪与非罪的界限

德国著名刑法学专家耶林曾说过，“刑罚乃一把双刃之剑，用之不当则国家和个人两受其害”，基于对刑罚功能二重性的认识，刑罚必须保持适度审慎的谦抑已成为现代刑法追求的价值目标。[①] 涉产权类案件往往刑民交织，应当坚持主客观一致原则，准确把握法律政策的界限，结合审查逮捕、审查起诉工作，加强对产权类案件的分析研判，提高产权司法保护的精准度。

1. 坚持主客观相一致原则，准确把握罪与非罪的界限

在我国，罪与非罪界限的区分采用的是“立法定性、司法定量”的方法。国家通过法律界定犯罪的含义，当当事人的事实行为在抽象化、特征化之后，符合法律的典型性规定时，才将该事实行为定义为犯罪；其他行为则不将其定

① 陈兴良：《刑法哲学》，中国政法大学出版社 1997 年版，第 6 页。

义成为犯罪。有些即便当事人的事实行为在抽象化、特征化后符合犯罪的典型特征，但情节显著轻微，社会危害性不大，也不以犯罪论处。这些情节需要司法机关根据法律、司法解释等对其做出考量。①

主客观相一致原则是指对犯罪嫌疑人、被告人追究刑事责任，必须同时具备主客观两方面的条件，并要求主客观两方面的有机统一。如果缺少主观或者客观其中任何一方面条件，犯罪就不能成立，不能令犯罪嫌疑人、被告人承担刑事责任。在产权类案件中，要坚持主客观相一致原则，注意严格区分经济纠纷与经济犯罪的界限、个人犯罪与企业违规的界限、企业正当融资与非法集资的界限、经济活动中的不正之风与违法犯罪的界限、执行和利用国家政策谋发展中的偏差与钻改革空子实施犯罪的界限、合法的经营收入与违法犯罪所得的界限、非公有制企业参与国企兼并重组中涉及的经济纠纷与恶意侵占国有资产的界限等。对企业生产、经营、融资等经济行为，除法律、行政法规明确禁止外，不以违法犯罪对待；对于正在办理的产权类刑事案件，法律和司法解释规定不明确、法律界限不明、罪与非罪界限不清的，不作为犯罪处理，避免客观归罪。

比如张文中案②的依法改判，就把民营企业执行和利用国家政策谋发展中的偏差与钻改革空子实施犯罪的界限作了严格区分，做到了“三个严格把握”：一是严格把握非法集资“非法性”的认定，应当以《商业银行法》《非法金融机构和非法金融业务活动取缔办法》等国家金融管理法律法规作为依据，同时可以参考中国人民银行、中国银行保险监督管理委员会、中国证券监督管理委员会等行政主管部门依照国家金融管理法律法规制定的部门规章或者国家有关金融管理的规定、办法、实施细则等规范性文件。二是严格把握正当融资行为与非法吸收公众存款罪的界限，对于民营企业非法吸收公众存款主要用于正常的生产经营，能够及时清退所吸收资金的，可以不起诉或者免于刑事处罚，情节轻微的，不作为犯罪处理。三是严格把握正当融资行为与集资诈骗罪的界限，对民营企业的融资行为，只有证据证明确系以非法占有为目的的，才能以集资诈骗罪认定。

---

① 在刑法分则中没有规定罪量要素的犯罪，并不表示只要行为一经实施就一概构成犯罪。因为刑法总则关于情节显著轻微，危害不大，不以犯罪论处的规定同样也适用于这些犯罪，因而司法解释对这些犯罪同样规定了罪量要素。参见陈兴良：《作为犯罪构成要件的罪量要素——立足于中国刑法的探讨》，载《环球法律评论》2003年秋季号。

② 2018年5月31日，最高人民法院再审物美创始人张文中一案，并当庭宣判：张文中此前受指控的诈骗、单位行贿、挪用资金三罪，均不成立。该案被十三届全国人大一次会议的“两高”报告作为纠正冤假错案、落实产权司法保护的典型案例。

2. 坚持法治思维和方法，准确把握法律适用的新情况

要坚持法治思维和方法，充分考虑非公有制经济的特点，优先考虑企业生存发展，防止不讲罪与非罪界限、不讲法律政策界限、不讲方式方法，防止选择性司法，防止任意侵犯企业合法权益问题的发生。例如，对企业为开展正常经营活动而给付“回扣、好处费”的行为，既要在法律允许范围内讲政策、给出路，又要防止片面强调保护企业经营而放纵犯罪。对于法律政策界限不明，罪与非罪不清的，还要加强研究分析，注意及时向上级检察机关请示报告，及时听取行业主管、监管部门意见，坚决防止把一般违法违纪、工作失误甚至改革创新视为犯罪，确保办案的质量和效果。

要注意研究新情况新问题，鼓励和支持非公经济主体投入创新发展中去。注重研究创新发展中出现的新兴产业、新兴业态、新型商业模式、新型投资模式和新型经营管理模式等新变化，慎重对待创新融资、成果资本化、转化收益等不断出现的新问题，坚持“法无明文规定不为罪”。要落实保护改革创新的“容错”要求，对于锐意作为，但出现决策失误、偏差，造成一定损失的行为，要区分情况慎重对待。对于在重大科研项目实施中突破现有制度，但有利于实现创新预期成果的，应当予以宽容。对于共同犯罪，重点追究主犯的刑事责任，对于从犯和犯罪情节较轻的，依法从宽处理。

（四）审慎处理改革创新或历史形成的不规范问题

检察机关要客观看待和依法妥善处理改革开放以来企业经营发展过程中存在的不规范问题，依法宽容改革创新或历史形成的偏差、失误甚至造成一定损失的行为，依法支持改革者、保护创新者、宽容失误者、惩治犯罪者。

1. 客观看待改革创新或历史形成的不规范问题

要以历史和发展眼光来客观看待改革开放以来各类企业，特别是民营企业经营发展过程中存在的一些不规范问题，对当时的政策性处理与现时的合法性对照，既要维护当时的政策性做法，又要体现现在产权司法保护的权威。一是坚持实事求是原则。企业家是创新创业的引领者、转型升级的推动者，自改革开放以来，为积累社会财富、创造就业岗位、提升区域竞争力作出了重要贡献。在办案过程中要尊重历史，实事求是，依法保护企业家人身权、财产权、自主经营权以及创新权益。二是坚持依法纠错原则。坚持以事实为根据，以法律为准绳，严格遵循法不溯及既往、罪刑法定、在新旧法之间从旧兼从轻等原则，严守法定程序。对符合申诉条件的产权案件，依法受理、办理；对确有错误的产权案件，坚决予以纠正，维护公平正义，提升司法公信力。三是坚持纠防结合原则。通过对产权错案冤案的甄别和纠正，强化检察监督司法救济、倒

遏防错和统一法律适用功能，落实司法责任制，加强源头预防。

2. 审慎办理改革创新或历史形成的控告申诉案件

要畅通诉求表达渠道，依法受理改革创新或历史形成产权案件的控告申诉，加快受理审批移送节奏，确保符合条件的申诉案件得到及时受理、及时审查、及时监督。例如最高人民检察院于2018年1月30日发布了4起产权类刑事申诉典型案例①，对于该类案件，最高人民检察院控告申诉相关部门建立了“直通车”，使得案件得到及时受理、依法办理。要按照最高人民检察院《关于充分履行检察职能加强产权司法保护的意见》的要求，抓紧甄别纠正一批社会反映强烈的产权纠纷申诉案件，对于确属事实不清、证据不足、适用法律错误的案件，依法予以纠正，对于违反法律政策侵犯产权、不利于经济发展的决定、判决、裁定，依法监督纠正。例如在赵守帅申诉案②中，赵守帅与永昌县农牧机械总公司因不服判决结果向河南省人民检察院提出申诉，河南省人民检察院经审查认为原案事实不清、证据不足，原审裁判确有错误，依法提出抗诉。本案最终改判赵守帅和永昌县农牧机械总公司无罪，时隔十余年获得纠正。

国家赔偿在保护公私产权领域是特别的救济程序，通过依法认定司法行为侵害公私产权的结果，充分发挥检察机关对职务行为的监督作用，有效制约执法行为的公正性。国家赔偿在产权领域充当了“减压阀”，在司法行为确实损害到公私产权时，检察机关应客观评价公私产权损失，依法办理涉产权保护的国家赔偿案件。要坚持法定赔偿原则，保障符合赔偿条件的产权主体及时获得赔偿，并做好反向审视和问责追究工作，采用个案、类案和综合分析等方式，查找办案中倾向性、苗头性问题，不断改进工作，从源头上有效预防冤案错案的发生。

3. 多渠道化解改革创新或历史形成的产权纠纷

健全控申部门与相关业务部门工作协同机制，在法定期限内及时办理、答复群众产权保护诉求。对不属于检察环节办理的产权保护控告申诉，依法告知信访人相关处理维权途径，做好释法说理工作。在开展释法说理工作时，应当

---

① 即赛格集团有限公司申诉案、赵守帅申诉案、月亮湾装饰设计有限公司申诉案和长康实业有限公司申诉案。

② 赵守帅系甘肃省永昌县农牧机械总公司法定代表人，1997年1月至10月期间，该公司与河南省新乡市第一拖拉机厂签订合同购买各种型号的拖拉机142台，价值1463530元，共计拖欠货款769943元。新乡市第一拖拉机厂多次派人催要货款，赵守帅避而不见。2002年11月30日，新乡市中级人民法院以合同诈骗罪判处赵守帅有期徒刑十三年。

充分阐明相关的法律、司法解释和政策依据，同时注重以理服人、以情感人、增强司法办案的人文关怀。建立涉产权民事、行政申诉案件引导当事人和解机制，积极推动建立社会帮扶、政府扶贫等化解矛盾机制，推动建立健全与人民调解组织、行业调解组织的衔接联动机制，引导当事人向调解组织提出调解申请，并根据调解情况依法作出相应处理。引入律师参与代理和化解涉产权纠纷信访案件工作，建立律师轮值接访制度，积极邀请律师接待产权纠纷信访当事人、参与案件化解、代理申诉案件、评析信访案件、做好释法劝导、引导申诉，形成化解矛盾工作合力。开展产权案件公开审查工作，做到“宜公开，尽公开”，邀请人大代表、政协委员、人民监督员或申诉人所在单位、社区工作人员等第三方力量参与案件公开审查，通过中立第三方评判申诉理由是否合理，审查结果是否公正，有效化解改革创新或历史形成的产权纠纷。

（五）依法开展维护产权人或企业家合法权益的检察监督

检察机关要立足法律监督职能，在诉讼的不同阶段都能对保护产权和企业家合法权益展开多方面的工作，从而更加精准地服务和保障改革创新，增强企业发展活力和创造力。

1. 严格把握审查逮捕和审查起诉标准

要细化产权类犯罪案件审查逮捕质量标准，严把事实关、证据关、程序关和法律适用关，防止“构罪即捕、一捕了之”。对不符合逮捕条件，或者具有《刑事诉讼法》第16条规定情形之一的企业负责人，应当依法不批准逮捕；对有自首、立功表现，认罪态度好，没有社会危险性的企业负责人，一般不批准逮捕；对符合监视居住条件，不羁押不致发生社会危险性的民营企业负责人，可以不批准逮捕。对已经批准逮捕的企业负责人，应当依法履行羁押必要性审查职责；对不需要继续羁押的，应当及时建议公安机关予以释放或者变更强制措施。对已作出的批准逮捕决定发现确有错误的，应当撤销原批准逮捕决定，送达公安机关执行。

要建立产权类犯罪案件审查逮捕质量分析评查制度，对逮捕后撤案、不起诉、判无罪和公安机关提请复议复核、当事人提出申诉的案件实时监控，及时分析案件在事实认定、证据采信、法律适用、程序规范等方面存在的问题。要以评查促规范，对存在的问题有针对性地研究制定整改措施，完善相关制度机制，提升审查逮捕工作的规范化、精细化水平。

要严格把握产权类案件起诉条件，坚决防止将经济纠纷当作犯罪处理，坚决防止将民事责任变为刑事责任，厘清罪与非罪的界限，加强社会危险性分析，保障不起诉权的依法、规范行使，确保企业正常生产经营秩序。对于产权类案件，经审查认定案件不构成犯罪，包括涉案企业负责人没有犯罪事实，或者具有《刑事诉讼法》第16条规定的情形之一，或者具有其他法律规定的免予追究刑事责任情形的，应当作出不起诉决定。要坚决防止“带病起诉”。经审查认定案件符合《刑事诉讼法》第182条的规定，涉案企业负责人自愿如实供述涉嫌犯罪的事实，有重大立功或者案件涉及国家重大利益的，经最高人民检察院核准，可以作出不起诉决定。

要落实涉产权案件认罪认罚从宽制度，关于“认罪”，具体可以根据刑法中关于自首、坦白中“如实供述自己的罪行”来把握。涉案企业负责人承认指控的主要犯罪事实，仅对个别细节提出异议的，或者对犯罪事实没有异议，仅对罪名认定提出异议的，不影响认罪的认定。关于“认罚”，体现为涉案企业负责人同意量刑建议，签署具结书，对检察机关建议判处的刑罚种类、幅度及刑罚执行方式没有异议。关于“从宽”，包括适用强制措施从宽和量刑从宽。对于涉案企业负责人认罪认罚的，应当将认罪认罚情况作为社会危险性的考虑因素，没有特殊理由的，在量刑上从宽处罚。还要注意提高办案效率，对于符合速裁程序和简易程序条件的产权类案件，应当依法从速办理，最大程度减少对企业造成的负面影响。

2. 强化刑事诉讼监督职能

除了通过依法打击各类涉及产权的犯罪，保障公民的合法权益之外，也要积极通过刑事监督职能，延伸产权案件办理的法律效果和社会效果。加强立案监督，重点监督侦查机关以刑事手段插手经济纠纷、选择性执法等妨害产权平等保护的问题。加强侦查监督，落实非法证据排除等规则，坚决纠正非法取证、滥用强制措施、查封扣押冻结财物不当等侦查违法行为。对因涉嫌犯罪被逮捕的各种所有制组织的投资者、生产者、经营者等，认真开展羁押必要性审查。加强审判监督，重点纠正涉产权案件在认定事实、采信证据、适用法律方面等方面存在的错误或瑕疵。加强刑事执行监督，重点监督涉产权案件生效判决、裁定的执行活动中存在的非法处置被执行人或者案外人财产等侵犯产权违法情形，确保财产刑执行到位。依法保障各类产权主体在服刑期间的申诉权，对于处于服刑期间的民营企业投资人，依法保障其行使财产权利等民事权利。

3. 拓展民行监督和公益诉讼职能

最高人民检察院《关于充分发挥检察职能依法保障和促进非公有制经济健康发展的意见》明确，要依法履行民事行政检察职责，加强对产权诉讼案件的法律监督。我们认为，应当把握好以下几个方面：一是保障各类产权主体申请监督权。畅通申请监督渠道，通过抗诉、提出检察建议等加强对涉产权民事行政生效裁判的监督，有效保障产权主体的合法权益。二是加强民事行政执行监督。重点纠正因不依法履行执行职责或错误采取执行措施、处置执行标的物、追加被执行人，致使当事人或利害关系人、案外人等财产权受到侵害的案件。三是强化对涉产权虚假诉讼的监督。针对当事人恶意串通，通过以物抵债等方式损害案外人产权的案件加大审查力度，督促法院依法惩治虚假诉讼行为，维护司法公正和司法权威。四是全面推进公益诉讼。重点开展国有资产保护、国有土地使用权出让等产权领域公益诉讼工作，加强对涉及人身财产权益的行政强制措施等的监督，防止和纠正违法行政行为对各类产权主体合法权益的侵害。

（六）构建产权和企业家合法权益保护的工作机制

1. 建立常态化沟通联络机制

一是建立内部专项工作机制。在梳理产权案件的特殊性的基础上，整合刑检、民行和控申等资源，建立产权案件专案特办、有效衔接、工作协同机制。充分发挥检察机关视频接访系统、12309 举报网络平台等诉求表达渠道的作用，对涉及产权案件当事人维护自身合法权益的控告、申诉和举报，安排专门人员，及时快速予以反馈，严格按照法律的管辖规定、诉求性质和相应的法律程序办理，注重对产权案件的提前介入、引导侦查和羁押必要性审查，推进认罪认罚从宽工作，对于轻微案件简化诉讼程序，加快诉讼进程，切实维护各类产权主体的合法权益。二是形成外部执法合力。加强与纪委监察委、公安、法院、行政执法部门的协作配合，建立健全联席会议、情况通报的工作机制，定期会商研讨涉产纠纷案件的立案标准、证明标准及执行标准等相关法律适用问题，最大程度避免因立案门槛差异化导致的不同产权主体之间诉权的不平等，以防因证明标准多元化出现同案不同判、因执行标准不统一导致同质产权的不平等待遇，建立产权领域的执法司法有效衔接机制。加强与各级工商联、相关行业协会和大专院校的密切联系，广泛听取专家学者、律师、企业界人士的意见建议，就产权司法保护的理论问题、实践难点和前沿性课题共同开展调研分析，在充分了解各类经济主体、尤其是民营经济主体市场情况的基础上，增强产权司法保护的针对性和实效性，支持开展对涉及产权纠纷的中小企业维权援助工作，为平等保护不同主体产权营造环境。

2. 建立风险预警防范机制

一是开展专题风险预防。要结合办案开展风险预警和防范，对产权保护中存在的普遍性问题，组织开展专题预防活动，积极运用检察建议、年度报告、专项报告、白皮书等方式，督促产权登记、审批、监管、保护等部门完善制度机制，加强改进产权保护工作，增强预防工作整体效果。二是做好办案效果的风险评估预测。办理涉产权案件时会同有关部门将是否严重影响企业正常生产经营作为重要的风险评估指标，确保各种所有制企业在刑事诉讼传唤、拘传、查封、扣押、冻结涉案企业财产等措施面前具有平等的法律地位。对非公有制企业较易涉及的非法吸收公众存款、集资诈骗、逃税、骗取出口退税罪、虚开发票罪等犯罪，区别考虑是否进行程序过滤和追究刑事责任，并尽可能做好涉案资产保全。对涉及非公有制企业股权、借款、破产、兼并、重组、转制等案件，积极协助有关部门运用和解、调解等当事人地位平等的法律途径化解矛盾，防止发生因企业资金链断裂而倒闭。对于正在投入生产运营或者正在用于科技创新、产品研发的设备和技术资料等，一般不予查封、扣押、冻结，确需提取犯罪证据的，可以采取拍照、复制等方式，严格规范涉案财物的处置。三是提供风险防范建议。对于办案中发现的容易引发犯罪的法律风险点进行分析评估，为政府引进民营企业、高科技企业提供刑事风险防范建议，为行业监管部门提供职务犯罪预警预测，以指导和推动企业依法管理和诚信经营，促进企业健康发展。

3. 建立法律服务保障机制

要主动延伸检察职能，找准检察机关法律服务的切入点，为企业健康发展创造良好的外部环境。一是主动服务企业、企业家和创业创新人才。主动对接企业，特别是民营企业，构建支持企业健康发展的长效机制，通过召开座谈会、走访企业、在企业集中区域设立检察室等方式广泛了解企业法律服务的需求，深入企业、社区积极开展法治宣讲。在产业园区因地制宜设立产权司法保护基地，通过法律咨询、授课、制发产权保护宣传手册等方式，积极为国有企业、私营企业、创业创新人才开展有针对性的法律服务。二是培育全社会尊重产权、保护产权意识。充分利用“两微一端”、微电影、微视频等媒体平台，加强与主流媒体、重点商业网络和自媒体的联系协作，深入宣传解读加强产权保护的政策和法律法规，及时报道检察机关产权保护的相关工作举措、进展和取得的积极成效。选择检察机关依法纠正侵害产权的、有重大社会影响的典型案例向社会予以发布，释放保护产权的积极信号，着力宣传和营造法治、透明、公平的体制政策环境和社会舆论环境，保护企业家精神，支持企业家专心创新创业。

党的十九大以来，国家将产权保护提升到了经济体制改革、经济创新驱动、保障人权等全局性、战略性的层面考量，对产权和企业家司法保护提出了新的要求。习近平总书记强调，“要花更多时间和精力关心民营企业发展、民营企业家成长”。依法保护产权、保护企业家合法权益是促进经济转型升级、全面深化改革、全面建成小康社会的客观需要，从司法层面加强产权和企业家合法权益保护是当前检察机关服务大局、保障民营经济发展的一项重要的工作举措。检察机关要转变理念、积极作为、靠前服务，为产权和企业家合法权益保护作出更多努力。

侵犯公民个人信息犯罪应罚性基础及其行为类型化研究

——以抽象危险犯理论为视角

天津市人民检察院课题组*

21世纪以来，信息数字化技术飞速发展，超大数量级的信息收集、加工、处理和传输工作成为可能。个人信息在超大数量级数据的层面也逐渐突破了隐私权的范畴，具备了前所未有的经济价值，社会生活中针对个人信息的侵害行为呈现井喷之势。近年来，为回应社会生活新现象对规则的迫切之需，我国的立法和司法机关先后出台了相应法律和司法解释：从2009年《刑法修正案（七）》率先增设“出售、非法提供公民个人信息罪”和“非法获取公民个人信息罪”。2012年全国人大常委会通过了《关于加强网络信息保护的决定》（以下简称《决定》），从个人信息保护和网络信息安全方面作了规定。2013年“两高一部”又发布了《关于依法惩处侵害公民个人信息犯罪活动的通知》（以下简称《通知》），针对侵犯个人信息犯罪行为的打击进行了进一步的规定。2015年的《刑法修正案（九）》将《刑法修正案（七）》中的“出售、非法提供公民个人信息罪”和“非法获取公民个人信息罪”合并为“侵犯公民个人信息罪”，同时将“国家机关或者金融、电信、交通、教育、医疗等单位的工作人员”这一特殊主体扩展至一般主体。2016年全国人大常委会通过了《网络安全法》，对信息保护作出了明确的规定，个人信息保护的法律体系进一步健全。2017年最高人民法院和最高人民检察院联合发布了《关于办理侵犯公民个人信息刑事案件适用法律若干问题的解释》（以下简称《解释》），对在办案过程中遇到的相关问题进行了详尽解释。不难看出，尽管我国在个人信息保护方面的法律产品供应问题已基本解决，但在内容上，当前的立法和解释仍停留在满足初步需求和对司法实践中出现的问题进行“修补”式“供应”

---

* 课题组成员：王悦群、黄祖帅、白春安、常俊朋。

上，缺少对相应理论系统性的构建及犯罪行为类型化的梳理。本文拟从个人信息的权利属性厘清着手，在此基础上探究侵犯公民个人信息行为的刑法应罚性，找出刑法应当制裁的实质，并以此为中心构建侵犯公民个人信息行为的类型化体系。

一、个人信息的权利属性

个人信息是指单独或者与其他信息相结合可以识别特定主体的各种信息。个人信息的权利属性也是随着数据技术的发展而出现的新问题，且是个人信息保护无法绕开的基础性问题。尽管当前立法和司法解释均以描述的方式对个人信息的外延进行了列举，但对其权利属性均避而不谈，这也体现了当前立法和司法解释出台的应急性及其实用主义色彩。

（一）关于个人信息权利属性的争论

个人信息属于人格权、财产权还是混合权，抑或是一种独立的权利，学界仍争论不休，目前主要有以下几种观点：

隐私权说。持该观点的一般认为，侵犯公民个人信息罪保护的是个人信息所体现的公民隐私权。① 更有甚者认为只有属于个人隐私部分的个人信息才是刑法保护的对象。对个人信息的侵害行为应当通过隐私权的救济途径进行保护。美国当前的个人信息的保护模式也是以隐私权为核心，通过散见于各类法律中隐私权概念的扩张予以实现。

财产权说。持该观点的一般认为，个人信息在信息社会主要体现的是其经济价值，是一种新型的财产权利。随着信息和网络时代的到来，个人信息事实上已经发挥出维护主体财产利益的功能，此时，法律和理论要做的就是承认主体对于这些个人信息享有财产权。② 此观点将个人信息的法益解读为公民个人对其享有的占有、使用、收益、处分的权利。③

人格权说。持该观点的一般认为，个人信息权是人格权的具体化，对个人信息的保护主要指保护公民的人格利益。④ 持该观点的学者一般反对财产权

---

① 王昭武、肖凯：《侵犯公民个人信息犯罪认定中的若干问题》，载《法学》2009年第12期。

② 刘德良：《论个人信息的财产权保护》，载《法学研究》2007年第3期。

③ 汤擎：《试论个人数据与相关的法律关系》，载《华东政法学院学报》2005年第5期。

④ 齐爱民：《大数据时代个人信息保护法国籍比较研究》，法律出版社2015年版，第53页。

说，他们认为，如果忽略了“个人信息”中“人”的因素，则必然“在商言商”，妨害人格的平等性，因为每个人的经济状况不同，信息资料也有不同价值，但人格应当是平等保护的，不应区别对待。①

（二）大数据时代个人信息权利属性的突破

个人信息在大数据前时代以纸质或较低水平的数据存储设备为载体，形式较为零散，无法进行集中快速处理和传输，因此在普遍状态下无法产生相应的经济价值。此时个人信息的权利属性较为单一，比如个人的姓名、出生日期、住址、电话号码等信息，基本处于隐私权的范畴，个人信息被侵犯的行为方式也比较单一。此时，隐私权的刑法保护模式和保护思路足以应对较为简单的侵犯行为。但当数据存储技术、网络技术及大数据处理技术普及后，个人信息的内涵和外延受到了前所未有的冲击。一是出现了个人信息的新类型，比如网络平台个人账户信息、金融机构账户财产信息、个人电子设备的行踪轨迹、上网记录、浏览习惯等，使得原来以可识别为特征的隐私权界定方式难以涵盖新的个人信息类型，无法应对社会现实的新变化。二是数据存储、加工、处理和传输技术的发展，使得超大数量级的数据信息处理和交换变得极为便捷，同时也使个人信息数据在一定的社会领域具有了商业价值和社会价值，这都为针对个人信息的犯罪带来了行为方式上的多元化和便捷化。因此，对于“公民个人信息”的保护除了直接保护个人的身份认证信息外，还具有了间接保护公民人身、财产安全的使命。②

可以看出，前述的隐私权说、人格权说和财产权说都从不同角度和层面对个人信息进行了界定，反应了个人信息权不同侧面的特征，但这其中任何单纯的一种理论都很难全面解释大数据视野下个人信息的权利属性。如个人信息在新技术加持下的财产权属性，这在大数据前时代并不具有，是信息化革命带来的新生事物，继而引发了多种以个人信息为侵害对象的违法行为，加上基于个人信息而发生的不断翻新的下游犯罪形式，严重侵犯了公民人身、财产安全。如在全国引起巨大影响的山东“徐玉玉案”，犯罪嫌疑人在非法获取考生高考录取的个人信息后，以给付奖学金的名义进行了电信诈骗，徐玉玉被骗后突发心脏病而死亡。可见，面对基于个人信息而产生的侵害行为纷繁复杂、形式多

① 王利明：《论个人信息权在人格权法中的地位》，载《苏州大学学报》2012年第6期。

② 于志刚：《“公民个人信息”的权利属性与刑法保护思路》，载《浙江社会科学》2017年第10期。

样，仍然简单地以保护隐私权的模式对个人信息进行保护已经很难适应社会现实的需要。采取美国对于隐私权进行扩张的模式对个人信息进行保护也不可取。作为非成文法国家的美国，立法和司法的实用主义色彩更浓，而我国受以法律概念为基础的大陆成文法影响更为深刻，从概念基础对个人信息进行界定，便成为个人信息保护的基础理论问题。因此，面对全新的社会现象和社会需求，从宪法层面引申出一种全新的权利——个人信息权就显得尤为必要。

（三）个人信息权的概念塑造

个人信息权的内容取决于个人信息的内容，当前我国法律或司法解释对于个人信息的外延也不统一，《通知》中通过列举的方式确定了个人信息的外延："公民个人信息包括公民的姓名、年龄、有效证件号码、婚姻状况、工作单位、学历、履历、家庭住址、电话号码等能够识别公民个人身份或者涉及公民个人隐私的信息、数据资料。"确立了个人信息的外延涵盖"可识别"的个人身份信息和"隐私"信息。《网络安全法》规定："个人信息，是指以电子或者其他方式记录的能够单独或者与其他信息结合识别自然人个人身份的各种信息，包括但不限于自然人的姓名、出生日期、身份证件号码、个人生物识别信息、住址、电话号码等。"这一定义对"可识别"进行了扩张，不仅包括单独识别，还包括了与其他信息相结合的识别。《解释》规定："刑法第 253 条之一规定的'公民个人信息'，是指以电子或者其他方式记录的能够单独或者与其他信息结合识别特定自然人身份或者反映特定自然人活动情况的各种信息，包括姓名、身份证件号码、通信通讯联系方式、住址、账号密码、财产状况、行踪轨迹等。"《解释》在扩张了的"可识别"信息外，又增加了"反映活动情况的各种信息"这一要素，外延上通过列举的方式增加了"账号密码""财产状况""行踪轨迹"这三种网络技术带来的新型信息类型。

从对我国法律和司法解释的解读来看，当前"公民个人信息"既包括单独或相结合的"可识别性"信息，也包括与财产相关的账号等信息，还包括与个人活动相关的其他信息。大数据时代的个人信息内容的多元化决定了个人信息权内核属性的复合性，分别包括了人身属性（隐私权部分）、财产属性和其他相关法益属性。通过扩张其中任何一种权利属性的范围来对其进行涵盖都会带来对其他属性保护的削弱，如果将二者进行割裂也会带来法律保护的分裂，如在刑法上就可能分裂为侵犯人身和侵犯财产的两种罪名。在新的社会条件下，尊重现有事实和需求，将个人信息权视为一种独立的全新的权利，分别涵盖人身属性（隐私权部分）、财产属性和其他相关法益属性更为适宜。从法律保护角度，应首先从宪法层面确立个人信息权，并在私法、行政法层面引申出相应的个人信息权保护体系，然后从刑法角度将公民个人信息权确定为需要保护的法益，这样的保护逻辑将会更加顺畅和自洽。可喜的是，《民法》总则第111条作出了“自然人的个人信息受法律保护”的规定，可以预测到的是未来通过的《民法》分则中人格权部分可能会增加个人信息权的相关规定，在私权领域确立个人信息权，这也将扭转我国对个人信息保护“先刑后民”的无奈局面。

二、侵犯公民个人信息行为的刑法应罚性

目前关于侵犯公民个人信息犯罪行为的研究成果中，对该行为刑法应罚性基础的论述多聚焦于社会现实需求上，其基本逻辑是“信息社会的发展针对公民个人信息的非法行为日益猖獗——严重侵犯了公民个人权益甚至造成严重后果——刑法必须出手予以打击”，这显然与法社会学的逻辑更为接近，过多地着眼于社会现实的规则需求上，当下侵犯公民个人信息犯罪方面立法和司法解释的“修补式”立法秉持的也是相同的思路，这虽然有效回应了民意，但从刑法基础理论上对侵犯个人信息行为应罚性的论述依然少见，在刑法理论方面的造成了一定的缺失遗憾，也阻碍着对侵犯个人信息犯罪行为体系化的研究。

（一）风险社会学说背景下的抽象危险犯

以德国社会学家贝克为代表的风险社会理论者指出，现代世界正在从“工业社会”向“风险社会”转变，“工业革命与现代科技深刻改变了人类的生活秩序与方式，提供了传统社会无法想象的物质便利，也创造出众多新生危险源，导致技术风险的日益扩散。现代社会越来越多地面临各种人为风险，从电子病毒、核辐射到交通事故，从转基因食品、环境污染到犯罪率攀升等”。①他们认为，风险社会的风险是由现代科技不可控制的发展带来的，具有全球性、延迟性和不可计算性。基于风险社会认识和以风险控制为目标的风险刑法也应运而生，风险刑法理论普遍认为在现代社会风险面前，传统刑法已经力不从心，待实害结果产生或者具体危险已经具备时刑法再介入，就难以对相关法益进行及时保护，因此，刑法保护和刑罚惩戒应当提前化。在此背景下，抽象危险犯的理论被风险刑法的支持者极力推崇。所谓抽象危险犯是指符合构成要件中所预定之抽象危险之危险犯，行为只要符合构成要件所描述之事实，即可

① ［德］乌尔里希·贝克：《世界风险社会》，吴英姿等译，南京大学出版社2004年版，第102页。

认定具有此等抽象危险犯，无待法官就具体案情而作认定。① 抽象危险犯是相对于具体危险犯而言的，在具体危险犯中，一般认为实施行为产生的危险作为犯罪的构成要件，其危险是具体的，是可证明的，且具有实现的高度盖然性。而抽象危险犯中，只要其实施了符合罪状描述的行为，便认定其具有抽象危险犯，在司法认定过程中不必再对其危险性进行证明。所实施行为带来的危险是抽象的、一般的，实现的盖然性较于具体危险犯要低，但这种危险会在其他行为介入或相应条件具备时实现。抽象危险犯其实早于风险社会和风险刑法而产生，19 世纪的《德国刑法典》《法国刑法典》都规定了抽象危险犯，1907 年制定的《日本刑法典》也规定了不少抽象危险犯。② 抽象危险犯之所以再次被推崇，在于其理论结构和价值恰恰暗合了风险控制的逻辑和目标。

（二）抽象危险犯在侵犯个人信息犯罪方面的应然扩张

通常按照刑法谦抑的要求，刑法设置犯罪应以实害犯为原则，只有在处罚实害对保护法益力有不逮时才能设立危险犯；而且即便增设危险犯，也应以具体危险犯优先设立，抽象危险犯为例外，以此限制危险犯过度扩张处罚边界和侵入社会自由领域。③ 随着网络技术和电信技术的普及，针对公民个人信息的非法行为日益猖獗，因公民个人信息泄露引起的犯罪行为也层出不穷，花样翻新，严重侵犯着公民的人身财产安全。从微观看，针对公民个人信息的行为必然是侵犯了前述的个人信息权，但截至此环节，单纯地提供、获取、买卖、交换等行为对于个体的实际危害并不明显，如果没有其他如骚扰、诈骗等后续行为的介入，侵犯公民个人信息的行为并没有给个体和社会带来太多的风险。而现实是，网络及信息技术的发展也使基于大量信息的违法犯罪行为概率大大提高，个人信息遭泄露的人们时时处于被骚扰、被诈骗的风险状态，且这种风险具有全球性、延迟性和不可计算性。尤其是大数据时代，从全球来看，如 Facebook、腾讯、阿里巴巴这样的全球互联网巨头，掌握着巨量的个人信息数据，一旦发生泄露，必将造成难以估算的全球性信息灾难。等因泄露的个人信息产生的对主体人身、财产实质损害实现时，或者其生活安宁被打破时才予以刑法惩罚，显然无法适应大数据时代的社会需求，也无法控制此种危险。抽象

① 林山田：《刑法通论》，三民书局 1986 年版，第 106 页。

② 张明楷：《“风险社会”若干刑法理论问题反思》，载《法商研究》2011 年第 5 期。

③ 王皇玉：《论危险犯》，载《月旦法学杂志》2008 年第 8 期，转引自李川：《危险犯的扩张逻辑与正当性思考》，载《法学评论》2017 年第 11 期。

危险犯的主张恰为对此种风险控制提供了理论契合，使抽象危险犯在侵犯个人信息犯罪方面进行扩张，将非法提供、获取、交换等针对个人信息的行为视为危及社会的抽象危险，一旦实施该行为（或达到一定数量）就可以直接定性为犯罪行为，免除司法实践中对该行为危险性的证明责任，有利于对此类行为的提前惩罚和一般预防。因此，无论在规范层面，还是在价值方面，抽象危险犯在侵犯公民个人信息犯罪领域的扩张都具有应然性和正当性。

（三）侵犯公民个人信息行为刑法应罚的核心要素——抽象危险

在风险控制视域下，需要控制的目标和核心就是抽象危险犯理论中的"抽象危险"，具体到侵犯公民个人信息罪里，就指因特定的行为给公民个人信息所带来的危险。这种危险尽管是抽象的、一般的，但同时又是客观的、现实的。即作为犯罪对象的个人信息原本处于相对安全的状态，非被信息主体授权或法律授权的特定主体在特定情况下不能被知晓或利用。而被一定行为侵害后，其个人信息处于一种不被保护的状态，随时可能被再次侵害或利用，或为其他针对信息所属主体的犯罪行为提供便利的危险境地，这种危险一旦转化成现实，将对信息所属主体造成人身、财产或其他权益的损害。根据抽象危险犯理论，应该对侵犯公民个人信息的行为进行提前打击，刑法对这种行为的评价依据和核心以及衡量标准对应的就是该行为所带来的危险，既要考量在产生危险过程中的作用大小，也要考量产生危险的大小。

三、以"抽象危险"为核心的侵犯行为体系化及其制裁

当下我国刑法典对于侵犯公民个人信息行为只规定了两类："出售或提供"与"窃取或以其他方法获取"，从字面意思理解，"出售"和"窃取"较为具体明确，而"提供"和"其他方法获取"较为笼统模糊，难以界定。《解释》以扩张解释的方法增加了"购买、收受、交换""在履行职责、提供服务过程中收集"等行为方式，另外《解释》还涉及"设立用于实施非法获取、出售或者提供公民个人信息违法犯罪活动的网站、通讯群组"和网络服务者未尽相关义务致使用户的公民个人信息泄露等行为，进一步增强了司法适用的覆盖范围和灵活性。但现实生活纷繁多样，针对个人信息的侵犯行为也随着技术发展而层出不穷、花样翻新，规范制定的速度永远无法跟上行为方式的更新，因此，对侵犯公民个人信息的行为进行类型化和体系化则显得尤为必要。

（一）以对"危险"产生及扩大的作用大小为核心构建行为体系

在纷繁复杂的社会生活里，某一类行为的方式总是在不断的发展和更新，

任何以概括或列举的方式将其穷尽的行为都是徒劳，尤其是随着大数据时代的到来，日常生活领域的语言和表述方式不足以覆盖所有针对个人信息（数据）的所有行为，如以个人信息的数据为例，除有数据持有者主动以出卖或其他方式泄露和数据需求者通过各种方式非法获取外，还有数据的存储、加工、传输、交易等行为。其方式更是无法穷尽，如德国《数据保护法》列举了以下几种具体行为：（故意或过失）对无支配权限的数据的收集、处理；借助自动化程序提供、调取或者为自己或他人获取自动处理数据抑或是非自动化数据；以不实陈述骗取传输的个人数据；违反其他条文将传输的数据另做他途适用，包括违反同意制度将违反其他条文将数据用于广告、或市场或意见调查进行处理和使用；违反其他条文将个人特征聚合；违反其他条文不通知、不正确、不全面或者不及时地作为。① 对于侵犯公民个人信息犯罪行为，目前《刑法》分则较为笼统模糊的罪状描述和司法解释中较为零散的补充难以应对法律适用的现实需求，因此有必要以统一的标准对其进行类型化，构建起规范科学，也可动态容纳任何新出现的行为的体系，并以此为基础对刑法分则条文进行精细化规范。

前文述及，侵犯公民个人信息犯罪行为应罚性的核心是“抽象危险”，因此以行为为“危险”的产生及扩大所起的作用为衡量标准，对侵犯个人信息犯罪行为进行类型化规范化构造，不仅可以使罪状条文更加明确、更加体系化，便于司法操作，也可以使其具有动态容纳性，对未来可能出现的新的行为方式予以吸收涵括。在侵犯公民个人信息的行为中，除使“危险”实现的后续其他行为外（后将详述），作用最大的就是使其从无到有的“危险”产生行为，即导致公民个人信息从受保护状态到不受保护状态的行为，如从信息持有者角度而言的出售和提供等泄露行为，从信息需求者角度的窃取或其他方法非法获取等行为。同理，在复杂的数据行为中，以各种欺骗、黑客攻击、钓鱼木马等方式非法取得的个人信息的类似行为也都属于“危险”产生行为，属于第一梯队，具有较强的“危险性”和“应罚性”。在非法取得公民个人信息后，通过各种形式使其进行流通或便于流通的行为，如买卖、交换、处理、传输等行为，对“危险”的扩大或便于扩大具有重要作用，但和“危险”的产生行为相比，其作用和“应罚性”与前者相比应当较弱，处于第二梯队的行为，量刑幅度也应与前者行为区别对待。为侵犯公民个人信息行为提供便利的行为，如提供交易平台、居间交易等，为“危险”的扩大提供了一定的便利，

---

① 于志刚、李源粒：《大数据时代数据犯罪的类型化与制裁思路》，载《政治与法律》2016 年第 9 期。

与前两者相比，作用和“应罚性”则明显低很多，甚至超出了侵犯公民个人信息罪的制裁范围，因此，对于此种行为应当结合实际情况进行考量。以这样的标准进行行为的规范化体系化最终应当体现在刑法分则的法条中，使侵犯公民个人信息犯罪的法条更加精致细化。

（二）以被侵犯后的“危险”程度为核心构建侵犯公民个人信息内容体系

如前所述，个人信息的类别和内容随着技术的发展也在不断更新和扩充，从当前科技水平和广义立法层面的确认来看，除可识别个人身份的姓名、身份证件号码、通信通讯联系方式、住址等传统内容外，还包括个人行踪轨迹信息、征信信息、通信记录、通信内容、住宿信息、财产信息（含个人财产电子账户等）、个人生理信息、个人上网浏览记录等新型信息。这些新型个人信息的类别和内容都是随着新技术的发展而出现的，如个人电子设备行踪轨迹，是随着 GPS 导航和移动网络技术的普及出现的，个人财产电子账户和密码等是随着网络支付等技术发展出现的。相较于网络前时代，个人信息内容和体系已经纷繁复杂，而且随着新技术的发展，还在不断地涌现新的类型和内容。这些不同的信息在不同的社会领域和情境下具有不同的价值，遭侵犯后也会产生不同的风险，如同样是非法获取行为，获取通信通讯联系方式和获取个人行踪轨迹、获取电子账户安全信息对信息所属主体带来的风险明显不同，根据罪责刑相适应原则，侵犯不同危险系数的个人信息在量刑时也应不同对待。因此，在对侵犯公民个人信息行为进行制裁时，也应以统一的标准对繁杂的个人信息类别和内容进行体系化，便于法律规则的适用。

按照前文的思路，也应以“抽象危险”为核心对个人信息类别和内容进行体系化，对不同类别信息被侵犯所带来的“危险”程度应结合技术发展水平、相关的案例和社会实践进行经验性判断。如在一般情形下，个人行踪轨迹信息、个人财产信息（含个人财产电子账户信息）、个人征信信息等在现代网络社会具有高度人身属性、财产属性的信息应处于体系中较为核心的地位，因为这类信息一旦遭到侵犯，在较弱的外力作用下便可直接影响到信息所属主体的人身财产安全。住宿信息、通信记录、通信内容、交易信息等则位列其后，因其具有较高的隐私属性，在一定社会场景中可能对信息所属主体带来特定的侵害。其他如姓名、通信通讯方式、住址等其他形式的个人信息处于“危险”体系的较外层次，此类信息被侵犯时基于个人信息权人身属性和财产属性的人身财产侵害程度较小，而其他外力基于个人信息实现的“危险”也需要较为复杂的条件，如基于个人信息进行电信诈骗，需要本人相信且付出相应的配合行动才可能实现现实的“危险”。需要说明的是，在个人信息内容法条体系的构建过程中，既需要将现有的信息类别尽可能多地囊括，也应考虑以概括的表述方式将未来可能出现的新类别和形式进行预覆盖。

（三）“危险”的实现行为（对个人信息的利用行为）也应纳入刑法制裁范围

当前我国刑法制裁体系并未将个人信息的利用行为纳入其中，但在社会生活中恰是这些行为将侵犯个人信息行为所带来的风险变成了现实的侵害。如人肉搜索行为是综合利用了各种个人信息，最终严重侵犯了公民的个人隐私和生活安宁。如通过购买的个人通信信息，通过基站群发短信或通过骚扰电话进行广告推销、电信诈骗（未遂）等行为，严重影响着个人生活的安宁和安全。这些行为目前之所以没有被刑法立法所吸纳，原因大概有二：一是认为单纯的人肉搜索、电信骚扰等利用行为仍不足以引起刑法评价和刑法制裁。二是认为如果是基于非法获取的个人信息进行的下游犯罪则由其他罪名进行单独评价和制裁。但随着侵犯公民个人信息行为的产业链化和信息技术的发展，非法利用行为越来越成为侵犯个人信息行为体系的核心，实现了“危险”转化的最后一步，未达到下游犯罪罪名评价标准的行为种类也越来越多，随之对公民权益的侵害也日益严重，因此，有必要将对个人信息的非法利用行为纳入刑法制裁体系。这在域外也有相关的立法例予以借鉴，如《德国刑法典》第204条就规定了“利用他人秘密罪”，《澳门特别行政区刑法典》第190条规定了“不当利用秘密罪”，这些立法例所规定的具体犯罪成立条件也是比较严格的，如《澳门特别行政区刑法典》第190条对不当利用秘密罪规定了“未经同意”“造成他人或者本地区损失”两个要件，以避免不当地扩大处罚，这值得立法机关借鉴。①

① 赵秉志：《公民个人信息刑法保护问题研究》，载《华东政法大学学报》2014年第1期。

涉众型互联网金融犯罪主体范围政策研究

河南省三门峡市人民检察院课题组*

目前对互联网金融犯罪研究主要集中在该类犯罪行为表现形式、犯罪特点及防范与惩治的重点、难点等。对互联网金融犯罪主体研究比较少而且零散，而对涉众型互联网金融犯罪主体范围政策研究又少之又少。法律的滞后性和该类犯罪超前不同步的现实，决定了在认定该类犯罪主体过程中会存在诸多困难。

一、研究涉众型互联网金融犯罪主体的现实意义

金融是现代经济的核心。习近平总书记在全国金融工作会议强调，“金融是国家重要的核心竞争力，金融安全是国家安全的重要组成部分。”“发展互联网金融，对加快实施创新驱动发展战略、推进供给侧结构性改革、促进经济转型升级具有积极作用。”① 截至2017年我国网民规模达到7.72亿，网络借贷、网络众筹、互联网支付的交易额在70万亿左右，无论是数量还是质量，中国互联网金融行业已经稳居世界第一。尽管近年来国家在涉众型互联网金融犯罪方面坚持多措并举、严厉打击，但受国际国内多种复杂因素影响，当前我国在互联网金融方面依然存在许多隐患，风险易发高发，加大对该类犯罪主体研究，既是该类犯罪源头治理，标本兼治的根本之策，又是促进互联网金融健康稳定，保护国家安全、社会稳定、人民群众财产安全的紧迫需要，对持续深化普惠型金融，推进普惠发展型经济社会具有重要意义。

（一）惩处违法犯罪的法治需要

一方面，金融犯罪立法与当前互联网金融时代的快速发展之间还存在一些差距。此前刑事立法时互联网金融尚未形成，后期的司法解释尽管对该类犯罪

---

* 课题负责人：康健民。课题参加人：雷燕、严胜军、鲍贵江、张伟龙。

① 参见《最高人民检察院关于办理涉互联网金融犯罪案件有关问题座谈会纪要》。

进行了规制，但难免有一脉相承之嫌，如目前刑法对非法吸收公众存款罪的规定，没有考虑到互联网时代 P2P 网贷、众筹等融资模式带来的创新性实践，落后于金融市场的网络实时化、便民化、公开化发展，一定程度上造成了互联网金融根源上“违法性”。基于此，相应的刑事政策应有重新定位的必要。另一方面，该类犯罪中从犯罪主体分类看，既可能涉及单位犯罪，也可能涉及自然人犯罪，而每种犯罪主体所承担的责任方式也不同；从犯罪主体构成看，年轻（很多人大学毕业时间不长）、“白领”化趋势明显，有些既是犯罪行为实施者，又是犯罪行为的受害者；从被害群体分布看，部分案件几乎涉及全国范围，涵盖了社会各个阶层，有工人、农民、公务员、离退休人员及其他无职业人员，犯罪主体的低龄高智商化影响了国家发展人才潜力，而被害群体中，有的会倾其所有将毕生积蓄进行投资，甚至向亲朋好友高息举债投资，利益得不到及时维护，造成债台高筑，痛不欲生，甚至有的形成了家庭悲剧，严重影响着社会的稳定。同时，该类案件涉案财产处置仍存在较多问题。据笔者了解，大多数涉案财产，公安机关既查封、扣押涉案财物，又保管、处置相关财物，涉案财产在整个诉讼环节不流动、不审查，法院未依法判决处理，甚至有的案件已判决生效多年，涉案财产仍由公安机关查封、冻结等。有的案件主犯已刑满释放，而涉案财产却还没有处置完毕，服刑人员刑满释放后，有的申请国家赔偿，有的借机蛊惑集资参与人上访，既不利于社会资产的流动，又不利于被害群众得到及时补偿等。诸如此类问题，呼唤立法予以回应。互联网金融的发展具有很强的时代性，会超前于既有金融知识理论，特别是金融法规。国家对该类犯罪主体的刑事政策，代表着国家对于该类犯罪价值判断，对广大群众是一种指引、一种预期，一定程度上决定着刑法的惩罚与预防的功能能否实现，能否遏制该类犯罪高发态势。

（二）提升治理能力的实际需要

当前，互联网金融发展趋势呈现新动向、新趋势：一是个性 + 多元化。网络借贷平台发挥融资便捷、对象广泛的特点，缓解了小微企业、农户和各类低收入人群的融资难问题。股权众筹融资平台发挥了对大众创业、万众创新的支持作用，网络金融产品销售平台具有门槛低、变现快的特点，满足各消费群体多层次的投资理财需求。① 二是全民 + 普惠化。“‘互联网 +’广泛融入各行各业。大众创业、万众创新蓬勃发展，日均新设企业由 5 千多户增加到 1 万 6

① 参见《国务院关于印发推进普惠金融发展规划（2016—2020 年）的通知》，国发〔2015〕74 号。

千多户。科技进步贡献率由 52.2% 提高到 57.5%”。[①] 随着“共享经济”的发展，移动网络支付的普及，普惠型互联网金融广泛融入社会的方方面面，很难想象，我们离开互联网金融生活会怎么样？三是实时 + 国际化。以虚拟货币为例，我国流通的网络虚拟货币种类繁多，如 Q 币、U 币、百度币、泡币、酷币、魔兽金币、天堂币、盛大点券等，特别是比特币，可在全世界范围内自由流通，而互联网不受时空限制，交易缺乏统一协同监管，犯罪行为能在几秒钟内到达世界任何一个有互联网的地方，而任何一个互联网电脑用户都可能成为受害者。自 2016 年 4 月，我国互联网金融风险专项整治工作启动以来，“通过监测发现大量涉嫌非法从事外汇交易的平台并开展整治，封堵境外违规网站 330 家，关闭境内网站 48 家。”[②] 任何一项刑事政策抉择都是一种犯罪防控领域的政治措施。坚持以人民为中心，围绕人民最关心、最直接、最现实的利益问题，推动解决涉及互联网金融领域突出问题，不断满足人民群众日益增长美好生活需要自然成为对国家治理体系和治理能力现代化重要考验。面对新情况、新问题，从国家层面出台该类犯罪主体刑事政策，是促进全民福祉的迫切需要，是日益复杂突出互联网金融监管迫切需要。

（三）防控金融风险的紧迫需要

从 e 租宝到泛亚再到中晋系，不难发现，重大互联网金融犯罪都有着强大的媒体、知名人士的推波助澜，甚至是形式上的强大监控，但面对数以亿计可以随意支配的资金，能有多少人控制住自己的心魔呢？再加上我国正处于一个金融创新千帆竞发新时期，广大群众盲目信赖权威，强大的投机和从众心理，使得金融风险成倍增长。如云南泛亚非法集资案件，虽然 16 家银行托管，但同样没有逃脱非法集资的命运。美国简·贝克则称，计算机犯罪的发现率仅为 1%。[③] 从大的方面看，2017 年 7 月，有关专家指出“我国互联网金融平台累计在 3.1 万家以上。我国累计的违规平台已经超过 3200 家，仍有违规平台

---

① 参见 2018 年 3 月 5 日，国务院总理李克强在第十三届全国人民代表大会第一次会议上政府工作报告。

② 《互联网金融协会会长李东荣：倾力互联网金融风险专项整治攻坚》，中国经济网：http：//www.ce.cn/xwzx/gnsz/gdxw/201807/16/t20180716_29750425.shtml。访问日期：2018 年 7 月 20 日。

③ 汪嘉佩：《移动互联网时代下网络诈骗犯罪态势、特征与防控》，载《犯罪研究》2017 年第 6 期。

1800余家在活动。”[①] 2018年7月数据显示，“自我国互联网金融风险专项整治工作启动以来共有5074家从业机构退出，不合规业务规模压降4265亿元。”[②] 而2018年8月，“有关数据显示，目前还有网贷机构2188家，整治以来共退出（网贷）机构2448家，累积风险逐步释放。”[③] 从小的方面看，根据2014年3月北京人口普查公告信息，全市常住人口2114.8万人，集资人数占到12.9‰，就是说全北京每1000人中有近13个人参与了集资活动。[④] 据哈尔滨市有关部门排查，香坊长青大厦、道里爱建上海银座、交银大厦、南岗浦发大厦，每个写字楼里就有20—50余家的投资理财类公司。还有当下正热火朝天的“共享经济”，大量的零散用户给商家带来了数以亿计的快速融资，而共享经济相关法律尚不健全，大量的资金处于监控盲区，透明度不够，企业一旦为获取融资盲目扩张，导致资金链断裂、平台倒闭，势必会引起涉众型矛盾。习近平总书记指出，“金融风险是当前最突出的重大风险之一”，强调“防范化解金融风险事关国家安全、发展全局、人民群众财产安全，是一场输不起的战役”。当前，该类犯罪存量风险巨大，化解任务繁重，增量风险持续增多，由于涉及范围广、影响大，防范工程艰巨，稍有不慎，极易引发“蝴蝶效应”。德国著名法学家李斯提出，“最好的社会政策就是最好的刑事政策。”[⑤] 与惩罚相对立的“预防”是刑事政策的核心，刑事政策能有效补充刑法滞后性的漏洞。因此，对该类犯罪主体研究，有效解决互联网金融这种影子银行存在的问题，对维护社会稳定、服务经济发展具有十分紧迫的需要。

---

① 《专家：亟须构造“互联网+”时代金融监管体系》，河南省金融产品网络服务平台：http://www.hnjrcpfw.com/html/xingyedon/xingyedon-8681.html。访问日期：2018年5月6日。

② 《互联网金融协会会长李东荣：倾力互联网金融风险专项整治攻坚》，中国经济网：http://www.ce.cn/xwzx/gnsz/gdxw/201807/16/t20180716_29750425.shtml。访问日期：2018年7月20日。

③ 张末东：《稳步推进互联网金融和P2P专项整治工作》，河南省金融产品网络服务平台：http://www.hnjrcpfw.com/html/xingyedon/xingyedon-8971.html。访问日期：2018年9月3日。

④ 妖东、杨虹军、李胜利、张敏：《首都涉众型经济犯罪的分析与对策思考》，载《北京警察学院学报》2017年5期。

⑤ 杨金平、刘敏：《社会治理视域下的涉众型经济犯罪探析》，载《特区实践与理论》2017年第6期。

（四）决胜全面小康社会的现实需要

天津财经大学金融学院教授、中国滨海金融协同创新中心主任王爱俭指出，“我国2017年GDP增速为6.9%，如果将环境成本考虑在内，‘绿色GDP’实际上是负增长。”① 要全面建成小康社会，使全面建成小康社会得到人民认可、经得起历史检验，自然要坚持绿色发展之路，而绿色金融为其应有之义。2016年8月，中国人民银行、财政部等七部委联合发布了《关于构建绿色金融体系的指导意见》，绿色信贷、绿色债券、绿色股票指数、绿色发展基金、绿色保险、碳金融等金融不断发展，“绿色债券在2016年迅速增长，从几乎为零增长到人民币2380亿元（约362亿美元），占全球发行规模的39%，截至2017年，中国债券市场上发行贴标绿色债券2486.1337亿元，发行量居全球第二。”② 同时，绿色金融也日益趋于国际化，早在2016年G20杭州峰会上，我国就提出了绿色金融理念，习近平主席在峰会上有关加强绿色金融国际合作倡议引发广泛赞誉。中国金融学会绿色金融专业委员会主任、G20绿色金融研究小组共同主席、清华大学国家金融研究院金融与发展研究中心主任马骏博士指出，绿色金融将逐渐成为金融发展的主流趋势。面对绿色金融的长期性、基础性和国际化趋势，尽管国家出台了一些政策制度，但相对于绿色金融实践仍有一定距离，有必要对相关的刑事政策进行调整，以保障绿色金融的有序发展。民营经济在全面建设小康社会中也发挥着至关重要作用，但民营经济是典型的“草根经济”，比其他所有制经济更需要“阳光雨露”。习近平总书记指出，我国经济发展能够创造中国奇迹，民营经济功不可没。整个经济体系中，我国民营经济贡献了50%以上的税收、60%以上的国内生产总值、70%以上的技术创新成果、80%以上的城镇劳动就业、90%以上的企业数量。在世界500强企业中，我国民营企业由2010年的1家增加到2018年的28家。③ 民营经济产出在全国GDP中占60%，而银行给民营企业的贷款只占30%，缓解融资难仍然是稳定民营经济的当务之急，而解决民营企业，尤其是中小民营企业发展资金问题，从长期来看，风险投资是中小民营企业，尤其是中小高科技

---

① 柳立：《充分发挥绿色金融的作用》，中国金融新闻网：http://www.financialnews.com.cn/ll/ft/201810/t20181029_148401.html。访问日期：2018年11月15日。

② 柳立：《充分发挥绿色金融的作用》，中国金融新闻网：http://www.financialnews.com.cn/ll/ft/201810/t20181029_148401.html。访问日期：2018年11月15日。

③ 《习近平连续力挺民营经济，政策信号越来越强!》，新华网：http://www.xinhuanet.com/2018-11/03/c_1123656521.htm。访问日期：2018年12月7日。

企业融资的重要途径。[①] 由于民营企业的融资环境不佳，互联网金融的超前发展等导致非法融资类现象比较突出，民营企业家犯罪应引起重视，《2015 年度中国企业家犯罪报告（媒体样本）》显示，互联网金融领域犯罪现象突出是 2015 年中国企业家犯罪的第五大特点，在 147 例民企企业家犯罪案例中，有 125 例涉及到非法集资，其中有 27 例为 P2P 平台融资案。《2016 年度中国企业家犯罪报告》收集了 2016 年 1 月 1 日到 2016 年 12 月 31 日之间公共媒体报道过的 602 起企业家犯罪案例，数据显示，民企企业家犯罪案例涉及非法吸收公众存款及集资诈骗两项融资类犯罪的多达 81 例，占到了 13.46%。《2017 企业家刑事风险分析报告》显示，2017 年度企业家犯罪 2481 件次，其中，国有企业家犯罪数为 395 件次，约占企业家犯罪总数的 15.9%，民营企业家犯罪数为 2086 件次，约占企业家犯罪总数的 84.1%，均呈现大幅增长的趋势。以上犯罪现象并不能简单等同于一般犯罪，其背后往往能反映出市场法治建设的短板，也能折射出诸多领域存在的问题，所以有必要加强对该类犯罪主体研究，以有效解决融资难等问题，为民营企业的发展保驾护航，确保全面建设小康社会目标又好又快地实现。最高人民法院、最高人民检察院及有关地方法院相继出台了为民营经济发展提供坚实司法保障的政策，一定程度上也说明了当前金融政策上存在问题。

二、涉众型互联网金融犯罪涉及的主要罪名及表现特征

金融是货币资金融通的总称，主要指与货币流通和银行信用相关的各种活动。“互联网金融是金融与互联网相互融合形成的新型金融业务模式。”[②] 当前，我国的金融行业正在由传统的面对面柜台式金融向非接触、非对称互联网金融大步迈进，国家相关部门对互联网金融的政策制度亦不断完善，有序出台，互联网金融俨然有成为国民经济“血液循环系统”之势。法律制度的滞后性和该类犯罪超前不同步的现实，使传统的金融管理机制模式不能适应当前呈现的新形势，出现的新问题，以致该类犯罪点多、面广、危害大。互联网特有的全区域、全时段、不特定性等开放性特征，决定了该类犯罪本质上就是涉众型经济犯罪。所以，结合金融的本质及互联网特点，笔者认为涉众型互联网金融犯罪，就是一种以互联网为媒介，以虚拟信用平台为载体的，以高额回报

---

① 张思平：《破解民企融资难、治本之策在深化国企改革》，载《第一财经日报》2018 年 12 月 13 日第 A11 版。

② 参见《最高人民检察院关于办理涉互联网金融犯罪案件有关问题座谈会纪要》，高检诉〔2017〕14 号，以下简称最高检纪要。

等虚假利益为诱饵，在互联网技术支撑下通过网络交易、资金支付结算等关系形成多层级网络链条，涉及不特定多数人、跨区域货币资金融通的犯罪。该类犯罪相对于传统金融犯罪而言，由于金融业务链的拉长、云计算模式的普及、自身系统复杂度的提升以及对数据的不当利用，涉及地域广、涉案金额高、涉及人员多，是极易引发金融风险的聚众型犯罪行为，如果不予足够重视，监管治理难度随着互联网技术的发展不断加大。

（一）实施该类犯罪的主要类型

1. 从功能看，主要分为三种。一是代理理财型。就是以“证券投资咨询公司”“产权经纪公司”等为名，以开展理财、储蓄、证券、期货、保险等业务为渠道，以实现资金的保值、增值为目的，以互联网方式公开吸收资金投入，进行风险投资敛财的行为。如汇邦“智赢天下”贵金属交易理财投资案，赵某等人在未取得从事金融业务经营资格的情况下，在北京等地以通过香港汇邦资本有限公司运营的“智赢天下智能交易服务平台”网站进行贵金属交易能获得高额回报为由，公开向社会进行宣传，变相吸收投资人资金。① 李某、余某等非法经营案，李某、余某成立万积（上海）投资管理有限公司后，在未取得国家有关部门批准的情形下，购买、租用交易软件和服务器，搭建非法交易平台进行虚拟黄金交易，同时授意、指令技术人员修改数据，以使客户延迟交易，赚取非法利益。② 二是过桥支付型。如有的支付平台从事信用卡代还业务，产生了非法套现犯罪行为；有的从事类似于余额宝功能的高息吸收存款业务，产生非法吸收公众存款行为；有的利用货币的时间价值，将互联网交易流程中资金滞留，即出现所谓的资金沉淀，突破现有的诸多特许经营限制；有的为互联网赌博等非法行为从事洗钱、转移资金行为，从笔者所在地办理的网络赌博案件看，赌资几乎都是通过第三方支付平台进行结算，而且数额庞大。三是直接吸资式。利用互联网技术，借助 P2P 网络借贷、股权众筹等形式，直接非法实施的资金融通行为。如钟某某集资诈骗案，犯罪主体钟某某预谋通

---

① 广东省广州市越秀区人民法院〔2017〕粤 0104 刑初 1041 号刑事判决书，中国裁判文书网：http：//wenshu. court. gov. cn/content/content？DocID = e5a3a941 - 6eb9 - 454e - ab49 - a94600b6d9e4&KeyWord = % E7% AC% AC% E4% B8% 89% E6% 96% B9% E6% 94% AF% E4% BB% 98。访问日期：2018 年 9 月 15 日。

② 河北省承德市中级人民法院〔2017〕冀 08 刑初 11 号刑事判决书，中国裁判文书网：http：//wenshu. court. gov. cn/content/content？DocID = 5631a5db - dff1 - 47c9 - a9b1 - a7e7010b9743&KeyWord = % E4% B8% 89% E6% 96% B9% E6% 94% AF% E4% BB% 98。访问日期：2018 年 9 月 15 日。

过网络借贷平台（P2P）非法集资，为此成立了深圳市××电子商务有限公司，该公司在其设立的网络借贷平台上发布虚假投资标的，以公开方式向公众宣传，用20%左右的高额利息和1%—4%的奖励吸引被害人通过银行转账到该公司指定的个人账户或者通过第三方支付平台转账到深圳市××电子商务有限公司账户，大多被钟某某个人使用，亏损金额为人民币166518043.11元。①还有“e租宝”非法吸收公众存款案等。

2. 从行为主体看，分为单位和自然人。从笔者研究的判例及工作实践看，该类犯罪名义上基本都是以公司名义实施的，但相当一部分公司成立的目的就是实施违法犯罪行为，故实际上仍是自然人犯罪。如在一起非法经营案中，被告人为获取非法利益注册成立温州国某投资有限公司，该公司未经中国证券监督管理委员会等国家主管部门的批准，先后代理经营期货黄金、白银。尽管有的辩护人提出本案系单位犯罪，但法院认为金某等人在公司没有经营证券、期货资格的情况下，仍将非法期货交易作为主要经营活动，不符合单位犯罪的构成要件，辩护意见于法不符，不予采纳。②

3. 从侵犯的客体看，尽管该类犯罪都是以获取经济利益为目的，但从法律规定的侧重点看，还可以细分为以下种类：一是资格缺失型，即违反了法律许可性规定，缺乏开展相关金融活动的资格。二是侵占财产型，即以非法占有为目的，使用欺骗方法，通过虚假的互联网金融方式，骗取他人财物的行为。三是扰乱秩序型，即违法了法律明确禁止性规定，严重扰乱了金融市场秩序行为。如有的在合法从事的互联网信用卡结算业务掩盖下的规模性套现行为，严重扰乱信用卡管理秩序；有的不依托于商品买卖，而是通过互联网途径发展会员、收取高额入门费等手段，并以业绩评定其等级和倾斜利益分配，诱使相关人员加入其所谓的“业务”，以达到诈骗钱财的目的；有的以“公益、善心”为幌子，通过互联网平台进行传销；有的宣扬先进营销理念、打着“专卖、直销、加盟连锁”幌子进行传销等。

4. 从是否显名看，分为两种。一是显名式，即在互联网金融活动中，以

---

① 广东省深圳市中级人民法院〔2014〕深中法刑二初字第273号刑事判决书，中国裁判文书网：http://wenshu.court.gov.cn/content/content?DocID=78fb630e-138a-410f-8822-5da186d99d29&KeyWord=P2P。访问日期：2018年9月15日。

② 浙江省温州市龙湾区人民法院〔2016〕浙0303刑初1278号刑事判决书，中国裁判文书网：http://wenshu.court.gov.cn/content/content?DocID=152089df-b816-4272-a835-a8a3016951e8&KeyWord=%E4%B8%89%E6%96%B9%E6%94%AF%E4%BB%98|%E5%8D%95%E4%BD%8D%E7%8A%AF%E7%BD%AA。访问日期：2018年9月15日。

本人名义直接从事各种资金融通行为，并承若由本人承担相应法律责任的各类犯罪行为。这样的犯罪行为在涉众型互联网金融中最为常见，亦好界定。二是隐名式，即在互联金融活动中，名义上是居间中介行为，但事实是直接为本人利益实施的各类犯罪行为。如P2P网络借贷犯罪中，犯罪主体以提供信息中介服务为名，实际直接或间接从事资金归集行为，甚至通过自融或变相自融等实施非法吸收公众存款犯罪行为。

（二）该类犯罪涉及的主要罪名

主要矛盾决定事物发展的方向和性质。笔者试结合刑法规定和司法实践，对该类犯罪涉及的主要罪名作一归纳，以期行政、刑事司法实践中能“对症下药，活血化瘀”，增强监管的时效性、针对性和公信力。从法律规定层面看：当前，公检法机关对金融犯罪规定比较全面的法律规范，主要有《公安部、中国人民银行、中国保险监督管理委员会关于在查处金融违法犯罪案件中加强协作配合的通知》（公通字〔2001〕60号，以下简称公安部通知）、《最高人民法院关于印发全国法院审理金融犯罪案件工作座谈会纪要的通知》（法〔2001〕8号，以下简称最高法纪要）、《最高人民法院关于依法严厉打击集资诈骗和非法吸收公众存款犯罪活动的通知》（法〔2004〕240号，以下简称最高法通知）及前述最高检纪要。公安部通知、最高法纪要由于出台于2001年，当时该类犯罪尚未纳入视野，为了全面严厉打击破坏金融管理秩序和金融诈骗犯罪活动，所以公安部通知查处的罪名涉及所有的金融犯罪，达到47种，最高法纪要涉及罪名也比较宽泛；最高法通知出台于2004年11月，主要是针对集资诈骗、非法吸收公众存款犯罪活动十分猖獗，大案要案接连发生等金融犯罪时代特征提出具体的惩治政策；最高检纪要出台于2017年6月，主要是针对互联网金融快速发展过程中打着“金融创新”的幌子进行非法集资、金融诈骗、非法经营等违法犯罪活动。从以上规定可以看出，随着时代的发展，该类犯罪主要涉及非法吸收公众存款罪、集资诈骗罪和非法经营罪等。从司法实践层面看，据有关资料显示，“2013年至2016年涉众型经济犯罪中，组织、领导传销活动罪占比12.50%，合同诈骗罪占比47.06%，非法吸收公众存款罪占比25%，集资诈骗罪占比11.03%”。① 2016年至2017年底，扬州市涉众型经济案件共立案173起，其中，非法集资案件136起（占78.6%），涉案金

① 罗重海、郭红艳、禹楚丹、唐三伏、黄卫红：《扼制涉众型经济犯罪、促进经济健康发展——湖南永州中院关于涉众型经济犯罪情况的调研报告》，载《人民法院报》2017年7月6日第8版。

额73余亿元，涉及人员10余万人；传销案件37起（占21.4%），涉案金额4亿余元，涉及人员1万余人。互联网金融的本质仍然是金融。从金融的本质看，司法实践中还存以投资公司、电子商务公司、大宗商品市场等名义，设立交易平台，招揽大量投资者进行黄金、农产品等虚假期货、证券交易进行诈骗的犯罪活动，最终被法院以诈骗罪判决的案例，所以该类犯罪查处的重点不能仅限于刑法规定涉及的金融犯罪罪名，还应当包括涉及金融之名的诈骗等普通罪名。面对形形色色、纷繁复杂的涉众型互联网金融犯罪实践，去粗取精，去伪存真，对涉及非法吸收公众存款罪、集资诈骗罪和非法经营罪、组织领导传销罪及普通的诈骗犯罪等进行惩处。

（三）涉众型互联网金融犯罪主体实施犯罪表现的特征

该类犯罪尽管涉及社会经济生活的方方面面，但其主体在实施犯罪过程中呈现出来的特征也是显而易见的。

1. 法定性

该类犯罪主体多是法定犯，不同于传统的与道德伦理相关的自然犯，一般没有明显违反伦理道德，而是由法律为保护公共利益、公共秩序而明确规定的现代型犯罪，所以往往很难被一般人辨识。

2. 组织性

该类犯罪实施犯罪预谋性比较强，往往通过成立合法单位，办理正规的工商执照，税务登记等手续，以合法化形式出现，分工明确，组织结构稳定、紧密，骨干成员基本固定，犯罪日趋呈现出职业化、集团化等复杂组织特征。一是实施犯罪行为链条化。犯罪主体往往系具有金融、营销、计算机、网络等专长人员，内部分工细致，设有普通公司常见董事、经理、业务员、财务人员、接待人员等各个岗位，各司其职，共同谋划、实施。二是网上网下一体化。犯罪组织者往往将公司注册地与集资行为地、资金流入地等相分离，通过互联网链接异地实体企业、中介机构和个人进行非法集资，又通过虚拟互联网平台把涉案钱款直接输送到犯罪组织者，环环相扣。三是实施犯罪销毁证据同步化。由于区域跨度大，被害群众多，犯罪主体为逃避打击，有的将被骗资金迅速转到几十甚至上百个分布在全国各地不同的地方二级、三级账户中，有的账户之间资金来往频繁、混乱；有的不建账目或销毁账目或电子物证，破坏证据链条，造成了取证难、定性难、查处难、追逃难、追赃难、协作难、结案难、移送起诉难等现象。如“e租宝”非法吸收公众存款案，为了毁灭证据，犯罪嫌疑人将1200余册证据材料装入80余个编织袋，埋藏在安徽省合肥市郊外某处6米深的地下，专案组动用两台挖掘机，历时20余个小时才将其挖出。

3. 年轻性

互联网普及时间及互联网金融的时代性，决定该类犯罪主体整体上趋于年轻化，因为往往只有年轻人会同时熟悉互联网及互联网金融知识，容易接受新的理念，富于创新。

4. 智能性

一是文化教育程度高。该类犯罪主体往往受过良好的教育，智商较高，熟练掌握互联网及金融发展的前沿知识，能够敏锐捕捉国家、甚至国际上最新的金融政策信息，使得犯罪的技术含量越来越高。二是犯罪名义上往往打着创新旗号。该类犯罪主体往往乘时政和经济热点之春风，利用法律在有关领域的空白、一般群众投资理财知识面窄的弱点，打着“投资理财”“虚拟货币”“消费返利”“金融互助”“爱心慈善”等幌子，用着私募股权、电子黄金、电子币、电子炒汇、网络股票、基金投资、原始股等新兴网络名词，故意曲解投资规律，混淆理财概念，不断升级变换手法迷惑群众。如浙江金岩控股有限公司涉嫌非法吸收公众存款案，金岩总公司设计开发了抵押宝（为实物抵押贷款）、信用宝（无任何抵押物纯空挂）、金娱宝（为影视基金）、红利宝、净值宝和流转宝等多种投资理财产品，以全国各地的分支机构作为吸储单位，面向全国各地非法吸收公众存款，线上平台投资人共计 2.4 万人，涉及 31 个省，投资金额达 9.9 亿余元。三是掌握躲避互联网侦查的技巧。有的利用非实名或虚假身份信息注册网络账号隐匿真实身份信息；有的通过设置多层代理，甚至使用国外网站、服务器隐匿 IP 地址等方式逃避监管审查等，属于典型高科技高智能犯罪，反侦查意识较强。

5. 虚拟性

一是犯罪主体数字化。与传统的乡土社会相比，犯罪主体往往在微信、QQ 等社交工具上注册账号，以该账号实施犯罪行为，很多情况下当事人双方在犯罪行为始终不曾相见，即使被发现了，甚至不需要换地方，换个账号，继续实施犯罪。如 e 租宝非法吸收公众存款案，涉及用户 ID901294 个。二是作案工具网络化。当前网络技术水平对网络注册资料真实性的认证存在相当的困难，犯罪主体有的甚至不成立实体机构，无实体项目支撑，无明确投资标的，仅仅通过制作虚假投资网站，依靠编造各种的投资信息或者将自制网站链接到知名网站，以弹出窗口广告或利用博客、微博、QQ 等方式进行欺诈性的宣传，依靠被害群众的持续投资来实现所谓的“高利润”，而且被害群众的参与方式也是通过网上注册、网银转账等。三是犯罪所得电子化流转。犯罪主体往往通过网上银行转账，或是通过支付宝等第三方支付平台实现犯罪资金交易支付、转移或犯罪收益分成。“e 租宝”非法吸收公众存款案，分支机构遍布全国，涉及投资人众多，经营交易数据量庞大，仅需要清查的存储公司相关数据的服务器就有 200 余台。

6. 图利性

互联网金融是一种不同于商业银行和资本市场的融资模式，唯利是图是此类犯罪本质属性，犯罪主体逐本舍末，贪图的是被害群众数以万计的本金，而被害群众舍本逐末，贪念的是犯罪主体微不足道的利息。一是从吸资对象看，被害群众多数年龄较大，因为这些群体往往有一定的积蓄，有投资理财的需求，会倾其所有将毕生积蓄进行投资，甚至向亲朋好友高息举债投资，犯罪主体往往采取拆东墙补西墙，“温水煮青蛙”方式持续集资，只有到了资金链断裂或者跑路时才能发现，整个犯罪就是利益交互过程。二是从吸资方式看，有的以合作经营、加盟等名目，骗取加入人的押金、保证金；有的则以投资展位铺位、经营权等为名，对加盟者进行诈骗；有的以理财为手段，骗取钱财，虽然形式各异，但都是金钱往来。三是从吸资用途看，犯罪主体往往将大部分集资款用于投资者返利、个人挥霍和转移，很少购置生产经营方面资产，案发后，往往无财产可查封、扣押，导致能够追缴的涉案资金与被害群众的实际损失相差很大。如“e 租宝”创始人丁宁赠与他人的现金、房产、车辆、奢侈品的价值达 10 余亿元，对控股集团总裁张敏，除了向其赠送价值 1.3 亿的新加坡别墅、价值 1200 万的粉钻戒指、豪华轿车、名表等礼物，还先后“奖励”她 5.5 亿元人民币。

7. 包装性

犯罪主体往往自吹自擂，瞒天过海，不遗余力地通过形形色色、层出不穷的方式精雕细刻，包装美颜，夸大其经营规模和前景，赢得被害群众的信任。尽管貌合神离，但真假难辨：有的请明星宣传、政府部门参与其活动，或者组织社会公益活动；有的采用赞助、出资的手段获得“名誉会长、理事长”等荣誉称号；有的找人伪造一些诚信企业的证书、牌匾或者根本不存在的机构颁发的荣誉等加于己身；有的在权威新闻媒体刊登广告，借助电视广告、网络广告等方式虚假宣传；有的置巨资长期在高档宾馆、写字楼等豪华办公场所办公，或者在城区较繁华地段租赁店面，内外豪华装饰，与金融行业外部装潢极其相似，以显示其雄厚的“财力”；有的雇佣网络水军赤膊上阵去制造信誉度高的假象等。如“LGT 私募股权”案中，犯罪主体就租用物理地址在美国的服务器，通过制作全球知名的 LGT 公司的假网站，以投资国家“南水北调”工程的名义，以高额的投资返利为诱饵，向社会公开募集资金。善心汇组织者张天明把自己包装成“大慈善家”“经济学者”，在“善粉”们心中，张天明是“潜心研究中国新生态经济学 6 年的学者”，有 39 项专利，他扶贫济困，广传佛法，是个“大慈善家”“佛学家”。他们称他“张天师”，而事实上，他初中肄业，并未研究过经济学。[①]“e租宝”平台就曾在国内知名媒体的黄金时段发布广告，诱导集资群众认为该公司经济实力强，信誉度高。

8. 传导性

“从加害者与受害者的关系看，现实社会中的传统犯罪主要是‘一对一’的侵害方式，网络空间中的传统犯罪则多表现为‘一对多’的侵害方式，侵害对象具有不特定性的特点，其侵害后果具有很强的叠加性。”[②]该类犯罪由于侵害对象的不特定性，所以，犯罪主体等也在不断变化。一是犯罪主体数量不断增加。该类犯罪随着时间推移，犯罪影响范围不断扩展，特别是传销、非法集资类犯罪，发展下线的增多过程中，有的被害人在潜移默化中转向犯罪主体，成为新的传销、非法集资犯罪主体。如笔者于2018年9月15日在中国裁判文书网上，搜索与“善心汇”有关的组织、领导传销案一审刑事判决就285份，涉及23个省市法院。二是关联罪名主体不断增加。随着互联网技术的不断进步，该类犯罪形式会持续翻新，与其关联的犯罪也日益突出。如P2P平台面向社会，特别是向在校学生非法发放贷款，发放无指定用途贷款，或以提供服务、销售商品为名，实际收取高额利息变相发放贷款行为引发了一些非法拘禁、暴力讨债等“套路带”“校园贷”等关联犯罪，这样的犯罪不加遏制甚至会演变成黑恶势力犯罪；虚拟币可在全世界范围内自由流通，采用虚拟币交易手续费、时间空间成本更低廉，犯罪隐蔽性更强，易被利用作为洗钱工具；被害群体网上网下串联聚集集访闹访抱团维权，涉稳风险叠加陡增、升级，维稳压力巨大，如2018年7月24日“平安北京”发布通报称，部分“善心汇”会员被别有用心之人煽动来京非法聚集，严重扰乱了首都社会秩序。7月26日，“平安北京”再次发布通报称，针对近日部分“善心汇”成员被煽动来京非法聚集一事，截至7月26日，63名人员因涉嫌妨害社会管理秩序犯罪被刑事拘留。

9. 持续性

一是犯罪行为、犯罪结果的持续存在。该类犯罪一旦实施，犯罪主体实施的犯罪行为一般会持续到案发时才结束。二是犯罪地域、犯罪危害程度持续增加。犯罪主体在一地注册公司或者设立机构后，会不断地向其他区域设立下属公司、代理机构等代理人，影响范围在持续增加，逐渐由微风险叠加而成高风

---

① 《“善心汇”组织者：就是传销 我心里清楚迟早会崩盘》，网易：http://money.163.com/17/0729/06/CQG8Q3MU002580S6.html。访问日期：2018年9月15日。

② 于志刚：《网络犯罪与中国刑法应对》，载《中国社会科学》2010年第3期。

险乃至巨风险，最终导致巨大损失，难以挽回。

10. 必然性

一是发案的必然性。即该类犯罪“在高利息的刀尖上借贷”，如无源之水，无本之木，难以盈利，为了继续运营，往往拆东墙补西墙，无异于饮鸩止渴，触碰法律底线。随着被害群众地域不断扩大，数量不断增加，资金链势必有断裂之时，一旦无法填补漏洞，就会出现全盘皆输，无力回天的局面，图财本质就会原形毕露。如“善心汇”组织者张天明就在侦查机关供述“善心汇就是传销我心里清楚迟早会崩盘”。① 二是集中爆发的必然性。该类犯罪极易受国家金融政策及投资项目过热等因素影响，从而出现集中性发案现象。如2018年6月1日至7月12日的42天内，全国共有108家P2P平台爆雷，7万亿资产、上千万受害人卷入。主要原因是国家的金融周期进入收缩期，各大行放款异常谨慎。房市过热许多人将钱从网贷平台里取出来去买房，致使平台资金断链。在6月21日这一天高峰期，杭州涉及的资金约为727.06亿元，导致大量的钱从P2P中抽离。网贷平台根本就没有盈利或者盈利很少，干的一直都是新钱补旧钱的活，没有新的钱进来，到期资金兑付不了，那只能倒了。一家断链，就引起了连锁反应。②

三、涉众型互联网金融犯罪高发原因

（一）投资融资不畅，供需关系紧张

“民间金融为居民储蓄提供了一个替代性的投资渠道，资源富集地区民间金融的高回报为居民财富增值提供了保障，成为推动居民消费增长的重要因素，即所谓的‘财富效应’。”③ 一方面，一些小微、新设企业及广大个体消费者等由于缺乏担保，信用等级不高等原因，获得传统金融机构贷款难，手续繁琐，而网络借贷等互联网金融具有无抵押担保、覆盖面广、自助交易、网络零距离等特征，条件宽松，实时高效。另一方面，随着我国城镇化进程的推进，民间存在大量闲散资金，而银行储蓄利率过低，犯罪主体利用被害群众求

---

① 《“善心汇”组织者：就是传销　我心里清楚迟早会崩盘》，网易：http://money.163.com/17/0729/06/CQG8Q3MU002580S6.html。访问日期：2018年9月15日。

② 《42天104家P2P爆雷！7万亿资产、上千万受害人卷入！爆雷之后真的有晴天吗?》，搜狐财经：http://www.sohu.com/a/242240704_672661。访问日期：2018年9月20日。

③ 薛晴、刘湘勤：《资源富集地区民间金融系统性风险的成因、影响及治理》，载《经济学家》2014年第4期。

暴利、快致富心理，以零风险、高回报为诱饵曲意迎合被害群众投资心理，而被害群众由于法律意识淡薄，投资心理不成熟，容易被迷惑受骗，盲目跟风投资。这样，犯罪主体胆大妄为与被害群众小心翼翼的不期而合，使得该类犯罪浑水摸鱼，迅猛发展。如哈尔滨市公安机关侦办的“财源宝”非法吸收公众存款案，犯罪主体设立网络融资平台进行宣传，在全国 11 个省（市）17 个城市设有 22 家公司，以年利率 8%—18% 的高回报为诱饵，设计出“财源宝、财宝宝、日日盈”等理财产品，通过网络、手机 APP 软件，吸收公众存款 284.2 亿余元，仅哈尔滨市参与人就 14665 人，损失金额 2.82 亿元。

（二）操作受限少，非法获利快

该类犯罪一般不受时间、地点的限制，能在任一时间、地点、国家作案。由于识别难度大、吸收资金快、被查处风险低，该类犯罪往往涉案金额普遍比较大，少的数百万、数千万元，多的十几个亿、上百亿，被害群众少的数百人，多的数万人，甚至上百万人，成为当前经济犯罪的“富矿区”，极具犯罪诱惑性，犯罪主体趋之若鹜，似飞蛾扑火，前仆后继。如“e 租宝”非法吸收公众存款案，依托“e 租宝”“芝麻金融”“汇仁财富”等网络借贷平台涉及用户 ID901294 个，90 余万人、580 余亿元，截至案发未兑付金额近 370 亿元。投资人徐先生算了一笔账：“我拿 10 万块钱比较的话，在银行放一年才赚 2000 多块钱；放在‘e 租宝’那边的话，它承诺的利率是 14.6%，放一年就能赚 14000 多块钱。”① “善心汇”组织领导传销案，2016 年 5 月，张天明等人通过搭建“善心汇众扶互生大系统”平台，短短一年多时间，大肆发展 500 多万善心汇会员，遍布全国 31 个省区市，涉案金额数百亿元。“善心汇”成员之一，犯罪主体刘某某接受采访时称自己一年时间赚了 1200 万左右。② “善心汇”组织领导传销案仅哈尔滨市注册会员就 5.6 万余人，涉案 11 亿余元。同时，还有一个重要原因是入门投资额非常少，大量设立分公司和代销公司，容易拉投资人，大大降低投资人警惕性。如“e 租宝”宣传的口号就是“1 元起投，随时赎回，高收益低风险”，通过大量分公司和代销公司“贴身推销”，有的推销人员除了推荐“e 租宝”的产品外，甚至还会“热心”地为他们提供开通网银、注册平台等服务。正是在这种“贴心”温情服务下，“e 租宝”

---

① 白阳、陈寂：《“e 租宝”非法集资案真相调查》，载《人民法院报》2016 年 2 月 1 日。

② 《“善心汇”组织者：就是传销 我心里清楚迟早会崩盘》，网易：http://money.163.com/17/0729/06/CQG8Q3MU002580S6.html。访问日期：2018 年 9 月 15 日。

仅用一年半时间，就吸引 90 多万实际投资人，客户遍布全国。

（三）组织机构形式“合规”，虚假宣传阵势强大

司法实践中发现，组织结构的正规性往往成为突破投资者感官防线的“利器”。该类犯罪主体多成立冠名为“基金管理”“投资基金”“理财咨询”的公司，内部设置了财务部、人事部、行政部、客服部、市场部、企宣部等业务部门；而在销售非法融资项目的核心部门，不仅设立了明确的业务员纵向升职标准，有的涉案公司还在外地设置了分支机构，签署“规范合同范本”。该类犯罪主体主要通过互联网或者线下发放宣传单页、做广告、发邀请函、组织参观考察等方式进行虚假宣传，夸大自身实力，进而取得投资者的信任，如云南省最大的云南金座公司非法集资案。包某某和高某某成立了云南金座农业科技有限公司，经营范围是农业科技开发、研究、咨询及技术转让等。公司成立后，在昆明市主要向中老年进行虚假宣传，宣称金座公司是中国境内首家规模化种植高新技术产业，系中德、中美合资香椿林业产业项目，主要经营农、林、牧、药立体农业复合型产业，还有养殖野猪、生态猪、生态鸡的养殖基地和大型山庄、度假村等。另外包某某通过各种途径把自己包装成世界杰出华商协会会员、农民企业家、2009 年“改革开放 30 周年影响农村改革中国三农先锋”，并在报纸、杂志、专刊上刊登访谈文章，大量印制散发宣传材料，嘘声造势，骗取投资者的信任，承诺给予 8%—15% 不等的高额返利。短短四年间，金座公司共向 1.2 万余名中老年人非法集资总额高达 4.8 亿元。

（四）利用亲情诱骗，难以有效防范

在一些涉众型互联网金融犯罪中，犯罪分子利用亲情、友情等关系对其实施诱骗，这些主要参与人员要么是朋友，要么是亲戚，就这样，通过朋友介绍朋友，亲戚介绍亲戚，一个熟人集资网络得以形成并不断扩大，为犯罪分子实施作案提供了极为便利的条件。一些犯罪分子的初衷或许是为了让亲朋获益，但随着越陷越深和自身利益驱动，他们可能无暇顾及，无情地欺骗身边的熟人。如浙江绍兴一对夫妻非法集资 2500 万，欺骗整个家族的拆迁款案，李某、殷某曾经营玉石生意，由于后期玉石市场不景气，逐渐开始在社会上高息借款，死守经营。他们盯准了前儿媳家族里的拆迁户，前儿媳家里亲戚因为拆迁，分到了数百万元的货币安置款。李某夫妻就托自己儿子，找到了他们，说这些钱，存银行给银行赚钱，不如借给他们扩张生意。不知情的前亲家还帮他们打欠条，就这样，前儿媳的父亲、爷爷、叔父等亲戚在 2013 年至 2015 年期

间，分别借出70万到540万元不等的巨款，除去收到的利息，造成直接经济损失780余万元。同样伎俩骗儿子前同事，为了借到更多钱还利息，殷某还去房产中介、棋牌室物色对象。曾经一起在水果市场卖过水果的老妇、在中介处有挂房出租的房东、棋牌室去打老年麻将的牌友都成了受骗者，其中还有很多是70岁以上的老人，他们涉嫌非法集资，金额居然高达2500多万元。

（五）组织分工严密，监管难度大

从管理权限看，该类犯罪有的是自然人，或者是不具有集资资格的公司以各种名义所为，不属于金融机构监管范围之内；有的注册地和经营地不一致，致使两地相关部门漏管脱管；有的违法行为涉及金融、税务、工商及公安等诸多部门职能，活动环节多、过程长，由于部门之间未能协调性推进防范、打击和处置工作，以致应对不够，防范不力，机制不全，合力不强，调查不细，相关违法犯罪行为明修栈道，暗渡陈仓。从司法实践看，该类犯罪有的在发布借款标的、宣传投资项目、筹集资金、资金流转运作的过程中无监管部门介入，有的在项目标的真实性、客户资金独立性、资金流向合法性上无相关部门进行审查等，整体上看，发展过程中往往没有部门去监管，相当部分因为集群性信访发案，才由公安机关跨过金融监管部门直接刑事侦查。同时，个别该类犯罪打着金融服务幌子，被作为当地招商引资的项目，相关职能部门很难从护航角色换位到监督角色。

四、涉众型互联网金融犯罪主体范围政策抉择

当前，我国社会主要矛盾已经转化为人民日益增长的美好生活需要和不平衡不充分的发展之间的矛盾，深入开展互联网大众创业、万众创新是适应主要矛盾的需要，而互联网与金融深度融合必将铸就大众创业、万众创新的阳光大道。“新形势下诞生的诸多新型经济行为往往处于合法与违法之间，是合法行为、一般违反民商事、经济法律的违法行为还是犯罪行为难以直接区分。”而“金融市场的发展往往会超前于既有的书本知识和课堂知识，而中国金融市场最近几年的发展变化尤为迅速。很多新出现的金融制度创新、金融产品创新、金融工具创新和金融制度改革和金融监管的调整，都是以往书本所没有也未能介绍的。”[①] 所以，涉众型互联网金融涉及的违法犯罪问题处理上更是难上加难。“如果说刑事政策的入罪功能需要通过刑法规定的构成要素解释实现的

① 巴曙松：《〈现代金融市场前沿系列讲座〉第一卷——前言》，搜狐教育：http://www.sohu.com/a/253768115_481741。访问日期：2018年9月22日。

话，那么，刑事政策的出罪功能则可以脱离刑法而单独直接实现。”① 刑法是理性思辨的结晶，力求完美，但成文刑法固有的缺憾，使得我们不断用非刑法的方法来衡平。刑事政策与刑法的关系犹如理论与实践的关系，刑事政策具有的指导性、开放性、灵活性、能动性和预防性等特征，相比较刑法的确定性、滞后性等漏洞，势必能有效解决互联网金融创新发展中遇到的种种问题，防止刑法教条主义、形式主义。

（一）坚持违法性和危害性重评，惩戒相济

由于现行法律规定不能及时跟进互联网金融发展需要，所以不能仅仅因为违反国家规定而就采取刑事追究政策，更不能因为系聚众犯罪而不加区分，“一网打尽”。

1. 在罪与非罪问题上，要在形式违法性基础上，进行危害性审查

“因为有犯罪并为了没有犯罪而科处刑罚”。② “以刑止刑，以刑去刑”固然重要，但一味重刑，可能会适得其反。刑罚的目的不仅仅是打击违法犯罪，更是为了消除严重的社会危害，减少或者消弭犯罪，这就需要发挥刑事政策在超规范阻却违法或者刑罚作用。如2010年印发的《关于审理非法集资刑事案件具体应用法律若干问题的解释》指出：“非法吸收或者变相吸收公众存款，主要用于正常的生产经营活动，能够及时清退所吸收资金，可以免予刑事处罚；情节显著轻微的，不作为犯罪处理。”2017年印发的最高检纪要指出：“对各种类型互联网金融活动，要深入剖析行为实质并据此判断其性质。”互联网金融基于其创新性，难免会在形式上突破现有的法律规范，理应在法律规范上给予互联网金融特殊的法律保护，为其提供宽松发展的“避风港”，这也是国家产业政策鼓励方向。对于非法占有型、违反法律禁止型、隐名式及打着单位名义实施自然人违法犯罪的行为，其违法性、欺骗性就像瘟疫一样扩散，绝不能以不知道违法的理由来推脱责任，应该坚持打早打小、打准打实的原则将其消除在萌芽状态。对于显名式、资格缺失型等未违反禁止性法律规定互联网金融，不能仅仅因为行为无价值就作出违法犯罪最终认定，而要进行结果价值判断，明法辨理，具有真实生产经营目的的互联网金融，要予以引导规范，出现的暂时资金经营问题，应当通过政策予以扶持鼓励，依法慎用刑事打击措施；对于资不抵债等原因难以继续经营的，应当按照“先民后刑”的政策予

① 孙国祥、王牧、赵宝成：《论司法中刑事政策与刑法的关系》，载《法学论坛》2013年第6期。

② 张明楷：《刑法格言的展开》，北京大学出版社2013年版，第460页。

以处置，否则会给社会公众造成“互联网金融领域以成败论犯罪与否”“制度牢笼”的假象，严重影响公众对发展互联网金融信心和对社会公平正义期许，因为媒体报道的互联网金融经营时“包装”的万紫千红，破产后多数都是以入刑为归属的。

2. 在追诉范围上，要根据主观恶性、犯罪情节和人身危险性相统一原则，实行宽严相济

具体来说，坚持从严，即对犯罪行为的发展、运行等起到决策、指挥、协调、管理等主要作用的人员，依法从严打击；可以从轻，即对于一般领取工资、少量提成在犯罪中起次要作用的参与人员，要依法运用非刑罚的措施起到警戒作用。从犯罪的危害性看，该类犯罪本质上来说是集资型犯罪，再加上互联网金融鲜明的时代特点，决定对该类违法犯罪行为认识需有过程，辨别难度使法律不能及时、准确作出定性，从而存在明显的监管主体空白。从笔者所在地看，即使是公安机关在认定该类犯罪上也难度较大，犯罪组织的领导者、管理层等往往具有非法集资等犯罪的故意，对犯罪的预谋、实施及发展具有积极追求的作用，理应严惩。一般参与人往往应聘到犯罪组织中，基于政府办照认可、公开经营、办公秩序正常等因素产生认识错误，合理信赖该组织成员认为是合法行为，即使知道存在欺诈，但由于工作中处于被动接受工作指令，获利较小，对犯罪链条、所得了解较少，难以从整体上形成对犯罪的认识，非法集资等犯罪故意不明显，造成最终危害后果的因果关系与一般参与人所预期结果不一致，更不是主动追求的结果，对这类人应予以从轻处理或免除刑事处罚。从聚众犯罪处断原则看，我国现行刑法对聚众性犯罪原则上仅处罚首要分子和积极参加者，虽然非法吸收公众存款罪、集资诈骗罪、组织、领导传销罪等涉及的条文并未规定该罪为聚众性犯罪，但实践中该类犯罪基本上都是聚众性犯罪，一人或少量人很难完成非法集资犯罪行为，所以对一般参与者非刑罚处理是刑法应有之意。从司法实践看，“仅对已经发生的行为进行非难、追究责任并不能防止犯罪，而必须研究犯罪原因，刑罚的主要目的是预防犯罪人重新犯罪”，① 刑法的实施应当充分考虑到预防的效果，即以最小的消耗获取最大的法律效果和社会效果。对犯罪组织的领导者、管理层等通过犯罪活动积累了犯罪经验、犯罪所得，突破了一般人的道德底线，往往再犯可能性比较大，不从严惩处难以发挥刑法的特殊预防，特别是一般预防功能；一般参与者往往参加犯罪活动时间短，只了解犯罪的某一环节，非法所得较少，经济基础较弱，从犯罪知识储备及犯罪的经济能

① 张明楷：《刑法学》，法律出版社2011年版，第7页。

力等来看，往往不具备再犯可能性，给予非刑罚处理，也符合一般人价值观的认可，如笔者所在地办理的有关案件，一般参与者的辩护律师往往都作无罪辩护，其中有个案件13名被告人中，有11名被告人辩护律师作出了无罪辩护，也就是说从法律专业人士看，无罪辩护率达到了85%。同时，由于上述的智能化、年轻化等特点，决定了一般参与者中有相当一部分系刚刚从大学毕业的学生，由于辨别力差而误入歧途，如果予以科刑将使其丧失改过从新的机会，刑后可能会破罐破摔，再次走上违法犯罪的道路，惩办的法律效果与其社会效果难以划等号，从更小的方面来说，刚刚从大学毕业的学生的父母“老有所养，老有所依”等希望破碎，会间接导致我国进入老龄化社会的负担加重。

3. 除法定代表人以外，在单位犯罪中直接责任人员认定上，宜采取肯定之否定原则

所谓肯定，就是从是否主管、图利失范及组织层级等层面初步对违法性进行判断，看是否入罪，凡是具备的就涉嫌犯罪。具体来说，主管人员就是对犯罪的企业运营情况起到决定、批准、授意、纵容、指挥等作用的人员，从司法实践看，一般系公司的运营组织实施者和分支机构的负责人。如“e租宝”非法吸收公众存款案中，控股集团总裁张敏等24人被北京市第一中级人民法院判处有期徒刑3年至15年不等，并处剥夺政治权利及罚金；朝阳分公司负责人马志民被朝阳市双塔区人民法院以非法吸收公众存款罪判处有期徒刑1年2个月，缓刑2年，并处罚金人民币50000元；绍兴分公司负责人马志民被绍兴市越城区人民法院以非法吸收公众存款罪判处有期徒刑1年，缓刑1年6个月，并处罚金人民币50000元；东营分支机构负责人吴海先被东营市东营区人民法院以非法吸收公众存款罪判处有期徒刑2年3个月，并处罚金40000元。从以上看，不同地方的法院对分支机构追究责任人员范围基本一致，即该分支机构的负责人。图利失范，就是为了获取集资数额的提成或者领取高额的工资，明显违反国家金融管理法律规定。参与企业的重大集资运营活动的人员，从司法实践看，一般系参与吸收资金量巨大或者以对吸收的资金进行提成人员。如“e租宝”非法吸收公众存款案，西宁分公司理财师（金融投资总监）韩世珠在2015年7月至12月期间，参与变相吸收公众存款人民币2674399元，被西宁市城中区人民法院判处有期徒刑1年6个月，并处罚金人民币50000元；蚌埠第一分公司营业部部长李军杰，每月除领取基本工资外，还从其下属团队的员工业绩中按比例提成奖金，蚌埠市蚌山区人民法院认定，李军杰违反国家金融管理法律规定，变相非法吸收公众存款92975524.88元，数额巨大，构成非法吸收公众存款罪，判处有期徒刑1年，缓刑1年2个月，并处罚金人民币2万元。组织层级，就是在该类犯罪中处于层级比较高的地位，吸

收资金数额或者人员比较多的人员。从司法实践看，一般都是按照组织、领导传销罪追诉标准。如“善心汇”非法集资案件被定性为组织、领导传销性质后，一批层级较高的责任人员被追究刑事责任。所谓否定，就是将实质性贡献作为是否出罪的重要依据，即仅仅承担单位日常性岗位工作，而没有非法集资故意，无法参与到公司核心决策和经营过程的，即使具有违法性，但因为不具备有责性，也不应当入罪，具体来说可以将任职部门、任职级别、任职时间、吸存金额或提供帮助的吸存金额、非法获利与退赃情况等作为重要参考。以财物人员为例，如果仅仅承担单位会计统计日常性工作，没有参与单位非法集资如策划就不应当承担刑事责任。晚近时分，郑州市司法机关每年都要处置数以百计的包括非法吸收公众存款罪以及集资诈骗罪等非法集资类刑事案件。在这些案件的判决中，也很少有单纯从事财务后勤及内部行政管理而未亲自参加非法吸储的员工被最终定罪。其原因也无外乎，单纯从事财务管理的人员，对于非法吸收公众存款行为并不能起到实质性贡献，因而不能列为该罪的共同犯罪。① 通过对 2007—2015 年 26 起“P2P 网络借贷”非法集资犯罪公开案例统计发现，分别判处 1 人、2 人、3 人犯罪的案例分别占到全部案例的 42.31%、38.46%、15.38%，三者加起来占到全部总数的 96.15%，进一步分析裁判文书发现，法院认定公司法定代表人、实际负责人、股东等构成犯罪，但排除了公司中负责项目宣传、技术维护、活动筹办、发放员工工资等非全局性、非实质性事项员工的刑事责任。②

（二）坚持法律性和社会性并评，惩防并举

1. 量罚统一问题

从立案追诉标准看，该类犯罪本质上来说是集资型犯罪，既可能是单位犯罪，也可能是自然人犯罪，既可能是从头到尾的非法吸收存款行为，也可能是吸收过程中另起犯意的集资诈骗行为，或者是普通诈骗行为。该类犯罪范围往往波及全国，一般由犯罪嫌疑人所在地司法部门分别管辖，由于我国地域差异性，各地立案追诉标准、入刑情节可能存在差异，导致在犯罪主体定罪量刑上存在一定差异，即同一案件犯罪嫌疑人在有的地方构成犯罪，有的不构成，如上海市诈骗罪“数额较大”是“1 万元以上不满 10 万元”、“数额巨大”是

① 王立志：《非法集资犯罪中财务人员的刑事责任认定规则》，载《法律适用》2018 年第 6 期。

② 金善达：《网络非法集资刑法治理的模糊化与精密化——基于 2007—2015 年 26 起公开案例的实证分析》，载《上海公安高等专科学校学报》2017 年第 8 期。

“10 万元以上不满 50 万元”，河南省诈骗罪“数额较大”是“5000 元”、“数额巨大”是“5 万元”，有的地方在办理组织、领导传销活动案中，由于犯罪嫌疑人比较少，只要够最低追诉标准一律入刑，而有的犯罪嫌疑人多的地方则存在重中选重入刑问题。这样产出了新的不公平，也容易导致犯罪嫌疑人以所在地为由进行刑法上的法律规避；从司法实践看，该类犯罪侦查中，由于分别管辖判决，相当一部分判决书并未对一般参与者，甚至部分管理人员是构成单位犯罪中的责任人员，还是自然人犯罪进行论述，以致判决中犯罪主体认定存在一定瑕疵，量刑准确度自然不高。该类犯罪的特点决定了其集资范围、程度会远远高于网下的集资犯罪，极易达到刑事立案追诉标准，所以有必要作为特别法条，参照《最高人民法院、最高人民检察院、公安部关于办理电信网络诈骗等刑事案件适用法律若干问题的意见》对诈骗罪全国统一标准做法，专门对该类犯罪立案追诉量刑标准作出规定，确保打击该类宽区域犯罪全国“一把尺”，同时也从法律上明示了该类犯罪的特殊危害性及国家鲜明态度。

2. 判决悬空问题

“法律的生命不仅在于逻辑，而且在于生活。”① 无可否认，法院对涉众型非法吸收公众存款等犯罪的判决形式上合乎逻辑，有理有据，但深入分析不难发现，存在为刑罚而判决的“被动判决”现象，因为判决仅回应了定罪量刑问题，对公众期待回应不足，难以从经济上彰显公平正义，甚至产生负能量。如一起非法集资案件，集资参与人存款 777 笔，涉案金额 1 亿多元，尚有近 7 千万元未兑付，且账目无法查清有转移藏匿资产嫌疑，而罪犯个人仅获刑 5 年，罚金 25 万元，刑满后追赃成为“悬案”，这样极易给社会公众造成“坐几年牢挣几千万”误导。“破窗理论”告诉我们，如果对犯罪效益大于犯罪成本问题不加重视，那么非法集资犯罪将会屡禁不止，刑罚对犯罪的预防功能无法有效实现。所以，在对该类犯罪主体处置范围上，应推动“积极判决”，精确瞄准图利性本质，加大后续经济罚的判决力度，如将其纳入到个人征信系统，未归还前，限制个人及家庭连带民事责任成员高消费、担任经济实体等管理人员等，从经济、荣誉上痛苦倒逼其主动履行返还财产的法律义务，力争彻底摧毁犯罪经济实力，为群众挽回经济损失，达到法律效果和社会效果的统一，绝不能让正义“迟到”，更不能“不到”。

① 张明楷：《刑法学》，法律出版社 2011 年版，第 15 页。

（三）坚持两法衔接层评，标本兼治

1. 法律梯次衔接

“传统刑法理论认为，刑法仅是将社会危害性最为严重的一部分金融违法行为升级为犯罪，是‘社会防卫的最后一道防线’，能够运用民事的、行政的法律手段调整的社会关系，不应当由刑法越位。”① “现代社会，随着经济、文化事业的不断发展，出现了越来越多的社会问题已经成为制约经济发展、损害他人或公共利益、破坏管理秩序的严重社会问题，亟待政府解决。政府解决此类问题的主要手段就是行政法律规范”。② 而且“现代科学的刑事政策强调预防重于惩罚、公共政策、社会政策优于刑罚。”③ 理论上来说，只有当金融行政法律规范不能有效预防、制止涉众型互联网金融危害后果的发生，才启动刑法处置，但由于我国目前互联网金融行政法律规范尚不健全，相互之间关联性不强，以致司法实践中，部分该类犯罪行为实施过程中没有相应的行政法律进行处理，而是由刑法直接将该种行为规定为犯罪，对于其中不构成犯罪的违法人员直接不作任何行政处理，即国家对其违法行为未予评价。作为法律体系中保障法地位的刑法直接冲锋陷阵，罪与非罪之间没有中间地带，也充分说明了我国在涉众型互联网金融行政法律中存在巨大漏洞。陌生网络虚拟社会一定程度上松绑了犯罪主体道德束缚，更容易跨过社会规范和法律规定，互联网金融作为一种创新的经济发展模式，对其发展过程中引发的问题，是应一律予以严厉打击，抑或留下发展的制度空间，不至于互联网金融创新成为惊弓之鸟，四面楚歌，这将是两法衔接中予以考量的重大问题，绝不能讳疾忌医。

2. 共建共治共享

党的十九大报告提出要“提高社会治理社会化、法治化、智能化、专业化水平，打造共建共治共享的社会治理格局。”④ 行政行为有效率性、公定力等特征，决定了行政管理是国家维护涉众型互联网金融秩序的最及时、最有效的方式。面对多元化互联网金融实践，政府作为社会的管理者和代理人，理应树立应对互联网创新跨部门、超前性思维，发挥主体作用。

---

① 曹坚：《新常态下金融刑事司法政策刍议》，载《上海金融报》2016年5月6日第A13版。

② 应松年主编：《行政法学新论》，中国方正出版社1999年版，第34页。

③ 王牧、赵宝成：《“刑事政治”应当是什么？——刑事政策概念解析》，《中国刑事法杂志》2006年第2期。

④ 《习近平在中国共产党第十九次全国代表大会上的报告》，求是网：http://www.qstheory.cn/llqikan/2017-12/03/c_1122049424.htm。访问日期：2018年7月21日。

（1）要正名，统一入口。传统的银行、证券、保险等金融机构，我们从机构的名称就很容易识别其性质，但从互联网金融协会公布的互联网金融机构看，名称五花八门，有的从名字根本无法识别其具有金融性质，如此金融监管部门自然疏于日常管理，使其游离于专业监管之外，所以有必要参照传统金融机构管理模式，统一规范名称，进而统一监管机构，避免监管缺位、错位、越位。要联动，变管为治。目前，互联网金融经营范围跨地区实时化，瞬息万变，由于信息不对称、管理不周延等原因，传统的属地、归口割裂“头疼治头，脚疼治脚”政策性监管措施明显已经捉襟见肘，应对不暇，有必要利用信息化手段实现“两打通”，即打通主管部门全国监管一体化和地域部门之间个体互联网金融机构信息的交换，变被动的行政管理为积极的行政治理，如银监、证监等金融部门要在日常业务中注意发现苗头、倾向，力争将问题消除在萌芽状态；市场监管部门要严把登记注册和经营范围核定关，把好年检关，及时清理证照不全、超范围经营、违规发布广告宣传的“问题”；税务部门要实时监管盈亏情况；对新型监管部门不明确实体，由政府及时协调确定监管部门等，不断加强“放、管、服”力度。同时，要加强互联网金融行业自律组织建设，打通监管部门与社会沟通交流渠道，形成多元主体协同推进的格局。

（2）要敏捷，动态质检。“社会治理是动态行动过程，与传统社会管理稳定性相比，动态性是社会治理实现途径的重要特征。”① 从已发案的互联金融犯罪看，由于该类犯罪链条比较长，环节比较多，资金流比较分散，经营内容比较虚幻等，治理工作难以一蹴而就，但发展过程中呈现的风险点显而易见，不容小觑，如果综合运用大数据、云计算、社交网络、移动支付、搜索引擎等互联网科技手段，建立信息共享和交流“互联网金融数据库”，对互联网金融实体的类别、性质、人员规模、资金规模、资金缺口等情况整体检测，打造出全流程风险点关注，质检有力的信息收集、整理、分析、研判平台，将互联网金融纳入“工厂”格式化、傻瓜式流转，必将最大限度地防范该类犯罪。笔者认为当务之急应抓住“三流”：一是资金流。非法占有他人财产，唯利是图是该类犯罪的本质特征，所以，一般经营资金来源、分配上会存在资金利率高、异常空转，累积资金池（巨额资金的积累、沉淀）等异常情况，会计账簿等记录漏洞百出。二是交易流。没有欺骗就没有危害。高智性、虚拟性和包装性等特点，决定该类犯罪往往就是海市蜃楼，对广大群众起到了画饼充饥、望梅止渴作用，盲目从众、贪图高利是巨大诱因，但现象背后隐藏的交易有名

① 孙晓莉：《多元社会治理模式探析》，载《理论导刊》2005年第5期。

无实、名不符实等问题比比皆是。三是信息流。“风雨欲来风满楼”。该类犯罪的发生往往都有预兆，比如被害人上访往往就是一种预警，资金链断裂往往会成为拐点，而相关人员的跑路往往成为燃点。规模庞大的“善心汇”经营模式，从成立之初就被网友质疑，但发生“长沙集会”之后，这个组织才引起社会关注。监管部门对各类负面信息应对的迟延性，给该类犯罪的防范产生滞阻。所以，既要关注互联网金融市场运行中的常态、显性风险信息，也要注重个体、微小风险信息，防微杜渐，防患未然，提高监管部门应对该类犯罪的主动性、前瞻性、科学性、有效性和有序性。而“阳光是最好的防腐剂”，应当构建严格的信息透明公开披露制度，将各类收集研判的风险性信息及时公开，最大限度降低互联网金融风险。

网络犯罪案件适用法律问题研究

姚　图　王文华　孟庆松　王建成*

近年来，随着信息技术的飞速发展，信息技术的安全隐患和威胁也逐渐显现，特别是利用计算机网络实施的各类犯罪迅速蔓延，社会危害严重。适应信息时代网络犯罪的新形势，有力惩治和防范网络犯罪，促进互联网的健康发展，是一项重要的任务。2014 年 7 月 2 日最高人民法院、最高人民检察院、公安部联合发布了《关于办理网络犯罪案件适用刑事诉讼程序若干问题的意见》（以下简称《网络犯罪意见》），明确规定了网络犯罪案件的范围、管辖、初查等内容；2015 年 11 月 1 日施行的《刑法修正案（九）》突出了对网络犯罪的关注，多个条文与网络犯罪相关，涉及新增犯罪、扩充罪状、降低入罪门槛、提升法定刑配置和增加单位犯罪主体等多种方式。然而，面对网络犯罪呈现的一系列亟待分析和研究的新特征，网络犯罪相关规定争议不断，司法适用仍面临诸多难题。

一、网络犯罪概念和特征

围绕网络犯罪的范围，国内学者大致分为广义和狭义两种观点。狭义说认为，网络犯罪仅指现行《刑法》第六章第一节扰乱公共秩序罪中规定的几个犯罪，包括以计算机为犯罪对象的行为以及危害计算机信息系统安全的行为。而广义说观点认为，网络犯罪既包括刑法分则中所规定的以计算机信息为犯罪对象的犯罪，如非法侵入计算机信息系统罪、破坏计算机信息系统罪等犯罪，也包括以计算机信息网络为犯罪工具的犯罪，如利用计算机实施的盗窃罪、诈骗罪等传统罪名，因此网络犯罪是指所有以计算机信息为犯罪对象或者以计算机信息网络为犯罪工具而实施的危害社会的行为。

笔者赞同广义说的观点，从司法实践来看，《网络犯罪意见》第 1 条明

* 作者单位：姚图，江苏省盐城市人民检察院；王文华，北京外国语大学；孟庆松，江苏省盐城市人民检察院；王建成，江苏省盐城市人民检察院。

确规定了网络犯罪案件的范围。从该条可以看出，该意见在网络犯罪的范围这一问题上，也是坚持了广义说的观点，认为网络不仅可以作为犯罪对象，也可以作为犯罪工具。根据这一司法解释和《刑法修正案（九）》，可进一步将网络犯罪分为两种主要类型：第一类是以网络为对象的犯罪，具体包括：非法侵入计算机信息系统罪；非法获取计算机信息系统数据、非法控制计算机信息系统罪；提供侵入、非法控制计算机信息系统程序、工具罪；破坏计算机信息系统罪；拒不履行信息网络安全管理义务罪；非法利用信息网络罪；帮助信息网络犯罪活动罪。第二类是以网络为工具的犯罪，包括但不限于：利用网络实施的金融诈骗犯罪、破坏金融管理秩序犯罪；利用网络实施的贪污犯罪、挪用公款犯罪；利用网络传播淫秽物品的犯罪；利用网络实施的盗窃、诈骗犯罪；利用网络进行逃税的犯罪；利用网络实施的诽谤等侵犯公民隐私权和毁坏他人名誉的犯罪；其他主要行为在网络上实施的犯罪。

在互联网高速发展的同时，我国的网络犯罪也呈现出不断增长的态势。笔者根据公安部公布的网络犯罪十大典型案例（详见表1）和检察机关司法办案实践，梳理分析网络犯罪呈现出不同于传统犯罪的新特点：

表1：2014年12月公安部公布网络犯罪十大典型案例

案件	涉案区域	发案时间	主要涉案嫌疑人	社会危害
辽宁：入侵韩国网站盗窃韩国网民银行存款案	中国辽宁、韩国等	2013年1月	34名	犯罪团伙先后对100余家韩国网站实施入侵，受到木马感染计算机达千余台，盗窃韩国网民银行账号密码4000余组，盗窃资金折合人民币1000余万元
江苏徐州：“5·28”跨国网络赌博案	跨中国、越南、缅甸三国	2014年5月	119名	查扣涉案电脑423台，冻结涉案赌资人民币6400余万元，涉案车辆4辆
江苏徐州：手机植入木马盗窃案	辽宁、湖北、湖南、福建、广西、海南等14省29个地区	2014年2月	37名	扣押涉案电脑33台、手机45部、伪基站设备1台，涉案金额2000余万元，涉及案件受害人260余名

续表

案件	涉案区域	发案时间	主要涉案嫌疑人	社会危害
浙江：传播手机木马盗窃台湾民众电信资费案	中国台湾、浙江金华、福建龙岩、吉林延边、上海和四川成都等	2014年6月	32名	查扣作案电脑230余台，查封资金人民币249万元，扣押保时捷等汽车4辆，涉案金额达2000万元人民币
山东济南：利用伪基站实施网络盗窃案	济南	2014年7月	2名	缴获伪基站设备1套、笔记本电脑1台、作案汽车1部，涉案金额6万余元
湖南长沙："5·25"攻击敲诈香港金融网站案	中国香港、湖南长沙、上海、湖北等地	2012年2月	6名	网络攻击敲诈团伙为牟取不法利益将香港金银及证券投资公司网站列为攻击目标，并组织网络流量对网站发动攻击，然后通过网站在线客服的QQ号码与被攻击网站进行联系，实施敲诈勒索，非法获利人民币共计46万元
重庆："8·25"国家CN域名解析系统遭网络攻击案	中国、泰国	2013年8	5名	国家CN域名解析系统主节点服务器遭受大规模分布式拒绝服务攻击，造成网络链路拥塞、服务器性能下降，部分CN域名网站访问缓慢或中断
河北张家口："4·23"非法买卖公民个人信息案	北京、河北张家口、广东东莞、湖北孝感等地	2012年12月	6名	查扣3台电脑、非法获取的信息单10600余条及电话、银行卡、网银支付器等大量涉案物品；查获被获取和贩卖的各类公民个人信息1000余万条；缴获作案银行卡500余张，作案电脑近百台

续表

案件	涉案区域	发案时间	主要涉案嫌疑人	社会危害
江苏淮安：利用伪基站群发短信诈骗案	江苏、辽宁、黑龙江、安徽、江西等地	2014年6月	8名	涉案金额200余万元，受害群众达10万余人
江苏淮安："8·7"特大网络诈骗案	江苏南京、扬州、淮安等全国11省24市	2014年8月	50名	扣押涉案车辆7辆、电脑45台、手机51部、银行卡100余张以及各类资质证书、学历证书成品、半成品1200余份

（一）产业化

当前，网络犯罪逐渐摆脱黑客一人或小团体"单兵作战"模式，而"迭代"形成分工负责、利益共享的产业链条，不同的行为人分别负责网站建设、广告推广、资金流转、技术支持等各个环节，一个行为人可能同时为大量其他行为人提供帮助。这使得行为人之间形成错综复杂的关系，同时也大大降低犯罪技术门槛，导致网络犯罪进一步泛滥。如江苏徐州警方破获的全国最大网银盗窃案，犯罪嫌疑人制作的"浮云"木马轻易攻破20家银行网银系统，涉案金额2000余万元。"浮云"木马盗窃团伙主要成员近60名，团伙成员具有极其细致的专业分工，给案件的发现、侦破造成诸多困难。如江苏盐城检察机关办理的"11·28"特大通讯网络诈骗案，涉及90名电信诈骗犯罪嫌疑人，受害者达万人、涉案金额2000余万元。犯罪嫌疑人向某伙同他人成立成通百惠（武汉）科技有限公司，该公司通过帮助客户开通办理高额度微粒贷、办理高额度银行信用卡实施诈骗。运营分为"老板""总监""主管""组长""组员"五个层级，其中老板、总监负责整个公司运营。主管负责若干个小组，对各组收入上缴情况进行检查。组长负责管理检查组员的一级账户（诈骗账户）收入，并要求组员将收入通过微信或者支付宝转给组长。组员是直接"操盘手"，底薪1900元至2100元不等，按单数提成（1—7单，每单50元，8—14单，每单100元，15—21单，每单150元）。

（二）智能化

网络犯罪主体通常非常熟悉某一领域的计算机操作技术或是对计算机有浓厚兴趣而自学成才的“网络黑客”，善于运用计算机技术为他们进攻目标网络、达到预期目的。如2017年6月，腾讯守护者计划协助中国警方破获了一起利用“人工智能（AI）破解验证码”的黑色产业链犯罪案件，犯罪分子利用人工智能和神经网络训练机器，使得机器在一个季度内就能破解验证码259亿次。如江苏省海安检察机关办理的曾兴亮、王玉生犯破坏计算机信息系统案，曾、王二人结伙或者单独使用聊天社交软件与被害人聊天，谎称自己的苹果手机因故障无法登录“iCloud”（云存储），请被害人代为登录，诱骗被害人先注销其苹果手机上原有的ID，再使用被告人提供的ID及密码登录。随后，曾、王二人立即在电脑上使用新的ID及密码登录苹果官方网站，利用苹果手机相关功能将被害人的手机设置修改，并使用“密码保护问题”修改该ID的密码，从而远程锁定被害人的苹果手机，并以解锁为条件向被害人索要钱财。曾兴亮锁定苹果手机21部，索得人民币合计7290元；王玉生锁定苹果手机11部，索得人民币合计4750元。① 网络犯罪的智能化还表现为其不同于传统犯罪的高度复杂性和隐蔽性，犯罪分子通过加密等技术措施隐蔽犯罪行为、隐藏身份，侦查、取证难度进一步加大。如江苏淮安检察机关办理的利用伪基站群发短信诈骗案，犯罪嫌疑人朱某飞自己制作手机木马病毒并伪装成“移动积分兑换.apk”等文件，将病毒销售给郑某、王某文、李某昊、谢某成4人，并由王某文架设钓鱼网站，上传木马程序，伪装成移动公司积分兑换激活客户端，然后联系张某铭、刘某使用伪基站冒用移动公司客服号码在江苏、辽宁、黑龙江、安徽、江西等地发送诈骗信息，套取受害人的个人信息及银行卡资料，利用受害人下载到手机上的木马软件拦截验证码短信，最后通过洗钱商王某思等人以快捷支付的方式购买话费、电费、游戏点卡大肆盗刷银行卡，涉案金额200余万元，受害群众达10万余人。

（三）跨国化

为了逃避打击，犯罪团伙借助网络跨地域、跨境组织、教唆、帮助不特定人共同实施网络攻击、网络赌博等犯罪活动。如腾讯守护者计划安全团队仅2017年一年，就先后11次协同中国警方跨境打击，累计成功捣毁中国境外电

---

① 参见最高人民检察院《关于印发最高人民检察院第九批指导性案例的通知》中“曾兴亮、王玉生破坏计算机信息系统案”（检例第35号）。

信诈骗犯罪窝点 122 个，抓获犯罪嫌疑人 1144 名，破获案件 3000 余起。如江苏徐州警方办理的“5·28”跨国网络赌博案，经专案组缜密侦查，发现一个跨中国、越南、缅甸三国，运营网络赌博网站的犯罪团伙。2014 年 9 月，中国、越南、缅甸统一开展了打击跨国网络赌博联合执法行动，共抓获犯罪嫌疑人 119 名。其中，中国警方分别在江苏徐州、浙江杭州、广东珠海、云南德宏等 27 个地市抓获周某等赌博代理团队犯罪嫌疑人 86 名，冻结涉案赌资人民币 6400 余万元。越南、缅甸警方及时将抓获的 33 名犯罪嫌疑人和查扣物品移交中方。如 2013 年辽宁警方办理的入侵韩国网站盗窃韩国网民银行存款案，自 2012 年起，黑龙江网民王某龙纠集他人在辽宁丹东成立游戏工作室，通过互联网买卖韩国游戏币和韩国银行账户信息牟利，其贩卖的韩国游戏币主要来自王某、孙某等犯罪团伙。进一步调查发现，王某、孙某犯罪团伙自 2012 年起从事盗窃韩国网民银行存款犯罪活动，首先由王某联系黑客入侵韩国网站植入木马，当韩国网民浏览被入侵网站时，木马将自动植入网民使用的计算机，并窃取网民的网银账号和密码；然后，再由孙某登录受害人网银，将卡内存款直接转移至洗钱团伙提供的韩国银行卡并通过 ATM 取现，或者购买游戏点卡、充值卡等方式变相提现。仅半年时间，该犯罪团伙就先后对 100 余家韩国网站实施入侵，受到木马感染计算机达千余台，盗窃韩国网民银行账号密码 4000 余组，盗窃资金折合人民币 1000 余万元。

二、网络犯罪在司法实践中法律适用遇到的疑难问题

正因为网络犯罪具有产业化、智能化、跨国化等新特点，根据现行刑法、刑事诉讼法及相关司法解释规定的立法现状，司法机关在打击网络犯罪过程中具体适用法律时遇到了一些疑难问题。笔者梳理归纳主要疑难问题有：

（一）刑法规制范围狭窄

网络犯罪的侵害指向从最初的技术性侵害，发展到后来的利益性侵害，直到过渡到目前的利益性侵害与秩序性侵害相混合的现实关系侵害。① 网络犯罪的新变化给传统刑法中的概念及其适用范围提出了挑战，使刑法中的基本原理在对网络犯罪解释与具体适用上显现出不足。我国现有的网络犯罪罪名体系，不仅在罪名上数量较少，而且刑法所保护的范围也较为狭窄，刑法面对层出不穷同时具备严重社会危害性的网络违法行为，还无法及时有力的惩处。如随着

① 李怀胜：《三代网络环境下网络犯罪的时代演变及其立法展望》，载《法学论坛》2015 年第 4 期。

网络信息技术迅速实现与人们生产生活的深度融合，除了黑客攻击、盗取账号、钓鱼网站等明显的网络犯罪黑色产业链以外，以流量劫持、恶意注册和虚假认证等为典型代表的网络灰色产业开始疯狂扩张。暴利驱动下，灰色产业链异常繁荣，成为全球共性问题。特别是恶意注册、虚假认证行为，由于执法、司法部门本身对此存在模糊认识，亟须加强刑法规制。

（二）法定刑配置仍有不足

首先，对网络犯罪的惩罚，国外通常规定了自由刑、财产刑和资格刑，而我国刑法对多数涉嫌网络犯罪的自然人没有规定同时适用资格刑，部分罪名对涉罪自然人也没有规定适用财产刑。这不符合当前打击网络犯罪的立法趋势，属于立法上的一大局限，不仅形式上与刑罚的整体发展趋势相悖，而且对于当前以侵财目的为主的网络犯罪难以实现有效遏制。其次，刑法中部分网络犯罪的自由刑设置较轻，如非法侵入计算机信息系统罪法定最高刑仅为 3 年，这类犯罪对国家秘密的破坏非常严重，从罪刑相适应原则出发，对此类危害性较之传统犯罪有所增加的犯罪应从重处罚。最后，虽然《刑法》第 37 条作出了职业禁止的规定，但规定的司法适用罪名范围过窄，没有对智能化、职业化特征明显的网络犯罪适用职业禁止作出具体规定，司法实践适用阙如，未能充分发挥这一条款的特殊预防功能。

（三）证据收集不够规范

网络犯罪证据的产生、收集、运用都必须借助高科技手段，这一点不同于传统犯罪中常见的证据形式，特别是犯罪涉及的电子数据证据的收集、固定既是一个技术问题，也是一个法律问题。一方面，收集证据的主体需要具有信息网络方面的专业知识技能，从而保证电子数据的客观性、关联性，也即使电子数据具备较高的证明力。在这一问题上，司法实践中目前不仅专业的电子数据取证人员难以满足实践需要，而且相应的电子数据取证工具也非常不足。另一方面，收集证据的主体是否了解刑事侦查的相关规范与程序，对收集对象是否有比较系统、全面、准确的认识，对收集时把握的原则是否有深刻的理解等，这些都直接影响到收集的证据的证明能力和证明力。如原始存储介质应当随案移送，勘验、搜查等应当有相关人员的签名，等等，这些程序如果得不到遵守，收集的电子数据就可能因不具有证据能力而无法运用到诉讼中。

（四）技术侦查措施方面的立法有待完善

网络犯罪的对象通常是通过计算机程序处理的各种数据，这些数据的属性和内容很难从外观上进行探究，因此这些数据易被篡改却难以察觉。同时，犯罪的时间具有瞬时性、犯罪现场具有不确定性，这使得传统侦查措施，诸如勘验、检查、搜查、扣押等难以适用到网络犯罪。传统侦查措施依赖于物理场所，而网络犯罪一般缺乏可感知的物理场所。这种场所是一种完全抽象的、数字化的虚拟空间。再则，网络犯罪涉及的电子数据收集难、易破坏，要想获取并固定需要依靠新的侦查措施。这就需要对涉及网络犯罪的侦查措施适用进行完善，对采取技术侦查的范围和条件也视情况作出一定调整。此外，在网络犯罪侦查过程中，侦查行为若被滥用，则将成为侵犯公民隐私权的手段，因此需要考虑如何平衡查明事实的限度、切实有效保障人权。

三、对网络犯罪案件适用法律几点完善建议

针对司法办案实务中遇到的疑难问题，笔者提出如下几点思考建议，以期对规制网络犯罪的刑事立法完善有所裨益。

（一）加强法律适用解释的完善

一方面，司法实践中，法官应合理运用刑法解释，树立罪刑法定的实质化理念，破除原有的传统犯罪处理观。笔者赞同张明楷教授提出的“实质解释论”基本内容（或要求）：首先，对构成要件的解释必须以法条的保护法益为指导，而不能仅停留在法条的字面含义上。换言之，解释一个网络犯罪的构成要件，先明确该犯罪的保护法益，然后在刑法用语可能具有的含义内确定构成要件的具体内容。其次，对违法构成要件的解释，必须使行为的违法性达到值得科处刑罚的程度；对责任构成要件的解释，必须使行为的有责性达到值得科处刑罚的程度。易言之，必须将字面上符合构成要件、实质上不具有可罚性的行为排除于构成要件之外。最后，当某种行为并不处于刑法用语的核心含义之内，但具有处罚的必要性与合理性时，应当在符合罪刑法定原则的前提下，对刑法用语作扩大解释。质言之，在遵循罪刑法定原则的前提下，可以作出不利于被告人的扩大解释，从而实现处罚的妥当性。① 另一方面，面对汹涌而来、野蛮生长的网络犯罪，刑法不可能等其他法律都出台了再作规定，各项相关法律也很难实现完全的“联动立法或修订”。因此，刑法表现出在相关国家立法体系中一定超前性，如在个人信息保护法、网络安全法等相关法律还没有全面规定不履行信息网络安全管理义务行政责任的情况下，刑法先行规定了拒不履行信息网络安全管理义务的刑事责任。然而，在相关立法规定尚不明晰之时，

① 张明楷：《实质解释论的再提倡》，载《中国法学》2010年第4期。

审慎司法也是保障人权的题中之义。笔者认为，司法实践中打击网络犯罪就需要处理好立法扩张与司法限缩的关系。如“拒不履行信息网络安全管理义务罪”条文规定：“网络服务提供者不履行法律、行政法规规定的信息网络安全管理义务，经监管部门通知采取改正措施而拒绝执行，有下列情形之一的，处三年以下有期徒刑、拘役或者管制，并处或者单处罚金……”从刑事处罚范围看，显示了刑法应有的扩张性。然而，刑事司法应当通过目的性限缩解释保持适度的谦抑，审慎界定“信息网络安全管理义务”“拒不改正”“违法信息”等，实现刑事司法的“严而不厉”。通过立法与司法之间一扩一限，实现法律制定与适用的动态平衡，在实践中实现“罪刑法定”。

（二）适度扩张刑事立法的处罚范围

一是建议法益保护上不仅注重保护计算机信息系统还要注重对网络信息数据的保护。在现代信息社会背景下，信息不再是虚无不定的抽象存在，已经逐渐被物化为实实在在的物质财富，而且其价值正随着信息时代发展的逐渐深入而在不断扩大。某种程度上讲，我国刑法当前对于信息数据的保护，在形式上是较为完备的，但是对于诸如大数据等新生法益，刑法却存在保护的真空，这就有必要明晰此类新型法益的本质，积极将相关利益纳入刑法的调控范围之内。二是建议在危害公共安全罪一章中设立有关网络犯罪的独立罪种。在计算机犯罪阶段乃至网络犯罪的早期，其所针对的计算机或系统往往具有特定性、侵犯公民个人信息犯罪具有个体性，而且所侵害的法益并不重大，一般不会侵犯公共安全。然而，随着网络社会对于网络犯罪的再构，特定人转向不特定或多数人，个体被害转向群体被害，并在事实上侵害不特定或多数人的人身、财产等重大法益，网络犯罪所侵犯法益的公共化已经成为现实。基于《刑法修正案（九）》的规定，在法益问题上，应正视网络犯罪法益向公共安全的扩张，确有必要在《刑法》第二章作出明确规定，以切实保障公共网络安全，对其进行前置化的保护，并对增设有关公共信息安全的犯罪作出前瞻性考虑和设置。三是建议新增部分罪名以强化对新的违法犯罪行为的惩治。如有学者指出，应在危害公共安全罪一章中，增设故意传播恶性计算机病毒罪和制作恶性计算机病毒罪。① 笔者同意这种观点，恶性计算机病毒不同于一般计算机病毒，其破坏力极为巨大，而且一旦产生后果危害十分严重。所以制作、传播行为理应作为危害公共安全的犯罪行为加以规制。此外，建议《刑法》第287条将恶意注册、虚假认证的行为纳入规制范围，增加“为了实施诈骗等违法

---

① 皮勇：《论我国刑法中的计算机病毒相关犯罪》，载《法学评论》2004年第2期。

犯罪行为，而进行大规模恶意注册和虚假认证行为”这一内容，其主要目的是能够在最大程度上确保网络用户的个人利益不受到损害。

（三）将法定刑的配置类型化

一是建议对以网络作为直接犯罪对象的犯罪行为，对现有部分网络犯罪罪名的刑罚区分罪量、配置“情节（后果）严重”“情节（后果）特别严重”等不同等级情节的罪责，并设置法定刑的梯度。如《刑法》第 285 条第 1 款的规定，对“国家事务、国防建设、尖端科学技术领域”等需要实行特别保护的网络系统，考虑到“国家事务、国防建设、尖端科学技术”等特别领域的网络安全受到侵害可能导致的严重后果以及情节不同可能产生危害的较大差异，可以考虑将其量刑标准规定为 3 年以下有期徒刑或拘役，情节严重的，处 3 年以上 7 年以下有期徒刑，情节特别严重的，处 7 年以上 10 年以下有期徒刑。二是对于通过网络实施的传统犯罪行为，如煽动、诽谤类型的犯罪，为了充分反映网络犯罪形态所具有的严重危害性，建议将通过网络实施煽动和诽谤或其他传播非法信息的行为，作为相应罪行的加重情节。① 笔者赞同这一观点，只有通过适当加重对网络犯罪的量刑，使其同网络犯罪的社会危害性相适应，才能使现行刑法对网络犯罪起到有效的遏制作用。三是建议对有些网络犯罪增设罚金刑。基于加强对网络犯罪特殊预防的考虑，无论是自然人实施还是单位实施的，最终都会对具体的个人追究刑事责任，笔者认为这就不仅对涉嫌犯罪的人判处自由刑，还应在部分未设置罚金刑的罪名增设罚金刑。四是建议对部分网络犯罪明确规定适用职业禁止。对涉及计算机领域、特定行业领域（如网络食品安全领域）等从业资格、准入行为的犯罪，有针对性地对这些犯罪人适用职业禁止，剥夺其生存之道，彻底将其与相关行业领域相隔离，确保其今后不再发生类似的职业犯罪，从而实现犯罪的特殊预防。

（四）进一步明确、细化证据收集规范

网络犯罪有别于传统犯罪的高技术性使得证明案件事实的证据产生了新的种类，其中电子数据在证明案件事实的过程中发挥着越来越重要的作用。刑事诉讼法将电子数据增列为新的证据种类，《网络犯罪意见》对网络犯罪中电子数据取证与审查的有关问题作了进一步的规定，笔者结合相关规定就进一步明确、细化证据收集规范提出一些建议。一是建立重特大网络犯罪案件证据收集专家辅助制度。《网络犯罪意见》第 13 条对电子数据的收集主体作出了规定，

---

① 袁佳伟：《网络谣言犯罪的法律规制问题研究》，河北大学 2015 年硕士学位论文。

“收集、提取电子数据，应当由两名以上具备相关专业知识的侦查人员进行。”然而，对一些重特大网络犯罪案件在收集证据时，笔者认为还需要聘请计算机工程师、程序设计员、操作员等专家协助，借助专业力量提高侦查取证的完整性、客观性。当然在制定规范时要对“重特大网络犯罪案件”作一个界定，对聘请专家人选标准、聘任程序、履职权利义务等予以明确，另需明确聘请的专家技术人员不算在“两名以上具备相关专业知识的侦查人员”之内。二是对电子数据的收集对象作出系统化规定。笔者认为电子数据的收集对象应当包括三个方面：内容证据、附属信息证据与系统环境证据。所谓“内容证据”，是指电子数据的正文本身，它是电子数据内容的直接反应，可以直接证明案件的待证事实，例如邮件的正文与图片。所谓“附属信息证据”，是指电子数据在产生、传播、修改的过程中生成的各种电子记录，如电子文件的属性、创建者信息、修改者信息等。所谓“系统环境证据”，是指电子数据所存在的软件和硬件环境，即某一证据在产生、传播、修改的过程中所依靠的系统环境。内容证据是用来证明待证事实的具体情况；附属信息证据可以用来证明电子数据的保管链条，表明该电子数据自形成到收集、最后到移送法庭，每一个环节都是有据可查，从而保障内容证据的真实可靠性；系统环境证据则保障电子数据可以被完整地、清晰地展现出来，从而保证该数据被鉴定和被质证的可能性。三是明确电子数据的收集原则。除《网络犯罪意见》明确的原始存储介质原则、客观完整原则外，笔者认为还应包括及时原则和见证人见证原则。首先是及时原则。由于电子数据具有易毁性，并且不受时空限制，因此对于电子数据，应当在第一时间迅速收集。如果不及时做好电子数据的固定和保全工作，原始证据极易被更改、删除，从而使证据难以取得或者无法取得。其次是见证人见证原则。电子数据的易修改性决定了电子数据的收集必须公开、公正，由案外人监督侦查人员的侦查取证工作，确保证据收集的真实性、合法性。如果原始存储介质的持有人拒绝在笔录上签字，可以记录在案并由见证人签字。

（五）审慎应用技术侦查措施

在重大的网络犯罪案件中，技术侦查措施既是可采的，也是必要的，例如电话窃听、搜查电子邮件、电子监控、电子跟踪、卫星定位等。然而，技术侦查措施的应用不当，也会给公民的隐私带来很大的威胁。因此，对网络犯罪中技术侦查措施应用要加以限定，具体来说，对网络犯罪的技术侦查需要重点从两方面进行完善。一是建立类型化区分适用制度。制定规范根据侵犯公民隐私权程度的不同，技术侦查可以分为侵犯内容信息的侦查措施和侵犯非内容信息的侦查措施。内容信息和非内容信息的隐私程度是不同的，内容信息由于涉及到交流的实质内容，私密程度相对较高；而非内容信息主要用来确定某一主体及其身份，在信息公开程度越来越高的当今社会，人们对非内容信息的隐私权期待越来越低。这种分类的意义在于，侵犯隐私权的程度决定一种技术侦查的适用条件，侵权的程度越高，越应当严格限制其适用条件。相反，侵权的程度较低，适用条件便可以相对放松。二是建立技术侦查适用外部监督制度。2012年技术侦查写入刑事诉讼法，但是在适用条件上刑事诉讼法只规定“经过严格的批准手续”，至于究竟有多严格，刑诉法并未明确。《公安机关办理刑事案件程序规定》对此做出了具体规定，此处的批准手续是指市级以上的公安机关负责人批准。由此看出，技术侦查的批准仍然限于公安的内部审批，甚至仅限于市级。那么如果是市级公安机关自身进行技术侦查是否可以由本级公安局长批准即可呢？由此可见，技术侦查的审批远远不够“严格”的程度。为了审慎适用技术侦查，笔者认为，应引入外部监督制约。鉴于目前法律赋予检察机关相对中立的法律监督地位，除了按照目前公安机关规定的由市级以上的公安机关负责人批准外，建议同步报同级检察机关备案审查，或者直接规定由市级以上检察机关审批。

危险驾驶刑事案件法律适用若干问题研究

郑州航空港经济综合实验区人民检察院课题组*

2011年2月，《刑法修正案（八）》将危险驾驶行为入刑，增设危险驾驶罪作为《刑法》第一百三十三条之一，从当时机动车保有量激增的社会发展状况来看，不仅符合了民意诉求，也增加了一条用法治手段来规制虽未产生实害结果但行为方式确实危害公共安全可行的路径。同其他即将对公民权利义务产生深远影响的公权力行为一样，在《刑法修正案（八）》草案稿公开征求意见时，社会各界对此是否有必要单独设立罪名争议纷纷，尤其是危险驾驶犯罪与交通肇事等犯罪的关系。最终，在充分论证并取得基本共识的基础上，增设危险驾驶罪，但同时为了解决前述争议，又专门新增一款“有前款行为，同时构成其他犯罪的，依照其他较重的规定定罪处罚”，来处理危险驾驶罪与交通肇事罪、以危险方法危害公共安全罪等犯罪的关系。2015年11月，《刑法修正案（九）》将“两超一危”行为纳入了危险驾驶行为，进一步严密了刑事法网，可以说危险驾驶罪的设立，对严重影响道路交通安全的行为形成了震慑，发挥了不可替代的刑法规制作用，但不可否认的是，由于立法技术的简约，带来的理论争议和司法实践困惑越来越多。

据统计，2011年5月设立危险驾驶罪以来，郑州市检察机关公诉部门共受理危险驾驶案件11509件11525人，占所有刑事案件总数的16.2%，受案数仅次于占31.7%的盗窃罪，成为受案数排名第二的罪名，七年来呈逐年上升趋势。醉驾入刑的目的在于利用刑罚的威慑力，使人们不敢酒后开车，从而减少对公众生命健康权的侵犯。但是自危险驾驶入刑以来，案件量逐年攀升，由此产生一个庞大的犯罪群体，是否充分体现了刑罚的教育改造功能，值得我们深思。同时，入刑标准过于机械、罪刑不相适应、执法尺度不统一等问题也为各界所诟病，引起大量探讨、争论。很多人把这种情况视为醉驾入刑的“投入产出比低”，徒然消耗大量行政和司法资源，大幅增加

---

* 课题负责人：裴文典。课题参加人：杨安瑞、任兵、李晓佩、霍炎豪、张原。

社会成本，进而质疑危险驾驶罪的立法技术问题。不少人仍然认为在当前轻刑化趋势下，醉驾入刑等立法是民愤冲击法治理性的结果。本课题对《刑法修正案（九）》颁布实施以来至2018年7月郑州市所辖区域已判决生效的危险驾驶案件进行实证分析，从立法、司法实践中出现的问题入手，进一步厘清危险驾驶罪与他罪的界限和关系，细化危险驾驶罪的构造解释，提出完善立法的意见建议，同时建议通过充分履行检察职能，强化对危险驾驶案件的法律监督，最大限度实现危险驾驶入刑的社会效果，让人民群众看清楚危险驾驶罪在司法执法过程中的真正问题所在，在追求"善治"上下功夫，避免陷入立法依赖而无所适从。

一、郑州市办理危险驾驶案件基本情况

自2015年11月《刑法修正案（九）》修改完善危险驾驶罪以来，至2018年7月31日，郑州市共判决危险驾驶案件4044件（数据来源于中国裁判文书网），其中2015年11月至12月31日111件，2016年全年1241件，2017年全年1873件，同比上升51%，2018年1—7月1894件，与上年同期相比上升103%。危险驾驶案件呈现以下几个特点：

（一）案件数量逐年上升，发案量仅低于盗窃罪

从判决数量上看，危险驾驶案件数量呈逐年上升趋势，且2015年11月——2018年7月，危险驾驶案件占总案件数的9.3%，同时期发案率位于第一的盗窃案件占总案件数的比例为17.6%，危险驾驶发案比例与其相比低8.3%个百分点，居第二位。

（二）危险驾驶行为以醉驾为主

在已判决的4044件危险驾驶案件中，醉酒后驾驶机动车的为4040件，运输危险化学物品的2件，超员超载的2件。

（三）查获方式以事故查获为主

2015年11月—2018年7月，郑州市通过设卡当场查获危险驾驶案件992件，因交通事故报警处理3052件，分别占比24.5%和75.5%。因交通事故查获危险驾驶案件占绝对比重。笔者以郑州市经济发展水平较高的金水区、中原区为例，金水区设卡查获和事故查获分别46件和248件，占比15.6%和84.4%，中原区设卡查获和事故查获分别10件和219件，占比4.4%和95.6%。

（四）地区间量刑差异化明显

郑州市4044起已判决危险驾驶案件中，判处实刑共计1448件，占比36%。地区间量刑差异化较为明显，金水区294起已判决危险驾驶案件中，判处实刑99件，占比33.6%。中原区229起已判决危险驾驶案件中，判处实刑8件，占比3.5%，相较全市平均水平较低。

（五）主刑期相对集中在拘役1—3个月

在已判决的4044件案件中，判处拘役1个月的为1145件，占比28%，拘役两个月的为1520件，占比37.8%，判处拘役3个月的为875件，占比21.8%，判处拘役4—6个月的占总数的12.3%。

（六）罚金刑数额差别较大

笔者仍以郑州所辖区域内经济发展水平较高、位于郑州主城区的金水区、中原区为例，中原区危险驾驶案件中，罚金刑数额集中在2000—8000元之间，其中酒精含量为80—100mg/100ml的，主刑集中在拘役1—2个月，罚金刑数额集中在2000—3000元；酒精含量为100—200mg/100ml的，被判处拘役2—3个月居多，罚金刑数额集中在3000元—4000元；酒精含量为200—300mg/100ml的，被判处拘役3—4个月居多，罚金刑数额集中在5000—6000元。金水区危险驾驶案件中，罚金刑数额在1—3万元不等，和中原区相比较，同等幅度的酒精含量，主刑刑期长短差别不明显，但罚金刑差别较大，如酒精含量为80—100mg/100ml的，罚金刑数额集中在1万元；酒精含量为100—200mg/100ml的，罚金刑数额集中在1—1.5万元；酒精含量为200—300mg/100ml的，罚金刑数额集中在2—2.5万元。

二、危险驾驶罪立法中存在的问题

（一）与他罪界分复杂

按照刑法理论通说，危险驾驶罪是故意犯罪，即在没有罪过阻却事由的情况下，行为人（驾驶员或共犯）只要认识到自己是在道路上醉酒后驾驶或追逐竞驶、或特殊情形下超载、超速或运输危险化学品，就意味着其对该行为相伴而生的抽象危险的希望或放任。[①] 而交通肇事罪是典型的“过失之王”，以危险方法危害公共安全罪则是故意、过失的主观状态皆有。三个罪名之间是竞合关系也好，过渡性关系也罢，但是，罪过不同的情况下，吸收和转化的基础是否就变成了无源之水。风险社会中，刑罚只处罚出现实害结果的行为。司法实践中往往存在着“一竿子”的做法，没有发生实害结果，就是危险驾驶罪，反之，就是交通肇事罪，更严重的则是以危险方法危害公共安全。

上述做法回避了取证的困难和对行为人主观状态判断的不易，直接导致两个方面的问题，一方面，交通肇事罪构成要件的衍化。交通肇事罪顶着过失犯罪的帽子，却实际割裂为两种行为方式：一种是纯粹过失犯，也即与任何危险驾驶行为毫无牵涉的交通肇事罪；另一种是具有危险驾驶行为却产生实害结果的交通肇事罪，如醉酒后驾车致一人死亡。[②] 同种行为却因为危害结果是否发生被归属为不同的罪过形式，于理不通。同样，如果忽略意志因素而单纯遑论实害结果是否发生，那么，直接将没有危害结果的危险驾驶行为定为以危险方法危害公共安全罪未遂即可，丧失了单独入刑的意义。另一方面，抽象危险犯行为本身与实害结果之间的因果关系本身具有高度的盖然性。[③] 通过实害结果来倒推主观恶性程度而刑期悬殊的情况下，不是有可能导致轻罪重刑化，就是放纵犯罪。传统刑法理论以结果为本位，而现代刑事立法的确立日益受到行为本位思想的影响，如果仍一味期望用传统刑法理论去诠释，无异于刻舟求剑，终非长久之计。[④] 学界通说认为故意和过失之间处于一种位阶的关系，倘若“不清楚一个行为是出于故意还是过失（至少有过失）时，根据存疑有利于被告人的司法原则，应当认定为过失犯罪。”但从加诸于行为人的刑罚结果这个层次来看，哪怕仅仅是危险驾驶罪、交通肇事罪、以危险方法危害公共安全罪这三种罪名之间，危险驾驶罪最高刑期为拘役，而普通的交通肇事罪起刑即为拘役，一般为有期徒刑3—7年，以危险方法危害公共安全罪则为有期徒刑3年以上，只有过失犯该罪的刑期在有期徒刑3年以下，有利于被告人的过失犯罪却恰恰是处罚最重的，规范之间自相矛盾，违反罪责刑相一致的原则。

---

① 王耀忠：《危险驾驶罪罪过等问题之规范研究》，载《西北政法大学学报》2012年第5期。

② 仝虎：《论危险驾驶罪与交通肇事罪、以危险方法危害公共安全罪的关系》，载《法学研究》2016年第1期。

③ ［日］植松正，川端博，曾根威彦，日高义博《现代刑法论争》1997年，转引自周振杰《日本现代刑法思想的形成》，载《刑事法评论》2011年第29卷。

④ 劳东燕：《犯罪故意理论的反思与重构》，载《政法论坛》2009年第1期。

（二）刑罚手段前移

与西方国家的法律体系有所不同，我国处于二元化违法行为处罚结构下，违法和犯罪并立。不可辩驳的是，增设危险驾驶罪使刑法和行政法的衔接关系发生了新的变动。交通肇事罪对违反道路交通管理法规，发生重大交通事故行为课以刑罚，更严厉的刑罚手段的适用实则是构筑在违反行政法的基础之上；危险驾驶罪法条表述为“在道路上驾驶机动车，有下列情形的……”实则是直接动用了刑法对法益的保护，存在刑法提前介入的问题。暂且不论刑法谦抑原则与刑法对法益保护早期化哪个更占上风，既然承认危险驾驶罪是由交通肇事罪派生出来或者二者有着天然的密切关联，那么二罪的规范阶段和范围理应是一致的。只要是严重违反道路交通法规，致危害结果成为现实，行政手段穷尽的情况都能上升为交通肇事罪，按照此逻辑推断，危险驾驶罪的行为方式也理应是包括毒驾等在内一切妨害交通管理法规的“口袋行为”。但现实却是，危险驾驶的罪状一直未能突破封闭式的结构，从设立之初就以列举的方式仅将醉酒驾驶和追逐竞驶两种危险行为方式入罪，虽然后来通过《刑法修正案(九)》的方法又增加了超载、超速等行为，但依然是带着政策性和功利性的色彩，使得罪名和罪状之间内涵和外延无法相匹配。诚如考夫曼所言，“极度的确定性反而有损确定性”①，穷尽列举的方式使得行政法和刑法的无缝对接无从谈起。

（三）罪刑失衡

从刑法理论的角度讲，危险驾驶罪属于危险犯的范畴，主观构成要件系故意，行为人应充分认识到自己危险驾驶的行为所可能带来的危害后果，自身对行为与后果之间的联系以及心理上的状态都有所认识。交通肇事罪被划归为结果犯，要求行为人对自己行为导致的严重后果有着非常清晰的认识，其主观上的过失在于明知后果的严重而轻信自己可以避免，或者认识程度不足。相较于故意犯罪，过失犯罪理应对“如何自处”有着更清醒的判断和认识，即行为人应对自己如何做和怎么做，自身所肩负的责任和义务有着更高层次的认识要求，并将这种要求体现到刑罚结果的配置上。然而，刑罚现实反映却与上述推定有所相悖，交通肇事罪虽然刑期重于危险驾驶罪，却反而比注意义务相对缓和的危险驾驶罪少了财产刑方面的裁量。认识义务程度较低的危险驾驶罪需要同时被科以羁押刑和财产刑，相反，认识义务程度较高的交通肇事罪量刑却仅

---

① ［德］考夫曼：《法律哲学》，刘幸义等译，法律出版社2011年版，第169页。

限于羁押刑。以一案例为例：律师张某酒后驾驶车辆在公共道路上行驶，此时如果遇交警盘查或者与他人正常行驶的车辆发生一般交通事故，经鉴定，血醇含量为80mg/100ml，那么，张某此时触犯了危险驾驶罪，会在拘役区间（1个月至6个月）内量刑，并处罚金，也就是说，在排除考虑缓刑的情况下，羁押刑和财产刑同时加诸于身。同时，张某系律师身份，根据《中华人民共和国律师法》的规定，对受过刑事处罚的申请人，不予颁发律师执业证书，但过失犯罪除外，张某也将因故意醉酒驾驶的行为而被吊销执业资格，禁止从业。但假设醉酒驾车的张某未遇交警拦截，或者发生了更为严重的交通事故，如致被害人重伤，那么，此时张某涉嫌的是交通肇事罪，排除逃逸等特殊情形，张某此时应在有期徒刑6个月至3年区间内量刑，仅仅是羁押刑，刑满释放后仍然可从事律师执业。具体到个案处理，不公或者不恰当会异化社会群体对法律体系的不信任，这种不信任和民愤如果不能加以有效疏导，就会转化为对公权力和国家的不满。①

三、司法实践中存在的问题

立法技术上的简约，带来理论争议的同时，也导致司法实践中的一系列困惑和问题，急需予以明确和解决。

（一）主动查处时紧时松

社会各界对危险驾驶罪立法方面的诟病，基本都是从该罪实施的社会效果和诉讼成本的增加方面，但是否按照立法意图充分发挥执法作用对立法效果的影响巨大。危险驾驶罪的四种类型均系行为犯，并不以危害结果的发生为必要条件，这是危险驾驶罪立法由结果本位转变为行为本位的立法思想，以控制醉酒驾车、飙车行为这类高度危险性的行为为目的。因此，危险驾驶案件主要应该依靠公安交管等部门通过查获、监控等方式主动发现，才能真正发挥立法控制社会危险的作用。但从日常平均数据来看，郑州地区70%以上的危险驾驶案件均来自交通事故报警处理，而通过日常例行检查、盘查发现的醉酒驾驶案件仅占20%多。而在世界杯、奥运会等赛事期间，公安机关普遍开展查处酒驾专项行动，设卡主动查处呈现运动式、时松时紧，但总体来看，危险驾驶案件的主动发现数量仍然过少，查处力度有待进一步加大，才能相应有效减少危险驾驶发生交通事故，引发人员伤亡和财产损失的案件发生，真正实现危险驾驶罪的立法本意和预期社会效果。

---

① 于志刚：《危险驾驶行为的罪刑评价》，载《法学》2009年第9期。

（二）刑罚适用不均衡

刑法适用上的不均衡主要表现在两个方面：

一是该罪与他罪之间缓刑适用上的不均衡。缓刑适用的刑期限制条件为被判处3年以下有期徒刑或拘役，危险驾驶罪主刑为拘役，完全符合缓刑短期羁押限制的要求，也就是说，如果犯罪分子的犯罪情节和悔罪表现同时符合要求，适用缓刑也是理所当然。从司法实践中来看，在危险驾驶罪设立的初期，为了发挥规范设置的使命，起到震慑和教育作用，全国范围内缓刑适用率趋近于零。这一情况持续到2014年才有所改观，到2016年逐步放开，不仅有刑法预防目的初步实现的原因，还要归功于速裁程序和认罪认罚从轻处罚程序的推进。尽管如此，缓刑适用率仍然低于同时期交通肇事罪对缓刑的适用。如：有学者对2014年1月至2014年3月全国各地法院一审判决进行比对，发现危险驾驶罪缓刑适用率为44.1%，低于交通肇事罪。① 从郑州市（系认罪认罚从轻处罚制度试点地区）交通肇事和危险驾驶生效判决情况来看，2016年1月至2018年10月，交通肇事案件判决数为1325件1332人，其中适用缓刑的有646人，约占判决总人数的48.5%；危险驾驶案件判决数共6001件6006人，其中适用缓刑的有2496人，约占判决总人数的41.6%。相形之下，确证了上述案件复杂严重程度与缓刑率异化的情况。

从刑罚力度上来看，危险驾驶罪是刑法分则中最轻微的犯罪类型，缓刑适用率低不仅不符合宽严相济的刑事政策要求，也将罪责刑相一致的原则束之高阁，被告人人权保障的机能也必然受损。究其原因，交通肇事罪当事人自首、取得被害人或其家属谅解等机会较多，从而可能争取从轻或减轻的情节，而危险驾驶罪没有实害结果，很少情况下存在被害人，刑罚仅有拘役和罚金，模式较为单一，给法官自由裁量和当事人争取悔罪表现的空间过于狭窄。

二是醉酒型危险驾驶案件之间量刑上的不均衡。我国《刑法》第一百三十三条之一规定危险驾驶罪的法定刑为拘役，并处罚金，量刑幅度较小且相配套的司法解释也没有明确具体的罚金数额幅度和计算标准。醉驾案件错综复杂，影响量刑的情节和因素较多，不同地区、不同法官对量刑尺度的把握与量刑要素的考量存在较大差异。法律规定的不明确，导致在实际执行中暴露出不少问题。一是一些地方对道路上发生危险驾驶的行为，不分时段、不分位置、不分个体差异，量刑标准全部“一刀切”，量刑时“唯血液酒精含量论”，没有综合考虑醉酒后驾车行驶距离、违法违章情况、机动车类型、醉酒驾车所处

① 何显兵：《死缓制度研究》，中国政法大学出版社2013年版，第65页。

的环境等因素，未能全面评价犯罪行为的危害性。二是受危险驾驶罪刑罚幅度较窄的限制，量刑轻重不易把握、轻重差别不大，难以充分体现刑罚适用的个别化。三是有些案件判处的罚金数额偏高，罚金刑与主刑明显不匹配，如判处拘役4个月，并处罚金2万元；四是一些法院以被告人缴纳罚金数量的多少，作为衡量能否对其从轻适用自由刑或者宣告缓刑的条件，与罚金刑的使用原则不符，影响惩戒作用的发挥。以上做法导致“罪与罪之间在量刑结果和刑罚报应本质不等价，也就是——罪与刑的失衡”①。这些问题既有立法设计的因素，也有司法理念、司法能力等原因。

（三）出罪机制不完善

不起诉决定与法院的无罪判决和免于刑事处罚具有相似效力，具有裁断性、终极性和法律运用性等司法特征。我国刑法明确规定：“情节显著轻微危害不大的，不认为是犯罪”，并对必须或者可以作出绝对不起诉、相对不起诉的行为列明了详细的条件。危险驾驶罪作为微罪，从法律理论和逻辑上完全可以适用不起诉相关规定，但实践中，检察机关较少适用《刑法》第13条但书条款，一些地方唯酒精含量论，只要达到追诉标准，会不由分说一律起诉，而不会考虑情节的轻重，相比于法定刑重于危险驾驶罪的其他罪名，宽严相济刑事政策落实不到位。如，从2015年11月《刑法修正案（九）》实施至2018年6月，郑州市检察机关共对123名涉嫌危险驾驶的犯罪嫌疑人作出不起诉决定，占危险驾驶受案总人数的1.8%。相比较，故意伤害不起诉比例3.9%，交通肇事不起诉比例为4.3%。又如，以笔者所在单位为例，2018年1月至10月，危险驾驶罪较往年同比上升386%，虽然数字看起来颇为惊人，但细细梳理下会发现，发案地多为乡村道路连接国道、省道处，村民酒后驾驶电动车回家被民警盘查后案发。从犯罪情节、危害后果来看，没有达到一定的社会危险性，有些可以在起诉前分流，运用行政手段予以调整规制，一味地纳入刑法的调整范围有违司法改革公诉权独立行使的初衷，也浪费了司法资源。根据前述的统计，醉驾入刑没有有效降低发案率，且发案率逐年上升，与用刑法手段治理醉驾的立法本意相悖。

针对上述问题，2018年7月，郑州市检察院、河南省检察院相继印发了关于轻微刑事案件适用相对不起诉的指导意见，其中对危险驾驶罪血醇含量特定值以下的案件可以做相对不起诉处理，并同时列明了不宜作不起诉处理的情

---

① 贾银生、何汶洋：《交通肇事罪与危险驾驶罪量刑均衡实证研究》，载《西部法学评论》2015年第6期。

况。指导意见印发以后，各基层院不同程度上对一些危险驾驶案件研究后作出了不起诉的处理。如：河南省人民检察院出台关于轻罪适用不起诉决定的规定文件中，对在道路上醉酒驾驶机动车，血液酒精含量在100mg/100ml以下，且不具备法定从重情节的，可以作相对不起诉处理；血液酒精含量在140mg/100ml以下，具有特定六种情形之一的，可以作相对不起诉处理。据统计，自2018年7月指导意见印发实施至2018年10月，郑州市检察机关共对103名涉嫌危险驾驶的犯罪嫌疑人作出不起诉决定，占同期危险驾驶受案总人数的5.6%。可以说指导意见的出台为“醉驾未必入刑”提供了规范指引。但是相应问题也随之而来，仅在审查起诉这一承上启下的中间环节探索适用危险驾驶案件退出机制，侦查机关和审判机关没有相对应的行动，相同情形下，无撤案或免于刑事处罚的可借鉴性、可操作性、明确性规定，那么但凡遇到危险驾驶类案件，侦查机关会一如既往不加筛选全部移送检察机关，势必造成大量案件积聚在检察环节。危险驾驶罪的入罪特质其一就是连接了行政处罚和刑事处罚，那么，为何在退出机制上就要显得束手束脚呢？积极公诉和消极公诉的分庭抗礼，不仅是必要的，更是迫切的。

（四）刑事强制措施适用不规范

《最高人民法院、最高人民检察院、公安部关于办理醉酒驾驶机动车刑事案件适用法律若干问题的意见》（以下简称《意见》）规定，对于醉酒驾驶机动车的犯罪嫌疑人、被告人，根据案件情况，可以拘留或者取保候审。对违反取保候审规定的犯罪嫌疑人、被告人，情节严重的，可以予以逮捕。由于危险驾驶罪法定刑为拘役，该罪名不符合逮捕的“可能判处徒刑以上刑罚”的刑期条件，实践中对该类犯罪嫌疑人一般不适用逮捕措施。刑事拘留期限较短，在拘留期限内完成审查起诉和法庭审理，对检、法而言压力较大，加上近年来，囿于绩效考核指标的设置，如一些地方检察机关以捕后轻刑判决率作为衡量逮捕案件质量的指标，捕后轻刑判决率高于基准数一定的百分比，将扣除相应的分值。为了有效降低捕后轻刑判决率，此类案件一般不予报捕，实行取保直诉。据统计，2015年11月—2018年7月，郑州市检察机关受理移送审查起诉的7194起危险驾驶案件中，犯罪嫌疑人被采取取保候审的为7172件，被采取逮捕措施的有12件，逮捕者占全部受理件数的0.16%。在被采取逮捕措施的12件中，共分三类情形：第一类因为犯罪嫌疑人不配合进行酒精测试或执法检查，公安机关在采取刑事拘留措施后，提请检察机关逮捕的有2件；第二类因为犯罪嫌疑人有犯罪前科被逮捕的有3件；第三类由于犯罪嫌疑人违反取保候审规定或缓刑考察规定而被逮捕的有7件。前两类的做法显然不符合

《意见》的规定。

另外，由于2012年刑事诉讼法尚未确立被告人缺席审判制度，新修改后的刑事诉讼法虽然增设了缺席审判程序，但是适用范围仅限于贪污贿赂犯罪案件以及需要及时进行审判，经最高人民检察院核准的严重危害国家安全犯罪恐怖活动犯罪案件，并不适用于其他罪名。如果危险驾驶的刑事被追诉人在审查起诉或者审判阶段没有到案，检察机关或者审判机关只有两种选择：一是将案件退回至上一诉讼阶段，在犯罪嫌疑人到案后重新移送审查起诉；二是中止诉讼程序并对被追诉人采取羁押性强制措施。检察机关将案件退回至上一诉讼阶段有案件流失的风险，而且为保障刑事诉讼程序的顺利进行，案件退回上一诉讼阶段或中止诉讼程序后，侦查机关或者法院通常便会适用拘留甚至逮捕措施，确保犯罪嫌疑人、被告人到案。从取保候审这一强制措施回转至拘留这一临时羁押措施，甚至逮捕这一长期羁押措施，并不符合诉讼原理和办案逻辑，同时还造成了司法资源的浪费和诉讼效率的低下；同时由于前期已经逮捕，法院再判缓刑又显得太随意，客观上造成量刑上的不均衡。犯罪嫌疑人被羁押，还可能出现羁押期限超过可能判处的拘役刑期的情况，即“刑期倒挂”现象。

四、对策与建议

（一）完善刑罚配置，缓解量刑冲突

通过前文分析不得不承认，基本存在一致的交通肇事罪为过失犯罪的理论，因危险驾驶罪的出现发生了变化。当危险驾驶的行为出现严重后果，如人员伤亡或重大财物受损，排除危害公共安全的前提下，应以交通肇事罪定罪处罚。那么，此时的交通肇事罪就成为了危险驾驶罪的结果加重犯，行为人对危险驾驶行为这一基本犯是处于故意，而对产生的加重结果是过失。交通肇事罪除了将刑期升格以外，还丢掉了财产刑的处罚，并且，如果仅仅将醉酒、超速、超载等危险驾驶的行为作为定罪情节来评价，和没有危险行为但仍引发的交通肇事罪量刑就毫无区别，等同于触发交通肇事罪时没有相应的危险驾驶的行为评价，只是对结果进行的一种残缺不全的评价。

鉴于我国法律条文中有不少特定情形下，对故意类型犯罪加以限制，却对过失犯罪可以“暂放一马”的情况，如死刑缓期两年执行考验期、从业执业禁止性规定、资格刑适用等，因此，为了刑法体系的严谨性和协调性，分则条文间的设置应遵循相同的规律。一来危险驾驶罪与交通肇事罪应在主刑、财产刑、资格刑上相衔接，增设禁驾期的规定；二来要将交通肇事罪中故意危险驾驶的行为剥离开来独立化，不仅与一般类型的交通肇事罪相区分，也可以充分

评价客观行为。如果有危险行为并符合交通肇事罪的犯罪构成，那么危险行为至少应作为一个情节加重考虑，堵塞漏洞。

（二）充实法律条文，细化判断标准

现阶段，由于危险驾驶罪的入罪条件系列举式，刑期又仅是1个月至6个月拘役，因此，检察官和法官在考虑刑罚处罚时，虽然会根据案件事实和危害程度作出自由裁量，但毕竟缺乏较为清晰、明确的法律解释，无法在判决书上诉诸理性和法律依据，在外人看来不免有些随意性，不利于案件释法说理，更不利于防控信访风险。“刑罚的严厉性不能越过罪责的范围”①，同样是危险驾驶行为的发生，但势必在是否能够转化为现实危险以及这种可能性的大小上有所区分。因此，有必要对是否存在具体的危险行为以及对法益侵犯程度进行具体阐释，防止刑罚和检察官、法官的权力因刑事立法上的概括性和抽象性而过度扩张。

例如，不同的人尽管喝相同数量的酒，但因为个体间体质的差异，对乙醇的吸收程度、转化时间、分解能力等会有所不同，因此，在呼气检测和血醇鉴定之外，还应该结合醉酒人当时的清醒程度、走路姿势、控制能力进行判定。随着城市格局的不断调整，有些乡镇在城市化道路转型过程中，虽然驾驶机动车出行的情况与日俱增，但由于道路规划、生活习惯还未完全转变，这一时期的危险驾驶行为可能会出现激增的情况，但结合驾驶路线、驾驶车辆类型、行车时间等，发生实害危险结果的可能性较小，可以通过司法解释、指导意见等出台较为明确、具有可操作性的规定，来反映时代的变迁，弥补条文操作性的不足，帮助案件承办人准确把握案件事实和量刑情节，实现罪责刑相一致。

具体而言，应全面衡量醉驾行为的社会危险性因素，坚持区别对待原则，提高惩治效果。影响醉驾行为的社会危险性因素主要包括：（1）被告人本身的危险性，如醉酒程度，驾驶行为能力（有无驾驶资格），是否曾因酒后驾驶被行政处罚或者追究刑事责任等；（2）驾驶车辆的危险性，如驾驶车辆的大小及是否为改装车、报废车等危险车辆；（3）环境的危险性，如驾驶的时间、地段等；（4）醉驾的实际表现，如是否抗拒警察检查、是否造成事故、事故责任分配、是否逃逸等；（5）其他情节，如是否赔偿事故造成的损失等。② 从

---

① ［德］克劳斯·罗克辛：《刑事政策与刑法体系》，蔡桂生译，中国人民大学出版社2011年版，第77页。

② 河南省高级人民法院课题组：《醉驾型危险驾驶罪量刑情节的把握》，载《中国刑事审判指导案例2》，法律出版社2017年版。

立法目的和统计情况来看，醉酒程度和机动车辆情况是量刑的主要因素。醉酒程度越深，行为人的认识和控制能力也就越差，驾驶行为的危险性也就越大；驾驶车辆的大小及车型不同，对其他交通参与者的威胁也不同。因此，应当根据醉酒程度和驾驶车辆情况确定基准刑。

同时，还要综合考虑被告人的驾驶能力、驾驶前的表现、行驶路段交通状况、行驶距离、驾驶中的表现、被查获时的表现、归案后的认罪悔罪态度等因素，全面评价犯罪行为的危害性，正确适用刑罚。（1）驾驶能力。被告人的驾驶能力包括被告人是否具备驾驶车辆相当的驾驶资格以及既往驾驶记录，是否曾因酒后驾驶受过行政处罚或者刑事处罚，是否有多次严重违反道路交通安全法的行为。特别是有过醉驾肇事记录的行为人，再次醉酒驾车，说明其置客观存在的高度危险性于不顾，人身危险性较大，应当予以从重处罚。（2）驾驶前的表现。如是否不顾他人劝阻坚持醉驾，是否故意遮挡、污损或者不按照规定安装号牌，或者明知是伪造、变造或者其他机动车号牌而使用，等等。（3）行驶路段的交通状况。行驶路段的车辆及行人的流量大小、车速快慢等交通状况对驾驶人员谨慎驾驶的程度要求不同，造成交通事故的后果也不同。因此，对在高速公路、城市快速路、闹市区等繁华路段醉酒驾驶机动车的，应当予以从重处罚。（4）行驶距离。驾驶距离较短且驾驶速度较慢，如驾驶车辆刚起步、短距离挪车、在停车场停车等。（5）驾驶中的表现。包括是否有违法违章情况、发生交通事故及责任大小等。被告人在驾驶过程中有违法违章行为，加大了其驾驶行为的危险性。被告人醉驾发生交通事故且负有责任的，表明其已将高度危险性转化为现实危险，其在交通事故中的责任大小，则是判断其驾驶行为危险性的重要依据。事故责任越大，危险性越高。因此，醉驾发生交通事故及其责任程度也应当是从重处罚的影响因素。（6）被查获时的表现。被查获时的表现，是配合公安机关依法执行检查，还是实施了当场饮酒、锁车门不下车、抵制呼气酒精含量检测或者抗拒抽血检验等不配合检查，甚至冲卡逃避检查、暴力抗拒检查的行为；发生交通事故的，是否积极救援伤者，主动打电话报警，或者明知他人报警而在现场等候警方处理等，这些情节都反映了主观恶性的大小。（7）归案后的认罪悔罪态度。如是否如实供述罪行，当庭表示认罪；是否积极赔偿被害人的经济损失，取得被害人的谅解。需要注意的是，赔偿对量刑的影响不应超出交通事故对量刑的影响，应根据事故后果的严重程度考虑从重处罚幅度，在此基础上再根据赔偿情况酌情从轻处罚，同时还应当避免出现为获得从轻处罚而过度赔偿的情况。在此基础上，还要严格把握不起诉、适用缓刑的标准，充分体现立法原意，凸显打击重点，回应社会关切。

(三) 加大主动查处力度，充分实现立法意图

为更好实现危险驾驶罪的立法本意和预期社会效果，一方面，公安交管部门应坚持常态化、制度化查处酒驾，扩展查处时间和范围，加大对追逐竞驶、“超员”“超速”行驶、违规运输危化物品等危险驾驶行为的查处力度，另一方面，检察机关应当重视和加强对危险驾驶案件执法情况的监督，及时发现交警部门在侦查活动中可能存在的有撤案监督价值的线索，避免交警部门选择性执法，让有些情节并不轻微的醉驾逃过刑罚，有些情节确实轻微的醉驾反倒被判刑，甚至出现“花钱买刑”“内部消化”等徇私舞弊、滥用职权问题。同时，加强对危险驾驶逃逸犯罪嫌疑人的追逃，包括查获过程中逃逸及取保候审期间经多次传唤不到案的情况。检察机关侦查监督部门与公安机关法制部门之间建立追逃人员信息共享机制，将公安机关法制部门审核网上追逃的情况纳入检察机关的同步监督之下。另外，也要注意对危险驾驶共同犯罪的惩治。除了实际驾驶人员，车主、雇主甚至是行人、乘客等非驾驶人员都可能成为危险驾驶罪的主体。包括以下几种情况：一是在饮酒过程中，行为人明知驾驶员必须驾车出行，仍极力劝酒或胁迫、刺激其饮酒，且饮酒后不给其找代驾的行为；二是行为人明知驾驶员饮酒，教唆、胁迫或命令驾驶员驾驶机动车辆的行为；三是车辆所有人明知借车人已经醉酒且要求驾驶机动车时，仍将车辆出借给借用人的行为。四是对妨害交管部门执法检查的行为予以严厉打击，依法严厉打击妨害公务违法犯罪，切实维护民警执法权威、保护民警合法权益。

(四) 贯彻宽严相济刑事政策，做好刑事制裁与行政处罚衔接

《刑法修正案（八）》颁布实施以后，理论界和实务界都预测，随着社会公众对醉酒驾驶机动车违法性认识的增强和法律意识的提高，此类案件会逐渐减少。一些观点认为，危险驾驶罪的拘役刑期已经非常低，检察官在提出量刑建议和法官在考虑刑罚设定时，基于“风险刑法”的理论，没有再适用缓刑甚至是作出不起诉决定的必要，否则实现不了刑法预防犯罪的目的和对司法权威的维护。受该种观点影响，一些地方在实施初期，对醉驾行为片面强调从严惩治、判处实刑，导致酒驾肇事构成交通肇事罪的可以适用缓刑，未肇事的以危险驾驶罪处理，反而不能适用缓刑的“倒挂”现象。笔者认为，一味地将风险概念泛化，仅仅考虑社会舆论和实务操作，有机械司法的倾向。检察权在行使过程中，通过对案件的审查，起到过滤证据、调控案件的作用，完善审前案件分流机制，使不需要或不符合接受审判条件的案件及时退出诉讼程序，才是宽严相济刑事政策的题中之义。一是要从刑法谦抑性原则出发，大胆启用不

起诉程序。充分考虑危险行为人认识因素、主观意志以及案发原因、对法益侵害的程度，再行决定是否有起诉至法院或者判处羁押刑的必要。二是注意将危险驾驶行为刑事处罚与行政处罚相衔接，防止可依据《道路交通安全法》可以控制或者处罚的行为，仍诉至法院追究刑事责任。建议对首次危险驾驶，未导致人员死伤或财物受损后果的，可由交警部门依照《道路交通安全法》进行相应行政处罚，保留相关记录并上传系统，实现全国联网信息查询共享；再次发生危险驾驶行为的可移送检察机关，结合前次行为从重处罚。同时，检察机关要对公安机关符合现行法律规定但依据系统内部规定未移送起诉的行为，履行好法律监督职责。公安机关应在作出不移送起诉行为或者其他行政处罚规定前十天，将材料抄送检察机关备案，检察机关应由专门人员予以审查，如果认为公安机关做出上述情况不合理的，可以参照"对应当立案而不立案的案件"的处理方式采取相应的要求解释说明、要求立案等建议、措施。三是对于危险驾驶犯罪情节轻微，依照刑事诉讼法作出不起诉决定，或者危险驾驶犯罪情节显著轻微，依照《刑法》第13条的规定不认为是犯罪的，要做好与行政处罚的衔接工作。《公安部关于公安机关办理醉酒驾驶机动车犯罪案件的指导意见》规定，案件侦查终结后，公安机关对醉酒驾驶机动车犯罪事实清楚，证据确实、充分的，应当在案件移送人民检察院审查起诉前，依法吊销犯罪嫌疑人的机动车驾驶证，对其他道路交通违法行为应当给予行政处罚。案件移送审查起诉后，要及时了解掌握案件起诉和审判情况，对检察机关决定不起诉或者法院判决无罪但醉酒驾驶机动车事实清楚，证据确实、充分的应当依法给予行政处罚。如，郑州市某区检察机关在2017年对该区公安交管部门2016年1月1日—2017年4月1日按规定应吊销或暂扣驾照的卷宗进行专项检查，其中涉嫌危险驾驶的案件35件，经检查发现，在血醇检验报告出具之日起超过10日吊销的有19件，超过6个月的有3件，超过8个月才予以吊销的有2件。公安机关没有及时作出行政处罚反映出行政执法管理机制不健全，对少数执法人员的监管不到位，存在不作为或徇私滥用职权行为等情况，有损法律的严肃性、威慑性与公正性，而且不利于危险驾驶违法犯罪的防控，检察机关应当在工作中加强监督，作出不起诉决定后，可以要求公安机关书面回复对被不起诉人的行政处罚情况。

（五）加强检察监督，规范强制措施适用

危险驾驶犯罪嫌疑人违反取保候审规定被予以逮捕，调查发现，违反取保候审期间有关规定，一方面是犯罪嫌疑人法律意识淡薄。违反取保候审转捕的犯罪嫌疑人大多文化水平较低，有的人不能准确理解取保候审的具体含义，以

为履行了民事赔偿后，司法机关对其取保就是放人，就意味着案件了结；有的不能完整理解取保候审规定的责任义务，不知道其变更联系方式或者离开取保候审执行地时，须经执行机关批准；不知道公安机关传唤时，必须及时到案是取保候审期间必须遵守的义务；有的不清楚违反取保候审后果的严重性，抱着侥幸心理，明知自己行为违反取保候审规定时仍为之；也有的由于办案期限较长，取保后长期没有进入下一步诉讼程序，为谋生计不得已离开居住地。另一方面也存在执行机关疏于监管的情况。实践中，警力尤其是基层警力普遍不足，公安机关也不愿投入更多精力去跟踪执行取保候审，导致实践中对犯罪嫌疑人取保候审后，往往是“取而不管”或者疏于监管。公安机关对该类人员采取取保候审到发现其违反规定提请逮捕的时间少则几个月，多则达到2年多。需要联系犯罪嫌疑人时，有的公安机关可能随意拨打几次电话无法联系上犯罪嫌疑人或往其户籍所在地（异地取保候审）寄几份传唤通知书后即认为犯罪嫌疑人未归案，随即提请逮捕。既未核实犯罪嫌疑人未归案的具体原因，也未提供社会危险性的证据，这就可能导致实践中，公安机关出于办案方便对犯罪嫌疑人取保候审后，未有效加强监管，一旦犯罪嫌疑人违反取保候审规定即提请逮捕，滥用逮捕措施。针对上述情况，检察机关应着重监督以下几个方面：

第一，是否严格适用取保候审规定。加强对犯罪嫌疑人、被告人的释法、教育和警戒，使其充分认识到违反取保候审规定的严重后果。对于采取保证人保证的，严格审核保证人是否符合法定条件及具有履行保证义务的能力，告知保证人应当履行的法定义务及违反义务的后果，必要时可以确定两名保证人。对于采取保证金保证的，应当综合考虑保证诉讼活动正常进行的需要，犯罪的情节、后果，犯罪嫌疑人、被告人的人身危险性及经济状况等因素，合理确定保证金数额。

第二，是否对取保候审严格监管。执行取保候审的派出所应当指定专人负责对被取保候审人进行跟踪监督考察，并将取保候审的执行情况报告所属县级公安机关通知决定取保候审的人民检察院。公安机关应当将取保候审案件进行公告、公示，以此来加强社会监督。要加强对保证人的资格审查，强化保证人监管的责任义务，对于保证人违反监管义务的，要依法追究相应法律责任。

第三，是否对弃保潜逃严格追诉。对弃保潜逃的，侦查机关不能因为案件性质不够严重而轻视乃至放弃，务必将弃保潜逃者抓获归案，对于情节严重者，及时依法转捕，以保证后续诉讼程序的可控性。检察机关向审判机关起诉时应当一并移送犯罪嫌疑人或被告人取保候审期间的表现，对于遵守和违反取保候审规定的不同被告人，当重则重、该轻则轻，真正体现宽严相济的刑事政策，树立典型案例的明确导向和示范效应。

第四，是否严格办案时限。办理危险驾驶类轻微刑事案件，在取证、定性方面并不复杂，原则上应当尽快完成侦查、审查起诉、审判活动，以合理配置司法资源，减少被追诉人的讼累。检察机关应当协调侦、诉、审、判各环节，快速办理，尽可能缩短该类案件的办理期限，对于各环节没有严格遵守办案时限甚至拖延办案时间的要加强监督。

（六）把握适用原则，合理确定罚金刑数额

对于罚金的数额确定，《刑法》第52条原则规定："判处罚金，应当根据犯罪情节决定罚金数额。"《最高人民法院关于适用财产刑若干问题的规定》第2条第1款规定："人民法院应当根据犯罪情节，如违法所得数额、造成损失的大小等，并综合考虑犯罪分子缴纳罚金的能力，依法判处罚金。刑法没有明确规定罚金数额标准的，罚金的最低数额不能少于一千元。"为进一步规范醉酒驾驶机动车构成危险驾驶罪案件的罚金适用，《意见》参照刑法、司法解释的相关规定，结合醉酒驾驶机动车刑事案件的实际情况，在第4条中规定："对醉酒驾驶机动车的被告人判处罚金，应当根据被告人的醉酒程度、是否造成实际损害、认罪悔罪态度等情况，确定与主刑相适应的罚金数额。"根据上述规定，适用罚金刑应当把握以下几个基本原则：第一，罚金的数额确定应当以犯罪情节为基础和主要依据，并与判处的主刑相匹配。第二，刑法没有明确规定罚金数额标准的，判处罚金的最低数额为1000元。第三，被告人缴纳罚金的能力应当作为确定罚金数额的考虑因素。其中，对于确定罚金数额是否需要综合考虑被告人的缴纳能力的问题，刑法并未明确规定，实践中认识也不统一，这一罚金刑适用原则是司法机关从实际出发，为保障罚金刑的执行效果而提出的。从司法实践看，被告人的经济状况差异较大，一部分人因能轻松缴纳一定罚金，而感受不到财产刑的经济惩戒作用；另一部分人因没有财产可供缴纳罚金，导致罚金判决成为"空判"。综合考虑被告人缴纳罚金的能力，依法判处适当的罚金，有利于发挥罚金刑应有的刑罚效果，避免形成"空判"，从而维护法院判决的严肃性和权威性。

危险驾驶案件的罚金刑适用，应当注意以下几个问题：

第一，以犯罪情节为依据确定罚金数额。应当结合以下因素评定醉驾型危险驾驶案件的犯罪情节恶劣程度：一是驾驶行为危险性的大小，如行为人的醉酒程度、驾驶路段、驾驶距离、车辆性质、载客情况、有无严重超员、超载、超速或者无证驾驶情节等；二是有无造成实际损害及损害大小，醉酒驾车造成实际损害的，比未造成实际损害的社会危害更大，且从《刑法》确定罚金数

额的原则看，罚金数额与被告人的违法所得或者犯罪行为造成的危害后果之间通常存在一定关系；三是被告人的主观恶性及认罪悔罪态度等，如有无酒驾、醉驾违法犯罪经历、有无逃避、阻碍公安交警调查取证的行为，是否认罪，是否积极赔偿被害人经济损失等。对于具有《意见》第 2 条规定的从重处罚情节的被告人，可视为犯罪情节较为恶劣，适用较重的罚金刑。需要注意的是，被告人积极赔偿被害人经济损失的，反映其认罪悔罪态度较好，且减轻了其犯罪行为造成的实际危害，在确定罚金数额时应酌情予以考虑。

第二，罚金数额应当与主刑相匹配。鉴于危险驾驶案件的最高刑为拘役 6 个月，故不宜判处过高的罚金刑，否则很可能出现主刑轻、罚金刑重的倒挂现象，违反了罚金刑适用的基本原则。此外，实践中存在的以被告人缴纳罚金的数额来决定能否对其从轻处罚或者适用缓刑的做法，陷入了“以罚代刑”的误区，影响了量刑的公正与均衡，应当予以纠正。

第三，决定罚金数额时仍应适当考虑被告人的实际缴纳能力。危险驾驶案件判处的罚金数额多为数千元，且被告人通常有一定经济能力，故因为无力缴纳罚金、形成“空判”的问题并不十分突出。但对于缴纳能力较强的被告人判处与缴纳能力较弱的被告人同样的罚金，不利于有效惩戒犯罪分子，也不能充分体现刑罚个别化原则。因此，宜在总的数额幅度内，根据被告人的实际缴纳能力，适当体现区别。

第四，罚金数额不宜过高。危险驾驶犯罪不属于牟利性犯罪，被告人没有违法所得和犯罪收益，利用高额罚金从经济上对其予以严厉制裁，增加其犯罪的经济成本，剥夺其再犯的经济能力的作用并不十分突出。因而，各地可以结合当地经济发展水平和办案实际，确定危险驾驶案件判处罚金数额的上限。

刑事实体法视野中的认罪认罚从宽制度

河北省阜城县人民检察院课题组*

一、认罪认罚从宽是集实体法与程序法一体的法律制度

2016年9月3日，第十二届全国人民代表大会常务委员会关于授权最高人民法院、最高人民检察院《在部分地区开展刑事案件认罪认罚从宽制度试点工作的决定》(以下简称《试点工作的决定》)，旨在进一步落实宽严相济刑事政策，完善刑事诉讼程序，推动资源合理配置，减少司法资源的浪费，进而提升办理刑事案件的实务效率，推动司法公正。此会议决定授权最高人民检察院、最高人民法院在包括北京、上海、天津、广州在内的18个试点城市开展刑事案件认罪认罚从宽制度的试点工作，试点期限为两年，即对刑事案件犯罪嫌疑人、被告人自愿如实供述自己的罪行，对指控的犯罪事实没有异议，同意人民检察院量刑建议并签署具结书的案件，可以依法从宽处理。根据具体的试点情况，来验证认罪认罚从宽制度的可行性，为下一阶段进一步完善刑事诉讼法提供指向性意见和依据。试点开展两个月以后，最高人民法院、最高人民检察院就会同有关部门根据本决定，遵循刑法、刑事诉讼法的基本原则的基础上，制定出了《关于在部分地区开展刑事案件认罪认罚从宽制度试点工作的办法》(以下简称《试点工作的办法》)，即通过条文的形式，针对适用条件、排除适用情形、从宽幅度、证据标准、以及适用或者不适用速裁程序的情形等多个方面作了具体规定，为司法机关在试点期间具体适用认罪认罚从宽制度提供了更具体的工作指南。而就在2018年10月26日，全国人民代表大会常务委员会通过《关于修改中华人民共和国刑事诉讼法的决定》，本次修改刑事诉讼法中的多项条款都是围绕认罪认罚从宽制度展开的。可以说，通过试点工作的开展和2017年12月最高人民法院、最高人民检察院所作的《关于在部分地区开展刑事案件认罪认罚从宽制度试点工作情况的中期报告》的工作经验总

---

* 课题负责人：张占营。

结来看，认罪认罚从宽制度的施行具有可行性和必要性，因此，最终通过修改刑事诉讼法将这项制度正式确定下来，开始在全国范围内开展。

虽然就认罪认罚从宽制度而言，刑事诉讼法的修改走在了前面，但应该说认罪认罚从宽制度是一个实体与程序兼容的制度。党的十八届四中全会通过的《中共中央关于全面推进依法治国若干重大问题的决定》指出“完善刑事诉讼中认罪认罚从宽制度”，据此看，认罪认罚从宽制度似乎仅属于刑事诉讼法的范畴，但《试点工作的决定》和《试点工作的办法》两个文件中都强调“试点工作应当遵循刑法、刑事诉讼法的基本原则，保障犯罪嫌疑人、被告人的辩护权和其他诉讼权利，保障被害人合法权益……”也就是说认罪认罚制度的适用既要遵照程序法的基本原则，同时也要遵照实体法的基本原则。认罪认罚从宽处理这项制度实际上不仅在程序法上有具体的制度建构和体系，在实体法上也有相映照的条文规定，如关于自首、坦白、立功等相关的条文规定。《刑法》第67条是关于自首和坦白的规定，“犯罪以后自动投案，如实供述自己罪行的，可以从轻或者减轻处罚，其中犯罪较轻的可以免除处罚；被采取强制措施的犯罪嫌疑人、被告人和正在服刑的罪犯，如实供述司法机关还未掌握的本人其他罪行的，以自首论；犯罪嫌疑人虽不具有前两款规定的自首情节，但是如实供述自己罪行的，可以从轻处罚，因其如实供述自己罪行，避免特别严重后果发生的，可以减轻处罚”。刑法分则中也有相关条文的规定体现了认罪认罚从宽制度的精神，如《刑法》第383条第3款规定：“犯第一款罪，在提起公诉前如实供述自己罪行、真诚悔罪、积极退赃，避免、减少损害结果的发生，有第一项规定情形的，可以从轻、减轻或者免除处罚；有第二项、第三项规定情形的，可以从轻处罚。”第390条第2款的规定：“行贿人在被追诉前主动交代行贿行为的，可以从轻或者减轻处罚。其中，犯罪较轻的，对侦破重大案件起关键作用的，或者有重大立功表现的，可以减轻或者免除处罚。”应该说，刑法中的这些条文都可以划到认罪认罚从宽处理的范畴中去，甚至说属于认罪认罚从宽处理的典型性规定。

认罪认罚从宽处理作为一个实体与程序兼容的制度，我们应该从实体法和程序法两个视域下去考量和推进这项制度，刑事诉讼法的相关修改走在了前面，相应的实体法相关规定也不能滞后，否则认罪认罚从宽制度在现实操作中必将遭遇困境。在刑事诉讼法做出相应调整和回应的同时，现行刑法确实有必要对既存规范针对性的做出调整和修缮。实体法和程序法必然是要作为“车之两轮”“鸟之双翼”，只有相互协调才能共同推进认罪认罚从宽处理这项制度的实行。

二、认罪认罚从宽的含义

（一）认罪的界定

“认罪”作为“从宽”的必要条件之一，在刑事诉讼法中，是指被告人或者犯罪嫌疑人在充分认识到自己的行为所带来的法律后果时所作出的一种“同意”，即“同意”自己的犯罪行为和行为所造成的结果并通过各种途径来表达自己认罪的意愿。由此可以得出认罪是由“理解”和“作出”基础上形成的“同意”。刑法中的行为构造理论是界定犯罪本体的理论工具。可以借鉴该理论来对“认罪”行为作出界定。行为构造理论认为，“体素”与“心素”是犯罪的行为构成的必要条件。行为的体素，强调客观行为的作为。行为的心素，强调行为的意识性。法官在界定认罪的两方面要件时，可以将“理解”与“心素”，“作出”与“体素”分别对应起来，掌握“认罪心素”与“认罪体素”两个概念，并且明确：不同时具备“心素”与“体素”的认罪行为，就不是“认罪”①。法官在认定“认罪”时，同时要于法有据，《刑法》中的自首、坦白、主动交代及如实供述都是可以认定为认罪的。只要犯罪嫌疑人或被告人在被侦查机关或者审判机关追诉时，其行为不论是在审前阶段还是审判阶段，只要犯罪嫌疑人、被告人做出认罪的形式就可能获得从宽处理的权利。

（二）认罚的界定

“认罚”作为“从宽”另一必要条件亦是不可或缺的。认罚是犯罪嫌疑人或被告人悔罪的表现，主要包括两种形式；法定形式和酌定形式。首先，法定形式的认罪是认罪认罚从宽处理制度的前提之一，犯罪嫌疑人或被告人自愿如实供述自己的罪行，对指控的犯罪事实没有异议，同意量刑建议并签署具结书。其中“同意量刑建议”是犯罪嫌疑人或被告人对检察机关的公诉书、适用较为简易程序进行审理及量刑建议表示认同，通过签署具结书来将其真实意愿加以固定化。其次，酌定形式的认罚是犯罪嫌疑人或被告人通过追缴赃款赃物、赔偿损失、赔礼道歉、恢复原状、与被害人达成和解等方式，来表现悔罪的内心意愿。《试点工作的办法》第7条都将犯罪嫌疑人、被告人的退赃、赔偿、道歉、恢复原状、寻求谅解等酌定认罚形式定位为酌定从轻量刑情节。而最高人民法院在相关指导性案例中也将酌定形式的认罚认定为从宽量刑情节。

---

① 陈兴良：《教义刑法学》（第二版），中国人民大学出版社2014年版，第90页。

（三）从宽的界定

“从宽”是指犯罪嫌疑人或被告人在做出认罪认罚的行为之后，所获得是从轻、减轻甚至免除处罚的实质性结果。现阶段，“从宽”的方式不仅限于审判程序还涉及侦查阶段和审判起诉阶段。从以往来看从宽是指在实体上减短犯罪人的自由限制时间、减少财产权益的减损力度、缩短限制政治权利的时间等从宽量刑方式。但在《试点工作的办法》中又新增了“撤销案件”与“不起诉”两种从宽措施，犯罪嫌疑人自愿如实供述涉嫌犯罪的事实，有重大立功或者案件涉及国家重大利益，需要撤销案件的，办理案件的公安机关应当层报公安部，由公安部提请最高人民检察院批准；经最高人民检察院批准，人民检察院可以作出不起诉决定，也可以对涉嫌数罪中的一项或者多项提起公诉。具有法律规定不起诉情形的，依照法律规定办理。这也为“撤销案件”和“不起诉”从宽措施提供了法律依据。在实践中，为了保障犯罪嫌疑人或被告人的合法权益，更好地激励其认罪认罚，在侦查和起诉阶段，可以变更或者解除强制措施。在审前阶段，可以适用简易程序或速裁程序。总之对待“从宽”应该持开放的态度，只要犯罪嫌疑人或被告人的行为有利于认罪认罚、加快审判工作的开展，都可以将这种行为补充在“从宽”的行为前提中。

三、认罪认罚制度的刑事实体法价值

（一）认罪认罚制度是推行宽严相济刑事政策的现阶段举措

2006年10月，中共十六届六中全会通过的《中共中央关于构建社会主义和谐社会若干问题的决定》将宽严相济作为基本刑事政策，其不仅约束司法程序，更是对刑事立法提出了要求。宽严相济的刑事政策是在推进围绕建设社会主义和谐社会的刑事司法改革的大背景下应运而生的。有学者认为“宽严相济的提出具有十分重要的时代意义，其是惩办与宽大相结合的延续与发展，应当说宽严相济刑事政策的提出，是一种科学、理性的回归，是我们正视社会稳定与犯罪增长关系后的理性回归。”① 应该说宽严相济的刑事政策是当代刑事司法改革强调惩罚犯罪与保障人权相结合的产物，即在维护刑罚对犯罪的惩戒效力的基础上，同时强调对特定犯罪的宽宥处理，以加强对人权的保障。

---

① 黄京平：《宽严相济刑事政策的时代含义及实现方式》，载《法学杂志》2006年第4期。

如果说认罪认罚从宽制度衍生的小背景是刑事速裁程序的试点改革，那么认罪认罚从宽制度衍生出来的大背景就是宽严相济的刑事政策的不断推进，也可以说是推行宽严相济刑事政策的具体举措。原因就在于，宽严相济的刑事政策作为我国的一项基本的刑事政策，其基本内涵就包含了两个方面：一个是“宽”，一个是“严”。所谓“宽”即意味着对犯罪情节的轻微或者具有从轻、减轻、免除处罚情节的，依法从宽处理，即使是严重的刑事犯罪，如果同样具有自首立功等从宽处罚的情节，也应当依法从轻或减轻处罚①。而所谓“严”即在“宽”的基础上仍然强调刑罚对犯罪的惩治功能和威慑功能，尤其是对于那些带来严重危害的犯罪，如果说“宽”所侧重的是非犯罪化、非刑罚化、以及刑罚轻缓化，那么“严”所侧重的则是犯罪化和刑罚化。“认罪认罚”从宽制度一脉相承于“坦白从宽，抗拒从严”思想，同样也是在现阶段对宽严相济刑事政策中宽缓一面的发展。对犯罪嫌疑人，被告人在刑事诉讼过程中认罪认罚，我们给与其从宽处罚，当然同时对认罪认罚的审查认定以及从宽量刑幅度从严把握，所以说认罪认罚从宽制度的中心思想确与宽严相济的刑事政策一脉相承。此外，宽严相济刑事政策体现了刑罚的区别化，根据不同的犯罪情节，考量具体的刑罚裁量，对于情节严重的犯罪更强调刑罚的威慑力和严惩力度，对于轻缓情节的出现又从实体量刑上体现从宽。而认罪认罚从宽制度也体现了当前刑事司法改革中的刑罚个别化，通过认罪认罚从宽制度将案件分流，对于认罪认罚的案件，特别是轻罪案件，适用简化的刑事诉讼程序以及速裁程序，从简从快处理，在实体处理上对于认罪认罚的刑事被告人给予从宽量刑。所以说认罪认罚从宽制度是现阶段执行宽严相济的刑事政策的一项具体的新制度。

（二）认罪认罚制度是对量刑激励机制发挥正面效应的体现

如何让量刑发挥最佳的社会效果，更好地实现刑罚的目的，是现阶段刑事立法以及司法改革过程中备受关注的问题。有学者指出，量刑一方面应该在法律的理性轨道上运行，在法律既定的框架内推动公平正义的实现，另一方面量刑也要追求法律效果和社会效果的统一，甚至在司法实务中往往后者受到了更大的关注。量刑激励机制作为一种动力机制，提供了量刑权威意义上的活力源泉，这一机制的构建能普遍促成刑罚功能的有效、充分发挥。在其看来，量刑激励机制的出发点是保障被告人的人权、安抚刑事被害人和引导民众的行为，

① 高铭暄：《刑事政策与和谐社会构建——宽严相济刑事政策与酌定量刑情节的适用》，载《法学杂志》2007年第1期。

从而形成系统完整的激励因素组合，以全方位地满足被激励主体的内在性和外在性需要；而其核心是量刑规范和量刑标准，量刑规范与量刑标准将量刑的基准、要素、原则和方法等量刑因素与刑罚目的联系起来，以实现量刑激励作用的实际发挥；直接目的是调动被告人认罪服法、接受教育改造的积极性，其最终目的是为了实现刑罚目的，提升量刑的社会价值，以达到法律效果与社会效果的统一。①

应该说认罪认罚从宽制度本质上就是通过量刑激励制度来使得犯罪嫌疑人、被告人认罪认罚的，当然，认罪认罚从宽制度下的量刑激励可能会体现在强制措施的变更、单独适用罚金刑、罚金与管制的协商使用、以及监禁刑的从宽适用等多个方面。总而言之，正是因为有了一定的量刑预期以及从宽量刑优惠，才得到了刑事被追诉人的积极回应，从而激励了犯罪嫌疑人，被告人自愿、主动认罪认罚，并自愿遵从量刑的结果。而这一连串的动态过程，不仅直接作用于刑事诉讼程序的简化、刑事诉讼效率的提高、以及司法资源的节省和合理配置，同时也更好地推动了刑罚目的实现，和刑罚量刑的法律效果与社会效果的有机统一。认罪认罚从宽制度既从一定程度上体现了量刑激励机制所发挥的正面效应，同时它也是推动建构和完善量刑激励机制的有效助推器，促进量刑规范化改革，推动系统、完整的刑法量刑激励机制的构筑和完善。

四、认罪认罚从宽制度的实体障碍及其解决

根据 2017 年 12 月《关于在部分地区开展刑事案件认罪认罚从宽制度试点工作情况的中期报告》，以及各试点地区在进行认罪认罚从宽处理试点工作这两年期间公布的工作总结等，认罪认罚从宽处理这项制度在实务操作中还是出现了诸多问题。有学者根据北京的试点情况指出，认罪认罚从宽制度并没有涵盖所有被告人认罪案件，试点主要集中于适用速裁程序和简易程序的案件，适用普通程序的案件数量和比例极少，中级法院适用的数量少，适用率低，适用范围较窄，使用犯罪类型也受限，并且认罪认罚主要与坦白、自首、退赃退赔等认罪悔罪的情节纠结在一起适用，独立价值没能凸显出来，甚至可以说在某些情节恶劣社会危险性大的犯罪中，即使具有自首等法定从宽的量刑情节，认罪认罚制度实际上在这种情形下也是没有适用的空间的。② 同时也注意到一类较特殊的实务中会遇到的情形，有许多认罪认罚的案件，基准刑恰好在两个量

① 姜涛、沈香：《量刑激励机制探析》，载《理论导刊》2012 年第 3 期。

② 吴小军：《认罪认罚从宽制度的实践反思与路径完善——基于北京试点的观察》，载《法律适用》2018 年第 15 期

刑幅度上下，而其又没有其他法定从轻减轻情节，但根据《试点工作的办法》来看，“认罪认罚从宽处理”中的从宽是依法从宽，换句话说即使认罪认罚也是在法定刑幅度内从宽，而不能在法定量刑幅度以下量刑，那么当前述情形发生时，除非突破量刑幅度，不然无法使嫌疑人享受到认罪认罚从宽处理制度的福利。此外，按照《试点工作的办法》即使符合认罪认罚要求，也是可以适用，而不是应当适用，即认罪认罚只是作为一种酌定的从宽量刑情节，而在各试点地区不同人民检察院、人民法院的实践中，也凸显出了由于自由裁量权所带来的从宽处理与否以及从宽结果和幅度的差别化和不确定性。

对于试点过程中认罪认罚从宽处理制度在实务运行中受困的情形，需要在实体法和程序法中都做出应对举措，就实体法来看，实务运行受困的成因主要在这几个方面：其一，现行刑法对关于认罪认罚方面的规定十分分散，缺乏具体而明确的系统性规定，应该说犯罪嫌疑人、被告人认罪认罚从宽缺乏完整的制度体系，标准化规定仍待完善。其二，我国现行刑法对认罪认罚内涵的解释容量不足，缺乏对认罪认罚概念和内涵的明确规定，致使认罪从宽或认罚从宽的量刑的规范化都面临法律依据不足的困境；同时刑法对认罪与自首和坦白之间的关系界定不清，致使认罪情节有被双重评价的问题，不厘清认罪与自首或坦白之间的关系，就为司法实践留下了对包含自首或坦白量刑情节的认罪情节进行双重评价的隐患。① 其三，就立法层面而言，关于认罪认罚从宽处理，无论是刑法还是《人民法院量刑指导意见》中的规定都是授权性规定，即“可以”，犯罪嫌疑人、被告人认罪认罚后能否在实体上获得从宽处理在于法官的自由裁量权的发挥，也就是说，目前而言认罪认罚后从宽范围和从宽幅度不明确，对于决定认罪认罚从宽的适用条件以及从宽幅度都缺少具体明确的规定，缺少从宽量刑的明确规定就会致使从宽的适用结果和幅度产生不确定性，进而就有导致相似情形量刑出现很大偏差，以及量刑畸重畸轻之嫌。

（一）厘清认罪与自首坦白的关系

根据《试点工作的办法》中“犯罪嫌疑人、被告人自愿如实供述自己的罪行，对指控的犯罪事实没有异议，同意量刑建议，签署具结书的，可以从宽处理”② 所蕴涵的“认罪”的含义，有学者是这样阐述的：认罪指的是犯罪嫌疑人对自身被指控的罪行与犯罪事实进行认可，认识到了自身的行为构成何

---

① 张全印：《认罪认罚从宽量刑的规范化》，载《人民司法》2017年第10期。

② “两高三部”《关于在部分地区开展刑事案件认罪认罚从宽制度试点工作的办法》第1条。

罪等事实：这种概念一方面包括犯罪嫌疑人、被告人对自身被指控的犯罪事实进行了认可，另一方面对自身被指控的罪名进行了认可。所谓认罪，顾名思义即承认自己的罪行，而从承认的内容和程度来看，其应包含了相连接的两个层次，首先承认自己所犯下的犯罪事实，指的是自愿并且如实地承认，而承认的犯罪事实应该包括自身所犯下的全部犯罪事实或者说是决定认罪量刑的主要犯罪事实和犯罪情节，否则只是以偏概全，避重就轻，有所偏废的进行选择性承认，自然带有功利性的趋利避害之嫌，不能认为达到符合认罪认罚从宽处理对认罪的认定要求。其次，基本认可自身被公诉机关指控的犯罪事实和罪名，换句话说被告人对公诉机关指控的犯罪事实、罪名、罪数予以了确认或者没有异议，最低的认定界限也是犯罪嫌疑人、被告人认可自身的行为是构成犯罪的，而至于具体触犯的哪一个具体罪名，就一般人对法律知识的储备而言，我们不能要求其达到准确，所以针对罪犯其自身认为触犯的是某罪，而实际上触犯的是它罪的情形，而后认可公诉机关提出的对其的指控也是应纳入认罪认罚从宽范畴。至于那种承认自身犯罪事实行为，但不承认自身构成犯罪的，离达到适用认罪认罚从宽制度的认罪还是有一段距离的。

在我国刑法中，与认罪的内涵最为近似的就是刑法对自首和坦白的规定，而根据《刑法》第67条第1款和第67条第3款，自首和坦白一个是主动归案后如实供述自己的罪行，一个是被动归案后如实供述自己的罪行。也就是自首和坦白都要求罪犯如实供述自己的罪行，而如实供述自己的罪行显然是不等同于认罪的，即我国刑法中的自首和坦白在内涵上近似于认罪但又无法涵盖完整意义上的认罪。因为如实供述自己的罪行不等同于认同公诉机关对其罪行的定性，在我们看来，如实供述自己的罪行是认罪的一个片段，并且这个片段是必然会显现的，因为一个罪犯认罪肯定需要如实供述自己的罪行。但认罪认罚从宽处理中的“认罪”不只涵盖自首、坦白情节基础上所能达到的认罪，还涵盖不以自首、坦白为基础的认罪情形。前文已经提到，根据各地区试点工作的报告，在适用认罪认罚从宽处理制度的实务操作过程中，自首和坦白情节与认罪认罚的交叉频繁出现。尤其是对于那些包含以自首和坦白为基础的认罪，有学者提出，如果不界定好认罪与自首或者坦白之间的关系就容易产生对同一量刑情节双重评价的问题，例如当犯罪嫌疑人在未被司法机关控制之前想认罪，那么这时选择主动投案并如实供述自己罪行，予以认同公诉机关的指控，这时犯罪嫌疑人的认罪就包含了自首，同时也构成我们所说的认罪认罚从宽制度中的“认罪”，这时对其量刑显然不能既考虑自首这一法定从宽情节又考虑包含自首的认罪情节，否则就违背了不能重复评价原则，现行刑法没明确厘清认罪与自首或坦白之间的关系，就为司法实践留下了对包含自首或坦白量刑情节的认罪情节进行双重评价的隐患。① 因此，在推进认罪认罚从宽制度中，刑法确实需进一步明确认罪的内涵，在刑事实体法上厘清其与自首和坦白的关系，如果行为人如实供述自己的罪行，构成自首和坦白情节但还不构成完整意义上的认罪认罚的话，则应仅适用自首或坦白的规定；如果行为人确实认罪认罚但不构成《刑法》第67条所规定的自首或坦白的话，则也仅应对其适用认罪认罚从宽制度；而如果行为人如前文所述，构成包含自首或坦白基础上的认罪的话，那么我们可以说这时的认罪认罚是自首或坦白本身的延续，这时则应当对其行为进行一体评价。

（二）明确认罚的内涵问题

对于“认罚”，我国现行刑法和司法解释尚未有明确的解释，就其文义而言，“认罚”即接受刑事处罚。将其置于“认罪认罚”的语境下去解释，认罚指的是犯罪嫌疑人、被告人在其认罪的前提下，对司法机关针对其所认之罪对其做出的刑事惩罚予以接受。如果说刑事程序法上的认罚包括认同刑事诉讼程序的简化和具结书的签署的话，那么在实体法上的认罚则包含接受检察机关的量刑建议和接受最终审判机关的刑罚量刑结果。对于明确认罚的具体内涵问题，也有学者提出“司法实践中，认罚在不同的诉讼程序阶段会有不同的表现形式：在侦查阶段，犯罪嫌疑人、被告人认罚的行为主要表现为对自己行为构成犯罪的接受以及对可能进行的刑罚处理无异议；而在审查起诉阶段，认罚则较为集中的表现为被追诉人接受检察机关提出的量刑建议，即对检察机关的处理结果无异议；最后在审判阶段，被告人认罚就主要表现为被告人对法院裁判结果的认可”②。从实体法层面上来进一步明确认罚的内涵，简而言之，犯罪嫌疑人、被告人“认罚”就是在其“认罪”的前提下进一步延展为自愿承担与其所为行为相对应的实体法上的刑法后果，这个刑法后果最终会表现为包括具体刑种和刑期的刑罚结果。其实认罚总体来说确实以一种动态的过程出现，犯罪嫌疑人在认罪的情况下表示接受可能将要面临的刑事制裁，然后检察机关在此基础上提起刑事诉讼并提出量刑建议，最后法院根据量刑建议作出的裁量被告人服判。此外，值得注意的问题是，在明确关于认罚的内涵过程中还存在的一种在这项制度试点过程中已经显现的问题，那就是对于那些认罪态度诚恳，确有悔改之意，仅仅因经济条件有限而无法缴纳罚金的情形是否对其认

① 张全印：《认罪认罚从宽量刑的规范化》，载《人民司法·应用》2017年第10期。
② 陈光中、马康：《认罪认罚从宽制度若干重要问题探讨》，载《法学》2016年第8期。

可为认罚。在我们看来，对认罪认罚进行从宽处理，不只因为作为被追诉人的罪犯有悔罪之意，在某种程度上也是因为其自愿主动认罚相当于给予受侵害方以一定的补偿和慰藉，所以目前我们不赞成将前述情形也纳入适用认罪认罚从宽制度的情形中来。

认罚所主要体现的就是行为人的悔罪表现，而犯罪嫌疑人、被告人主动退赔退赃也是作为体现其悔罪性的行为，退赃退赔是常规认罪情节的变相体现。最高人民法院的《人民法院第四个五年改革纲要（2014—2018）》在“完善刑事诉讼中认罪认罚从宽制度”中提出明确被告人自愿认罪、自愿接受处罚、积极退赃退赔案件的诉讼程序、处罚标准和处理方式，构建被告人认罪案件和不认罪案件的分流机制，优化配置司法资源，在此文件中，最高人民法院将被告人“自愿认罪”“自愿接受处罚”和“积极退赃退赔”并列，作为被告人认罪认罚的可能形态，并且最高人民法院、最高人民检察院、公安部、司法部《关于在部分地区开展刑事案件速裁程序试点工作的办法》中也将“被告人自愿认罪”同“退缴赃款赃物、积极赔偿损失、赔礼道歉”并列①。换句话说退赃退赔只是被追诉人认罪的一种特殊表现，但其也应纳入对认罪认罚从宽制度下认罪的考量中。

（三）理顺、明确从宽量刑的幅度及方法问题

认罪认罚从宽处理的“从宽”从内涵上讲既包括了实体上的从宽也包括了程序上的从宽，程序上的从宽表现为强制措施的变更、刑事诉讼程序的从简以及速裁程序的应用等形式，而实体从宽则主要涉及的是表现了从宽处理的量刑建议和最终的量刑结果，即本文主要探讨的关于认罪认罚从宽量刑的问题。目前现行刑法和《认罪认罚试点工作办法》对认罪认罚从宽量刑的量刑方法和量刑幅度的规定多是原则性指导性的规定，而缺乏明确的具体系统的细则性规定。同时认罪认罚制度这项制度所赋予的法院手中握有较大的自由裁量权，而缺乏统一量刑方法的约束，就会导致实务运行中认罪认罚案件最终从宽量刑处理结果的不确定性和差异性，以及量刑建议和最终判决之间有时出现很大出入。适时地明确、统一量刑方法和量刑幅度，一方面可以有效地减少检察机关的量刑建议不被审判机关采纳或者检察机关的量刑建议与最终的判决结果出现较大出入的情形出现，进而更有效的贴合认罪认罚从宽制度设置的初衷，即通过案件繁简分流提升诉讼效率。另一方面，从宽量刑幅度的明确化和可预测性

---

① 陈光中、马康：《认罪认罚从宽制度若干重要问题探讨》，载《法学》2016 年第 8 期。

的提升，对于犯罪嫌疑人、被告人角度来说，显然会更好的建立起认罪认罚与从宽之间的逻辑关系，进而更好地发挥认罪认罚从宽制度的激励机制。

首先，在立法上，应当将犯罪嫌疑人、被告人认罪认罚从“可以”型（即授权性）量刑情节提升为“应当型”（即强制性）量刑情节，对犯罪嫌疑人、被告人认罪认罚给予充分而肯定的积极评价，换言之犯罪嫌疑人、被告人认罪认罚的，应当由现行的“可以从轻、减轻或免除处罚”修改为“应当从轻减轻或免除处罚”，借此增强法律规定的明确性和认罪认罚从宽的预测性。①对此意见，笔者是持认同态度的，这一举措必将导向认罪认罚与从宽之间的联系变得更直接更明确，充分激励刑事被追诉人认罪认罚，不过这一举措同时需要合理设置认罪认罚从宽幅度相伴而行，在此基础上，对认罪认罚从宽幅度的设置不宜过宽，而要从严把握，尤其是对关于认罪认罚的审查要进一步从严把握，以防功利性认罪认罚和“以钱赎刑”的伺机而动，毕竟趋利避害、求乐避苦是人的本能反应，而带有功利性的认罪认罚以求宽大处理显然是对认罪认罚从宽制度的破坏。

其次，从目前部分试点单位的反馈来看，受到争议最小的从宽量刑方案就是“30%—20%—10%”模式。即根据认罪认罚的发生阶段不同，而使得被追诉人获得的从宽幅度差异化。在侦查阶段自愿认罪的，从宽幅度最大减让30%；在审查起诉阶段自愿认罪的，从宽幅度最大减让20%；庭审阶段自愿认罪的，从宽幅度最大减让10%。应该说这一模式与《最高人民法院关于常见犯罪的量刑指导意见》的相关规定是相呼应的，《最高人民法院关于常见犯罪的量刑指导意见》明确指出对于坦白情节、自愿认罪情节从宽幅度，应当综合考虑如实供述罪行的阶段、程度、罪行轻重、以及悔罪程度等情况，当庭自愿认罪的从宽幅度明显低于在审前阶段自愿认罪的从宽幅度。

最后，在适用认罪认罚从宽制度过程中应该充分借鉴和运用《最高人民法院关于常见犯罪的量刑指导意见》的诸项相关规定，根据《量刑指导意见》规定“对于自首情节，综合考虑自首的动机、时间、方式、罪行轻重、如实供述罪行的程度以及悔罪表现等情况，可以减少基准刑的40%以下；犯罪较轻的，可以减少基准刑的40%以上或者依法免除处罚。恶意利用自首规避法律制裁等不足以从宽处罚的除外。而对于坦白情节，综合考虑如实供述罪行的阶段、程度、罪行轻重以及悔罪程度等情况，确定从宽的幅度。如实供述自己罪行的，可以减少基准刑的20%以下；如实供述司法机关尚未掌握的同种较

① 谭世贵：《实体法与程序法双重视野下的认罪认罚从宽制度研究》，载《法学杂志》2016年第8期。

重罪行的，可以减少基准刑的10%—30%；因如实供述自己罪行，避免特别严重后果发生的，可以减少基准刑的30%—50%。对于当庭自愿认罪的，根据犯罪的性质、罪行的轻重、认罪程度以及悔罪表现等情况，可以减少基准刑的10%以下。依法认定自首、坦白的除外。对于退赃、退赔的，综合考虑犯罪性质，退赃、退赔行为对损害结果所能弥补的程度，退赃、退赔的数额及主动程度等情况，可以减少基准刑的30%以下；其中抢劫等严重危害社会治安犯罪的应从严掌握……"① 在此基础上增加认罚作为独立的量刑情节，另行明确其从宽幅度，对于认罪认罚的犯罪嫌疑人、被告人，应该在考虑了其他从轻减轻量刑情节的基础上，再给予30%左右的量刑减让。此外，对于前文中提到的关于基准刑恰好卡在两个量刑幅度上下，而其又没有其他法定从轻减轻情节的认罪认罚案件，应当明确规定此类情形发生时，可以适当突破量刑幅度，灵活适用关于从宽量刑幅度的规定。

① 《最高人民法院关于常见犯罪的量刑指导意见》。

捕诉一体模式的理论与实践探究

海南省人民检察院课题组*

随着我国经济社会的发展，刑事犯罪数量与犯罪样态都发生了巨大的变化，金融犯罪、知识产权犯罪、电信诈骗犯罪等新型犯罪层出不穷，盗窃、诈骗等侵财型犯罪数量逐年上升。司法办案中，大量简单案件不断增多，导致检察官在进行批捕和公诉分离的审查工作中重复劳动过多，浪费了大量的司法资源。加之员额检察官改革后，检察官数量下降，案多人少的矛盾不断加剧。面临这种新形势，实行同一检察官或检察官办案组负责逮捕和公诉工作的捕诉一体办案模式，成为深化司法体制改革的一项关键内容，且捕诉一体与内设机构改革、司法责任制改革紧密结合，有助于司法体制改革向纵深发展。捕诉一体模式在强化侦查监督、提高诉讼效率和质量、保障人权等方面有着天然优势。全国各地不断推进试行捕诉一体模式，普遍反映办案时间缩短了，审前逮捕率下降了，地方试点的实践证明捕诉合一利大于弊。① 但世上没有绝对完美的制度，捕诉一体模式的实行过程中，也存在一些问题。本文将从理论上对捕诉一体进行梳理，分析“捕诉一体”的价值，结合海南地区试点的司法实践情况，分析存在的困境，探究完善捕诉一体模式的途径。

一、捕诉一体模式之厘清

（一）捕诉一体模式的内涵

捕诉一体模式并不是什么新鲜事物，早在 1979 年至 1999 年的“大刑检”时期，全国多数检察院都实行过捕诉一体模式。各个时期根据不同时代背景和社会需求，检察机关不断进行“捕诉一体”和“捕诉分离”的探索。那么，

---

* 课题负责人：李梦林。

① 陈霄：《捕诉合一来了——地方试点的实践证明捕诉合一利大于弊》，载《法治周末》2018 年 9 月 12 日。

新时代司法体制改革背景下，“捕诉一体”模式的内涵应当如何进行界定？

传统意义上的捕诉一体，是指检察机关将批捕权和起诉权确定由同一部门行使。有学者指出，捕诉一体是由同一个部门同时承担批捕、起诉职能，有些还特指由同一位检察官一竿子办到底，同时负责同一个案件的批捕、起诉和出庭支持公诉工作。[①] 有的学者指认为，我国的“捕诉一体”模式是指检察机关在公诉案件办理中将内设的侦查监督（审查批捕）部门和公诉部门整合，使同一员额检察官或者办案组同时享有审查批捕、审查起诉、提起公诉和出庭支持公诉等权力，并由其对案件质量负责的制度。[②] 从权力的主体、权力的内容等不同角度，可以得出不同的“捕诉一体”模式的内涵，其中比较有争议性的还是权力的主体范围。笔者比较认同第二种意见，即将逮捕权和公诉权两种权力交由同一个主体行使，也就是司法责任制背景下的同一个员额制检察官和两个以上员额制检察官组成的办案组，而非某些地区试点的行使权力主体为某一部门，实质上还是一名检察官负责批准逮捕，另一名检察官负责审查起诉。这与以前三级行政审批模式下的权力行使主体有着本质的不同。2018 年 7 月 26 日在深圳召开的大检察官研讨班会议，最高人民检察院张军检察长正式提出要以案件类别划分、实行捕诉一体。[③] 全国各地检察机关开始结合实际全面实行捕诉一体办案模式。2018 年 10 月 17 日，在湖北武汉举行的省级检察院检察长座谈会上，针对试点中的一些问题，张军检察长强调“要大力推进捕诉一体的改革，不能行动缓慢，更不能一个机构不同办案组分别办理捕诉案件”。“两个讲话”为当前检察机关内设机构改革和捕诉一体改革都指明了方向，也明确了捕诉一体就是要一个检察官或办案组负责一个刑事案件的批捕和起诉工作。同时，捕诉一体模式的探索是与检察机关内设机构改革、司法责任制改革相伴相随的。全国内设机构改革方案已经向全国征求了意见，下一步将出台正式的内设机构改革方案。这明确了要改变原来以诉讼环节划分机构的模式，要以案件类别来划分办案机构，实行扁平化管理，对员额检察官充分放

---

① 朱孝清：《对检察官中立性几个问题的看法》，载《人民检察》2016 年第 2 期，第 11 页。

② 洪浩：《我国“捕诉合一”模式的正当性及其限度》，载《中国刑事法杂志》2018 年第 4 期，第 28 页。

③ 2018 年 7 月 26 日在深圳召开的大检察官研讨班会议，最高人民检察院张军检察长提出“在刑事检察方面，重新组建专业化刑事办案机构，统一履行审查逮捕、审查起诉、补充侦查、出庭支持公诉、刑事诉讼监督等职能；要以案件类别划分、实行捕诉合一，形成完整的、适应司法责任制需求、有助于提高办案质量效率的提升检察官素质能力的内设机构体系。”

权，实行检察官对检察长负责的制度。“捕诉”职权的行使主体明确为员额检察官，这也便于落实司法责任制，实现“谁决定、谁负责”。

综上，捕诉一体模式，即检察机关将其管辖的同一刑事案件的批捕权和起诉权交由同一员额检察官或者员额检察官办案组行使，具体开展适时介入、审查逮捕、延长羁押期限、审查起诉、出庭支持公诉、诉讼监督等工作。

（二）“捕诉一体”模式的性质

不少学者认为，检察官在行使逮捕权时，秉持中立裁判的原则，在充分了解侦查机关和犯罪嫌疑人的意见基础上，作出是否逮捕的决定，批捕权具有司法权的性质；检察官主要通过阅卷、提审等书面化的工作审查案件是否可以提起公诉，公诉权是一种行政权，具有追诉的功能。有的学者认为，捕诉一体模式是一种兼有司法和行政属性的内部混合权力模式，是一种具有高度内部耦合性的程序混合模式。[①] 笔者认为，检察机关的职责之一是司法审查，审查内容包括审查逮捕、审查起诉，这两项权力体现了检察机关的司法审查属性。批捕权是检察机关对侦查机关是否应当实施逮捕的强制措施进行司法审查。公诉权也不只是一种行政权，具有追诉功能，它还包含了审查起诉权、决定相对不诉权、刑事抗诉权等权力。检察官在行使审查批准逮捕和审查起诉权过程中，同法官一样，都秉持着客观、中立的原则，对证据和事实进行审查，都适用非法证据排除、排除合理怀疑等原则。二者都具有司法权的性质，对侦查机关的调查结果进行全面检验，都承担着控制犯罪、保障人权的责任，而不能简单划分批准逮捕就是司法权、审查起诉就是行政权。此外，批捕权具有对侦查的监督制约，公诉权具有对审判的监督制约，从监督制约的性质来看，批捕和起诉都具有监督制约的性质，不能简单地将批捕权限定为司法权，把公诉权限定为行政权。捕诉一体模式并没有将审查逮捕程序与公诉程序合二为一，而实质上只是将行使权力的主体合二为一，但审查批捕程序和审查起诉程序并未有重合，仍然是一前一后，同一个主体行使权力的程序并未改变。

因此，根据宪法和人民检察院组织法规定，批捕权由检察机关行使，并未要求批捕权与公诉权必须分开行使。捕诉一体模式并未超出现行法律的框架，只是检察机关内设机构的整合与调整。批捕权是由检察机关的不同部门行使，还是由同一个检察官行使，这仅仅是检察机关内部的一种职责分配，并不改变批捕权和公诉权的属性。捕诉一体本质上还是一种司法审查属性，并没有因审

---

① 洪浩：《我国“捕诉合一”模式的正当性及其限度》，载《中国刑事司法杂志》，2018年第4期，第28页。

查逮捕和审查起诉行使主体的同一化而改变。

（三）捕诉分合的历史发展过程

第一，捕诉一体为主流的时期。这一时期主要是从建国初期到1996年左右。新中国诞生到“文化大革命”前，主要实行捕诉一体，关于侦查监督权和公诉权的行使，最高人民检察院当时设置了三个处，由第二个处负责行使案件的批捕和起诉工作。基层检察院也参照普遍设立刑事检察科，由一名检察人员负责案件的审查批捕与起诉工作。1978年检察制度恢复后，最高人民检察院设置刑事检察厅刑事审查批捕和起诉权力。直到1996年刑事诉讼法修改前，全国检察机关主要实行捕诉一体模式。这也有当时的时代背景原因。一是捕诉一体模式符合20世纪80年代的“严打”政策的要求，能达到高速有效打击刑事犯罪、维护社会稳定的效果。二是检察机关初建和重建，都面临这案多人少、人员素质不高的困境。当时对人权保障意识薄弱，这也造成了刑讯逼供的现象不断发生。

第二，捕诉分离的运行时期。1996年通过新刑事诉讼法后，随着司法和执法理念的更新，权力行使上着重强调分权制衡，最高人民检察院的刑事监察厅被分设为审查批捕厅和审查起诉厅，检察机关开始推行捕诉分离模式。2000年，最高人民检察院将审查批捕厅更名为侦查监督厅，将审查起诉厅更名为公诉厅，各地检察机关参照这种模式，确立了捕诉分离模式。实行捕诉分离模式的目的还是强化内部制约、提高批捕和公诉案件办理质量。

第三，捕诉关系探索的新时期。2007年至今，检察机关以未成年人检察工作为切入点，开始探索未成年人犯罪案件捕诉一体办案模式。2012年最高检确立了未成年人检察捕诉监防一体化的专门工作模式。之后，全国某些地方又开始职务犯罪、金融犯罪等类案探索捕诉一体办案。近两年，伴随着大部制改革的潮流，部分地区检察院开始探索对所有案件实行捕诉一体。直到今年，在全国多地试点的基础上，最高人民检察院开始大范围地推广捕诉一体模式改革。

二、捕诉一体模式的理论与实践价值

（一）提高办案效率，节约司法成本

从办理案件的程序上看，捕诉一体模式更有利于提高办案效率，节约司法资源，降低司法成本，符合当前司法体制改革的目标追求。首先，在捕诉分离的模式下，同一个案件的审查逮捕、审查起诉分别由两个检察官经手，负责审查逮捕的检察官经过阅卷、提审、核实证据来把握案情和证据，提出批准逮捕

的意见或者根据权限自行作出逮捕与否的决定；之后，案件返回公安机关进行后续的侦查活动，侦查总结后，公安机关将案件移送审查起诉，此时由公诉部门的另一名检察官进行审查决定是否起诉，负责审查起诉的检察官对案件和审查逮捕阶段的审查情况认识为零，则又要经过阅卷、提审、核实证据来把握案情和证据，再作出起诉或者不起诉的决定。在这个过程中，形成了同质化的重复性劳动，不可避免造成司法资源的浪费。在捕诉一体的办案模式下，审查逮捕和审查起诉都由同一个检察官就（或者办案组）办理，形成一个检察官对同一案件进行递进式审查，有效避免了两次在零的基础上进行重复审查，减少了承办检察官阅卷、讯问、制作文书等重复性劳动的时间。公安机关将案件移送起诉后，因承办检察官在审查逮捕阶段已经接触了案件材料，对案件证据和案情比较熟悉，可以在较短的时间内审查逮捕后取得的证据情况，快速作出是否起诉的决定，明显提高了办案效率。其次，在捕诉一体模式下，一个案件的审查逮捕、审查起诉、提起公诉和出庭只需一个检察官或办案组来承担，改变了捕诉分离模式下一个案件需要两名检察官分别负责审查逮捕、审查起诉的状况，腾挪出人力去办理其他案件，缩减了司法成本，有利于解决实际办案过程中“案多人少”的矛盾。再次，捕诉一体模式下，承办检察官对逮捕的证据标准和起诉的证据标准均掌握，在审查逮捕后就能结合起诉的证据标准，对侦查机关的侦查取证行为提出更为及时、有效、全面的取证建议，有利于降低退回补充侦查的概率，改变实践中审查起诉阶段对重大、复杂案件普遍“两退三延”的现状，节约办案时间。最后，捕诉一体模式下，承办检察官对同一案件在侦查进度上同步跟踪，对整个侦查机关的侦查过程更为熟悉，有利于在审查逮捕和审查起诉两个阶段整体上去把握证据情况和案情，在较短时间内，及时准确地作出是否起诉的决定，提高了办案效率。

（二）强化侦查监督，保障办案质量

检察机关是我国的法律监督机关，尤其是对侦查机关的侦查活动进行监督。但在检警关系上，检察机关与公安机关之间是相互分工、相互配合和相互制约的关系，并没有对公安机关直接指导的权力，往往形成对公安机关监督效果有限的难题。捕诉一体模式能够在一定程度上解决这种监督无力的难题。首先，捕诉一体模式可以针对审查逮捕和审查起诉两个阶段的职权通过一名检察官对两个阶段职权的行使将两者整合起来，将“两个拳头放到一处使”，借助批捕权对侦查机关形成影响力，督促公安机关在退回侦查时积极按照退查提纲收集证据，强化侦查监督力度，有力打击刑事犯罪。实践中，审查逮捕的检察官借着决定可以凭借对犯罪嫌疑人是否批捕的权力，督促侦查人员去按要求调

查取证，侦查人员调取不到批捕要求的某项证据，检察官就不批准逮捕。但审查起诉的检察官需要侦查人员去调取起诉要求的某项证据时，没有强制性权力去约束侦查人员调取，往往在退回补充侦查后收到无法调取的情况说明，这大大影响了案件起诉的质量，甚至导致某些案件不能起诉。捕诉一体模式将有力改变这一司法实践中的难题。其次，捕诉一体可以弥补对侦查机关在批准逮捕后至移送起诉时侦查活动进行同步监督的"空白期"。捕诉分离模式下，批捕检察官往往只关注"存在犯罪事实"的批捕证据条件，保证批捕不会出错就行，却很少去研究和跟踪监督捕后案件侦查的情况；审查起诉的检察官也没有权力介入审查起诉前的侦查活动监督。所以，在批准逮捕后到移送起诉时就形成了一个同步监督时间上的"空白"。捕诉一体模式下，审查逮捕和审查起诉都由一个检察官或办案组织负责，便可以保证对每一个阶段的侦查活动监督主体不变，实现同一主体对整个侦查活动的同步监督，实现全方位的侦查活动监督。最后，捕诉一体模式可以更及时有效地实现对公安机关的引导侦查取证，有利于查清案情，全面获取指控证据。捕诉一体模式有助于承办检察官较早地运用审查的思维指导案件侦查工作，督促侦查部门注重证据的手机和固定时机。① 捕诉一体模式下，负责审查逮捕和审查起诉的是同一个检察官或办案组织，同时掌握着审查逮捕的标准和审查起诉的标准，在批准逮捕后，检察官会基于主观责任和后续顺利指控，将工作重心放到引导侦查上，以庭审指控的需求为导向，提出及时、全面的引导侦查意见，通过捕后的跟踪监督，督促侦查机关及时、依法、精准地收集、固定证据，避免因工作延误导致证据缺失，从而减少退回补充侦查等逆程序的情形发生。

（三）利于"少捕慎捕"，保障人权

我国检察机关同时具有控制犯罪和保障人权的双重职责。捕诉一体模式有利于实现"少捕慎捕"，有利于保障人权，这是司法实践予以证明了的。② 其一，捕诉一体模式下，检察官在审查逮捕时会更全面地审查证据，督促侦查机关及时收集量刑方面的证据，这不仅包括了罪重的证据，更包括罪轻的证据，

---

① 洪浩：《从"侦查权"到"审查权"——我国刑事预审制度改革的一种进路》，载《法律科学》2018年第1期，第174页。

② 根据报道显示，吉林检察机关在全省全面推开捕诉一体试点三年后，审前羁押率连续三年下降，分别为54.79%、51.58%和48.39%；苏州工业园区检察院从2004年建院时便采取捕诉一体办案模式，审前羁押率从2013年的50%降至2017年的27.3%；逮捕率从2004年的95.9%降低至2017年的60.5%。

特别是某些不及时获取容易灭失的罪轻证据，这更有利于犯罪嫌疑人或被告人得到公正的处理。其二，捕诉一体模式有利于刑事和解更多地在审查逮捕阶段得以运用。实践中，往往在一些轻伤害等轻罪案件中，犯罪嫌疑人因侦查机关对罪轻的证据收集不及时而被逮捕，在审查起诉阶段侦查机关又收集了相应罪轻的证据，最终相对不诉处理，但犯罪嫌疑人在批捕后到被相对不诉处理期间一直被羁押。捕诉一体模式下承办检察官在审查逮捕时，通常会参照起诉的证据标准审查、补强证据，特别是有罪轻证据的案件，为了避免犯罪嫌疑人被逮捕后又被相对不诉处理，检察官在审查逮捕阶段通常会尽量督促侦查机关全面收集犯罪嫌疑人罪轻的证据，引导刑事和解，对可能做相对不诉的案件，尽量在审查逮捕阶段充分收集相对不诉的证据，作出无逮捕必要的决定，降低了对犯罪嫌疑人的逮捕率和羁押率。其三，捕诉一体模式有助于刑事辩护律师更好地辩护。在捕诉分离模式下，刑事辩护律师在审查逮捕和审查起诉阶段要面临两个不同的检察官，而每个检察官的经验、对证据的认识、对案件的看法有差异，会增加辩护的难度。在捕诉一体模式中，从审查逮捕、审查起诉到出庭支持公诉都由一个检察官负责，这样承办人员和承办意见的前后一致性，减少了刑事辩护律师与检察官的沟通难度，更有利于犯罪嫌疑人的辩护。其四，捕诉一体模式下，检察官更加注重逮捕措施为顺利提起公诉的准备作用，会以起诉的预期来把握批捕，更加全面地把握批捕的证明标准，犯罪嫌疑人不被批捕的可能性更大。而且，检察官会更注重审查逮捕前侦查机关获取证据的合法性审查，强化对非法证据的排除，对非法证据及时排除，避免案件证据因来源不合法而在审判阶段被排除，客观上也杜绝侦查机关采取非法手段取得证据，保障犯罪嫌疑人的合法权益。其五，捕诉一体提高了诉讼效率，缩短了办案周期，相应地减少了犯罪嫌疑人被羁押的时间，促使犯罪嫌疑人能尽快地被送到法官面前，特别是对可能被存疑不诉或者被判无罪的犯罪嫌疑人，其得到处理结果的时间更短，如被羁押，时间也就更短，有利于保障犯罪嫌疑人的人权。

（四）促进检察业务专业化、检察队伍专业化

首先，捕诉一体模式有利于提高检察官的综合业务能力。捕诉分离模式下，批捕检察官只需掌握审查逮捕的业务知识，审查起诉的检察官只需掌握审查起诉的业务知识，“各守一块阵地”，相互之间对彼此的业务不熟悉，缺乏对案件整个诉讼流程的整体性认识。对同一个案件，批捕和起诉的检察官在诉讼程序、证据标准、审查思维等方面养成和发展上不全面、不均衡，影响了检察官队伍的专业化水平。捕诉一体模式将审查逮捕的职权和审查起诉的职权整合到一名检察官身上，检察官既行使刑事批捕权，又行使起诉权，成为完整意

义上的检察官。为了更好地完成工作，检察官会尽快学习和掌握所缺的批捕或起诉业务技能，努力拓展自己专业知识的深度和广度，优化知识结构。这有助于提高检察官对批捕和起诉工作的全面掌握，有利于提升检察官的业务专业化水平。其次，新时代，人民群众更期待检察机关能提供更高质量、更多公平正义的“法治产品”，这就要求检察人员具有相当的专业思维、专业素养、专业能力。特别是随着互联网等经济的发展，新型犯罪不断增多，不仅需要深厚的法律知识，还需要具备知识产权、金融、环境、互联网等其他领域的专业知识。为了更好地办理这类新型犯罪案件，不少检察机关都设立了专业化的办案机构，并实行“捕诉一体”的模式办理这类案件。这种模式在提高办案质量和效率方面都取得了较好的效果，通过办理专门案件的实践磨炼，队伍的专业化水平进一步提升，办案能力进一步增强，这也符合新时代发展的专业化要求。最后，在司法体制改革深入推进的背景下，随着内设机构改革的推进，捕诉一体更能与案件类型为依据划分的内设机构设置相契合，促进检察办案专业化运行。

（五）化解案多人少矛盾的现实需要

随着社会经济的发展和治安形势变化，各种社会矛盾凸显，各种利益纠纷日益增多，刑事案件不断高发，检察机关受理刑事案件的数量逐年递增，案多人少的矛盾不断激化。根据统计，2017 年全国检察机关侦查监督部门受理审查逮捕犯罪嫌疑人 135 万人，同比上升 24.4%，公诉部门受理移送起诉人数突破 200 万人，同比增长 19.8%。① 但同时，通过员额制检察官改革后，截至 2017 年 11 月，全国检察机关现有员额检察官共计 84444 名，占中央政法委编制的 32.78%。② 司法责任制改革实施以后，又只有员额检察官才有办案资格，而基层院员额检察官的数量又极其有限，无疑又加剧了案多人少的矛盾。如前所述，审查逮捕、审查起诉工作在对同一刑事案件的事实证据、法律适用的审查以及讯问犯罪嫌疑人、核实证据等相关工作上有重复性。实行捕诉一体后，在证据审查方面、准确把握案件定性和法律适用等问题上，可以减少承办人的重复劳动，节省司法资源，特别是缓解当前办案任务较重的基层检察院案多人少的矛盾具有现实意义。

---

① 简言：《“捕诉合一”：提供更加优质“法治产品”》，载《检察日报》2018 年 6 月 21 日，第 3 版。

② 王治国、郭洪平：《全国检察机关遴选出员额内检察官 84444 名》，载《检察日报》2017 年 11 月 22 日，第 2 版。

（六）适应以审判为中心的刑事诉讼制度改革的需要

以审判为中心的刑事诉讼制度改革要求“控、辩、审”三角形结构的作用发挥到最大程度，法官越来越重视庭审活动，重视对庭审证据的审查。这就对检察机关在诉前必须形成以庭审为中心的工作准备，对案件的证据和出庭公诉人的出庭能力要求更高。捕诉一体有利于审查逮捕阶段以提起公诉的证据要求和获取证据方式提前与侦查机关沟通，介入侦查引导侦查机关获取证据，有利于第一时间固定随着时间推移而灭失的及时性证据，进而提高证据质量，发现非法获取的证据可以及时排除或补充提取。同时，检察官决定逮捕后因起诉的压力会更加关注逮捕后续侦查情况，督促侦查机关及时全面获取证据，保障在第一时间全面、合法、及时获取证据，为庭审指控的顺利进行从源头上提供最大支持。因此，捕诉一体模式是检察机关主动适应以审判为中心刑事诉讼制度改革的一项重要举措。

三、捕诉一体模式存在的问题

（一）办案时间挤压的难题

首先，根据刑事诉讼法规定，人民检察院审查逮捕的办案期限是 7 日以内，审查起诉的办案期限一般是一个月以内，重大、复杂的案件可以延长半个月。一个检察官同时办理批捕案件和公诉案件时，往往审查逮捕的时间要求很紧，将办案时间优先用于批捕案件，这样挤占了审查起诉的办案时间。特别是同时办理四五件以上的批捕案件时，更无时间办理审查起诉案件，遇到正在办理的公诉案件期限快到时，更可能造成两头忙，疲于应付，无形之中降低了公诉案件的办案质量。其次，2018 年刑事诉讼法修改后，要求对犯罪嫌疑人认罪认罚的速裁案件在 10 日内办结，对可能判处有期徒刑超过 1 年的，可以延长至 15 日。这将以前 1 个月的办案期限一下缩短到 10 日，虽案情简单，但必须履行的程序却增多。如果在办理三四件以上的逮捕案件同时，又要办理三四件以上的速裁案件，若两者在办案时间上重合，则导致在一个星期内可能要同时办理七八件以上案件，检察官在时间上安排不合理的话，容易导致批捕、起诉的案件质量下降。

（二）部分检察官业务能力存在短板问题

首先，短期内公诉检察官有适应掌握批捕业务的压力，批捕检察官更存在掌握公诉审查、出庭支持公诉、判决书审查等方面的短板。实践中，因检察业务部门轮岗机会少，很多批捕检察官未从事过公诉工作，在审查起诉、补充侦查、出庭支持公诉、审判监督等业务方面都是零基础，而且法庭上对诉讼攻防能力、法庭应变能力、法律知识储备等的要求远远高于批捕工作对这些能力和知识的要求。公诉工作对法律素养要求高，检察官可以在短时间内熟悉办案程序，但要能熟练掌握公诉业务技能还是有很大难度。

其次，捕诉一体模式下，虽说检察官负责案件数量会下降，但既要审查批准逮捕、审查起诉，还要出庭支持公诉、审查判决书以及更多程序性事务，需要学习的业务技能更多，无法专注于公诉业务，可能影响专业化的提升。以审判为中心的诉讼制度改革以来，审判机关有意识地发挥庭审对侦查、起诉程序的制约和引导，诉讼对抗性增强，同时近年来律师队伍专业能力提升，这对出庭检察官审查运用证据、出庭应对诉讼的能力提出了更高的要求。实践中，部分公诉检察官对出庭走形式，不主动提高出庭能力，捕诉一体后，要适应审查逮捕业务，更无精力提升公诉专业化能力；部分批捕检察官未办理过公诉业务，捕诉一体后，更是从零基础开始接触公诉业务，短时间内要熟悉适应公诉出庭等业务，从时间和经验上看，没有一定出庭办案量的积累，很难在出庭对抗技能上有质的提升。

（三）不同阶段证明标准混同的问题

在捕诉一体模式下，同一个检察官负责同一个案件的批捕和起诉工作，特别是在捕诉一体实行的初期，由于逮捕条件和起诉条件本身存在重合之处，若不能准确把握两者证明标准的层次性，把握过严则可能拔高逮捕标准，导致不捕率增长，最终可能放纵犯罪，不利于侦查部门继续侦查，过松则可能导致起诉不了，使案件处于两难状态，推延了诉讼。笔者所在省的不少基层检察官感觉捕诉一体后压力增大大，最大的困惑就是如何区分批捕、起诉的证明标准，在拿不准的时候，很容易出现“不敢捕”或者“不敢诉”的现象。实践中，在现有的对捕后不诉和诉后判无罪严格控制的考核机制下，检察官的办案压力陡然增大。首先，以前的公诉检察官习惯性地采用起诉的证明标准来审查逮捕案件，特别是在侦查机关在有限时间内还未全面收集到案件证据的情况下，对一些符合逮捕条件的案件而达不到起诉条件的案件，心理上基于后续能否顺利起诉的考虑，会有逮捕后不能起诉的压力，特别是在一些有争议的复杂案件逮捕处理上，承办检察官没有八九成的把握更是不敢批捕，形成“不敢捕”的现象。我国刑事诉讼法确立“有证据证明有犯罪事实”的逮捕条件，这明显低于“事实清楚、证据确实充分”的起诉条件。正是因此，以前的公诉检察官不尽快掌握逮捕的证明标准，区分好起诉和逮捕的证明标准，就很容易出现有些学者担心的审查起诉前移、审查起诉形式化问题。其次，以前的批捕检察官习惯性地按照批捕的证明标准批捕案件后，在侦查机关没有补充有用的新证据的情况下，能否达到起诉标准，出于起诉后可能判无罪的考虑，也不敢起诉，同时，自己做出的逮捕决定，如果不起诉，则有“捕后不诉”的逮捕质量问题，检察官纠结于此，办案压力是可想而知的。

（四）对检察官考核机制不完善的问题

第一，对检察官办案责任考核不合理。现有的检察官考核考评机制下，检察机关把不捕率、起诉率、不诉率等作为考核目标的指标，一旦存在捕后不诉、诉后判无罪的案件，可能检察官考核评优、评先进都没有机会，这已经变成了检察官的噩梦。但这种考核主要忽略了正常的司法规律造成的一些撤回起诉、无罪判决。一般情况下，刑事案件起诉至法院后，并非每一件案件法官与检察官对证据和事实的认识都能保持一致，往往因年龄、阅历等不同因素，二者对某些事实和证据认识上或者法律认识上存在差异，导致判决结果和起诉书认定的结果会出现不同，这本来是一种比较客观正常的司法现象。现有目标考核机制违反检察工作规律，将不诉率等与检察官的业绩考核挂钩，人为给检察官设定框架。正如上所述，捕诉一体后，这种考核机制会增加办案检察官的精神压力，检察官纠结于错捕、错诉，容易畏手畏脚。而且，司法体制改革前，往往由检察长或检委会决定处理结果，检察官将这种心理压力推到了检察长或检委会身上；司法体制改革后，检察官权力变大了，责任变重了，捕诉一体后，是否逮捕、是否起诉的压力更大，若不改变现有的考核机制，检察官不敢担责，形成缺乏担当的司法人格，不利于捕诉一体模式的实行。此外，部分案件逮捕后证据发生变化，起诉存在风险，对这类案件作出不起诉决定后，如果认定为错案，会导致承办检察官倾向于带病起诉，造成错案。所以，最终在现有降低逮捕率和捕后不诉责任追究的考核机制下，承办检察官宁愿选择错放也不愿选择错捕后无法起诉的尴尬问题。传统的检察官办案责任在捕诉一体模式下会面临更大的适用难题。

第二，对检察官办案绩效考核不完善。一是考核的主体不明确。基层检察院对检察官办案绩效考核不重视，没有形成全局性的、统一的考核机制，有的院没有专门的考核评价部门而是把考核的任务交给部门完成，有的院由考评小组之类的临时机构负责考评，有些地方出现部门负责人根据个人喜好主观地评等次或者部门内部“轮流坐庄”评定出优秀、良好、合格等次，没有体现公开、公平、公正，受到部分检察官的质疑，也打击了工作积极性和办案质量。二是考核内容的针对性不强。不能体现捕诉业务与其他业务的特殊性，往往进行笼统性评价，这也是因为检察官的工作量不容易量化评价。主要从德、能、勤、绩、廉等五个方面对干部进行考核，虽然考核内容比较全面，但存在对“德”重点考察的是政治是否合格、对职业道德的考核流于形式等问题。此外，考核内容上，未体现检察官与检察辅助人员、司法行政人员，乃至不同业务条线检察官之间的差异。各部门和各职位的工作性质、难易程度不一，但在考核中没有设定相应的考核系数来分出档次。三是考核方式缺乏同步性、连贯性。目前，检察工作业绩评价主要是按季度为考核单位，年终进行一次评价，主要通过查看办案数据等静态考核方法进行评价，缺乏同步性，也不容易对检察官长期保持激励，难以实现对检察官一定周期内全方位立体考核。四是考核结果的激励性不足。针对考核结果进行的奖惩，兑现比较滞后，往往前一年的考核绩效，到第二年的年底还未发放。而且，检察工作业绩的考核结果未用于检察官和检察辅助人员的年度评先评优、个人选任、晋升等职业生涯关键节点，损害考核制度的激励功能。

捕诉一体以后，侦捕诉结合更加紧密，侦查活动会更规范，加之检察官更多精力投入审查办案，监督线索可能会出现萎缩，影响侦查活动监督业务的考评。同时检察官一些提前介入引导侦查的办案量没有纳入考评范围，不能全面反映捕诉一体模式下各项业务的质效。①

四、捕诉一体模式的完善措施

面对检察官可能对逮捕的标准把握不准，出现过多逮捕和过多不捕的问题：

第一，检察官要树立审慎、中立、公正的理念，担任忠实的“法律守护人”。检察官在恪守客观公正的基础上，既要注重审查有罪证据和罪重证据，也要注重审查无罪和罪轻证据，避免片面追求控诉或放纵犯罪。不管是已批捕的案件还是证据不足予以批捕的案件，如果有继续收集证据的空间，就应当要求公安机关继续侦查取证，尽最大可能查清事实。

第二，加强把握逮捕标准的培训学习，严格把握逮捕的证据标准②。在适用捕诉一体模式初期，要加强对把握逮捕标准的培训，特别是原公诉检察官要

① 陈莉，余进：《“捕诉合一”与“捕诉分离”的比较分析》，载《人民检察》（湖北版）2018年第5期，第32页。

② 刑事诉讼法规定逮捕的证明标准，即有证据证明犯罪事实：一是有证据证明发生了犯罪事实，二是有证据证明犯罪事实是犯罪嫌疑人实施的，三是证明犯罪嫌疑人事实犯罪行为的证据已经查证属实。

加强对侦查监督业务的学习，确保正确适用逮捕措施。对逮捕标准检察官要严格按照有证据证明犯罪事实的三个逮捕条件，既要重视对案件事实的审查，又要注重对社会危险性条件的审查，既要坚持逮捕的法定标准，准确适用逮捕措施，又要防止“带病”逮捕或人为拔高逮捕证据条件。此外，在决定逮捕之前，检察官要注意听取辩护律师意见。

第三，要利用现有程序对批准逮捕和不批准逮捕权的制约。一是对检察官可能滥用逮捕权的。检察官对案件批准逮捕的，可以借鉴上海的做法，[①] 对变更逮捕措施或重大案件的犯罪嫌疑人逮捕的，报分管检察长或检察长核阅，必要时可以提交检察委员会讨论决定。在批准逮捕后，若检察官主张对逮捕的案件拟作存疑不诉、绝对捕诉的，则一般羸按程序提交检察官联席会议讨论，检察官结合检察官联席会议意见作出决定；坚持作不起诉的绝对的，则按程序应当提交检委会讨论决定，检委会发现不应该对案件批准逮捕的，有办案瑕疵的，则要追究承办检察官相应办案责任。二是对检察官可能随意不捕的。承办检察官拟作决定对不批捕、存疑不批捕的，应当提交检察官联席会议讨论，结合联席会议意见，检察官坚持不逮捕意见的，应当向分管检察长或检察长汇报，领导认为可以不捕的，方可不捕。利用程序和制度监督检察官行使逮捕权，能够促使检察官审慎、公正用权，认真、细致办案。

随着我国经济社会的不断发展，党的十九大提出，我们已经进入中国特色社会主义新时代。面对新时代、新要求，怎么解决普遍存在的案多人少的矛盾，满足人民群众日益增长的对司法公正的高要求，为人民群众提供优质的“检察产品”，这就要求我们不断纵深推进司法体制改革，系统地进行更新。捕诉一体办案模式经过试点，已经取得了一些好的效果和经验，在全国全面推开势在必行。如今基层检察院大量案情简单、争议较小的普通刑事案件，占据了受理案件的绝大部分比例。为了快速办理这些简易案件，腾出更多精力对重大复杂案件进行精办，新刑诉法规定的认罪认罚从宽制度也适时出台，体现了在新时代背景下回应人民群众对高效司法的需求。捕诉一体办案模式也正是在这个背景下提出的一项重大改革，它与认罪认罚制度一样有着追求司法效率的价值需要，捕诉一体办案模式更能推进认罪认罚制度的适用，二者结合起来产生化学效果，极大地提升了办案质量和效率，能更有效解决全国检察机关案

① 《上海规程》第 28 条规定，检察官认为需要对犯罪嫌疑人变更逮捕措施或者对重大案件的犯罪嫌疑人采取逮捕措施的，应当报请检察长或者检察委员会决定。第 36 条规定，拟作绝对不批准逮捕、存疑不批准逮捕、绝对不起诉或者存疑不起诉的，一般应当经检察官联席会议讨论，且应当报请检察长或者检察委员会决定。

多、人少、压力大的矛盾。

捕诉一体改革的方向是明确的，但在各地实践中还是存在一些困境，这需要我们不断研究，厘清捕诉一体办案模式在实践的过程中存在的困难和问题，结合各地的办案实际情况，由理论界与实务界共同努力研究，构建出完善有效的捕诉一体办案机制，摸索出一套系统化、现实操作性强的工作制度，助力检察机关为人民群众的需要交出一份满意的答卷。

建立完善重大案件讯问合法性核查制度研究

重庆市人民检察院课题组*

2016年10月，“两高三部”制定了《关于推进以审判为中心的刑事诉讼制度改革的意见》（以下简称《意见》），明确提出了探索建立重大案件侦查终结前讯问合法性核查制度。2017年2月，最高人民法院《关于全面推进以审判为中心的刑事诉讼制度改革的实施意见》进一步明确了核查的效力。2017年6月，“两高三部”《关于办理刑事案件严格排除非法证据若干问题的规定》对核查制度及其效力再次予以重申。重大案件侦查终结前讯问合法性核查制度是非法证据排除制度的重大创新，必将对刑事诉讼实践产生深远影响。2017年底，最高人民检察院、公安部下发通知，就《关于讯问合法性核查的指导意见（征求意见稿）》征求全国检察机关、公安机关意见，目前尚未下发正式稿。就笔者掌握的资料，北京、河南等七个省级检察院先后制定了试点制度，开展了讯问合法性核查制度探索，取得了较好的效果。当务之急是结合我国刑事诉讼实践，围绕推进以审判为中心的刑事诉讼改革目标，以解决刑事诉讼中的实际问题为目的，构建一套合理的重大案件侦查终结前的讯问合法性核查机制，确保该制度的贯彻执行。

一、重大案件侦查终结前讯问合法性核查制度的背景

（一）制度背景：从“两个证据规定”到“严格排非规定”

尽管1996年《刑事诉讼法》第43条明确规定了“严禁刑讯逼供和威胁、引诱、欺骗和以及其他非法的方法收集证据”，但是，并没有规定如何对待“非法收集的证据”，更没有区分不同非法取证方式收集的证据的效力。最高人民法院1998年出台的关于执行《刑事诉讼法》的司法解释为排除非法口供设置了很高的门槛。按照该司法解释的规定，只有“经查证确实属于采用刑

---

* 课题负责人：盛宏文。

讯逼供或者威胁、引诱、欺骗等非法的方法”取得的言词证据，才不能作为定案依据。可想而知，要“查实”刑讯逼供是何等的难，而“查不实”又是何等的容易。

这一立法上的漏洞使得很多通过刑讯逼供或其他非法方式取得的证据堂而皇之地进入庭审阶段，成为检察机关指控犯罪和审判机关定罪量刑的依据。随着一系列冤案被披露，例如佘祥林、杜培武等死刑案件，刑事司法的理论界和实务界都意识到冤案的背后是非法证据，尤其是刑讯逼供取得的有罪供述。①

为了弥补1996年刑事诉讼法的立法缺憾，及时扭转非法取证现象，“两高三部”于2010年出台了《关于办理死刑案件审查判断证据若干问题的规定》和《关于办理刑事案件排除非法证据若干问题的规定》（以下简称《死刑案件证据规定》《排非规定》，合称时简称“两个证据规定”），正式确立了非法证据审查和排除的方法。《死刑案件证据规定》明确了被告人供述的审查判断方法。《排非规定》则明确了刑讯逼供取得的供述不能作为证据，法院应当调查非法取证情况。“两个证据规定”的出台为讯问合法性的审查提供了初步的标准和方法，但是显然过于简单。其缺点在于：第一，仅列举了刑讯逼供作为应当排除的非法供述，“等等”的涵义不明确；第二，仍然把“依法确认”作为非法证据的标准，这个标准明显过高；第三，仅规定了法庭调查核实非法证据的具体方法，“排非”过于滞后。

2012年修订刑事诉讼法时大规模充实了证据一章的内容，以法律的形式固定了“两个证据规定”中的某些理念和制度，同时解决了其中存在的某些缺陷。例如，把非法证据的排除标准由“确认”变成“不能排除”，即只要不能排除刑讯逼供的可能，就应当排除该口供。同时明确规定了检察机关调查核实非法证据的职责。但是，2012年《刑事诉讼法》仍然没有解决“刑讯逼供等”中“等”字的涵义问题，也没有明确侦查机关和检察机关排除非法证据的权责问题。为此，“两高三部”在2017年6月20日出台了《关于办理刑事案件严格排除非法证据若干问题的规定》（以下简称《严格排非规定》），以列举的方式在一定程度上明确了“等”字的含义，规定了侦查机关防止非法取证和检察机关调查核实非法证据的职责。“严格排非规定”为审查判断犯罪嫌疑人供述的证据能力和证明力提供了更加明确的标准，也使得讯问的合法性核查成为可能。

---

① 关于冤案的实证研究已经支持了这一判断。参见陈永生：《我国刑事误判问题透视——以20起震惊全国的刑事冤案为样本的分析》，载《中国法学》2007年第3期。

（二）实践背景：口供采信的两难问题及庭审实质化的障碍

1. 策略性供述和翻供

“等检察院的来了就翻供”，这是实践中某些犯罪嫌疑人对付公安机关的“套路”，也是时常令公安机关和检察机关的办案人员困惑不已的问题。对犯罪嫌疑人而言，在公安机关采取“服软”“配合”的策略，先作有罪供述，到了检察院讯问时再翻供，这是一种相当理性的选择。道理很简单，“配合”公安机关可以避免吃“眼前亏”。倒不是说不配合就会遭遇刑讯逼供，而是说在“配合”的情况下可能获得更加人性化的对待。例如，把反铐改为正铐或者单手铐，按时吃饭喝水上厕所等。同时还能获取其他利益，例如，可以与家人联系，可以抽烟。显然，这些利益对犯罪嫌疑人的影响是达不到刑讯逼供的程度，但却是客观存在的影响，在一定条件下有利于侦查机关获得有罪供述。对于检察机关则不然。一方面，检察机关无法利用上述手段对犯罪嫌疑人施加影响；另一方面，犯罪嫌疑人在检察机关翻供几乎是零成本的。

于是，在实践中我们可以看到，对于不那么“耿直”的犯罪嫌疑人而言，先供认再翻供是一种很自然的倾向。① 这种策略性的翻供的理由通常是比较随意的。例如，“被打了”（包括被踢了一脚）“头昏没看笔录”“公安要我这么说”，等等。这些翻供理由中有些听上去确实不靠谱，但问题是当犯罪嫌疑人一口咬定有罪供述并非出于其真实意愿时，翻供需要理由吗？

2. 难以“呈堂”的证供

了解英美司法体制的人都对这样一句话印象深刻——你有权保持沉默，但你所说的一切都将作为呈堂证供。是的，这是“米兰达警告”的简化版或者说“影视剧版本”，② 但是它基本表达了米兰达警告的核心内容，即沉默权和口供自愿原则。与英美不同，在我国刑事诉讼法中，不仅没有沉默权，而且犯罪嫌疑人和被告人有如实供述的义务。这一看似强调供述严肃性的规定并没有达到它预设的效果。如前所述，对于机会主义的犯罪嫌疑人而言，有罪供述和翻供都有很大的随意性。其结果是，在犯罪嫌疑人翻供后，其之前的有罪供述能否直接作为指控其有罪的证据，这是一个很令人纠结的问题。一方面，即便没有法律规定意义上的刑讯逼供，也可能存在影响犯罪嫌疑人供述自愿性的其

---

① 并非所有犯罪嫌疑人都倾向于翻供，实际上多数犯罪嫌疑人是有罪感或耻感的。

② 完整的米兰达警告原文有五句，前两句是“你有权保持沉默。如果你不保持沉默，那么你所说的一切都能够作为法庭对你不利的证据。你有权利在接受警察询问之前委托律师，他（她）可以陪伴你受询问的全过程……”

他因素；另一方面，在存在这些影响因素的情况下，是否就意味着有罪供述应当排除，这个问题没有明确的法律规定。这就是实践中口供采信的两难问题，即“不敢排”和“不敢信”的问题。

如果说国外在沉默权制度约束下的口供能够成为“呈堂”证供的话，那么我国刑事司法实践中大量存在的非法口供或“两难”口供则很难成为“呈堂”证供。换句话说，这样的口供即使出现在法庭上，也很难直接对抗被告人的当庭翻供。但是现实是，在侦查中心主义①的大环境中，这样的口供一旦被检察院采用，作为证明被告人有罪的证据，法院也不敢轻易因犯罪嫌疑人翻供而判其无罪。于是，我们看到法院对犯罪嫌疑人、被告人供述的审查基本上等同于对笔录的审查，也就是刑事司法实践中长期为人诟病的案卷笔录中心主义②。可见，口供规则的不明确在一定程度上构成了庭审实质化的障碍之一。

二、讯问合法性核查制度的价值定位和价值冲击

（一）价值定位：检察机关作为证据裁判者

随着《严格排非规定》的出台和以审判为中心的刑事诉讼制度改革的推进，如何把非法证据阻挡在庭审之外，成为摆在检察机关面前的迫切任务。尤其是对于口供证据，如何根据现有的口供证据规则确保进入庭审阶段口供具有合法性、自愿性、真实性，是扫除庭审实质化障碍的关键问题。而讯问合法性的审查就是解决这个关键问题的关键一招。要走好这一招，检察机关必须成为合格的证据裁判者。具体而言，应做好以下三个方面：

第一，程序正义的坚定捍卫者。程序正义是看得见的正义，在刑事诉讼过程中再怎么强调都不为过。对于证据的收集和审查尤其应当注重程序。讯问合法性审查本质上是对侦查机关收集的以讯问笔录和同步录音录像为载体的犯罪嫌疑人供述进行审查。检察机关作为证据裁判者，在审查讯问合法性时，不仅要严格核实侦查机关的讯问程序，包括讯问的形式要件（如时间、地点、讯问人、对象、记录载体等）和实体要件（如内容、有无刑讯逼供等），而且检察机关自身也应严格遵守核查程序。讯问合法性核查制度的设计应当体现程序正义的价值要求，通过合理的核查程序排除非法证据，确认合法证据。

第二，理性思维的忠实践行者。讯问合法性审查应当彰显理性的价值，不

① 陈瑞华：《论侦查中心主义》，载《政法论坛》2017 年第 2 期，第 3 页。

② 陈瑞华：《案卷笔录中心主义——对中国刑事审判方式的重新考察》，载《法学研究》2006 年第 4 期，第 63 页。

仅要把犯罪嫌疑人作为理性人对待，更要让证据裁判者坚守理性思维的准则。必须假定，犯罪嫌疑人在合法讯问条件下所作的供述是基于理性的选择，应当对该选择的结果有所预见，并受到自身理性选择的约束。检察机关作为证据裁判者，就是运用理性思维判断犯罪嫌疑人的理性选择是否在合法条件下作出的，进而判断其作为证据的可能性。理性思维是概念严谨、逻辑缜密、分析精细、结论可靠的思维方式。检察机关进行讯问合法性审查，必须摒弃先入为主的感性认识，收敛嫉恶如仇的个性化情绪，真正做到冷静、客观、周延。

第三，客观真实的执着追求者。尽管司法裁判的结果常常属于法律真实，但作为司法工作人员，仍然不能放弃对于客观真实的追求，对于作为证据裁判者的检察机关更应如此。讯问合法性审查中的真实应当包括三个维度：一是证据材料（如讯问笔录、同步录音录像）中所反映的证据收集过程的真实性；二是证据材料中所反映的犯罪嫌疑人供述意愿的真实性，或者叫作自愿性；三是犯罪嫌疑人供述内容的真实性，即与客观事实之间的符合程度。对讯问合法性的审查应当从上述三个维度入手，发现漏洞，核实真相，使审查的结果无限逼近于客观真实。对于在前两个维度上存在真实性欠缺的证据，应当尽量避免其作为庭审时指控犯罪的证据。

（二）价值冲击：告别证据“裱糊匠”角色

讯问合法性审查制度的建立为检察机关赋予了新的职权，提出了新的要求，这必然对过去的司法实践中检察机关遵循的价值理念造成冲击。其最直接的表现就是对过去检察机关与公安机关之间已经习惯的“相互制约、相互配合”的关系提出了新的挑战。

在侦查中心主义的背景下，检警两家不论是“制约”还是“配合”，背后都有一个共同的目标，就是查明案件事实，在此基础上打击犯罪。在此意义上，“制约”是另一种形式的“配合”，[①] 是以侦查为中心的检警关系的一体两面。在这样的关系中，与其说检察机关是证据的裁判者，还不如说它是证据的“裱糊匠”，把公安机关收集的证据中有缺陷的部分进行修补，使这些证据能够顺利进入法庭。当然，对于违法收集的物证、书证，要求公安机关进行补正或作出合理解释，使这些证据的证据能力和证明力得到补充和加强，这是于法有据的，尽管这在一定程度上会强化检察机关的“裱糊匠”思维。但是，

---

① 即所谓的“分别把关，相互检验，互相制衡，便于及时发现问题并加以纠正，保证不枉不纵，不错不漏”。罗大华：《侦查机关与检察机关之分工合作与相互制约》，载《政法学刊》1999 年第 2 期，第 45 页。

如果检察机关把这种“裱糊匠”思维用在对言词证据的处理上，特别是用在对犯罪嫌疑人供述的审查认定中，则必然会造成严重后果。近年来爆出各种冤案中，检察机关所犯的错误在很大程度上与这样的思维有关。

以内蒙古呼格吉勒图的冤案为例。检察机关提讯呼格吉勒图时，他翻供并明确表示遭受刑讯逼供，同时指出此前在公安机关的无罪供述和有罪供述的矛盾。而讯问人员的回答是“你胡说”。① 可见，该案检察官并未依据呼格的辩解质疑公安机关收集的犯罪嫌疑人供述（包括无罪供述和有罪供述以及矛盾供述），而是试图为公安机关收集的明显有矛盾的供述提供一种正当性解释。正是这样的“裱糊匠”思维，使得呼格案的非法口供顺利进入了法庭并酿成大祸。

告别证据的“裱糊匠”角色，告别以“制约”之名行“配合”之实，这是讯问合法性审查制度对现行检警关系的必然冲击。或许，检察机关和公安机关都应重新思考“制约”和“配合”的新内涵。而且，不论赋予这两个词语何种新的内涵，检察机关都必须放弃以牺牲证据合法性为代价来打击犯罪的价值追求。

三、讯问合法性核查制度运行的关键机制

为便于对比分析，本文选取了已经以省级为单位制定规范性文件的北京、浙江、安徽、河南、湖北、云南、新疆等② 7 个省（区、市）的司法实践为研究对象，对其开展重大案件侦查终结前讯问合法性核查的启动机制、核查机制和终结机制等关键运行机制进行实证分析，以期发现当前该项制度在运行中存在的问题和分歧，为进一步完善重大案件侦查终结前讯问合法性核查制度提供参考。

（一）重大案件侦查终结前通报机制

1. 重大案件的范围。在实践中，各地都明确了重大案件的范围，但确定的范围并不相同。

（1）可能判处死刑的案件。各地均将此类案件认定为重大案件范围。

（2）可能判处无期徒刑的案件。有的地方将其全部纳入重大案件范围，如北京、安徽、湖北、云南等地；有的将部分纳入核查范围，如河南仅将犯罪

① 详见，艾平：《震惊全国！呼格吉勒图“杀人”案平反昭雪始末》，载《北京文学（中篇小说月报）》2016 年第 11 期，第 145 页。

② 相关文件文号：《浙检发监字〔2017〕11 号》《皖检监〔2018〕6 号》《豫检执检〔2018〕17 号》《云检发执检字〔2017〕9 号》《新检发执检字〔2017〕19 号》。

嫌疑人涉嫌故意杀人、故意伤害致人重伤或者死亡、强奸、抢劫、绑架、放火、爆炸、投放危险物质犯罪，黑社会性质组织犯罪、毒品犯罪等可能判处无期徒刑以上刑罚的案件纳入核查；有的并未明确规定将此类案件纳入核查范围，如浙江、新疆等地。

（3）对于可能判处 10 年以上有期徒刑的案件。有的地方将全部纳入核查范围，如湖北；有的地方将部分此类案件纳入核查范围，比如北京将致人重伤、死亡的严重危害公共安全、严重侵犯公民人身权利的案件、黑社会性质组织犯罪、严重毒品犯罪案件纳入；云南将放火、爆炸、投放危险物质、故意杀人、故意伤害致人重伤或者死亡、强奸、抢劫、绑架等纳入；其他地方未明确将此类案件纳入。

（4）其他重大案件。北京、安徽等地将本辖区内具有重大社会影响的案件和其他重大案件作为兜底，湖北、云南等地则列举式地将黑社会性质组织犯罪、恐怖活动犯罪、严重毒品犯罪案件、严重金融犯罪案件等纳入核查范围。

在将重大案件纳入讯问合法性核查范围的同时，各地都做出了扩大解释，将部分其他类型的案件也纳入讯问合法性核查范围。一是关于收到控告、申诉、举报和已经发现可能存在刑讯逼供、非法取证线索等非重大案件，上述 7 个省份均将其纳入可以或者应当核查的范围。二是关于人民法院或本院侦查监督部门、公诉部门书面建议进行核查的案件，浙江、安徽、云南、新疆等地将其纳入核查案件范围。

可以看出，当前各地对讯问合法性核查重大案件的范围认识并不一致，导致司法实践标准不完全统一。但通过分析也可以看出，各地对核查案件的范围也有基本一致的看法：

第一，“可能判处的刑罚”是通行的判断重大案件的一个标准。

第二，重大案件的范围不应机械限定，需要一定自由裁量空间。

第三，除“重大案件”外，对于收到控告、申诉、举报和在检察工作中已经发现可能存在刑讯逼供、非法取证线索等非重大案件，也可以开展讯问合法性核查。

通过对各地规定的分析，我们可以发现尽管我国刑事诉讼法及相关司法解释中均有使用“重大案件”一词，但对于何谓重大案件，并没有一定之规。事实上任何类型的犯罪行为都有轻重之分，判断其轻重的标准就是犯罪嫌疑人可能被判处的刑罚。一般认为，可能被判处 10 年以上有期徒刑、无期徒刑或者死刑的犯罪是重大刑事犯罪。但是有些案件因其社会影响重大或者案件本身的复杂性，即便刑期在 10 年以下，也可能被视为重大案件。因此，对重大案件范围的确定，应以刑期为标准，同时结合案件本身的社会影响和复杂程度来确定。最高人民检察院在2013年出台的《关于人民检察院审查逮捕工作中适用“附条件逮捕”的意见（试行）》中对重大案件的类型有过列举。尽管附条件逮捕的规定已经被停止适用，但该意见中对于重大案件的界定仍然不失为一个周全的界定。笔者建议重大案件讯问合法性审查中的“重大案件”仍参照该意见的规定，如下所列：

“重大案件”，是犯罪嫌疑人可能被判处10年以上有期徒刑、无期徒刑或者死刑的案件。

对于犯罪嫌疑人可能被判处5年以上不满10年有期徒刑的下列案件，可以认为属于“重大案件”：

（1）危害国家安全和严重危害公共安全的暴力犯罪案件。

（2）恐怖组织、黑社会性质组织等有组织犯罪和集团犯罪案件。

（3）故意杀人、抢劫、绑架、强奸、故意伤害致人重伤、死亡的严重暴力犯罪案件。

（4）毒品犯罪、走私犯罪案件。

（5）严重破坏社会主义市场经济秩序或者严重扰乱社会秩序的涉众型犯罪案件。

（6）情节严重或者造成严重后果的人民检察院直接受理侦查的犯罪案件。

2. 启动方式

驻看守所检察机构如何及时获取相关案件的侦查进展情况，又如何依法介入侦查当中开展讯问合法性核查，是该制度有效运行的关键之一。北京等7个省（区、市）的司法实践中，对于启动方式有着不同程度的规定，归纳起来主要有以下五种启动方式：

（1）侦查机关书面告知启动。如湖北省规定，重大案件即将侦查终结的，侦查机关应当在侦查终结前，书面提请人民检察院刑事执行检察部门进行讯问合法性核查。

（2）依据控告、申诉、举报启动。以上7个地方都将犯罪嫌疑人及其近亲属、辩护人反映存在刑讯逼供、非法取证情形，提出控告、申诉或者举报的作为核查启动方式之一。

（3）依据其他部门建议启动。如浙江、新疆、云南等地规定，人民法院或本院侦查监督部门、公诉部门书面建议的，可以进行讯问合法性核查；湖北规定，看守所反映可能存在刑讯逼供、非法取证情形的案件应当进行讯问合法性核查。

（4）驻看守所检察机构发现线索后启动。7个地方都赋予了驻看守所检察机构通过入所谈话、入所出所体检检察等方式主动发现违法讯问的职能职责，对于发现身体有伤或异常，可能存在刑讯逼供、非法取证情形的，可以或者应当开展核查。

（5）驻看守所检察机构自行获取案件信息启动。为加强检察机关内部信息沟通，北京、湖北等地还规定，审查逮捕部门对重大案件在作出批准逮捕、延长羁押期限决定 7 日内，补充侦查终结 10 日前，公诉部门告知刑事执行检察部门；为便于驻看守所检察机构主动获取相关案件信息，北京还规定驻看守所检察机构可以通过信息联网或从案件管理部门获取相关案件信息，及时启动核查。

总的来看，以上 5 种启动方式可以分为两大类，一类是驻看守所检察机构根据相关人员、单位、部门提供的线索，依申请或建议启动，一类是驻看守所检察机构依职权主动启动。从驻看守所检察人员不直接承办案件不接触具体案情，无法及时掌握案件侦查进展情况，难以准确判断案件是否属于“重大案件”的司法实践现状来看，要全面落实讯问合法性核查制度，应当以第一类启动方式为主，其他方式为补充。

3. 侦查终结前的时间界定

从字面上看，刑事案件从立案以后到侦查终结移送起诉之间的一段时间都可以称为侦查终结前。但是，这一时间跨度太长，即便是对于立案后及时被刑拘并逮捕的犯罪嫌疑人，这一期限也可以达到 8 个月之久，如果刑拘或逮捕后又被变更强制措施，则这一时间可能更长，且很不确定。显然，重大案件讯问合法审查制度中的侦查终结前不能以这个宽泛的时间段为准，而应确定一个相对确定的时间点。这个时间点距离侦查终结的时间不能太长，否则过分占用了侦查时间，影响侦查效果。但也不能太短，否则审查时间不足。7 个省级单位中，只有北京和安徽对此作了具体规定，规定时间也不尽相同，北京明确一般应当在侦查终结、移送审查起诉前 10 日进行，而安徽则规定应在侦查期限届满前 10 日对重大案件讯问合法性立案核查。笔者建议，可以把“侦查终结前”确定为侦查机关拟将案件移送起诉的两个星期前。侦查机关拟对犯罪嫌疑人移送起诉时，应至少提前两周将拟侦查终结的情况通报给检察机关。

4. 核查的介入方式

根据《意见》的规定，重大案件侦查终结前讯问合法性核查的主体是人民检察院的驻看守所检察人员。因此，必须让驻所检察人员及时了解重大案件的侦查情况。为了确保驻所检察人员能及时了解重大案件的侦查情况，各地也采取了不同的办法和措施，一是由检察机关其他部门通知刑事执行检察部门。如北京市规定，审查逮捕部门对重大案件在作出批准逮捕、延长羁押期限决定 7 日内书面通知刑事执行检察部门；二是由侦查机关通知检察机关刑事执行检察部门。如湖北省规定，重大案件即将侦查终结的，侦查机关应当在侦查终结前，书面提请人民检察院刑事执行检察部门进行讯问合法性核查。三是赋予刑事执行检察部门主动获取案件信息的权限。如北京市规定，驻看守所检察机构可以通过信息联网或从案件管理部门获取相关案件信息。笔者建议采用“双保险”的通报方式。一是检察机关的批捕部门对重大案件作出批准逮捕决定时应当将审查逮捕意见书和批准逮捕决定书报送给刑事执行检察部门，提醒该案在侦查终结前应当进行讯问合法性审查。此外，在向公安机关送达批捕决定书时，也应一并发出侦查终结前提请讯问合法性审查的书面提示函。二是重大案件中侦查机关在决定将案件移送起诉的两周前，应当将向检察机关送达《提请进行讯问合法性核查的函》，告知检察机关案件即将移送起诉。检察机关接到提请函后可以安排驻所人员正式启动审查程序。

（二）“核查”机制

1. 为什么是“询问”，怎样询问

根据《意见》的规定，驻看守所检察人员通过“询问”犯罪嫌疑人的方式核查讯问的合法性。这意味着，尽管同样代表着检察院，驻所检察官和侦查监督部门检察官的立场是完全不同的。审查逮捕阶段，侦查监督部门也负有发现非法证据、纠正违法取证行为的职责。但是，侦查监督部门对犯罪嫌疑人仍然是采用“讯问”的方式。“讯问”侧重于发现案件真相，核对案件事实。虽然通过讯问也能发现非法取证等情形，但其固有的倾向性使之难以成为讯问合法性核查的手段。

驻所检察官作为中立第三方，不负责查明案件事实，而仅负责核实犯罪嫌疑人言词证据的合法性，其对犯罪嫌疑人的谈话只能是询问。北京、浙江、安徽等七省市在实施的时候均参照刑事诉讼中关于询问的相关规定对询问要求做了细化，如要求由两名以上检察人员进行，且其中一名具有检察官职务，并同步录音录像等。需要研究的是，关于在询问中能否涉及原案情的问题，各地分歧还是比较大的。按照讯问合法性核查制度规定来看，核查主要为了发现刑讯逼供、非法取证情形，应当围绕上述内容开展。但在核查上述情形的过程中，往往很难完全绕开和避免谈及案情。如北京、浙江、湖北等地规定，询问应当围绕侦查过程中是否存在刑讯逼供、非法取证等方面展开，规定了询问的中心但并未明确限制询问的范围，安徽明确规定询问一般不涉及案情，而河南则是采用折中办法，规定询问一般可不询问具体案情，同时应当遵守办案保密规定。这些分歧实则反映出对讯问合法性核查制度的保留保守态度。

至于询问的方式，有必要明确以下几个要点：第一，询问前应当向犯罪嫌疑人送达《重大案件讯问合法性核查制度告知书》，通过书面告知的形式使犯罪嫌疑人理解该制度的内容，更好维护自身合法权利，同时对核查所产生的效力有一定的预期。第二，询问仍应由两名驻所检察人员以谈话和笔录的方式进行，有必要进行全程同步录音录像。第三，询问不以查明事实为目的，而以确认侦查机关讯问笔录的合法性与否为目的，但应当对侦查机关的讯问笔录中矛盾之处进行必要的追问。

2. “询问”之后怎么办

“询问”是核查讯问合法性的基本方法，但是显然很难仅仅通过“询问”就确认侦查机关的讯问过程是否合法。一旦通过询问犯罪嫌疑人发现侦查机关的讯问过程可能存在刑讯逼供或者其他非法取证情况，该如何处理呢？如何进一步调查核实讯问的合法性，《意见》并没有给出明确指导。按照2012年《刑事诉讼法》第55条及2012年《人民检察院刑事诉讼规则（试行）》第68条和第69条的规定，侦查阶段发现非法收集证据情况的，由侦查监督部门进行调查核实，必要时渎职侵权检察部门可以派员参加。2013年9月17日，最高人民检察院侦查监督厅印发了《关于侦查监督部门调查核实侦查违法行为的意见（试行）》，就调查核实非法证据的方法作了详细规定。由此可见，按照前述制度，驻所检察部门在询问中发现了可能存在刑讯逼供等非法讯问的，如果要进一步确认是否有刑讯逼供等违法行为，应交给侦查监督门进行调查核实。但是这样一来，是否就意味着讯问合法性的最终审查权又回到了侦查监督部门呢？如果是这样，那显然背离了讯问合法性审查的制度出发点。因此，有必要设计其他方法来进一步印证核实。北京、浙江、安徽等七个省市均规定了询问以外的核查方法，具体来说，主要包括听取律师意见，询问办案人员、看守所医生、同监室在押人员等相关人员，调取看守所体检记录、就医就诊记录等，调取提讯押解记录、录像等，组织伤情、病情检查鉴定等方法，浙江、云南、新疆等地还规定可以调取询问笔录、讯问笔录、讯问录音录像、侦查案卷等有关材料，也就是说可以进行全案审查。

因此，笔者建议，驻所检察官在询问后发现有刑讯逼供等可能性的，应当自行调查核实。至于调查核实的方法，在一定程度可以借鉴《关于侦查监督部门调查核实侦查违法行为的意见（试行）》。当然，后续有必要进一步制定相关调查核实方法。

（三）讯问合法性评价机制

1. 什么是合法讯问

讯问合法性核查机制旨在查明侦查机关的讯问是否合法，进而确认讯问结果（笔录和同步录音录像）是否具有证据效力。严格来讲，讯问笔录、同步录音录像都不是证据类别。刑事诉讼法规定的证据类别是犯罪嫌疑人、被告人供述。但是，讯问笔录和同步录音录像以及犯罪嫌疑人自书材料等都是犯罪嫌疑人供述的载体。讯问就是为了获取犯罪嫌疑人供述，并以相应的载体把犯罪嫌疑人供述固定下来。合法的讯问应当包含以下三个方面的内涵：第一，讯问人、讯问时间、讯问地点、讯问程序、讯问方法都符合法律的规定；第二，讯问人员通过讯问行为获取了犯罪嫌疑人基于意思自治的对于案件事实的供述和辩解；第三，犯罪嫌疑人的供述和辩解被以合法的载体形式记录下来。可见，合法讯问的内涵比较丰富。因此，对讯问合法性的评价不应局限于对于是否有刑讯逼供等非法取证行为的评价，而应全面评价。

2. 讯问的合法性与供述的证明力

如前所述，讯问合法性内涵丰富，包含很多要素。严格来讲，只要某个要素不合法，就会影响讯问的合法性，例如单人讯问。我们可以把要素上有缺陷的讯问叫作非法讯问。但是，非法讯问并不必然导致非法证据，尽管它在一定程度上会影响证据的证明力。如果说合法讯问与非法讯问之间是非此即彼的关系的话，那么，合法证据和非法证据之间并非非此即彼的关系。有些合法性存在瑕疵的讯问也能获取合法的证据。这意味着在进行讯问合法性核查时，不能仅仅核实有没有刑讯逼供（尽管这是最重要的），而是要全面评价证据的合法性。有必要设计一份对照审查表和一套合法性评价指标，为讯问合法性分级，例如分为完全合法完备、一般合法、一般违法、非法等四个等级，根据合法性等级来确证据的证明力，由此审查意见才能具有直观性。

（四）核查程序的终结机制

讯问合法性的核查应当有一定期限限制，否则会影响诉讼进行。实践中，各地规定的也不一致。如北京规定，核查一般在立案后 10 日内完成，重大、疑难、复杂的，可延长 10 日；湖北规定，人民检察院刑事执行检察部门开展重大案件讯问合法性核查工作，一般在立案后 10 个工作日内完成，案件复杂的，可以延长 5 个工作日。笔者提出，侦查机关应当在拟将案件侦查终结前两周通报检察机关进行讯问合法性审查。因此，驻所检察官进行讯问合法性核查应当在两周内完成。笔者认为以 10 天为期限比较合适，这样不仅保证了核查时间，也给侦查机关移送起诉留下了一定时间。驻所检察官完成讯问合法性的核查后，有必要形成书面报告，并将意见告知侦查机关。我们认为，可以制作格式化的《重大案件侦查终结前讯问合法性核查意见表》，就核查程序、合法性评价等进行说明。侦查机关应将该书面材料附在侦查卷中，移送起诉时，起诉部门可以据此知悉讯问合法性核查的情况。

当然，讯问合法性核查完成后，侦查机关并不必定将案件移送起诉，有可能发现案件证据上的问题，继续侦查后再移送。那么再次决定侦查终结前，是否仍应提请检察机关进行讯问合法性核查呢？即程序是否倒流的问题。笔者认为，应当区分情况对待。如果先前核查中未发现非法证据，那么继续侦查期间即使有对犯罪嫌疑人就案情重新讯问，也不必再提请讯问合法性审查。如果先前审查中发现了非法证据，那么继续侦查期间公安机关如果就案情讯问了犯罪嫌疑人，并获得了有罪供述的，仍应在拟侦查终结前再次提请讯问合法性核查。

四、讯问合法性核查的效力

正如本文第一部分和第二部分的论述，重大案件讯问合法性核查制度的提出有深刻的制度背景和实践背景，可以说是水到渠成之举。其建立旨在将非法证据阻挡在庭审之外，并在一定程度上解决司法机关对于犯罪嫌疑人有罪供述“不敢排”和“不敢信”的两难问题。这一制度是对程序价值、理性价值、真理价值的彰显。因此，讯合法性核查的结论应当是有约束力的，不论是对检察院、法院，还是对犯罪嫌疑人、被告人，这种约束力就是讯问合法性核查的效力体现。

《意见》规定，“经核查，确有刑讯逼供、非法取证情形的，侦查机关应当及时排除非法证据，不得作为提请批准逮捕、移送审查起诉的根据。”北京、浙江、安徽、湖北、云南、新疆等地对于确实存在刑讯逼供、非法取证情形的，直接通过检察建议书的形式建议侦查机关自行排除，并在7日内回复处理结果，同时抄送本院侦查监督和公诉部门；而湖北则规定，确实存在刑讯逼供、非法取证情形的，在5个工作日内送本院侦查监督和公诉部门处理。对于可能存在刑讯逼供、非法取证情形的处理，北京、浙江、河南、云南、新疆等地有明确规定，向本院侦查监督部门和公诉部门发出疑似非法证据提示函，由其进一步调查核实；而安徽、湖北等地并未对这类情况如何处理作出具体规定。虽然各地的规定形式上有所不同，但均表明，经驻所检察官核查后认为是非法证据的，侦查机关不应再将该证据放在侦查卷中作为提请批准逮捕和移送审查起诉的证据。这一规定看似苛刻，实则是一道必不可少的防火墙。它是检察机关彻底告别证据“裱糊匠”角色的制度保障。有了这道保障，非法证据就难以进入公诉人的眼界，“不敢排”的问题自然迎刃而解。

问题在于讯问合法性核查制度如何解决“不敢信”的问题。换句话说，经核查是合法讯问获取的有罪供述，能够对抗犯罪嫌疑人、被告人在审查起诉阶段、法庭上的言之凿凿的翻供吗？对于这个问题，《意见》没有给出答案。但是，最高人民法院《关于全面推进以审判为中心的刑事诉讼制度改革的实施意见》规定，“被告人在侦查终结前接受检察人员对讯问合法性的核查询问时，明确表示侦查阶段不存在刑讯逼供、非法取证情形，在审判阶段又提出排除非法证据申请，法庭经审查对证据收集的合法性没有疑问的，可以驳回申请”。这一规定表明，经核查程序认定为合法收集的有罪供述，被告人再提出非法证据排除申请的，将得不到支持。也就是说被告人再以遭遇刑讯逼供等为理由翻供的，法庭将不予采纳。上述七个省份均对此类情形做出了相关规定，只是在处理上略有不同，北京、浙江、新疆、湖北、云南等地的处理方法是“未发现刑讯逼供、非法取证情形的，将结论或意见抄送侦查监督和公诉部门”；安徽是将核查意见移送侦查机关；而河南则将核查有关材料存档备查。但无论怎样，当法庭需要的时候，都可以及时调取，成为证明讯问合法的有效证据。据此，我们有理由认为，讯问合法性核查结论可以对抗被告人以刑讯逼供等为理由的翻供，这是讯问合法性核查对于被告人应有的约束力。当然，对于犯罪嫌疑人以其他理由提出的翻供，则需要具体分析。如犯罪嫌疑人翻供称自己的有罪供述是为了“顶包”，那当然不能直接否定了。无论如何，讯问合法性核查制度将在很大程度上解决“不敢信”的问题。

重大案件侦查终结前讯问合法性核查制度将排除非法言词证据程序大幅度提前，既有利于解决司法机关对于犯罪嫌疑人有罪供述“不敢排”和“不敢信”的两难问题，确保言词证据的真实性，又有利于尽早地排除“非法言词证据”，防止被污染的证据进入起诉、审判环节，提高刑事诉讼质量，同时，也有利于提前解决讯问合法性问题，减少在审查起诉、审判环节就类似问题再起纷争，提高诉讼效率。

审判中心主义背景下检察机关以公诉为主导的刑事证据指控体系研究

甘肃省张掖市人民检察院课题组*

《中共中央关于全面推进依法治国若干重大问题的决定》（以下简称《决定》）明确指出，要推进以审判为中心的诉讼制度改革。审判中心主义是指将刑事审判阶段作为整个刑事诉讼的中心，不仅要求审判阶段对案件的调查具有实质化的特征，而且依此为基准认识和建构诉讼中的总体建构。① 虽然以审判为中心和审判中心主义有一定的范围和内涵的不同，但是也可以认为是要求以审判中心主义为背景进行司法体制改革，鉴于课题要求，本文就审判中心主义背景下检察机关构建以公诉为主导的刑事证据指控体系进行研究。

一、公诉主导是审判中心主义实现的前置条件

（一）审判中心的实质是以证据为核心

我国的刑事诉讼程序有着明显的阶段性特征，从立案、侦查、审查起诉到审判、执行，公检法三机关“分工负责、互相配合、互相制约”，这既是我国宪法和刑事诉讼法所明确规定的处理三者之间关系的一条基本原则，也是我国刑事诉讼领域的一大特色。② 但在司法实践中，因为立案、侦查处于刑事诉讼程序的初始阶段，绝大部分刑事公诉案件的犯罪事实认定和证据收集都是由侦查机关完成的，由于很长的一段时期内“配合有余、制约不足”传统思想影响，审查起诉和审判程序都被侦查程序所“左右”，呈现出明显的“侦查中心主义”的色彩，造成长期以来疑罪从无原则难以落实，冤假错案时有发生。特别是近年来一些冤假错案，如“呼格案”“张氏叔侄奸杀冤案”等陆续曝

* 课题负责人：柳小惠。课题参加人：李波阳、马如栋、杜刚。

① 张建伟：《审判中心主义的实质内涵与实现途径》，载《中外法学》2015 年第 4 期。

② 樊崇义：《刑事诉讼法学》，法律出版社 2013 年版。

光，引起了一大批专家学者以及社会公众对于刑事诉讼制度的反思。

审判中心主义意味着，审判对案件事实认定、证据采信、法律适用、作出裁决起决定性和最终性作用，其核心依据是证据。但是我国目前并没有相对独立的证据法，对此，2010年《关于办理刑事案件排除非法证据若干问题的规定》（以下简称《证据规定》）的出台，确立了基本的证据规则，审判在刑事诉讼中的作用明确以法律方式的得到体现。2012年《刑事诉讼法》实现了对《证据规定》的继承与发展，"审判中心主义"的诉讼制度初现雏形。2014年党的十八届四中全会正式提出"以审判为中心"这个重大决策，明确肯定了审判的中心地位。《决定》提出："推进以审判为中心的诉讼制度改革，确保侦查、审查起诉的案件事实证据经得起法律的检验。全面贯彻证据裁判规则，严格依法收集、固定、保存、审查、运用证据，完善证人等出庭制度，保证庭审在查明事实、认定证据、保护诉权、公正裁判中发挥决定性作用。"党的十九大指出，"全面依法治国是国家治理的一场深刻革命"，要"深化司法体制综合配套改革，全面落实司法责任制，努力让人民群众在每一个司法案件中感受到公平正义"。自此，审判中心主义从国家法治建设的角度被明确提出，正式纳入我国司法体制改革的框架之内，直接影响到公诉机关控诉权的行使，要求公诉机关以符合诉讼规律的理念、路径和方法审查运用证据，认定案件事实，构建能够适应审判中心主义的、经得起法律检验的刑事证据指控体系。

（二）刑事指控体系构建的枢纽必然是公诉机关

审判中心主义其核心在于以审判为中心，非经审判不得定罪。以审判为中心的内涵和要求，是控、辩、审三种职能都要围绕审判中事实认定、法律适用的标准和要求而展开，法官直接听取控辩双方意见，依证据裁判原则作出裁判。[①] 由此界定，在刑事诉讼程序中，依现有法定诉讼阶段，侦[②]、诉、辩、审。都承担着重要的职责，相互独立，却又紧密相连。要"努力让人民群众在每一个司法案件中都感受到公平正义"，就是要求侦、诉、辩、审都要以证据为核心，共同以经得起法律检验的刑事证据体系，确定刑事犯罪嫌疑人的行为违法性、应受惩罚性和罚当其罪。而要实现这一要求，就要考量法定证据的取证质量能否经得起法庭审判的检验，居于枢纽环节的公诉机关承担着刑事指

① 樊崇义：《"以审判为中心"的概念、目标和实现路径》，载《人民法院报》2015年1月14日。

② 侦指侦查机关，含公安机关、国安、监狱、监察委等具有刑事案件侦查、调查权的法定机关。

控的核心任务，必然要对诉前取证、证据体系的整体把握和过滤、庭审质证等担负枢纽作用。

（三）刑事指控体系的构建必然由公诉主导实现

审判中心主义的目的，就是要切实发挥审判程序应有的终局裁断功能及其对审前程序的制约引导功能，有效“防止事实不清、证据不足的案件或者违反法律程序的案件‘带病’进入起诉、审判程序，造成起点错、跟着错、错到底[①]”。而要做到这一点，就必须在刑事诉讼的各个阶段，尤其是从初始阶段起，以更加严格的能够经得起庭审、法律、历史检验的证据裁判标准为中心，依法开展调查取证、公诉指控等诉讼活动，并且无论是言词证据还是实物证据、定性证据还是定刑证据，有罪还是无罪证据，最后都要在庭审中充分展现，保证诉讼双方在法庭上充分举证、质证、互相辩驳、发表意见，进而使法官辨明证据真伪，独立地形成心证，作出事实认定准确、法律适用正确的公正裁判。鉴于此，公诉是审判的启动键，所以以审判为中心实现庭审实质化，其实现必然要以公诉为主导来构建刑事证据指控和应对机制。[②]

（四）刑事证据指控体系的构建是公诉机关的法定职责

审判中心主义，简单说就是要以充分的客观证据来指控犯罪，其中刑事证据体系的构建过程中公诉机关是关键。按照2012年《刑事诉讼法》第12条、第45条、第46条、第150条、第162条对举证责任的规定，构建以证据为核心的刑事证据指控体系，除特别规定外，绝大部分刑事案件举证责任是公诉机关。证据应具有客观性、合法性、关联性，其中最为关键的就是合法性，依法的要义而言，对某些法律行为的成立，法律规定了特定的形式，不具备法律所要求的形式，该项法律行为就不能成立。也就是说，诉讼证据不论是侦查机关收集的、当事人提供的还是人民法院主动调查收集的，都要符合法律规定的程序，不按照法定程序提供、调查收集的证据不能作为认定案件事实的根据。这就要求以证据为核心的刑事指控体系，其证据链条必须符合证据裁判规则，要求证据必须严格依法收集、固定、保存、审查、运用，严格执行法定证明标准，严格落实疑罪从无原则，确保每一起案件都要经得起法律检验。其内涵必然包括案件事实情节、犯罪构成事实和量刑情节事实三个方面的必备证据。证据体系是否可以对案情、情节、量刑情节等得出肯定或者否定的结论性事实，

---

① 樊崇义：《论审判中心主义的诉讼制度改革》，载《中州学刊》2015年第1期。

② 樊崇义：《论审判中心主义的诉讼制度改革》，载《中州学刊》2015年第1期。

是衡量证据是否确实充分的重要客观标准。在证据系统整体中，任何要素的内容、性质、联系方式的变化，都可能会引起系统整体性能的变化。只有系统整体中各要件系统相互之间在内容上具有本质的一致性，在结构层次上完整、协同，才会使系统的整体功能具有加和性，才能达到得出确定结论的证明目的。组织结构稳定是证据系统得以存在的基本条件，没有稳定性就无所谓系统，只有稳定合理的证据体系，才能得出确定无疑的结论。按照刑事诉讼法规定，从证据体系构建的程序机制角度看，侦查取证和审查起诉完全是为了在审判程序中就个案实现国家刑罚权，因此，面向审判、服务审判，是对审前活动，包括侦查和审查起诉活动的必然要求。[①] 侦查、公诉机关应当有效履行证明责任，使控诉证据体系达到法定证明标准，经得起法律检验，[②] 这一体系的建构必然是公诉机关的法定职责。

二、审判中心主义背景下的新诉侦关系构建

（一）“大控方”的提出

审判中心主义，要求庭审实质化并起决定性作用，[③] 必然要推进以审判为中心的诉讼制度改革，确保侦查、审查，起诉的案件事实证据经得起法律的检验，并保证庭审在查明事实、认定证据、保护诉权、公正裁判中发挥决定性作用。这意味着在日后的司法实践将大大强化审判程序的评价功能和决定功能，侦查和审查起诉阶段所收集、固定、保存、组织的证据能否被采信，公安机关和公诉机关追诉犯罪的努力能否得到认可，都必须经过庭审的检验。在共同的价值追求下，公诉机关和侦查机关必须建立一种围绕刑事证据证明体系的公诉证据为核心的新型侦诉关系，也就是双向参与的“大控方”工作机制。

笔者认为，“大控方”是基于刑事一体化理念的一种新型侦诉工作关系，在这种“大控方”侦诉关系中，双方都是实质意义上的追诉刑事犯罪职能机关，一方面，检察官需要尊重侦查机关在侦查取证、破案方面的专业技能；另一方面，侦查机关也必须认可公诉机关更熟悉证据审查、判断和运用的规则。在此基础之上，侦查机关要更加注重证据的真实性、合法性和证据链条的完整性，公诉机关要从应对法庭质疑和律师挑战的角度有针对性地引导侦查人员收

① 龙宗智：《“以审判为中心”的改革及其限度》，载《中外法学》2015 年第 4 期。

② 龙宗智：《“以审判为中心”的改革及其限度》，载《中外法学》2015 年第 4 期。

③ 陈光中、步洋洋：《审判中心与相关诉讼制度改革初探》，载《政法论坛》2015 年第 32 卷第 3 期。

集、补充证据，从整体上提高刑事犯罪证据体系证明力度，提升追诉质量，这才是“审判中心主义”的诉讼制度改革的必然方向。

（二）现阶段侦诉关系的现实问题

1.“侦查中心”到“审判中心”的思维转变问题

审判中心主义进一步确定了刑诉法规定的非经审判不得确定任何人有罪的理念，其根本目的是要使各侦查机关重视庭审的决定性作用，严格证据标准，落实规则要求，确保案件质量，从而有效避免冤错案件的发生。要适应审判中心主义的现实证据体系要求，其实质就是主张要确立公诉机关在侦查阶段的主导核心地位，承担追诉责任的侦查机关和公诉机关都必须改变办案思维方式，真正树立审判中心主义的办案思维方式，突出公诉机关在刑事诉讼中对侦查行为的领导、指挥、监督权，更为紧密地结合，更加注重依照审判标准履行职能，形成合力，有效查明案件、打击犯罪。

2. 粗放式侦查理念与精细化证据体系的差距问题

随着以审判为中心司法体制改革的推进，检察官独立审查证据，认定嫌疑人有罪、无罪、定性、定量证据的客观要求不断提高，对证据的要求趋于精密论证模式，[①] 但现实司法实践当中，公诉机关需要面对的是从长期以侦查为中心的模式下注重犯罪嫌疑人、被告人的口供与物证、书证的相互印证，转变到以物证、书证等客观性证据的精细化审查上来。而目前司法体制改革对侦查机关的影响相对有限，多年以来形成的“侦查中心主义”并不能在短期得以扭转，导致了侦查机关与公诉机关、审判机关在办案思路上还需要长期磨合。例如：某地曾经发生过一起故意伤害案件，犯罪嫌疑人与被害人互殴，在互殴中犯罪嫌疑人使用小刀刺中被害人致其受伤。该案在侦查、审查起诉期间犯罪嫌疑人对自己犯罪事实均供认不讳，且对于小刀的来源也有具体的供述，即系自己随身携带。然而在庭审中，犯罪嫌疑人提出该小刀系自己从被害人手中夺取，并表示现场有监控设施，申请法庭依法调取监控录像核实事实。因庭审时间问题，庭审离案发已过一年以后，相关监控录像已经灭失，法庭无从核实，而判决必须认定具体事实，法庭没有证据支持或驳斥犯罪嫌疑人当庭提出的主张及申请，最终的判决结果就会缺乏说服力和权威性。作为案件承办人，在当时的情况下，并没有认识到监控录像作为直接证据的重要性。就本案而言，可以充分说明，这种粗放侦查模式所取的证据不能形成真正意义上的证据链条，

① 封利强：《我国刑事证据推理模式的转型：从日常思维到精密论证》，载《中国法学》2016 年第 6 期。

在一方翻供或者翻证的情况下，所谓的证据链很容易断裂，与审判中心主义要求的证据体系存在差距。

3. 公诉机关对侦查机关法律监督的乏力

审判中心主义诉讼制度要求必须重视审前程序中公诉部门的意见和建议，以审判的证据标准来要求侦查取得的证据材料。例如：刑事诉讼法规定的退回补充侦查，在司法实践当中，存在退而不补、补而不查现象，退查效果难以保证，其根源在于公诉机关对侦查机关法律监督的法律支撑力度不够。为解决这一问题，各地都尝试建立了侦诉协作机制，但是这一机制不仅在刑事诉讼法中没有明确的规定，在最高人民检察院及公安部的有关解释性规定中也语焉不详。也正是法定监督规则的缺失、执法理念的差距和工作机制的不顺，致使公诉机关对侦查机关的监督无力。

（三）“大控方”实现路径

1. “双向参与”的大控方基础架构

公诉引导侦查机关取证的亲历性审查机制的强化，包括主动参与讯问、复勘、复验、提取监听等，根本目的在于更好地组织证据行使公诉权，成败的关键在于刑事犯罪指控证据体系能否得到法庭审判的确认，能否得到罪刑法定的效果。侦查是刑事诉讼活动的起点，也是较为特别的一个环节，与审查起诉、审判不同，侦查是一个从无到有的过程，一件刑事案件往往是从一条细微的线索开始，通过层层抽丝剥茧，反复假设并求证，最终真相大白，用学科语言来描述，侦查活动属于设证推理。① 正因为如此，侦查机关在侦破案件时有自己独特的办案习惯也是理所当然的，笔者认为，要充分实现公诉引导侦查取证的预期效果，公诉人员必须树立正确的工作思维与视角，以“大控方”的合作理念强化侦查引导工作。

一是要建立有效的提前介入工作机制。以重大、疑难、复杂案件为切入点和引导的载体，努力引导侦查机关（部门）、侦查人员拓宽侦查取证思维，明确侦查取证重点，规范取证行为，自觉地从有效证明犯罪的高度，选择侦查策略、侦查方向、侦查措施。如：张掖市检察机关与市法院、市公安局、市司法局联合出台《关于推进以审判为中心的刑事诉讼制度改革加强刑事办案协作配合的若干办法（试行）》，规定公诉机关提前介入重大疑难复杂案件侦查，对侦查方向、取证方式提供意见和建议，对提高侦查取证质量起到了明显的推

---

① 潘金贵：《侦诉协作机制的价值分析与制度构建》，载《现代法学》2008 年 5 月第 30 卷第 3 期。

动作用。

二是要视角后延，着力强化侦查终结之后的引导。通过退回补充侦查和庭审过程中的补证等工作环节进行有效引导，推动侦查工作最大限度地筑牢案件的证据基础。事实上，对于绝大部分公诉案件而言，由于没有提前介入，侦后引导就成了唯一方式，也是正确履行公诉职能必须倚重的工作方法。对此，公诉检察官必须通过问题通报、专题研讨、专项培训等方式进行类案引导，[①] 对于新证据制度之下类案方面由于侦查不足导致的各种诉讼风险，引导侦查人员关注侦查中普遍存在的问题和短板，以点带面提升侦查水平。

三是要有效加强侦查监督刚性。侦查监督的重点在于在审查案件中发现侦查机关是否存在非法收集证据、阻碍辩护人、诉讼代理人行使诉讼权利及强制措施不当等情况，并针对不同情形适时、适当予以纠正。公诉机关必须要着力强化法律监督的强制性，采取提前介入、检察建议、退回补查、案件通报、检监（监察委员会）协作等有效措施，不断加强侦查监督的刚性。

四是应当建立侦查人员参与庭审的常态化机制。审判中心主义背景下，侦查机关立案侦查、破获案件的工作成果能否得到最后承认，必须最终通过法院审理案件的庭审活动来实现。同时，庭审活动又能充分暴露侦查人员的工作偏差与失误，使得旁听庭审成为提高侦查技能的绝佳机会。因此侦查人员旁听公诉案件的法庭审判对于侦查工作具有极大的促进作用，将侦查人员旁听庭审工作纳入制度化、法治化轨道，能够有效地帮助侦查人员数量审判主义条件下刑事证据的“破案”标准与“定罪量刑”标准，从而使侦查人员在侦查这一初始环节，就开始在各种证据上下功夫，从有效证明犯罪的高度确立侦查方向、明确侦查重点、构建证据体系，把案件办成铁案。

五是要完善侦查人员出庭作证制度。证据是刑事案件质量的生命线，如何保证为庭审活动提供客观、真实、有效的证据，是公安机关侦查办案工作能否符合刑事诉讼制度改革要求的关键。2016年10月，最高人民法院、最高人民检察院、公安部、国家安全部、司法部五部门联合公布了《关于推进以审判为中心的刑事诉讼制度改革的意见》，第12条明确提出要落实完善公安机关侦查人员出庭质证制度和证人保护制度。审判中心主义的核心在于保证庭审实质化，需要控、辩、审三方在庭审过程中对证据进行实质、有效核实，公安机关侦查部门应在庭审阶段对证据的合法性作出充分说明，只有所收集的证据经得起法庭中其他人的质疑，才是对公安机关取证环节最好的检验。如：在某地

① 程周明，甘文超：《以审判为中心与检察工作的发展——以基层公诉改革应对为视角》，国家高级检察官论坛发言。

办理的一起贩卖毒品案件当中，由于法官对公安机关特勤使用或秘密侦查手段了解不全面，难以对一些证据细节形成心证，就需要公安机关侦查部门对侦办贩卖毒品案件的过程是否严格遵守了相应的法律程序，个别贩卖毒品的细节是否真实有效进行说明，这能够有效证明嫌疑人贩卖毒品的真实性，为法官认定犯罪形成强有力的证明。

六是要督促侦查机关取证程序合法化及高效化。公诉机关在履行监督职责同时还要加强与侦查机关的沟通协调，指导侦查部门在取证时要严格从证据的“三性”出发，注重对直接证据、原始证据的收集，确保指控证据能达到确实充分、排除合理怀疑的刑事案件证明标准。不仅要引导侦查机关切实转变取证观念，实现从“由供到证”到“由证到供”的模式转变，还应要求侦查机关增加侦查工作的技术含量，强化秘密侦查措施和技术侦查手段的规范运用，利用新的技术装备及时发现、收集、固定各种证据，摆脱对口供的过分依赖，弱化口供对案件侦查的决定作用，更加重视侦查活动中以客观证据为核心。

2. “捕诉一体”是大控方的必然选择

审判中心主义的刑事诉讼制度改革，形成了控、辩、审的三角构架。侦查机关和公诉机关在这个三角构架中实质上承担着“大控方”职能。随着司法体制改革的不断深入，“捕诉一体”就是大控方路径的最佳选择。

(1)“捕诉一体”有利于刑事证据指控体系建构的连续性。两高三部发布的《关于推进以审判为中心的刑事诉讼制度改革的意见》中规定：“侦查机关、人民检察院应当按照裁判的要求和标准收集、固定、审查、运用证据，人民法院应当按照法定程序认定证据，依法作出裁判。”可以理解为，侦查机关所收集、固定的和检察机关审查、运用据以认定被告人有罪的证据，只有通过审判才能得到验证，实行捕诉一体，就能充分做到批捕、起诉和出庭公诉的有效衔接。

(2)“捕诉一体”有利于检察机关充分履行监督权。笔者认为审查批捕与审查起诉是前后两个不同的诉讼环节，二者的目标任务、审查标准、办案期限、所产生的后果都是大不相同的。捕诉一体并不是说批捕、起诉省去一个环节，而是这两个环节都由同一个检察官办理案件，对同一案件从总体上进行宏观把控，不仅要审查案件是否符合逮捕条件，还要审查该案能否起诉和起诉时还需要补充的有关证据。案件起诉法院后，再通过参与法庭审理支持起诉，使案件最终依法得到公正的处理。这就顺利实现了从公安机关的立案、侦查到检察机关的审查批捕、审查起诉再到法院的审理审判，使检察机关的监督权在刑事诉讼中得到更加充分的发挥。

(3)“捕诉一体”有利于提高诉讼效率和案件质量。从本地甘州区院和肃南县院多年捕诉一体办案的实践经验和效果来看，一方面提高了诉讼效率，节约了诉讼成本。检察官通过提前介入、审查批捕，对符合逮捕证据标准，达到逮捕条件的犯罪嫌疑人在做出批准逮捕决定的同时，按照起诉案件的证据标准，列出需要继续侦查的问题，引导侦查机关调查取证，并经常与侦查机关沟通，了解案件侦查的进程及取证情况，把案件中存在的问题都解决在侦查环节，就可以快诉快办，无须在审查起诉时再用大量时间和精力去审阅案卷和熟悉案情，做一些同质重复性工作。另一方面也使案件质量得到了保证。捕诉一体后，由于实行“谁批捕，谁起诉”，检察官在批捕阶段，必将更加注重案件的证据审查以及对公安后续侦查的引导。这样避免了捕诉分离时因引导侦查不力而使案件出现反复退查的情况。

（4）“捕诉一体”有利于进一步增强办案人员的责任心。司法体制改革要求“谁办案谁决定谁负责”，构建权责一致的办案责任体系，严格落实办案质量终身负责制和错案责任追究制。在严格的责任体系下，捕诉一体后，承办人对自己批捕的案件都希望诉得出、判得下。因此办案人员在办案中责任心会明显增强，既符合司法体制改革的要求，也符合基层检察院的实际，更符合全面依法治国的总体部署。

3. 完善退查机制为大控方提供保障

退回补充侦查一直以来都是检察机关监督侦查机关的必要手段，对于提高公诉案件质量，提高审判的客观性和正确性有着重大意义。但在司法实践中，退回补充侦查存在着二次退补比重高、因审查起诉期限即将届满为了延长办案时间被借用等问题，也造成了嫌疑人人身自由无法保障，司法资源的浪费等问题。对此，检察机关首先要加强庭前审查对案件证据整体把握，审查证据要全面。不仅审查有罪、罪重的证据，还审查无罪、罪轻的证据。要在充分掌握证据的基础上，完善退回补充侦查说理机制。根据最高人民法院、最高人民检察院、公安部、国家安全部、司法部联合出台的《关于推进以审判为中心的刑事诉讼制度改革的意见》第7条规定：“完善补充侦查制度。进一步明确退回补充侦查的条件，建立人民检察院退回补充侦查引导和说理机制，明确补充侦查方向、标准和要求。”笔者认为，在目前司法体制下，建立健全退回补充侦查说理机制，是检察机关充分发挥职能作用，有效监督侦查活动的重要途径。特别是对于证据不足退回补充侦查案件，更要加强说理，在办案实践当中，我们建立在人性化基础上的说理机制，是一个尊重检察官和侦查人员个体人格的平台，通过口头和书面相结合的形式，最大限度明确证据不足退回补充侦查的要素，有利于提高沟通效率，有利于激发侦查机关完善、补强证据的主动性，也保证了退回补充侦查机制在准确、及时查明案件事实，保障被告人合法权益方面的作用发挥。

三、审判中心主义背景下的新诉辩关系

(一) 新诉辩关系基本内涵

庭审实质化显然以辩护的实质化为条件，辩护缺乏实质化则审判很难实质化，以审判为中心也就失去了实质意义，这个道理并不复杂。[①] 早在几十年以前，我国学者朱采真就曾指出："假使既经有了裁判制度，不管他是官僚裁判或是国民裁判，怎样可以没有辩护制度呢？让检察官可以哼尔哈之地去攻击被告人么？让法官听凭检察官一面之词去自由心证么？因此所发生的种种不良结果，是要使得社会全体受着损害。为了拥护被告人的利益，就需要拥护辩护制度，而且所谓拥护被告人利益的抽象意义，就是拥护社会全体的利益；因为组成社会的各个分子，都有做刑事被告人的可能，这就是辩护制度的价值。"[②] 在维护法治统一和法律权威的司法实践中，检察官和律师通过观点交锋，运用法律思维演绎法律适用过程，承担着保障人权、推进法治进程的共同使命。[③] 当前，探索构建新型诉辩关系，是审判中心主义对保障人权和防止冤假错案的现实需求，也是庭审实质化三角规律的基本配置，其基本定义应当是构建均衡、平等、互信、和谐的新诉辩关系。

(二)"诉辩"关系现实问题

辩护是控辩审三角结构的重要支撑，是防范冤错案件的一项重要措施。尽管 2012 年刑事诉讼法的修改使辩护制度取得较大进步，然而刑事庭审中律师出庭辩护率仍然比较低，大约在 30% 左右，发达地区略高一些。其中既有历史文化层次原因，又有制度层次症结和人为因素，主要有以下三种问题症结：

1. 传统的重打击理念造成的诉辩不平等

过去，我国长期在刑事诉讼中注重打击犯罪而轻视保护人权，犯罪嫌疑人、被告人处于相对被动、弱势地位；检察机关在履行法律监督职权过程中相对律师处于强势地位。

---

① 张建伟：《审判中心主义的实质内涵与实现途径》，载《中外法学》2015 年第 27 卷第 4 期。

② 朱采真：《刑事诉讼法新论》，世界书局 1929 年版，第 84—85 页。

③ 张智辉：《检察改革与刑事诉讼制度的完善》，载《国家检察官学院学报》2012 年第 5 期。

2. 诉讼风险造成的律师辩护权障碍

司法实践中，为降低败诉风险，给律师执业权利有时会受到阻碍，如律师会见当事人的权利在一些情况下很难实现。

3. 法律规范缺失造成的辩护实质化滥用及滞后

由于刑事诉讼法修改篇幅较大，内容涉及侦查、强制措施、审查起诉、庭审质证、证据公示、量刑建议等方方面面，新增程序多，法律条文原则性强，操作性差等因素，再加上在实际庭审当中由于很多律师不能正确提供有效辩护，辩护权利的实质化并没有太大的进展。司法实践中，个别律师滥用辩护权常见的情形如下：一是滥用非法证据排除规则。挑唆犯罪嫌疑人在侦查、审查起诉阶段故意不配合乃至恶意挑衅检察办案人员忍耐限度，肆意无端攻击、污蔑办案人员人格权，甚至为逃避刑事强制措施进行自残，对办案人员进行威胁；二是滥用律师会见权。在侦查阶段，频繁申请会见犯罪嫌疑人，造成律师会见时间和检察机关讯问时间冲突，致使办案人员无法把握最佳时机突破犯罪嫌疑人心理防线，长此以往给犯罪行为人尤其是单向索贿、受贿犯罪行为人滥用沉默权提供生存土壤；三是滥用律师调查取证权。为包庇犯罪，帮助犯罪行为人逃脱刑事责任，利用调查取证权利帮助委托人掩饰、伪造、毁灭证据，甚至对证人进行威逼利诱；四是滥用律师辩护权。在庭审中断章取义、无中生有，指鹿为马般援引当代著名法学者观点，甚至为讨取不明法律规则、感情用事的委托人欢喜，置基本的刑法原理、法言法语不顾，进行无理辩护、缠诉，容易滋生犯罪嫌疑人、被告人、受害人及其家属不满情绪，乃至造成越级上访、缠诉现象，削弱执法公信和法治权威。

（三）以证据为核心的新诉辩关系构建

审判中心主义的推进，对公诉机关的刑事指控工作提出了新的要求和挑战，同时也将程序正义提高到了一个新的高度。在审判中心主义背景下，必须认识到，刑事指控体系的构建，是一个以证据为基石，查明案件事实、认定行为性质、预判量刑幅度的复杂过程。最终要由公诉主导的以证据为核心的书面审查与调查复核相结合的亲历性庭审模式，推行以客观性证据为主导的证据审查模式，客观证明犯罪情节、事实、量刑情节等要素，确保实现客观性审判的公平正义。

1. 着力推进“控辩平等”基础关系

“事实调查在法庭、证据展示在法庭、指控辩护在法庭、裁判说理在法庭”的审判中心主义原则，必将强化辩方在庭审中的地位及作用，改变以往的指控强势地位，控辩力量趋于平衡。[①] 然而在司法实践过程中公诉人和律师双方关系某些时候相对紧张。双方信任感缺失，在庭外缺乏沟通、难以合作，以至于在庭审过程中相互指责，大大降低了刑事案件处理的可协调性。控辩双方相互间的不理解与不信任的加剧，成为建立以审判为中心的控辩关系所面临的挑战。[②] 如何构建包含控辩审三方的全新司法场域，实现辩护方与控诉方的基本平衡成为理论界与实务界孜孜追求的目标。[③] 为应对审判中心主义的庭审实质化，公诉人必须加大证据审查力度，由“案卷审查”转向“亲历性证据审查”，严格依法审查、运用证据，对证据是否符合刑事诉讼法及证据规则的证明标准予以确认，使进入庭审的案件达到事实清楚，证据确实充分的要求，审判罚当其罪。要学会换位思考和反向思维。在审查证据过程中还要站在被告人及辩护人的角度审视指控证据的瑕疵，把握指控证据有可能产生的动态变化，做好庭前预测。将被告人及其辩护人可能提出的观点及其理由或可能提出的新证据纳入证据体系之下，并有针对性地采取防范措施，做好证据的攻与防，要时刻在刑事指控当中注重在平等关系下的公诉主动权。

2. 公诉机关必须尊重律师意见

认真听取律师意见，加强与辩护律师的沟通交流，真心实意听取律师意见，在一定程度而言，是检察机关防范冤假错案成本最低、效率最高的途径和方法。特别是对重大疑难、社会影响较大的案件，可通过听取辩护律师意见，充分发挥庭前会议的功效，尽量将非法证据在法庭正式审理之前排除，减少误判。同时要全面保障律师各项执业权利，充分调动律师启动排非程序的积极性。

3. 探索建立讯问犯罪嫌疑人邀请律师在场制度

在侦查和审查起诉阶段，检察官讯问犯罪嫌疑人主动邀请律师在场，这是诉讼活动中检察官与律师良性互动的一种有效形式，它的积极意义不仅在于检察官与律师从对抗走向合作，能够有效保障犯罪嫌疑人的权利，而且增加了控诉工作的透明度和公信力，有利于律师对检察机关的起诉权和不起诉权进行监督和制约，能够有效防止翻供，促进诉讼活动的顺利进行。

4. 完善证据动态化信息的诉辩共享

刑事诉讼当中的证据是动态的，同一案件在侦查阶段、审查起诉阶段和法

---

① 李会：《审判中心主义趋势下的公诉工作应对策略》，载《法治论坛》第39辑。

② 周德：《法治与社会》，载《司法天地》2015年第10期。

③ 陈卫东，司楠：《审判中心主义场域下刑事辩护制度的再造》，载《浙江工商大学学报》2018年第1期。

庭审理阶段的证据很可能会不相同。对于侦查机关而言，预审卷宗中的材料都是用于证明犯罪嫌疑人有罪、无罪、罪轻或罪重的证据，这是侦查阶段的证据。然而，在审查起诉阶段，侦查卷宗中的部分材料因为缺乏证据资格而被排除，部分材料因为证明力过弱而被忽略。在法庭审理阶段，类似的情况仍然会发生，而且，还可能有新的证据进入审判程序。实践中确实存在有的案件庭审中辩护方提交了新证据，强化了无罪证据，导致认定有罪证据不足。此外，证据的动态性还体现为物证、书证在收集、保管及鉴定过程中都有可能受到破坏或者改变，有学者将那些能够增加、改变、模糊、污染或者毁灭证据的影响称为“证据动态变化”。例如，从犯罪现场提取的指纹证据，如果采用的显现方法不当，该指纹将遭到改变甚至破坏；血液等生物证据可能因为保管条件不具备而改变属性，导致相应的鉴定结论失真。证据的动态变化给证据的审查与认定带来严峻挑战。① 公诉主导的刑事证据指控体系必然要建立与侦查机关、辩护律师之间信息对接、共享机制，及时了解和掌握案件在审查逮捕阶段证据情况、犯罪嫌疑人供述与辩解、当事人及家属控告申诉、非法证据排除等相关信息，便于全方位的掌握案情，及时发现证据变化问题，防止证据突袭。

5. 确立证据开示程序和内容，彰显控辩对抗价值

基于自由心证、公平公正审判案件和法院判决的既定力制度价值构想，在合理缩减诉讼周期的前提下，由控辩双方在法定期限内彼此交换各自掌握的证据材料，便于控辩双方明确庭审质证和交叉询问焦点问题，节约诉讼资源，提高诉讼效率，防止诉讼突袭和审判中意外打击。在证据开示后的庭审过程中，既要凸显控辩双方对构成犯罪事实是否确凿充分或罪与非罪的交锋，又要保障律师无罪辩护和关于从轻、减轻处罚、宣告缓刑、免于处罚量刑意见相分离，更要有效防范控辩双方违反证据开示规定，故意超期提供罪轻与罪重证据等。②

四、审判中心主义背景下的新诉审关系构建

（一）新诉审关系的内涵

审判中心主义的核心要素是公平正义和保护人权，必然要求刑事证据体系能够经得起庭审、法律、历史的检验，依法开展调查取证、公诉指控等诉讼活

① 张军主编：《刑事证据规则理解与适用》，法律出版社 2010 年版。

② 黄利红：《论我国刑事诉讼中证据开示存在的问题及对策》，载《广州市公安机关管理干部学院学报》2007 年第 2 期。

动。无论是言词证据还是实物证据，最后都要在庭审中充分展现，保证诉讼双方在法庭上充分举证、质证、互相辩驳、发表意见。[①] 证据是诉讼的基础和核心的大前提，构建完善的质证规则是其中的关键一环，有效的质证是贯彻直接言词原则的证据裁判主义重要体现，[②] 审判中心地位由此得以凸显。审判中心主义的完全实现必须是在侦诉辩审四方面的证据核心意识全面树立的基础上，公平地对刑事犯罪进行裁决。为确保以审判为中心的诉讼制度改革顺利进行，确保每一起案件的公平正义，对审判的监督亦有必要。[③] 审判活动必然需要强化法律监督，而这项监督职能正是检察机关的法定职能，也是审判中心主义诉辩审三角稳定的基础。

（二）传统诉审关系问题

1. 重配合、轻制约

我国长期以来的司法传统重打击犯罪，法院不仅具有审判案件的权力，还负有打击犯罪的职能，检察机关不仅是国家公诉人，还是国家专门的法律监督机关，具有优势的诉讼地位。因此，检、法在整体的诉讼目标是一致的。诉审关系更为明显的是配合与协调的关系。这种关系表现为三个方面：无罪判决率始终处于一种较低的水平；抗诉案件的数量少；诉审之间有大量非正式、非理性的协调配合机制。[④]

2. 重举证、轻质证

目前，我国刑事诉讼案件的庭审，基本是公诉机关在庭前把证据收集固定，把证人证言、鉴定人意见等言词证据作为书面意见放在卷宗里，开庭时向法官简单示证。这种重案卷、轻质证，重书面审查、轻直接言词的办案思维会导致“案卷中心主义”的泛滥，使庭审趋于形式化，[⑤] 法院角色错位，裁判职能弱化。本应是作出最终裁决的法院，却与公检机关相联合，成为追诉犯罪这一“流水线”上的操作员。这就使法院履行维护社会公平正义的时候，存在

---

① 樊崇义：《论以审判为中心的诉讼制度改革》，载《中州学刊》2015 年第 1 期。

② 郑未媚：《庭审中心与质证规则构建》，载《证据科学》2016 年第 24 卷第 3 期。

③ 龙宗智：《“以审判为中心”的改革及其限度》，载《中外法学》2015 年第 24 卷第 4 期。

④ 苏祖川：《多次博弈背景下的中国特色刑事诉审关系》，载《西南政法大学学报》2013 年第 6 期。

⑤ 郭晓敏：《以“审判为中心”背景下的新型诉审关系》，载《法制博览》2016 年第 12 期。

着一些不可回避的局限性。①

3. 重庭外、轻庭审

庭审法官对案件裁判的独立性和中立性受限。据最高人民法院研究室马剑先生撰写的《人民法院审理宣告无罪案件的分析报告》，2008—2012 年，全国法院共判处各类刑事案件被告人 5239739 人，其中宣告无罪 5196 人，无罪判决率 0.1%，无罪判决率确实是“超低”。② 说明了法庭审判没有完全实现实质化，某些情况下是形式化或者表演化。

（三）新诉审关系的构建

1. 严格实施非法证据排除规则

检察机关必须建立非法证据案件审查机制，加强对侦查机关同步录音录像的审查，同时健全犯罪嫌疑人入所身体检查制度。高度重视犯罪嫌疑人从未做有罪供述、供述前后矛盾或主要证据之间存在矛盾等案件，要求侦查机关及时补充完善或作出合理的解释，依法监督纠正取证程序中的违法问题。坚决排除以刑讯逼供、暴力、威胁、疲劳审讯等手段取得的非法证据，适时针对证据间相互不能印证、取证不到位等情况，引导侦查取证或补正瑕疵证据。特别是对可能被排除但对案件定罪量刑有至关重要的证据，着重加以补充和完善，形成新的证据体系。使进入庭审的案件达到事实清楚，证据确实充分的要求，确保案件经得起法律和历史的检验。

2. 应对直接言词证据的易变性

以审判为中心的诉讼模式必然要求法官在庭审中听取被告人、证人等诉讼参与人的陈述，案件的证据必须在法庭上经过控辩双方的质证辩论，必然要求全面贯彻直接言词证据，同时证人、鉴定人出庭制度会逐渐完善，形成出庭的常态化。所以，刑事证据指控体系需要应对庭审中被告人翻供，证人、鉴定人出庭作证引发的言词证据的易变性。特别是已经在侦查阶段形成询问笔录的证人，由于某种原因可能在庭审中改变证词，如不能妥善应对证人在法庭上改变甚至推翻原先证言，诉审都会在当庭陷入尴尬被动局面。因此，新型诉审关系条件下，要对证人出庭作证可能引起的证据变化和对案件定罪量刑产生的影响应充分预测，围绕案件焦点问题作好充分的准备。

---

① 陆远《“审判中心主义”视角下我国证据制度构建初探——从“赵作海案”说起》，载《群文天地》2011 年第 9 期。

② 马剑：《人民法院审理宣告无罪案件的分析报告—关于人民法院贯彻无罪推定原则的实证分析》，法制网 2015 年 1 月 5 日。

3. 注重庭前会议沟通

一是建立检法之间在庭前会议上的沟通机制，即在法官决定召开庭前会议之前，就会议召开的必要性、要讨论的问题及要实现的效果与公诉人进行事先沟通，听取公诉人意见，在充分讨论的基础之上，对于确有必要召开庭前会议的，按时召开；对于庭前会议召开实质意义不大的情形，可以视情况取消；同时，若公诉人认为案件有召开庭前会议的必要时，可以向法院提出申请，增强检察人员在庭前会议启动事项上的主观能动性。二是明确庭前会议决断效力。在目前缺乏法律明确规定的情况下，检法之间应形成内部约束性文件，对于庭前会议中常见的问题规定处断效力，并明确庭审中重复出现相同问题时的应对措施。如对于管辖权异议、回避申请等可能影响庭审顺利进行的程序性问题，如果在庭前会议召开时，被告人和辩护人没有提出意见，那么就应认定为无异议，如庭审进行中再次被提出，审判人员应当庭予以驳回，将庭前会议内容从庭审中真正剥离出去，并阻断其重新介入的可能性，使庭审能够集中资源处理与案件有关的实质性问题，突出庭审重点，提升庭审效率，强化审判中心主义。

4. 轻罪速裁当庭宣判机制的尝试及法律效果

随着经济、科技的迅速发展，经济社会发展不平衡的矛盾逐步凸显，表现在刑事诉讼领域，全国各地均出现了轻微刑事案件和小经济案件数量持续走高、司法机关“案多人少”矛盾日益加剧。在简易程序之外司法部门开始探索一种更简便而不失公正的案件审理方法，轻微刑事案件速裁程序机制应运而生。简而言之，轻微刑事案件速裁程序是指以繁简分流、轻重分流、分类办理为原则，在保证案件审理质量的前提下，对轻微刑事案件加快流转速度、简化审理流程、缩短办案期限的一种比简易程序更简化的案件审理方式方法。

例如：我市中级人民法院、人民检察院、公安局、司法局于 2015 年联合下发了《轻微刑事案件快速办理办法（试行）》，对于“可能判处三年以下有期徒刑、拘役、管制、单处罚金或者免于刑事处罚的；案情简单，事实清楚，证据充分的；犯罪嫌疑人、被告人承认所犯罪行，对指控的犯罪事实和证据没有异议的；犯罪嫌疑人、被告人对适用快速办理机制没有异议”的四类案件，适用专门的快速处理程序，大部分案件适用更为简便的速裁程序进行妥善处理，实现专业化、流程化办理，实现了节约更多人力、财力司法资源，优化司法资源配置，提升诉讼效率，及早化解纠纷，减少涉诉信访，及早恢复社会正常秩序等多项优越性。

经过我们的司法实践，我们认为目前推行轻微刑事案件速裁程序当庭宣判，已经具有非常成熟的条件和时机，就个案本身来看，实行轻微刑事案件速裁当庭宣判，案件嫌疑人将不会被定罪处刑，而是通过其他非刑罚手段受到惩处，这样就避免了行为人被贴上“犯罪标签”而被社会歧视，从而为行为人回归社会提供了较好的社会环境。同时，速裁程序尊重被告人的程序选择权，征得其同意后方才启动，而且速裁程序在运行中高度注意对其诉讼权利的保护，这些都有利于保障被告人的合法权益，使得刑事审判更加公平正义、充满人性关怀。

但是我们还应当清醒地认识到，轻微刑事案件速裁存在两个方面的问题：一是由于“案多人少”的矛盾，可能会出现为了效率而牺牲公正，为了提速而置法律规定、置被告人合法诉讼权利于不顾。二是过于强调被告人诉讼权利而忽视被害人权益保护。由于速裁程序有利于保障被告人的合法权利，比如避免长期羁押、得到及时审判、减少等待宣判结果的心理煎熬、因认罪坦白而从轻处罚等，被告人权利得到了充分的保护，与此同时案件当中的被害人可能会由于缺乏参与诉讼的法律路径，没有追诉权、上诉权，其合理诉求往往容易被忽视或遗忘。因此，我们倡导合理合法地推行轻微刑事案件速裁程序当庭宣判，既有利于节约司法资源，提高司法效率，维护社会稳定，更有利于被害人提出附带民事诉讼得到赔偿，也能够确保双方达成刑事和解或进行附带民事诉讼调解，有效执行。这既是对司法公平、公开、公正的体现，也是保护被害人的合法权益的有效必然措施，更是检察机关法律监督的职责。

5. 强化抗诉为引领的审判监督

在以审判为中心及检察机关的法律监督之间，应当确立一种相对明确的界限，从而防止检察监督权与独立审判权的冲突，具体而言：其一，审判独立是实现审判公正的前提，对审判的监督只能在不损害审判独立的大前提下，对行使审判权的法官的行为进行合理的制约。其二，检察监督只能针对法官个人进行。其三，监督的范围只能限于法官故意违反程序的违法行为和职务犯罪行为。①

（1）抗诉权的强化引领。一是坚持履行审判监督职能与维护审判权威相结合的原则，贯彻“依法、准确、及时、有效”的刑事抗诉工作基本要求。对于严重损害司法公正和民生利益的错误裁判，要坚决抗诉、一抗到底，而且不以追求抗赢为目标，也不以法院改判作为衡量抗诉案件质量的唯一标准。二是不对抗诉工作下指标，“不以抗诉论英雄”。不能以抗诉率、撤回抗诉率、采纳抗诉意见率作为考核公诉工作的重要指标，更不能以此作为检验公诉履行

① 周颖、谢佑平：《冲突与协调：检察监督与审判独立》，载《法学家》2006 年第 4 期。

审判监督职责的主要依据，要让公诉人根据裁判错误的性质和程度，决定是否提出（请）抗诉，做到理性抗诉、平和抗诉，而不是将抗诉变成考核负担、工作压力，影响抗诉工作的顺畅度和有效性，这不仅是正确处理审判监督与维护审判权威的应有之义，而且是维护司法公正和法治尊严的本来要求

（2）重大案件列席审委会的思想引导及监督。就当下中国的司法现实而言，审判委员会制度本身的不完善性、不公开性是检察长列席审委会制度的前提条件。我国人民法院审判委员的职责之一是对疑难、复杂、重大案件进行决定，众所周知人民法院审判委员会的决定方式属于封闭式运作，其透明度和公正性缺乏有效的监督机制。检察长列席同级人民法院审委会制度有利于强化对审判委员进行法律监督，有利于增加审判委员会司法裁判的透明度、有利于保证审判委员会决定的公正性。在角色定位上，检察机关是宪法规定的法律监督机关，检察长列席审委会是检察机关行使法律监督权的一种独特方式。

（3）智慧庭审的全程留痕监督。随着科技化、信息化、网络化时代的来临，互联网也开始进入法庭，悄然改变着公诉机关诉讼模式和法庭的审判方式，2017 年结合我市检察机关“智慧检察”建设，在全市推行“智能语音 + 远程审讯系统”，通过计算机网络技术、多媒体存储与显示技术、音频处理技术等现代科技手段，使检察机关询问嫌疑人，可以实现异地网上询问。审判人员与当事人、其他诉讼参与人能够分别在不同地点同时参加网上庭审活动，为司法机关办案、当事人和其他诉讼参与人节省了大量出庭的时间和费用，也避免了远距离押解被告人到庭可能出现的风险，缓解了警力不足的压力，为优化司法资源配置提供了科技平台。例如：我市甘州区检察院与看守所相距 16 公里，与甘州区法院相距 8 公里，到看守所讯问嫌疑人，不包括堵车时间，正常往返需要一个小时，到区法院开庭往返需要 30 分钟，一般来说，一个简易案件的纯办案时间为 5 到 8 小时，而往返路程时间及等待时间近 20% 到 50% 。如果全部采用远程讯问和庭审，节省的时间几乎是每个案件的 30% 。在互联网时代，网络技术应当成为审判公正的促进力量。一方面，远程庭审借助智慧管理系统，可以实现全程留痕，有助于提高举证、质证的质量，推进庭审实质化，维护当事人合法权益，提高诉讼效率，同时也是对司法活动的全方位法律监督。另一方面，借鉴国际通用做法，在诉讼过程中，如有证人（包括被害人）不能到场或其他必要情形时，为达到对证人证言进行询问和交叉询问的目的，普遍允许对证人进行远程询问。我国法律及其司法解释对于证人远程作证方式也是有法可依的，这样既保证了诉讼的顺利进行，也保护了证人的合法权益，还节省了证人保护的司法资源，对于实现庭审实质化具有积极的促进作用。

推进以审判为中心的诉讼制度改革，是我国刑事诉讼领域所作出的一项重大变革，必然会给现存的刑事诉讼格局带来巨大的变化。证据本身不具有自证性，证据反映的客观事实也需要主观认识来检验。所以检察机关在审判中心主义背景下构建公诉主导的以证据为核心的刑事证据指控体系，其核心目的就是在证明过程符合技术和法律规范的前提下，运用具有普遍性、实操性的司法经验和规律，分析证据的内容、结构体系及其证明力是否符合生活常理、经验，得出的结论是否符合事物因果关系的逻辑法则，以保证认定结论的正确性、唯一性，从而确保每一件刑事案件都能够彰显公平正义，确保“人民群众在每一个司法案件中都感受到公平正义”。

以审判为中心的刑事诉讼制度改革中检察机关审前作用研究

马连龙　白秀峰　刘乃伟　刘　洪　马　晓

党的十八届四中全会通过的《中共中央关于全面推进依法治国若干重大问题的决定》提出“推进以审判为中心的刑事诉讼制度改革，确保侦查、审查起诉的案件事实证据经得起法律的检验”，旨在推动刑事司法领域的体系变革，实现“国家治理体系和治理能力现代化”的总目标。“以审判为中心的刑事诉讼制度改革”无疑是全面推进依法治国、建设中国特色社会主义法治的重要举措，对加快实现社会主义现代化具有重要意义。以审判为中心的实质是以审判标准（即司法裁判标准）统领整个刑事诉讼程序，故以审判为中心的诉讼制度构建，需要正确定位刑事审前程序的地位、功能及与审判的关系，发挥好审前程序的前提、基础作用，以充分保障审判程序的中心地位。同时，审判程序也应当发挥好对审前程序的反向引领和控制作用。从诉讼阶段论来看，审前程序主要由侦查程序和起诉程序组成。就侦查、起诉和审判的关系，以审判为中心诉讼制度改革又可以理解为“侦查是基础，公诉是主导，审判是关键、核心”①。因此，在以审判为中心的刑事诉讼制度改革中检察机关作为这一制度的参与者和监督者，在审前程序领域如何发挥主导作用，保障该制度改革在审前程序中依法规范、积极稳妥地推进和完善是我们应该思考的问题。对此，笔者根据近年来各地检察机关的经验和做法，结合改革动向，谈谈以审判为中心的刑事诉讼制度改革中检察机关的审前作用。

一、以审判为中心的刑事诉讼制度改革的制度理念解析

按照2017年我国发布的《中国人权法治化保障的新进展》《关于推进以审判为中心的刑事诉讼制度改革的意见》（以下简称《改革意见》）及其实施

---

① 樊崇义：《关于当前检察改革的五个基本理论问题》，载《人民检察》2016年第11期。

意见，推进以审判为中心的刑事诉讼制度改革，严格贯彻罪刑法定、证据裁判、非法证据排除等法律原则，确保审判程序合法化、正当化，保证庭审在查明事实、认定证据、保护诉权、公正裁判中发挥决定性作用。① 贯穿其中的程序理念内涵可以概括为以下几个方面：

（一）明确以司法裁判标准统领刑事诉讼程序

以审判为中心的刑事诉讼制度改革，实质要求以司法裁判标准统领整个刑事诉讼程序，其中当然包括本文讨论的审前程序，主要体现于将裁判的证明标准贯彻于侦查、审查起诉阶段，实现刑事诉讼证明标准的统一。申言之，刑事诉讼的运行机制、应有格局决定了侦查、审查起诉阶段的诉讼行为理应按照裁判的标准、要求进行。反观现实，在我国的刑事诉讼流程中，司法裁判标准执行理解不一，严重影响着司法的权威性、统一性，“流水作业”现象屡见不鲜。司法权具有独占性，② 决定了只有法院才享有审判权，而正由于法院的司法审判权具有最终的裁判性质，庭审成为了确保刑事案件受到公正裁判的最终程序。“证明标准”是各类诉讼运行中围绕的核心问题，以审判为中心的刑事诉讼制度改革过程中涌现的相关文件，对于统一贯彻执行我国刑事诉讼的证明标准予以了进一步的明确规定：只有从初始程序——侦查程序即开始重视统一司法裁判标准，再通过审查起诉的把关、检验，最后通过审判的权威裁判环环相扣，才能真正确保刑事案件的质量，促进纠纷的公正处理。

（二）坚持分工负责、相互配合、相互制约的原则

以审判为中心，必须坚持“分工负责、相互配合、相互制约”的刑事诉讼基本原则。有学者认为，该原则是实现以审判为中心的诉讼格局的最大制度障碍。③ 笔者认为，以审判为中心的诉讼制度改革，并不是对该原则的批判、摒弃，而是在认可既有的“诉讼阶段论”的前提下，提出了“审判中心论”，即“审判中心主义”——审前程序是审判程序的前提和基础，审判程序是核心和关键。“阶段论”和“中心论”是辩证统一的关系，二者并不矛盾。④ 具

① 《白皮书：我国推进以审判为中心的刑事诉讼制度改革》，中国江苏网，网址：https：//baijiahao. baidu. com/s？ id = 1586848163530584967&wfr = spider&for = pc，最后访问日期：2018 年 11 月 15 日。

② 樊崇义主编：《诉讼原理》（第二版），法律出版社 2009 年版，第 417 – 418 页。

③ 龙宗智：《“以审判为中心”的改革及其限度》，载《中外法学》2015 年第 4 期。

④ 樊崇义：《“以审判为中心”的概念、目标和实现路径》，载《人民法院报》2015 年 1 月 14 日第 5 版。

言之，就该原则而言，“分工负责”的实质是分权，即明确各主体的权力清单；“互相配合”既包括对打击犯罪的通力合作，又包括对人权保障的互相支持和共同追求；“互相制约”强调侦查权、检察权和审判权的相互制衡，防止权力滥用、专断，以期实现权力的规范运作。总之，该原则之本旨在于通过权力分工，促进权力的正确行使、相互制衡，遏制司法权滥用和司法腐败的发生，促进司法公正。就审判中心主义而言，要切实发挥审判程序对审前程序的引导和制约功能，发挥审判在认定案件事实和适用法律上的决定性作用，对此有学者提出案件的实体审理和程序监控都应当以审判为中心①——法院不仅是审判程序的主导，而且对审前程序的“控诉”行为实施一定的司法控制和监督，如对侦查机关强制措施的司法审查、当事人权利诉求的救济机制以及非法证据排除制度的运用等。以审判为中心的提出旨在让司法活动回归刑事诉讼规律，完善司法权力运作机制。故《改革意见》第一条进一步明确规定了该原则，对于二者的关系作出了回应。

（三）强调审判程序在刑事诉讼程序中的中心地位

以审判为中心不是对公检法三机关地位高低的排序，不是以法院为中心，而是强调审判程序在刑事诉讼程序中的中心地位。审判程序具有促进司法公正的特殊功能：其一，审判程序旨在通过各诉讼法律关系主体的共同参与，解决事实认定、法律适用和证据运用等核心问题；其二，辩护权包括程序、实体两方面，其在庭审阶段均能够得到最充分、有效的展现；其三，公开、公正的审判程序以及居中、独立的法官地位，对于作出公正裁判具有最终保障作用。总之，以审判为中心是从审判权角度对审判程序的重新定位，而与机关部门职能的地位无涉。

（四）重申中国特色的对抗式诉讼模式

以审判为中心是控诉、辩护、裁判三大基本诉讼职能和侦查、起诉、辩护、审判各大阶段的联动反映和综合。从诉讼构造角度看，现代的对抗式诉讼以法官的居中独立裁判、控辩双方的诉讼对抗为基本特征。我国1996年、2012年及2018年刑事诉讼法吸收了大量对抗制因素，使得刑事诉讼逐渐向对抗式诉讼演化，同时形成了具有中国特色的模式。在控、辩、审组成的“三角诉讼”模式下，如果剥夺或削弱控、辩任何一方的地位，“等腰三角形”所代表的平等对抗性便将失去意义。审判若被剥夺，诉讼必将不复存在，而如若

① 龙宗智：《“以审判为中心”的改革及其限度》，载《中外法学》2015年第4期。

削弱“审”方地位，则可能造成司法实践中“侦查中心主义”或“起诉中心主义”的出现。长期以来，以侦查为中心片面强调侦查的地位，忽视了裁判和辩护在审前程序中的作用，导致审查起诉和审判被架空，庭审流于形式化。以审判为中心诉讼制度改革通过完善证人、鉴定人等出庭制度，充分贯彻和落实直接言词规则，加强庭审中的辩护等措施以扭转庭审中的辩护虚化、质证虚化等现状，追求庭审实质化。以审判为中心的诉讼制度改革是各诉讼法律关系主体依职权或享有的权利实施的诉讼行为的合成——侦查是基础，公诉是主导，辩护是必须，审判是关键，监督是保障。①

综上，从诉讼程序的角度观察，“以审判为中心”的实质是将刑事诉讼程序分为审前、审后两部分，且均以审判为中心节点，同时体现着无罪推定等经典理念、证据裁判等核心原则、庭审实质化等改革趋势。其中，完善审前程序是推动以审判为中心的刑事诉讼制度改革的应有之义；反之，强化和完善检察机关的审前职能，通过检察权制约、监督侦查权，必将有助于落实证据裁判原则和庭审实质化，推动刑事诉讼改革进展。

二、以审判为中心的刑事诉讼制度改革中的审前程序

审前程序作为刑事诉讼法律程序中的一部分，在西方国家通常是指“检察机关起诉后至法院开庭前”的特定阶段；在我国，一些学者②结合以审判为中心的改革背景，将刑事诉讼程序划分为审判前程序（审前程序）、审判程序和审判后程序（执行程序）三个阶段，就刑事公诉案件而言，提起公诉方能启动审判程序，故审判前程序是审判程序的前提和基础。

依据《刑事诉讼法》的规定，立案、侦查和起诉程序均属于刑事诉讼中的审前程序，但学界大多认为我国“特立独行”地将立案程序与侦查、起诉程序并列设置，不但缺乏充分的理论支持，也导致了司法实践中出现了诸多矛盾和问题，而根本的解决出路在于改革立案和侦查体制，重新设置刑事诉讼的启动机制。在此意义上讲，审前程序主要包括侦查、审查起诉两个环节，主要围绕控制犯罪、保障人权等刑事诉讼理念，一方面为审判输送“有罪”案件，提供证据、准备材料；另一方面过滤“无罪”的案件，保障无辜的人不受到追究。

“许多实证研究指出，错误裁判最大的肇因乃错误侦查，再好的法官、再

① 樊崇义：《“以审判为中心”需正确理解“分工配合制约”原则》，载《检察日报》2015年9月16日第3版。

② 陈卫东等：《刑事审前程序与人权保障》，中国法制出版社2008年版；申世涛：《刑事审前程序前沿问题研究》，知识产权出版社2008年版。

完美的审判制度，往往也挽救不了侦查方向偏差所造成的恶果。”① 审前程序理应平衡“控制犯罪”和“保障人权”的价值尺度，然而在司法实践中，侦查机关多奉行“重打击，轻保护”之理念，加之缺乏有效的制约监督，导致侦查活动逐渐偏向于将“打击犯罪”作为主要任务。如此，诚然将提高刑事诉讼的效率，但往往会违反法定程序、侵犯当事人的基本人权，悖于程序公正和实体公正，造成“毒树之果”一错再错，进而影响审查起诉的进程，最终控制甚至决定审判结果。此种司法怪象便被称作“侦查中心主义”②。“侦查中心主义”的诉讼模式扭曲了以审判为中心的刑事诉讼格局，由于其违背司法规律、造成恶果，必须加以扭转，否则刑事诉讼会逐渐走向偏离法治轨道的深渊。

审查起诉作为刑事诉讼承上（侦查）启下（审判）的环节，发挥着重要的“关卡”作用。在侦查中心主义诉讼模式下，作为法律监督机关的检察机关对于侦查机关移送的证据材料，基本均以书面形式进行审查，从而对于侦查活动的合法性缺乏实质监督，致使侦查终结移送的案件经过审查起诉的形式把关进一步输送至法院。尽管法律赋予了检察机关决定是否实施逮捕、自行补充侦查、不起诉、撤回起诉的权力和制度，但在司法实践中普遍效果不佳，也成为了许多冤假错案的助力因素。

刑事审前程序主要包括侦查、审查起诉两阶段，而二者的关系则是审前程序中的重要问题之一。该问题的核心在于如何配置侦查、起诉程序中控诉、辩护、裁判三方的各自法律地位与相互关系。以审判为中心的刑事诉讼制度改革，无疑对审前的侦查、审查起诉提出了更高要求，加强审前程序的研究，尤其是中间检察机关的作用研究，对于提高审前程序的质量和效率，乃至实现庭审实质化，推动以审判为中心刑事诉讼制度改革是必要且重要的。

三、以审判为中心刑事诉讼制度改革中检察机关审前作用的发挥

刑事程序的设置是否遵循诉讼规律，直接影响着程序价值的发挥，由此，科学合理的程序制度设置是推动刑事诉讼朝向现代化、法治化发展的保障。坚持尊重和保障人权，树立正当法律程序理念，必须充分发挥程序对权力的制约作用，完善司法权力运行机制，规范司法行为，促进“让审前程序服务于审判程序”诉讼格局的逐渐形成——一方面，要充分发挥检察机关在审前程序中的诉讼监督作用；另一方面，同时还应从发挥程序自身对权利的保障作用入

---

① 林钰雄：《检察官在诉讼法上之任务与义务》，载《法令月刊》1998 年第 10 期。

② 陈瑞华：《论侦查中心主义》，载《政法论坛》2017 年第 2 期。

手，创设相应的审前权利救济机制，为诉讼参与人、尤其是犯罪嫌疑人在遭受公权力不当侵犯时提供救济途径与方法。结合当下司法实践，亟须扭转“以侦查为中心”的诉讼格局，构建新型诉侦关系，完善检察介入、引导侦查机制，逐步形成审前程序中的大控诉格局；构建对强制措施和强制性侦查措施的检察审查制度，采用令状主义；优化检察机关不起诉制度，进一步做好羁押必要性审查工作，完善相关配套制度，如在认罪认罚从宽制度中使得检察机关占据主导地位等。具体而言，可以从以下几个方面展开。

（一）面向具体改革——在认罪认罚从宽制度中发挥检察职能作用

认罪认罚从宽制度改革由《中共中央关于全面推进依法治国若干重大问题的决定》中提出，是契合以审判为中心的诉讼制度改革的具体措施之一。虽然检察机关的司法职能发挥当然贯穿于审前、审中及审后程序，但结合审判中心主义的改革要求，显然由检察机关发挥主体作用的阶段集结于审前程序，这既是程序法上的要求，也是实体法在处置上的体现。检察机关要在审前的认罪认罚程序中发挥作用，笔者认为，可从以下三个方面开展：

1. 程序上的作用发挥

结合《全国人民代表大会常务委员会关于授权最高人民法院、最高人民检察院在部分地区开展刑事案件认罪认罚从宽制度试点工作的决定》和十八个省市的已有试点经验，由检察机关在审前阶段主导相关程序的适应化改革是大势之所趋。具言之，由认罪认罚从宽制度的“部分诉讼程序简易化”特质可以得出，检察机关应该以审查起诉环节中认罪启动程序作为切入点，将犯罪嫌疑人的认罪情况反映到普通程序的简化中——在审查起诉过程中，检察机关应当积极开展认罪认罚教育的转化工作，及时告知犯罪嫌疑人享有的诉讼权利和认罪认罚可能导致的法律后果，就指控的罪名及适用的法律条款、从轻减轻或者免除处罚等从宽处罚的建议、认罪认罚后案件审理适用的程序及其他需要听取或交换意见的情形等，有效听取犯罪嫌疑人的意见，并与其辩护人或值班律师交换意见、记录在案，由犯罪嫌疑人方签字后附卷。

申言之，对于犯罪嫌疑人自愿认罪、同意量刑建议和程序适用的，应当在其辩护人或者值班律师在场的情况下制作并签署具结书，由辩护人或值班律师在具结书上签字，并在检方提起公诉时向法院提供该具结书。对适用速裁程序的案件，检察机关一般应当在受理后 10 日内作出是否提起公诉的决定；对可能判处有期徒刑超过 1 年的，可以延长至 15 日，同时在提起公诉时向审判机关出具适用认罪认罚从宽处理程序的建议书。就其他审前配套程序而言，首先，检察机关应将公诉案件中的和解程序作为认罪认罚程序中的必要程序，使得犯罪嫌疑人在认罪的同时积极落实民事赔偿，获得被害人及其家属的谅解并向检察机关出具由被害人及其家属提供的谅解书；其次，要在审前程序中完善不起诉程序，对于部分符合不起诉程序要求的案件在自愿认罪的基础上依法作出针对部分或全部罪名的不起诉决定；最后，对于符合认罪认罚从宽情形的青少年刑事案件，检察机关应积极落实附条件不起诉制度。最终做到将修复社会关系、提高司法效率、实现犯罪预防等措施，通过诉讼程序的适应化改革，在审前程序中遵循认罪认罚从宽的精神给予落实。

总结而言，检察机关要在程序上发挥作用，就应在履行好自身法律赋予的职责基础上，将认罪认罚从宽制度要求的程序简化等措施在检察环节给予充分体现，不管是在建议程序简化、还是自身办案时间节省的方面，都真正实现兼顾公正司法与人权保障。

2. 实体上的作用发挥

依据《全国人民代表大会常务委员会关于授权最高人民法院、最高人民检察院在部分地区开展刑事案件认罪认罚从宽制度试点工作的决定》的授权，检察机关在认罪认罚案件中在实体上的作用发挥主要通过在犯罪嫌疑人认罪时出具合理的量刑建议、具结书及发挥自由裁量权来实现。换言之，从实体角度在审前程序中出具和制作适当、规范的量刑建议书、具结书是检察机关发挥作用的主要场地。

从量刑建议书的角度观察，检察机关在遵循规范层面要求的基础上，也可以在内容上适时提出减轻或者免除处罚的建议。具体而言，要适应以审判为中心的刑事诉讼改革要求和认罪认罚制度要求，依据《刑法》第 13 条的规定，对于涉及盗窃、故意伤害、妨害公务等 17 种罪名的犯罪，应当根据犯罪构成要件就被告人的主观恶性和危害结果进行准确判断，结合起诉书区分罪与非罪，详细描述坦白情节（若有自首、立功、中止、未遂等情节，一并给予概述），遵循量刑建议规范化的要求说理释法，并尽量在量刑建议中体现出差别化对待——对于越早认罪的犯罪嫌疑人在量刑建议环节以被告人的身份给予较高的等级评价，通过审判程序中提出的合理量刑建议凸显认罪认罚从宽制度的价值导向，在达到鼓励犯罪嫌疑人尽早认罪目的的同时，力争通过充分有效说理让审判者在审判中接受这种量刑建议的形式及内容。

从具结书的角度而言，由于具结书本质是承诺书，所以其在不违反现有法律、法规和上级司法机关要求的前提下，可以采用较为丰富的内容形式，主要将违法主体、违法行为及相应的法律后果叙写准确、清楚，在犯罪嫌疑人供认不讳且真心实意悔过、愿意积极承担相应的法律责任的基础上进行具体化描述，便于审判者通过具结书得出该案可以从宽处理的结论。

从自由裁量权的角度看，检察机关应当积极发挥不批捕权、不起诉权。对于符合不批捕条件的认罪嫌疑人，检察机关刑事执行部门在侦查环节即应配合做好羁押必要性审查工作，对于在侦查环节已经认罪的嫌疑人给予积极评价；检察机关侦查监督部门要发挥好批捕审查作用，敢于对符合不批捕条件的认罪案件果断给予不批捕决定。对于在公诉环节认罪的犯罪嫌疑人、被告人，要规范应用相对不起诉制度，使认罪案件在审前程序中进入从宽轨道。当然，认罪不批捕、不起诉的案件的检察机关办案人员应当在不批准逮捕理由说明书、不起诉决定书中给予详细的认罪分析，达到自由裁量权应用的精准性、合理性和合法性。

3. 职责上的作用发挥

如前所述，在当下的试点中，作为具有控诉职能的检察机关已经明确获得在审前、特别是审查起诉程序中的实体、程序上的认罪认罚从宽处理权限。那么作为刑事诉讼中的控方，检察机关应当如何发挥好审前阶段中的职责作用？总的来说，在审前程序的审查起诉环节，办案检察官应当与犯罪嫌疑人开展良好沟通，帮助其及其辩护人与检察机关达成认罪具结书，在此基础上撰写好量刑建议，发挥好自由裁量权，为后续进入到审判程序的认罪案件做好规范出庭、支持公诉的准备。

（1）在审查起诉环节开展与犯罪嫌疑人及其辩护律师的沟通活动。在侦查机关将案件移送至检察机关审查起诉后，检察机关的案管部门将案件进行分流，接受分案的检察官应当仔细审阅对案卷材料并做好阅卷笔录，在做审查报告时尤其应对侦查机关认定的事实通过现有证据材料给予详细复核，提出初步的从宽意见，然后再通过讯问犯罪嫌疑人查明其主观意向。讯问时，应当对在侦查阶段已经认罪的犯罪嫌疑人进行认罪自愿性核查，并在讯问笔录中予以慎重反映，对于能够当场确认犯罪嫌疑人自愿认罪的，应当在笔录中明确记载。值得注意的是，检察人员应当在对犯罪嫌疑人进行权利义务告知时，对于自愿认罪的刑事处罚后果的予以详尽提示，特别注重说明自愿认罪并适用认罪认罚从宽制度后在后续刑事诉讼程序上的简化等差别，也要告知其对于上诉、申诉等权利的可能限制。此后，检察人员应当继续结合侦查机关提供的证据材料完善审查报告，并综合上述情形载明对于该案的量刑方案建议。接下来，应当在办案期限内和其辩护律师、值班律师取得联系，就出具具结书进行商议、听取律师意见，对于没有辩护律师和值班律师的要结合法律援助制度给予相应的法律援助，帮助犯罪嫌疑人获得法律咨询、强制措施变更申请等的帮助，以利于承办检察人员作出应用认罪认罚从宽制度程序的决定。

（2）履行好法律监督职能，依法在审查起诉环节体现出实体、程序上从宽效果。不可否认，在适用认罪认罚从宽的案件中检察机关同样拥有法律监督者的角色，故对于该类案件检察机关同样应当遵循一般的诉讼监督权行使模式，切实发挥好监督职能。第一，在审前侦查环节，侦查监督部门应当为在侦查环节适用认罪认罚从宽制度的案件给予有效监督，对于侦查机关认定的自愿认罪案件，应特别注重侦查机关可能存在的刑讯逼供行为，确保犯罪嫌疑人在侦查环节的认罪自愿性，保障犯罪嫌疑人的应有权利。第二，对于尚处于侦查环节的认罪案件，刑事执行部门在看守所等羁押场所例行检查时，应当确保在羁押过程中同样落实认罪认罚从宽理念，尽可能降低对于该类案件嫌疑人的羁押可能性。第三，在审查起诉环节要加强内部监督，案件管理部门对于公诉部门受理、移送的该类案件要进行特殊审查，至少从形式上确保送至审判机关的该类案件所需文书材料等规范、合法。就这一点而言，可以借鉴不批逮、不起诉案件的内部制约机制，结合司法人员办案责任制在内部签订相应的责任自律文书汇装入检察卷，确保签订、出具的文书均真实合法。另外，可以尝试通过结合人民监督员制度等，以适当方式介入社会监督力，提高检察机关参与认罪认罚从宽案件的公信力。

4. 制度完善上的发挥

如前所述，在审前程序中检察机关可以依法从实体、程序两方面参与到认罪认罚从宽制度案件中，而这一系列的参与都需要相应的制度给予统一规范才能实现，这就需要我们从实践出发予以探索。

（1）程序上的制度完善。在审前程序，检察机关要从侦查监督、审查起诉两个环节完善相应制度以落实认罪认罚从宽。具体而言：

在侦查监督环节，应当完善批捕讯问机制，对于通过审查足以明确侦查机关对于从宽机制的启动已排除非法可能性的案件，应当尽量简化讯问程序，如可以依托目前各级检察机关建立起来的远程讯问系统进行讯问，或者委托驻所检察人员给予核实，出具核实情况文书。对于审查起诉环节启动认罪认罚从宽制度的案件，检察机关要统一制作专门载有认罪认罚从宽制度相关政策和法律依据的权利义务告知书，告知书中要特别注明从宽处罚后果、说明后续程序简化等事项。也可以结合自身实践在值班律师的协助下制作《权利义务告知书》《法律帮助告知书》《认罪认罚从宽告知书》，将三个文书分别或一次性告知犯罪嫌疑人。

此外，文书撰写制度改革也是值得思考的问题。首先，关于审查报告制作撰写方式的改革，目前可以借鉴西安、杭州等地的试点经验，将审查报告格式化、菜单表格化，将试用罪名提前录入办案系统，便于撰写时通过填写相关的办案卡选项直接生成对应的审查报告内容，而办案检察官只需要针对所涉罪名的证明对象和要件一一填写相应的证据列表。其次，关于量刑建议书、起诉书的撰写制度改革，一方面，可以尝试通过统一业务软件，将起诉书、量刑建议书规范化、简易化（尤其简化证据罗列部分），形成区别于普通案件的法律文书；另一方面，在作出具体的量刑建议书前，应当将撰写重点放在适用认罪认罚从宽制度的分析上。再次，也应尽力推动具结书、适用速裁程序建议书规范化、统一化，可将在与犯罪嫌疑人、辩护人或值班律师协商过程中达成的量刑建议内容更加精确化地反映到具结书中，将量刑建议对照量刑规范意见具体详细化，将所涉罪名的所有量刑情节特别是认罪情节制作成量刑建议事项展开描述，也可一并将该罪名在共同犯罪中的地位和作用量刑考虑、刑事责任年龄量刑考虑、犯罪完成情况考虑、犯罪涉及的具体数额量刑考虑、伤害后果量刑考虑等一并告知犯罪嫌疑人、辩护人或值班律师，让其能够充分了解检察机关量刑的法律基础，为达成“认罪认罚从宽”共识奠定基础。最后，应当同时建立犯罪嫌疑人反悔制度，容许其在审前阶段反悔，以保证、尊重其自愿性。与此同时，检察机关要积极引领辩护律师、值班律师参与到认罪认罚从宽中，达到流程简化、司法公正的制度目的。

（2）实体上的制度完善。从实体上而言，一方面，如前所述，应适时发挥认罪认罚从宽制度中检察机关的自由裁量权，进一步依照“宽严相济”“少捕慎捕”的要求，构建适用于该类案件的逮捕规则，对于自愿认罪的案件从宽掌握逮捕条件，明确适用标准；对于取保候审和监视居住的犯罪嫌疑人，检察机关应当协助值班律师给予法律援助；对于正处于侦查环节的犯罪嫌疑人，刑事执行检察部门应当积极落实羁押必要性审查措施，能够建议采取其他强制措施的要及时提出相应建议；对于检察机关逮捕的后续达成认罪的嫌疑人也要再次给予羁押性必要审查，能够建议采取其他强制措施的，要及时给予建议，降低该类案件的刑事羁押率。另一方面，对于认罪认罚从宽制度适用案件已经处于审查起诉环节的，承办检察官收案后要考虑主动适用相对不起诉、附条件不起诉的可能性，扩大不起诉制度在这类案件中的适用，将自由裁量权的合理运用纳入到终结此类案件的诉讼程序中。此外，要结合程序量刑建议的制度逐步实现精准化，以利于在审前程序的检察环节达到犯罪嫌疑人积极认罪认罚从而实现处罚从宽的目的，也有利于通过精准的量刑建议书提高审判人员对所涉案件中检察机关建议使用认罪认罚从宽制度的认同。

（二）面向侦查——在检察介入、引导侦查中发挥检察职能作用

从诉讼阶段论来看，审前程序主要由侦查、起诉程序组成，就侦查、起诉

和审判的关系，以审判为中心诉讼制度改革又可以理解为“侦查是基础，公诉是主导，审判是关键、核心”[①]。目前，有关新型诉侦关系的构建思路，学者提出了“侦诉一体化”“检察引导侦查”和“侦诉协作”等三种模式以供选择。此三种模式的内涵与外延、区别与联系各不相同，笔者认为，立足于我国刑事诉讼的特点及检察机关与公安机关的关系实践，采用“检察引导侦查”模式是处理我国诉侦关系现状的合适路径。总体而言，我国当下的检警关系兼具分离、协作与监督的特点，即属于“三位一体”的检警关系构造[②]。现代先进侦查技术的广泛应用、警察队伍的快速壮大、侦查能力的不断提高、社会的逐步发展，均使得新型犯罪案件涌现，加之刑事案件本身所具有的突发性、复杂性、多发性特点，在客观上决定了现代各国刑事案件的主要侦查任务都由警察来履行。毫无疑问，公安机关在我国的刑事侦查工作中同样扮演着首要角色。因此，如何在保持侦诉分工负责、互相配合、互相制约关系的同时，既能保证检察机关从证据和公诉角度对侦查活动合理地介入、引导，以客观、准确、有效、公正地追诉犯罪，又能充分提高两机关履行各自职能的效率，同时加强检察机关对侦查违法活动的监督，是处理我国侦诉关系的关键所在。笔者认为，“检察引导侦查”模式不仅有一定的法律依据和制度基础，且实践部门也已经对其进行了较长时间的探索，积累了一定经验，取得了相当成效，是最适合现阶段诉侦关系的模式选择。我国刑事审前程序实践证明，完善检察引导侦查制度，至少需要解决好以下问题；其一，正当性问题，即法律依据问题；其二，检察引导侦查与检察监督侦查的关系问题，以避免诉讼职能和诉讼监督职能的混淆；[③] 其三，具体制度内容的设计，包括介入、引导侦查的性质和主体、介入的时间、适用的案件范围、引导侦查取证的工作方式、介入的后果等。

1. 检察介入、引导侦查的法律依据

从刑事诉讼法的渊源看，我国《刑事诉讼法》并没有明确规定检察介入引导侦查制度，仅仅是相关的法条被认为是体现了类似于该制度所具有的精

---

① 樊崇义主编：《证据学》（第三版），中国人民公安大学出版社 2015 年版，第 276 页。

② 边慧亮：《刑事诉讼法律关系论纲》，中国人民公安大学出版社 2016 年版，第 143 页。

③ 卞建林：《健全司法权分工配合制的机制的思考》，载《河南社会科学》2015 年第 1 期。

神，如《刑事诉讼法》第87条和第175条第1款的规定[①]。在《人民检察院刑事诉讼规则（试行)》中被认为是检察介入、引导侦查的规定主要分为两类：一类是“并没有明确规定该制度，只是体现了类似于该制度所具有的精神”，主要体现于第377条和第567条[②]（笔者认为，由于第567条规定在《人民检察院刑事诉讼规则（试行)》“刑事诉讼法律监督”一章，实际上该条体现的是检察机关对侦查活动的监督)；另一类是明确规定了检察机关介入侦查，体现在《人民检察院刑事诉讼规则（试行)》第361条的规定[③]。此外，该制度也散见于检察机关和公安机关联合会签的其他规范性文件及检察机关内部的部门规章之中。[④]

综上，笔者认为该制度在立法规范层面主要存在以下几个问题：第一，相关法律规范位阶层次偏低。检察介入、引导侦查主要规定在《人民检察院刑事诉讼规则》第361条、《人民检察院公诉工作操作规程》第二章，而《刑事诉讼法》并没有对该制度进行明文规定。从法律体系中的位阶层次看，《刑事诉讼法》属于法律，《人民检察院刑事诉讼规则（试行)》属于司法解释，《人民检察院公诉工作操作规程》属于检察机关内设机构制定的“内部规章”，由于法律的效力等级明显高于司法解释、规章，故显然目前我国有关检察介入、引导侦查的相关规范性文件的位阶层次偏低。正由于该原因，加之《人民检察院刑事诉讼规则（试行)》和《人民检察院公诉工作操作规程》的制定

① 《刑事诉讼法》第87条规定：“公安机关要求逮捕犯罪嫌疑人的时候，应当写出提请批准逮捕书，连同案卷材料、证据，一并移送同级人民检察院审查批准。必要的时候，人民检察院可以派人参加公安机关对于重大案件的讨论。”《刑事诉讼法》第175条第1款规定；“人民检察院审查案件，可以要求公安机关提供法庭审判所必需的证据材料”。

② 《人民检察院刑事诉讼规则（试行)》第377条规定：“人民检察院对侦查机关移送的案件进行审查，在法院作出生效判决之前，认为需要补充提供法庭审判所必需的证据的，可以书面要求侦查机关提供。”第567条规定：“人民检察院根据需要可以派员参加公安机关对于重大案件的讨论和其他侦查活动，发现违法行为，情节较轻的可以口头纠正，情节较重的应当报请检察长批准后，向公安机关发出纠正违法通知书。”

③ 《人民检察院刑事诉讼规则（试行)》第361条规定：“对于重大、疑难、复杂的案件，人民检察院认为确有必要时，可以派员适时介入侦查活动，对收集证据、适用法律提出意见，监督侦查活动是否合法。”

④ 如2000年8月4日，最高人民检察院、公安部《关干公安机关剧侦部门，检察机关批捕部门、起诉部门加强工作联系的通知》；2005年6月10日，最高人民检察院印发《关于进一步加强公诉工作，强化法律监管的意见》；2008年2月9日，最高人民检察院公诉厅《人民检察院公诉工作操作规程》；2016年7月7日，最高人民检察院印发《关于充分发挥检察职能依法保障和促进科技创新的意见》等。

主体都是检察机关，故执行效果不力，尤其是对侦查机关的约束、规范作用发挥有限，使得该制度的执行往往以侦查机关的同意为前提。从各地实践做法看，检察机关一般都会通过协商的方式与侦查机关共同制定、会签操作规范并联合发布后实施，这也造成了全国各地区实务部门在执行该制度上的混乱局面。从法律解释的角度看，相关司法解释和规范性文件超出了刑事诉讼法的范围，属于扩张解释。“法律解释的过程不能以否认或者怀疑解释的前提——法律规范为条件”①，司法机关对刑事诉讼法进行解释也要遵循这一规则。然而，实际情况却并非如此，我国法律层级的《刑事诉讼法》并未明确规定“检察介入、引导侦查”制度，仅在第87条和第175条提到参加案件讨论和要求提供证据材料。假设《人民检察院刑事诉讼规则（试行）》第361条是对以上两个条款的解释，那就意味着参加案件讨论和要求提供证据材料被解释为“检察介入引导侦查，对收集证据、适用法律提出意见，监督侦查活动是否合法”，这显然是不符合逻辑的一种思路。所有的法律解释都要受到“解释循环学”的制约，具言之，对整体的解释需要建立在理解其组成部分的基础上，而对于部分的解释又是建立在对整体的理解之上。② 由此，如果《人民检察院刑事诉讼规则（试行）》不是对《刑事诉讼法》以上两个条款的解释，那么它就只能属于“以司法解释创设法律”，从而超出了法律解释所要求的“解释循环学”的范畴。《人民检察院刑事诉讼规则（试行）》是对《刑事诉讼法》的具体解释，有扩张解释之嫌，而《人民检察院公诉工作操作规程》又在《人民检察院刑事诉讼规则》的基础之上制定，故无论《人民检察院刑事诉讼规则（试行）》和《人民检察院公诉工作操作规程》的规定内容是否符合诉讼规律、是否科学合理、是否具有可操作性，但这种规定显然缺乏理论和正当法律依据的支持。

2. 检察介入、引导侦查的性质

在我国，中国特色的检察权属性对诉侦关系所造成的影响主要体现在检察权的法律监督权能上，据此产生了如何定位检察机关的法律监督职能、其与诉讼职能的关系的问题。检察介入、引导侦查是侦诉协作配合履行诉讼职能的具体方式，还是诉讼职能协作与诉讼监督兼具？对此，学术界和实务界的看法不一，在实务界内部也存在分野。第一种观点认为，检察介入、引导侦查的属性兼具“诉讼职能协作”与“诉讼监督”③，第二种观点认为检察介入、引导侦

① 舒国滢：《法理学导论》（第二版），北京大学出版社2012年版，第229页。
② 舒国滢：《法理学导论》（第二版），北京大学出版社2012年版，第230页。
③ 舒国滢：《法理学导论》（第二版），北京大学出版社2012年版，第230页。

查的属性为践行诉讼监督，[①] 第三种观点认为检察介入、引导侦查应当定位履行诉讼职能，以保障控诉权的有效行使。[②] 由此可见，从不同的定位出发，检察介入、引导侦查制度的内容设计会有所不同。因此在进行具体的制度设计前，需要明确检察介入、引导侦查的性质定位。笔者认为，检察介入、引导侦查应当以确保控诉权有效行使为目标，而不应当将法律监督与诉讼职能统一运用于该制度，也不应当将其目标定位于法律监督：第一，从诉讼构造角度看，以审判为中心的诉讼制度改革不应当简单地探讨刑事诉讼应当从“以侦查为重心”转变为“以审判为中心”，而是应当从诉讼的整体构造视角进行改革。刑事诉讼的构造决定了在刑事诉讼控诉、辩护和裁判的三种基本职能中，审判乃相对于控诉、辩护职能而言，同样，控诉职能乃相对于审判、辩护职能而言，因此，审前程序中诉侦关系的重塑问题应当是在“控诉一体”下的侦查、起诉两种诉讼职能之间的关系问题。构建审判中心下新型诉侦关系的背景是，审查起诉缺乏对侦查的制约，作为基础环节的侦查却单向制约着审查起诉，造成“侦查错，诉跟着错”的窘境，进而导致侦诉未形成有效的控诉合力，这种正向的递进关系最终影响了审判职能的发挥。第二，检察机关的诉讼职能（追诉职能）和诉讼监督职能是检察权的两种基本职能和组成部分[③]。第三，在实践中，如果将检察介入、引导侦查既作为侦查、起诉诉讼职能上的协作方式，又视为检察机关对侦查机关的具体监督手段途径，那么检察机关将面临角色上的混乱，违背刑事诉讼活动的基本规律。

在具体的制度设计思路上，我们可以在“职权二元论”的指导下，建议检察机关遵循“诉讼职能与诉讼监督职能适当分离”的原则，参循北京市检

---

① 但伟、姜涛：《侦查监督制度研究——兼论检察引导侦查的基本理论问题》，载《中国法学》2003 年第 2 期；张小玲：《审判中心背景下审前诉侦关系之重塑》，载《政法论坛》2016 年第 3 期。

② 张小玲：《审判中心背景下审前诉侦关系之重塑》，载《政法论坛》2016 年第 3 期。

③ 樊崇义：《法律监督职能哲理论纲》，载《人民检察》2010 年第 1 期。

察系统[①]和湖北省检察系统[②]的经验做法，对检察机关的内设机构进行重新设置，诉讼职能部门专司诉讼，法律监督部门专司监督，将检察介入、引导侦查的性质限定于诉讼职能的范畴内。将检察介入、引导侦查定位于诉讼职能上的协作关系，有以下好处：其一，有利于形成有效的控诉合力，检察介入侦查的目的在于引导侦查取证，检察机关的诉讼业务部门按照庭审的要求和标准对侦查机关进行引导，弥补了侦查机关在证据收集、审查、运用，法律适用，程序运行，法律文书规范等方面的不足，形成优势互补，增强了侦诉共同追诉犯罪的合力，有利于提高审前程序的效率，提高侦查和起诉的质量。[③] 其二，有利于实现保障人权。侦诉协作的目的不仅仅在于追诉犯罪，也要贯彻落实尊重和保障人权的原则，检察机关通过介入侦查，引导侦查机关全面收集有罪或无罪，罪重或罪轻证据，审查运用全案证据，使无辜的人不受到法律追究，避免假错案的发生。其三，检察机关的正确引导必将对侦查机关产生积极的影响，如程序意识增强，证据的收集、固定等环节更加规范化，法律适用能力增强，法律文书制作水平提高等。从目前的法规范层面看，《人民检察院刑事诉讼规则（试行）》第361条和《人民检察院公诉工作操作规程》第12条等两个规

① 北京市检察机关按照诉讼职能与监督职能适当分离的原则，在全市三级检察机关设立侦查监督部，紧密依托诉讼案件，专司侦查监督职能，将监督职能履行贯穿于诉讼案件全过程，一方面，建立线索发现、移送及办理反馈机制，加强诉讼部门的监督线索移送，同时，充分依托派驻公安机关执法办案管理中心检察室，强化监督部门自行发现线索能力等，多措并举，拓宽监督线索来源渠道。另一方面，坚持检察工作一体化原则，加强内部协作配合，强化跟踪督促，促进监督结果纳入案件程序性或实体性处理，保障监督刚性。网址：https：//max. book118. com/html/2018/0913/5041232301001313. shtm。最后访问日期：2018年11月15日。

② 湖北省检察系统改革主要体现在：（1）省院对内设机构进行调整。在侦查监督环节，组建审查批捕处行使批捕职能，而侦查监督处专职监督工作，包括立案监督、侦查监督等；在公诉环节，公诉一处更名为公诉处，承担公诉职能，公诉二处更名为刑事审判监督处，承担公诉监督职能；单设民事、行政诉讼监督处，承担民事、行政监督工作。（2）市级检察院改革思路基本与省院相同。以襄阳市人民检察院为例，在侦查监督环节，成立审查批捕处和侦查监督处分别负责批捕和监督相关工作；在公诉环节成立公诉处和刑事审判监督处分别承担诉讼和监督职能。（3）在部分基层院推进“五部制”改革。将内设机构整合为批捕公诉部、诉讼监督部、职务犯罪侦查部、案件管理部和综合管理部。同时对人员进行调整，减少层级，实行扁平化管理。网址：https：//max. book118. com/html/2018/0913/5041232301001313. shtm。最后访问日期：2018年11月15日。

③ 张小玲：《审判中心背景下审前诉侦关系之重塑》，载《政法论坛》2016年第3期。

定趋向于将检察介入、引导侦查定位于诉讼职能和侦查监督职能的统一。而《人民检察院公诉工作操作规程》第11条①的规定又将检察机关介入、引导侦查的目的明确为加强侦诉协作，以共同保证案件质量，并没有将侦查监督纳入进来。可见，现有的规范性文件之间存在着定位不清、互相矛盾的问题，因此笔者建议，应当对检察介入、引导侦查的性质在法律层面进行明确规定。

3. 检察介入、引导侦查的主体

如前所述，笔者认为检察介入、引导侦查的性质应当定位于诉讼职能的协作，因此，介入、引导侦查的主体应当限定于履行诉讼职能的部门。那么检察机关内部哪些履行诉讼职能的部门能够成为介入、引导侦查的主体呢？笔者认为，介入引导侦查应当由检察机关的侦查监督和公诉部门进行。其一，检察机关的批捕权、公诉权都属于追诉权的内容。其中，公诉权属于追诉权已经获得了普遍认可，公诉职能当然属于控诉职能的范畴。而由于人们对于检察权的属性及职权内容的认识不同，学者批捕权的性质归属存在着不同认识。现有司法实践和检察理论都认为，检察机关进行的批准逮捕，是指检察机关为保障刑事诉讼活动的顺利进行，在侦查机关启动提请批准逮捕的程序下，依据法定条件，对犯罪嫌疑人作出的在一定期限内剥夺其人身自由的强制方法的一种程序处分权②。诉讼监督的对象应为违法的诉讼行为③，据此，侦查监督的对象应当是指侦查机关及其侦查人员在行使侦查权力中的违法和错误。逮捕是强制性追诉行为的一种，审查、批准逮捕是检察机关行使追诉权的体现，而检察机关侦查监督的对象应当是侦查机关的违法行为，侦查监督在性质上属于检察机关诉讼监督的范畴。因此，批准逮捕应归属于检察机关的诉讼业务范围。其二，最高人民检察院制定的规范性文件将“侦查监督部门”纳入了介入主体。④ 在

① 《人民检察院公诉工作操作规程》第11条规定：“公诉部门应当加强与侦查机关（部门）的联系和配合，完善相互协调机制，保证案件质量根据办案工作需要，应侦查机关（部门）要求，经检察长批准，可以派员提前介入侦查活动，引导侦查取证。”

② 樊崇义主编：《刑事诉讼法学》（第三版），中国政法大学出版社2013年版，第221页。

③ 朱孝清：《论诉讼监督》，载《国家检察官学院学报》2011年第5期。

④ 最高人民检察院公诉厅制定的《人民检察院公诉工作操作规程》第14条规定：“（公诉）引导侦查取证的时间，一般在批准逮描后移送审查起诉之前。必要时可以在审查批插阶段与侦查监督部门同时介入侦查。”

审查批捕部门更名为侦查监督部门后，审查批准逮捕工作由侦查监督部门负责。[①] 其三，从实践的做法来看，介入的主体一般限于公诉部门或侦查监督部门。如安徽省人民检察院在制定的有关规范性文件中规定了检察介入侦查的主体包括侦查监督部门和公诉部门；[②] 根据周口市人民检察院《关于检察指导侦查工作实施细则》的规定，介入侦查、指导侦查的部门包括侦查监督部门与起诉部门；[③] 北京市检察系统关于检察介入、引导侦查的实践做法中介入的主体包括侦查监督部门和公诉部门；[④] 根据贵州省人民检察制定的有关规范性文件的规定，介入公安机关侦查的案件和本院自侦部门职务犯罪案件的主体包括侦查监督部门和公诉部门。本文课题组成员所在的检察机关在实践中和公安机关会签的文件中明确介入引导侦查的主体为侦查监督部门和公诉部门，实践中在提请批准逮捕前介入的部门一般为侦查监督部门，批捕后继续侦查时介入的部门为公诉部门。需要指出的是，为防止侦查监督职能和批捕业务的混淆，笔者建议检察机关按照“诉讼职能和诉讼监督职能分离”的原则，参照北京市检察机关、湖北省检察机关等内部机构改革的做法，将批捕业务从侦查监督业务中分离出来与公诉部门合并为“批捕公诉部”或成立单独的批捕部门，而剩下的监督职能交由新成立的诉讼监督部门或者检察审查部门来履行职责[⑤]。

4. 检察介入、引导侦查的时间

根据《人民检察院公诉工作操作规程》第 14 条的规定，检察机关侦查监

---

① 2000 年 8 月，最高人民检察院进行机构改革，将审查批捕厅更名为侦查监督厅，此后，审查批描部门更名为值查监督部门，审查批准逮捕由侦查监督部门负责，于子茹：《一个名称的变化：从“审查批捕”到“侦查监督”》，新华网：http：//www.xinhuanet.com//legal/2016-10/27/c_ 129339618.htm，最后访问日期：2018 年 11 月 15 日。

② 安徽省人民检察院、安徽省公安厅《关于提前介入重大刑事案件侦查活动的工作规定》第八条规定：“提前介入侦查活动，在提请逮捕前，由侦查监督部门负责，在批准逮捕后由公诉部门负责。必要时侦查监督部门、公诉部门联合介入。”

③ 周口市人民检察院《关于检察指导侦查工作实施细则》里用的是“指导”一词，而非“引导”。

④ 《北京市人民检察院刑事立案监督实施细则》第 63 条规定：“对于监督立案的严重犯罪案件、疑难复杂案件和长期没有实质进展的案件，侦查监督部门可以派员及时介入侦查活动，了解侦查情况或参加案件讨论，审查相关案件材料，并提出工作意见。”

⑤ 贵州省公安厅《关于检察机关提前介入刑事案件侦查工作规定（试行）》和《贵州省检察机关侦查监督、公诉部门介入职务犯罪案件侦查工作的实施意见》，李波、王政鹏：《贵州：健全介入侦查机制从源头上防范冤假错案》，正义网：http：//www.jcrb.com/procuratorate/highlights/201604/t20160417_ 1606752.html，最后访问日期：2018 年 11 月 15 日。

督部门介入侦查的时间一般在审查批捕阶段，而公诉部门介入侦查的时间一般为“批准逮捕之后，移送审查起诉之前”，必要时，公诉部门可以在审查批捕阶段与侦查监督部门一同介入。[①] 有学者认为，《人民检察院公诉操作规程》规定的检察机关介入侦查的时间过于迟延，并建议我国可以效仿英国皇家检控署和警察机构在实践中的做法，规定检察机关尽早介入侦查[②]。还有学者建议，检察介入侦查的时间应当根据不同案件类型而确定[③]。笔者认为，检察介入侦查、引导侦查建立于现有的侦查和起诉分工负责的基础之上，是侦查和起诉两种诉讼职能相互配合的方式，这种制度的构建必须尊重“侦查权、检察权分别由专门机关行使”和正当法律程序原则，因此，在检察介入、引导侦查的时间上应当确立“适时原则”。具体而言，可以将检察介入、引导侦查划分为“侦查机关提请检察机关介入”和“检察机关主动介入”两种情形，检察机关主动介入侦查的实践按照现有的《人民检察院公诉操作规程》的规定进行，由于《人民检察院公诉操作规程》是检察机关制定的内部规章且位阶偏低，难以有效执行，建议最高人民检察院和公安部等共同制定规范性文件以规范相关内容，或可规定为：侦查机关主动提请检察机关介入的时间以侦查机关的需要为主，尤其对于很多疑难复杂案件，可以将介入的时间拓展至刑事立案前。但检察机关应当综合评定介入的必要性，以决定是否应当介入，应由哪个部门介入，是批捕介入、公诉介入，还是两个部门同时介入等。

5. 检察介入、引导侦查适用的案件范围

关于检察机关介入侦查、引导侦查取证的案件范围，《人民检察院刑事诉讼规则（试行）》第 361 条将其限定在“重大、疑难、复杂的案件”，《人民检察院公诉操作规程》第 13 条将检察机关可以指派检察员介入侦查引导取证的案件范围限于“重大、疑难案件，有较大社会影响的案件，人民群众或者媒体较为关注的案件”。各地相关实务部门对于适用案件范围的做法也不尽一

---

① 《人民检察院公诉工作操作规程》第 14 条规定：“引导侦查取证的时间，一般在批准逮捕后移送审查起诉之前。必要时可以在审查批捕阶段与侦查监督部门同时介入侦查。”

② 张小玲：《审判中心背景下审前诉侦关系之重塑》，载《政法论坛》2016 年第 3 期。

③ 袁枫、张仁杰、李德胜：《检察机关提前介入机制的实践困境反思——以公安机关承办的刑事案件为视角》，载《北京警察学院学报》2014 年第 6 期。

致，如安徽省人民检察院将提前介入侦查的案件范围限定为“八类”①，重庆市人民检察院将提前介入侦查的案件范围限定为“四类”②，河南省周口市人民检察院将提前介入侦查的案件范围限定为“五类”③等。针对检察机关提前介入侦查的案件适用范围，有学者建议提出以下构想：首先，原则上应当明确“四类案件”提前介入；其次，兼顾检察介入、引导侦查取证的必要性和各地实践中的客观需要，授权各地检察机关会同侦查机关商定可以由检察机关提前介入的案件范围④。还有的实务部门工作者提出了“五类案件”应当由检察机关提前介入的建议。⑤笔者认为，检察介入侦查不是由检察机关进行具体侦查或取代侦查，引导侦查取证也不等于领导或指挥侦查，介入的目的是对侦查机关收集、固定证据以及法律适用提供方向、指点引导和建议。换言之，绝不能以介入侦查的名义干预侦查权的依法开展，更不能取代侦查，必须遵循侦查权

① 安徽省人民检察院、安徽省公安厅《关于提前介入重大刑事案件侦查活动的工作规定》第3条：“下列案件可以提前介入：（一）故意犯罪致人死亡的案件；（二）恐怖活动、黑社会性质、毒品犯罪等重大犯罪集团案件；（三）因突发重大责任事故或重大事件而引发的案件；（四）涉外犯罪案件；（五）省级以上检察机关、公安机关挂牌督办的案件；（六）法律适用争议较大的案件；（七）社会影响较大或舆论媒体高度关注的案件；（八）其他认为确有必要介入的重大、疑难、复杂案件。”

② 根据重庆市检察院、重庆市公安局《关于检察机关提前介入引导取证工作办法（试行）》的相关规定，检察机关介入侦查、引导侦查取证的案件范围包括：“（一）有重大社会影响的故意杀人，故意伤害、抢劫、绑架、强奸等严重暴力犯罪致人死亡案件；（二）严重危害国家安全和严重危害公共安全的暴力犯罪案件；（三）恐怖组织，黑社会性质组织等有组织犯罪案件；（四）严重破坏社会主义市场经济秩序或者严重扰乱社会秩序的涉众型犯罪案件等。”参见沈义：《重庆规范提前介入侦查引导取证》，载《检察日报》2014年11月24日第1版。

③ 周口市人民检察院《关于检察指导侦查工作实施细则》第10条规定：“指导侦查的案件范围是：1. 重特大疑难、复杂案件；2. 社会影响大、群众反应强烈的热点案件；3. 上级机关或领导交办、督办的案件；4. 立案监督的案件；5. 公安机关要求或检察机关认为有必要指导的案件。”

④ “（1）可能判处10年以上有期徒刑的案件且犯罪嫌疑人不认罪的案件、无期徒刑、死刑的案件；（2）案情复杂、取证困难的疑难案件；（3）有重大社会影响的案件；（4）社会关注度高的案件”。张小玲：《审判中心背景下审前诉关系之重塑》，载《政法论坛》2016年第3期。

⑤ “诉前引导侦查的案件范围可以包括：涉嫌黑社会性质组织犯罪、涉众型犯罪，犯罪集团等取证涉及面广的案件；证据时效性要求高的案件；媒体关注或在当地有重大社会影响的案件；犯罪嫌疑人到案后零口供的案件以及其他检察机关认为有必要引导侦查取证的案件”。李智等：《以审判为中心背景下的使诉关系》，载《人民检察》2016年第14期。

依法由侦查机关行使的原则，因此有必要确立“介入适度”的原则。具体来讲：其一，对于检察机关有必要主动介入的案件，应当进行明确的范围列举。在总结各地相关实务部门具体做法的基础上，笔者建议检察机关应当主动介入的案件范围包括：（1）重大或有较大社会影响或社会关注度较高的案件；（2）证据时效性要求高或案情复杂，取证困难的案件；（3）在本地区有较大社会影响，或社会关注度较高的案件；（4）法律争议较大的案件；（5）上级机关交办的案件；（6）立案监督的案件。其二，对于侦查机关主动提请检察机关介入的案件范围，不需要确定具体的案件范围，但可以作出一般的规定：“对于侦查机关主动提请介入的案件，检察机关应当与侦查机关进行共同商讨，在通过审查介入的必要性后由检察机关作出是否介入的决定。”

6. 检察介入、引导侦查的组织形式、方式

通过对司法实践中各地相关实务部门的做法的总结，检察介入侦查的组织形式主要有：其一，向公安机关派驻专门机构。如周口市人民检察院、周口市公安局共同研究决定，全市两级检察机关在公安机关办公场所内部设立指导侦查作为检察机关侦查监督部门和起诉部门在公安机关设立的派驻机构，也是指导侦查的工作机构，办公室设在公安局法制室，公安机关提供相应的办公条件。指导侦查室接受同级检察机关侦查监督、起诉部门领导。① 北京市门头沟区人民检察院在门头沟公安分局执法办案管理中心派驻成立“引导取证办公室”②，河南省安阳县人民检察院设立派驻公安机关“检察官办公室”③，其二，在公安机关派常驻检察人员，如为完善介入侦查、引导取证制度，贵州省检察机关以遵义市两级检察院为试点开展了向同级公安机关派驻员额制检察官工作；④ 浙江省景宁畲族自治县人民检察院派检察官驻景宁畲族自治县公安局法制大队工作；⑤ 周口市人民检察院《关于检察指导侦查工作

① 周口市人民检察院、周口市公安局《关于在全市公安机关设立指导侦查室的决定》、周口市人民检察院《关于检察指导侦查工作实施细则》。

② 《门头沟区人民检察院驻门头沟公安分局执法办案管理中心检察室挂牌成立》，北京市人民检察院网：http：//www. bjjc. gov. cn/bjoweb/jcdt/90945. jhtml，最后访问日期：2018年11月15日。

③ 《我市首家派驻公安机关检察官办公室成立》，安阳网：http：//www. ayrbs. com/news/2017－05/16/content_ 1729522. htm，最后访问日期：2018年11月15日。

④ 王恬、陈红：《贵州：向公安机关派驻检察官初见成效——协作更有力打击犯罪更精准》，载《检察日报》2017年4月15日第1版。

⑤ 《在公安局上班的检察官》，http：//news. 163. com/15/0422/04/ANPFBC6E00014AED. html，最后访问日期：2018年11月15日。

实施细则》第4条规定："派驻指导侦查室的检察人员须是侦查监督部门的主办检察官和起诉部门的主诉检察官，派驻人员可以实行轮换制。"其三，检察机关内部设置专门的引导侦查部门，如湖北省武汉市汉江区人民检察院成立"引导侦查检察监督室"①。其四，由检察机关临时决定指派检察人员介入。这也是实践中较为普遍的做法，以笔者课题组成员所在的检察机关为例，均属于在需要介入侦查时，经检察长或者主管副检察长审批，指派业务能力强、经验丰富的检察人员介入侦查。

根据《人民检察院公诉工作操作规程》第15条的规定，检察机关引导侦具体方式主要包括提出建议或意见，参加案件讨论，参与相关侦查活动等，②笔者认为，以上规定的具体方式相对合理，但在具体实践中，检察机关也可以拓展出其他方式，如召开联席会议、制定操作手册、适时跟踪、定期汇报等。

（三）面向审判——在司法审查和程序性救济中发挥检察职能作用

在以审判为中心的刑事诉讼制度改革中，除了在审前程序中理顺诉侦关系，还可以通过规范的司法审查实现对侦查权的制约，这与摒弃"侦查中心主义"的趋势是相一致的。由此，充分发挥检察职能，构建审前程序中的裁判机制，完善中国特色的司法审查和授权机制，是十分值得检察机关尝试改革的方向。

本文所指的司法审查，是指在刑事诉讼中司法机关对追诉机关实施的强制性追诉行为进行的审查。③ 完善我国的司法审查制度，主要涉及其权力主体、范围、内容、方式等方面：

1. 司法审查的主体

关于司法审查的主体主要存在"法院审查说""检察审查说"和"并存审

① 潘金贵等著：《侦诉协作机制研究》，中国检察出版社2016年版，第147页。

② 《人民检察院公诉工作操作规程》第15条规定："引导侦查取证的方式：（一）对侦查机关（部门）的侦查方向、重点提出建议；（二）参与研究侦查机关（部门）已经获取的证据材料，并提出补充、固定和完善的意见；（三）参加侦查机关（部门）对于重大案件的讨论；（四）参加侦查机关（部门）的勘验、检查等侦查活动。"

③ 最广义的"司法审查"在外延上包括宪法上的违宪司法审查、行政法上的行政诉讼和刑事诉讼中的司法审查。刑事诉讼中的司法审查也有广义、狭义之分。广义上的刑事诉讼中的司法审查是指由司法机关对国家专门行使刑事诉讼职权的行为进行审查裁判的机制。狭义上的刑事诉讼中的司法审查是指由司法机关对追诉机关施的限制或者剥夺相对人基本权利的强制性追诉行为进行审查裁判的机制，在外延上，它仅包括对强制性辩诉行为进行的司法审查。

查说”等三种观点。笔者支持“检察审查说”，即认为结合我国司法实践与改革要求，审前程序中的司法审查权的主体应当为检察机关。理由主要有：其一，在当前我国的刑事诉讼构造中，由于国家监察体制改革的原因，检察院已不再保留职务犯罪侦查权，保留的补充侦查权属于公诉权的延伸，检察机关作为宪法规定的法律监督机关、刑事诉讼中的监督机关，将审前程序中的司法审查纳入其职权既符合现有法律规定，又遵循了我国四十余年积累的司法实践规律。其二，司法审查在本质上是一种裁判机制，故必须符合刑事诉讼构造和诉讼职能的基本原理。要想成为裁判方的主体，其必须享有裁判权且具备中立性。从我国国情来看，在审前程序中，只有检察机关拥有准裁判权，其中批捕权更直接的类似于西方法治发达国家的预审权，故检察机关符合主体要求。最后，在我国司法实践和法学理论中，检察机关参加刑事诉讼活动本身被视为是司法机关①而非侦查机关，从这个意义上说也可以理解为：根据法律授权，检察机关对逮捕的审查实质上是“检察审查”，属于“检察审查说”范畴；或亦可以理解为，审前程序中的司法审查本身就是“检察审查”，这其中的司法审查主体自然应理解为检察机关。笔者认为，考虑到在监察体制改革的背景下，检察机关已经没有了职务犯罪侦查权，所以在当前将检察机关作为审前程序的司法审查主体，较之之前更具合理性。

2. 审前程序中的司法审查内容

有学者认为，司法审查追诉行为的内容应当包括追诉行为的合法性和必要性，司法主体主要就“侦查行为是否符合法定的实体要件和程序要件”② 进行审查，在两种情形下也要审查侦查行为的“必要性”③；还有学者认为，司法审查追诉行为的内容应当包括追诉行为的合法性和合理性④。笔者认为，司法审查的内容包括追诉行为的合法性和必要性。其中，侦查行为的合法性审查是司法审查的主要内容，以逮捕为例，检察官在进行逮捕合法性审查时，审查范围应当包括在实体上是否具有逮捕的充分理由，在程序上是否具有完备的提请

① 陈瑞华：《刑事诉讼的前沿问题》（第五版）（上册），中国人民大学出版社 2016 年版，第 80 页。

② 孙长永：《通过中立的司法权力制约侦查权力——建立侦查行为司法审查制度之管见》，载《环球法律评论》2006 年第 5 期。

③ 孙长永：《通过中立的司法权力制约侦查权力——建立侦查行为司法审查制度之管见》，载《环球法律评论》2006 年第 5 期。

④ 刘根菊、黄新民：《刑事诉讼司法审查制度的内外机制条件探析》，载《政法论丛》2006 年第 1 期。

手续①。对追诉行为的必要性审查，司法审查主体原则上应当尊重追诉机关的判断，但特殊情况下也应当审查其必要性②。例如在我国，逮捕强制措施由检察机关审查批准，这种审查方式被称为“准司法审查”，实质为“检察审查”的一种。根据《刑事诉讼法》第81条的规定和司法实践中的做法，检察机关审查逮捕以审查其合法性和必要性为主，合法性判断主要体现于是否符合《刑事诉讼法》第81条规定的法定情形，必要性判断则是侧重对犯罪嫌疑人社会危险性的审查。

3. 司法审查的范围

学术界关于司法审查范围的讨论，主要存在以下几种观点：其一，广义说，认为司法审查的范围包括侦查活动、起诉活动，甚至审前和解③；其二，次广义说，认为司法审查的范围包括强制侦查行为和任意侦查④；其三，狭义说，认为司法审查的范围是强制性追诉行为，而不包括任意性追诉行为⑤。笔者在赞同广义说的观点的同时，认为应当对广义说进行一定的改造，即应当将范围调整为包括审前程序中侦查机关、检察机关所实施的强制性追诉行为。依据审前程序中追诉主体的不同，可以将强制性追诉行为划分为侦查机关实施的强制性追诉行为、监察机关实施的强制性追诉行为及检察机关自身实施的强制追诉行为。侦查机关和监察机关实施的强制性追诉行为，主要包括：其一，刑事诉讼法规定的五种强制措施和《监察法》中由监察机关实施的留置措施，

---

① 如《意大利刑事诉讼法典》第381条第4款规定：“在本条规定的各种情况中，只有当有关措施以行为严重性、行为人的危险性或者有关行为的情节为合法依据时，才能实行当场逮捕”。

② 如《意大利刑事诉讼法典》第381条规定，“当存在制止犯罪行为的必要性时，司法警官和警员也有权捕任何被当场发现实施贪污、受贿、对公务员实施暴力或胁迫、贩卖和提供劣药和有毒食品、腐蚀未成年人身伤害、盗窃、严重损害、诈骗、非法侵吞、变造武器和非法制造爆炸品等十一种犯罪的人”；第385条规定了“禁止在特定情形中实行逮捕或拘留”，“当根据具体情节认为有关行为是在履行某一义务或行使一合法权力中实施的或者存在某一不可罚性的原因，不允许实行上述逮插或拘留。”《日本刑事诉讼法》第199条第2款规定：“法官认为有相当的理由足以怀疑被疑人已经犯罪时，依据检察官或者司法警察员的求，应当签发前款的逮捕证。但认为显然没有逮捕必要时，不在此限。”

③ 杨东亮：《刑事诉讼中的司法审查》，法律出版社2014年版，第328—329页

④ 孙长永：《通过中立的司法权力制约侦查权力——建立侦查行为司法审查制度之管见》，载《环球法律评论》2006年第5期。龙宗智：《强制侦查司法审查制度的完善》，载《中国法学》2011年第6期。

⑤ 李奋飞：《论侦查权的司法控制》，载《政法论坛》2000年第6期。马红平：《侦查权的司法控制》，载《兰州大学学报》2009年第6期。

故今后我国刑事诉讼中法定的强制措施种类应当是“六种”。其二，强制性侦查措施。在我国的司法实践中，侦查机关实际运用着的一些具有特殊性质的侦查行为，由于极易侵犯公民的合法权益，也应被纳入我国的侦查行为体系，这些行为主要包括秘密侦查行为（含秘密拍照、秘密录像、秘密力量侦查等）、技术侦察行为（含手机定位、监听、监视等）诱惑侦查行为等①。根据受强制性侦查措施影响的权利的性质，可以将强制性侦查措施分为三类：对人的强制性措施、对物的强制性措施、对隐私权的强制性措施。② 其中，对人的强制性措施包括强制身体检查、强制采样等；对物的强制性措施包括查封、扣押、搜查、冻结等；对隐私权的强制性措施包括秘密拍照、秘密录像、秘密力量侦查等秘密侦查行为和手机定位、监听、监视等技术侦查行为等。而检察机关在审查起诉阶段所实施的强制性追诉行为，主要包括变更强制措施、对涉案财物的处理③、自行补充侦查中所实施的强制性措施等。

4. 司法审查的方式

有学者认为，司法审查的方式主要有两种，即事先授权、事后审查④；还有学者认为，司法审查的方式包括事先审查、事中审查和事后审查三种。⑤ 笔者认为，依据司法审查的客体即强制性追诉行为是否已经实施，可以将司法审查的方式分为事先审查和事后审查两种。事先审查，是指强制性追诉行为尚未实施，须经审查主体事先审查后，追诉机关获得许可或授权并凭司法令状才能采取和实施一定的侦查措施；事后审查，是指无论是否经过司法机关事先授权，追诉机关在实施追诉行为后，必须在法定期限内主动报请司法机关审查确认或者利害关系人可以向司法机关提出申请进行审查。我国审前程序中的司法审查的具体实施，可以遵循坚持对强制侦查措施实行“区别对待”的原则：⑥ 其一，对高度强制侵权性的措施，如逮捕，应当严格外部审批程序，原则上须经检察机关的事先审查并授权；其二，对普通强制侦查、调查行为，应允许侦查、监察机关自行实施，如拘传；其三，对于强制性追诉行为的实施，也存在

① 邓思清著：《侦查程序诉讼化研究》，中国人民公安大学出版社2010年版，第156—163页。

② 陈光中主编：《刑事诉讼法实施问题研究》，中国法制出版社2000年版，第9页。

③ 参见《人民检察院刑事诉讼规则（试行）》第375、388条的规定。

④ 孙长永：《通过中立的司法权力制约侦查权力——建立侦查行为司法审查制度之管见》，载《环球法律评论》2006年第5期。

⑤ 杨东亮：《刑事诉讼中的司法审查》，法律出版社2014年版，第332—336页。

⑥ 杨东亮：《刑事诉讼中的司法审查》，法律出版社2014年版，第332—336页。龙宗智：《强制侦查司法审查制度的完善》，载《中国法学》2011年第6期。

着例外情形，如当确有理由认为延误实施将严重影响追诉效果时（刻不容缓），追诉机关可以自行决定采取和实施强制性追诉行为，但必须在决定后的一定时间内报请检察机关审查确认。我们看到，在世界范围内大陆法系的德国、意大利和日本等国家都采用了类似的原则。①

5. 在审前程序中构建我国刑事诉讼司法审查制度的具体思路

刑事诉讼法法学界对于强制侦查（包括现监察机关的留置措施）的司法控制制度构建已经获得了一致认同，但通向司法控制的途径是“一步到位”还是“分两步走”仍存在争议。第一种观点认为，我国的司法审查应当“一步到位”，直接实现由法院作为主体进行司法审查。譬如有学者认为，直接实现由法院行使司法审查权，既可以解决我国侦查程序中强制性侦查措施在运用过程中存在的实际问题，又可以调整审判权与侦查权的关系，实现审判权对侦查权的制约，符合以审判为中心的诉讼制度改革的需求。② 第二种观点认为，在通向我国司法审查制度的构建之路上，应当实行“两步走”的策略。如学者认为，我国尚未具备司法审查一步到位的现实基础，目前较为妥当的做法是，先由检察机关以法律监督职能为依托完善检察审查，待时机成熟时，再过渡到实质意义上的完善的司法控制体系。③ 关于两步走策略，还有的学者认为，在“司法审查”的步骤层面上可以作出妥协，无论是从我国当前的现实司法体制出发，还是从司法改革的稳妥性出发，都不妨考虑将一些并不十分严厉的强制性措施的审查权暂时交给检察机关，而法院仅对较为严厉的强制性措施行使司法审查权。④ 此外，还有学者建议，应当适应“司法二元体制”的制约，采取检察机关的“准司法审查”与法院的司法审查相结合的模式。⑤

笔者认为，鉴于目前监察体制改革的因素，检察机关实质上丧失职务犯罪侦查权，所以应该坚持在审前程序中由检察机关以法律监督职能为依托进行司法审查，也即由检察机关充分履行检察审查职能，只是在一些具体的审查措施、内容上需要进一步完善。具体设计如下：其一，原则上，将侦查机关在侦查阶段实施的强制追诉行为交由检察机关进行事先审查，在例外的情况下，侦

① 参见《意大利刑事诉讼法典》，黄风译，中国政法大学出版社 1994 年版，第 90 页；《日本刑事诉讼法》，宋英辉译，中国政法大学出版社 2000 年版，第 50 页。

② 孙长永：《通过中立的司法权力制约侦查权力——建立侦查行为司法审查制度之管见》，载《环球法律评论》2006 年第 5 期。

③ 但伟、姜涛：《侦查监督制度研究——兼论检察引导侦查的基本理论问题》，载《中国法学》2003 年第 2 期。

④ 杨东亮：《刑事诉讼中的司法审查》，法律出版社 2014 年版，第 327—328 页。

⑤ 龙宗智：《强制侦查司法审查制度的完善》，载《中国法学》2011 年第 6 期。

查机关可以自主决定实施，但必须在实施后报请检察机关予以审查确认；其二，原则上，将检察机关在审查起诉阶段实施的强制性追诉行为交由不再由公诉部门自行审查而是要由侦查监督部门或者是单独成立的诉讼监督部门给予审查，在例外的情况下，检察机关公诉部门可以自主决定实施，但必须在实施后的法定期限内报请侦查监督部门或者是单独成立的诉讼监督部门给予审查确认。因为在当下构建检察机关对强制侦查的“检察审查”的合理性在于：第一，检察机关的诉讼职能和法律监督职能的适当分离为贯彻实施检察审查提供了理论上的支持，检察机关对强制侦查的审查应当定位于已有的整体法律监督职能而非公诉部门所具有的诉讼职能。在检察机关内部可以设立依托侦查监督部门或单独建立“诉讼监督部门”（或可称为“检察审查部门”），专司对侦查机关、监察机关及本院诉讼职能部门的强制措施和强制性措施的审查授权，如果公诉审查部门在审查后发现侦查机关、监察机关实施的强制追诉行为具有违法性，应当在作出具体的审查决定后，将违法性的监督工作交由其负责，对于检察机关诉讼职能部门进行的以上审查业务，也由“诉讼监督部门”或“检察监督部门”对其负责监督。第二，审查逮捕、羁押必要性审查等工作实践为“检察审查”提供了经验支持。第三，要实现庭审实质化，侦查、起诉等应当形成有效的控诉合力，构建以检察机关主导、面向审判的审前程序，这是构建以“公诉引导侦查”为主的诉侦关系的重要保障，能够引导侦查机关和监察机关为走向规范化、诉讼化，从而扭转我国长期以来形成的侦查为中心的诉讼格局，构建具有中国特色的“检察审查”制度。

6. 完善配合检察审查的程序性救济机制

我国检察机关在发挥审前程序中的检察审查职能、形成中国特色的“检察审查”时，也需要注意继续发挥检察职能，完善现有审前程序中的司法救济机制。具体而言：

（1）完善当事人程序性救济的权利。所谓救济性权利，即“对国家追诉机构、裁判机构所做的对其不利的行为、决定或裁判，要求另一机构予以审查并作出改变或撤销的权利”①。在现代法治理念下，程序性权利救济与实体性权利救济具有同等的重要性。有学者认为，我国刑事诉讼中检察机关提供的程序性救济实质是一种监督型救济，这种救济模式由于存在结构性缺陷而是一种不彻底的司法救济，在现有的体制框架内，程序性救济的制度设计应当契合人权保障的时代要求，从监督型救济模式向司法型救济模式转变，并提出了具体

① 陈瑞华：《修正后的中国刑事诉讼法典——从刑事司法国际标准角度的分析》，载《现代法学》1996 年第 5 期。

的转变措施。[①] 笔者认为，程序性救济制度的裁判主体是中立的司法机关，其中在我国刑事诉讼构造中自然包括检察机关，而且在我国的诉讼经验中，检察机关的程序性救济效率和司法公信度均大于法院，所以“获得另一中立机构的司法裁判”，便成为了未来程序性救济的本质要求。程序性救济和司法审查的本质都是司法机关的裁判、监督机制，他们都要求行使裁判职能的主体必须中立。故在程序性救济制度主体的选择上，笔者认为，实现由检察机关作为救济机制的责任主体，在我国司法实践、法学理论上均存在现实可行性：其一，现行法律规定的有关程序性救济的制度是以检察机关为责任主体之一，且检察机关的控告申诉部门和侦查监督部门在该方面已经积累了大量经验，这为在审前程序中全面建立程序性救济机制提供了可能。其二，非法证据排除制度的最新完善，为审前程序中检察机关发挥程序性救济职能奠定了实践基础。其三，在当下的内设机构改革中，检察系统在部分地区探索建立“诉讼监督部门”[②]，就尝试将程序性救济请求作为独立的“诉讼案件”加以审查和监督改正。综上，可以预期，在未来全国性检察机关内设机构改革中，为了加强“检察审查”，检察机关必将对司法审查和程序性救济的案件进行集中统一管辖。

（2）构建完善的程序性制裁制度，即根据程序性违法行为的程度不同，采取不同的程序性制裁措施。笔者认为，作为今后的司法改革中的检察审查的必要补充性权力，完善和构建新的程序性制裁制度、加强程序性权利救济是检察机关在审前程序中发挥作用的改革措施之一，可以通过修订刑事诉讼法、《人民检察院刑事诉讼规则（试行）》等来实现。具体可从以下几个方面进行改革和完善：其一，借助非法证据排除规则建立审前程序中的宣告无效制度。具体而言，检察机关为发挥检察审查职能建立新的“诉讼监督部门”后，通过修订刑事诉讼法等，针对那些严重的程序性违法行为如侦查机关、监察机关以刑讯逼供等违法手段收取的言词证据，应当宣告非法证据无效；对检察机关诉讼职能部门应当起诉而不起诉的案件，应当宣告不起诉无效。其二，借助非法证据排除规则修订刑事诉讼法等，建立审前程序中的责令补正或作出合理解释规则，如针对侦查机关、监察机关收集物证、书证不符合法定程序，可能严重影响司法公正的，应当责令侦查机关、监察机关予以补正或者作出合理解释，再比如公安机关作为侦查机关在拘留、逮捕犯罪嫌疑人后，讯问应当在看守所讯问室进行，因客观原因侦查机关在看守所讯问室以外的场所进行讯问

① 詹建红：《程序性救济的制度模式及改造》，载《中国法学》2015年第2期。

② 例如扬州市江都区人民检察院、佛山市顺德区人民检察院、海南省白沙黎族自治县人民检察院等就设有专门的诉讼监督局。

的，侦查机关应当作出合理解释。① 其三，修订刑事诉讼法等建立审前程序中的责令恢复原状制度，如侦查机关、监察机关对查封扣押的物品，经查明与本案无关的，应当在法定的期限内解决查封、扣押，然而侦查机关超期不履行该法定义务的，责令其解除查封、扣押，并返还原物。其四，修订《人民检察院刑事诉讼规则（试行）》等建立责令重新变更强制措施制度，可以借鉴《意大利刑事诉讼法典》第276条的规定："在违反与防范措施有关的规定的情况下，法官根据违反行为的程度、原因和情节，可以决定更换或者增加防范措施。当违反的是与禁止性有关的规定时，法官可以决定更换原措施或者增加另外的强制措施。"只是需要强调的一点是，其中的主体应该是我国检察机关"诉讼监督部门"的履职检察官。其五，修订刑事诉讼法等建立责令重新实施诉讼行为规则，例如公安机关在勘验、检查后，人民检察院要求复验、复查的，公安机关应当进行复验复查，公安机关拒不履行的，可以责令其重新勘验、检查。又例如对于侦查机关、监察机关以非法的手段获得的非法证据被依法排除后，可以责令重新实施侦查、调查行为。

总之，在以审判为中心的刑事诉讼制度改革的大背景下，如何发挥检察机关的审前作用已成为检察机关需要考虑的重大课题。申言之，检察机关可以在审前程序中通过在认罪认罚中发挥检察职能作用、构建新型的诉侦关系、发挥审前程序中检察审查职能作用等，对以审判为中心的刑事诉讼制度改革的进展有所助推。检察机关在审前程序中的作用发挥应当坚持与其他机关的相互配合、相互制约，以检察为主导、以侦查为基础，推行检察引导侦查模式，实现检察机关从证据和公诉角度对侦查活动进行有效引导，配合实现打击犯罪与保障人权的兼顾。夯实侦查基础，提高审查起诉质量，扭转以侦查为中心的诉讼格局，构建以公诉为主导的审前程序格局，实现审前程序中检察审查对追诉行为的制约，发挥检察监督对侦查和起诉的引领、制约作用，建构审前程序中中国特色的司法审查格局，对追诉机关所实施的涉及公民人身、财产、隐私权利等强制性追诉行为建立由检察机关的"诉讼监督部门"为主进行审查、授权的机制，针对追诉机关侵犯公民、尤其是被追诉人基本权益的行为构建程序性救济机制和程序性裁判机制。坚持法律监督原则，遵循诉讼职能和法律监督职能适当分离的原则，形成诉讼职能制约与诉讼监督职能监督并重的格局，探索对检察机关的内设机构进行部门调整，诉讼职能部门专司诉讼、诉讼监督部门专司监督等，都是在本轮司法改革中可以尝试进行的改革方向。

① 参见《关于办理刑事案件严格排除非法证据若干问题的规定》第7条、第9条等的规定。

刑事附带民事公益诉讼制度研究

安徽省宣城市人民检察院课题组*

理论上，犯罪行为本身通常亦构成民事侵权行为，受损害的社会公共利益可以通过民事公益诉讼的方式予以保护。然而当犯罪者需要被追究刑事责任时，由于被告人被羁押等因素的存在，可能使案件取证、庭审的正常进行等问题变得更为复杂。鉴于检察机关提起公诉时附带提起民事公益诉讼一并解决犯罪嫌疑人的刑事责任和民事责任，具有有利于节约司法资源、维护法院裁判的统一性和权威性、及时有效的维护社会公共利益等制度优势，刑事附带民事公益诉讼逐渐在检察公益诉讼类型中异军突起。根据最高人民检察院统计的数字①，2018 年 1—10 月份检察机关提起的刑事附带民事公益诉讼占全国检察机关公益诉讼案件的 75.21%。然而囿于公益诉讼基础理论研究的薄弱和现行法律制度之间的不协调乃至冲突，诸多问题纷纷出现并亟待解决，笔者拟就检察机关提起刑事附带民事制度进行分析研究，以期抛砖引玉。

一、检察机关刑事附带民事公益诉讼制度的探索历程

1979 年《刑事诉讼法》第 53 条第 2 款规定“如果是国家财产、集体财产遭受损失的，人民检察院可以提起附带民事诉讼。”此后的历次修订中，该款都得以保留，给检察机关提起公益诉讼提供了探索和实践空间。然而由于法律规定的笼统、配套制度的缺失，对检察机关角色定位的不清，检察机关提起附带民事诉讼职能一直受到忽视。很长一段时间内，人民检察院提起的刑事附带民事诉讼情况都非常少见，仅零星见于毁坏林木、盗窃电线电缆等犯罪案件中。20 世纪 90 年代，全国各地检察机关逐步设立了民行检察部门，开始了对保护国有资产、保护社会公共利益而主动以原告身份提起诉讼的探索和实践。但这一时期的探索始终缺少明确的法律授权，最高人民法院在 2002 年发文要

---

* 课题参加人：宋从文、高军。

① 数据来源最高人民检察院全国检察机关公益诉讼办案工作 2018 年 10 月份情况通报。

求不再受理检察机以原告身份提起的诉讼，最高人民检察院也发文要求非经最高检审批不得再以原告身份提起公益性诉讼。2004年最高人民法院《关于恩施市人民检察院诉求张苏文返还国有财产一案的复函》叫停了检察院以原告身份提起民事诉讼的尝试。然而国有资产流失、公共利益受损的现实问题依然严峻，检察机关只能寻求利用现有制度实现保护公共利益的目标，即转而通过刑事附带民事诉讼的方式保护国家利益和社会公共利益。根据有关统计，从2002年开始四川省检察机关提起公益性刑事附带民事诉讼案件数量逐年增加。2002年至2008年分别为24件，49件，116件，249件，277件，629件，345件。① 河南省2008年以来以提起诉讼方式办理案件共113件，有104件是刑事附带民事诉讼案件。② 可以说在检察机关以原告身份起诉被禁止的情形下，以刑事附带民事诉讼的方式提起公益性诉讼是检察机关探索公益保护的主要途径。

2015年7月1日十二届全国人大常委会第十五次会议作出决定，授权最高人民检察院在北京等13个省区市开展为期两年的提起公益诉讼试点。最高人民检察院亦于同日发布了《检察机关提起公益诉讼试点方案》，其后2015年12月26日发布了《人民检察院提起公益诉讼试点工作实施办法》，上述三个试点期间最重要的决定及文件在公益诉讼的类型上仅划分为民事公益诉讼和行政公益诉讼两类，并未提及检察机关可以提出附带民事公益诉讼。根据试点方案要求，民事公益诉讼和普通刑事案件的一审诉讼管辖并不一致。此外试点期间，提起民事公益诉讼前尚需履行诉前程序，拟决定提起公益诉讼的应当层报最高人民检察院审查批准，程序上的繁琐设置与刑事公诉案件较短的办案期间亦难以协调，试点初期并无刑事附带民事公益诉讼的案例。

2016年12月22日，最高人民检察院在《关于深入开展公益诉讼试点工作有关问题的通知》中提出“检察机关履行职责中发现破坏环境资源保护罪或生产销售伪劣商品罪的刑事案件犯罪嫌疑人的违法行为侵害社会公共利益，符合提起民事公益诉讼条件的，可以一并提起刑事附带民事公益诉讼。”这是最高人民检察院在文件中首次提出“刑事附带民事公益诉讼”制度。

2017年3月29日，安徽省五河县人民检察院对被告人董守伟、董守业污染环境案提起刑事公诉的同时，附带提起全国首例刑事附带民事公益诉讼案

① 李承鹏：《检察机关提起公益性刑事附带民事诉讼制度研究》，西南财经大学2010年硕士学位论文，第9页。

② 刘艺：《检察公益诉讼的司法实践与理论探索》，载《国家检察官学院学报》2017年第25卷第2期，第4页。

件，请求法院判令两被告人赔偿因犯罪造成的国家损失共计 532054 元。6 月 30 日，五河县人民法院判决董守伟、董守业赔偿五河县环保局因污染行为遭受的损失 479992 元。刑事附带民事公益诉讼首次有了实践案例。截止 2017 年 6 月底试点结束全国检察机关共提起刑事附带民事公益诉讼 25 件，占各试点检察院向人民法院提起公益诉讼的 2.17%。

2017 年 6 月 27 日，民事诉讼法进行了修改，检察机关提起民事公益诉讼制度正式入法，但民诉法修改仅增加了一款，对检察机关能否提起刑事附带民事公益诉讼未予以明确。2018 年 3 月 2 日，最高人民检察院、最高人民法院发布的《关于检察公益诉讼案件适用法律若干问题的解释》（以下简称检察公益诉讼司法解释），第 20 条首次以司法解释的形式正式确立了刑事附带民事公益诉讼制度。由于该制度在公益诉讼调查取证、庭审等环节的便捷性，加之行政公益诉讼和民事公益诉讼成案较为困难等因素，此后全国迎来了提起刑事附带民事公益诉讼的高潮，2018 年 1—5 月份刑事附带民事公益诉讼 332 件，占同期检察机关提起公益诉讼的 69.75%。以至于最高人民检察院在办案情况通报中要求“妥善解决刑事附带民事公益诉讼案件占比过高问题”①，但这一情况并未得到扭转，2018 年 1—10 月份检察机关提起的刑事附带民事公益诉讼 1514 件，占全国检察机关公益诉讼案件的 75.21%。

二、刑事附带民事公益诉讼制度的价值考量

刑事附带民事公益诉讼蓬勃发展的实践证明，该制度的设立符合实践发展的需要。与单纯的提起民事公益诉讼相比，刑事附带民事公益诉讼兼具附带民事诉讼和公益诉讼的特点和优势，其优越性表现在：

（一）有利于及时有效维护国家和社会公共利益

检察机关提起刑事公诉和民事公益诉讼之目的，皆在于保护国家利益和社会公共利益。但实践中囿于刑事责任的有限性，无法有效解决公益受损的问题。单独民事公益诉讼，如果被告被羁押或者在不同的地方服刑，则可能出现庭审困难、取证困难等情形，造成诉讼迟延，无法及时保护国家和社会公共利益。通过刑事附带民事公益诉讼制度，两种诉求一并提起、同时实现，丰富了公益救济的方式，形成了保护公益的合力，使得国家和社会公共利益能够得以及时有效地保护。

---

① 据最高人民检察院全国检察机关公益诉讼办案工作 2018 年 5 月份情况通报。

（二）有利于节省诉讼成本，实现诉讼经济原则

依据现行法律规定，刑事公诉一般由县级基层检察机关提起，民事公益诉讼一般由市级检察机关提起。一起案件因为诉求不同，市县两级检察机关都要参与进来，重复审查，浪费检察资源。从法院角度而言，基层法院审理刑事公诉案件，中级人民法院审理民事公益诉讼，如果将两个诉讼一并审理，就不需要组成两个合议庭，可以减少审理内容的重复，降低诉讼成本，提升工作效率，大大缓解法院案多人少压力。

（三）有利于维护判决的权威性和统一性

两个相互关联但性质迥异的案件在分开审理时，很可能由于客观原因，导致两个判决存在相互矛盾的状态。尤其在事实认定的问题上，由于认识能力的局限、证明标准的不同，使得前后事实认定可能会存在偏差。因此，将存在一定关联性的两个案件交由同一审判组织一并审理，确保裁判者对案件各方面情况形成的心证能尽可能地全面和一致，有利于司法判决的统一性、严肃性和权威性。

（四）有利于公正裁断行为人应承担的刑事和民事责任

刑事责任人积极履行对被损害的社会公共利益的修复责任，一定程度上能够反映其悔罪态度以及对损害的修复效果，可以在量刑时统筹考虑。实践证明检察机关提起的附带公益诉讼往往能够取得较好的执行效果。

三、刑事附带民事诉讼的司法现状分析

（一）检察机关提起的刑事附带民事公益诉讼情况

笔者查阅了公益诉讼试点后期至今的相关数据①：

表 1：试点期间检察机关提起的刑事附带民事数量（单位：件）

时间截至	2017. 3	2017. 4	2017. 5	2017. 6
刑附民公益诉讼	1	4	4	25
公益诉讼数量	653	810	934	1150
刑附民公益诉讼占比	0. 15%	0. 49%	0. 43	2. 17

① 数据来源全国检察机关提起公益诉讼办案情况通报。

表 2：2017 年 7 月至 2017 年 12 月检察机关提起的刑事附带民事数量（单位：件）

时间截至	2017.7	2017.8	2017.9	2017.10	2017.11	2017.12
刑附民公益诉讼	2	5	15	26	42	74
同期公益诉讼数量	4	9	19	40	97	233
刑附民公益诉讼占比	50.00%	55.56%	78.95%	65%	43.30%	31.76%

表 3：2018 年 1 月至 2018 年 10 月检察机关提起的刑事附带民事数量（单位：件）

时间截至	2018.1	2018.2	2018.4	2018.5	2018.6	2018.7	2018.8	2018.9	2018.10
刑附民公益诉讼	16	36	178	332	551	799	991	1244	1514
公益诉讼数量	39	81	291	470	748	1059	1327	1663	2013
刑附民公益诉讼占比	41.03%	44.44%	61.17%	69.75%	73.66%	75.45%	74.68%	74.80%	75.21%

从上述数据可以看出，在检察公益诉讼司法解释发布前，刑事附带民事公益诉讼仍处于制度初创阶段，刑事附带民事公益诉讼办案数量较少，皆因为当时提起刑事附带民事公益诉讼缺少明确的法律依据，或者说试点期间能否依据原《刑事诉讼法》第 99 条第 2 款提起刑事附带民事公益诉讼存在争论，且刑事案件管辖与民事公益诉讼管辖层级并不一致，无论是检察系统内部还是法院系统都需要办理指定管辖手续，且提起民事公益诉讼尚需履行诉前程序和层报省级人民检察院审批，公诉案件审限较短与公益诉讼审批程序繁琐、期限较长的矛盾比较突出，因此提起刑事附带民事公益诉讼的数量并不多。

2018 年 3 月，检察公益诉讼司法解释发布后，检察机关提起刑事附带民事公益诉讼有了明确的司法解释依据，同时该司法解释明确了附带民事公益诉讼部分由审理刑事案件的审判组织一并审理。2018 年 3 月 12 日最高检民行厅印发的《检察机关民事公益诉讼案件办案指南（试行）》进一步明确了刑事附带民事公益诉讼由办理刑事案件的人民检察院管辖，并明确省级检察院可以根据本地情况，建立拟起诉案件审批、备案制度。上述文件解决了法检内部管辖的问题，简化了案件审批程序。此外刑事附带民事公益诉讼因为有刑事侦查、鉴定、审查工作的铺垫，成案率较高，证据收集便捷等优势，较之行政公益更具有操作性，且办案阻力小。刑事附带民事公益诉讼案件节节攀升，占到同期提起公益诉讼的一半以上。党中央决定探索检察公益诉讼制度的主要目标除保护社会公共利益和国家利益外，还有促进依法行政、严格执法等，检察公益诉讼工作重点是行政公益诉讼，这是检察公益诉讼制度设计的初衷。刑事附带民事公益诉讼数量上的井喷引起了最高检的注意，2018年4月份最高检办案情况通报认为“存在刑事附带民事公益诉讼案件占比过高的问题。要严格把握刑事附带民事公益诉讼适用条件，突出严重侵害社会公共利益的标准。对于资源保护领域损害国有财产集体财产同时侵害社会公共利益的情形，一般通过刑事附带民事诉讼的方式解决，不再作为刑事附带民事公益诉讼案件办理。”2018年5月份最高检办案情况通报再次强调“各省级院要加强对公益诉讼办案工作的指导督促，严格把握刑事附带民事公益诉讼适用条件，妥善解决刑事附带民事公益诉讼案件占比过高问题。”

（二）刑事附带民事公益诉讼的裁判情况和原因分析

随着全球“大数据”时代的到来，通过检索司法裁判文书探寻实务争点、引领实证研究已成为可能。笔者以“检察院，公益诉讼，刑事附带”为关键词于2018年10月8日在裁判文书网上检索，共获得264份裁判文书（其中判决书245份，裁定书16份）。通过比较分析，发现当前人民法院的此类裁判中存在以下问题：

1. 当事人称谓不一

关于检察机关在刑事附带民事公益诉讼案件裁判文书中的名称有以下几种：公益诉讼（起诉）人、刑事附带民事公益诉讼原告人、刑事附带民事公益诉讼（起诉）人、附带民事诉讼原告人等。关于被告的名称包括以下两种：被告、被告人或被告单位，刑事附带民事诉讼被告人。出现上述现象的原因，主要在于相关规定及认识不一致所致：（1）按照《最高人民法院关于适用〈中华人民共和国刑事诉讼法〉的解释》（以下简称最高人民法院刑事诉讼法司法解释）第142条规定“……人民检察院提起附带民事诉讼的，应当列为附带民事诉讼原告人”，检察机关提起的刑事附带民事公益诉讼仍属于附带民事诉讼范畴，故列为附带民事诉讼原告人；（2）认为检察机关提起的附带民事诉讼属于公益诉讼，不同于一般的附带民事诉讼，检察公益诉讼司法解释第四条规定“人民检察院以公益诉讼起诉人身份提起公益诉讼”属于特别规定，故确定为公益诉讼起诉人；（3）综合上述两种理由，在确定检察机关地位时，既体现附带民事诉讼的特点，又考虑公益诉讼的特殊性，将检察机关确定为刑事附带民事公益诉讼人或者刑事附带民事公益诉讼原告人。

2. 是否履行诉前程序存在争议

关于刑事附带民事公益诉讼是否需要履行诉前程序，绝大部分案件判决书没有反映。个别案件列明检察机关履行了诉前程序，依法进行了公告，也有案件没有进行公告，且辩护律师提出了“检察机关未进行公告，主体不适格”的意见，人民法院认为“检察机关提起刑事公诉时向人民法院一并提起附带民事公益诉讼，符合相关司法解释”。

在此问题上，最高法和最高检认识也不一致。最高人民检察院在内部培训中明确不需要履行诉前程序。但在第二次全国法院环境资源审判工作会议上，最高人民法院环境资源审判庭有关负责人重点明确了检察公益诉讼审判中各地反映比较集中的三个问题，其中之一就是在刑事附带民事公益诉讼案件中，人民法院在立案时应当审查人民检察院是否履行了诉前公告程序。①

造成前述不一致的主要原因在于：检察公益诉讼司法解释在“民事公益诉讼”部分的第13条规定了民事公益诉讼需要履行诉前程序，但关于刑事附带民事公益诉讼是否需要履行公告程序未予明确。一种观点认为需要履行诉前程序。理由为，刑事附带民事公益诉讼本质上仍是民事公益诉讼，且规定在民事公益诉讼部分，立法未作特殊规定，检察机关提起诉讼仍然要遵循谦抑性，履行公告程序有利于保障社会组织参与，保障程序公正，因此需要履行诉前公告程序；第二种观点认为不需要履行诉前程序，理由在于，根据检察公益诉讼司法解释第20条规定，检察机关可以一并附带提起民事公益诉讼，一并附带提起就可以了，无须履行公告程序。亦有观点从《刑事诉讼法》第101条出发，认为能够提起附带民事公益诉讼的主体只有检察机关，具有唯一性，因此履行诉前程序并无任何实质意义。也有观点从刑事附带民事公益诉讼的特殊性角度分析，认为刑事附带民事公益诉讼较之民事公益诉讼具有相对独立性，公告有违效率原则，可能违反保密规定，影响刑事部分的侦查、审查逮捕、起诉等工作。②

3. 办案范围争议较大

虽然检察公益诉讼司法解释第20条已明确了刑事附带民事公益诉讼的办案范围。但从司法实践中的判决书中观察，绝大多数检察院和法院都把《刑事诉讼法》第99条第2款（现已修改为第101条第2款，下同）作为提起刑事附带民事公益诉讼的法律依据。但第99条第2款适用的前提是“国家财产

---

① 王玮：《如何判断被诉行政机关是否依法履职》，载《中国环境报》2018年11月29日。

② 余长清、李璐君、范军：《刑事附带民事公益诉讼制度相关法律问题研究——以S省D市检察机关办案实践为切入点》，正义网：http：//www. jcrb. com/xztpd/ZT2018/zt/dey-ang/ww_ 49056/201810/t20181009_ 1913194. html，访问日期：2018年10月29日。

和集体财产遭受物质损失”，那么环境公益诉讼和消费公益诉讼中“损害的社会公共利益”是否属于所谓的“国家财产和集体财产损失”呢？

就破坏生态环境和资源保护案件而言，实践中争议较多的问题是：（1）非法采矿案件中矿产资源损失是否属于社会公共利益损害？有的判决支持了矿产资源损失，有的案件检察机关则未主张矿产资源损失，相关矿产资源损失由法院判决追缴非法所得。有的案件矿产资源损失公益诉讼起诉人和被告人达成调解协议予以赔偿，但法院判决时又将调解协议中赔偿的矿产资源损失予以追缴。（2）对于非法狩猎案件中的动物价值损失，法院判决多依照《野生动植物及其制品价值评估方法》《野生动植物基准价值目录》确定野生动植物价值损失，这些损失究竟是属于国家财产损失还是生态环境功能损失？是否属于民事公益诉讼的范围？（3）政府部门代履行或虽未履行法定的代履行手续但采取了消除污染的措施，所支出的费用是否已转化为单纯的国家财产损失？对于行政机关代为处置的费用，实践中可以由行政机关以行政命令追缴或者自己直接提起民事起诉，此时是否仍存在损害社会公共利益的情形，能否提起附带民事公益诉讼？或者说，此时提起的是公益诉讼还是公益性附带民事诉讼？

就食药类消费公益诉讼来说，争议点包括：检察机关不是消费者，能否依据食药司法解释提出惩罚性赔偿的诉讼请求？检察机关主张的惩罚性赔偿金是否属于社会公共利益损失范畴，是否属于国家财产和集体财产损失？

实践中产生争议的原因主要在于，理论与实务界均将现行《刑事诉讼法》第101条第2款作为提起刑事附带民事公益诉讼的法律依据。但第101条第2款适用的前提是“国家财产和集体财产遭受物质损失”，那么环境公益诉讼和消费公益诉讼中是否存在所谓的“国家财产和集体财产损失”呢？在食品药品安全领域侵害众多消费者合法权益的犯罪行为能否有“国家财产和集体财产遭受物质损失”更存在疑问。食品药品安全领域犯罪如生产、销售假药罪、生产销售有毒有害食品罪侵害的，一般是社会主义市场经济秩序及众多消费者的身体健康，并不会直接造成国家财产和集体财产的损失。如检察机关提起消费公益诉讼，主张的惩罚性赔偿金归谁所有，如何分配？这些损失实践中只能上缴财政。但消费者如果另行提起私益诉讼主张赔偿，如何处理与公益诉讼的赔偿的关系？尽管检察公益诉讼司法解释明确，检察机关可以对食品药品安全领域侵害众多消费者合法权益的犯罪行为提起刑事附带民事公益诉讼，但可以预见上述争论在实践中仍将持续存在。

4. 责任承担方式存在争议

从梳理的裁判情况来看，检察机关提起刑事附带民事公益诉讼的诉讼请求并没有限定在主张损害赔偿上。人民法院判决支持的诉讼请求包括：赔偿损失、赔礼道歉、停止侵害、消除危险、恢复原状。例如盗伐、滥伐林木案件中判决行为人补种树木以恢复生态环境，非法采矿案件中判决行为人进行矿山治理修复，销售有毒有害食品案件中判决行为人停止侵权行为、向公众赔礼道歉，收回销售的尚在流通中的产品并依法处置。

但《刑事诉讼法》第101条第2款的规定适用的前提是“国家财产、集体财产遭受损失”，最高人民法院刑事诉讼法司法解释第145条“附带民事诉讼的起诉条件是……（三）有请求赔偿的具体要求和事实、理由;”，第145条规定“对附带民事诉讼作出判决，应当根据犯罪行为造成的物质损失，结合案件具体情况，确定被告人应当赔偿的数额。”同时最高人民法院的司法解释亦明确刑事附带民事诉讼中不支持精神损害赔偿。可见刑事附带民事诉讼将遭受物质损失作为提起诉讼的前提限制，相应地限定了侵权人承担责任的方式只有赔偿损失一种。但侵权行为法从全面保护民事主体的合法权益出发，为民事侵权救济提供了丰富而多样的民事责任承担方式，具体包括：停止侵害、排除妨碍、消除危险、返还财产、恢复原状、赔偿损失、赔礼道歉、消除影响、恢复名誉。试点办法曾规定人民检察院可以向人民法院提出要求被告停止侵害、排除妨碍、消除危险、恢复原状、赔偿损失、赔礼道歉等诉讼请求。在刑事附带民事公益诉讼中，能否单独或提出损害赔偿的同时合并适用其他承担责任的方式存在争议。

5. 赔偿金额计算存在争议

实践中存在以下问题：一是矿产资源类案件中，当被告人非法所得、价格鉴定意见确定的数额、矿产资源鉴定（特别是破坏性开采）存在巨大差异，究竟依何种标准计算赔偿金额？二是非法狩猎案中，依照《野生动植物及其制品价值评估方法》《野生动植物基准价值目录》确定野生动植物价值损失是否合理？纵观野生动植物保护法，可以发现《野生动植物及其制品价值评估方法》《野生动植物基准价值目录》实际上是为行政主管部门进行行政处罚提供依据，将其作为确定民事赔偿数额的合理性何在？三是环境污染类案件中，相关鉴定费用能否计入赔偿数额，例如环保部门委托第三方机构所做的鉴定，鉴定费用是执法成本还是可以计入民事赔偿？四是补植树木的数量，有的盗伐、滥发林木罪中，法院判决依《森林法》第44条、第39条的有关行政处罚规定，主张补种盗伐、滥伐、毁坏林木株数3倍、5倍或10倍树木或承担相应费用的民事责任。

6. 赔偿对象不明确

关于刑事附带民事公益诉讼中赔偿款的支付对象，根据最高人民法院刑事诉讼法司法解释第156条“人民检察院提起附带民事诉讼的，人民法院经审理，认为附带民事诉讼被告人依法应当承担赔偿责任的，应当判令附带民事诉讼被告人直接向遭受损失的单位作出赔偿；……”应当将赔偿款支付给遭受损失的单位。但社会公共利益受损却将赔偿款支付给有关单位的依据何在呢？

实践中对环境污染问题，主要涉及三种赔偿：自然资源本身的价值、生态服务功能损失、环境修复费用。关于环境修复费用，对于地方环保部门、林业部门、国土部门已经代履行环境修复的，有的法院直接判决支付给代为处置的国家机关如环保局，林业局。对于行政机关尚未代履行时，有的法院也判决给行政机关。如将补种树木的费用支付给林业局，① 有的则直接将赔偿款判决支付给检察机关，有的判决则仅判决支付赔偿款，赔偿对象则未予明确。对于生态服务功能损失，一般判决由法院上缴国库或者判决给检察机关，最终这些钱都是上缴国库。对于自然资源本身的价值，往往基于国家所有权的规定，判决自然资源价值损失上缴国库。

对于食品药品领域的消费公益诉讼中涉及的惩罚性赔偿金，实践中存在两种处理方式，一是由法院上缴国库，一是判决支付给检察机关，实际上最终仍然上缴国库。

7. 判决的执行缺乏监管

刑事附带民事公益诉讼胜诉后，赔偿金如何使用和监管，目前没有法律规定，特别是实践中判决方式的不明确给执行案件带来了相当阻碍。基于刑事附带民事公益诉讼的公益性质，其诉请的赔偿金一般是社会公共利益受损的补偿和修复费用，其所有权从理论上来说应当属于社会公众。检察机关行使的仅是诉讼权利，并无实体处分权，实践中赔偿金往往都是上缴国库。但上缴国库的赔偿金，如果不能及时用于环境修复或相关公益事业，只是增加了当地政府的财政收入，社会公众没有实实在在的获得感，实际上消解了检察公益诉讼的价值。特别是其中部分赔偿费用是环境修复费用，上缴到财政后由谁来进行环境修复？是企业还是政府有关部门？谁来做资金的预算？具体使用情况如何监督管理？特别是有的县市区财政属于上级政府直管，相关环境修复费用需要缴纳到上级财政，给后续的环境修复带来较多难题。

四、刑事附带民事公益诉讼制度设计的两个基本定位

尽管刑事附带民事诉讼具有制度优势，但从司法运行情况来看，囿于理论

① （2018）皖1023刑初39号，（2018）粤1225刑初59号。

研究和实践经验的不足，仍然存在着较多争议问题。自检察机关探索刑事附带民事公益诉讼以来，所涉案件均获得调解或判决支持，但这并不能掩盖刑事附带民事公益诉讼司法适用中存在的问题。这些争议的问题如果不能从理论和实务上予以明确，不利于检察公益诉讼的健康发展。笔者认为，以下两个基本定位具有根本性，无疑将决定刑事附带民事公益诉讼的研究路径与实践方向。

（一）关于刑事附带民事公益诉讼的诉讼类型属性

现行刑事诉讼法规定的刑事附带民事诉讼是在公益诉讼制度产生之前确立的，是基于“私益诉讼”模式来设置的，但刑事附带民事公益诉讼制度却以此为基础展开探索和实践，基于《刑事诉讼法》第101条第2款规定的公益性刑事附带民事诉讼与检察机关提起的刑事附带民事公益诉讼非常相似，实践中常常把《刑事诉讼法》第101条第2款作为提起刑事附带民事公益诉讼的依据。但公益性刑事附带民事诉讼与民事公益诉讼在履行诉前程序、办案范围、诉讼请求范围等方面存在诸多差异。从司法实践来看，刑事附带民事公益诉讼无论是诉讼请求、责任方式还是办案范围都已突破现行刑事诉讼法的规定。这种立法与实践的脱节让检察机关提起刑事附带民事公益诉讼处于一种非常“尴尬”的局面。为了摆脱现行刑事诉讼法对刑事附带民事公益诉讼的束缚，在为刑事附带民事公益诉讼的立法与实践的脱节寻求正当化依据时，实务界常常认为刑事附带民事公益诉讼是不同于刑事附带民事诉讼的一种独立诉讼类型，在诉前程序、办案范围等法律适用上可以不按照刑事诉讼法的规定进行。

笔者认为，厘清刑事附带民事公益诉讼的基本定位是探讨其法律适用的基础。首先从现行法的规定来看，民事诉讼法、刑事诉讼法仅分别规定了民事公益诉讼和刑事附带民事诉讼制度，并无刑事附带民事公益诉讼制度。但民事公益诉讼和刑事附带民事诉讼的范围有重合之处，此重合之处即为刑事附带民事公益制度。检察机关和法院对刑事附带民事公益诉讼的探索也是建立在《刑事诉讼法》第101条基础之上的。检察公益诉讼司法解释只是对刑事附带民事公益制度进行了明确，是对现行法解释的结果，而非创造一种新的独立的诉讼制度。况且根据立法法的规定，创造新的诉讼制度属于法律保留的权利，并非司法解释的权限范围。从理论上来看，学者间探讨刑事附带民事公益诉讼制度亦都将《刑事诉讼法》第101条第2款作为法律基础。从实践上来看，检察机关在公益诉讼试点期间提起的刑事附带民事公益诉讼，其法律依据就是《刑事诉讼法》第101条第2款。在司法解释正式确立刑事附带民事公益诉讼制度之后，《刑事诉讼法》第101条第2款也是刑事附带民事公益诉讼的主要依据，法院的判决亦多援引自该条款。因此，刑事附带民事公益诉讼制度本质上仍然属于刑事附带民事诉讼。由上观之，将刑事附带民事公益诉讼作为一种新的诉讼类型对待，理论上难以自洽，实践中亦增困扰。

（二）关于刑事附带民事公益诉讼的法律依据

理论和实务界几乎都把《刑事诉讼法》第101条第2款作为刑事附带民事公益诉讼的法律依据，并由此展开探讨，引发了一系列争论，如生态资源和环境破坏、食药领域侵害众多消费者合法权益领域是否存在“国家财产和集体财产遭受物质损失”，诉讼请求能否包括赔偿损失之外的停止侵害、赔礼道歉、恢复原状等。例如有观点认为在《刑事诉讼法》第99条没有修改的情况下，检察公益司法解释规定检察机关提起刑事附带民事公益诉讼没有明确的上位法依据。诚然，《刑事诉讼法》第101条第2款规定的公益性刑事附带民事诉讼与检察机关提起的刑事附带民事公益诉讼非常相似，包括提起机关均只能是检察机关，都是为了维护公共利益。以致学理探讨、实践探索、司法实践都是依托公益性附带民事诉讼来开展刑事附带民事公益诉讼工作。但不可否认的是，公益性刑事附带民事诉讼只是基于“私益诉讼”模式设置下的特殊规定，而公益诉讼完全是个新生事物，相关司法解释已作了相当的特殊规定。将刑事附带民事公益诉讼纳入到公益性附带民事诉讼范畴内或认为二者有交叉关系，最终导致的结果就是，刑事附带民事公益诉讼需要适用公益性附带民事诉讼的相关法律规定，刑事附带民事公益诉讼的提起处处受制于现行法的规定，一是需要遵守公益诉讼的相关规定，二是要遵守公益性刑事附带民事诉讼的相关法律规定，而现行公益性刑事附带民事诉讼制度本身的存废理论上尚有争议，限定适用范围为“国家财产和集体财产遭受物质损失”，限定责任方式为赔偿损失等亦多受学者批评。司法实践中，刑事附带民事公益诉讼无论是诉讼请求、责任方式还是办案范围都已突破公益性附带民事诉讼的规定，能否通过法律解释使司法实践具有正当性的依据呢？

笔者认为，刑事附带民事公益诉讼制度的上位法依据应是《刑事诉讼法》第101条第1款。这样刑事附带民事公益诉讼才能尽可能摆脱现行法的束缚，有更大的探索空间。在“私益诉讼”模式下，提起附带民事诉讼的只能是“被害人”，“被害人”可以提起刑事附带民事诉讼，主张损害赔偿。而在社会公共利益受损害的情况下，由于没有明确的“被害人”或被害人众多而又分散，法律基于诉讼担当理论，规定检察机关可以提起公益诉讼保护公共利益。因此检察机关根据《刑事诉讼法》第101条第1款提起附带民事公益诉讼以保护社会公共利益。正如《侵权责任法》第3条规定“被侵权人有权请求侵权人承担侵权责任”，而检察机关仍然可以以公益诉讼起诉人的身份依据侵权责任法主张侵权责任一样，《刑事诉讼法》第101条第1款为检察机关提起刑事附带民事公益诉讼仅仅是提供了一个制度基础即刑事附带民事诉讼制度。至于提起刑事附带民事公益诉讼后，刑事附带民事公益诉讼的法律适用，则根据“特殊规定优先于一般规定”“新法优于旧法”的法律适用原则，来确定刑事附带民事公益诉讼的法律适用。如刑事诉讼法司法解释第163条的规定“人民法院审理附带民事诉讼案件，除刑法、刑事诉讼法以及刑事司法解释已有规定的以外，适用民事法律的有关规定”，因为《刑事诉讼法》第101条第1款系基于私益诉讼模式设置，其相应的配套性法律规定亦仅适用于私益诉讼（当然其中部分程序性规定可以继续适用于公益诉讼），因此可视为“刑法、刑事诉讼法以及刑事司法解释对刑事附带民事公益诉讼”没有规定，并进而根据检察公益诉讼司法解释第3条的规定，按照“人民法院、人民检察院办理公益诉讼案件，应当遵守宪法法律规定，遵循诉讼制度的原则，遵循审判权、检察权运行规律。”来探讨刑事附带民事公益诉讼制度。

此外需要注意的是，从公益诉讼制度的建立和民事诉讼法的修改背景来看，公益诉讼改革试点是以问题为导向的政策驱动产物，对刑事附带民事公益诉讼不应过分依赖概念分析和逻辑推演。全国人大授权检察公益诉讼试点期截至2017年6月30日，2017年5月23日，习近平总书记主持召开中央全面深化改革领导小组第三十五次会议，才提出“正式建立检察机关提起公益诉讼的时机已经成熟，要在总结试点工作的基础上，为检察机关提起公益诉讼提供法律保障。”为了解决检察机关提起公益诉讼的法律保障问题，做好试点与正式立法的衔接，2017年6月27日，全国人大常委会通过关于修改民事诉讼法和行政诉讼法的决定，分别增加的一款均是关于检察公益诉讼的规定。鉴于新增条款仅就检察机关提起公益诉讼制度作了原则性规定，公益诉讼是个新生事物，而现行法律主要基于私益诉讼的模式设置。检察公益诉讼制度与现行民事诉讼法、行政诉讼法、刑事诉讼法存在诸多不相容、不协调之处。笔者认为，概念分析、逻辑推演和体系化解释的前提是法律概念的一致与法律体系的逻辑自足，对作为一项具体的新制度“检察公益诉讼”而言，一些既有规定能否适用于刑事附带民事公益诉讼要基于制度设置目的进行分析。对公益诉讼制度的法律适用，既要遵循行政诉讼法和民事诉讼法基本原理，也不宜过分拘泥概念分析、逻辑推演和体系化解释，还要综合立法目的、检察机关履职的相关规定进行综合考量。

五、刑事附带民事公益诉讼制度的具体设计

基于上述基本定位，笔者认为刑事附带民事公益诉讼制度的具体构想包括以下几方面：

（一）关于当事人称谓

现行刑事诉讼法司法解释的规定的“附带民事诉讼原告人”仅是检察机关提起公益性附带民事诉讼的称呼，且此称呼本就是在私益诉讼模式下的无奈之举，“只能将其身份表述为附带民事诉讼原告人，并无其他选择”。①检察机关依据《刑事诉讼法》第101条第1款提起刑事附带民事诉讼公益诉讼，既不同于公益性附带民事诉讼，也不同于一般被害人提起的附带民事诉讼，应根据检察公益诉讼司法解释第四条的规定确定为“公益诉讼起诉人”。至于是否需要增加“附带民事”的前缀，因该类案件判决书一般称为“刑事附带民事判决书”，因此不加此前缀亦不会引起误解。

关于被告的称呼，刑诉法并未明确，但最高人民法院刑事诉讼法司法解释第143条提出“附带民事诉讼被告人”的概念，笔者认为根据该解释条款，实践中存在刑事被告人与附带民事诉讼被告人范围不一致的情形，如刑事被告人系职务行为，可能有的刑事被告人是附带民事公益诉讼的被告，有的刑事被告人则不是，同时还存在被害人提起私益诉讼，检察机关同时提起附带民事公益诉讼的可能。为做区别，亦将附带民事公益的被告称之为“附带民事公益诉讼被告”更为适当。

（二）关于办案范围

刑事附带民事公益诉讼的办案范围应依据检察公益诉讼司法解释第20条的规定确定，不应受制于公益性附带民事诉讼中的“国家财产和集体财产遭受物质损失”的规定。实践中因为将刑事附带民事公益诉讼作为公益性附带民事诉讼的下位概念或认为二者相互交叉，才导致如检察机关提起附带民事公益诉讼办案范围的争议。

笔者认为，对于破坏生态环境和资源保护的犯罪行为，根据物权法的规定，矿藏、水流、海域、法律规定属于国家所有的野生动植物资源等属于国家所有，上述各种自然资源本身可能就承载着一定社会公共利益。但单纯自然资

① 张军、江必新主编：《新刑事诉讼法及司法解释适用解答》，人民法院出版社2012年版，第172页。

源损失与破坏生态环境和资源保护侵害的社会公共利益显然不是同一的，国家财产一般认为属于国家利益范畴更为妥当，难以归入《民事诉讼法》第55条规定的“社会公共利益”受损害。在破坏自然资源的同时损害社会公共利益的，公益诉讼应只能就其中社会公共利益受损部分主张救济，而不应及于资源本身，资源本身的损害应通过其他诉讼方式解决。公益性附带民事诉讼中的“国家财产和集体财产”的物权一般由“有关单位”享有，当“国家财产和集体财产”遭受损失时，只有当有关单位不提起私益诉讼时，才由检察机关提起公益性附带民事诉讼并将赔偿金额支付给“有关单位”。而刑事附带民事公益诉讼中受损失的是社会公共利益，并非具体的“国家财产和集体财产”，检察机关经督促相关公益组织提起公益诉讼而无相应公益组织提起公益诉讼时，才由检察机关提起附带民事公益诉讼。国家财产属于国家利益范畴，难以归属于社会公共利益，实践中亦有检察机关就单纯矿产资源损失提起刑事附带民事公益诉讼案例，笔者认为矿产资源并不属于社会公共利益受损，显然超越了刑事附带民事公益诉讼的办案范围，依法应通过追缴和责令退赔方式予以解决。或者由检察机关一并提起附带民事诉讼和附带民事公益诉讼的复合式诉讼予以解决（当然上述复合式诉讼直接统称为附带民事诉讼即可），因为附带民事公益诉讼本身就属于附带民事诉讼的范畴。唯此时检察机关的身份过于复杂，同时具有公诉人、公益诉讼起诉人、刑事附带民事诉讼原告人的三重身份，如何整合上述身份有待司法实践进一步探索。

（三）关于民事责任承担方式

笔者认为刑事附带民事公益诉讼中侵权人民事责任承担方式不应仅限于物质损害赔偿。理由如下：一是因同一犯罪行为而引起的民事责任与刑事责任，分属公法上的责任和私法上的责任，二者之间的目的、价值均不同，不存在冲突，亦不构成重复评价。即民事责任的承担和刑事责任不能相互抵消。被告人在刑事附带民事诉讼中承担刑事责任后，其应承担的民事责任并不能因此而消失或被减免。正如古代西方法谚所称：“服刑是偿还国王之债，赔偿是偿还市民之债”。[①] 在刑事附带民事诉讼中免除被告人除物质损害赔偿以外的民事责任，等于人为地减轻了罪犯的法律责任、降低了犯罪成本，也侵害了被害人正当的民事权利，有悖法律的公平价值取向和司法正义原则。《侵权责任法》第4条规定“侵权人因同一行为应当承担行政责任或者刑事责任的，不影响依法

---

① 刘德法：《对精神损害纳入刑事附带民事赔偿的思考》，载《中州学刊》2013年第3期。

承担侵权责任”。侵权行为同时构成犯罪的，对侵权损害赔偿责任的构成要件并无影响，易言之，侵权行为与犯罪行为引起的损害赔偿责任具有同质性，均属私法责任。刑事附带民事诉讼的本质仍然是民事诉讼，在刑事附带民事公益诉讼中一并解决刑事责任和民事责任问题，只是为了诉讼便利、提高诉讼效率一并审理而已。况且相对于实体权利而言，程序是保护实体权利的手段，程序自身价值的实现也是为了实现纠纷解决的正义性。因此，同一实体权利的保护不应因解决程序的模式不同而不同，否则会造成裁判的不统一，影响法律权威。因此犯罪引起的损害赔偿责任不应受纠纷解决模式的影响。① 以刑事案件中被告人被羁押，需要追求诉讼效率等原因而限定侵权人的赔偿责任也是不妥当的，“效率和正义有时会发生冲突，但公平正义是司法的精髓，不能以牺牲社会正义来追求司法效率”。② 二是全面保护公共利益的需要。社会公共利益的享有主体是社会公众，非法律上的实体组织，因此对其司法救济往往不同于一般的民事侵权，其救济方式并不体现为损害赔偿，而主要是采取预防和恢复的方式。因此预防和将被损坏的社会公共利益恢复到破坏前的原状远比民事赔偿责任更为重要。因此公益诉讼中应当践行“恢复性司法”的理念，司法救济的关注点不能仅仅局限于已经实际造成的损害，而应当着眼长远、着眼将来，关注到该损害状态的持续存在所引起的综合性、持续性的损害。③ 如进行土地复垦，复绿补种，净化水源，增殖放流等，均是对生态环境损害最佳的处理方式，赔礼道歉，收回尚在流通的缺陷食品药品，停止侵害，承担惩罚性赔偿金均是对消费领域公众利益受损的优先处理方式，唯此社会公众才能获得实益。因此恢复原状、赔礼道歉、消除危险、停止侵害的责任方式较之单纯的物质损害赔偿方式具有优先性、不可替代性。

（四）关于赔偿金额的计算

如前所述，关于自然资源的价值损失，如矿产资源损失，渔业资源损失等应当优先通过刑事追缴或退赔及提起公益性附带民事诉讼来解决。刑事附带民事公益诉讼应当更多的关注社会公共利益的受损失及修复费用情况，如生态服

① 杨立新、刘洪林：《刑事附带民事诉讼的基础理论问题》，载《国家检察官学院学报》第21卷第6期。

② 刘德法：《对精神损害纳入刑事附带民事赔偿的思考》，载《中州学刊》2013年第3期。

③ 林新英：《环境资源刑事案件“恢复原状”责任方式问题初探》，载《法制与社会》2018年（下）。

务功能损失、修复费用。实践中参照相关行政法规及其配套规定中的处罚条款来确定当事人的民事责任及赔偿数额并不妥当。确定当事人的民事责任应以民事法律为依据，行政处罚相关规定系行政机关对行政相对人进行行政处罚的依据，更多体现“惩罚性”。而民事责任并不以“惩罚”为目的，重在填补损害和恢复原状，保护民事主体的合法权益。因此对于实践中出现的诸如野生动植物资源损害，应当根据相关专家关于修复生态的意见，采取增殖放流、补植复绿等方式并据此确定修复费用，例如投放鱼苗，补植树木的费用，对于已实现人工养殖的珍稀动物，可以考虑购买养殖的珍稀动物放生来恢复生态。当然如果立法上能够参照虚拟治理成本法的规定确定野生动植物资源受损失时的损害赔偿计算方式则更为易行。

（五）关于赔偿款的支付和监管

实践中将赔偿款上缴国库的做法并不妥当，财政资金的用途特定、使用手续繁琐，难以保证相关赔偿款及时用于社会公共利益损害的修复上。生态破坏和环境污染案中损害赔偿金一般区分为环境服务功能损失及环境修复费用，对于环境修复费用应当用于环境修复，环境服务功能损失应当用于环境保护的相关公益事业为宜。对于消费公益诉讼中的惩罚性赔偿金，建议也应当用于消费者保护的公益事业，而不能仅用来增加当地政府的财政收入。因此应当设立专门财政账户或者环境保护基金，专项用于接收公益诉讼案件的赔偿款并在严格的监管下使用相应的资金。当然实践中各地也探索了其他执行方式，如将生态环境损害赔偿金支付至环保组织账户上，专项用于环境修复，或者将赔偿金暂存于法院执行账户，并通知相关单位协助执行，或者将赔偿金支付至财政局非税专用账户上，由相关单位组织实施。

（六）关于诉讼方式的选择

党中央决定探索检察公益诉讼制度的主要目标除保护社会公共利益和国家利益外，还有促进依法行政、严格执法等，这是检察公益诉讼制度设计的初衷。在生态环境和资源保护、食品药品安全等领域的犯罪中，犯罪行为往往同时也违反了相关行政法规，属于行政机关履职范围。生态环境修复问题，既可以提起刑事附带民事公益诉讼，也可以先督促行政机关履职，行政机关不履职或履职不到位导致社会公共利益仍处于受侵害状态的，再依法提起行政公益诉讼。而且从促进依法行政，优化社会管理角度来看，行政公益诉讼能够促进行政机关依法积极履行公共管理职能，有利于形成维护社会公共利益长效机制。因此，如何规范公益诉讼诉权行使，选择恰当的诉讼方式，是实践面临的首要问题。

笔者认为，在诉讼方式的选择上，应以全面保护公共利益为判断基准。以法定职责论，行政主体是维护公共利益的首要责任人和执行人，行政主体具备较强的专业能力和执法手段，行政主体主动履职维护公益更加便捷高效。充分尊重并督促行政主体积极履职、发挥其在维护公益上不可替代的作用，应该是民事公益诉讼策略选择上始终坚持的准则。① 检察机关提起附带民事公益诉讼应当予以适当限制，防止检察权对行政权的侵蚀。如果能够通过行政职权予以解决的问题，应当尽量通过督促行政机关履职的方式保护公共利益。特别是，一些诸如土地复垦、矿山综合治理等方面远非“判决恢复原状”般简单，法院恐怕难以胜任执行此类恢复原状的判决，可能又需要转而寻求借助行政机关的专业技术和力量。因此检察机关提起公益诉讼应当充分发挥行政机关的职能作用，推进维护公益长效机制的建设。

当然，突出行政主体地位，并不因此否定检察机关提起刑事附带民事公益诉讼的作用。就保护社会公共利益而言，首先民事诉讼请求显然有更大的张力，民事诉讼请求更加丰富多样，特别是民法确立的“损害填补”、民诉法“诉前保全”等一系列规则更有利于社会公共利益的及时恢复和保护。而反观行政机关履职的手段，一方面行政职权法定，“法无授权不可为”，行政机关履职受到职权限制，其履职手段更多倾向于事前的“监管”、事后的“处罚”，对公益的“恢复性”手段相对不足。特别是在刑事附带民事案件中，被告人被羁押，行政决定如何执行问题更为突出。另一方面，民事诉讼的责任主体较之行政责任主体更为广泛，涵盖帮助者、教唆者，及共同危险行为，无意思联络的数人侵权等情形下责任的承担，而行政责任主体一般指向的都是直接的违法主体，指向不同、功能相异，两者不可相互替代。因此，实践中应以及时全面保护公共利益为目标，灵活选择保护公益的最佳诉讼方式。如果督促行政机关履职不足以及时全面保护社会公共利益的，可以直接选择提起（附带）民事公益诉讼。

（七）关于诉前程序的履行

笔者认为，刑事附带民事公益诉讼是否履行诉前程序，可以从三个层面分析：一是从现行法律依据上来看，检察公益诉讼司法解释第 13 条至第 20 条均规定在“民事公益诉讼”部分，刑事附带民事公益诉讼只是附带提起

① 迟晓燕：《行政公益附带民事公益诉讼的诉讼请求及判决执行》，载《中国检察官》2017 年第 9 期。

的民事公益诉讼，本质上仍然是民事公益诉讼，在法律未就是否公告作出特殊规定的情况下，应当履行诉前公告程序。从检察公益诉讼司法解释第20条“可以向人民法院一并提起附带民事公益诉讼”的规定，显然并不能得出可以免除诉前公告程序的结论。履行公告程序后，若无其他主体起诉，并不妨碍检察机关一并提起附带民事公益诉讼。且若检察机关不履行公告程序，法院是否要履行立案公告程序仍存疑问。二是从理论层面分析，履行公告程序时因为要保障社会主体的程序参与权，保持检察权的谦抑性，对这种程序的豁免需要正当理由。认为检察机关是提起刑事附带民事公益诉讼的唯一主体，公告无实质意义，因此不需要公告，在逻辑上是存在问题的。因为可以提起附带民事公益诉讼的，当然也可以单独提起民事公益诉讼，此时当然存在社会组织参与的可能性。附带民事公益诉讼只是公益诉讼的一种提起方式，因此首要解决的问题是能否提起民事公益诉讼，其次才考虑提起方式的问题。从公益诉讼特殊性出发来论证不需要履行诉前公告程序，逻辑上也存在上述同样问题。三是从实践上来看，刑事附带民事公益诉讼的公告内容简短，并未发生也难以发生泄密事件。由于检察机关内部协作，民事检察部门介入公益诉讼一般较早，也未发生影响刑事部分办理等问题。实践中为防止与法院发生争论，越来越多的刑事附带民事公益诉讼案件提起前都履行了公告程序。

以上只是单纯理论分析的结果。应当看到，当前民事公益诉讼的诉前程序效果并不理想，社会组织和其他法定主体受诉讼费用、时间成本和败诉风险影响，未能发挥其民事公益诉讼“主力军”作用，全国每年由公益组织提起的公益诉讼非常少。而在被告人被羁押的情形下，公益组织如果单独提起民事诉讼，必然面临庭审如何组织进行的问题，特别是刑事案件判决后，各被告人在不同地方服刑，更限制了公益组织的积极性，因检察机关诉前公告提起的案件更是屈指可数。而检察机关则办理了大量刑事附带民事公益诉讼案件，实践中每案都采取在全国性报纸公告的方式督促公益组织等主体提起诉讼，未取得实效，反而占用了大量资源。因此今后可以考虑从两个方向予以解决。一是由“两高”通过司法解释明确刑事附带民事公益诉讼可以不公告，二是简化公告的方式提升效率，统一公告的载体以方便公益组织了解情况。建议由最高检通过自己的网站对全国的民事公益诉讼诉前程序统一进行网络公告。

检察机关提起刑事附带民事公益诉讼制度在我国虽处于探索初期，但该制度的优势已初步显现，并成为当前检察公益诉讼的主要办案类型。检察机关提起刑事附带民事公益诉讼不同于公益性附带民事诉讼，实践中应以《刑事诉讼法》第 101 条第 1 款为法律依据。当前需要履行民事公益诉讼的前置公告程序，但可以适当简化公告的方式；办案范围应坚持“社会公共利益损害”为限制；为全面保护公共利益，诉讼请求不限于赔偿损失，需要进一步加强对公益诉讼判决执行问题的监管，等等。刑事附带民事公益诉讼制度在理论建构和实务操作中都还有很多争议，建议相关立法对上述问题予以关注并尽快完善，以积极回应理论和实践对刑事附带民事公益诉讼的各种争议。

检察机关民事抗诉标准研究

——以陕西省检察机关民事检察监督案件为样本进行分析

陕西省人民检察院课题组*

民事抗诉是人民检察院对人民法院已经发生法律效力的民事判决、裁定认为确有错误，民事调解书损害国家和社会公共利益，依法要求人民法院对案件进行再审的诉讼活动。民事抗诉制度不仅是我国民事诉讼法中的重要制度，而且是我国民事检察监督制度中最重要的制度基石，在实践中发挥着极其重要的监督作用。作为启动再审程序的方式之一，民事抗诉是检察机关履行宪法和法律赋予的法律监督职能，对民事生效裁判、调解书进行监督的主要手段。2012年《民事诉讼法》对检察机关抗诉与人民法院再审情形作了相同的规定。但是，从司法实务看，检、法两院对检察机关民事抗诉标准认识存在一定分歧，检察机关认为确有错误的案件，法院并不完全认同，导致实践中"你抗你的，我判我的"现象较为突出。同时，上下级检察机关对民事案件抗诉标准在认识上亦存在不同程度差异，部分下级院抗诉标准存在一定任意性，下级院提请抗诉案件上级院不支持既浪费了司法资源又严重影响了检察机关整体的监督公信力。因此，有必要对检察机关民事案件抗诉标准作深入研究，进行进一步细化，并对一些影响是否抗诉的问题达成共识，从而，指导司法实践，保障民事法律的统一正确实施。本课题首先从立法、理论研究方面阐述了当前民事抗诉的现状，并以量化方式呈现了陕西省检察机关民事抗诉案件总的概况，其次，重点以陕西省检察机关2015—2017年期间法院再审的民事抗诉案件和下级院提请抗诉上级院不支持的案件为样本进行分析，最后，在对样本案件全面分析的基础上，提出抗诉工作中应当遵循的基本原则，归纳陕西省检察机关对民事抗诉事由理解和适用中得出的认识和存在的问题，从而对进一步细化民事抗诉标准提出一些思路。

---

* 课题组成员：黄河、邢志坚、彭艳妮、闫党路、刘杰。

一、检察机关民事抗诉标准问题研究背景

（一）民事抗诉立法现状

目前，从民事抗诉标准的立法层面看，2012 年《民事诉讼法》对检察机关抗诉的情形作了与当事人申请法院再审事由一致的规定。《民事诉讼法》第 200 条对人民法院应当再审的有新证据、基本事实缺乏证据证明、主要证据是伪造的或未经质证的、适用法律错误、审判组织不合法、审判人员违法等 13 种情形进行了列举；《人民检察院民事诉讼监督规则（试行）》（以下简称《民事诉讼监督规则》）对民事诉讼法规定的新证据、认定的基本事实缺乏证据证明、适用法律确有错误、审判组织的组成不合法、违反法律规定，剥夺当事人辩论权利的等部分抗诉情形作了细化解释。与以往相比，这些规定在制度层面更加完善科学，对规范抗诉工作具有重大的现实意义。但是，无论是立法还是司法解释，主要是从宏观方面对哪些情形可以抗诉进行了规定，却没有对抗诉实践中事实认定、证据采信、法律适用、责任承担等具体标准问题如何统一适用进行更细地规范，而这些涉及操作层面的问题解决与否又直接关系到抗诉案件的质量以及检察监督的权威。以检察机关作为民事抗诉理由适用较多的《民事诉讼法》第 200 条第 6 项（原判决、裁定适用法律确有错误的）为例，该条对于法律明确规定的事项，检、法两院在适用时一般不会存在问题，但对于法律规定比较模糊的事项，检、法两院认识分歧就会较大。如目前数量不断增多的侵犯农村集体经济成员权益纠纷案件，由于土地征用补偿费的分配适用法律没有明确规定，相同或相似的纠纷诉至法院后，各地法院判决不一，导致纠纷不断发生，有些已经成为农村不安定的重要因素。即使在案件是否属于法院管辖这一基本问题上，检、法两院都存在分歧。检察机关依据最高人民法院 2005 年 7 月 29 日下发的《关于审理涉及农村土地承包纠纷案件适用法律的解释》的相关规定，认为此类案件属于人民法院受理民事案件范围应当予以受理。法院一般都以属于村民自治范畴，裁定不予受理或者驳回起诉。还有涉及案件事实认定方面的证据采信、举证责任分配、依职权调查收集证据等问题，在实践中，检、法两院分歧也较大，不利于维护法律的统一和权威。

（二）民事抗诉理论研究现状

从理论研究层面看，学界对民事抗诉制度的价值功能、现状、存在问题、立法完善、抗诉的适当性和必要性原则以及民事抗诉与再审程序的关系等一些理论问题研究的较多，而对民事抗诉过程中涉及事实认定、证据采信、法律适

用、责任承担等抗诉事由适用的细化标准问题，由于主要涉及司法实务，理论研究几乎很少涉及。

（三）民事检察工作现状

以 1988 年最高人民检察院民事行政检察厅设立为标志，我国民事检察工作开展已超过三十年。检察机关民事检察监督领域不断扩展，监督方式不断丰富，监督程序不断规范，在化解纠纷矛盾、维护社会和谐、服务社会经济发展方面发挥了越来越重要的作用。但是，多年来，受“重刑轻民”观念的影响，民事检察工作一直是整体检察工作中的“薄弱”部分，具体体现在组织领导、工作部署、机构设置、力量配备等多个方面。以陕西省检察机关为例，最新统计显示，陕西省检察机关三级院民事行政检察人员 574 人，占全省检察干警总人数 9.50%，其中员额检察官人数占比为 5.10%，在当前省、市级院内设机构改革还没有完成的情况下，民事检察干警同时要承担民事诉讼监督、行政诉讼监督以及公益诉讼工作三项职责，投入民事诉讼监督的人员力量十分有限。从队伍专业化程度看，全省民行检察部门具有硕士学位人员 95 人，其中民商法专业的仅为 23 人。尤其是在司法体制改革后，大量原刑事检察、综合部门人员入额后进入民行检察部门工作，队伍人数数量有所增加，但新进人员专业水平还需要进一步提升。从工作职能发挥看，民事检察监督三大职能中，民事生效裁判监督工作开展时间长，较为成熟，但监督的质效和精准度仍需提升。民事执行监督和审判人员违法行为监督职能发挥明显不足，办案中存在“量大质弱”的问题，检察监督的实效没有充分显现。

（四）陕西省检察机关办理民事抗诉案件概况

以陕西省检察机关为样本，通过对 2015 至 2017 年全省民事抗诉案件进行综合分析，我们发现，民事抗诉案件主要呈现以下几个特点：

1. 省级院提出抗诉案件逐年攀升。2015 年至 2017 年，全省检察机关共办理抗诉案件 177 件，其中省院办理 105 件；市分院办理 72 件。

表 1：2015—2017 年全省检察机关办理民事抗诉案件数量（单位：件）

年度	市分院抗诉	省院抗诉	合计
2015	31	30	61
2016	22	34	56
2017	19	41	60

从省、市两级院抗诉案件占比看，从 2016 年开始省院抗诉案件数量超过市级院。主要原因在于 2014 年以来一审生效案件检察机关不予受理规定得到严格执行，基层院县区院办理和提请市级院抗诉案件逐年减少，市院抗诉案件数量相应下降。

从案件分布地区看，2015 年至 2017 年，西安地区 4 件，占比 5%；宝鸡地区 6 件，占比 8%；咸阳地区 17 件，占比 24%；铜川地区 0 件；渭南地区 9 件，占比 12%；延安地区 4 件，占比 6%；榆林地区 22 件，占比 31%；汉中地区 2 件，占比 3%；安康地区 8 件，占比 11%；商洛地区 0 件。

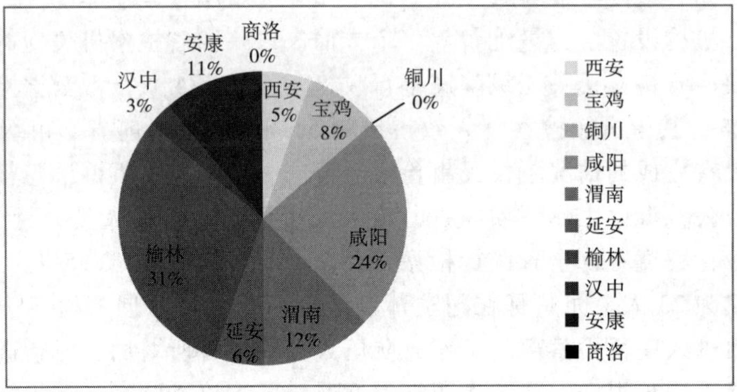

图 1：2015—2017 年全省各地办理民事抗诉案件数量占比

2. 抗诉案件案由相对集中。从案由占比情况看，全省民事抗诉案件案由类型主要集中在合同纠纷、民间借贷纠纷、侵权、婚姻继承、析产合伙、劳动争议、侵犯村集体经济组织成员权益等民事案件领域，其中合同纠纷、民间借贷纠纷、侵权纠纷类案件占比较大。

表 2：2015—2017 年全省民事抗诉案件案由类型数量（单位：件）

案由	省院抗诉	市院抗诉	总计
合同纠纷	40	11	51
民间借贷纠纷	11	26	37
侵权纠纷	17	13	30
婚姻继承纠纷	6	3	9
析产合伙纠纷	5	1	6
劳动争议	6	8	14
侵犯村集体成员权益	8	2	10
其他	12	8	20

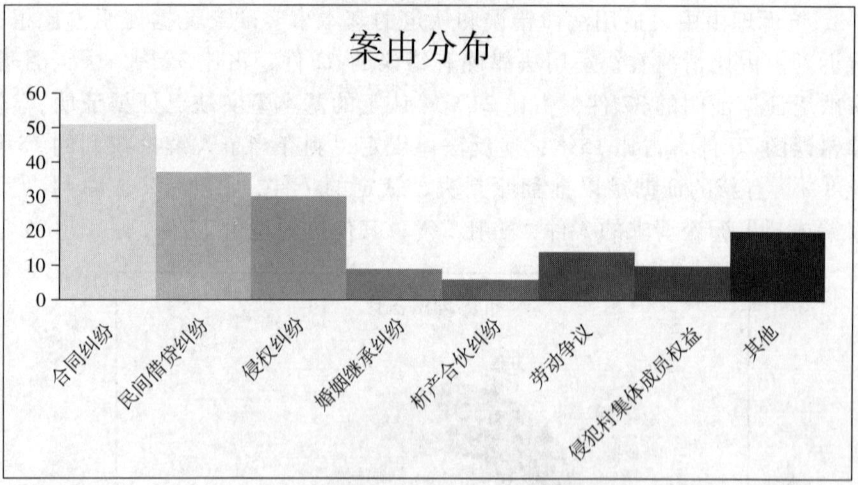

图 2：2015—2017 年全省民事抗诉案件案由分布对比

从案由地区分布情况看，地区案件类别差异较大，一个显著的特点是，西安、宝鸡、咸阳地区合同纠纷占比较大，榆林地区民间借贷纠纷占比较大。

表 3：2015—2017 年全省民事抗诉案件数量地区分布（单位：件）

地区案由	合同纠纷	民间借贷纠纷	侵权纠纷	婚姻继承纠纷	析产合伙纠纷	劳动争议	侵犯村集体组织成员权益	其他
西安	14	0	8	3	2	3	0	2
宝鸡	9	2	4	0	0	2	1	2
咸阳	9	6	6	2	0	1	2	2
铜川	1	0	1	1	0	0	1	1
渭南	4	5	1	2	1	1	1	1
延安	3	4	2	0	2	1	4	1
榆林	4	16	4	1	0	2	1	2
汉中	4	0	2	0	0	4	1	1
安康	3	3	0	0	0	0	1	1
商洛	2	2	2	0	1	1	0	1
合计	53	38	30	9	6	15	12	14

3. 抗诉理由中，适用法律错误和认定的基本事实缺乏证据证明占比很大。从抗诉理由占比情况看，适用法律确有错误的 62 件，占比 35%；认定的基本事实缺乏证据证明的 37 件，占比 21%；认定的基本事实缺乏证据证明，适用法律错误的 26 件，占比 15%；违反法律规定，剥夺当事人辩论权利的 15 件，占比 8%；有新的证据足以推翻原判决、裁定的 7 件，占比 4%；原判决、裁定遗漏或超出诉讼请求的 3 件，占比 2%；其他抗诉理由 27 件，占比 15%。

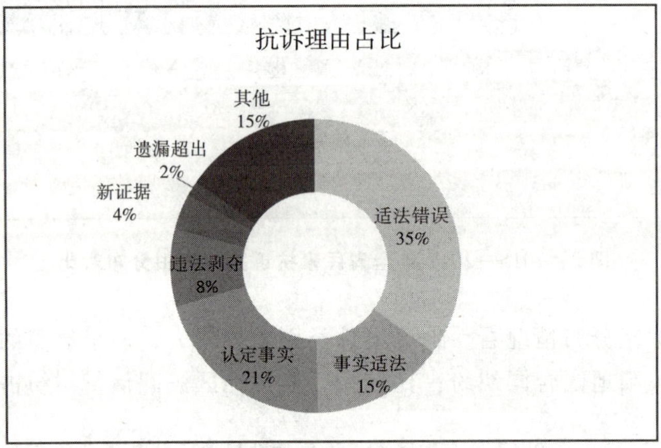

图 3：2015—2017 年全省民事抗诉案件抗诉理由占比

4. 民事抗诉案件再审改判率较低。从民事抗诉案件再审情况看，2015 年至 2017 年共收到法院再审裁判文书 127 件，其中改判 49 件，撤销原判发回重审 17 件；调解结案 11 件；和解撤诉 2 件；维持原判 46 件，其他 2 件。

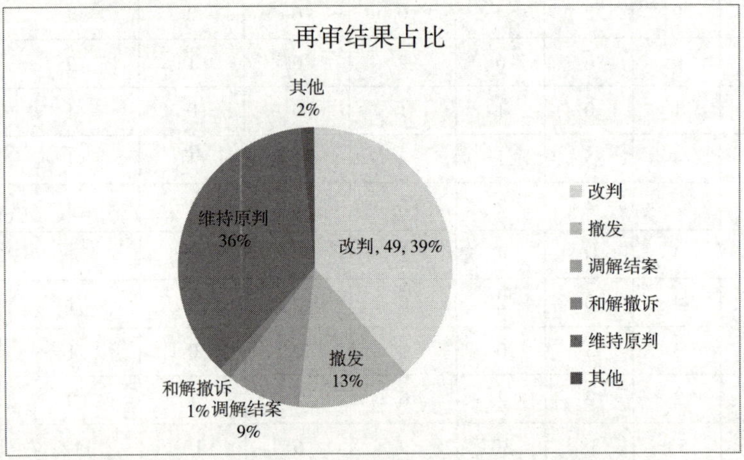

图 4：2015—2017 年全省民事抗诉案件再审结果占比

从收到法院的49份再审改判判决书情况看，市分院抗诉后改判的18件，占法院再审市院抗诉案件数的36%；省院抗诉后改判的31件，占法院再审省院抗诉案件数的63%；再审后法院全部采纳检察机关抗诉意见的27件；部分采纳检察机关抗诉意见的21件，其中1件改判但未采纳抗诉意见。从总体上看，全省检察机关再审改判率不高，仅占抗诉案件的39%。在全部采纳抗诉意见的案件中，适用法律确有错误的有12件；认定案件的基本事实缺乏证据证明的有5件；认定案件的基本事实缺乏证据证明，适用法律错误的有3件；适用法律正确，认定事实错误有5件；有新的证据足以推翻原判决、裁定的有1件；剥夺当事人辩论权利的1件。

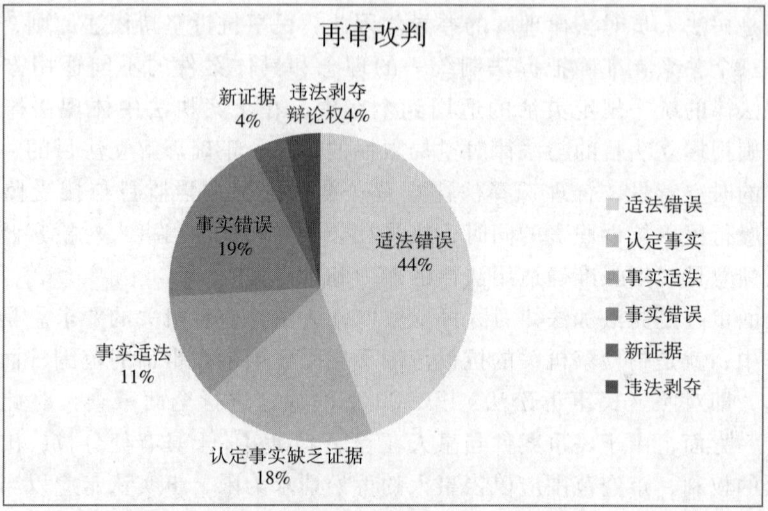

图5：2015—2017年全省民事抗诉案件再审改判采纳抗诉意见占比

二、民事抗诉工作应遵循的基本原则

民事抗诉工作的根本任务是通过对人民法院已经发生法律效力的判决、裁定以及损害国家利益、社会公共利益的调解书进行监督，保障国家民事法律的统一正确实施，切实维护司法公正和司法权威。因此，确立民事抗诉工作的基本原则必须充分考虑其在中国特色社会主义法治理念、理论和法律体系的功能和价值，既不能用普遍适用的具有共性的法治原则来代替，也不能偏离民事诉讼的基本精神和民事抗诉工作的自身规律而确立。从程序价值来讲，其应当是实施民事抗诉程序最根本的准则；从实体价值讲，其应当是民事抗诉工作追求的最本质的价值。结合陕西省检察机关近年来办案工作实践和对检察监督案件的分析，我们认为，民事抗诉工作应遵循以下几个基本原则：

（一）依法全面审查原则

依法是司法活动的灵魂，也是民事抗诉工作的核心原则。依法审查应包含两层含义，一方面，民事抗诉应依据法律授权来开展，具体的讲就是民事诉讼法、民事诉讼监督规则等法律法规的相关规定进行，民事抗诉的监督范围、方式和程序必须严格依照法律法规的规定，不能超越法律法规授权；另一方面，民事抗诉应依据实体法的规定提出监督意见，遵照法律确定的各领域的法律秩序履行监督职责。依法原则在实践中会受到以下因素影响而导致适用上的困境：一是法律规定本身的缺陷和滞后性；二是法律规范之间的冲突和不适应性；三是司法人员对法律理解的差异。因此，民事抗诉坚持依法原则，应准确把握好三个关系：准确把握法制统一的理念和具体案件的不同适用方法的关系，把法律的统一规定灵活的适用到个案中，在个案执法中体现法律的生命力；准确把握立法目的与法律时空局限性的关系，正确理解立法目的，充分结合法律的时空背景，合理选择法律规范；准确把握加强监督与接受监督的关系，在履行民事抗诉职责的同时，接受社会各界和案件当事人对检察监督的多方面反馈意见，增强准确适用法律的能力和水平。

全面审查是宪法和法律对人民检察院作为法律监督机关的要求。具体到抗诉工作中，就是指检察机关的抗诉范围不应限于当事人申请的范围，而应是全案审查，即对照《民事诉讼法》第200条的规定进行全面审查。对此，我们认为，一方面，由于民事案件当事人在程序上和实体上具有处分权，出于尊重当事人的权利，审查范围应以当事人的诉讼请求为限，事实认定应以当事人主张的事实为限，程序进行以当事人的启动为限。如当事人对裁判结果未提出异议，检察机关应当尊重当事人的意思。另一方面，在案件涉及国家利益和社会公共利益，以及涉嫌犯罪时，审查的范围不应当受当事人请求范围的限制。因为案件涉及国家或社会公共利益，所以案件的程序问题和实体问题均在当事人的处分权之外，即使当事人认可法院的裁判结果，该裁判结果的瑕疵也不会因此而治愈。检察机关作为法律监督者，面对国家利益和社会公共利益受损的情形，应当主动审查。涉嫌犯罪时，由于刑罚权为国家所垄断，追诉犯罪是检察机关的法定职责，检察机关必须严格依法启动相关程序，此时更不能受当事人意见左右。

（二）公开公平公正原则

公开原则是指检察机关在办理民事抗诉案件过程中，对不涉及国家秘密和个人隐私等有关的活动和事项，应当依法向社会和诉讼参与人公开。公开原则也是贯彻落实检务公开制度在民事抗诉领域的具体体现。公平原则是指检察机关在办理民事案件过程中，通过对人民法院确有错误的生效民事判决书、裁定书，损害国家利益和社会公共利益的调解书等违法情形进行抗诉，来实现对各方当事人合法权益的平等保护。公正原则是指检察机关在办理民事抗诉案件过程中，要坚持居中监督，不偏不倚，不做任何一方当事人的“代言人”，坚持维护司法公正，维护国家法律的统一正确实施，既做到实体公正，也做到程序公正。公开、公平和公正三者相辅相成，关系密切。公开是公平和公正的重要保障，公平和公正是公开的根本目的。因此，在办理民事抗诉案件过程中，必须要坚持以案件公开促进办案公平公正，以办案公平公正赢得社会公信和检察监督权威。

（三）审慎谦抑原则

民事抗诉权是一种“刚性”权力，民事抗诉这种“刚性”的本质，决定了其对现有的社会秩序和法律关系具有相当的冲击力。检察机关向法院提出民事抗诉，必然会引起法院的再审，从而打破生效裁判已经确定的民事法律关系和各方的权利格局，引发强力的法律效果和社会效果。从维护民事关系的稳定性、尊重法院裁判的权威性以及减少当事人诉累的角度出发，提出民事抗诉应当根据《民事诉讼法》第200条之规定，审慎行使，要充分考虑合法性和必要性。民事抗诉权的行使应强调对法院审判的制约和强调公益监督，而非对当事人自治行为的干预以及全方位无限制的监督。并应当以依法纠错理念取代过去的有错必纠理念，同时坚持客观中立、谦抑以及终局监督的基本原则，对抗诉权运用进行规范化，以使得民事抗诉制度更符合民事诉讼的规律。为此，检察机关在行使民事抗诉权时，必须着眼于价值层面的衡量，以确保行使民事抗诉权所带来的负面效果不能高于其所追求的正面利益。具体讲，应从以下三个角度进行把握：一是从诉讼经济的角度来考量，纠正错误的成本不能明显高于纠正错误所带来的利益。检察机关抗诉后必然会引起再审。人民法院和人民检察院都会付出一定的司法成本，当事人双方也会因为再审而付出相应成本。因此，在追求司法公正的同时，不能脱离成本的权衡。“如果错误成本低于消除错误成本所必需的成本时，我们应该容忍这样的错误存在。”如有的错误裁判涉及的争议数额很小，因提起抗诉给当事人增加的诉讼成本可能大于引起再审获得的利益，那么此类案件就不宜抗诉，而应通过调解等其他方式解决。二是从保护法益的角度来考量，纠正错误所造成的损害不能明显超过其所追求的利益。民事抗诉是一种修复性司法，以破除原有的法律关系为手段，已建立新的法律关系为目的。这种从“破”到“立”的过程势必对现有的秩序产生冲击。法院裁判的终局性和稳定性会被打破，当事人之间已经确定的民事法律关系会恢复到待定状态，甚至相关第三人的预期利益也会受到影响，社会关系会因此陷入一种不确定状态。为此，检察机关行使抗诉权时不应只着眼于当事人之间的矛盾纠纷，还要从全局的角度考虑维护更多人的利益，维护社会秩序稳定。如实践中，有的裁判虽然存在错误，但基于此裁判所确定的社会关系已经形成并稳固，事后的纠正会导致现有的民事关系受到冲击，产生更多的社会纠纷，对此检察机关就不宜提出抗诉，而应寻求其他方式解决。三是从社会伦理的角度来考量，纠正错误不应以牺牲伦理道德、公序良俗为代价。民事抗诉引起再审，但诉讼有时并不是化解矛盾纠纷的最佳手段，相反有些矛盾会因为抗诉而更加尖锐，特别是一些涉及伦理、亲情的案件。如家庭内部成员之间涉及拆迁、析产、继承等方面的财产纠纷。诉讼虽然能够从法律层面明确他们之间的权利义务关系，但很难修复他们之间的亲情关系，相反民事抗诉会使家庭成员再次陷入诉争，从而造成更加难以修复的伦理裂痕。因此，对于一些涉及伦理道德特别是家庭成员之间的财产纠纷，若抗诉后可能会导致矛盾更加尖锐，检察机关在行使抗诉权时就应当更加审慎。

（四）尊重和保障当事人诉权原则

检察机关作为国家法律监督机关，其职责就是通过办理民事抗诉案件，纠正人民法院确有错误的生效裁判以及违反国家和社会公共利益的调解书，来维护当事人的诉讼权利。尊重和保障当事人诉权原则要求检察机关在办理民事抗诉案件过程中，对当事人为维护自己的实体权利和诉讼权利所作出的起诉，撤诉，增加、变更诉讼请求，申请回避，参与法庭辩论等程序性权利，必须予以尊重和保障。与刑事诉讼、行政诉讼相比，民事诉讼的显著特点就是，当事人在不违反法律强制性规定的情况下，在不损害国家和社会公共利益的前提下，有权对自身享有的民事实体权利和民事程序权利作出处分。因此，检察机关在办理民事抗诉案件的过程中，应当通过对人民法院审判权的监督，保障当事人在诉讼活动中依法行使法律赋予的各项诉讼权利，同时保障当事人在参与民事抗诉活动过程中充分行使诉讼权利，尊重当事人在法律规定的范围内对自身权利的处分，做到维护司法公正、司法权威和保障当事人处分权的有机结合。

（五）监督和支持并重原则

裁判一旦生效，就必须维护其既判力的稳定性和权威性，当事人不得再对此裁判确认的实体法律关系进行争议，法院也不得随意撤销或者变更该裁判。

生效裁判既判力体现了司法的权威和公信力。作为审判监督程序启动的重要主体之一，检察机关承担双重职责：既要纠正确有错误的生效裁判又要维护正确裁判的稳定性。民事抗诉程序需在必要的纠错机制与维护生效裁判的既判力之间寻找平衡点。不能缺位失职也不能越位滥权。从价值目标上看，纠正错误裁判和维护正确裁判都是为了实现司法公正、维护司法权威、确保国家法治的统一、尊严和权威。因此，坚持监督与支持并重原则，要求检察机关在办理民事抗诉案件过程中对人民法院正确的裁判结果给予支持，同时做好检察环节的矛盾化解和息诉工作；对确有错误的裁判结果应当予以监督，切实维护司法公正。工作中要牢固树立起监督就是支持，支持就是监督的理念，通过办理民事抗诉案件，切实担负起检察机关维护司法公正和权威，确保国家法律的统一正确实施的职责。

三、民事抗诉标准研究

如同法院审理案件应当同案同判一样，检察机关在审查抗诉案件时亦应当相同情况，同等对待。为此，对于每一个具体抗诉事由的适用，都应当有明确、统一的尺度，这些统一的尺度，就构成了民事抗诉标准。民事案件的抗诉事由由多个相互独立的情形构成，相应地，民事抗诉标准亦是一个复杂的判断体系。前文对陕西省检察机关民事抗诉再审案件和提请抗诉案件进行了实证分析。通过分析，可以结合办案实际，在现有法律、司法解释框架内，对民事抗诉事由的适用标准作进一步细化。

检察机关提出抗诉应当指出生效裁判在证据认定、法律适用、审判程序等方面存在错误或者违法的法定事由。民事诉讼法规定的民事抗诉事由，既是对检察机关进行抗诉的授权，也是对抗诉权的限制。我国民事诉讼法对检察机关民事抗诉事由的规定有一个变化演进过程。1991 年《民事诉讼法》规定了四种抗诉事由。(1) 原判决、裁定认定事实的主要证据不足；(2) 原判决、裁定适用法律确有错误；(3) 违法法定程序，可能影响案件正确判决、裁定；(4) 审判人员在审理案件时有贪污受贿、徇私舞弊、枉法裁判行为的。2007 年《民事诉讼法》规定的检察机关抗诉事由与当事人申请再审法院应当再审的事由一致。检察机关抗诉事由增加为 13 项规定：(1) 有新的证据，足以推翻原判决、裁定的；(2) 原判决、裁定认定的基本事实缺乏证据证明的；(3) 原判决、裁定认定事实的主要证据是伪造的；(4) 原判决、裁定认定事实的主要证据未经质证的；(5) 对审理案件需要的证据，当事人因客观原因不能自行收集，书面申请人民法院调查收集，人民法院未调查收集的；(6) 原判决、裁定适用法律确有错误的；(7) 违反法律规定，管辖错误的；(8) 审判组织的组成不合法或者依法应当回避的审判人员没有回避的；（9）无诉讼行为能力人未经法定代理人代为诉讼或者应当参加诉讼的当事人，因不能归责于本人或者其诉讼代理人的事由，未参加诉讼的；（10）违反法律规定，剥夺当事人辩论权利的；（11）未经传票传唤，缺席判决的；（12）原判决、裁定遗漏或者超出诉讼请求的；（13）据以作出原判决、裁定的法律文书被撤销或者变更的。同时还规定，对违反法定程序可能影响案件正确裁判的情形，审判人员贪污受贿、徇私舞弊、枉法裁判行为，应当再审。2012 年《民事诉讼法》对于当事人申请再审的事由和检察机关民事抗诉事由均未作大的修改，仍然为 13 项。该 13 项具体规定，可以归纳为四种情况：原审裁判认定事实方面的抗诉事由；原审裁判适用法律方面的抗诉事由；原审理过程违反法定程序方面的抗诉事由；与审判人员职业操守有关的抗诉事由。

（一）原审裁判认定事实错误抗诉事由适用标准

案件事实的认定主要通过对证据审查、认定、质证、采信而得以实现。因此，应当从证据审查着手细化认定事实错误抗诉标准。法院对证据的审查认定构成案件审理的中心环节。同样的，检察机关在办理案件时对证据的审查认定采信是审查案件的中心环节。由于检察机关对案件的审查是在法院审判过程终结之后，是面对业已生效的判决裁定的一种“事后监督”，这决定了检察机关在案件证据审查认定采信方面与法院具有较高的相似性，但又必然有一定的差异。《民事诉讼法》第 200 条规定的抗诉事由第（1）至（5）项可归纳为由于证据审查、认定、采信等原因导致的认定案件事实错误。这里重点论述司法实践中，较难把握的“认定的基本事实缺乏证据证明”适用标准和“新的证据”抗诉标准，以及检察机关运用依职权调取证据启动抗诉的标准。

1. “认定的基本事实缺乏证据证明”的判断标准

根据对全省民事抗诉案件抗诉理由的分析，《民事诉讼法》第 200 条第 2 项“原判决、裁定认定的基本事实缺乏证据证明”是检察机关抗诉采用较多的一项事由。其单独或者与“适用法律错误”共同作为抗诉理由的案件，构成抗诉案件的绝大部分。实践中，该抗诉事由把握的难点在于对缺乏证据证明的判断。根据《民事诉讼监督规则》第 79 条的规定，缺乏证据证明的主要情形为：认定基本事实没有证据支持，或者所依据的证据虚假、缺乏证明力、不合法；对基本事实的认定违反逻辑推理或者日常生活法则。因此，达到“认定的基本事实缺乏证据证明”抗诉标准，应当具备三个方面条件：

一是属于基本事实的范畴。基本事实即主要事实。是对原判决、裁定的结果有实质影响、用以确定当事人主体资格、民事法律关系性质、具体权利义务和民事责任等内容所依据的事实。它们对于民事权利义务的发生、变更、消灭有直接作用。因此，对于生效裁判认定非基本事实错误的，不够成抗诉事由。

二是原审裁判对证据证明力判断错误。《民事诉讼证据规定》规定，审判人员应当依照法定程序，全面、客观地审核证据，依据法律的规定，遵循法官职业道德，运用逻辑推理和日常生活经验，对证据有无证明力和证明力大小进行判断。这点同样适用检察人员。检察机关在审查案件时，由于面对的是已生效裁判，对于证据证明力的判断应当更加严格。应当严格依照《民事诉讼证据的若干规定》的规定，对各类证据客观性、关联性、合法性进行全面审核，同时，从各证据与案件事实的关联程度、各证据之间的联系等方面进行综合审查，判断一方提供的证据证明力是否明显大于另一方。

三是原审裁判证据运用错误。在审查案件过程中，逻辑推理、日常生活经验等也具有重要作用。实践中，一些案件检、法两院对证据本身均没有异议，但从证据到事实结论的得出往往有不同意见，即对于证据的使用和对案件事实逻辑推理不同的分歧。对于从证据到案件事实认定的过程，检察机关应当严格按照《民事诉讼证据规定》的规定，遵循逻辑推理和日常生活经验，达到办案人内心确信的程度。同时，还要考虑在举证责任是否完成，举证责任是否发生转移等因素。如果没有充分的理由证明原生效裁判对证据的使用违背逻辑及日常经验，就很难推翻原审裁判。

综上，达到《民事诉讼法》第 200 条第 2 项抗诉标准具体应当是：原审裁判在审查认定案件基本事实时对不同证据证明力有无、大小判断错误，采信证据错误；或者证据虚弱、不充分，没有达到高度盖然性的证明标准；或者是在证据运用过程中明显违反经验规则和逻辑推理等。具有以上情形之一的，均可构成检察机关“认定的基本事实缺乏证据证明”抗诉事由。

2. “有新的证据，足以推翻原判决、裁定”的判断标准

2007 年《民事诉讼法》把当事人有新证据作为一个抗诉事由。从理论上讲，原审裁判是在当时的证据基础上做出的，当事人发现新的证据，不能证明原审裁判违法。检察机关以新发现的证据为由直接启动抗诉，值得商榷。2012 年《民事诉讼法》规定当事人申请检察监督之前应当先向法院申请再审，在法院对其提交的新证据不予采信，驳回其再审申请的情况下，检察机关审查认定该证据符合新证据的要件且足以推翻原审裁判提出抗诉，更具有正当性和合理性。

对“新的证据”效力的认定标准。根据《民事诉讼证据规定》的规定，我国实行相对的举证时限和证据失权制度。虽然“新的证据”严格指原审庭审结束后新发现的证据，但当事人“因客观原因未能在准许的期限内提供，

且不审理该证据可能导致裁判明显不公的，其提供的证据可视为新证据。”同时，2012 年《民事诉讼法》规定，当事人逾期提供证据的，人民法院应当责令其说明理由；拒不说明理由或者理由不成立的，人民法院根据不同情形可以不采纳该证据，或者采纳该证据但予以训诫、罚款。对于新证据的采信有进一步放宽的趋势。同样，在现阶段检察机关对再审新证据的认定不宜过于严格。对当事人原审阶段未提交的证据，不应当仅以超期限提交为由直接认定证据失权。对新证据应从其确定性、重大性、补充性和不可分性等方面考虑其对原判是否具有重大影响。即使因为当事人的过错，造成证据未在举证期限内提交，也应当对该证据进行审查，认定其是否足以推翻原审裁判。如果确实足以推翻原判决裁定的，仍应当据此提出抗诉。在抗诉的同时可以向法院进行建议，对当事人不及时提供证据的行为进训诫、罚款。因此，“有新的证据，足以推翻原判决、裁定”抗诉事由适用的标准应当是当事人提供的证据符合客观性、关联性、合法性且足以推翻原审裁判即可据此提出抗诉。

3. 检察机关运用依职权调取证据的效力

《民事诉讼法》第 210 条规定：“人民检察院因履行法律监督职责提出检察建议或者抗诉的需要，可以向当事人或者案外人调查核实有关情况。”将检察机关调查权予以立法化，有利于检察机关更有效地履行法律监督职能。实践中，对检察机关依职权调查收集证据，法院认为有侵犯公民私权之虞。考虑到民事诉讼当事人处分原则，检察机关确实不应当随意启动调查权，打破双方举证平衡，一般应以当事人的申请为前提，且应当对当事人是否因客观原因不能自行收集证据进行审查。检察机关运用调查核实手段审查民事案件应当正确处理公权于私权的关系，不能随意扩张调查权行使边界。应当围绕原审裁判是否符合证据规则开展调查，追求法律真实而非客观真实。应当特别注重程序合法，非法调取的证据材料不能作为证据使用，且应当听取双方当事人对调取证据的质证意见，未经质证的证据不能作为启动抗诉的依据。

基于以上分析，检察机关以调取的证据启动抗诉程序的，应当坚持审慎原则。运用调核实权调取新证据启动抗诉的标准：一是检察机关依职权调查取证确有必要，程序合法；二是调查收集的证据是证明案件基本事实的主要证据，具备客观性、关联性、合法性，且经双方当事人质证；三是调查收集的新证据足以推翻原审生效裁判。

（二）原审裁判适用法律错误抗诉事由适用标准

适用法律确有错误是检察机关抗诉采用较多的一项事由，与认定的基本事实缺乏证据证明常常同时作为抗诉理由出现在同一抗诉案件中。主要原因在于案件性质认定、法律关系主体、性质或者法律行为效力以及民事责任承担等既涉及事实问题，又涉及法律适用，认定事实错误将导致法律适用错误。2012年《民事诉讼法》第200条第6项中“法律”的范围应当作广义理解，既包括全国人大及其常委会制定的法律，也包括国务院制定的行政法规和“两高”的司法解释。

1. 合并认定事实错误的适用法律错误抗诉事由的适用标准

此类案件系认定事实错误导致的法律适用错误。《民事诉讼监督规则》第80条第1、第2、第3项情形的前提是案件事实认定存在错误。而且该3项规定中的案件性质、法律关系主体、性质或者法律行为效力以及民事责任划分、承担等案件事实均属于基本事实的范畴。此种情形抗诉标准的把握应当与“认定的基本事实缺乏证据证明”标准一致。

2. 单纯适用法律错误抗诉事由的适用标准

《民事诉讼监督规则》第80条第4至8项对于单纯的法律适用错误情形做出明确规定。主要有认定法律生效时间、溯及力错误，违反法律适用规则，违背立法目的和精神，错误认定当事人请求是否超过诉讼时效等，这几类适用法律错误情形均可以归为技术性错误，适用标准较为明确。实践中，案件纯粹适用法律错误的并不多。较多情形是，在案件事实认定一致的前提下，对于法律没有明确规定或者有明确规定，对具体规定的理解适用，检、法两院出现较大分歧。在法律没有明确规定，或者条文规定文意不唯一的情况下，一定程度地承认法官造法的功能，尊重法官根据自己对法律的适用与理解做出具体判决，是符合司法实践需求的。因此，对于此类案件不宜启动抗诉。

3. 单纯适用法律错误但实体处理结果并无不当案件的处理

司法实践中，有时会出现裁判中引用的法律规定与案件的法律关系不符，如有限责任公司的股权纠纷案件引用了股份有限公司的法律规定，但两者就争议事项的规定并无明显不同；或者引用了失效的法律规定，但对于争议事项现行有效的法律规定与旧法规定一致或者立法精神一致；或者引用的法律条文与案件事实和裁判判理部分的论述没有任何关系，但没有影响案件的实体处理。虽然适用法律错误的抗诉标准，并未将裁判结果实体错误作为适用条件，但是，对于以上情形是否以适用法律错误为由进行抗诉，应当综合考量全案情况，特别应当从维护民事关系的稳定性、减少当事人诉累的角度考虑，审慎启动抗诉监督方式，可以采取检察建议等方式予以监督纠正。

（三）原审诉讼程序严重违法抗诉事由适用标准

1991年《民事诉讼法》规定，只有法院违反法定程序，可能影响案件正确判决、裁定的，检察机关才提出抗诉。据此，违反法定程序不论行为严重与否，只要没有影响案件正确裁判就不能抗诉，或者申请再审。这种规定完全忽略了审判程序的价值。诉讼程序是为了保障审判结果的公正性而设计的，程序合法是裁判内容合法的重要保障。程序并不仅仅是实现实体结果的手段，审判过程本身就具有其内在的、并不取决于能否产生某种好的结果的价值，如公正、理性、人格尊严等。因此，应当独立于评价实体结果，对程序本身是否正当、合理进行评价。

1. 足以引起抗诉的程序性违法事由认定

2012年《民事诉讼法》第200条第7至第10项规定了检察机关抗诉的程序违法事由。主要包括了审判组织不合法、违反回避规定、违法诉讼代理规定、当事人无过错未参加庭审、剥夺当事人辩论权利、违法缺席判决等内容。这些情形均是违反基本诉讼制度的严重违法行为，有的甚至从根本上剥夺了当事人的诉权，审判程序中存在这些违法情形就动摇了整个审判活动的正当性，从而可以推定影响了实体裁判的公正性和合法性。从权利救济的角度讲，应当返还当事人以正当的法律程序；从法律监督的角度讲，应当纠正诉讼程序中有损司法公正的严重违法行为，维护程序正义。因此，检察机关无须证明违法行为导致原审裁判结果错误，即可以据此提出抗诉。由于此类案件中，诉讼效率应让位于程序公正，即使案件抗诉经再审后实体结果并未改变，亦应当坚持以程序严重违法事由进行抗诉。同时，民事诉讼中法院应当遵循的程序规则具体而繁杂，不是所有的违反程序规则的行为都构成严重违法，对于其他程序违法行为检察机关应当采取检察建议的方式进行监督。

2. 审判组织的组成不合法抗诉事由适用标准

审判组织是人民法院审理案件的内部组织形式。根据民事诉讼法的规定，人民法院审理民事案件主要有合议制和独任制两种组织形式。合议制由3名以上单数审判人员对案件进行审理，独任制由1名审判员对案件进行审理。对于民事案件中审判组织的组成，民事诉讼法和有关法律、司法解释有明确具体的规定。结合办案实践，较常见的审判组织的组成不合法主要有：一是违反民事诉讼法的相关规定，对于应当组成合议庭审理的案件由1名审判员独任审判；二是依照第二审程序审理的案件，合议庭组成人员中有人民陪审员；三是依照审判监督程序进行再审和第二审发回重审的案件，没有另行组成合议庭进行审理；四是组成合议庭的人员中有未依照法定程序被任命未法官或者人民陪审员的人员等几种情形。以上几种情形中，适用合议庭组成人员构成违法的抗诉事由，需要对担任人民陪审员是否符合法定条件、参与审判是否具备资格，以及合议庭组成人员是否为依法任命的法官等事实进行必要核实。

3. 违反法律规定，剥夺当事人辩论权利抗诉事由适用标准

《民事诉讼法》第12条规定，人民法院审理民事案件时，当事人有权进行辩论。辩论权是当事人享有的一项重要的诉讼权利。当事人通过行使辩论权，针对对方提出主张所依据的事实和法律进行辩解和反驳，并表明自己的事实和主张。辩论原则是民事诉讼的基本原则之一，当事人双方充分行使辩论权，是法院审理查明案件的基础。违反法律规定，剥夺当事人辩论权利抗诉事由可以细化为：一是在审理过程中，未通过合法方式向当事人送达开庭传票，审判人员不允许当事人针对案件事实和争议焦点充分发表辩论意见，不允许、严重限制当事人行使辩论权利；二是违反法律规定对应当开庭审理的案件，未通过开庭的方式对案件进行审理，实质上等于剥夺了当事人的辩论权利；三是不送达、或者违反法律规定的方式向当事人送达起诉状副本或者上诉状副本，致使当事人无法行使辩论权利。实践中，较为常见的是违法公告送达起诉状、开庭传票，当事人在不知情的情况下成为被告，案件经缺席判决进入执行阶段，财产被采取执行强制措施后才知晓诉讼情况。

（四）民事抗诉应当考虑的其他重要因素

1. 抗诉必要性审查

民事检察监督应当遵循审慎谦抑原则，检察机关对民事诉讼的介入和监督应当适度地收敛和节制。抗诉必要性应当是行使抗诉权中必须考量的问题。理论上，只要裁判符合法定抗诉事由，就应当抗诉。但实践中，对于符合抗诉事由的案件，检察机关还应当进行抗诉裁量，即审查判断是否具有提出抗诉的必要性。对于可抗可不抗的案件，检察院选择抗诉的，法院却基于维护既判力的目的而尽可能不改判。这类案件启动抗诉，不仅耗费司法资源，打破了原来基本稳定的民事法律关系，维持原判的抗诉结果也损害检察监督的公信力和权威。同时，从长远来看，反复纠错造成的生效裁判既判力不稳定与当事人对司法的信任度是成反比的，即使是错误裁判被纠正，也一定程度上损害了审判的权威。面对纠错与维护既判力之间的矛盾，选择任何一端都要付出重大的代价，因此不可不慎。因此如前所述，抗诉审查中应当遵循审慎谦抑原则，从诉讼经济的角度、保护法益的角度以及社会伦理的角度来充分考量抗诉权行使的必要性。对于必要性不足的，不应当启动抗诉。

2. 法官自由裁量权审查

检察机关对民事诉讼的监督，是一种法律监督，只对诉讼的合法性进行监督。对于法院行使裁量权的行为，检察机关不应过多干预。在司法审判过程中，由于应对的情况十分复杂，法律不可能事无巨细地详细做出规定，这就需

要法官在诉讼过程中，在正确认定事实和适用法律的基础上，基于案件的基本情况，根据公正、衡平的法律精神和法律原则，根据自己的认识、经验、态度、价值观以及对法律规范的理解，对案件事实或者法律适用问题酌情作出裁判，或者是在多种合法的法律解决方案之间进行合理选择。法官的这种自由裁量的权力作为对法律局限性的补充和救济，是司法裁判过程的必须，有其存在的合理性。但是，与其他公权力行使一样，法官自由裁量权的行使也必须得到有效合理地制约。检察机关应当从两个方面对自由裁量权行使合法合规性进行审查：一是自由裁量权行使应具备一定的条件。自由裁量权只能在法律对有关事项无明确规定或只规定了处理的原则、幅度或范围时行使。对于法律有明确规定的事项进行酌情自由裁判即应当认为是超出了权力行使范围的滥用。二是自由裁量的结果应当最大程度实现实体正义，平衡双方权利义务，促成纠纷妥善解决。由于法律没有明确的规定，法官自由裁量应当结合案件实际，综合全案证据情况权衡后并作出合理裁判。如果裁判结果造成双方权利义务明显失衡，显失公平的，即应当认为是自由裁量权行使不当。对于属法官自由裁量范围的事由，符合以上两个标准，自由裁量在合理的范围内即是合法的，检察监督不应对此过于严苛，而应当给予一定的包容和尊重。对于自由裁量权范围内做出的裁判，不应当启动抗诉。

参考文献：

1. 李新生主编：《民事行政检察工作重点与案件审查实务》，中国检察出版社 2013 年版。
2. 张步洪：《新民事诉讼法讲义》，法律出版社 2012 年版。
3. 最高人民法院民事审判第一庭：《民事诉讼证据司法解释的理解与适用》，中国法制出版社 2003 年版。
4. 理查德·波斯纳，《法律的经济分析》，中国大百科全书出版社 1997 年版，第 549 页。
5. 刘辉：《事实认定的审查》，载《人民检察》2018 年第 6 期。
6. 李砚：《民事抗诉制度研究——以盐城地区民事抗诉司法实践为分析样本》，苏州大学 2014 年学位论文。
7. 吴英姿等：《民事抗诉实证研究》，载《国家检察官学院学报》2015 年第 4 期。
8. 季卫东：《程序比较论》，载《比较法研究》1993 年第 1 期。
9. 全国人大常委会法工委民法室：《中华人民共和国民事诉讼法解读》，中国法制出版社 2012 年版。
10. 刘红美：《论我国民事抗诉制度——以新〈民事诉讼法〉的规定与适用为

视点》，西南政法大学 2015 年硕士学位论文。
11. 张瑶瑶：《民事抗诉程序构造论》，载《法制博览》2015 年第 19 期。
12. 汤维建：《民事检察法理研究》，中国检察出版社 2014 年版。
13. 宋小海：《论民事抗诉制度新构造与典型民事诉讼的原理相融性》，载《中外法学》2016 年第 6 期。
14. 张雪樵：《解读 30 年来最高检报告中的民事行政检察》，载《检察日报》2018 年 12 月 14 日。

完善检察建议工作机制研究

——以行政公益诉讼诉前检察建议为视角

河南省郑州市中原区人民检察院课题组*

一、行政公益诉讼诉前检察建议运行情况

作为一种新型诉讼模式，行政公益诉讼是检察机关对法律监督权的有序的延伸，使检察监督的时间点前移，形成诉前、诉中诉后监督的一体化格局。① 检察建议是检察机关为促进法律正确实施、在履行法律监督职能过程中结合执法办案，建议有关单位完善制度、正确实施法律法规的文书。在行政公益诉讼领域，我国采取了限定诉讼范围的“两阶段标准”的制度设计，检察机关利用诉前程序甄别行政机关的履职情况将案件分流处理，使得诉前检察建议兼具程序性意义和实体性意义。程序性意义在于诉前检察建议，只有在检察机关向行政机关提出检察建议后，行政机关不依法履行职责，使国家和公共利益仍处在受侵害的状态，检察机关才可依法向法院提起诉讼。实体性意义在于诉前检察建议用以证明行政机关的履职是否已达到了建议的要求，建议的内容往往决定了后续诉讼阶段检察机关的诉讼主张。② 在保护公共利益和维系行政法律秩序。

（一）行政公益诉讼诉前检察建议的法律沿革

我国行政公益诉讼的诉前检察建议程序经历了由试点到立法再到全面铺开的沿革过程。自 13 个地区试点开展行政公益诉讼以来，最高人民法院和最高

---

* 课题负责人：陈宏钧。课题参加人：王正、禹枫、姬艾佟。

① 汤维建：《检察机关提起公益诉讼试点相关问题解析》，载《中国党政干部论坛》2015 年第 8 期。

② 张晓飞，潘怀迎：《行政公益诉讼检察建议：价值意蕴、存在问题和优化路径》，载《理论探索》2018 年第 6 期。

人民检察院（以下简称“两高”）根据实践情况完善诉前程序的规定，发布并实施了一系列规范性文件①，并多次以报告②的形式汇报试点工作的开展情况；两年试点结束后，行政公益诉讼转向全面推广。

表1　行政公益诉讼诉前程序法律沿革一览（2015—2018年）

时间	名称	内容摘要	意义
2015年7月1日	《全国人民代表大会常务委员会关于授权最高人民检察院在部分地区开展公益诉讼试点工作的决定》	决定在北京、内蒙古、吉林、江苏等在内的十三个省、自治区、直辖市开展为期两年的公益诉讼试点	拉开我国检察院提起公益诉讼的序幕
2015年7月2日	《检察机关提起公益诉讼改革试点方案》	在提起行政公益诉讼之前，检察机关应当先行向相关行政机关提出检察建议，督促其纠正违法行政行为或者依法履行职责。行政机关应当在收到检察建议书后一个月内依法办理，并将办理情况及时书面回复检察机关	明确规定以检察建议作为行政公益诉讼的诉前程序

① 规范性文件包括：《检察机关提起公益诉讼改革试点方案》《人民检察院提起公益诉讼试点工作实施办法》《关于深刻开展公益诉讼试点工作有关问题的意见》《最高人民检察院关于检察院办理公益诉讼案件的规定（试行）》（征求意见稿）《人民法院审理人民检察院提起公益诉讼案件试点工作实施办法》《最高人民法院关于审理环境公益诉讼案件的工作规范》等。

② 试点报告主要有：《最高人民检察院工作报告》（2016年3月13日）、《最高人民检察院关于检察机关提起公益诉讼试点工作情况的中期报告》《最高人民检察院工作报告》（2017年3月12日）、《检察机关公益诉讼试点工作2017年6月份情况通报》《最高人民检察院工作报告》（2018年3月26日）、《最高人民检察院关于人民检察院全面深化司法改革情况的报告》。

续表

时间	名称	内容摘要	意义
2017年6月27日	《行政诉讼法》	第25条后增加第4款，人民检察院在履行职责中发现生态环境和资源保护、食品药品安全和国有财产保护、国有土地使用权出让等领域负有监督管理职责的行政机关违法行使职权或者不作为，致使国家利益或者社会公共利益受到侵害的，影响行政机关提出检察建议，督促其依法履行职责。行政机关不依法履行职责的，人民检察院依法向人民法院提起诉讼	正式将行政公益诉讼纳入行政诉讼法的规范体系，规定了行政公益诉讼的受案范围、诉前程序以及诉讼的启动机制
2018年3月2日	《关于检察公益诉讼案件适用法律若干问题的解释》	行政机关应当在收到检察建议书之日起两个月内依法履行职责，并书面回复人民检察院。出现国家利益或者社会公共利益损害继续扩大等紧急情形的，行政机关应当在十五日内书面回复	经过我国地方政策试点和中央统一立法的吸纳，形成较为成熟的诉前检察建议程序

（二）行政公益诉讼诉前程序的试点实践情况

自《检察机关提起公益诉讼改革试点方案》（以下简称《试点方案》）施行以来，我国行政公益诉讼实现了全覆盖、多样化的试点探索，为立法和司法实践积累了大量的宝贵经验。截至2017年6月底，各试点地区检察机关共办理公益诉讼案件9053件，其中诉前程序案件7903件、提起诉讼案件1150件。试点地区检察机关通过公益诉讼挽回直接经济损失89亿余元，其中收回国有土地出让金76亿余元，收回人防易地建设费2.4亿余元，督促违法企业或个人赔偿损失3亿余元。① 在修改后的《行政诉讼法》及《关于检察公益诉讼案件适用法律若干问题的解释》（以下简称《解释》）施行后，截至2017年11

① 徐日丹：《试点两年检察机关办理公益诉讼案件9053件》，载《检察日报》2017年7月1日。

月，全国检察机关共在履行职责中发现公益案件线索23329件，其中公益诉讼诉前程序案件14109件，向法院提起公益诉讼1247件。①

表2 13个试点诉前程序案件运行情况一览（2015年12月—2018年1月）

截止时间	全部案件线索数（件）	诉前程序“检察建议”案件数（件）			诉前程序中行政机关纠正违法或履行职责件数（已到回复期限案件）	诉前程序中行政机关纠正违法或履行职责比率（已到回复期限案件）
		总数	行政公益诉讼	民事公益诉讼		
2015年12月	501	245	212	33	118	79.73%
2016年6月	1942	1106	1047	59	814	88.86%
2016年9月	2982	1668	1591	77	1214	90.05%
2016年12月	4378	3883	3763	120	2838	75.40%
2017年6月	9053	7903	7676	227	5162	77.14%
2018年1月	10565	9497	9225	272	—	—

截至2015年12月底（施行后6个月），试点地区的检察机关在履行职责的过程中发现公益案件线索501件。通过检察建议进行公益诉讼诉前程序的案件为245件，其中，行政公益诉讼212件，民事公益诉讼33件。以案件范围划分，环境资源领域313件，国有土地使用权出让领域118件，国有资产保护领域59件，食品药品安全领域11件。② 发出检察建议后，相关行政机关纠正违法或履行职责的有118件，尚未到1个月回复期限的有64件，逾期未纠正违法或履行职责的有30件。

截至2016年6月底（施行后12个月），试点地区检察机关在履行职责中发现公益案件线索1942件，其中生态环境和资源保护领域1416件，国有土地使用权出让233件，国有资产保护领域205件，食品药品安全88件。③ 进行公益诉讼诉前程序案件共1106件，向法院提起诉讼30件。检察机关办理的

① 闫晶晶：《公益诉讼：走出一条中国特色公益司法保护道路》，载《检察日报》2018年2月28日。

② 彭波：《试点半年，最高检首晒成绩单——公益诉讼：好做法，拟立法》，载《人民日报》2016年1月7日。

③ 刘子阳：《试点一年，检察机关提起公益诉讼30件，发现案件线索1942件》，载《法制日报》2016年8月17日。

1047件行政公益诉讼诉前程序案件中，除未到1个月回复期限的131件外，行政机关纠正违法或履行职责的814件。

截至2016年9月底（施行后15个月），试点地区检察机关办理行政公益诉讼诉前程序1591件，有关行政机关回复意见1348件，243件尚未到一个月回复期，行政机关纠正违法或履行职责1214件。在试点地区检察机关发现的2982件案件线索中，生态环境和资源保护领域2221件，国有土地使用权出让领域371件，国有资产保护领域280件，食品药品安全领域110件。①

截至2016年12月底（施行后18个月），试点地区检察机关发现公益案件线索数4378件，办理公益诉讼诉前程序3883件，办理行政公益诉讼案件3763件。检察机关提起公益诉讼495件，行政公益诉讼437件。② 试点检察机关共督促行政机关主动纠正行政违法行为或者依法履行职责2838件，通过诉前程序，75.4%的行政机关主动纠正了行政违法行为。

截至2017年6月（施行后24个月），各试点地区检察机关共办理公益诉讼案件9053件。进行诉前程序案件7903件，其中行政公益诉讼7676件，除未到1个月回复期的984件外，行政机关纠正违法或履行职责5162件，③ 77.14%的行政机关通过检察建议主动纠正了违法行为。

1. 公益诉讼案件线索和行政公益诉讼诉前程序案件量不断增加

自试点推广以来，公益诉讼的全部案件线索数量以及行政公益诉讼诉前程序案件的数量逐年增长，诉前程序案件占案件总量的87.29%，且诉前程序案件的增长率远高于同时期的案件增长率（参见图1）。郑州市2017年至2018年公益诉讼线索增长率高达260.34%，其中行政公益诉讼诉前程序案件占72.66%。

由此可知，我国检察机关积极使用诉前程序提起公益诉讼进行检察监督，在行政公益诉讼二元互助监督模式下，检察建议事实上已成为案件终结的常态化方式。检察建议这一监督方式有其独特价值，集中体现为促进正确行使行政权的鞭策和威慑。④ 检察机关向有关行政机关发出检察建议书，提前监督时间

① 周斌：《检察机关提起公益诉讼试点一年多办案1710件：已判案件检方起诉意见均获法院支持》，载《法制日报》2016年11月4日。

② 徐日丹：《公益诉讼试点以来检察机关办理相关案件4378件》，载《检察日报》2017年1月5日。

③ 徐日丹：《试点两年检察机关办理公益诉讼案件9053件》，载《检察日报》2017年7月1日。

④ 张敬阳：《行政公益诉讼诉前检察建议的定位与功能实现》，载《天水日报》2018年11月15日。

点，保证行政机关充分发挥自我调节的自制功能的积极实现，对公共利益和国家利益的保护实现了从“有限介入”到“有力救济”，从“幕后”到“台前”。①

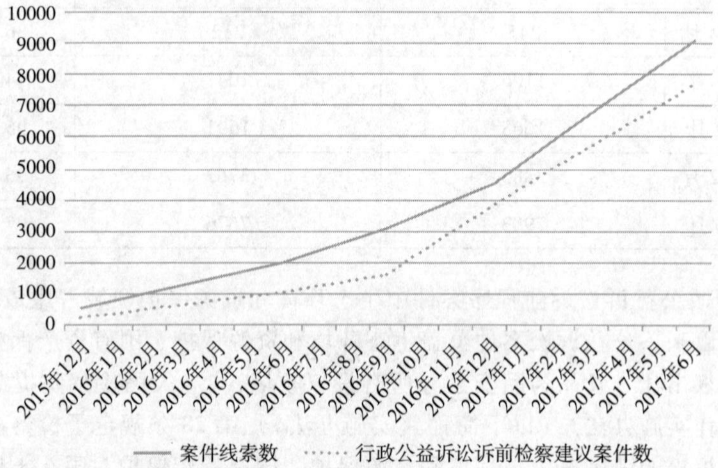

图1　行政公益诉讼诉前程序案件数量趋势图（2015年12月—2017年6月）

2. 行政公益诉讼诉前程序案件数远高于民事公益诉讼

统计数据显示，我国检察机关提起的行政公益诉讼诉前程序案件数量在公益诉讼诉前程序案件总数中占据九成以上②（参见表3），远高于民事公益诉讼诉前程序案件数。郑州市2017年至2018年办理的民事公益诉讼诉前程序占总数的2.81%，行政公益诉讼诉前程序占总数的97.19%。

民事公益诉讼的诉前程序主要是督促符合条件的诉讼主体提起民事公益诉讼，检察机关提起民事公益诉讼是适格主体缺失时的最后的救济手段；而行政公益诉讼诉前程序侧重于对行政机关违法行使职权或不作为的形式性判断，针对行政机关的缺位现象提出检察建议；相较于前者，监督对象更明确。而且向监督对象提出具有针对性和可操作性的检察建议，体现了检察机关的对公权力的监督功能。因此，行政公益诉讼对检察建议的应用比率更高，能够有效的对行政公益诉讼案件进行分流。

① 杨解君、李俊宏：《公益诉讼试点的若干重大实践问题探讨》，载《行政法学研究》2016年第4期。

② 数据《最高检民事行政检察厅厅长胡卫列回答关于修改民事诉讼法和行政法的决定的有关问题》，网址：http://www.sohu.com/a/152874579_662168，访问日期：2018年12月20日。

表 3　行政公益诉讼诉前程序案件数量一览（2015 年 12 月—2017 年 6 月）

时间	公益诉讼诉前程序案件（件）	行政公益诉讼诉前程序案件（件）	比率
2015 年 12 月	245	212	86.50%
2016 年 6 月	1106	1047	94.67%
2016 年 9 月	1668	1591	95.38%
2016 年 12 月	3883	3763	96.90%
2017 年 6 月	7903	7676	97.13%

3. 行政公益诉讼诉前程序案件中生态环境和资源保护领域占比最高

试点以来，公益诉讼案件覆盖生态环境和资源保护、国有资产保护、国有土地使用权出让、食品药品安全等所有授权领域，①《人民检察院提起公益诉讼试点工作实施办法》（以下简称《实施办法》）第 28 条规定了检察机关提起行政公益诉讼的范围有生态环境和资源保护、国有资产保护、国有土地使用权出让等领域。最高人民检察院在《试点方案》中明确要求，在试点过程中重点对生态环境和资源保护领域的案件提起行政公益诉讼。实践中，检察机关三年间对生态环境和自然资源保护领域提起的行政公益诉讼数量占总案件数量的 75.96%，并呈现出逐年上升的趋势。郑州市两年间办理的行政公益诉讼诉前程序案件中生态环境和环境资源保护领域的案件高达 60.82%，例如 2018 年荥阳市索河水污染治理案，检察机关经过全面调查向环保局和住建局发出检察建议，督促其完成污水集中净化工程。

表 4　行政公益诉讼各领域诉前程序案件数所占比重（2015 年 12 月—2016 年 9 月）

时间 类型	生态环境和资源保护领域		国有土地使用权出让领域		国有资产保护领域	
	数量（件）	比率	数量（件）	比率	件数	比率
2015 年 12 月	313	62.48%	118	23.55%	59	11.78%
2016 年 6 月	1416	72.91%	233	12.00%	205	10.56%
2016 年 9 月	2221	74.48%	371	12.44%	280	9.39%

① 《最高人民检察院关于人民检察院全面深化司法改革情况的报告》，中国人大网：http：//www.npc.gov.cn/npc/xinwen/content_ 2030494.htm，访问日期：2018 年 12 月 19 日。

4. 诉前程序有效率低于80%，且具有地域性

绝大多数行政机关在接到检察机关的检察建议后，都能按期履行法定职责，截止到2017年6月，我国试点办理诉前程序的案件为7676件，行政机关纠正违法或履行职责的案件为5162件，总有效率为67.25%。①

表5 行政公益诉讼诉前程序检察建议效果分析（2015年12月—2017年6月）

时间	行政公益诉讼诉前程序案件（件）	行政机关纠正违法或履行职责案件（件）	未到1个月回复期限案件（件）	逾期未纠正违法或履行职责案件（件）
2015年12月	212	118	64	30
2016年6月	1047	814	131	—
2016年9月	1591	1348	243	—
2016年12月	2838	2139	—	—
2017年6月	7676	5162	984	—

不同地区间有效率存在较大差异。以广东省为例，截至2017年6月底，广东省办理诉前程序案件725件，行政机关纠正行政违法或履行职责的有519件，除去71件未满回复期的外，总有效率为71.59%，但是广东省各地区有效率和全省有效率也有差距，以2017年2月底的试点数据为例，在深圳、清远、韶关和肇庆这4个试点地区诉前程序的有效率只有53.25%。② 截至2016年12月，在检察机关办理的1047件行政公益诉讼诉前程序案件中，除未到1个月回复期的131件外，行政机关纠正违法或履行职责的814件，占诉前程序案件的88.9%。③ 但对于涉及追究行政机关内部人员责任的案件，检察建议的效果有待提高。④

① 数据来源于最高人民检察院发布的《检察机关公益诉讼试点工作2016年12月份情况通报》。

② 行政公益诉讼诉前程序适用问题研究课题组，《行政公益诉讼诉前程序的区分适用》，载《法制与社会》，2018年第9期。

③ 沈开举、邢昕：《检察机关提起行政公益诉讼诉前程序实证研究》，载《行政法学研究》2017年第5期。

④ 行政公益诉讼诉前程序适用问题研究课题组：《行政公益诉讼诉前程序的区分适用》，载《法制与社会》2018年第9期。

二、行政公益诉讼诉前检察建议存在问题及原因分析

根据传统的原告适格理论，提起行政诉讼的原告只能是与行政行为有法律上直接利害关系的当事人。这就使得许多损害国家利益和社会公共利益的行政行为，由于没有特定的受害人而被排除在行政诉讼的审查范围之外，进而导致遭受损害的国家利益和社会公共利益得不到充分、有效的维护。① 因此，以检察机关为主体提起行政公益诉讼的制度应运而生。司法权较之效率更注重公平，而行政权则更加注重对效率的追求。诉前程序是为了维护环境公共利益而设置的具有中国特色的法定程序，是司法克制主义的体现，有利于行政机关自我纠错、积极履行职能，提高解决效率，节约司法资源的作用。

发现线索、评估和管理——立案——诉前程序——提起诉讼——执行——诉讼监督
诉前程序流程：调查、审查——提出检察建议——跟进调查

图2　行政公益诉讼案件办理的主要流程节点图②

当前检察机关开展民事、行政检察监督诉前程序主要采取检察建议的方式，检察机关制发的督促履职检察建议，既是行政机关主动纠违或主动作为的原因，也是行政机关书面回复的根据，更是检察机关决定后续是否提出行政公益诉讼的依据。③ 但是在实践中，从诉前检察建议程序的流程来看，仍存在问题。

（一）诉前检察建议案件的审查筛选机制不明确

随着行政诉讼法的修改，行政公益诉讼正式用法律的形式固定下来，但相关法律规定严重不足，诉前检察建议的法律效力，行政违法事实的调查核实等并不具有严格的法律意义。同时，由于公益诉讼案件涉及的门类众多，有的案件根本找不到明确的法律依据，证明行政机关违法行使职权和不作为的理由不充分，影响检察建议的说理逻辑。

检察机关在履行职责的过程中，发现行政公益诉讼案件的线索，但对于是

① 黄学贤：《行政公益诉讼回顾与展望》，载《苏州大学学报》2018年第2期。

② 宋卫东、王子涵：《行政公益诉讼管辖权的配置》，载《中国检察官》2018年第18期。

③ 王宇：《行政公益诉讼诉前程序应解决三个问题》，载《江苏法制报》2018年11月19日。

否需要向该线索发出诉前检察建议仍未有统一的筛选机制。究其原因，是相关法律条文的模糊性规定增加了诉前程序的适用难度。在《试点方案》《实施办法》《行政诉讼法》《解释》中我们可以看到，我国目前对于提起行政公益诉讼的诉前程序采取形式性审查，即判断负有监督管理职责的行政机关在生态环境和资源保护、国有资产保护、国有土地使用权出让等领域是否存在违法行使职权或者不作为的行为，造成国家和社会公共利益受到侵害。而在该规定中“不作为”“社会公共利益”都是在实践中难以判定的高度抽象词汇。以对行政机关“不作为”行为的认定为例，行政机关“不作为”的法定构成要件为：行政机关具有法律上的职责；行政机关没有履行该法定职责；行政机关不履行法定职责属于主观上不为而非客观上不能为。① 那么在实践中，认定行政机关某一责任的法律依据是什么？行政机关履行了相关职责，但无效果或不完全履行，国家利益、社会公共利益仍遭受到侵害，是否也能等同视之“不作为”，向其发出检察建议？这些概念的不明晰，导致不同检察机关在实践中凭借自身的主观判断，采取不同的筛选标准，不利于诉前程序的进一步适用推进。

（二）检察建议书的内容存在部分瑕疵

1. 检察建议针对性不强，缺乏可操作性

行政公益诉讼诉前程序的检察建议是检察机关针对履行监督职责的过程中发现的问题向有关行政部门以书面形式提出的建议，要求有关行政机关采取一定的措施制止侵害国家利益、社会公共利益或对损失进行补救的行为。目前立法中对于检察建议仅进行了概括性规定，例如《行政诉讼法》第 25 条第 4 款中仅规定“应当向行政机关提出检察建议”。但在司法实践中，我们发现检察建议越明确，其实践和纠正效果越好。如在福建督促收取防空地下室易地建设费公益诉讼系列案件中，福建省检察院调研案件情况的基础上，针对相关案件的特性的对行政机关发出具体的检察建议要求其整改。而一些检察建议只会概括性地要求行政机关履行监管职责，纠正违法行为，建议内容过于简单，不能反映案件的核心问题和正确履职的要求。有的案件线索本身非常有价值，但是因为检察建议的内容缺乏针对性和引导性，对损害公益的事实、行政机关的职能、适用法律等论述说理不够，导致行政机关对检察建议的认识不足、重视不够、落实不力。有的检察建议内容和法律依据相对充分，但重点不清、主次不分，公益受损的关键问题被冲淡，导致行政机关回复的内容也空泛不具体，关

---

① 王春业：《行政公益诉讼“诉前程序”检视》，载《社会科学》2018 年第 6 期，第 100 页。

键建议落实不到位，主要问题得不到根本解决。此外，在生态环境和资源保护、食品药品安全等专业性较强的领域，检察机关提出具体的检察建议需要专业知识的支持，否则检察建议的内容针对性不强，行政机关收到的检察建议书内容不明确，在整改过程中没有具体的标准。

2. 检察建议潜在刚性发掘不足

检察建议本质上是一种程序性行为，作为行政公益诉讼的前置程序，最根本的目的是以书面的形式督促行政机关采取一定的行为制止侵害国家利益和社会公共利益的行为继续发生；虽然检察建议本身不具有诉讼程序的强制力，不能直接变更或撤销其认为违法的行政行为，也不能强制要求相关行政机关为或不为某种行为，但其作为诉权行使的决定性要件，能通过对行政机关的行为起到的警告和前置监督作用，发挥潜在刚性。诉前检察建议是一种特殊的检察权监督方式，与向有关单位提出完善制度、加强管理的一般工作性建议大不相同；如果把诉前检察建议等同于一般的工作性建议，与提起公益诉讼的请求脱节，不注重程序的衔接，使得检察建议内容与诉讼请求关联性不强，只是提出建章立制、改进工作、强化监督、提升素质等宏观上的原则性建议，行政机关的法定职责和公益受损的违法事实及法律依据不清，解决公益受损问题的措施不明确，不利于督促行政机关自我纠错或者正确履行职责，直接对后续监督造成不良影响。

（三）不能准确把握发出检察建议的时机

由于生态环境和资源保护等公益受损具有特殊性，准确把握诉前检察建议的发出时机也非常重要。工作中，有的案件会遇到行政机关不配合，行政违法事实的调查核实遇到困难或者受到阻碍等情况，检察建议错过了最佳的发出时机。有的案件则操之过急，在没有查清违法事实和责任主体的情况下贸然发出检察建议，检察建议的内容非但得不到落实，后续的监督工作也难以推进。

（四）检察建议发出后的跟进工作存在问题

1. 后续跟进工作缺乏主动性

在实践中，一些检察机关在进行诉前程序发出检察建议后，即被动地等待诉前程序的时效届满，等待相关行政机关的答复，既未与行政机关展开有效的沟通，也没有在诉前程序时效期内对相关行政部门的整改纠错进度进行跟踪。例如出现行政机关不认同检察建议内容的救济方式，进而消极对待诉前程序，致使诉前程序效果未达到预期设想，在期限届满后直接进入到提起行政公益诉讼的阶段。

此外，检察机关发出督促履职检察建议后，有关行政机关应当在两个月的规定期限内回复。对回复期限的限制是为了督促行政机关及时纠正违法行为或者积极履行职权。但是一如前文提到的，当前行政公益诉讼诉前程序案件多集中于生态环境和资源保护方面，限于自然规律和行政流程，有关行政机关有时不能在两个月的期限内完成检察建议提出的要求。例如荥阳市索河水污染治理一案中，检察机关发出检察建议后，有关部门在回复期限内只排查统计了索河排污口，但是排污问题的根本解决需要完善污水治理设施，其耗时远超两个月。因此，对于恢复草原植被、林地原状以及兴建环境治理工程类的检察建议，在两个月内只能督促有关行政机关得出初步治理规划，而问题的根本解决还需要检察机关的后续跟进工作。

2. 整改效果评判标准存在争议

我国对于是否进入诉讼阶段，目前采取实质性审查方式，即行政机关在接到检察建议后仍不依法履行职责，致使国家和社会公共利益仍处于受侵害的状态。但是在实践中可能存在“部分履行”或“不完全履行”职责的情形，且履行职责本身有不同的判断标准：行政机关是仅针对涉案的对象进行行政整改，还是针对全体行业的某一行为进行整改。如安徽省繁昌县环保局怠于履行职责案一案，繁昌县人民检察院在履行职责中发现某公司将未达标的生产污水排入长江，造成污水污染，繁昌县环保局存在履行职责不力的情形，即向繁昌县环保局发出的检察建议。繁昌县环保局下达了《关于安徽美佳新材料有限公司环境问题的监察通知》，责令该企业荻港厂区内对排污口进行规范化设置。而在江苏省常熟市环保局怠于履行职责一案中常熟市环保局不仅对涉案公司依法进行了行政处罚，还召开了全市危险废物规范化管理现场会，并通过专项行动对非法倾倒、处置危险废物的违法行为实施严厉打击，以个案到整体，规范同行业的相同行为。

在环境和资源保护这一类需要长时间进行整改以及检验整改效果的案件中，对于“国家和社会公共利益仍处于受侵害的状态”的判断也存在很大的问题。如在公益诉讼人通化县人民检察院诉被告通化县林业局不履行法定职责案中，公益诉讼人以“仅在被破坏的湿地周围挖沟引水、种植了湿地植物柳树，但对非法采矿破坏的湿地尚有5055平方米没有采取任何恢复处理措施”为由，对通化县林业局提起行政公益诉讼。① 究其原因仍是相关司法解释不完善，法律条文存在模糊性，这需要在今后的司法实践中搜集大量数据，并以立

① 邢昕：《行政公益诉讼启动标准：基于74份裁判文书的省思》，载《行政法学研究》2018年第6期。

法的形式制定一相对统一的标准。

（五）诉前检察建议的落实存在问题

行政诉讼诉前检察建议并非法律决定文书，它以建议对象自觉履职为期待，以提起公益诉讼为保障，对行政机关并不具有强制约束效力。但是诉前检察建议可以借助司法和诉讼制度的权威性和强制力实现公益诉讼的目的，对不履行法定职责的行政机关起到了直接警示和督促的作用，从而为诉前程序效果的实现提供保障。① 同时，诉前检察建议的内容既有对行政机关构成行政违法的认定，也有对行政机关应当如何履职的具体建议，这些内容均可视为对案件实体问题作出了结论性判断，对于提起行政公益诉讼起到了决定性作用。在诉前程序中，绝大多数行政机关在接到检察机关要求纠正违法行政行为或者依法履行职责检察建议后，能够主动积极作为，进行自我纠错，诉前程序目的实现，公益诉讼程序终结。但也有些行政机关怕丢面子、怕被问责，对检察机关开展公益诉讼顾虑较大、消极配合，行动迟缓，措施不力，应付敷衍，致使诉前检察建议落实困难重重，有的甚至形同虚设。

1. 行政机关的完全履职受限于自然条件的限制

现实中，检察建议以督促行政机关尽快履职以制止和减少公益损害为出发点，但是某些情况下，检察机关并没有充分尊重行政机关的专业判断，受限于自然条件和资源条件，行政机关往往不可能在履职期限内满足检察建议的要求。典型案例如，公益诉讼人吉林省集安市人民检察院诉被告集安市林业局不依法履职案。集安市林业局在收到检察建议后在被毁坏的林地补种红松，因秋季造林，按照规程应在次年的春季进行验收，受限于时节原因，检察机关以集安市林业局未进行质量验收而提起诉讼。② 相类似的案件还有：公益诉讼人甘肃省陇南市武都区人民检察院诉武都区林业局未依法履行职责案；③ 广东省肇庆市端州区人民检察院诉被告肇庆市端州区农林局怠于履行法定职责案。④

2. 行政机关的完全履职受限于法定程序的限制

行政机关在诉前程序中往往涉及对第三人实施行政强制，需经过一定的法定程序。行政强制措施和强制施行往往需要一系列实施程序，很多具体法定程

① 胡卫列、迟晓燕：《从试点情况看行政公益诉讼诉前程序》，载《国家检察官学院学报》2017年第25卷第2期。

② 吉林省集安市人民法院行政判决书〔2017〕吉0582行初2号。

③ 甘肃省康县人民法院行政判决书〔2017〕甘1224行初1号。

④ 广东省肇庆市鼎湖区人民法院行政判决书〔2017〕粤1203行初32号。

序需要一定的期限，导致行政机关还在履行法定职责，但检察机关以其未履行法定职责导致公益继续遭受损害为由提起行政公益诉讼。典型案例如公益诉讼人陕西省安康铁路运输检察院诉被告汉阴县国土资源局不履行法定职责案，①公益诉讼人广东省英德市人民检察院诉英德市林业局不履行法定职责案中。②

3. 行政机关的完全履职受限于部门职责的限制

以行政诉讼案件数量最多的环境行政公益诉讼为例，我国目前环境立法体系是依据法律要素分别制定单行法，这种特征使得生态环境与资源保护领域的执法权由多个部门之间协调承担，履职期限较长。典型案例如公益诉讼人贵州省望谟县人民检察院诉被告望谟县环境保护局；③公益诉讼人山东省沂南县人民检察院诉被告沂南县水利局不履行河道采砂监管法定职责案中。④

三、完善行政公益诉讼诉前检察建议的对策和建议

（一）细化检察建议规定，保障可操作性

检察机关在启动环境公益纠纷审判程序之前有关诉前程序规定过于宏观，应在具体操作规范上进一步细化，⑤其中包括：诉前程序的启动条件、决定主体、流程管理、送达方式、办案时限、期间延长、评判行政机关已履职的具体程序（包括评判标准、主体、所作决定的方式和效力等）、诉前程序效力和法律文书样式等。对于细化标准，目前可以采用“两高”发布司法解释或者以联合发文的形式细化诉前程序的内容，如最高人民法院、民政部、环境保护部联合下发的《关于贯彻实施环境民事公益诉讼制度的通知》，以及最高人民检察院、国土资源部联合下发的《关于加强协作推进行政公益诉讼促进法治国土建设的意见》等。从长期来看应当在恰当的时期制定公益诉讼专门法律，将公益诉讼的司法体制、机制、原则、制度及包括诉前程序在内的各种程序做出系统详细规定。⑥

① 安康铁路运输法院行政判决数〔2016〕陕7101行初103号。

② 清远市清新区人民法院行政判决书〔2016〕粤1803行初179号。

③ 贵州省普安县人民法院行政判决书〔2017〕黔2323行初2号。

④ 山东省沂南县人民法院行政判决书〔2017〕鲁1321行初16号。

⑤ 张峰：《检察环境公益诉讼之诉前程序研究》，载《政治与法律》2018年第11期。

⑥ 任晟缘：《检察机关提起公益诉讼制度诉前程序研究》，载《法制与社会》2017年第7期。

（二）规范检察建议内容，激励效力刚性

1. 诉前检察建议内容应包括公共利益遭受损害的情况

首先，公共利益遭受损害是检察机关启动行政公益诉讼的必要条件。[①] 提起行政公益诉讼必须具有两个条件：一是行政机关违法履职构成行政违法，二是行政违法造成国家利益或者社会公共利益受到损害。只有同时具备了这两个条件，才能启动行政公益诉讼。如果行政机关只存在履职违法，国家利益或者社会公共利益并没有受到损害，就不能启动行政公益诉讼。其次，公益受损未能恢复状态是检察机关提起公益诉讼的前提。经过诉前程序，行政机关仍然不能正确履职，国家或者社会公共利益还处在受损状态的，检察机关才开始提起行政公益诉讼。可见，公益受损情况是衡量是否启动行政公益诉讼程序的重要指标。因此，在诉前检察建议中应当予以载明，与认定行政机关的行政违法共同构成启动公益诉讼的基础内容。同时，检察机关提出的正确履职建议与公共利益受损的情况紧密关联，如果公益受损状况表述不清，要求行政机关解决的公益损害问题就不明确，检察建议的说服力降低，落实与回复也会打折扣。

2. 诉前检察建议应当载明依法调查收集的全面证据

第一，全面收集公益受损的事实、证据。按照《实施办法》第 44 条的规定，人民检察院提起行政公益诉讼应当提交国家和社会公共利益受到侵害的初步证明材料。实践中，检察机关提供的公益受损初步证明材料可能只满足诉前程序的需要。从整个行政公益诉讼程序看，如果对公益遭受损害的状况不能全面把握，一旦进入诉讼环节，初步证明材料就达不到充分证明公益受损状况的要求，特别是环境资源受损等情况变化快，如果不提前调查收集，会错失机会，给后期诉讼带来困难。因而，检察机关在提出检察建议时就应当准确掌握公共利益遭受损害的状况，而不能仅有初步证明材料。第二，全面收集行政机关违法履行职责或未履行职责的证据。对于一起侵害公益的违法行为，在弄清直接侵害行为的相关事实、证据的情况下，还也要着重分析相关机关是否正确依法履行了行政监管职责。在充分了解行政机关具体职责的相应法律依据后，依据案件实际情况认定行政机关是否存在违法履行职责或未履行职责的情形，并作出相应的处理意见。同时，行政公益诉讼案件的事实、证据与传统案件不同，传统案件的事实与证据相对固定，而公益诉讼案件的事实证据却是动态的和发展的。检察机关要随机应变、灵活应对，在受案之初，就应当重视上述证

---

① 杨解君、李俊宏：《公益诉讼试点的若干重大实践问题探讨》，载《行政法学研究》2016 年第 7 期。

据的调查核实，克服困难和阻力，用调阅复制行政执法卷宗材料，询问、咨询相关人员，委托评估、现场走访、拍照录像等方式尽量多的收集证据材料，形成完整的证据链，确保在整个行政公益诉讼过程中始终占据主动。

3. 诉前检察建议应明确行政行为的定性

具体细节问题留待确实需要提起行政公益诉讼时再进一步完善。并且对于具体处理措施应当交由更加专业化的行政部门来制定，检察机关可以行使监督权。检察机关在实务中为节省资源和提高效率，不应多次和行政机关协调沟通，应责令行政机关主动汇报进展情况。除行政处罚以外，行政机关还可以做出责令纠正违法行为、责令恢复原状等行政强制行为，及时制止违法行为，减少其造成的危害后果。在行政机关内部统筹考虑诉前程序与行政追责等制度的衔接与联合。

4. 诉前检察建议内容要与行政公益诉讼请求相一致

《试点意见》第13条已经作出明确要求，行政公益诉讼请求应当与向行政机关发出的诉前检察建议内容相匹配。目前，针对行政机关不作为，检察机关大多向法院提出撤销或者部分撤销违法行政行为、在一定期限履行法定职责、确认行政行为违法或者无效等诉讼请求。这实际上也对诉前检察建议提出了较高的要求标准，提出检察建议前需要着眼后续诉讼，检察建议所载明的事实、证据必须与提起行政公益诉讼的请求相一致，[①] 要写明行政机关违法行使职权和不作为的事实和法律依据，及其对国家利益和社会公共利益造成损害的事实，以及损害事实和违法行为之间的因果关系，切实做好诉前检察建议和公益诉讼请求衔接，为后续提起公益诉讼奠定基础。

（三）灵活掌握时机，提出诉前检察建议

诉前检察建议的提出与落实关乎行政公益诉讼的进程，也是公益诉讼成败的关键。[②] 提出诉前检察建议与查明公共利益受损情况的时机考量息息相关，一般情况下，检察建议应在行政违法事实和公益受损情况查明后再提出，但考虑到公益保护、诉讼效率、案件难易等因素，检察机关应根据不同情况区别对待、灵活处理，找准发出检察建议的适当时机，追求公益保护和诉讼效率的最大化。对于行政违法行为已经结束，损害后果没有扩大风险的，检察机关可在

---

① 最高人民检察院民事行政检察厅主编：《检察机关提起公益诉讼实践与探索》，中国检察出版社2007年版，第115页。

② 秦勇、田开封：《检察机关提起行政公益诉讼程序设计主要问题研究》，载《山东大学法律评论》2017年第5期。

全面、充分地收集证据后再提出检察建议，最为稳妥地推进公益诉讼进程；对于国家和社会公共利益损害后果严重、情况紧急，或者公益遭受侵害一直处于持续状态、损害后果难以恢复、证据容易灭失的，检察机关掌握必要的初步证据即应发出诉前检察建议，避免损害后果扩大，同时密切关注事态发展，随时补证。

（四）履职期限与履职效果的动态平衡

1. 区分回复期限和处理期限

2018 年 3 月 2 日发布的《最高人民法院、最高人民检察院关于检察公益诉讼案件适用法律若干问题的解释》规定“行政机关应当在收到检察建议书之日起两个月内依法履行职责，并书面回复人民检察院。”对于期限“两个月”的理解应当既包括回复期限也包括处理期限，然而在实践中，大多数行政机关都在期限截止时回复检察机关，若是整改措施或者履职行为不当也没有预留时间予以补正。因此，应当将法定履职期限分为回复期限和处理期限，行政机关收到检察建议后应当在回复期限内对违法行为予以调查确认，提出合理可行的整改措施，检察机关予以审查并提出建议，如需延长履职期限的应当在此期间向检察机关告知理由并申请。

2. 不同情形下回复期限的弹性适用

对诉前程序的回复期限的要求，既不能过长，也不能过短；过长不利于公共利益的保护，过短则可能导致行政机关履职仓促，纠错或公益维护不彻底。① 检察机关可根据案情的难易程度和缓急情况，充分调查论证，合理设定一个时间段和所能达到的预期效果，② 对于情况急迫，必须立即采取措施或提起诉讼，否则社会公共利益将会遭受不可挽回的重大损失的，回复期限可以是 10—20 日；而对于重大复杂，需要依法履行相应程序的，回复的期限则可以是 20—30 日；特别重大疑难、复杂的案件可根据情况酌情延长，最长不得超过两个月。对于受限于自然原因、工作规律确需延长履职期限的，应向检察机关说明理由，并将具体履职情况、处理方案、后续处理进程等情况及时向检察机关报告。

---

① 陆军、杨学飞：《检察机关民事公益诉讼诉前程序实践检视》，载《国家检察官学院学报》2017 年第 25 卷第 6 期。

② 孔德雨：《检察机关提起公益诉讼如何适用诉前检察建议》，载《广西法制日报》2016 年 5 月 24 日第 3 版。

（五）强化对诉前检察建议的跟踪落实

1. 加强对诉前检察建议落实情况的监督

《试点意见》第 11 条规定："发出检察建议后，应当积极跟踪行政机关的整改情况。判断行政机关是否真正纠正违法行为，不仅要看行政机关的书面回复内容，更要看行政机关的整改行动和效果。只要行政机关仍未依法完全履行相应职责，国家利益和社会公共利益仍处于受侵害状态的，检察机关就应当提起行政公益诉讼"。[①] 因此，检察机关发出检察建议后，不能"一建了之"，要以"事要解决"为目标，密切跟踪反馈，及时了解掌握行政机关整改落实情况，做到回复内容审查到位，案件现场查看到位。凡进入诉前程序的案件，向行政机关发送检察建议后，每一个案件行政机关在收到检察建议后都具体采取了哪些整改措施，是否及时反馈给发送建议的检察机关，要及时掌握行政机关的行为去向，判断是否存在未积极履责的情形、行为是否仍然存在危害的后果，对于到期后仍不履职或者履职不到位的，及时采取监督措施，做好提起公益诉讼的准备工作。

2. 加强对诉前检察建议落实情况的监督

在推进诉前检察建议被执行时，需要加强与行政机关的沟通联系，让行政机关充分理解检察机关行政公益诉讼对于推动问题解决、促进依法行政的积极作用。当提出的检察建议未被接纳时，检察机关需要及时主动作为，通过与被建议单位取得联系，通过沟通交流真正了解建议未能落到实处的原因，督促相关单位整改，从而逐步使检察建议更加合理，提高被采纳率。检察机关应注意克服就案办案的单一思路，与行政机关建立联席会议制度，在信息共享、情况通报、线索移送、证据收集、结果反馈等方面建立联系机制，按照"一事一会商"的原则办理重点案件，保证案件得到依法、及时、公正处理，切实增强检察监督的实效。[②] 注意通过办案分析行政机关履职当中问题产生的原因，与行政机关形成帮助促进依法行政、严格执法的工作衔接机制，解决根源性问题。

---

① 关于行政机关履职效果的判断标准：在《试点方案》和《实施方案》中，都采用两个标准并重，新修订的《行政诉讼法》和"两高"发布的司法解释单采行为标准。笔者认为判断行政机关是否履职应秉持以行为标准为主，结果标准为辅。对于因客观原因限制无法在两个月内履职完毕的情况，应向检察机关说明情况，并后续跟进报告进展情况，主要考察其是否做出履职行为。

② 孙秀英：《突出办理环资领域案件》，载《中国环境报》2017 年 8 月 28 日。

3. 外部助力推进跟踪监督

根据行政公益诉讼诉前程序的性质，要想真正达到诉前程序警示、监督的效果，除了充分发挥检察院的监督职责，还需要如地方党委、各级人民政府以及其他机关的协调配合，共同推进。在试点过程中，我们也发现，建立了良好协调机制的地区，往往能够取得更好的效果。如在吉林长白山生态环境和资源保护公益诉讼一案中，吉林省检察院经吉林省委同意，共同组织了六个市、区的检察机关，与长白山管委会及有关行政部门协作，联合成立专项行动领导小组，通过诉前程序使行政机关自我纠正、取得了良好效果。因此，如何加强诉前程序过程中检察机关与其他机关的有效衔接是亟待解决的问题。在运用法治思维开展行政公益诉讼工作中也要运用政治思维，把行政公益诉讼工作放在党委中心工作中去谋划和推进，做到与发展大局合拍，与党委中心工作同频共振。① 检察机关在进行检察建议落实情况的跟踪监督时，可以主动向党委汇报行政公益诉讼工作情况、取得的成效以及存在的问题，积极争取党委支持，借助党委总揽全局协调各方的政治优势破解工作难题。同时，要主动向人大提交专题报告，并适时将行政机关履行职责的情况纳入报告范围，争取人大出台支持检察机关开展行政公益诉讼的意见。② 此外，要加强与政府相关职能部门的沟通，阐明行政公益诉讼制度对于保护国家利益和社会公共利益的重大意义，让政府相关职能部门充分认识到检察机关开展行政公益诉讼工作是一种监督与被监督的关系，从而更好地发挥诉前检察建议的监督刚性。

---

① 卢超：《从司法过程到组织激励，行政公益诉讼的中国实验》，载《法商研究》2018 年第 5 期。

② 谭安民：《多维监督，修炼检察建议刚性》，载《人民法治》2018 年第 10 期。

再审检察建议实证研究
——以G省工作情况为样本

甘肃省人民检察院课题组*

作为民事诉讼法、行政诉讼法规定的再审启动的方式之一，再审检察建议是检察机关落实对民事、行政审判监督的重要途径，是检察机关履行法律监督职能，检察权均衡、规范运行的实践成果。

一、再审检察建议的制度必要性

2012年《民事诉讼法》强化了检察机关启动再审程序的权力、规定了对再审案件的调查取证权，明确了同级检察机关提出再审检察建议①的权力。但是检察监督介入民事诉讼，需要当事人穷尽诉讼手段之后才可进行，检察监督处于外部监督、事后监督的地位。

（一）从完善民事检察多元化监督格局、强化检察机关法律监督的角度看再审检察建议制度的必要性

2012年《民事诉讼法》，着重突出了当事人的诉权、救济权，民事审判监督权作为一种能够介入诉辨平衡的公权力，处于递进式权利救济的末端，适用受到严格限制。此种制度设计在客观上加剧了检察机关内部民事检察监督领域“倒三角”的问题，此背景下更加需要突出强调市县两级检察机关同级监督主体地位。再审检察建议作为同级检察机关实现对法院审判监督的重要方式或者县级检察机关对裁判申诉类案件监督的唯一方式，其地位和作用显得尤为重要。

---

* 课题组成员：王克权、金石、常乐。

① 再审检察建议制度涉及民事检察监督和行政检察监督，司法实践中，受行政案件案件数量、政府执法水平提高和群众懒诉意识的限制，行政检察监督的场景远远少于民事检察监督，故本文以下讨论再审检察建议特指民事再审检察建议。

（二）从提高检察机关办案效率、节省司法资源、减少当事人诉累角度看再审检察建议制度的必要性

“迟到的正义非正义”，民事再审检察建议可以使申诉案件直接进入法院审查程序，免去提请抗诉必须经过上级机关机关 3 个月审查，才能再次决定是否向同级法院提出抗诉的过程，大大缩短检察机关的办案周期，让当事人争议的事实及早得到司法确认，让业已破坏的社会关系进入修复程序，从节约司法资源和减少当事人诉累的角度都是经济的选择。

（三）从完善司法体制改革、落实司法责任制角度看再审检察建议的必要性

再审检察建议的办案模式下，权责明确，高效快捷。通过缩短办案流程，同级检察机关承办人有条件通过与当事人、法院的积极沟通，在检察官的权限范围内使得案件的走向具体化、明朗化。当事人诉请得到反应，与司法体制改革“让人民群众在每一个司法案件中感受公平正义”的目的一致，检察官提高办案质效，与“谁办案谁负责，谁决定谁负责”司法责任担当相吻合。

（四）从发挥法检两院沟通协调优势、有效化解矛盾纠纷的角度看再审检察建议的必要性

在民事检察监督中，重视矛盾化解工作，是民行检察工作“人民司法、执法为民”的具体体现。比如江苏省检察院和江苏省高法联合发布的《关于加快民事抗诉和再审检察建议案件矛盾化解工作的意见》中规定了和解、调解优先的原则，通过再审检察建议的合理运用，能够发挥检法两院沟通协调机制优势，使得当事人之间的矛盾纠纷就地解决，最大限度地维护群众利益和社会安定。

二、再审检察建议的运行情况分析

（一）再审检察建议的基本运行情况①

表 1：2013—2017 年 G 省再审检察建议运行情况

年份（年）	再审检察建议数（件）	建议采纳数（件）	建议采纳率（%）	民事抗诉数（件）	抗诉采纳数（件）	抗诉采纳率（%）	下级院提请抗诉数（件）	上级院办理抗诉数（件）
2013	141	55	39	90	77	85	170	49
2014	99	49	49	72	74	102	145	36
2015	33	15	45	70	28	40	116	25
2016	46	7	15.2	63	50	79.3	37	49
2017	35	14	40	56	39	69	49	35

结合 G 省再审检察建议与抗诉的相关数据，我们从不同级别检察机关再审检察建议的运行、检察机关自身对再审检察建议的制度期待等角度分析问题。

全省生效民事判决、裁定、调解书的监督总数，从 2013 年发出再审检察建议 141 件逐渐下降至 2017 年的 35 件，2013 年民事抗诉数 90 件下降至 2017 年的 56 件，2013 年下级院提抗数量 170 件下降至 2017 年的 49 件，检察机关发出再审检察建议和民事抗诉数数量、下级院提请上级院抗诉的数量都呈现出下降的趋势，笔者认为，2012 年《民事诉讼法》实施后，严格限制了民事监督案件受理条件，能够进入检察机关的案件数量下降。同时，伴随 G 省民事检察考核办法的不断优化调整和对办案质量重视，办案数量不再是考核监督成效的核心。此外不容忽视的因素是，法院在司法改革落实员额制法官责任制、提高审判质量方面的工作确有提升（见图 1）。

① 本文采用 2013 年至 2017 年 G 省再审检察建议、抗诉等办案数据，主要考虑 2012 年《民事诉讼法》修改后，G 省人民检察院再审检察建议与抗诉工作在新规定新体制下已经得到验证，以其为样本，相关数据具有稳定性，采用数据来自案件年度通报或者统一办案软件系统，确保样本数据具有广泛性、代表性、真实性。

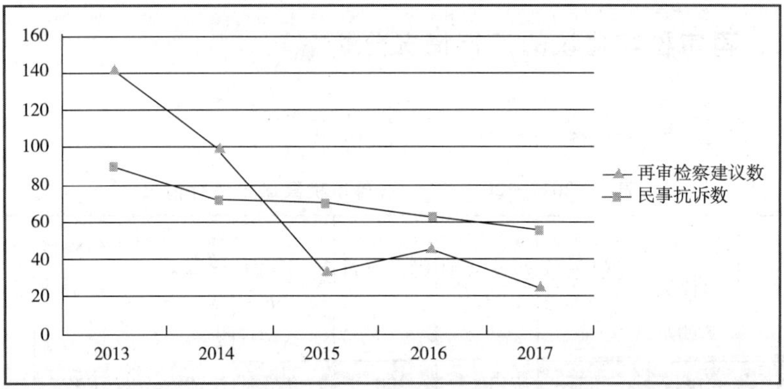

图 1：2013—2017 年 G 省再审检察建议和民事抗诉数量走势

从法院对再审检察建议和抗诉案件的采纳率分析，对再审检察建议而言，自 2013 年以来，采纳率并没有随着办案数量的下降而降低，相反，从 2013 年的 39% 上升到 2014 年、2015 年的持续超过 40%。2016 年有所下降，但 2017 年又上升到 40% 的程度。与再审检察建议相对应，民事抗诉案件采纳率除了 2015 年 45% 外，始终保持在 65%—85% 之间。司法实践反映，当事人受教育和生活环境的影响，对法律的理解程度有比较大的差异，往往缠诉缠访的当事人就是出于对公平正义的朴素理解和对法律规定的片面领会而持续申诉，检察机关在受理的案件中大概有 70%—80% 的案件作不支持监督处理，对于 20% 左右的案件需要进一步审查，在案件数量下降的大背景下，检察监督的采纳率长期维持稳定，可以说明检察机关在监督力度、监督质量方面大有提升。同时，也从一个侧面说明，审判机关在事实认定、法律适用方面确有待加强的环节，民事检察监督有长期存在的必要（见图 2）。

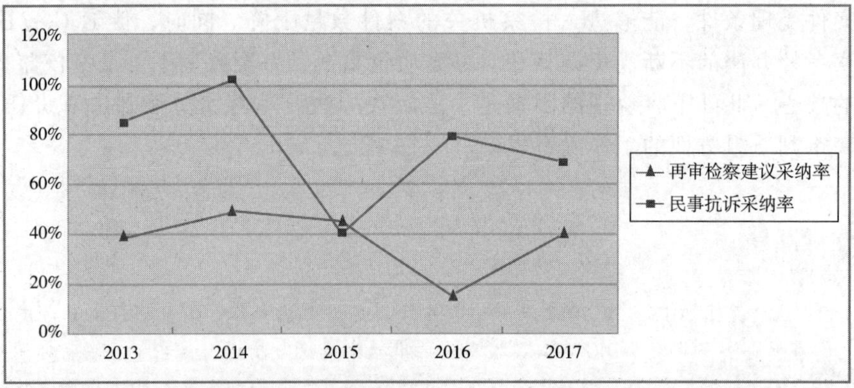

图 2：2013—2017 年 G 省再审检察建议采纳率和民事抗诉采纳率走趋

从抗诉案件与再审检察建议的数量对比看，2013 年两者数量比为 90：141，2017 年为 35：56，始终维持在 3：5 左右的范围内，在司法实践的不断深化下，再审检察建议与抗诉从不同侧面发挥了检察监督的职能，检察机关通过再审检察建议案件的办理，发挥了维护社会公平正义，化解矛盾纠纷、定纷止争的重要作用，但是同级监督乏力的问题始终制约着民事检察监督，对于再审检察建议法院不采纳、不受理、难沟通的问题始终没有办法解决，严重制约再审检察建议的办理数量，持续推高检察机关案件办理“倒三角”的问题。从 2013 年至 2017 年的上级院抗诉数量看，省级院始终保持办案数量的高位运行，并保持了一定的稳定性。相反，省级院再审检察建议数量显著低于基层院，虽然省级院办案人员和办案种类少于基层院，但是也能在一定程度说明随着审级的升高，再审检察建议适用的环境在恶化，随着审级的提升，检法两院的沟通性、协商性在下降。在同时存在抗诉和再审检察建议的场合，抗诉的监督手段更加直观有效，其采纳率始终高于再审检察建议（见图 3）。

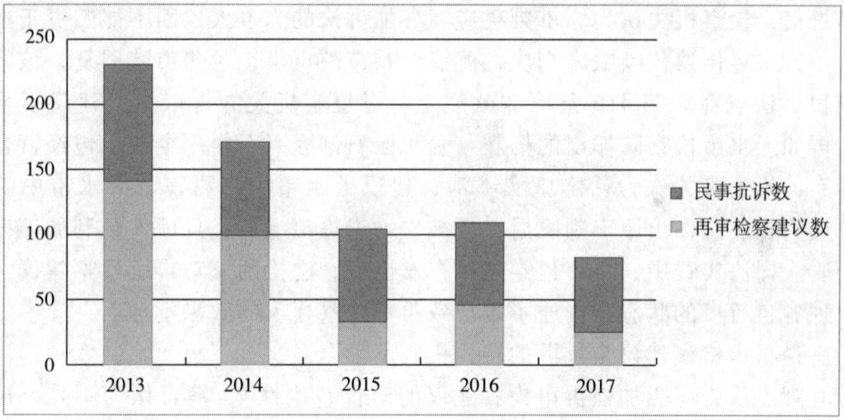

图 3：2013—2017 年 G 省民事抗诉和再审检察建议数量比较

（二）再审检察建议实践运行分析

G 省司法实践中，再审检察建议并未按照立法者意愿对同级民事审判监督产生变革性的影响力。究其原因，有其认识和实践基础：

一是再审检察建议与抗诉的界限不明确。

从再审检察建议适用的情形看，《民事诉讼法》第 208 条第 2 款规定发现有该法第 200 条规定情形之一的，可以向同级人民法院提出检察建议，《人民检察院民事诉讼监督规则（试行）》（以下简称《监督规则》）第 83 条进一步细化规定为除了法律适用确有错误和审判人员审理该案时有贪污受贿、徇私舞弊等严重问题外，《民事诉讼法》第200条规定的情形都可以提出再审检察建议。

对于抗诉案件而言，符合《民事诉讼法》第200条第1项至第5项规定监督情形，上级法院可以向下级法院移交，这与检察机关依据相同事由向同级法院发再审检察的效果一致，但是再审检察建议的适用范围却还有审判组织不合法、剥夺当事人辩论权利等程序性错误的情形，民事诉讼法规定中这一法律间隙可能造成对当事人诉讼自主性的侵害。

二是法检两院对再审检察建议沟通机制不足。

再审检察建议案件具有启动再审程序的非强制性，因此检法两院的沟通不可或缺。人民法院不采纳再审检察建议常有以下两种情况：法院认为再审检察建议不符合受理条件，作不予受理决定；向检察机关的再审检察建议发出回复函，进行一定的说理，对再审检察建议不予采纳。如兰州市检察机关向兰州中级人民法院提出的欣庆环保科技有限公司与兰州新区汇银小额贷款公司担保合同纠纷案，检察机关认为原审判决应当参加诉讼的当事人，因不能归责于本人的事由，未经传票传唤缺席判决，建议兰州市院再审，兰州市院回复，该案依照《民诉法解释》第416条第2款规定，对检察机关的再审检察建议不予支持。再如天水市检察院作出的杨震与麦积区石佛隆兴石料厂企业承包经营合同纠纷案，检察机关认为认定事实不清，建议天水市中院再审，天水市中院复函，认为在法院作出原审判决后，原被告均未提出上诉，且证人杨利的证言前后矛盾。司法实践中，再审检察建议在发出后，法检两院对再审检察建议实际是一种各自行事的状态，沟通不足导致再审检察建议的效果不佳。

三是再审检察建议与抗诉的转化机制不健全。

有观点认为应当加强再审检察建议的监督“刚性”，笔者认为不妥，再审检察建议的非强制性特点是其与抗诉的重要区别，且依据民事诉讼法“上抗下”的原则，如果模糊了再审检察建议的“非强制性”特点，就是直接赋予基层检察院以抗诉权，显然违背诉讼法监督的原则。

依据现有制度设计，检察机关的再审检察建议向抗诉转变，主要有两种方式，一种是《监督规则》第117条的规定，对此情形可以提请上级人民检察院监督，即提请抗诉。另一种是基于再审检察建议备案制度，上级人民检察院认为向同级提出抗诉更为适宜的，上级检察院可以要求下级检察院终结再审检察建议程序，直接向同级法院提出抗诉。

但是司法实践中，对于同级法院未予采纳的再审检察建议，《监督规则》第117条规定的跟进监督过于笼统，对于法院的复函意见是否正确、在何种错误情形下必须要提请上级院抗诉、在何种情形下不再提出抗诉等关于监督效果的问题，现行法律并没有进一步的规定，同时，省市两级院受人员所限，只能对备案的再审检察建议进行形式审查，通过备案制度发现而启动抗诉案件不切实际。

四是法院对再审检察建议审查不当。

再审检察建议在法院系统内部的运行与法院的组织架构有很大关联，有些地区取消了立案庭和审监庭的界限，对再审检察建议形式审查与实体审查合一，再审案件全部纳入民庭审理，比如北京、河北地区审判机关，有些地区依然是对再审案件和当事人申请同样对待，再审案件需要经过立案庭形式审核和审监庭实体审查，比如兰州地区法院。

笔者认为，在司法实践中，主要的问题出在第二种方式中。对于民事诉讼法规定的检察机关监督的绝大部分情形相关司法解释规定了审查条件，要求再审检察建议具备文书材料、过程性程序的要求，符合对建议再审判决、裁定范围的限制和监督情形的限制。就是说，对于同级检察机关检委会已经审核过的案件，法院立案庭认为不符合受理条件，依然可以不予受理。

依据《人民检察院检察委员会组织条例》《人民检察院检察委员会议事和工作规则》，检察机关检委会对应同级审判机关审委会，主要职责是对重大疑难复杂案件审查把关，通过检委会决议的执行体现检察监督和法律权威，实践中，遵照《监督规则》第88条规定，检察机关提出再审检察建议都应当经该院检察委员会决定。提出再审检察建议已经是检委会审查决定的事项，部分地区却存在法院立案庭通过简单的形式审查否决同级检察机关检委会决议的情况，严重违反检法两院同级对等原则。

五是再审检察建议中的调查取证权的限制使用。

依据民事诉讼法规定，人民检察院因履行法律监督职责提出检察建议或者抗诉的需要，可以向当事人或者案外人调查核实有关情况。但是《监督规则》又规定，人民检察院调查核实，不得采取限制人身自由和查封、扣押、冻结财产等强制性措施。在检察机关具有侦查权的时代，如果允许检察机关采取强制措施，那么用刑事侦查的手段调取的证据可能完全打破民事诉讼等腰三角形的诉讼构造，让一方当事人处于证据劣势地位。但是，当前，虚假诉讼、恶意诉讼问题呈弥漫之势，在法院审理环节，当事人发现虚假诉讼或者让当事人自行提供虚假诉讼的证据，几乎没有可能性，公安机关对虚假诉讼的态度依然是严守“公安机关不介入经济纠纷”规定，在国家监察体制改革以前，检察机关虽不能在调查取证中采取强制措施，但是侦查机关在办案中如发现相关案件线索，可以通过一体化办案机制移送民事检察部门。在司法体制改革后，检察机关没有侦查权的情况下，赋予检察机关一定范围强制措施的调查取证权，符合群众诉讼意愿也符合司法规律，也是社会经济发展的新要求。比如，最高人民检察院公布典型案例中大连保税区再生资源加工中心有限公司与王洪波、郝秀丽借款纠纷虚假诉讼监督案，雷刚与巢小平、雷彩霞民间借贷纠纷虚假诉讼监督案中，检察机关就是充分运用了调查取证权，取得当事人虚构资金往来的事实，最终使错误判决被法院改判。

三、再审检察建议的制度设计建议

（一）转化检察实践经验，强化法检两院再审检察建议的制度运行构架

建议民事诉讼法对民事再审检察建议的适用情形范围统一规定，将上级院可以发回下级院再审的范围固定在与检察机关能够发出再审检察建议的范围一致，统一办案法院。建议进一步严密制度安排，对通过检察机关检委会讨论的案件，法院应当直接受理，减少法院在立案受理环节对再审检察建议处理的随意性，同时增加法院对再审检察建议答复内容说理性要求的规定。

建议民事诉讼法明确再审检察建议适用中检察机关再审启动者地位，检察机关可以参加再审审理并对再审进行现场监督，提升检察权的尊荣感，向社会宣示检察机关法治权力。建议民诉法明确当事人在收到驳回再审裁定或者再审作出判决后，向检察机关申请检察监督的时效确定为在审判机关作出驳回当事人再审申请的两年内。

（二）适应司法体制改革需要，完善再审检察建议程序性、沟通性、保障性机制

1. 建议弱化对再审检察建议的程序要求，对一定数额以内、或者不涉及重大利益纠纷、不涉及法院重大审判错误的案件，赋予员额检察官直接发出再审检察建议的权力。同时加强检委会委员“最后把关人”的专家论证作用，对需要上检委会讨论案件的范围作明确规定，减轻检委会对不必要案件的讨论压力。

2. 完善检法两院法官、检察官沟通协调机制，建议将再审检察建议制度与法院院长发现机制结合起来设置程序，对再审案件的处理结果，应当听取检察机关相关办案人的意见，在程序设置上留出检法两院法官与检察官沟通的空间。

建议确立再审检察建议的检察官回访制度。基于检察监督权的需要，对于

发出的再审检察建议，检察机关既可以通过电话等形式与法官取得联系，也可以以回访的形式对再审检察建议进行跟踪，防止再审检察建议流于形式。

3. 建议对于人民法院未予采纳的再审检察建议案件，检察机关依然认为存在《民事诉讼法》第 200 条规定的错误的，应当向上一级检察机关提请抗诉，确保检察监督质量。

建议检察机关可以要求法院对超出期限或者临界超期的案件进行说明，杜绝审判机关对再审检察建议久拖不决、不闻不问等问题。

建议加强对基于再审启动权的调查取证权予以加强，在调查虚假诉讼、恶意诉讼、涉及社会公共利益、国家利益等案件中的调查取证，相关义务人有逃避责任可能的，经批准，检察机关可以采取查封、扣押等相应的措施。

（三）加强在“互联网＋”时代，再审检察建议的制度完善

互联网大数据的时代，不仅为新的经济发展业态提供了技术支撑，也应当是检察监督不断完善的新契机。就再审检察建议而言，建立从当事人、律师案件源头的信息来源机制，与法院系统共同的案例指导网络和案卷审阅系统，在提高办案效率的同时规范检法两院的法律认知统一，减少因为不同法律认识造成的司法资源的浪费。

（四）增强内生动力，加强检察机关内部案件管理建设

检察权的布局设置中，除了法律监督的功能外，还有防止司法专断的权力制衡作用。审判机关应当主动适应和接受检察机关全方位的监督，检察机关也不应当将抗诉、再审检察建议数量、改变率作为评判案件成效的单一标准。建议最高人民检察院民事厅在全国民行领域通报数据中，综合考虑各地经济社会发展发展水平，通过引入检法两院办案数量对比量、案件办理社会效果参考量等考核因素，综合评价各地办案质效。

参考文献：

1. 张智辉：《检察权研究》，中国检察出版社 2007 年版。
2. 张步洪：《新民事诉讼法讲义——申诉、抗诉与再审》，法律出版社 2012 年版。
3. 最高人民检察院民事行政检察厅：《人民检察院民事行政检察案例选》，中国检察出版社 2018 年版。
4. 田彬、孙洁、李瑾：《论民事再审检察建议》，载《人民检察》2016 年第 15 期。

5. 温志水：《再审检察建议应用中的问题——以朝某金融借款纠纷案为例》，载《中国检察官》2016 年第 1 期。
6. 夏黎阳：《民事再审检察建议的运行机制》，载《国家检察官学院学报》2015 年第 23 卷第 3 期。

民法典婚姻家庭编重点难点问题研究

山西省人民检察院课题组*

婚姻家庭是社会文明发展的特定产物，自其产生之日起具有其他社会关系无法替代的社会功用。婚姻是家庭的基础，古今中外的著述无不将家庭作为灵魂的归宿，情感的港湾，家庭更是未成年人成长的摇篮。婚姻家庭笼罩在爱的光环下，弥漫着温情脉脉的情怀，不仅肩负着夫妻个人的情感、关爱，更肩负着为延续下一代的责任。马克思认为："人的本质并不是单个人所固有的抽象物，实际上，它是一切社会关系的总和。"婚姻家庭关系是适应着一定社会政治、经济、文化发展的客观要求而存在和发展的，同时又积极地促进着社会的文明进步。从本质上来讲，婚姻家庭关系是人与人之间的关系，婚姻家庭关系体现了一定的特殊性，具备区别其他人际关系的鲜明特质。婚姻家庭关系是一种两个以上的自然人相互依存的关系，就婚姻而言，它绝非单个的人所能完成的，必须基于当事双方的互动；就家庭而言，它是在婚姻基础上形成的人的组合，每一个人都因自己的身份而处于特定的地位，在共同生活中发挥着各自的作用，而且这种作用会随着时间的推移发生转化。

1950 年 5 月 1 日颁布实施的《婚姻法》，是新中国在婚姻法领域制定的首部法律，也是新中国在立法领域的首个成果，其与之后相继制订的一系列配套法律规定，为之后婚姻法的制定与修改奠定了良好的法律基础。1980 年《婚姻法》是在 1950 年《婚姻法》基础上，结合 30 年来实践经验和改革开放以来婚姻家庭领域出现的新情况和新问题而制定的。随着时代的发展，个人拥有越来越多的动产和不动产，其结果是对婚姻家庭领域也产生了重要的影响。因此，全国人民代表大会常务委员会第二十一次会议于 2001 年 4 月 28 日以修正案的方式对 1980 年《婚姻法》进行修改，这也是现行《婚姻法》自 1980 年颁布实施以来唯一一次修改。

90 年代后期，巫昌祯教授提出了婚姻家庭法"回归民法"的思路，建议

* 课题组成员：刘丽娜、李哲。

先就社会反映强烈的问题进行修改和完善，“婚姻法的系统化、完备化待制定民法典时一并考虑”。目前，在民法典婚姻家庭编的编纂过程中，应明确婚姻家庭编应体现的两个精神，一是体现婚姻家庭法的权利法定位，这是与国际社会保护人权理念的衔接；二是体现弱势群体保护的国家责任，公权力的适度干预可以达到协调婚姻家庭编与物权编、合同编的效果，因此建议在总则中进行说明，将婚姻家庭编中的基本性问题采用一般规定的方式写进民法总则，并在总则中对婚姻家庭法与合同法、物权法、侵权责任法的关系进行说明，如果通过物权法、合同法可以解决的财产关系可以直接援引，则有利于民法体系的内部和谐。

一、通常法定财产制之完善

（一）夫妻财产归属规则的完善

婚前财产即结婚前夫妻一方已拥有的财产。通过对《婚姻法解释（二）》第11条以及《婚姻法解释（三）》第5条种规制的内容和条文的结构以及逻辑分析来看，生产、经营以及知识产权的收益属于夫妻共同财产，以夫妻一方个人财产投资所获取的收益属于夫妻共同财产，但是，《婚姻法解释（三）》第5条则对孳息以及自然增值的个人财产特性进行了明确。从现行《婚姻法》规定的内容分析来看，针对夫妻婚前财产在婚后所获取的收益问题未具体规定。对其归属进行具体规制，是婚姻家庭特有的社会功能发挥的重要保障，也是实现婚姻主体个人权利的保障。根据《婚姻法解释（三）》第5条之规定，夫妻一方个人财产在婚后产生的自然增值部分，属于夫妻个人财产，非自然增值部分，则属于夫妻共同财产。自然增值属于因市场行情的变化或其他非当事人主观努力产生的增值；非自然增值则是由于夫妻一方或双方付出了时间、精力、劳务、智力等主观因素使得财产获得的增值。这种立法基础以夫妻双方对财产增值的贡献、协力等因素作为划分共同财产的基础。显然这是属于个人本位的立法理念。无论解释为贡献、协力等因素均不足以诠释非自然增值的本质。因此，建议在民法典婚姻家庭编中，从伦理本位考量，无论是自然增值抑或是非自然增值，夫妻另一方可以享有其增值财产，是出于夫妻共同生活的伦理性，而不是其他因素。假设以贡献或协力作为诠释夫妻婚后所得共同制的理由，那么夫妻一方婚后生病，则不但不能为家庭做出贡献或协力，夫妻另一方还有抚养义务，难道可以因无贡献或协力否定对方分享夫妻共同财产吗？因此，贡献或协力等均不能构成夫妻共同财产制的理由。正是夫妻关系的伦理性，故夫妻一方的婚前个人财产，在婚后产生的增值部分，无论是自然增值还是非自然增值，均应作为夫妻共同财产。

（二）增加夫妻共同财产推定制度

夫妻共同财产推定是在财产归属不清晰时，主张权利的一方不能证明其享有所有权时按夫妻共同财产认定。不管法律的内容怎样明确和具体，以及具备如何完善的立法技术，所有夫妻财产的情况都难以穷尽。所以，在实践中，由于理解的分歧，共同财产同个人财产的争议是难以避免的。我国现行婚姻法虽规定了婚后所得共同制和个人特有财产制，但没有对夫妻共同财产的推定制度加以规定。我国的常态夫妻财产制为婚后所得共同制，这就要求对夫妻共同财产推定制度予以规定，即任何财产，除非法律有明确规定的以及双方有约定或者有证据证明的确是一方的个人财产之外，其他有争议的财产以及不明财产全部推定为夫妻共有财产。如此以来，不但可以兼顾夫妻双方的权益，也能够预防争执的发生。

在现行婚姻法中，虽然对夫妻财产推定规则未做出具体规制，但是从现行《婚姻法》第 17 条和《婚姻法解释（二）》第 11 条规定分析可知，现行婚姻法将夫妻婚后所获得的财产推定为夫妻共有，并把其与约定财产制度结合使用，同时，对夫妻个人财产的范畴进行界定。立法目的在于为婚后财产推定为夫妻共有提出了裁判依据。《婚姻法》第 18 条是对夫妻一方个人财产的相关规制，其中第 3 项提出遗嘱或赠与合同明确只归夫妻一方的财产是个人财产，《婚姻法解释（一）》第 1 条明确规定，除约定外，个人财产不会转化为夫妻共同财产。因此，建议在民法典婚姻家庭编中规定，其一，当事人意思自治是受法律保护的，首先适用约定财产制，其次适用法定财产制；其二，当事人没有约定的，根据现行法律规定的婚后所得共同制，推定婚后财产归夫妻共有；其三，针对夫妻财产具有较强人身依附性的特性，为了确保夫妻财产以及家庭稳定和谐，不管登记主体为谁，都属于夫妻共同所有的财产。规制夫妻共同财产推定制度，有助于合理界定财产性质，应在法律中明确对夫妻财产推定规则进行规定。

（三）明确夫妻财产转化制度

依据 1993 年《最高人民法院关于人民法院审理离婚案件处理财产分割问题的若干具体意见》（以下简称《财产处理意见》），夫妻一方的婚前财产在满足一定年限的条件下可以转化为夫妻共同财产，这是对夫妻财产的转化规则的规定。从中可以看出，这一司法解释强调的是对夫妻共同财产的保护，它鼓励和支持个人财产向夫妻共同财产的转化。2001 年修订的《婚姻法》并未明确个人财产和共同财产是否因婚姻存续时间而相互转化，只是规定夫妻双方可以就两种财产制随时进行约定。2001 年《婚姻法解释（一）》对此问题就做出了与此前解释截然相反的规定。其中，第 19 条规定，除双方约定外，夫妻一方享有的财产不因婚姻关系的延续而转化为夫妻共同财产。司法解释起草者在阐释上述法条时认为，财产转移原则违背了市场经济的按劳分配、尊重并保护个人财产的精神，也同物权法的所有权转移原则相悖。在同一问题上最高司法机关的态度发生的根本变化，究其根源正是由于社会中普遍盛行的市场经济观念侵蚀到了婚姻家庭的领域，价值取向从传统的支持夫妻共同所有向支持夫妻一方个人所有的转变，婚姻家庭立法中的个人主义观念和个体的经济理性逐步占了上风。

随着《婚姻法解释（一）》和《婚姻法解释（三）》的生效，夫妻财产转化的规定被废除，我国司法审判中逐步去除了夫妻财产转化制度的适用。但是，从社会性别视角分析，现行规定不利于女性生育价值和劳务价值的体现和补偿，该条规定虽然表面上保护了夫妻一方的个人财产权，但是实质上却不公平。作为夫妻个人财产的住房等不动产，具有在较大的社会增值空间以及非消耗性，除了住房等不动产之外的家庭生活用品则属于易消耗品，虽然法律规定的内容并没有对性别适用提出明确的要求，但是立足于我国的社会现实，由于在现实生活中，多由男方购买婚姻家庭住房，而女方主要提供家庭生活用品，但是日常生活用品与住房不同，家庭生活用品属于消耗物，经过一定使用期限就会丧失其经济价值，这样的规定其结果在权利保护方面没有给予女方同等对待，加剧了经济弱势方尤其是女方的弱势地位。夫妻财产转化规则在我国具有一定群众基础和价值基础，事实上，夫妻财产转化规则符合我国最大多数夫妻双方的意愿，也利于促进婚姻的稳定。因此，建议在民法典婚姻家庭编中，可以在规范夫妻转化规则适用要件、效果的基础上对夫妻财产转化规则进行完善。

二、增设非常法定财产制以完善财产制结构

夫妻非常法定财产制度是在特定情形下由夫妻共同财产制变更而来的，该制度的目的是为完善夫妻共同财产制度，即在适用夫妻共同财产制度的过程中，当出现特定的法定事由时，夫妻一方可以向法院提出申请，要求撤销原法定或者约定的夫妻共同财产制改为夫妻分别财产所有制。构建非常法定财产制度，不但能使法定财产制在结构以及功能方面的缺失得以弥补，而且从某种程度上能够防止以及解决纠纷，这在司法实践中具有重要价值。现行《婚姻法》仅对通常法定财产制进行了设定，对于非常法定财产制并没进行设定。现行《婚姻法》中仅有通常法定财产制以及约定财产制的规定，对非常法定财产制

度并没相关规定，这致使前述两项制度仅能规制通常情形下的夫妻财产关系。当婚姻关系存续期间出现了特殊情形，例如夫妻一方擅自对夫妻共有财产进行处分，私自移转、隐匿、毁损对方财产从而致使该方合法财产权益受到损害，在解决此类纠纷时是不能依据通常法定财产制或约定财产制的。

《婚姻法解释（三）》第4条对婚内财产分割制度进行了规制，此条规定，在婚姻关系存续时期，一方有下列情形存在的，另外一方可以对共同财产提出共同分割的请求：首先，一方有严重侵害夫妻共同财产利益的行为；其次，一方患重大疾病，另一方负有法定扶养义务，但拒绝支付相关医疗费用的。从一定程度上分析，夫妻婚内财产分割制度的确能达到同非常法定财产制相同的功能，如在夫妻弱势一方利益的保护方面，对夫妻双方的共同财产实施分割，但从效力上分析，两者存在重大差别。从非常法定财产制来分析，在一般情行下，若夫妻双方在对适用的夫妻财产制方面没有进行约定，则依据婚后所得共同制规定的法定财产制度，万一由于某些特定的法定事由出现，原来依据的婚后所得共同制即告终结，转而采用分别财产制。但是，在夫妻婚内财产分割制度方面，若夫妻双方对适用的夫妻财产制没能进行约定，则依据婚后所得共同制作为法定财产制度，一旦发生某些特定的法定事由，一方可以向法院提出分割共同财产的请求，其效力为对夫妻共同财产实施分割，当夫妻财产分割以后，仍然继续采用原来的婚后所得共同制。因此，夫妻婚内财产分割制度很难在根本上处理以上问题。笔者建议，在民法典婚姻家庭编中，我国应借鉴法国、德国和意大利等国有关非常法定财产制的立法经验。关于设立当然的非常法定财产制，应参照《意大利民法典》的规定，在夫妻分居时，夫妻法定财产制由婚后所得共同制自动转化为分别财产制。关于设立宣告的非常法定财产制，应将现有的婚内财产分割的两个法定理由扩展为四个，并规定兜底条款，以利于司法解释对新出现的情况作出合法回应。同时考虑到我国国情与人们的婚姻观念，把非常法定财产制的法定事由运用列举和概括相结合的立法模式进行规定。

三、夫妻离婚救济制度之完善

（一）扩大离婚经济补偿制的适用范围

公平原则是离婚经济补偿制的基础，对于夫妻家务劳动的价值予以合理的认定，有助于实现夫妻之间权利义务的实质平等。家务劳动即是指为了使家庭成员的生活需求得以满足，但不能直接产生经济效益的劳动，主要包括料理家务以及抚养子女、照顾老人等。对家务劳动实施公平分工会对婚姻产生重要价值以及影响。夫妻其中一方通过家务劳动实现对婚姻的付出，同另外一方通过维持家庭生活实现扶养家庭成员具有相同价值。在婚姻关系存续时期，该种价值可以通过夫妻共享家庭权益实现；在离婚的时候，可以通过一方提出对另一方的离婚经济补偿的请求权来反映。根据传统夫妻分工方式以及男女性别思想，在中国目前的婚姻中，通常由妇女来担负抚养子女与照料老人以及协助对方工作等任务，这对提高妇女在市场经济社会中的职业竞争能力具有重要意义。通过对 2010 年第三期中国妇女社会地位调查数据反映，目前，中国城乡依然以女性为主负担家务劳动。2010 年城乡在业女性工作日统计显示，用于家务劳动的时间主要为 102 分钟以及 143 分钟，而城乡在业男性工作日进行家务劳动的时间主要为 42 分钟以及 50 分钟。可见，对于有职业的女性来看，在照顾老人以及子女，从事家务劳动方面付出了比丈夫更多的时间以及精力。

夫妻双方在婚姻存续期间为家庭生活所付出的贡献一定是各有侧重，因而有必要在离婚时最大限度平衡双方的利益，保护夫妻一方因在家庭付出更多使其在社会上的生活能力减弱，并对其进行补偿。当因婚姻关系解除而致使夫妻间的扶养义务不复存在时，则可通过离婚经济补偿制对承担家务劳动较多一方进行补偿，从实质上分析，有益于夫妻平等的实现，从而使法律的公平性得以体现。根据国外立法例分析，家务补偿既为各国离婚补偿性给付的根源之一，但对限制运用夫妻财产制的某一种或者几种几乎没有规定。从《法国民法典》来看，在离婚第三编第二节规定“离婚夫妻双方的后果”中专门设定“补偿性给付”来达到调整由于婚姻关系解除而引起的夫妻各自生活水平的变化，补偿性给付主要是对由于离婚而引起生活环境较差方的弥补。在离婚诉讼中，法官可以依据当事人的诉讼请求而根据职权界定补偿性给付的数额，或在夫妻同时申请离婚的情况下，夫妻可自行签订协议进行界定，且需要经法官的同意。在美国，同中国家务补偿类似的制度为离婚后对配偶承担的扶养责任，但是各州的婚姻家庭法以及法院的判例在对夫妻财产制的类型上并未限制。

现行婚姻法关于离婚经济补偿权的规定非常简单，未对该条规则进行细化，因而缺乏可操作性，因此，建议在民法典婚姻家庭编中从以下几个方面补充细化：其一，对家务补偿的适用范畴进行扩展，当夫妻财产共同所有时，对于担负较多家务劳动的当事人也要对其家务补偿进行适当考虑。其二，有关“付出较多义务”的界定，主要参考抚育子女和照料老人，以及对另一方工作进行协助，对于“协助另一方工作”会关系到无形财产价值的确认问题，所获取的利益应包含期待性利益等。依据男女平等原则，在婚姻存续期间，一方在家务劳动中付出更多的时间以及精力，并且在数量方面，达到一定程度，即可认定为“付出较多义务”。其三，应规范离婚经济补偿请求权实现的程序。

婚姻法对离婚经济补偿运用何种程序没能明确界定。应当许可对家庭承担较多义务的一方，在婚姻关系存续期间，对家务补偿提出请求，以保障在离婚时他方财产分配合理。国外民事立法亦有这样的规定供我们借鉴。

（二）离婚损害赔偿过错范围的界定

2001 年婚姻法增设了离婚的过错方赔偿原则，设立离婚损害赔偿制度的价值内涵和伦理基础在于婚姻自由、男女平等、夫妻诚信、人格尊严和公平公正。离婚损害赔偿制度的确立，表明法律对离婚受害方在财产和精神方面的救济，维护了社会的公序良俗，使法律公平与正义的价值得以彰显。放之实践，关于离婚损害赔偿的案例较为少见。究其原因，首先是离婚损害赔偿法定事由的范围过于狭窄，并且，法定事由欠缺概括性的规定。因此，在司法实践中，当事人的精神损害赔偿或者是因为“未造成严重结果”举证困难而得不到支持，或者赔偿数额少，获得赔偿者更是少数。适用范围较小的原因，导致离婚损害赔偿社会功能的局限。因此，对民法典婚姻家庭编有如下建议：

1. 适当扩大离婚损害赔偿的过错范畴。过错主要是指一方在进行某种行为时对社会利益和他人利益的侵犯，或者说，一方在知道自己的行为有违社会公序良俗的要求或法律的规定的情况仍然为之，并不管后果的心理状态。目前，我国婚姻法中针对离婚损害赔偿的过错规制都为法定过错。上述所说的过错行为均为一方严重损害另一方的合法权益，但从实践中看，过错行为在婚姻关系中的还有很多。建议应考虑列举式与概括规定结合的方法，在列举具体过错行为的基础上，添加其他可能造成离婚过错行为的概括式设定。对离婚损害赔偿的运用范畴进行适当扩大，其原因为由于过错行为而造成婚姻破裂的损害赔偿制度，只要行为人有过错行为存在，违反了婚姻法的基本原则，而且达到了某种程度，造成婚姻破裂的后果，都要由过错一方担负损害赔偿责任。

2. 确认离婚损害赔偿请求权的实体权利特性。建议离婚损害赔偿请求权不仅对诉讼离婚适用，而且对登记离婚也适用。在夫妻登记离婚时，夫妻双方可就离婚损害赔偿以及财产分配问题，和子女扶养等问题同时协商处理，在此问题上不能形成共识，达到和平解决的，可采用诉讼离婚的模式处理。此外，在登记离婚中，夫妻无过错一方对损害赔偿没有提出请求的，不能默认其是对赔偿权益的放弃，应规定在协议离婚后，无过错方可就损害赔偿问题提起单独起诉的权益，但是，起诉要对登记离婚进行时间的限定。

（三）完善离婚经济帮助的适用条件

现行《婚姻法》第 42 条对离婚经济帮助制度进行了规定，因为婚姻法在其称谓上没能进行明确概括，通常在学理上把其称为“对生活困难一方的经济帮助”。离婚经济帮助基于原来的婚姻关系而产生，男女双方虽然因为解除婚姻关系而导致夫妻间扶养义务的解除，但是如果离婚时一方生活困难，另一方仍有予以经济帮助的责任。《婚姻法解释（一）》第 27 条对经济帮助的手段进行了扩充，有助于解决困难一方的实际需要，其立法目的在保护弱势一方的利益，同时也有利于离婚自由的实现。然而，在司法实践中，这项离婚经济制度的适用情况还有许多需要调整的内容，实施现状很不理想。

我国离婚经济帮助制度是以保障离婚后生活困难一方的基本生活为立法宗旨，其目的是对基于离婚可能导致的消极后果的一种补救措施，对维护离婚后弱势一方的权益有一定的效果。但是我国婚姻法没有对生活困难进行明确的定义，对于造成经济困难的原因也未有规定，《婚姻法解释（一）》第 27 条规定是以“一方生活困难”作为离婚经济帮助的适用条件，该条规定采用的是绝对困难的认定标准，即请求方无法通过自己的全部财产和收入维持当地最基本生活水平。在司法实践中，采用维持基本生存状态的条件显得过于严苛，并且在我国的社会保障体系、国家救助体系等尚不发达的背景下，通过家庭保障的方式维护离婚弱势一方的权益仍是主要保障途径，采用离婚经济帮助制度以财产上的调整来实现对婚姻当事人一方的救济和保障仍是比较现实的一种途径。如果基于离婚的原因，从而导致弱势一方在离婚时未达到“生活困难”的标准而不对其进行特殊保护，或者虽然适用离婚经济帮助制度，但适用的效果仅仅是基本的生活保障，这显然违背公平原则。婚姻作为夫妻的结合体，不仅是一个夫妻劳动共同体，而且是一个夫妻共享的命运共同体，我国离婚经济帮助制度应该参照国外的离婚扶养制度多一些人文关怀的规定。基于此，建议在民法典婚姻家庭编中，应当将生活困难应该与个体家庭相挂钩，采用相对困难标准；即如果离婚一方在离婚后凭借分割的共同财产和自身的个人财产，虽然可以维持自身生活，但是其生活水平比婚姻关系存续期间明显下降或降低的，也可视为生活困难。

婚姻家庭关系既是一种重要的法律关系，又是一种重要的伦理关系，伦理性是婚姻家庭法的本质特征。婚姻的本质体现在双方的对等人格结合在婚姻共同体之中，婚姻共同体中作为一个伦理实体，它由爱所创造并由爱来加以维持，这是一种非常奇妙的成就。基于此，人类的爱的感情与动物的本能有很大的差别，这也是人的意识高出自然的表现。追求经济效益并非婚姻共同体的主要目的，在婚姻制度中，在爱的引导下，要求人们不讲究利益的精确计算，使得婚姻不仅仅是一个纯粹的财产契约。婚姻不能仅从经济学角度来观察，而要从其伦理性本质来表达其存在的意义和价值。婚姻家庭问题毕竟不能都纯粹囊括到民法范畴，婚姻家庭法的身份法属性决定了其与一般财产法的不同，婚姻家庭法作为特别法的特点，对于特殊问题应适用婚姻家庭法的特别规定。从民法典体系中的婚姻家庭编分析，其不但要加强对公民人格尊严的保护，也要尊重意思自治，以及保护个人自由，重视以及维护健康文明和谐有序的社会主义婚姻家庭观，使家庭美德得以弘扬，使家庭责任得以强化，使婚姻秩序得以维护，推动社会公正的实施，从而构建完善的婚姻家庭权利体系。在民法典婚姻家庭编的设计层面，功利化向伦理化回归，要通过具体制度的构建和健全，使相关制度协调，使法律的可操作性得以强化，编纂一部具备前瞻性、完整性，以及可操作性高度一致和情、理、法高度统一的婚姻家庭编，使中国的婚姻家庭制度得以全面完善。

民法典侵权责任编重点难点问题研究

河南省开封市人民检察院课题组*

罗斯科·庞德认为，法律是一种社会工程，其终极目标和价值在于达成社会的公平正义。这一目标与价值引导着法律规范和制度内容，检视着法律规范、原则的公正性与合理性，推动着法律在增进人类福祉与文明上的价值。我国民法典编纂是完善以宪法为核心的中国特色社会主义法律体系的重要组成部分，对推动建设中国特色社会主义法治体系具有重大意义。党的十八届四中全会明确作出了关于“编纂民法典”的伟大决定，对建立中国特色社会主义法治体系、推进社会主义法治国家进程具有重大意义。十九大报告强调，要加快社会治安防控体系建设，保护人民人身权、财产权、人格权，为我国民法典侵权责任编的立法目的指明了方向。侵权法源自古代氏族社会的同态复仇制度，历经近代西方私权文化的洗礼，不断调整和扩张其适用范围，已成为现代社会民事责任中不可或缺的组成部分。尤其进入20世纪中后期，随着工业革命将人类社会带入“风险社会”后，现代民法的重心已由“个人本位”向“社会本位”发生了转移。在风险社会背景下，面对人们对侵权法能够应对各类现代社会风险、维护社会安全秩序的期待和诉求，中国侵权法的现代化转型是应对风险社会和实现社会转型的必然要求。因此，侵权责任编的科学构建与体系完善与否直接关系到制定一部21世纪的中国民法典的目标能否顺利实现。本课题组主要以侵权责任编的救济、预防、惩戒等功能价值为研究基础，以侵权责任编的地位和体系为支点，以侵权责任编的具体规范设计为直接目标，对我国民法典侵权责任编的目标功能、立法理念、体系协调、规范完善等方面进行深入论证，以实现侵权责任编与民法总则、其他分编以及相关法律部门之间的融合与协调。

---

* 课题负责人：杨中立。

一、侵权责任编的基本目标与功能定位

人类文明的历史是对人的原始冲动加以抑制，并逐渐得以制度化和体制化舒展的过程。自19世纪以来，随着机器时代的来临，侵权行为逐渐增多，大陆法系国家规定了侵权法的一般规则，英美法系国家产生了过错责任理论。侵权法的功能逐渐从古代法强调“惩罚”功能向近代法注重“补偿”功能过渡。20世纪以来，由于工业化程度加剧，大规模损害行为频繁发生，与之相适应，侵权法的救济、威慑、惩罚、预防等功能强化于侵权法的具体规范中，影响了侵权法的价值目标和机能。如何准确定位侵权责任编的目标与功能，是侧重于损害的救济，还是事故的预防，是注重公平还是注重效率，是侵权责任编必须要解决的首要问题。

（一）基本目标：行为自由和权益保护之间的利益平衡

拉伦茨教授认为，侵权法的主要任务在于如何构建法益保护与行为自由之间的矛盾关系。王泽鉴教授认为：“侵权行为法旨在权衡行为自由与权益保护。”19世纪过错责任原则的盛行，正是资本主义工业大发展推崇个人自由主义，人们按照社会的行为规范自觉选择合理行为来控制行为的结果，使得侵权法具有天然、浑厚的道德基础。过错责任日益暴露出其内在缺陷，无法适应各种工业危险活动和危险物所造成的损害。耶瑟（Esser）教授认为，危险责任是在寻求对允许从事危险行为的一种合理平衡。自18世纪初以边沁为代表的利益法学的兴起，“利益”之词便常见于法学家的笔端。在许多著作中，“利益或被称为人类个别地或在集团社会中谋求得到满足的一种欲望或要求”。或被称作“人们同他们周围现实中能帮助他们作为一定的社会成员而生存、发展的对象和现象的客观关系的表现。”抑或被认为是“能够使社会主体的需要获得某种满足的生活资源，而这种资源满足的程度是以客观规律、社会环境和社会制度所认可的范围为限度的”。在现代社会中，由于利益的多元化与复杂化、利益需求无限性与利益资源有限性之间的矛盾，使得立法需要通过利益衡量这一机制在无限需求与有限资源之间找到利益平衡。侵权法的立法恰好是这样一个利益衡量的过程，它通过对发生在平等主体之间的各种侵权行为加以确定，对责任关系涉及的各主体利益予以识别、选择、整合以及表达，最终达至法律对社会秩序的调整。

首先，需要在一定的原则遵循下对利益进行选择，包括平等对待原则、比例原则、综合利益最大化原则等，只有这样才能确保利益的选择具有正当性。其次，需要对选择的利益进行价值分析和经济分析。虽然对于法律能否进行价

值分析和判断始终是西方法学家争论不休的问题，对于法的价值是相对的还是绝对的这一问题，法学家尚莫衷一是，但是立法需要以一定的价值判断作为确定其价值指向的手段，这就决定了在立法或法的创制过程中立法者无法保持价值中立。在多元价值中，公平、正义、效率、平等、自由等便成为法律追求的目标，相比之下，正义与法律的关系最为密切。社会关系私的领域存在个人利益与个人利益、个人利益与社会利益、自由与平等、效率与公正等冲突，侵权法在何种行为被认定为侵权行为并决定对不同的侵权行为施以不同的处罚或对侵权行为后果予以救济时，立法者需要说服自己，何以做出如此不同的选择，选择的根据是什么。因此，侵权法对利益的选择需要以正义为价值基准，判断选择后果是否符合社会基本价值观、符合人类理性的选择、符合现有法律秩序并被多数人接受。如此才能确保侵权法调整的利益之间平衡结果的妥当。

侵权法对利益平衡结果的规范表达发挥着利益调控功能。首先，侵权法规定利益受侵害者的利益回复请求权和侵权者的回复性或者赔偿义务，从总体上使受害者受损的利益能够得到恢复并使利益在侵害人与受害人之间保持对等。其次，侵权法对因过错致人损害的行为进行谴责，同时也为行为人行为的自由划出边界和提供保障。再次，侵权法发展和扩大危险责任、限制危险责任人的减责、免责抗辩事由的同时却严格地将其适用范围限制为法定，并对一些危险责任的适用设置一定的条件、对一些责任人的责任承担作出最高限额规定，这些都充分体现了侵权法对效率与公平的兼顾。最后，责令加害人对造成损害进行全面赔偿，针对受害人的过错赋予加害人过失相抵请求权，并将精神损害赔偿限定在法律规定范围内谨慎适用等体现了法律对侵权责任关系双方利益的平衡保护。由此可见，侵权法规范的表达正是侵权法借助利益平衡工具或功能对社会各种利益加以调控的结果。

德国法学家耶林曾提出著名的论断，“产生责任的是过错，而不是损害。”这也是过错责任承担损害赔偿责任应有之义。基于过错基础上的损害赔偿和民事制裁是以行为人主观状态的可谴责性和不法行为的可归责性为前提的。其本质上即无过错即无责任，体现的是现代社会生活的伦理正义，通过对不法行为的矫正实现对受害人的救济，更重要的是充分保护行为人的活动自由，为人们的行为提供规范指引。因此，过错责任的功能主要在于救济和补偿受害人，其预防功能很少论及。随着工业革命将人类社会改造为“风险社会”后，侵权法的中心已从过错归责、损害填补转移到危险归责、损害预防与分担。传统的过错责任无法应对新生的各种危险损害与事故。危险责任在以受害人为中心应对和规制各种事故损害时，从制度设计上有效地保护了受害人的合法权益。与此同时，其对行为人施加了高度注意义务和严格的法定义务，促使行为人积极加大预防成本投入，采取风险防范措施，尽量避免危险事故的发生。事实上，损害的事前预防比事后救济更为重要。危险责任的制度构造使其天然具有了预防危险和救济损害的两大功能，这两大具体功能相互并存和协调，共同实现和达到行为自由和权益保护之间的平衡。在风险社会背景下，侵权法要以协调和平衡安全和自由的价值冲突为己任。鉴于此，侵权法处理这些风险以安全和自由价值的合理平衡的价值预设，即一方面考虑行为人从施加危险中得到的自由必须与受害人因承受这些危险而丧失的安全相平衡。另一方面，则要求行为人因预防损害而被迫放弃的自由必须与预防措施给受害人带来的利益相平衡。

（二）侵权责任编的功能定位

1. 强化救济功能

党的十九大报告中明确指出，要保护公民的人身权、财产权、人格权。在我国现有社会保障体系还不健全的社会背景下，加强对受害人的人权保障和对弱势群体的倾斜性保护，体现了侵权责任编救济功能的基本地位。救济功能，也称补偿功能或填补损害功能。现代侵权法以强化救济功能为基本发展趋势，“法律所强调的重点已从承担过错转移到补偿损失。”艾伦·沃森指出，民法法系的形成过程，也是法律理性化过程。理性化的结果，使传统民法具备两种理性品格：形式理性（法典）和价值理性（对人的终极关怀）。现代侵权法围绕“以保护受害人为中心”对其制度规范进行整合和建构，最大限度地体现对人的终极关怀。侵权法作为救济法，当合法权益受到侵害时，通过对受害人民事权益的救济来保障私权。

值得注意的是，现代社会在极大改善人们生活的同时，也产生着源源不断的危险事故。由于危险责任和保险制度的兴起，补偿和填补受害人的损害成为侵权法的首要功能。面对诸多的风险和危险，即使行为人在客观上尽到了最大注意义务，由于危险的不可预见性和高风险性，一些危险事故仍然不可避免，以过错责任为原则的传统侵权法将无法对受害人提供及时有效的救济。危险责任不考虑行为人的过错，按照“损益同归”的理论要求开启危险源的行为人承担责任，实现对受害人的救济。

一般而言，我们往往从两种意义上使用补偿概念，一是对损害和损失的填补，例如损失补偿、民事赔偿等。二是对生活补助费用的一种支付，例如社会保险、社会救助等。现实中两个术语经常被通用。但是学说上却不同。以日本为例，从来都是把赔偿和补偿两个概念区分开来，即将侵权行为和债务不履行等违法行为发生的损害填补叫作损害赔偿，而将接受对依据土地征用法的土地征用和根据相邻关系的土地通行那样的合法行为的特别牺牲的填补叫作损失的补偿。但是，近些年来在日本，补偿这一术语经常在包含损害赔偿和损失补偿两种意义上被使用。在我国民事立法和理论研究中，补偿通常在以下场合使用，首先，补偿作为一种民事责任形式与“赔偿”这个具有追究法律上的责任的尖锐性一词相对，它并不一定非要论及法律上的责任有无。其次，补偿也在目的或者功能意义上被适用，即指侵权法具有使受损权益得到恢复的能力。

2. 提升预防与遏制风险功能

任何法律责任都具有预防功能，侵权法也不例外。预防因含有防止、阻止某种现象发生之意，所以在侵权法领域预防和遏制功能是相通的。有学者认为，预防是确认一个样板，能够使他人从该样板中吸取教训而不再从事此行为。有的学者认为，预防功能可以分为特殊预防和一般预防。侵权法通过预防功能的发挥实现如何预防危险的发生，提高社会安全的同时实现效率最优化。

“损害的预防胜于损害补偿。”特别是从事危险活动的企业或危险物的占有人或使用人，对其适用无过错责任原则，让其承担侵权责任，能够督促其控制和预防危险的发生。我国侵权责任法关于危险责任的规定，明显强化了侵权法的预防功能。之所以让危险物的占有人或使用人、危险活动的经营者承担危险责任，原因在于危险源在其控制之下，由其承担责任有助于提高注意义务，积极采取措施预防损害的发生。惩罚性赔偿制度的引入，目的在于惩罚不法行为，对受害人形成法律激励机制，防止产品责任的发生而维护消费者的合法权益。马克思曾言：“对于法律来说，除了我的行为之外，我是根本不存在的。”美国法社会学家布莱克也说：“法存在于可以观察到的行为中，而非存在于规则之中。”可见，法律最终指向的是人的行为，他通过一定的行为模式预测、控制、影响行为人的行为，包括对人的行为动机的激发和对人的行为动机的抑制。这种影响如果用激励一词来表达，即法律激励，就是作为行为规范和体现正义精神的法律对符合立法意志行为的驱动以及对违背立法意志的抑制。当法律体现出认同、肯定的鼓励特质，旨在激发合法动机，乃法律的正激励；当法律体现出禁止、否定的惩罚特质、旨在威慑和遏止不法行为，乃法律的反激励。

值得关注的是，责任保险制度与某些侵权行为类型相伴而生。它一方面分散危险责任损害，另一方面在某种程度上会弱化侵权责任预防功能的发挥。如何促使被保险人积极采取措施防止或减少危险事故的发生？最优的办法即是将保险费的计算与事故记录予以结合，依照事故发生率来确定保险费。但是，如何合理确定事故发生率与保险费率之间的比例关系，使之既能分散风险，又能更好地督促行为人尽最大注意义务防止事故的发生，则是保险理论上需要探讨的一个重要课题。目前机动车交通事故保险实务中，保险公司则更加注重运用事故发生率与保险费率之间的比例关系控制自己的经营风险，督促投保人积极采取措施或提高注意义务最大限度上减少事故的发生。

3. 增强分担风险功能

阿克顿曾认为，自由的试金石就是身处弱势的少数人所享有的地位和安全状态。人类自产生之初不得不面对各类风险，但时至今日，人类现代遭遇的风险与传统社会之风险存在着质的不同。过去威胁人类社会的一向是外部风险，如地震、干旱、暴风雨等自然灾害，与人类的行动并无直接关联。但现代社会的风险越来越来自人为风险，即人类利用科学技术改造自然界和变革社会生活过程中所引发的风险。如核爆炸和环境污染等。也可以说，人们在享有法律赋予行为自由的同时，承担着法定的义务和责任。如交通规则的行进自由和法定义务。由于科技的日新月异和工业生产的规模化，在推动世界文明进步的同时，其隐含的风险和危险日益加剧，各类工业事故和损害的发生已经成为一种社会新常态。现代新型风险呈现出人为的不确定性、不可感知性、损害后果严重性以及全球化等新的特征，致使人类社会形态由工业社会的“财富——分配”范式转入风险社会的“风险——分担”范式。如何有效预防和应对这些现代科学技术和工业进程中的负效应，对社会共同体所共同面临的新型危险进行公平的承担与合理的分配，是现代侵权法的重大历史使命。随着社会财富的极大丰富和人们生活水平的日益提高，公共安全成为人们首要的基本需求。如何对侵权责任制度进行科学构建和立法完善成为侵权责任编的核心问题。从现代民法的发展来看，侵权责任制度是人类应对现代风险社会的主要制度和有效机制，对其进行科学建构，有助于探寻解决现代社会中日益增长的交通事故、环境污染、产品损害等新型危险事故损害的方法。因此，侵权责任编的规范设计必须强化其风险分担功能，以应对现代风险社会的新型社会风险，给予受害人充分的救济，平衡加害人与受害人之利益关系。

4. 彰显社会关系修复功能

“先民后刑”工作机制既可以修复社会关系、维护稳定，也有利于对犯罪嫌疑人的教育、感化、挽救，有助于检察机关办案达到法律效果和社会效果的良好结合。2012 年，扬州市检察机关创新试点在刑事办案中优先调处民事纠纷的“先民后刑”工作机制。截止到 2016 年 4 月，全市已成功调处 480 余件案件，其中 12 名犯罪嫌疑人被作不起诉处理，此类案件量刑建议采纳率达 100%，协助被害人挽回损失、获得赔偿共 760 余万元。近三年来，无一起因起诉环节处置不当导致的涉检信访案件发生。

传统的刑事附带民事诉讼制度，是一种“先刑后民”的程序模式，在这种模式下，刑事案件被害人的各项损失难以得到实际弥补或及时救助，不利于化解调和社会矛盾。扬州市人民检察院提出“将化解矛盾纠纷贯穿公诉办案始终”的工作理念，先后出台《在刑事案件办理过程中优先调处民事纠纷暂行规定》《关于进一步加强“先民后刑”工作机制的实施意见》。审查起诉刑事案件时，积极介入调处所涉民事纠纷，以犯罪嫌疑人是否积极退赃、积极赔偿衡量其是否真诚悔罪，以被害人的伤害是否得到抚慰和弥补作为案件处理的重要依据。

近几年，扬州市检察机关试行“先民后刑”，逐步建立完善了一套有效的工作方法：即“区分三类案件、尝试三级调处”。“区分三类案件”，是指将涉及民事纠纷的刑事案件分为直接损失型、综合损失型和预期损失型三种类型，典型案由分别对应为盗窃、交通肇事、故意伤害。检察机关在提起公诉前根据案件的具体情况分别做双方工作，一方面要求犯罪嫌疑人尽力弥补损失，另一方面劝解被害人降低心理预期，并根据调解情况、矛盾化解情况作为提出量刑建议的重要依据。

扬州市检察机关“先民后刑”工作机制对侵权责任编的最大启示在于，在处理侵权行为民事侵权责任、行政责任和刑事责任三者之间关系时，应坚持民事责任独立性原则，当加害人的财产不足以承担上述三种责任承担时，应坚持民事侵权责任优先，确保最大限度上给予受害人救济与补偿，努力使受害人的受损的民事权益恢复到原来的状态。

二、侵权责任编应反映现代侵权法的时代特征

民法典侵权责任编在编纂时，应当致力于解决既有的问题，应对新出现的问题。爱泼斯坦（Epstein）曾指出，侵权法可谓是最简单、但同时也是最复杂的法律领域之一。传统侵权法将保护行为自由作为主要的价值目标。但历经工业革命和科技时代的洗礼，面对种种不可预知的各类危险，其不能回避公民对安全的要求以及由此产生的对社会安全的需求。人们期待着侵权法有所作为能够保障个人的基本生存和安全。在侵权法的现代化进程中，侵权法的价值和理念随之发生了许多变化，也反映了侵权法由传统的过错责任一元为中心向过错责任和危险责任二元化的发展趋势。在当前向人工智能时代过渡的阶段，侵权责任编应对人工智能侵权问题积极回应和应对。

（一）现代侵权法发展的新趋势

1. 制度本位转化：从个人本位走向社会本位

社会本位是 19 世纪末 20 世纪初以来社会科学领域特别是法学领域中经常使用的一个概念。社会本位是一个多语境使用的概念。在当代的法本位研究

中，有学者从法哲学研究范式转型的视角对“权利本位”和“社会本位”作了深入的理论阐释。法的本位问题是一个在法的规范化、制度化的权利和义务体系中，何者为主导地位的问题。权利本位和义务本位、个人本位和社会本位是两种研究范式下依据不同的标准所作出的两种不同的类型划分。不确切地说，在实质上，个人本位与权利本位相通，社会本位与义务本位相当。在现代的私法研究中，不少学者对社会本位给予了高度关注。社会本位作为一种新的法律理念和制度改革思想，旨在矫正19世纪立法过于强调和保护个人权利而忽视社会利益的弊端，要求法律的重心应当向社会公共利益倾斜。但其他并不否认个人利益的独立地位。在社会学上，“社会”被解释为人类生活的共同体。从人类早期的历史发展来看，社会利益始终没有保持自身的独立的利益存在形态和实现机制，大多呈现为国家利益和社会利益之间的一种矛盾运动。

侵权法到了近代，过于强调人性中的意志和行为自由而几乎忽视了人们面临的各种风险，将社会成员的行为标准都预设在较低的“经济理性人”水平。在欧洲大陆，自格劳秀斯提出理性自然法思想后，人类便开始了康德所说的“公开地运用自己的理性的运动”。在法国法，民法典起草者将自然法学者多马和波提尔的过错责任理论直接运用于侵权法中，将降低了人性标准的“善良家父”，即“理性人”作为判断责任有无的标准，在德国，民法典起草者将自然理性和康德的道德——法律区分论以及黑格尔的市民概念相结合，纷纷将“经济理性人”作为责任的判断标准。英美法学界将自然法理论同古典经济学尤其是亚当·斯密的经济人理论相结合，将“经济理性人”作为普通法评判行为人责任有无的标准。我们可以看出，无论是大陆法系还是英美法系，近代侵权法设定了较低的人性标准，仅以一个充满利己主义的“经济人”作为过错的评判指南，达到了这种行为标准，行为人便没有过错，无过错就无须承担责任。所谓经济理性人，说到底就是追求自己利益最大化的人，他以自己为目的，以他人为手段。以这样一种较低水平的人性标准来作为行为预设，近代侵权法显然忽视了社会现实中的种种风险和差异，错误地将行为的受动者统统视为与行为人一样强而智的人。更为重要的是，对那些几乎只有机会承受风险而没有机会制造风险的工业事故受害者来说，他们却往往因为行为人没有过错而得不到任何赔偿。这时的侵权法所优先保护的，不是受害人而是侵害人，发生的风险性损害由受害人自己承担。因此，以“经济理性人”为判断标准、被我国某些学者誉为“第二次勃兴”的近代过错责任法律，实质上是以加重受害人的风险负担、限制受害人的自由来保障所谓行为人的自由，是用广大受害人的鲜血和生命来构筑行为人的自由之塔。

在现代风险社会，随着科学技术日新月异和市场经济的快速发展，民事主体为了追求更多的社会财富和自身利益最大化，突破法律的规制和标准，导致了众多的产品损害、环境污染、工业事故、劣质食品等损害，严重威胁到社会的公共安全和他人的合法权益。在此背景下，侵权法不再单纯保护和强调个人的活动自由和权利和以行为人的自由和权利为中心。在一些法定领域构建和适用危险责任，限制行为人活动自由和权利保护，对受害人给予有效的救济和维护社会的公共安全。因此，现代侵权法突破了传统侵权法以个人为中心的一元本位理念，将社会本位提高到优先地位。

2. 构成要件转化：由主观主义转向客观主义

侵权“责任客观化”的这一概念充分反映了过错责任所固有的强调责任的主观性这一归责标准被弱化或被摒弃的发展趋势。责任的客观化主要体现在两个方面：一方面，从过错责任的内部来讲，由于现代社会纷繁复杂，损害的产生常常具有复杂因素，行为人肩负着履行社会交往安全的义务，很难简单从行为的主观方面认定其过错的存在，导致过失标准的客观化成为责任认定的一种常态。邱聪智教授认为：“如从现代过失责任原理之动态发展观之，过失责任似有由过失客观化迈向违法视为过失的趋势。”另一方面，从过错责任的外部来讲，在法律许可的特定危险领域，面对现代工业技术发展带来的各种危险，行为人即使尽了较强的注意义务，某些损害仍然是不可避免的。在这种情况下，行为人主观上并没有过错，但对受害人的损害不予补偿，将导致社会的不公和不正义，进而导致社会矛盾的产生。为了对不幸的损害进行合理分配，基于行为人客观上造成了危险的发生为归责事由承担赔偿责任。从这个意义上来讲，无过错责任或者说危险责任本质上是一种客观责任。

3. 正义理念转化：由矫正正义转向分配正义

传统侵权法中坚持以矫正正义为正义理念。矫正正义是以个人主义为基础。在个人主义观念下，个人对其行为负责就成为矫正正义的必然要求。个人行为是其主观意志的外部表现，在对其进行责任认定时以过错为核心要件，无过错即无责任。在行为人具有过错的要件下对责任人施以侵权责任符合一般普通人的正义观念和需求，也体现了行为人自由与受害人救济之间的利益平衡。在过错责任中，对于那些即便尽到注意义务仍不免要发生的事故，对行为人施加侵权责任在某种程度上不具有公正性。但工业事故和现代危险活动的活动主体大多为企业，而企业是一种社会组织，与单个自然人虽然在法律地位上是平等的，但从其主体性质而言存在着重大区别。企业的活动行为体现着团体的意志，并非某一个人的意思表示，在实践中较难对其过错进行认定。在这种情况下，如果再以传统的个人过错为核心责任要件，也会体现一种不正义，也即有组织的不负责任。因而，危险事故领域过错责任的退出，实质上就是实质正义的必然结果。在企业组织侵权的样态中，企业为了自身利益，没有采取足够的危险预防措施和投入相应的预防成本，从经济学理论上分析可以采取客观的过错判断标准，但在现实中较难适用。有的领域中，即使企业尽到了最大的注意义务和实施了完善的预防措施，但也难以防止危险事故的发生，在这种情况下，没有扭曲的正义需要校正，而只有新的正义需要分配，通过损失分配使得受害人的损害得以救济，实现行为自由和利益保护之间关系的再平衡。

4. 责任主体转化：从个人责任到集体责任

根据卢梭的“社会契约”观念，国家和法律建立在人的自由意志之上。按照自然法的思想，自由是天赋的基本权利，是个人在社会条件的基本存在方式。国家保护个人的自由、财产和安全不受侵犯。国家和法律始终以个人的自由、利益和幸福为关注的焦点，传统侵权法也一以贯之遵循着这一价值。个人仅基于自己行为的过错承担着个人责任。随着20世纪70年代主要发达国家工业化进程的完成，农业社会已过渡到了工业型和消费型社会，企业成为社会经济活动和生产活动的主体，各类危险和事故因企业的活动而产生。由于企业具有封闭的组织管理体系，受害人很难对企业的过错进行举证，在过错责任的影响下，广泛存在着“有组织地不负责任”现象。面对这一社会难题，考虑到企业具有经济和技术的天然优势以及比受害人更能够承担事故损失和预防事故，各国侵权法采取不同的路径对企业责任进行规制，扩大其适用范围，企业责任日益增多。企业责任的形式从原来的工伤事故责任、雇主责任逐渐扩展到了产品责任、环境污染责任、高度危险责任等多种形式。进入21世纪后的今天，侵权责任的承担主体已不限于个人而更多表现为企业组织责任。随着责任保险和社会保障制度的建立和完善，企业责任的损失又同时分散到所有的投保人、消费者乃至整个社会，最终形成一种集体化责任的表现形式。

（二）现代侵权制度面临的新挑战

1. 侵权行为的复杂性与多样性

现代工业技术风险的产生，在一定程度上是抵御和控制风险或使风险最小化的结果。如医疗技术、杀虫剂产品、核能技术、基因技术等在现实生活中的快速发展，在降低疾病、饥荒、能源资源等风险威胁的同时，潜伏着不确定的、威胁人体健康和生存环境的风险。有些技术的危害后果甚至是不可计算的，这就是“人为的不确定性”的风险。人类的历史发展和社会经验证明，任何一个国际组织、国家、制度、企业组织和个人都不可能独自去应对技术风险。一个主体多元、合作互补、复合的全球化风险治理体系，成为势所必然的发展选择。在一个国家内部，行政机关依照制度赋予的行政职权或按照行政指令进行社会治理，责无旁贷地成为风险规制和预防的主要力量。司法机关通过对危险行为人施加刑事制裁、民事责任，在一定限度上起到了遏制不法行为的发生。行业自治组织通过行业自律发挥规范对行业自身的风险的功能。在国与国之间，国际组织通过推动国际条约的签订积极应对跨国性和全球性的社会风险。在尊重行为自由和推动技术和经济发展的基础上，对社会风险和技术风险进行恰当地和合理地规制，使之达到一种均衡发展的状态，是风险治理网络和体系所追求的理想目标。

事故损害的预防和减少是社会发展的一个复杂的系统工程，在改进技术提高产品的安全性能的同时，还需要科学规范的管理，普及行为人的安全知识，强化大众的责任意识等。按照公法和私法的职能划分，真正发挥预防损害功能的不是民法和侵权法，而是行政法和刑法部门。虽然我国侵权责任法引入了惩罚性赔偿制度，其适用范围仅适用于恶意产品责任。即使未来侵权责任法在其他危险责任领域广泛适用惩罚性赔偿制度，侵权法规制和预防社会风险的功能仍然受到一定的限度。原因在于侵权法主要采取一种事后救济的调整方式。事实证明，事故预防比损害救济更为重要。现代风险社会中涉及的诸如食品安全、环境污染、机动车交通事故、各类工业危害等损害的预防和规制，行政法肩负着重大的历史使命。这也意味着传统行政法需要迎接新的任务和考验。在风险社会里，"安全"被提到了与"自由"相对应的法律价值高度。管制失灵不可改变地最后归结为国家责任，同时将相关权利赋予为个体提供的补偿上。国家的行政行为可以分为秩序行政和服务行政。刑法通过对危害公共安全的危险行为科以刑罚，从而保障公众的合法权益和国家、社会的安全，有效地预防损害事故的发生。因而，在完善和发挥侵权责任制度的预防和遏制损害功能的同时，需要相应的行政法和刑法制度予以配合、协调，形成一种互动的事故损害预防体系。

2. 责任承担方式的新类型

在有些情况下，对侵犯他人权利的人施以法律责任并不足以构成对权利人的保护。司法实践中，对抽逃资金、隐藏、转移财产等行为拒不履行生效的法律文书的，人民法院可以采取必要措施限制其高消费，在某种程度上限制其民事活动范围，督促其积极履行生效的法律文书。从英美法来看，法院发布禁止令、限制令、强制令是权利救济手段中的重要一类。在公司法中，个别股东违法召开临时股东会侵犯其他股东利益时，法院可以发布禁止令禁止其召开。这种在司法实践中产生的新的责任方式对防止侵权人再次侵权，督促其积极履行法定义务，推动构建诚信社会具有重要意义，值得在未来侵权责任编中予以合理采用。再如，在环境侵权纠纷中，生态修复能否作为一项单独的侵权责任承担方式？检察机关作为公益诉讼原告诉讼主体的权限有多大？针对这些问题，学界和实务界存在不同的争论，侵权责任编的制定过程中应对这些新问题予以认真对待。

3. 多元化救济方式的新机制

19世纪末之前，除慈善事业外，侵权法仍然是为受害人提供救济的唯一手段。进入20世纪后，随着现代工业和科学技术的发展，交通事故、航空事故、工业事故造成的损害大量产生。囿于过错责任的局限，工业事故中的受害人难以获得赔偿。在此背景下，人们深刻认识到，传统侵权法在工业社会下必须有所调整，迫切需要发展新的归责原则。同时，工业文明中由于技术和人性的缺陷，事故损害将不可避免，通过侵权法单纯地在受害人与加害人之间转移损害，已不能适应社会经济发展的需求。上述社会原因催生了两个变化：一方面，无过错责任或者说危险责任原则冲破过错责任原则的藩篱广泛地适用于现代社会的特殊侵权责任中。另一方面，在侵权责任救济之外，工伤保险、责任保险、第一方保险等保险制度蓬勃发展，与危险责任制度互动发展，有效实现了侵权损害在全体投保人之间的分散。危险责任可以通过损失的内化，再通过责任保险而将需要存在的正义分配于投保人的团体之间，从而实现分配正义。换言之，保险制度的兴起不仅推动了侵权法价值目标从矫正正义向分配正义的变迁，而且将危险行为产生的不幸损害进行了合理分散，有效实现了风险社会下行为人与受害人之间利益的平衡。

与此同时，以国家为主体的公共福利计划——社会保障制度从制度层面为事故受害人提供了更为完善的救济和保障，实现了损害在全体社会成员中的分散。其中最为典型的工伤保险取代了工伤领域的侵权责任，真正意义上实现了国家的“生存照顾”义务。侵权责任制度、责任保险制度、社会保障制度共同构成了危险责任多元化分担机制，既有效地为受害人提供了多元的救济途径，又大大缓解了工业事故所引发的侵权诉讼压力。根据英国“皇家人身伤害民事责任与赔偿委员会”（因委员会主席为Baron Pearson，故简称皮尔逊委员会）于1978年发布的调查报告显示：从1971年至1976年英国平均每年遭受人身伤害的约为270万人，而获得年平均赔偿总额约为8.27亿英镑。其中通过侵权法获得赔偿的年均人数为21.5万人，赔偿总额为2.02亿英镑；通过社会保险获得补偿的年均人数为155万人，赔偿总额为4.21亿英镑；通过私人保险、刑事伤害赔偿等其他方式获得补偿的年均人数约为100万人，赔偿总额为2.04亿英镑。根据该报告，皮尔逊委员会宣称英国的社会保障已使侵权行为法萎缩成一个次要的角色，因而建议采用新西兰的无过错事故补偿制度模式，推荐采用几项特别补偿计划或严格责任，以最终取代所有的侵权损害赔偿。这一切是否象征着侵权行为法的危机和消亡？事实上，侵权行为法、特殊补偿计划和全面的社会保险这些制度之间各自存在着优点和不足，现实中并不存在一个客观的计算方法来决定谁能够最好地实现我们期望的目标。笔者认为，三种制度之间是一种相互配合、共同协调的一个综合救济体系，共同应对着风险社会下各种不幸事故和损害。

目前，西方发达国家大多已建立了一套包括侵权责任、强制责任保险、商业保险、社会保障制度、专项补偿基金在内的多元损害救济体系，最大限度上给予受害人救济。我国自改革开放以来，随着社会主义市场经济的快速发展，法律制度、保险制度、社会保障制度不断增加和完善，初步建立了一套损害救济体系。但我国的多元化损害救济机制起步较晚，存在着侵权责任制度与相关制度衔接不顺畅、系统性不强、责任保险和社会保障的救济额度偏低、专项补偿和救助基金实施力度不够、制度体系间衔接和配合不够完善等问题，需要侵权责任编在一定程度给予一定的关注与协调。

4. 行为主体的社会责任意识淡化

2018 年 1 月 23 日，河南省郑州市中级人民法院公开宣判上诉人田某与被上诉人杨某生命权纠纷一案，二审判决：撤销郑州市金水区人民法院对田某诉杨某生命权纠纷一案作出的一审民事判决；驳回田某的诉讼请求。至此，这起备受社会关注的"电梯劝阻吸烟猝死案"终于画上了句号。郑州中院认为，虽然一审法院判决后，杨某没有上诉，但一审判决适用法律错误，损害了社会公共利益。因为保护生态环境、维护社会公共利益及公序良俗是民法的基本原则，弘扬社会主义核心价值观是民法的立法宗旨，司法裁判对保护生态环境、维护社会公共利益的行为应当依法予以支持和鼓励，以弘扬社会主义核心价值观。根据郑州市有关规定，市区各类公共交通工具、电梯间等公共场所禁止吸烟，公民有权制止在禁止吸烟的公共场所的吸烟者吸烟。该规定的目的是减少烟雾对环境和身体的侵害，保护公共环境，保障公民身体健康，促进文明、卫生城市建设，鼓励公民自觉制止不当吸烟行为，维护社会公共利益。本案中，杨某对段某在电梯内吸烟予以劝阻合法正当，是自觉维护社会公共秩序和公共利益的行为，积极履行社会责任，一审判决判令杨某分担损失，让正当行使劝阻吸烟权利的公民承担补偿责任，将会挫伤公民依法维护社会公共利益的积极性，既是对社会公共利益的损害，也与民法的立法宗旨相悖，不利于促进社会文明，不利于引导公众共同创造良好的公共环境。一审判决判令杨某补偿田某 15000 元错误，二审法院依法予以纠正。

本案反映出，遵守法律法规和社会公序良俗，是每个公民的义务；维护社会公共秩序和社会公共利益，是每个公民的责任。对合法正当行为，人民法院都会依法予以支持和保护，司法审判永远是社会正能量的守护者。因此，侵权责任编的设计理念应大力弘扬社会主义核心价值观，倡导和伸张社会公平正义，强化每个行为主体履行社会责任的意识，对不履行社会责任的行为主体遭受的损失不给予保护，避免类似“彭宇案”挫伤公民维护公共利益和无私救助的积极性。

三、侵权责任编应汲取传统法制营养与体现民族特色

（一）我国古代侵权法的民族特点与现代启示

中国古代侵权法作为中国法系的重要组成部分，内容极为丰富，充分体现了中国古代社会的民情和现实生活，与西方古代侵权法相比，具有自己独特的优势和特点。深入研究其所具有的民族性格，对丰富我国法学文化宝库和传播法学文化传统乃至完善现代侵权法具有重要的价值和意义。

1. 我国古代侵权法的民族特点

我国古代侵权法具有重视习惯和礼制，重视调解但禁止私和，因侵害对象不同而责任不同等特点，主要表现在以下几个方面。

（1）民法刑法相结合，重刑轻民，民事侵权适用刑事制裁方式。如《周礼》“司救”一职所处理的行为，包含有民事违法行为，所适用的制裁也包括“责让”方式，但从“司救”的职务看，这里的制裁是一种行政制裁。《局礼·地官·司救》：“司救掌万民之茅恶过失而诛让之。以礼防禁而救之。凡民之有茅恶者三让而罚……”意即责让三次，不听，则加以挞击；三罚不听，则给予刑事处分。同时，刑事附带民事制裁又可能转换成刑事制裁。《唐律疏义》卷第六“犯罪应征正赃及赎，无财可备者，皆据其本犯及正赃，准铜每二斤各加杖十，决讫付官、主”。“付官、主”是一种民事后果。这是对官户、部曲、官私奴婢而言。薛元升《唐明律合编》指出：“应征正赃及赎，不能完缴，如何科断，唐律无文。而官私奴婢有犯，应征正赎无财者，准铜二斤，各加仗十，良人似亦可照办。”是否受皮肉之苦，决定于有财无财，所以这项规定对富人是有利的。有一部分行为，在制裁上，刑事附带民事，既坐且偿。但也有一部分行为，属于民事侵权行为，偿而不坐，例如误毁、亡失私物，偿而不坐。如误杀伤官私牛马，不坐但偿其减价。由此可见，我国古代的侵权制度是在礼法不分、诸法合体中以及各种不同性质的行为和制裁方式混合适用中逐步产生的。

（2）刑事主观状态上有故意与过失之分，而民事上没有这种划分。因为故意致害人身或财物，无不构成犯罪行为。但刑事上的过失逐步演化出民事上

的过失，所谓偿而不坐即涉及民事上的过失。

（3）严格区分被侵害对象，主要分为侵害人身和侵害财物两大类。侵害人身方面，不涉及纯粹的民事侵权，完全属于刑事犯罪的范畴，但对刑事案件的处理可能附带民事后果。在侵害财物方面，有些情况属于单纯的民事侵权，不涉及刑事制裁。需要注意的是，被侵害的财物往往有官私之分，制裁的方式与程度并不完全相同。对官物的保护从严，但从严主要体现在刑事上。如《笺释》："夫遗失、误毁在私物则只赔偿，在官物则仍坐罪。以过失所当原，而官物不可误也。"但有时致害私物的赔偿反而多于致害官物的赔偿。不过这不是一条原则。对于官物，又区分为本司之物和他司之物。本司畜产损食本司公廨，只坐不偿；损食他司公廨，既坐且偿。对于私物，又区分为亲属之物和非亲属之物。这种区分的意义也主要表现在刑事方面。如按明律，故杀他人猪羊，准盗论；故杀缌麻以上亲猪羊，坐赃论。就民事说，二者皆"追偿减价"。

（4）注重调解。《周礼·地官·调人》："凡过而杀伤人者，以民成之；鸟兽亦如之。"即由乡里之民进行调解。杀伤人为刑事，杀伤他人鸟兽应为民事，故意者也可能构成刑事。可见，不论民刑，都适用调解方法。调解不同于私和，调解有官府调解和乡里调解（如明代的耆老之职）之分。私和指私下受财了事。一般情况下，刑事案件禁止私和；相对而言，民事侵权案件大部分可以私和，但损害官物，禁止私和。

2. 古代侵权法对现代侵权法的启示

在我国古代侵权行为法的具体制度上，有一些规定极具现代侵权法的先进意义，这也是我国古代侵权行为法的精华之所在。

（1）关于损益相抵的原则。在我国古代的法律中，已有损益相抵规定，且规定得比较明确。从《唐律》开始，就规定了"偿所减价"制度，一直延续到清代继续适用这一制度。"偿所减价"，是指原物受损之后，以其物的全价扣除所残存价值之差额，作为赔偿数额，适用的范围是牛马等畜产遭受损害的赔偿。这种制度所体现的就是损益相抵的原则。由此可知，关于损益相抵制度，在我国古代侵权法中早已存在，并长期适用。我国现代侵权法中这一制度并非从国外借鉴而来，乃是我国侵权法固有制度。

（2）关于相当因果关系。《清律·刑律·斗殴》"保辜"条规定："凡保辜者，（先验伤之轻重，或手足，或他物，或金刃，各明白立限。）责令犯人（保辜）医治。辜限内，皆须因（原殴之）伤死者，（如打人头伤，风从头疮而入，因风致死之类。）以斗殴杀人论。"其中"打人头伤，风从头伤而入，因风致死"，即为有相当因果关系。"别因他故死者，打人头伤，不因头伤得风，别因他病而死者，"不认为有因果关系，只按殴伤治罪。这是典型的相当因果关系的应用。可见，中国古代关于相当因果关系的实践应用，比外国相关理论的产生时间要早。

(3) 法律确认对间接损失应予赔偿。中国古代侵权行为法对于财物损害事实区分直接损失和间接损失，并以明文规定间接损失应当赔偿。在清代律令条文中，多次出现“花利归官、主”和“苗子归官、主”等内容，这些都是物的孳息，都属于间接损失。这预示了现代侵权法对全部损失赔偿的发展趋势。

(4) 侵权责任方式多样性。我国古代侵权法律规范中，侵权责任形式种类繁多，达15种之多，可以分为4个大的类别，这些责任形式对现代侵权法的责任方式具有借鉴意义。

(二) 我国现行侵权责任法的民族性表现

法律并不是社会科学中一个自给自足的独立领域，能够被封闭起来或者可以与人类努力的其他分支学科想脱离。法律是根植于特定历史时期、特定群体的一种文化，需要充分考察和反映本土国情。法律都具有本土性，即便是比较上的借鉴，也难以通过简单的继受来完成，比较法上的参考只是在具有实际国情的根基上才能够发生实际效用。我国《侵权责任法》的立法过程中，在充分借鉴国外侵权法先进制度和立法经验的前提下，立足于中国的国情和现实需要对各项制度和规则进行设计，充分地体现了民族特色和国际潮流的结合。侵权责任法的中国特色不仅在于其独立制定、独立成编的形式创造，而且在于其在立法精神、体系设计、制度安排等诸多方面的中国烙印和实质创新。

1. 法律术语方面

现代侵权法上的“侵权”一词最初是“错误”和“不法侵入”的同义词。侵权法从产生之初本质上为不法行为法。在西方国家，侵权法一般被称为“侵权行为法”或“不法行为法”。按照一般的观点，法律是一种行为规范，规制的对象即为人们的行为。从传统侵权法的历史演进来看，侵权法道德上的非难色彩浓厚，主要是对侵权行为的规制，而传统的侵权行为往往具有行为上的违法性和非难性，违法性也当然成为侵权责任构成要件之一。因此，长期以来，侵权法被称为“不法行为法”或“侵权行为”得到了西方和我国法学界的广泛认同。但我国《侵权责任法》在法律名称上并未接受两大法系的惯常称谓，而采用“侵权责任法”的名称，是侵权法名称上的一个创新。原因主要在于以下几个方面：第一，侵权法的法律地位不同。大陆法系国家的侵权法律规范主要规定在其民法典的债编中，侵权法并非单独制定或独立成编。而我国在2002年起草的《中华人民共和国民法典》（草案）将侵权责任法独立成编，并冠以“侵权责任编”。例如，《德国民法典》在第二编债务关系法的第27节规定了侵权行为，共31个条文；《法国民法典》将侵权行为和无因管理、不当得利一同规定在第四编非因合意发生的债中。第二，制定的时间不同。《法国民法典》和《德国民法典》制定于19世纪，我国侵权责任法则成立于21世纪。经过一两个世纪的社会发展，社会现实和侵权的类型均发生了重大变化，仅仅对不法行为或违法行为的规制难以涵盖所有的侵权行为类型和侵权责任。如交通事故责任、环境污染责任和高度危险责任，大量的侵权行为本身具有合法性，并不具有非难性，但按照法律规定，行为人仍应当承担侵权责任。第三，传统名称不同。我国民法通则中使用的是“侵权的民事责任”，二十多年来司法实践中已经形成了责任法习惯，故而采用侵权责任法的名称是对我国民事立法经验的总结。第四，责任法的名称更符合我国民众的传统心理。在我国的法律传统中，人们对法律关注的重点不在于行为的义务，而在于行为的责任后果。因而，采用责任法的名称更能从实践中引起人们对侵权责任法的关注，充分发挥侵权法的指引、预防和惩戒功能。

2. 体系结构方面

《侵权责任法》沿用《民法通则》将侵权的民事责任和违约责任分离的传统，维护了侵权民事责任体系的完整性及逻辑性。在传统民法上，大陆法系国家民法典均将侵权法作为债法中的一个种类加以规定。但随着工业化进程的加快和风险社会的到来，侵权的类型和损害程度不断增加，使得侵权法所保护的权益范围不断扩张。如果按照大陆法系国家民法典的传统，将侵权法作为债法体系的分支，显然无法适应时代发展的需求。事实上，无论是大陆法系国家，还是英美法系国家，侵权责任法已经成为民法中最具有活力的增长点。侵权责任法与债法的分离，一方面沿袭和尊重了我国民法通则的立法传统，另一方面适应了我国社会转型中工业化和风险社会的社会客观现实的变化和发展需求。从比较法上而言，侵权责任法在成文法体系下，开创了一个新型的现代侵权法体系，凸显了我国民事立法的民族创新精神。

3. 制度设计方面

我国侵权责任法在一些制度设计上坚持以人为本的立法精神，具有鲜明的中国民族传统和特色。具体表现在：第一，以保护受害人权益为中心，将人身权益进行首要保护。从《侵权责任法》第2条列举保护的18种权利来看，将生命权、健康权放在首位，其次是是姓名权、名誉权等其他人身权，最后为所有权、用益物权、担保物权等财产权，这种权利顺序安排反映了在权益的保护地位上，人身权益高于财产权益。如《侵权责任法》第53条规定，交通事故发生后发生逃逸或机动车不明的情况下，需要支付被侵权人人身伤亡的抢救、丧葬等费用的，由道路交通事故社会救助基金垫付。如第 87 条规定："从建筑物中抛掷物品或者从建筑物上坠落的物品造成他人损害，难以确定具体侵权人的，除能证明自己不是侵权人的外，由可能加害的建筑物使用人给予补偿。"这主要是结合我国的社会保障制度不完善的环境下，如果不能确定具体的侵权人，受害人将得不到任何救济，不利于社会的稳定和秩序的维护。第二，多元化的责任方式。我国《侵权责任法》第 15 条明确列举了停止侵害、排除妨碍、消除危险、返还财产、恢复原状、赔偿损失、赔礼道歉、消除影响和恢复名誉等 8 种责任方式。但侵权的责任方式不仅限于上述 8 种，就赔偿而言，不仅包括财产性损失，而且还包括精神损害赔偿和惩罚性赔偿。大陆法系国家囿于侵权法属于债法的分支理论，侵权责任形式上主要有损害赔偿一种责任形式。第三，民法典的价值理性，就是对人的终极关怀。我国侵权责任法着眼于中国社会现实的需要和未来民法典的终极价值目标，采用多元化的责任方式，从根本上体现了以人为本的立法精神。

4. 规则制定方面

《侵权责任法》第 24 条规定："受害人和行为人对损害的发生都没有过错的，可以根据实际情况，由双方分担损失。"这一规定是基于我国传统"见者有份"的人情关系处理原则来确定的。同时，我国法律具有对人的关怀传统，注重对生命健康权的保护。如第 87 条规定："从建筑物中抛掷物品或从建筑物上坠落的物品造成他人损害，难以确定具体侵权人的，除能够证明自己不是侵权人的外，由可能加害的建筑物使用人给予补偿。"再如第 17 条规定："因同一侵权行为造成多人死亡的，可以以相同数额确定死亡赔偿金。""同命同价"的适用标准符合了我国民众追求公平正义的传统心理。

四、民法典侵权责任编的外部体系协调与内部体系完善

（一）侵权责任编的外部体系协调

1. 侵权责任编与《民法》总则之关系协调

第一，对于重复性规定应被《民法》总则所吸收。《民法》总则是统领整个民法典的一般规定。《民法》总则规定民事责任一般规则时民法基本逻辑的展开。在价值层面上，侵权责任编应与《民法》总则目标一致，价值趋同。为节约和整合立法资源，对两者重复性规定，应坚持由《民法》总则规定。例如，我国《侵权责任法》第 1 条关于立法目的和功能的多元化虽然体现了我国侵权立法坚持社会本位的明显优势，但其可以被《民法》总则第 1 条所吸收。再如，现行《侵权责任法》第 2 条、第 3 条、第 4 条、第 12 条、第 13

条、第 14 条、第 15 条、第 23 条、第 29—31 条分别可以被《民法》总则第 176 条、第 120 条、第 187 条、第 177 条、第 178 条、第 179 条、第 183 条、第 180—182 条所吸收。

第二，侵权责任编应当对《民法》总则所确立的新原则和新制度予以积极反映。如《民法》总则第 9 条首次将绿色原则确立为民法的基本原则。“绿色原则”在侵权责任编的制度化，是以遵循侵权责任法的私益救济价值目标、不违背其结果责任性质并不否定其内在逻辑自洽性为边界。侵权责任编应在环境生态侵权责任领域反映这一原则，细化相关规范设计。《民法》总则第 132 条所规定的禁止权利滥用为侵权责任编规定滥用诉权等具体侵权类型提供了一般条款依据；《民法》总则第五章第 111 条和第 127 条确认的个人信息、数据、网络虚拟财产等法益应由侵权责任编提供相应的救济和保护。

第三，《民法》总则基于体系考虑所规定的侵权规范无须整合到侵权责任编。虽然《民法》总则和侵权责任编是总分关系，也即一般法和特别法的关系，但并不意味着两者界限非常清晰，不可逾越。如《民法》总则第 185 条规定的侵害英雄烈士人格权的侵权责任理应置于侵权责任编，但为了总则微观体系的完整和特殊权益的强化保护，与《民法》总则中的民事主体、民事法律行为制度紧密相关的侵权制度规范无须调至侵权责任编。同理，《民法》总则第 16 条、第 62 条、第 83 条、第 170 条等涉及侵权责任的法律规范应维持现有的位置设计，无必要再由侵权责任编予以特别规定。

2. 侵权责任编与民法典其他分编之关系

侵权责任编应当与其他分编合理分工，在《民法》总则的统领下形成严密的逻辑结构体系，这就必然需要处理好侵权责任编与其他分编的关系。侵权责任编作为一般法意义上的侵权救济制度，应对侵害人身权、物权等实体权利提供救济途径，相应各编的侵权责任规定无须单独规定，应整体上由侵权责任编提供救济规范，相应分编应重点规定相应民事权利的类型和具体权利内容。在人格权独立成编的背景下，为确保民法典的体系性，如何衔接好侵权责任编与人格权编之间的关系十分重要的。总体而言，人格权编应当以人格权的内容和人格权的行使为重点，而人格权受到侵害后的责任构成、责任承担等应由侵权责任编加以规定。如人格权编应将人格权侵权请求权交由侵权责任编规范。需要强调的是，为了强化各分编中特有侵权损害赔偿的保护，各分编中可以保留相关规定，但在法律适用时应遵照侵权责任编的基本制度和原理。如婚姻家庭编中可以保留离婚损害赔偿的规定。限于篇幅，笔者就侵权责任编与合同编、物权编之关系适当展开论述。

关于侵权责任法编与合同编的关系问题，由于合同是债的核心组成部分，目前民法典编纂体系不设债编，以合同编替代债编的地位。但传统民法中，侵权行为是债的一个发生原因，侵权行为法是债法的一个组成部分。然而，侵权责任法的独立成编使得其与债法的关系不明：是作为债法的一个分支还是独立于债法之外？两种不同的性质必然有两种不同的规范方式。关于第三人侵害债权问题，我国历来尊崇民法的传统观念，在财产权领域恪守债的相对性原则，在立法中并没有明确承认侵害债权制度，对于第三人侵害债权，我国法学界存在不同的观点。我国 1999 年颁布的《合同法》第 121 条规定："当事人一方因第三人的原因造成违约的，应当向对方承担违约责任。"从合同法的规定不难看出我国在立法中严格遵守合同的相对性，当合同债权受到损害时，只能依据违约责任的规定予以保护，而不适用侵权行为法的规定。对于债权人和债务之间没有按照双方约定履行合同的，应当追究其违约的法律责任，并且这种违约责任只能向合同的缔约一方行使，即使出现第三人恶意侵害债权的情形，从合同法上的角度衡量，第三人亦不承担合同上的任何责任，法律也没有赋予受害方绕过直接债务人而向第三人主张权利。这不能不说是我国《合同法》的一大缺憾。而随着债法的发展，在现实中出现了诸多的侵害债权案例，如果再坚持债的相对性原则，势必剥夺了债权人向第三人追究责任的权利，有违民法中的公平、正义。现实的变革自然产生了变革法律的需求。诸多赞成对债权进行侵权立法保护的学者，在对《合同法》"怒其不争"的同时将期待的目光投向了《侵权责任法》，但是，我国《侵权责任法》第 2 条以列举的方式界定了其保护的权利范围，而债权被排除在外。传统民法将物权和债权为性质完全不同的两种权利，债权的相对性排斥其绝对性的存在，这是对历史的误解，债权固有的相对性与债权的绝对性是两个截然不同的理论层面问题。债权是一种具有绝对性的相对权并非是对债权相对性的曲解，亦未说明债权就成了绝对权，而仅仅说明债权作为一种民事权利所固有的不可侵犯性，将受侵害的债权纳入侵权责任法的保护正是源于债权的这种"绝对性"。笔者认为，鉴于债权的绝对性，侵权责任编应将债权纳入其保护范围。

就侵权责任编与物权编的关系而言，物权法是对作为绝对权利的物权进行规范的法律，其中必然有关于物权的保护制度，这在《物权法》第 3 章中作了规定。《物权法》第 34 条规定的返还原物、第 35 条规定的排除妨害、消除危险被称为物权保护的"物上请求权"保护方式；第 37 条规定的损害赔偿被称为"债上请求权"保护方式，而《侵权责任法》第 15 条规定的责任承担方式中也规定有返还原物、排除妨害、消除危险的物上请求权和损害赔偿的债上请求权。在未来民法典中是将物上请求权规定于"物权编"中还是规定在"侵权责任法编"中，关涉物权法与侵权责任法的规范适用问题，需要在"入典”时加以考量。笔者认为，物权编中可以保留物上请求权、错误登记侵权损害赔偿的规定，但应删除物权损害赔偿请求权，交由侵权责任编统一适用。

3. 侵权责任编与其他单行法的关系

与侵权责任法直接相关的单行法大约有40余部，有效协调侵权责任编与这些单行法的关系，既有利于保护特定领域受害人的合法民事权益，又有利于节约立法资源。如2014年修订的《环境保护法》增加了破坏生态这一侵权行为类型，并且在该法第64条的引致性条文要求在制定侵权责任编时必须考虑如何处理破坏生态侵权责任的问题。在处理侵权责任编与《道路交通安全法》的关系上，应修改《侵权责任法》第48条关于引致性条文的规定，将已有的主要的立法规定和司法解释吸纳到侵权责任编中，同时理顺机动车交通事故责任和交强险、商业险的关系，有效对接建立多元性救济机制。在公益诉讼问题上，侵权责任编应积极与《民事诉讼法》和《人民检察院组织法》衔接，在规范设计上将公益诉讼制度落到实处，提供实体法上的制度支撑。同时，侵权责任编应当反映单行法领域司法实践的最新成果，修改不合理的规定，力图构建更为完善的侵权责任制度。

（二）侵权责任编内部规范体系的立法完善

1. 采用统一的危险责任概念，确定危险的标准或要素

美国法理学家博登海默认为，法律制度所确立的概念主要用于形构法律规则和法律原则的。某些法律规范往往是围绕着某一概念而展开的。笔者认为，危险责任是指从事特定危险活动、生产缺陷产品或占有危险物品之人，因该活动、产品或物品之危险造成他人人身或财产损害时，不考虑行为人是否具有过错，而依法由其承担侵权责任的一种归责原则和责任形态。如果民法典中明确了危险责任一般条款的法律地位，危险责任的概念将会在我国立法上正式得到确认。该概念明确了责任的适用范围和归责基础，一方面确立了危险责任概念的科学性和合理性，另一方面能够正本清源，消除学术界和实务界关于危险责任、严格责任、无过错责任三者适用混乱不堪的局面，在私法学界统一使用危险责任概念，强化话语和概念的一致性和共通性。更为重要的是，危险责任概念通过危险责任一般条款的立法确认，将是中国侵权法在私法领域应对风险社会的一大特色和进步，为世界其他国家侵权法确立危险责任一般条款树立典范。

反对危险责任概念的学者提出的首要质疑就是“危险”的范围和标准如何确定？任何一种侵权行为都具有一定的危险性，如何将过错责任的危险行为和危险责任的危险行为进行区分？这是危险责任概念能否确立和被肯认的最大

挑战。法具有形式理性和实践理性。如果危险责任一般条款满足了其形式理性要求，那么危险责任的具体类型和危险的标准和要素则需要满足实践理性的要求。美国《侵权法重述》（第二版）第520条列举了衡量异常危险活动标准的6项要素，为司法实践提供易于操作的适用指导规则。虽然这6项要素中有的比较抽象，仍需在具体案件中结合实际进行判断，但这无疑是一种较好的尝试和做法。从《荷兰民法典》第6编第3章侵权行为中第175条规定来看，《荷兰民法典》规定了高度危险责任一般条款，高度危险的标准参照其《危害环境物质法》第34条第3款所确定的标准和方法进行确定。《欧洲侵权法原则》将产品的缺陷界定为产品或服务违反了可以合理期待的标准。该标准其实是美国《侵权法重述》第520节异常危险活动六个考虑因素的翻版。

从国外关于危险的判断标准的相关规定来看，其主要对“异常危险”和“高度危险”的标准进行了规定，而未对整个抽象意义上的危险标准进行界定。原因在于其侵权法的为危险责任大多采用类型化的立法模式。诸如产品责任、环境污染责任、饲养动物损害责任、机动车交通事故责任中的危险物已经比较直观和具体，已得到公众和社会的认同和理解，司法实践也比较容易判断，无须再明确其危险的具体标准。唯有高度危险责任中的危险种类异常繁杂，涉及的范围较广，在司法适用中较难判定，故需立法明确其考虑因素或认定标准，方便司法适用。规范上的价值判断必须肩负和担负起事实上加以具体化的任务，这一任务的实现也是风险规制的目标所在。

我国现行《侵权责任法》中仅使用了“高度危险责任”这一概念，没有使用“危险责任”概念。在《民法通则》的基础上对高度危险责任作了进一步具体类型化的划分，并没有对高度危险设计一个抽象意义上的判断标准或考虑因素，没有对未来新型高度危险的适用提供一个扩张的空间，实为一个不足和缺憾。参照国外侵权法的做法，侵权责任编中有必要对“高度危险”确立一个抽象的判断标准。笔者建议应当设定三个判断“高度危险”的标准为宜：一是工作活动、设施或物品本身的危险严重程度；二是危险发生的概率，即可能性；三是即使行为人尽到了较高的注意义务和预防措施，该活动仍然具有可预见的、极高的风险。三个标准可以单独参考适用，也可合并参考适用。需要强调的是，危险标准的开放性和抽象性必须通过个案中的法律事实关联而得以具体化。只有当具体案件中一项法益面临着危险的威胁，才能做出一个盖然性的预测，判定该危险是否属于侵权法规制的范畴。

2. 采用危险责任一般条款 + 类型化的立法模式

对于将危险责任和过错责任作为侵权法的二元归责原则，理论界和学术界均不存在明显分歧。但就危险责任的立法模式而言，究竟采用一般条款还是特别立法模式，抑或采取中间道路成为争议的焦点。从西方发达国家的侵权法的最新发展来看，德国学术界呈现出危险责任从“特别法”向“许可类推”到构建危险责任一般条款的动议和尝试，法国通过《侵权责任法草案》确认特殊高度危险责任的一般条款，尝试满足司法实践的需要，瑞士的《侵权责任法草案》第50条规定危险责任一般条款，美国《侵权法重述》第三版延续第二版第502条有关异常危险活动的立法模式。我们，无论是大陆法系还是英美法系国家在危险责任的立法模式和法律技术上逐渐趋同，共同尝试和寻求危险责任一般条款模式的构建。只是每个国家在对待危险责任制度扩大适用范围的立法态度上不同，有的通过对原有条款进行扩张解释，有的采用判例，有的通过特别法的制定，但有一点得到了广泛的认同：在即使采取了所有合理的安全措施仍然无法避免活动会产生损害的实质性风险时，危险责任（严格责任）即为合理的制度安排。风险社会下，新型风险必然会不断产生，危险责任的适用范围必然会进一步扩大。如果在侵权法领域不设立危险责任一般条款，危险责任将和过错责任一样在面对和规制新的社会风险类型时捉襟见肘。

虽然我国学术界对《侵权责任法》第7条有不同的理解和解读，笔者认为，其实质上是危险责任的一般条款，只是在表述上强调不考虑行为人的过错这一责任构成要件和法律的特别规定，没有明确规定归责基础。虽然该条款立法表述不够科学和严谨，但不能否认其作为危险责任一般条款的法律地位。针对该条款存在的上述缺陷，民法典侵权责任编中应设立危险责任一般条款，采用危险责任一般条款与类型化相结合的立法模式。具体而言，应将该条确立为危险责任的一般条款，可以修改为：从事特定危险活动、生产缺陷产品或占有危险物品之人，因该活动、产品或物品之危险损害他人民事权益，不论行为人有无过错，行为人应承担侵权责任。法律有特别规定的，依照其规定。同时，侵权责任编应对现实生活中典型的危险责任类型分章进行规定，构建危险责任“一般条款+类型化”的立法模式，形成危险责任“总一分”的结构体系。

3. 完善系统的损害赔偿体系

将《最高人民法院关于审理人身损害赔偿案件适用法律若干问题的解释》的科学合理的规定吸纳于侵权责任编，解决两者立法目的与司法适用相冲突的问题。如《侵权责任法》第8条中的“共同”应采用共同过错说，适度限缩司法解释共同侵权的适用范围；明确规定将被扶养人抚养费吸收到统一的死亡赔偿金中，避免司法实践中经常出现同案不同判。

对于人身损害赔偿制度，《人身损害赔偿司法解释》对残疾赔偿金与死亡赔偿金的计算方法作了详细规定。这一司法解释的相关规定总体上来看是正确的。侵权责任编可以适当予以吸收，对确定残疾赔偿金和死亡赔偿金的重要考量因素作出框架性规定，主要包括受害人的年龄以及受害前的收入状况。不论是死亡赔偿金还是残疾赔偿金，其赔偿的目的都应当与侵权责任法损害填补的总目的相一致，即通过支付损害赔偿金尽量使得受害人回复到侵权行为发生前的状态。在确定其数额时，在侵权行为人经济状况较好的情形下，需要着重考虑以下两个因素：一是被侵权人受害时（死亡时）的年龄，二是被侵权人受害前（死亡前）的收入状况，最大限度上坚持填平原则，给予受害人充分的救济。

在财产损害赔偿部分，应当增加规定财产损害赔偿的一般原则以及损益相抵的规则：第一，财产损害赔偿的一般原则即“侵害他人财产造成损失的，侵权人应完全赔偿直接损失，并赔偿合理的间接损失”，直接损失完全赔偿、间接损失合理赔偿；第二，增加规定损益相抵的规则，进行损益相抵必须满足“受害人所得的财产利益必须与侵害行为具有因果关系”以及“在该情形下适用损益相抵规则的后果是公平合理的”两个条件。

关于精神损害赔偿制度，《侵权责任法》仅在第22条以一个条文规定了精神损害赔偿，根据该条规定，精神损害只有达到严重的程度才能请求精神损害赔偿。应该适当扩大侵权责任法中的精神损害赔偿的范围，将一般程度的精神损害也纳入可获赔偿的范围。在对精神损害作一般程度的精神损害与严重精神损害划分的基础上，对于前者予以适当的赔偿，对于后者予以较高数额的赔偿。此外，立法部门最后并未采纳专设人格权编的建议，在目前的立法体例下，对于侵害人格权益侵权责任的规定应当主要细化于侵权责任编中，尤其要重视具体化其中的精神损害赔偿规定。

4. 完善侵权责任的抗辩事由

《侵权责任法》对于免责和减责事由的规定，采取了“一般+特殊”的模式。侵权责任编应当增加受害人同意与自愿承担风险、自助行为以及法律授权行为作为不承担侵权责任的抗辩事由：第一，作为一项抗辩事由，“受害人同意”要求受害人作出的必须是有效的同意，因此受害人在作出同意的表示时必须具有健全的意志，而且是知情的，受害人的同意也不能“违反了法律或与法律制度的基本伦理价值不相符”。在具体案例中，受害人自愿承担风险能否作为一项抗辩事由，关键在于，针对具体个案中的情形，一个中立的旁观者是否可以认为受害人确实是接受了这种风险。因此，这一抗辩事由的适用在很大程度上取决于个案的考察。第二，增加规定自助行为作为抗辩事由。在以下两种情形下自助行为仍有适用余地：一是无法及时获得国家力量的帮助；二是由于情节轻微，实际上并没有寻求国家力量帮助的必要。第三，增加规定法律授权行为作为抗辩事由。在具体适用上，法律的授权既包括明确的授予，也包括默示的允许。在本质上，本条抗辩事由的法理依据在于排除了行为人行为的违法性。

5. 完善责任主体的特殊规定

对于监护人责任，《侵权责任法》规定得较为简单，可以作如下完善：第一，进一步明确监护人责任的构成要件。第二，将帮助无民事行为能力人、限制民事行为能力人实施侵权行为者的责任修改为连带责任。第三，增加规定委托监护时的责任承担规则，监护人即使通过意定的方式将其委托给他人代为行使，仍然不能免除其依法应当承担的监护职责以及基于此产生的侵权责任。

《侵权责任法》第34条、第35条分别规定了用工单位和用工个人的侵权责任承担规则。可以对此进行合并，统一规定为"用工者责任"。第一，明确"执行工作任务"的判断标准；第二，将用工个人责任修改为过错推定责任；第三，增加规定被用工人故意、重大过失情形下的连带责任以及用工者在此情形下的追偿权。对于网络侵权责任，《最高人民法院关于审理利用网络侵害人身权益民事纠纷案件适用法律若干问题的规定》（法释〔2014〕11号）有许多规定具有现实合理性和可操作性，侵权责任编可予以借鉴吸收。

同时，侵权责任编应当进一步规定安全保障义务的具体范围以及第三人侵权情形下安全保障义务人的追偿权：第一，增加规定安全保障义务合理限度范围的判断标准。第二，增加规定第三人侵权情形下安全保障义务人的追偿权。第三，教育机构侵权责任是一种因未尽到教育、管理职责所导致的责任，本质上是一种过错责任，笔者建议增加规定教育机构责任的特殊免责事由。

6. 适度扩张惩罚性赔偿的适用范围

在实践中，并不排除行为人借助法律许可其经营或活动从事不法行为。如劣质奶粉、有毒食品、伪劣假冒产品、违法排污、交通违章等严重社会问题。风险社会中，侵权法的预防功能日益强化，尤其在环境污染、食品安全、交通事故中，针对严重的社会危害，预防功能的重要性已经超出了事后无法完全恢复和弥补的补偿功能。这为惩罚性赔偿制度引入侵权法和危险责任制度提供了正当性基础。惩罚性赔偿与生俱来的制裁和遏制功能迎合了侵权法强化预防功能的立法趋势。尤其针对人权的尊重和强化生命健康权的保护，惩罚性赔偿在民事一般补偿基础上给予了受害人更充分的救济。

我国《侵权责任法》仅针对恶意产品侵权中致人死亡或健康严重损害的情形下适用惩罚性赔偿。与英美法惩罚性赔偿的适用范围相比，我国的惩罚性赔偿的适用范围较为狭窄，适度扩大其适用范围。如目前我国严重的环境污染、矿难事故、工业事故等领域，适用补偿责任往往无法制裁和遏止经营企业的不法行为，只有对其施加数额较大的惩罚性赔偿才能在一定限度上限制其利益最大化的逐利本性。考虑到我国经济发展的现实国情，笔者建议将惩罚性赔偿扩张适用到环境污染责任和高度危险责任和饲养烈性动物致害责任领域。

关于惩罚性赔偿的数额，立法赋予了法官过大的自由裁量权，如果对其数额计算标准不予限制，有可能会导致法官自由裁量权的滥用，偏袒于一方当事人。我国侵权法中应借鉴美国关于确定惩罚性赔偿数额的考虑因素：一是侵权人的财产、经济状况；二是侵权人过错的性质；三是侵权人从该危险行为中是否获利；四是损害后果的严重程度。同时，主观过错不仅是故意或明知，还应包括重大过失；损害的客体不应局限于生命健康权的严重损害，而应包括一切生命健康权的侵害和重大财产的损失。为了充分调动受害人和国家机关打击和制裁恶意侵权行为的积极性，借鉴有些国家将惩罚性赔偿金在受害人与国家之间合理分配，我国在司法实践中可以尝试将惩罚性赔偿金在受害人和国家之间按比例分配。

7. 提升限额赔偿规范的立法层级，适度调整限额赔偿额度

在高度危险责任领域适用限额赔偿，主要基于四点原因：第一，适当缓和危险责任的严苛性。第二，引导行为人是否开展高度危险活动。第三，有利于保护特定的行业和产业。第四，行为人都参加了法律要求的责任保险。但侵权责任法将其限定于特别法明确规定的情形。我国高度危险责任领域仅有民用核设施、铁路运输、民航、港口海上运输四个领域规定了限额赔偿。但相关的规范文件立法层级较低，大多为部门规章或行政规范性文件，与《侵权责任法》第 77 条要求的法律层级不相符，在司法适用中容易引起争议。另外，部分限额赔偿的数额和标准明显较低，不利于保护受害人的合法权益。笔者建议，立法机关应对相关的特别法进行修改，将现有的限额赔偿规范进行吸收和整合，将其融入相关特别法中，结合社会发展现实和我国国情适度调整和提高限额赔偿额度，保证限额赔偿制度的发挥和正确适用。如将铁路运输的限额赔偿规范纳入到铁路法，将民航致害的限额赔偿归入民用航空法，将港口海上旅客运输的限额赔偿并入海商法调整。目前我国还没有制定单独的《核能法》，但我国的核电事业处于高速发展期，如何加强核电安全、完善民用核设施损害责任制度受到学界的高度关注，西方核电发达的国家均颁布了规制核能利用的法律，我国学界主张抓紧时间制定《核能法》的呼声越来越高。将来出台的《核能法》应对核设施损害限额赔偿规范进行吸纳。

8. 完善各项具体类型侵权责任制度

对于完善产品责任制度而言，首先应当明确规定该章所称“产品”的范围；其次，增加规定缺陷的定义、明确缺陷的判断标准，建议侵权责任编应当借鉴《产品质量法》第 46 条的规定同时删去该条后半句；再次，增加规定生

产者与销售者的免责事由，《产品质量法》第 41 条关于生产者免责事由的规定已经比较成熟，侵权责任编应当予以借鉴。

对于机动车交通事故责任制度而言，侵权责任编应考虑：第一，完善机动车交通事故责任的一般规定。第二，增加规定挂靠、套牌、试乘、试驾、驾驶培训、代驾情形下机动车交通事故责任主体的确定规则。第三，增加规定违法赛车、好意同乘情形下责任主体的确定规则。第四、赋予道路交通事故社会救助基金管理机构以死亡赔偿金请求权。

对于医疗损害责任制度，笔者建议：第一，增加患者个人信息控制权的规定。《侵权责任法》第 62 条规定了对于患者隐私及其病历资料的保护，但是隐私权与个人信息之间仍存在一定的差别，侵权责任编有必要明确规定患者的个人信息控制权。第二，参考国际上的经验，侵权责任编应当增加规定远程医疗责任。

完善污染环境与破坏生态侵权责任制度，应当增加规定破坏生态侵权责任，在数人环境、生态侵权中扩大连带责任的适用，增加规定企业法人等环境、生态侵权中相关个人的责任，以及增加环境、生态侵权责任较之环境公益诉讼责任具有优先受偿的规定。

完善物件损害责任与施工人责任制度，将物件脱落、坠落与物件坍塌统一规定为过错推定责任；针对现实中高空抛物或坠物案件频发，建议继续保留第 87 条“高空抛物”的规定，但需细化规范设计，强化物业公司的管理责任；完善施工人责任，明确施工人责任适用过错推定责任；规定在建建筑物坍塌致人损害的责任承担规则以及明确建筑工程承包、转包、分包时各方的责任承担规则。

检察机关对违法行政行为监督的边界

内蒙古自治区人民检察院课题组*

“行政行为是指行政主体运用行政权，实现行政目的的一切活动。”行政行为是行政权行使的外在表现，行政权行使的具体方式就是行政行为。“违法行政行为是行政机关、其他行政公务组织及其行政公务人员在进行行政管理、行使行政职权的过程中实施的违反行政法律规范的行为的总称。”“行政机关拒不纠正违法行为或者不履行法定职责，国家和社会公共利益仍处于受侵害状态，是检察机关提起行政公益诉讼的实质要件。”国家利益和社会公共利益遭受损害的范围相对固定，但行政机关是否依法履行监管职责并不容易认定。内蒙古公益诉讼试点工作中，行政机关与检察机关对不依法履行职责的认识分歧较大。庭审中，虽然被告提出了积极的抗辩，但检察机关的公益诉求仍得到了法院的支持，判决确认被告不依法履行职责或违法行使职权的行为违法，并判令其依法继续履行监管职责。这与试点期间检察机关与行政机关的积极沟通协调有着很大的关系。从 2017 年 7 月 1 日起，行政公益诉讼将成为常态化检察业务，如何判定行政机关是否依法履行监管职责，现行规定并不明确，解决这一课题具有一定的重要性、紧迫性和现实性。本文结合内蒙古试点中生态环境和资源保护领域行政公益诉讼案件进行探讨，以期提供借鉴。

一、行政机关不依法履行职责的分歧表征

行政机关不依法履行职责主要表现为：违法行使职权、不依法行使职权和不作为。内蒙古自治区试点期间提起诉讼的 63 件生态环境和资源保护行政公益诉讼案件中，违法行使职权和不作为的认定基本没有争议，不依法履行职责分歧集中在对不依法行使职权作出相应行政行为的认定上，主要表现在四个方面。

---

* 课题负责人：郑锦春。

（一）行政机关是否负有监管职责

行政机关提出不负监管职责抗辩12件，占生态环境和资源保护领域案件总数的19%。这些案件从诉前程序到法庭审理，被监督行政机关均否认负有监管职责，理由有二：一是不属于其监管领域范围，二是不属于监管职责范围。例如，呼和浩特市和林格尔县国土资源局不依法履行职责案，张某某等十一家采砂场自2005年以来未取得采矿许可证在本县河道内非法采砂，造成该河道及两侧总面积为794.41亩的土地（其中基本农田524.67亩）严重破坏，耕地种植条件完全损毁，该局认为“上述采砂区域属于河道范围，是水务局的监管职责范围，国土资源局不负监管职责”。再如，锡盟太仆寺旗林业局不依法履行职责案，某养殖专业合作社未经林业主管部门审核审批，自2011年开始非法占用国家级公益林地160亩建设奶牛养殖场，导致该国家级公益林地严重毁损，该局认为其不负集体所有国家级公益林监管职责，理由是：“根据《国家级公益林管理办法》第9条、《内蒙古自治区公益林管理办法》第9条、第10条，林业局依法与国家级公益林权利人签订管护协议并对权利人和管护人进行指导、服务、检查，已经履行了自己的相应职责，林业局不是公益林管护的主体，被毁公益林管护责任主体应当是村委会。”又如，涉及非法开采矿产资源案件中，国土资源局认为，《矿山地质环境保护规定》明确了国土资源主管部门对矿山企业的监管内容，未规定对无证偷采行为的监管内容，据此认定没有监管权。

（二）仅作出行政处罚是否为依法履行职责

对仅作出行政处罚是否属于依法履行职责认识分歧案件25件，占生态环境和资源保护领域案件总数的39.7%。行政机关认为依法履行了职责的理由是：行政监管职责多、方式少，不能有效制止违法行为不是行政机关的过错或不履行职责，而是法律规定的行政监管方式不能达到有效制止违法的程度，进而认为作出行政处罚就是依法履行了监管职责。例如，鄂尔多斯市准格尔旗国土资源局不依法履行职责案，2010年5月至2012年12月期间，吕某某等人未经国土资源部门批准，擅自占用集体农用地1538.45亩（其中林地213.6亩，天然牧草地1234.5亩，其他草地30.1亩）进行采矿、取土，造成森林草原资源遭到严重破坏，土地失去复垦条件，该局于2011年、2012年、2012年先后三次对违法行为人作出“责令退还非法占用的土地、恢复土地原状并处罚款”的行政决定，但违法行为人缴纳罚款后并未退还土地并恢复原状，土地违法行为继续存在，公益受损情形逐年扩大。国土资源局认为，作出行政处罚就已经依法履行了监管职责。再如，包头市国土资源局昆区分局怠于履行职责案，2008年至2016年，包头市昆区境内持续存在盗采砂石资源的违法行为，经鉴定非法采砂面积877亩，非法开采矿产资源336万立方米，严重破坏了矿产资源和生态环境，在此期间昆区国土资源分局作出过罚款10000元的行政处罚，庭审中提出执法力量不足、财物保障落后、执法方式有限等理由进行抗辩。

（三）仅下达责令改正/限期改正等文书是否为依法履行职责

有的行政机关对破坏生态环境和资源保护的违法行为，仅下达了责令违法行为人限期改正/限期治理/限期恢复等法律文书，但违法行为人并未依法改正/治理/恢复的情况下，行政机关亦未采取进一步的监管措施，违法行为持续/继续实施，公益受损状态并未改变。此种情况下，行政机关认为已经履行了监管职责。例如，非法开垦草原的案件，草原行政主管部门下达了限期恢复植被通知书，但违法行为人并未停止违法行为或未恢复植被的情况下，草原监管部门认为“自己无权强制执行，也无法申请法院强制执行，草原被破坏的现状难以改变。”再如，《城乡规划法》第68条，城乡规划主管部门作出责令停止建设或者限期拆除的决定后，当事人不停止建设或者逾期不拆除的，建设工程所在地县级以上地方人民政府可以责成有关部门采取查封施工现场、强制拆除等措施。但实践中，城乡规划主管部门并未依法报请县级以上政府责成有关部门拆除。

（四）移送追究刑事责任是否为依法履行职责

将涉嫌犯罪的违法行为人移送司法机关追究刑事责任案件共16件，占生态环境和资源保护领域案件总数的25.4%。其中，涉及非法开垦草原案5件，非法占用林地损毁森林资源案10件，非法破坏耕地资源案1件。被监督行政机关认为，对构成犯罪的违法行为人移送司法机关追究刑事责任已经依法履行了职责；违法行为人已经被追究了刑事责任，其无权再行监管。例如，内蒙古正蓝旗生态保护局不依法履行职责案、鄂托克旗草监局怠于履行职责案等草原监管领域的案件，行政机关认为，根据《草原法》第66条规定“非法开垦草原，构成犯罪的，依法追究刑事责任；尚不够刑事处罚的……”巡查中发现非法开垦草原案件涉嫌犯罪的违法行为人，及时移送公安机关追究刑事责任，已经依法履行了监管职责。再如，呼和浩特市玉泉区农牧林业水利局怠于履行职责案，某村委会主任、党支部书记云某某二人于2007年至2009年期间在未办理林地占用审批手续的情况下擅自将国有林地94.77亩以宅基地的形式批给村民建房，造成国有林地被毁，林业主管部门认为云某某二人被判处刑罚，其已经履行了监管职责。又如，内蒙古鄂托克前旗草监局怠于履行职责案，草监局认为，“法律对追究刑事责任的非法开垦草原案件，植被恢复工作由谁监管、如何监管，法律没有明确规定，也没有具体的操作程序”。

二、产生上述分歧的原因剖析

产生上述关于“不依法履行职责”的认识分歧，原因主要有二：一是行政执法部门及其人员的主观因素，二是法律法规不完善等客观因素。

（一）主观因素

1. 推脱责任、懒政怠政

前述案例中，和林格尔县国土资源局不负监管职责的理由在于否认河道周边耕地保护的监管职责，太仆寺旗林业局不负监管职责的理由混淆了监督管理和管护的概念，国土资源主管部门对非法采矿不负监管职责的理由在于未能注意到《矿产资源法》第 39 条明确规定了国土资源局对非法开采矿产资源的监管职责和方式。上诉案件中被诉行政机关的辩驳，既无事实依据，也无法律依据的，而是出于主观上的推脱和懈怠。

2. 曲解法意、选择执法

这也是当前我国法治政府建设中的突出问题。根据相关行政法律法规的规定，行政监管中追究违法行为人法律责任的严厉程度是递进的，先责令限期改正或治理，再处罚款，后追究刑事责任，这种递进监管方式逐步加重对违法者的责任，使其得不偿失，可以达到有效保护公益的监管目的。例如，根据《土地管理法》规定，对非法破坏耕地资源的案件，土地行政主管部门首先应当责令限期改正或治理，可以并处罚款；不能限期改正或有效治理的，责令缴纳复垦费，可以并处罚款；构成犯罪的依法还应当追究刑事责任。但土地行政主管部门往往首选作出罚款的行政处罚，而未优先适用责令改正或限期治理的行政决定。提起行政公益诉讼案件中，行政机关对破坏资源的违法行为，大部分优先选择第二顺位的行政处罚，而对应当优先适用的“责令停止违法行为/限期恢复”等监管方式及“没收非法财物或违法所得”的行政处罚并未依法适用，无法达到行政监管的公益保护目的。

（二）客观因素

客观上，行政监管方式归类不清、法律责任衔接不畅、行政裁量权过大是“行政机关不依法履行职责”产生分歧的重要原因。

1. 责令类监管方式归类不清

生态环境和资源保护法律法规中，通常都有“违反本法……责令……可以并处罚款”的规定，笔者称其为“责令类监管方式”，如，责令拆除/限期拆除违法建筑，责令改正/限期改正违法行为，责令停止违法行为/停止生产或使用/停止建设，责令限期治理/限期采取治理措施，责令恢复/限期恢复原状，责令赔偿损失/限期退还，责令补栽树木，等。根据《行政处罚法》第8条、《行政强制法》第2条第1款、第9条，如果除去兜底条款，上述责令类监管方式无法归入行政处罚、行政强制措施的范围。根据《行政强制法》第2条第2款、第12条、第50条，除去兜底条款“其他强制执行方式”，责令恢复/限期恢复原状、责令赔偿损失/限期退还、责令补栽树木可以纳入行政强制执行的范围，其他责令类监管方式性质不明、无法归类。因此，试点实践中，责令停止违法行为等法律责任究竟是行政处罚，还是行政命令，抑或行政强制执行等，法律规定不明确，导致行政执法中的困惑。有的行政机关作出“行政处罚决定书”时另行制作“责令停止违法行为通知书”，有的行政机关在“行政处罚决定书”中一并作出“责令停止违法行为”等内容。

2. 行政责任与刑事责任立法衔接不足

生态环境和资源保护法律责任条款中，部分存在行政责任与刑事责任立法衔接不足的问题。《矿产资源法》《土地管理法》等法律关于违法行为的法律责任承担方式，均规定了先责令改正/停止违法行为、后行政处罚、再刑事处罚的责任追究制度，体现了行政监管中追究责任严厉程度的递进。但涉及草原、林业监管等法律责任条款并未体现责任承担的递进。例如，《草原法》第66条规定，对非法开垦草原的违法行为，如果构成犯罪的，追究刑事责任是草原监管部门的首要履职方式；对不构成犯罪的草原违法案件，草原监管部门应当采取责令停止违法行为、限期恢复植被，没收非法财物和违法所得，并处罚款的行政监管方式。《草原法》赋予草原行政主管部门的监管方式似乎严于《矿产资源法》和《土地管理法》，而实质上并未体现《草原法》“改善生态环境，维护生物多样性”的公益保护宗旨，对于更严重的草原违法案件追究刑事责任后或追究刑事责任程序中，对被破坏的草原生态资源的恢复，并未规定草原监管机关的监管职责和监管方式。再如，《森林法》第39条至第44条、《森林法实施条例》第41条第2款、第43条关于森林资源保护法律责任条款中，对盗伐、滥伐林木及毁坏珍贵树木构成犯罪的依法追究刑事责任，而对其他破坏森林资源的违法行为，均未规定更严厉的追究刑事责任内容。这也是造成上述草原、森林资源领域行政机关不依法履行职责认识分歧的主要原因。

3. 行政裁量权过大导致行政监管乱象

破坏生态环境和资源保护行政处罚案件中，行政机关作出罚款的数额与造成公益受损的数额之间差距巨大，远远不能满足公益保护的需要，也产生了关于是否依法履行职责的认识分歧。行政裁量权与公益保护之间的巨大反差反映了公益保护行政监管中自由裁量权过大，导致“违法成本<违法收益”“守法收益<守法成本”的行政监管乱象。该现象对公益保护而言“百害而无一利”，如著名的哲学家培根所言“一次不公正的审判，其恶果甚至超过十次犯罪。因为犯罪虽是无视法律——好比污染了水流，而不公正的审判则毁坏法律——好比污染了水源”。行政监管中流于形式的罚款处罚，给跃跃欲试的潜在违法者“指明了方向”，违法能够获利何乐而不为！纵容违法行为的长期存在并且愈加肆无忌惮，让“行政处罚”变成“行政许可”。

三、行政机关不依法履行职责的认定

行政机关是否依法履行职责，关联内容有行政机关的监管职责、监管方式和依法应当追究违法行为人的法律责任。《环境保护法》《土地管理法》《森林法》《草原法》《矿产资源法》《水污染防治法》《城乡规划法》等法律关于县级以上行政主管部门的职责规定均比较明确，加上依法调取的行政监管部门机构、人员、职责三定方案等证据材料，可以清楚地证实行政机关监管职责和义务，难点在于行政机关监管方式和内容。行政执法行为，即行政机关为了执行法律、法规、规章和其他具有普遍约束力的决定、命令，直接对特定的相对人和行政事务采取措施，影响相对人的权利义务，实现行政管理职能的活动。从广义上讲，行政执法是一个行为过程，它由若干环节构成：发现违法行为并采取相应措施——依法作出行政决定——实施或执行行政决定达到公益保护效果。

（一）对违法行为未采取相应措施

1. 未及时检查或不依法履行行政检查职责

（1）受理违法行为举报后，未依法检查并作出处理，或者拖延检查、推诿职责，导致公益损害不断扩大的。（2）对持续存在的违法行为，以执法力量不足、无法面面俱到进行检查而推脱依法负有的监管职责，导致公益受损状态持续扩大的。（3）法律、法规规定行政机关应当依法开展检查、巡查工作，并在行政规章等规范性文件中明确规定，而行政机关未依法开展检查、巡查工作的，未能及时发现违法行为造成国家利益和社会公共利益受损的。

2. 发现违法行为未依法采取相关措施

例如，根据《环境保护法》第25条规定，企事业单位和其他生产经营者违反法律法规规定排放污染物，造成或者可能造成严重污染的……可以查封、扣押造成污染物排放的设施、设备，如果未能依法采取查封、扣押措施，导致违法行为持续发生污染环境的，属于不依法履行职责。再如，根据《草原法》第57条第4项规定，草原行政监督检查中，发现草原违法行为未“责令被检查单位或者个人停止违反草原法律、法规的行为，履行法定义务”的，属于不依法履行职责。

（二）不依法作出行政决定

1. 未依法追究法律责任的

法律法规均明确了追究责任的顺序和递进方式，行政机关在监管中未能依次追究违法行为人的法律责任，属于不依法履行职责。例如，前文提到的包头市昆区、和林格尔县、准格尔旗国土局不依法履行职责案，均未能依法递进式追究违法行为人的法律责任，而直接采取第二顺位的行政处罚。再如，根据《食品安全法》第126条规定，违法本法规定，有下列行为之一的，由县级以上人民政府食品药品监督管理部门责令改正，给予警告；拒不改正的，处5000元以上罚款；情节严重的，责令停产停业，直至吊销许可证。但在食品药品监管职责履行中，行政机关对责令改正的行政决定常常未做进一步的检查，对是否改正不明确的情况下直接作出行政处罚决定。

2. 以刑代罚或者以刑代管

对构成犯罪的违法行为移送追究刑事责任是行政机关的法定职责，但移送追究刑事责任并不能免除行政机关依法追究违法行为人的行政责任。行政责任和刑事责任均属于公法责任，行政机关和司法机关追究违法行为的行政责任、刑事责任既是权力也是义务。对于依法应当追究的行政责任不予追究，仅仅交由司法机关予以刑事制裁，以刑代罚，则行政执法机关或者行政执法人员，在行政法上即有构成行政不作为的可能。刑罚与行政处罚是两种功能、形式和性质均不相同的制裁措施，二者虽关系密切，但仍是制裁体系中两种彼此独立的处罚……采取合并适用的原则是我国多数学者当下所持的观点。例如，玉泉区农牧林水局怠于履行职责案，被告玉泉区农牧林水局认为追究刑事责任则不能再追究行政责任，对检察机关诉请判决违法、继续履行职责不予认可，混淆了行政责任和刑事责任的关系，以刑代罚或以刑代管，构成了行政不作为。

3. 罚款数额畸轻违背公益保护宗旨

例如，林西县国土资源局怠于履行职责案，李某某自1999年在未办理采矿许可证及其他相关手续的情况下非法开采沸石，每年生产沸石大约2000吨，自2009年起林西县国土资源局多次向李某某有下达行政处罚决定书，责令停止生产并处罚款几千元，罚款数额与获利相比微不足道，李某某缴纳罚款后，并未停止采矿，非法采矿行为持续到2016年10月，导致矿产资源和生态环境遭到严重破坏。行政处罚中，行政机关作出的罚款数额畸轻现象较严重，无法体现行政处罚的公益保护宗旨，是不依法履行职责的表现。

4. 未依法作出“没收非法财物和违法所得”的处罚

没收非法财物和违法所得体现了“违法不能获利”的执法、司法理念，也是公益保护监管的重要方式，使违法行为人因违法而得不偿失，进而停止违法行为，达到公益保护实效。但有的试点案件行政执法中，并未依法作出这样的行政处罚。根据《矿产资源法》第39条、《草原法》第66—69条、《森林法》第43条等法律规定，对违法行为应当“责令停止违法行为，没收非法财物或违法所得，可以并处罚款。”但几乎所有的行政监管中，均未作出“没收非法财物和违法所得”的处罚，导致违法行为持续存在损害公益，属于不依法履行职责。

（三）不依法采取跟进监管措施

1. 仅作出形式上的责令类监管决定

试点中，有的行政机关认为作出并送达“责令停止违法行为/停工通知书/责令改正通知书”就属于履行了法定职责，因此，对违法行为连续下发这样的行政决定文书，但违法行为继续存在，公益受损现象有增无减。例如，呼伦贝尔市阿荣旗环保局不依法履行职责案，某公司未经环保部门审批，亦未建设污水处理设施的情况下，建设奶牛养殖场，自2008年至2015年持续外排养殖污水，造成地下水污染，该局自2008年至2012年连续五次向违法企业下达限期改正环境违法行为通知书，但违法行为并未停止，地下水污染的状态没有任何改观。再如，媒体报道的河北省某县开发商违法占地建设高尔夫球场案，县国土资源局连续下达“责令停工通知书”，违法行为继续实施，直到违法建筑建成才停止，这属于比较典型的行政不作为。

2. 作出责令类监管决定后未跟进落实

行政公益诉讼实践中，被诉行政机关仅为“形式上的履行职责”作出“责令停止违法行为”决定，而对该决定的内容能否实现并未关注，公益受损状态持续存在。这是试点中遇到最多的不依法履行职责表现，但未引起办案机关的重视，或者未能将这类行为纳入公益诉讼确认行政机关不依法履行职责的事由。例如，涉耕地资源公益诉讼案件，被告国土资源局大部分作出过责令限期恢复原状/责令拆除违法建筑并处罚款的行政决定，但检察机关诉请仅就未恢复耕地原状的事实进行阐述，而就行政机关作出“责令恢复原状”的行政决定后未依法采取后续监管措施的行为未举证。实质上，该类案件中，行政机关作出“责令恢复原状”的行政决定是依法履行了职责，但在法定期限内，违法行为人未履行恢复原状义务的，行政机关应当依法自行强制执行或者申请法院强制执行，或者代履行，后续跟进监管措施未能采取，导致“责令恢复原状”行政决定的失效，属于典型的不依法履行职责。例如，克什克腾旗林业局不依法履行职责案，被告林业局于2011年11月对违法行为人作出限期3个月内恢复林地原状并处罚款的行政决定，至2016年6月22日仍然未恢复林地原状，林业局此间一直未采取任何监管措施。

3. 作出行政处罚的同时未履行对违法行为的制止义务。“行政处罚这种制裁手段，所追求的就是让已经被侵害的公共利益得到某种修复。”试点中，行政监管主体在实施行政处罚时，仅仅将重点集中于对违法行为的制裁上，而没有同时或者很少同时对行政相对人的违法行为进行制止。甚至在有些行政处罚中，行政主体一方面对当事人进行制裁，另一方面则纵容或者默认行政相对人继续实施同一类的行政违法行为。这种状况既与我国行政处罚制度的目的相悖，又与法治国家和法治政府建设的理念相悖，不利于公共利益的保护。特别是在生态环境和资源保护行政监管实践中，行政机关重视对违法行为的制裁而忽视对违法行为的制止义务，是导致生态环境违法行为持续/继续/跳跃式发生的重要原因，也是环境行政监管不依法履行职责的主要表现。例如，固阳县林业局不依法履行职责案，固阳县某公司于2007年至2011年非法占用生态保护林地5.5亩堆放固体肥料矿渣10万余吨，造成生态防护林被毁坏，该局于2012年对该公司作出罚款1万元的行政处罚，而未能对该违法行为进行制止，导致违法行为持续损害生态环境。

四、行政监管职责完善立法建议

行政公益诉讼制度的探索建立过程是一项宏大的工程，基础性工程就是行政管理职责的法律化，即从立法层面上着手对各方面的行政监管职责从法律上予以明确。故建议全国人大展开相关立法活动，并协调国务院各部委对各领域的监督管理职责予以清单化。

（一）明确行政法律公益保护目的

违法行为所危害的首先是公共利益，任何一个违法行为都必然会对公共利益造成这样那样的侵害。行政监管所追求的就是让已经被侵害的公共利益得到某种修复。但是，现行行政法律对公益保护监管目的缺失，是造成当前生态资源和环境保护领域违法行为持续高发侵害公益的原因之一。建议在《草原法》《土地管理法》《环境保护法》《森林法》《水污染防治法》等环境资源保护法律中明确保护社会公共利益的立法目的，建议《矿产资源法》等明确保护国家利益的立法目的。

（二）明确责令类监管方式的性质

关于责令类监管方式的性质，认为是行政责任的观点基本没有分歧，但是究竟应当属于行政责任中的哪一种不明确：一是申诫罚；二是行政处罚，这也是当前的主流观点，也是司法界的主流观点；三是行政命令；四是其他行政责任或行政制裁。本文认为，责令类监管方式的法律责任应当根据法律规定和责令的具体内容进行界定。

1. 责令拆除/限期拆除属于行政处罚

根据《土地管理法》第83条规定，“依照本法规定，责令限期拆除在非法占用的土地上新建的建筑物和其他设施的，建设单位或者个人必须立即停止施工，自行拆除；对继续施工的，作出处罚决定的机关有权制止。建设单位或者个人对责令限期拆除的行政处罚决定不服的，可以在接到责令限期拆除决定之日起十五日内，向人民法院起诉；期满不起诉又不自行拆除的，由作出处罚决定的机关依法申请人民法院强制执行，费用由违法者承担。”责令拆除/限期拆除符合《行政处罚法》第8条第（七）项规定，属于“法律、行政法规规定的其他行政处罚”。但是《水污染防治法》第75条、《草原法》第71条均未明确“强制拆除”的主体，亦未明确责令拆除的性质，导致实践中的混乱。

2. 责令限期治理/限期采取治理措施、责令恢复/限期恢复原状、责令赔偿损失/限期退还、责令补栽树木纳入行政强制执行

《草原法》第71条，《土地复垦条例》第40条、《水污染防治法》第76条、第83条，《森林法》第44条均明确违法行为人不履行责令义务的情况下，行政机关的代履行义务。根据《行政强制法》第12条第（五）项规定，代履行属于行政强制执行方式，该类监管方式当属《行政强制法》第12条第（六）项“其他强制执法方式”。该类行政监管方式给违法行为人设定了积极作为的义务，因其具有赔偿、停止侵害、恢复原状等民事责任的性质，因而属于行政强制执行更符合公益保护的立法目的。特别是对追究实体刑事责任的违法行为人，在其无力或不能恢复被破坏的生态资源情形下，应当由监管机关或委托第三方代为恢复，并就代履行费用作出行政命令，依法申请人民法院强制执行。

3. 责令改正/限期改正违法行为、责令停止违法行为/停止生产或使用/停止建设纳入行政命令

这类行政责任的承担方式不属于行政处罚法、行政强制法规定的监管方式和种类。如果属于行政处罚，《行政处罚法》第8条已经作出规定，没有必要在第23条中再行规定。同时，该类责令行为并无对违法行为人人身和财产产生临时性的限制，赋予其容忍和不作为的义务，不是行政强制措施，亦未赋予其积极作为的义务，因而也不属于行政强制执行。本文认为，参照《环境行政处罚办法》第11条、第12条的规定，将其纳入行政命令是适当的，在违法行为人拒不履行的情况下，可以申请法院强制执行。

（三）完善行刑责任追究衔接制度

"刑罚刑种与行政处罚在结构上既要层次分明、轻重有别，又要连贯、衔接。"《土地管理法》第71条、《草原法》第66条的规定，均表述为发现构成犯罪的，应当将案件移送有关机关，依法追究刑事责任。如此规定，可以防止行政执法中以罚代刑、放纵行政犯罪行为。但是，这也导致实践中"追究刑事责任免除行政责任"的监管误区。为此，有必要在行政法律法规中明确违法行为承担刑事责任与行政责任的顺序和关系。

首先，责任程度应当由轻到重依次作出。行政违法，是指公民、法人或者其他组织故意或过失实施的违反行政法规范（包括经济法规范等），侵犯国家、社会公众或个人、组织的合法权益，危害国家安全或社会秩序，尚不构成犯罪的行为。当行政违法行为情节严重，触犯刑法的时候，行政违法行为就发生了质的变化，进而构成行政犯罪，需要承担刑事责任。因此，在生态环境和资源保护行政法律中，法律责任的承担方式应当由轻到重，逐步加重，直至追究刑事责任。为此，建议修改《草原法》第66条和《土地管理法》第71条，或者将这两个条款放在行政责任条款之后进行规定。

其次，行政责任与刑事责任并行不悖。违法行为的行政责任与刑事责任是一个量变到质变的过程，行政违法行为需要承担行政责任，当危害情节严重、数额巨大、后果严重触犯刑法的时候，就应当依法承担刑事责任。在行政违法行为发展为行政犯罪时及行政犯罪后，行政违法行为仍然在持续存在，只因危害程度不同而需要承担刑事责任。同时，如果行政违法行为侵害国家、集体和他人的合法权益，还应当承担民事责任。行政犯罪由于具有行政违法性和刑事违法性的双重违法特性，应当接受行政刑罚和行政处罚的双重处罚。因此，应当在《行政处罚法》第12条中，明确"追究刑事责任的，不影响追究不同种类行政责任"。

最后，确立行刑并行的责任追究顺序。行政责任和刑事责任均属于公法责任，无论是行政执法机关，还是刑事司法机关，一旦发现同一违法、犯罪行为的线索，就应当先立案、先调查、先处罚，行政执法机关针对涉嫌犯罪行为采取移送而不停止调查及处罚，刑事司法机关针对需要及时采取能力罚（资格罚）的违法行为则商请行政执法机关及时作出处罚决定。法律应当明确，“实体上，有关人身罚和财产罚的刑事处罚优于行政处罚，相关的行政处罚与刑事处罚进行折抵；在程序上，有关人身权和财产权处罚的刑事程序优于行政程序。”

（四）明确行政处罚中对违法行为的制止义务

所谓行政处罚中行政相对人违法行为的制止，是指行政主体将行政处罚制度运用于行政相对人时，对行政相对人正在实施的违法行为，或处于持续/连续状态或者将要发生的违法行为进行制止的状态。行政强制和行政处罚的目的，就是不让违法行为在行政实践中继续存在，这应当是行政强制和行政处罚的制度理性。《行政处罚法》在总则中确立了处罚与纠正违法行为相结合的大原则，在后续的制度设计中，没有将纠正违法行为的原则予以细化，所以当行政主体实施行政处罚时，他便不认为自己同时承担着制止违法行为的义务。责令改正或者限期改正违法行为，是指行政主体责令违法行为人停止和纠正违法行为，以恢复原状，维持法定的秩序或者状态，具有事后救济性。这一规定实际上是为行政处罚机关设置了一种积极作为义务，也就是说针对违法行为，不能仅实施行政处罚了事，而应当主动责令改正违法行为。因此，《行政处罚法》第 23 条中规定“恢复被违法行为损害的公告利益和社会秩序。”

（五）明确行政罚款数额及与刑事罚金之间的衔接

一是行政罚款数额应当与违法造成的公益损害相当。生态环境和自然资源领域内数量上不断增多、程度上日趋严重的违法行为，不仅破坏生态环境、阻碍自然资源的可持续利用，而且扭曲市场在自然资源配置中的决定性作用、妨碍公平竞争。预防为主和损害担责都是我国环境和自然资源保护法律所遵循的重要原则，惩罚性处罚所具有的制裁和遏制违法行为的功能以及社会控制和矫正功能，要求在健全完善“违法成本 > 守法成本”机制时对它加以运用。只有这样，才能避免出现“坐牢一阵子，舒服一辈子”的不正常现象，促使经济人鉴于“违法成本 > 违法收益”而选择守法，而不是因“违法成本 < 违法收益”而选择实施违法行为。二是建立罚款与罚金数额之间的衔接。公益诉讼试点案件中，罚金和罚款数额倒挂的现象多有存在，从实质的处罚程度上

看，较重的违法者反而被处于较轻的处罚，而较轻的违法者反而被处以较重的处罚。“现行刑法的某些刑罚种类比行政处罚还轻，致使两种处罚难以很好地衔接适用”。对于罚款的数额，目前各种行政管理法规虽有明确规定，但差别极大。对罚金的数额及幅度，许多刑法条文都未作规定，即使有所规定，也多采灵活性极强的比例罚金制以及幅度罚金制，由审判人员根据犯罪情节具体确定罚金的数额。这往往导致司法人员在多数情况下因无所遵循、无所适从而弃置不用，即使适用，又往往因无具体标准而出现畸轻畸重的现象。因此，有必要对罚款与罚金的数额作出具体规定，并对两者的幅度加以协调。应确定一个基本的准则：对象为同一客体的违法行为与犯罪行为，罚金额的下限一般应高于罚款额的上限，避免二者的轻重失当。

检察指导性案例的应用效果和改进研究

金　鑫*

法律的稳定与灵活构成了人类法律史上的永恒主题，前者关涉法治形式价值的实现，后者则关涉法治的实质价值的追求。在新时代背景下，严格司法作为新一轮司法改革的基本司法政策，既要发挥保障法律统一适用的法治形式价值实现的作用，又要回应社会对法治实质价值的个案实质公正的关注，但是法治实质价值的实现，以法治形式价值的实现为前提。为保障法律的统一适用，个案司法既要遵循相应的法律方法，又要发挥指导性案例的“指导作用”。自2010年开始正式建立指导性案例制度以来，截至2018年12月底，最高人民检察院已先后发布了13批共51个指导性案例，这些指导性案例在推动检察工作科学发展中发挥了积极作用。在各方的积极推动下，2018年10月，指导性案例正式写入新修订的《人民检察院组织法》。在当前背景下，案例指导工作还面临着一些新情况新问题，其中一些问题还属于基础性问题，如何通过深化改革实现创新发展，值得我们深入思考。

一、案例制度在我国产生发展的考察

当今中国特色的指导性案例制度的产生发展不是偶然的，既有自身深厚的历史文化影响因素，也有大陆法系国家的共同特征。研究案例制度的发展过程，有助于我们正确把握案例发展的一般规律，明确我国案例制度今后的改革完善。

（一）我国指导性案例制度与我国法文化有着一定的契合性

我国古代法文化基本内涵在西汉时期开始形成，唐代构建完成我国传统法文化的主要内容。西汉初年儒法合流，汉武帝“罢黜百家，独尊儒术”，董仲舒将儒家经典应用到司法领域，形成“春秋决狱”，影响深远，“出礼入刑、

* 作者单位：湖北省人民检察院。

礼刑并用、一准乎礼”，这成为我国古代法文化的核也内容。律、令、格、式等为形式的成文法典和判例构成了我国古代法文化的骨架。在我国古代法律体系中，最重要的法律形式是成文法典，判例居于辅助、从属地位，但判例是不可或缺的一种法律形式。由于判例的形成和使用均是源自司法实践的需要，判例是我国古代法文化的具象之一。近代以来，西学东渐、清末修律和民主革命浪潮促使我国传统法文化完成了向现代法文化的转型。但是判例本身所承载的传统法文化的诸多要素，在现代法文化中依然得以延续。

我国现在的案例指导制度，与我国传统判例存在着诸多的相似之处。在法律体系上，无论是传统判例还是现代指导性案例，它们都不属于成文法典，而且比之英美的判例法，传统判例和现代指导性案例更不是司法官造法。从本质上讲，案例依然是为了辅助成文法的适用和实施。因而，案例指导制度具有我国传统法文化的基因，在一定意义上体现出与我国法文化的契合性。在我国成文法体系中，案例指导制度并不与宪法、法律、行政法规等发生冲突，在法律效力上亦没有引起效力位阶的变动，成文法体系为案例指导制度提供了空间，实现了两者的兼容。

（二）大陆法系对判例制度的引入与借鉴

大陆法系有着悠久的崇尚成文法典的传统，最早可以追溯到古罗马时代，成文法典法是立法者理性思维的产物。但随着社会的发展，成文法典的弊端日益引起重视。21世纪流行的社会法学派、功利主义法学派和实证主义法学派的理论，对大陆法系过于偏重立法机关立法的法律观念发起了冲击。实证主义重视现有经验事实，因而重视习惯和法官立法的作用。其代表人物英国法学家奥斯汀（Austin）认为，法官所造的法是真正意义上的实在法，因为法官通过判例所造的规则是从国家权力中取得法律效力的。大陆法系中制定法抽象性的特点，使其自身也愈加感到判例法其实也具有制定法所不具有的许多优势，判例制度具有弥补制定法自身不足的某些功能与效用。于是，大陆法系中的案例也开始大幅度地逐渐向判例升级或转变，甚至在某些大陆法系国家中也逐渐对判例制度趋于认可之势。应当说，就目前而言大多数制定法的国家也都有程度不同的判例或判例解释的重要补充，最终发展到大陆法系国家也参加进许多判例法的内容或判例制度，甚至一些典型性判例对制定法国家司法公正起到了不可替代的重要作用。

当然，实事求是地讲，尽管人们包括大陆法系国家的人们在逐渐地接受和认可英美法系国家的判例制度，但在有些大陆法系的国家中，判例的作用还是极其有限的。正如有学者指出的那样，“在罗马日耳曼法系各国，判例的作用只有同法律的作用联系起来才能弄清楚”。“判例是在立法者为法确立的框框之内活动，而立法者活动的目的正是为了确立这些框框”；“判例确立的‘法律规范’没有立法者确立的法律规范那样的威力。它们是不稳定的规范，在审理新案件时随时可能否定或变更”。下级司法机关对上级司法机关判例的遵从，并非基于“遵循先例”的原则，而是下级司法机关的司法官不愿冒风险，否则自己作出的裁判会被上级司法机关的司法官推翻，故下级遵循先例是自愿的，不是强制性的。因此，可以说大陆法系的判例大不同于普通法系的判例法，大陆法系国家一般不普遍承认判例对以后的案件必然具有约束力。但是，判例长期起着补充法典的作用，促使法典不断适用社会发展的需要。

（三）我国指导性案例的发展

我国检察指导性案例制度和大陆法系国家判例制度的建立具有共同或相似的实践需求基础。案例既是世界法治文明发展的成果，也是我国司法实践的需要。传统的观念将大陆法系与英美法系两个法系断然分开，实际上丰富多彩的法律实践已经在逐渐淡化这其中的区别。普通法国家的成文法最初便以弥补判例法不足的面目出现，发展到现在这些国家制定的成文法的数量并不亚于那些所谓的成文法国家，与此同时，奉行成文法为传统的国家也在不断研究并有条件地接受判例法的方法。具体到我国，长期以来，虽然没有法律法规对案例作出规定，但基于司法实践需要，我国各级司法机关一直在零星地、自发地编发案例，在不同层面发挥着案例的积极作用。不仅基层司法机关在编发案例，最高司法机关也在编发。2005年，最高人民法院和最高人民检察院还联合编辑出版《中国案例指导》丛书，这是我国案例发展过程中一次重要尝试。2009年，中央政法委要求：“中央政法机关要加快构建具有地域性、层级性、程序性的符合中国国情的案例指导制度，充分发挥指导性案例在规范自由裁量权、协调法制统一性和地区差别性中的作用，减少裁量过程中的随意性”。2009年年底召开的全国政法工作会议则指出：“对容易发生执法偏差、群众反映比较强烈的几类案件，要建立案例指导制度，规范自由裁量权的行使”。这说明，从一开始，我国的案例制度就被赋予一种特殊使命，就具有强烈的针对性，即要解决成文法条的不足和局限。正是在在司法实践推动和中央的要求下，2010年“两高”相继出台关于案例指导工作的规定，并在当年各自发布了第一批指导性案例。

截至2018年12月底，最高人民检察院共发布了13批共51个指导性案例。从案例地域来源来看，这些案例来自19个省、直辖市，其中来自上海、广东、浙江、江苏四省市的案例占已发布案例总数的60%；从案件涉及的领域来看，主要是食品安全、环境资源、金融领域、信息系统领域；从案件类型来看，除了两批案例属于公益诉讼外，绝大多数指导性案例均属于刑事案件；从编撰体例来看，案例体例格式逐步在完善，第一批指导性案例的体例主要包括要旨、基本案情、诉讼过程三部分，从第二批开始，增加了关键词和相关立法两部分，第五批至第八批案例的体例格式在前期的基础上一直在变动。从第十批指导性案例开始，体例发生显著变化；从效果来看，随着最高人民检察院发布指导性案例数量的增加，其引起了学术界和检察实务界越来越多的关注，一些高校和地方检察院举办案例研讨活动，不少检察官注意案例的学习并在所办案件中加以对照比较。

近年来，检察指导性案例出现了一些新的变化。比如，各级人民检察院越来越重视指导性案例的作用，对社会反映强烈的热点问题，最高人民检察院能够及时制发案例指导司法实践，指导性案例发布数量增长明显，发布频率也在加快；在案例编辑体例上，已逐步摆脱一直以来的“基本案情”“要旨”的体例模式，突出了诉讼过程，即检察机关在诉讼中的意见和采取的措施，指导性案例的检察特色愈来愈浓；在发布形式上，注重和社会的沟通，相关案件的承办检察官出现在发布会现场，和媒体面对面互动。

二、检察指导性案例的性质及其指导工作属性分析

当前，对指导性案例制度还存在不同的认识，检察指导性案例的性质、案例指导工作的属性，都是需要理清并亟须回答的重要理论问题。

（一）关于检察指导性案例的性质

“性质”，在汉语中是事物的特性、本质，是区别于其他事物的根本属性。指导性案例的性质，研究的是指导性案例的本质，以便区别于其他案件、规范性文件等。明确了检察指导性案例的性质，才能确定其效力。

正如上文分析，判例法国家司法官在裁决时须按照遵循先例规则，寻找与案情最为相似的先例进行比对，或者以与先例相同的裁决方式处理自己所办的案件，或者将先例作为自己所办案件所依赖的重要资料。相比之下，在我国作为成文法国家的背景下，并无相关法律规定检察官在办理案件时需要进行比对。虽然指导性案例和判例法国家的判例一样都是案例，但在适用中与判例法国家的做法不同，我国检察指导性案例的核心——归纳的“要旨”部分，主要是对相关法律问题的一种解释，检察官也主要是在参考要旨部分对本人所办案件涉及问题的规定，因此指导性案例的价值基本上相当于最高检察机关的一种解释。另外，从案例的筛选与发布标准来看，虽然一部分指导性案例主要强

调的是宣示作用或者办案规范引领作用，这类指导性案例本身并无争议，但也有相当一部分指导性案例具有一定争议性，其涉及的法律适用问题在现行法律中规定得还比较原则，而且未来指导性案例的筛选标准越来越强调案例的争议特征，这也正体现出指导性案例的指导价值与意义。从指导性案例的适用要求来看，一方面，作为最高检察机关发布的案例，对下级检察院司法办案具有参考价值；另一方面，其适用并没有强制性。虽然不能代替法律或者司法解释作为案件处理决定的直接法律依据，但各级人民检察院在办理同类案件、处理同类问题时，可作为释法说理的根据，可以参照指导性案例中对有关法律原则、法律规定的阐释来理解和适用法律，实际上在一定意义上肯定了其效力价值。对检察指导性案例的参照既不是强制性的，也不是任意性的，而是一种介于法律与案例之间的“中间状态”，因此检察指导性案例相当于不同于条文式规范性文件的一种“准司法解释”。

（二）关于检察案例指导工作的属性

司法业务和司法行政事务是司法机关两大工作，案例指导工作属于司法业务工作之一。司法业务区别于司法行政事务的重要标准在于，司法业务需要依照法律以及依法律规定的程序来判断案件，而司法行政事务并不需要这样，它是以辅助司法权为目的，与司法权相对应的涉及对司法机关行政事务的管理。多数观点认为司法行政事务是保障司法权有序运行，管理与利用司法资源的一种辅助性事务，包括对司法机关的机构设置及编制、司法人员选拔及培训、财务经费、物资装备、基本建设、信息技术管理、后勤服务、行政人员管理等内容。如我国台湾学者郑竞毅编著的《法律大辞典》对“司法行政”解释为：“以辅助国家司法权之行使为目的的行政事务”。从工作内容上来讲，案例指导工作包括案例搜集、审查、筛选、确定环节，其核心是审查环节，即通过对一个个案例的实体审查，研究案件涉及的法律问题，提出案件适用法律的意见。虽然该项活动不同于公诉、批捕等“一线”办案，一般也不需要联系当事人、公安、法院，但是由于涉及对案件的审查及法律适用，故具有浓厚的司法属性，属于司法业务。通俗地讲，属于司法办案，只不过是一种“二线”办案活动。

三、检察指导性案例制度运行中存在的问题剖析

近年来，在最高人民检察院的和地方各级检察院的共同努力下，案例指导工作取得了很大成绩。但是不可否认，当前该项工作还存在一些基础性问题，特别是指导性案例在司法实践中并未得到广泛使用。

（一）检察指导性案例的定位和效力规定不够明确

一是关于定位问题。检察指导性案例如何定位？发布者能否发布一些有“创造性”的案例？目前并不明确。指导性案例只有解决这个问题，才能发挥类似国外判例制度的积极功能，既确保类似案件类似处理，保障司法的稳定性和延续性，又能为当事人和社会公众提供有效的规则指引，有效解决争议，并减少不必要的纠纷。否则，不以解决实际法律适用问题为目的的指导性案例，无法真正发挥对司法实践的实际指导作用。二是关于效力问题。2010 年，《最高人民检察院关于案例指导工作的规定》规定，各级人民检察院在办理同类案件、处理同类问题时，可以参照执行。为了增强指导性案例的效力，2015 年在修改该规定时，将其修改为“人民检察院参照指导性案例办理案件，可以引述相关指导性案例作为释法说理根据，但不得代替法律或者司法解释作为案件处理决定的直接法律依据。”对此，该条文可以从两方面来理解：一方面，各级院办理相关案件，并不具有必须参照的职责义务要求；另一方面，禁止直接引用作为处理决定的法律依据。修改的本意在于明确各级人民检察院在司法办案中处理同类问题时，一般情况下要参照检察指导案例，以进一步实化检察指导案例的效力，强化检察指导案例作用的发挥。修改后，虽然明确了参照指导性案例办理案件时的具体要求，但从文本上看，实际上对适用的强制性和约束力并没有提出要求，且但书部分“不得代替法律或司法及解释”的表述更容易让人产生误解，这与修改的初衷似乎有些背离。另外，2010 年《最高人民检察院关于案例指导工作的规定》曾经规定的不适用指导性案例的报告制度也被删除。因此，目前检察指导性案例效力的规定，可以说是实践中强化指导性案例“指导”效果的一个“软肋”。

由于审判权具有终局性特征，而检察权具有程序性特征，与最高人民法院发布的指导性案例相比，最高人民检察院发布的指导性案例在适用上原本就具有天然的弱势。如果检察指导性案例其对检察官的拘束力还停留在比最高人民法院“应当参照”还弱的程度，那么检察指导性案例适用不佳的问题就难以得到根本解决。目前检察指导性案例在法院审理环节未得到有效运用的重要原因之一，即在于最高人民检察院指导性案例的法律效力未得到法院系统的明确承认。

（二）检察指导性案例参照方法缺失

检察机关指导性案例制度实施时间不长，从 2015 年发布第五批指导性案例开始，增加案例编发的要素、编发的文本质量和应用力明显有所革新。但是，指导性案例编发文本的参照应用说明仍不足。“参照应用是案例指导制度的关键与依归。”依照规定，检察机关指导性案例的参照结果是“引述相关指导性案例作为释法说理根据”。参照对象是案例，而参照内容和参照方法，至今没有形成统一的认识和规则。有关问卷调查数据显示，“通过问卷调查，在一线办案的 20 名检察官，认为应该案件事实与法条合参占 45%，认为应该参照案例的构成要件占 40%，认为应该参照案例的核心事实或参照案例适用的法条占 15%”。这说明，检察官对于如何参照指导性案件存在分歧，意见不统一。对检察指导案例如何参照适用培训不够，实践中司法官案例思维训练不够，是检察实务引用指导性案例数量偏少的原因之一。

（三）检察指导性案例的内容不够全面

从最高人民检察院已发布的 13 批指导性案例来看，主要涉及检察机关侦查、批捕、起诉、刑事抗诉、核准追诉、公益诉讼等六个方面的职能，其中集中于刑事犯罪罪名的理解与适用，而关于检察机关羁押必要性审查、精神病人强制医疗程序的监督、违法所得没收程序、认罪认罚从宽等职能，也需要案例予以规范和指导；同时，除了发布两批公益诉讼案例外，尚未有其他民事、行政诉讼监督方面的案例，特别是有关民事执行监督、调解监督、虚假诉讼监督、诉讼违法行为监督等近年热点工作的案例尚处于空白。在新时代背景下，“重刑事、轻民事行政”，刑事检察与民事行政检察不平衡的局面逐步在破解，新增检察职能亟须强化，这都需要发挥指导性案例的规范和指导作用。

（四）对案例指导工作的认识存在偏差

一是存在“上热下冷”现象。由于发布指导性案例是最高人民检察院的一项职权，无疑最高人民检察院对此项工作高度重视。但在地方上，由于在认识上存在偏差，各地检察机关基本上将案例研究工作视为“软任务”，并未投入足够的人力物力，一些检察人员对最高人民检察院发布的指导性案例认识模糊，甚至分不清指导性案例和典型案例的关系。二是将案例指导工作等同于司法行政事务性工作。大多数地方并未将案例审查工作纳入办案统计，在对检察官业绩考核中也没有相关内容。虽然《最高人民检察院关于案例指导工作的规定》规定了严格的审查程序，但尚有一些院没有经过审查或者安排书记员、检察官助理甚至内勤来负责，所报送的案例未经过认真审查研究，而是“原汁原味”向上级院报送，使得审查工作流于形式。

（五）案例研究力量缺乏整合

从人员配备来看，除最高人民检察院有专门的人员负责案例编发工作之外，在地方各级检察院该项工作基本上是由法律政策研究室人员兼职，而案例搜集的主力——各业务部门的检察官，其积极性尚未真正调动起来。虽然指导性案例最终的审查确定与发布是由最高人民检察院完成的，但是典型案例的搜集与初步审查工作是由地方各级检察院完成的。目前，由于典型案例搜集主要渠道通过上级院下发通知要求各地报送，各地接到通知后临时搜集整理案例，这不仅难以挖掘优秀的案例素材，而且每次搜集费时费力。

此外，还存在检察指导性案例整体数量偏少，尚未形成规模效应，检察指导性案例格式尚未定型、检察特色不足，检察官对案例参照适用随意等问题。

四、完善检察指导性案例制度的若干思考

加强检察案例指导工作，是履行好检察机关法律监督职能的需要。检察机关应当从全局性、系统性的高度，对案例指导工作进行科学、合理的顶层设计。

（一）遵循案例（判例）发展的一般规律，明确我国指导性案例的定位

“中国成文法的滞后及其立法与司法的分工现状，使得司法机关难以突破法律规定的范围，通过判例去创设法律规范，而这正是判例所应担当的重任。”尽管这种认识不一定符合我国实际，但却深刻揭示出案例指导制度的核心问题，即指导性案例的定位。一个好的判例往往不是对法律文本的简单重复或者机械复制，而必然是创造性的结果，体现了这种创造性的判例可以成为先例。无论是最高人民法院，还是最高人民检察院针对一些有争议性问题发布的指导性案例，本身就是认可下级司法机关在一定限度范围内的“创造”。从比较法角度看，在现代法治国家中，判例制度的主要功能已经不是所谓的造法，而是通过判例对成文法进行解释和补充。我国的案例指导制度，有必要借鉴国外判例的法律定位，将指导性案例锻造成具有一定限度和范围内创造性、真正具有普遍指导意义的司法规则。当然，如果随后出台的相关成文法律对指导性案例涉及问题作出了不同规定的回应，则通过及时废止相关指导性案例即可。

（二）加强指导性案例立法工作，进一步明确指导性案例的效力

一是在法律层面明确指导性案例的效力。案例的价值与作用有目共睹，推

动指导性案例制度入法具有深厚的理论和实践依据。2018 年 10 月，全国人大常委会通过的《人民检察院组织法》规定最高人民检察院可以发布指导性案例，回应了理论界和实务界多年的呼声。但是，并未对指导性案例的效力作出规定。下一步，需要相关法律法规对其效力作出明确规定，确保指导性案例能够得到遵守。二是在将指导性案例写入相关法律的同时，还要适时对《最高人民检察院关于案例指导工作的规定》进行修改完善，明确规定检察官办案时对指导性案例的比对义务，增加相似指导性案例不适用的报告义务，增强检察官办案适用的强制性，克服经过严格程序层层筛选的高质量的案例和司法实践中不认真适用，"两张皮"的脱节现象。三是加强与最高人民法院的协调。2010 年制定的《最高人民检察院关于案例指导工作的规定》设置了案例指导工作的协调机制，该制度在 2015 年修订时得以保留。但截至目前，最高人民检察院尚未与其他机关联合发布指导性案例。我们认为，要加强指导性案例的法律效力，改变在审判环节难以适用的窘境，有必要与最高人民法院联合发布指导性案例。而且，无论是联合发布的指导性案例，还是各自单独发布的指导性案例，最高人民法院和最高人民检察院都应该相互承认其效力。

（三）解决指导性案例应用的"技术"问题，建立指导性案例参照应用标准和专业化操作规范

司法实践不仅需要案例法思维，还需要建立完备、规范的案例应用专门方法。一是建立引述指导性案例的操作流程规范。检察官引述指导性案例时，应当查询"两高"发布的指导性案例，并进行类似性对比和判断，讲明案例编号、案件与案例的类似性判断以及裁判规则，无论是否参照指导性案例均应予说明。二是建立指导性案例参照应用标准。有学者认为，应明确识别类似案件的标准，从基本案情与适用法律两方面，将所办案件与指导性案例进行对比和确定。我们认为，指导性案例的价值与意义，集中体现在"要旨"提炼的规则和"指导意义"阐明的具体内容中。需要引用时，可在法律文书中直接援引"要旨"说理，并可参照"指导意义"作进一步阐述。三是建立与司法责任制相适应的不适用指导性案例的报告制度。最高人民检察院发布的指导性案例具有很强的针对性，很多指导性案例本身就是针对司法实践中存在分歧的问题作出的，因此指导性案例发布后，检察官对相关案件的处理应该严格参照执行，不能视而不见。为此，有必要参照大陆法系国家的相关做法，正式建立"同类情况不适用检察指导案例报告"制度，加强对检察官的司法监督管理。如果检察官不适用检察指导案例或作出与检察指导案例要旨和指导意义相冲突的决定，应当向检察长或者检察委员会作出说明，否则应承担相应的责任。为

了落实检察官的报告义务，除了在审查终结类文书中必须作出说明，还应在检察机关统一业务应用系统中案件案卡中，增加指导性案例的相关选项，由检察官进行填写。

（四）适应检察实践需要，优化指导性案例的供给

截至2018年12月，最高人民法院共发布了19批101个指导性案例，相较而言最高人民检察院目前仅发布了13批51个指导性案例，无论数量和频率都不相匹配，因此有必要适当提高检察指导性案例供给的频率和数量。一是增加检察环节结案类型的案例，扩大刑事指导性案例罪名覆盖率。在“两高”联合发布指导性案例和相互承认指导性案例有困难的情况下，作为退一步的措施，应当增加检察环节结案的指导性案例，如不捕、不诉案例。这些类型的案例，由于在检察环节即已结案，其法律效力不受法院方面的影响，适用性要相对强得多。目前案例指导工作，多以某一领域而非某一类罪名为主题进行征集，这样的做法容易造成某个罪名的高度集中化，如在已发布指导性案例中，故意杀人罪的案例多达5个。这使得有限的指导性案例所能覆盖的罪名更为稀少。我们建议今后指导性案例的制发实行多元化，在坚持现在选择模式的情况下，还可以类案为主题，逐步实现类罪罪名的基本覆盖化。二是加大民行检察指导性案例的发布力度。最高人民检察院2010年至2018年仅发布过两批公益诉讼案例，其间民事诉讼法、民法都发生了巨大的变化，特别是民行检察业务范围不断拓宽，包括了“对生效民事判决、裁定、调解书的监督”“对民事执行活动的监督”“对民事审判程序中审判人员违法行为的监督”“查处民事虚假诉讼案件和移送犯罪线索”等多项工作。为满足民行检察工作发展的实际需要，不仅需要增加民行检察指导性案例的数量，而且还要丰富民行检察指导性案例的类型。

（五）区分最高人民检察院和地方检察院案例工作的差异，明确下级检察院案例指导工作的目标

虽然整个案例指导工作是由最高人民检察院和地方各级检察院共同完成的，但两者的目标不应完全相同。对最高人民检察院而言，发布指导性案例是一项“准司法解释权”，通过发布指导性案例明确了法律适用，以此指导下级院办案。对地方各级检察院而言，并无指导性案例发布权，只是配合最高人民检察院从事前期的基础性审查、筛选工作，因此地方各级检察院的“心态”不同于最高人民检察院。同时，如果没有一定的机制调整上下级“心态”上的这种差异，仅仅将地方各级检察院的工作目标局限于向最高人民检察院报送

典型案例素材，那么将会影响地方各级检察院工作积极性，所报案例也很难符合要求。因此，有必要区分最高人民检察院和地方各级检察院在案例指导工作中的不同目标。地方各级检察院应侧重于通过日常办案中疑难问题的研究与解决，由此筛选出本地办理的典型案件，以此指导本地检察工作；筛选出意义重大的、特别典型的，再层报最高人民检察院。这样的定位与现有定位相比，更强调服务本地司法办案，着眼于本地司法办案中遇到的疑难问题，避免为了完成上级检察院临时下发的搜集报送典型案例的通知任务而疲于应付。由此看来，这更如同指导性案例工作中的基础性工程，属于“厚积薄发”的过程。同时，为了与最高人民检察院案例指导工作紧密对接，特别是针对当前地方各级检察院重视个案问题解决，忽视疑难问题梳理总结的实际，有必要对地方各级检察院开展典型案例工作提出明确要求，由此才能积累、筛选出一大批高质量的典型案例，丰富备选指导性案例数据库，实现最高人民检察院案例指导工作的目标。

（六）将案例审查工作纳入案例指导工作直接责任部门检察官的办案量，加强典型案例的基础审查

检察机关的司法业务区别于司法行政事务的重要特征之一，即司法业务涉及法律适用的判断。检察权具有职权的多样性，司法业务内容自然也具有多样性。司法业务包括“一线”司法业务和“二线”司法业务，前者可理解为具体的办案活动，如公诉、审查逮捕，后者既包括检委办案件审查、指导性案例审查，也包括司法文件制定等活动。由于司法业务既涉及法律条文内容的理解与把握，又涉及法律规则的适用，工作难度较高，因此司法业务必须由精通法律、受过严格训练的主体——司法官来办理，助理、书记员予以协助。当前，各级院案例指导工作直接责任部门（法律政策研究室）一般都配备有检察官，因此该部门检察官对案例的审查工作应纳入对检察官的考评，作为检察官的办案量，这有利于增强该项工作的严肃性，也有利于增强检察官的责任心。

（七）建立指导性案例和典型案例的联动机制，调动其他业务部门报送案例的积极性主动性

目前，各地案例指导工作直接责任部门办理一些案件，包括拟提请检委会的案件、请示类案件等，但这些案件数量有限，典型案例更多的是来自各个业务部门，因此有必要加强案例指导工作直接责任部门（法律政策研究室）与其他业务部门的互动，调动其他业务部门编发典型案例的积极性主动性，为指导性案例提供高质量的素材。一是加强案例指导工作直接责任部门（法律政

策研究室）对其他业务部门开展案例工作的督导，及时研究本部门业务工作中发现的疑难案件。二是应明确将典型案例筛选作为各个业务部门的常态化工作。及时发现本条线司法办案中的疑难问题，是各级院业务部门，特别是上级院对口业务部门的重要职责。这些疑难问题，本院以及其他院都可能会遇到，平时应及时搜集整理并加以研究，作为一种常态化工作对待。对上级院业务部门而言，每年应至少组织一次典型案例评选活动，对典型案例进行研究，对典型案例工作情况进行通报。三是建立各个业务部门典型案例数据库。对于各个业务部门筛选审查的典型案例，应通过统一业务应用系统报送，据此可形成一个典型案例数据库，便于业务部门和案例指导工作直接责任部门检索。

（八）建立案例指导工作发布和研究平台，形成共同研究案例的良好氛围

案例指导工作的发展，离不开一定的平台载体。从实践中来看，对案件分析类文章并不少，其中的优秀分析材料亟须平台转化。一是最高人民检察院可对目前编发的指导性案例刊物进行改版，增加出版期数，丰富刊物内容，既作为生效指导性案例的统一发布平台，便于社会各界查询，也作为案例研究学术刊物，刊发典型案例分析类文章，引导理论界和实务界研究检察案例。二是鼓励各地检察院结合本地实际建立形式多样的学习研究平台。各地既可以建立专门的研究平台，也可以在本地现有刊物上开辟专栏，刊发案例研究相关分析文章。三是检察机关应加强与法学院校的合作，充分发挥检察机关案例资源丰富和高校智力资源雄厚的优势，共同做好案例研究工作。

（九）加强案例指导工作的管理，推动案例指导工作科学有序发展

案例指导制度是我国司法改革过程中产生的新事物，是中国特色社会主义司法制度的重要组成部分。高度重视案例指导工作，需要加强案例指导工作的管理，在工作的中长期规划、人员配置、考评标准、培训课程等方面作出调整。一是在中长期规划方面，需要明确目标，不仅跟踪法律适用热点，而且还要搭建研究框架，有针对性地公布案例选题计划，做好典型案例储备，特别是针对法律适用疑难问题，还要组织力量加强课题攻关。二是最高人民检察院应充实案例指导工作责任部门的人员配置，地方各级人民检察院案例指导工作责任部门应明确责任人员负责案例指导工作，地方各级院业务部门也应明确相关责任人员负责案例搜集工作。三是在考评标准安排方面，需要将案例采纳情况列入检察机关各业务部门的考评标准，提高业务部门选编典型案例的积极性、

主动性。四是在培训课程设计方面，可组织开发案例指导工作相关课程，并纳入各级检察院培训内容。

（十）将指导性案例审查和报送纳入全国检察机关统一业务应用系统，构建程序健全、资料完备的典型案例数据库

全国检察机关统一业务应用系统系统作为各级检察机关司法办案的核心业务应用系统，功能丰富、业务流程完善、业务数据庞大、涉及面较广。该系统自 2013 年上线以来，历经多次升级完善，目前绝大多数检察业务已纳入该系统。由于相对其他业务工作，案例指导工作起步较晚，故在 2012 年 8 月组织研发全国检察机关统一业务应用系统时，并未将该项工作纳入。目前，随着最高人民检察院案例指导工作越发显示出重要作用，该项工作有必要纳入统一业务应用系统。将指导性案例审查和报送纳入统一业务应用系统，有利于明确认可案例指导工作的司法业务属性，有利于调动各级院研究案例的积极性；通过建立动态搜集机制，有利于及时将优秀典型案例素材进行整理报送，规范备选案例的报送形式，同时也有利于强化案例指导工作责任部门对备选案例的审查。在构建模式上，一方面应构建全体办案人员共同参与的典型案例搜集模式，检察官办理的疑难复杂案件，在办结后可在统一业务应用系统内直接发送给案例数据库。另一方面应建立各级院案例指导工作责任部门直接录入典型案例工作模式。该项工作的直接责任部门在日常工作中发现的典型案例，可直接录入统一业务应用系统典型案例数据库。